D1731776

Peter Bruce/Adlard Coles

SCHWER WETTER SEGELN

Delius Klasing Verlag

Copyright © K. Adlard Coles 1967, 1975, 1980, 1991
Copyright © Peter Bruce 1991, 1999
Titel der englischen Originalausgabe:
Heavy Weather Sailing
veröffentlicht 1999 bei A & C Black (Publishers) Limited, London

Die Deutsche Bibliothek – CIP-Einheitsaufnahme

Schwerwettersegeln/Peter Bruce/Adlard Coles.
(Aus dem Engl. von Aloys von Hammel).
– 1. Aufl. – Bielefeld: Delius Klasing, 2000
Einheitssacht.: Heavy weather sailing < dt. >
ISBN 3-7688-1240-5

1. Auflage
ISBN 3-7688-1240-5
Die Rechte für die deutsche Ausgabe liegen beim
Verlag Delius, Klasing & Co. KG, Bielefeld

Aus dem Englischen von Aloys von Hammel
Titelfotos: Richard McBride/PPL (vorn), Robert Howard (hinten)
Schutzumschlaggestaltung: Ekkehard Schonart
Innengestaltung: Karin Buschhorn
Druck und Bucheinband: Kunst- und Werbedruck, Bad Oeynhausen
Printed in Germany 2000

Delius Klasing Verlag, Siekerwall 21, D–33602 Bielefeld
Tel.: 0521/559-0, Fax: 0521/559-113
e-mail: info@delius-klasing.de
http://www.delius-klasing.de

Inhalt

Vorwort

Peter Blake

Bei meinen an die 600 000 Seemeilen über die Weiten der Ozeane bin ich in viele Stürme geraten – auf kleinen und großen Yachten, aber auch auf einem Mehrrumpfboot, das ein starres Profilsegel trug. Auf diesem Boot verbrachte ich allerdings die schlimmste Zeit.

Den ersten Sturm erlebte ich 1969 im Südwest-Pazifik mit meinen Eltern auf unserer 10-m-Ketsch LADYBIRD. Es war das erste wirklich schwere Wetter mit heulendem Wind und fürchterlicher See, die aufs Deck krachte. Die Yacht lag unter Sturmfock und völlig gerefftem Besan beigedreht. Jede große Welle kam wie ein Expresszug herangedonnert. Dann plötzlich herrschte für ein paar Sekunden Stille, ehe sich die Welle gegen die Yacht warf und sie auf die Seite drehte. In dem Moment, da der Wellenkamm das Deck überflutete, färbte sich das durch die Luken einfallende Licht grün. Wir waren unter Deck, spielten Karten und aßen Corned-beef-Haschee und Suppe. Obgleich die Segel sehr klein und straff durchgeschotet waren, schlugen sie heftig. Der Segelmacher hatte die Trimmleine für das Achterliek nicht eingezogen. Wenngleich wir uns in der stabilen Yacht recht sicher fühlten, waren wir merklich erleichtert, als der Sturm nachließ.

Eine Erfahrung aus jüngerer Zeit, die mir genauso im Gedächtnis haften geblieben ist: Es war im Frühjahr 1980, als wir auf der Maxi-Yacht CONDOR in der Tasmansee mit Kurs Auckland in den tropischen Wirbelsturm »David« gerieten. Es gab für uns, weit entfernt vom Land, genügend Warnungen, und deshalb trafen wir rechtzeitig Vorkehrungen.

Die Yacht wurde unter Sturmfock und Trysegel beigedreht, als der Wind auf über 30 Knoten zunahm – trotz der heftigen Kritik eines Crewmitgliedes, das meinte, wir sollten einfach weitersegeln. Aber die Windgeschwindigkeit nahm noch weiter zu, und wir strichen auch die Fock. Die Meeresoberfläche brodelte, als würde sie von unten angeheizt. All die vielen kleinen Wellen verschwanden; sie wurden förmlich weggeblasen. Wir hatten das Gefühl, wir könnten den Sturm am besten beigedreht abreiten. Als sich die Bedingungen weiter verschlechterten, berieten wir, unternahmen aber nichts. Wir glaubten, unsere einzige Chance sei, vor der See mit nachgeschleppten Trossen abzulaufen. Beigedreht zu liegen schien uns zu gefährlich. Wir blieben weiterhin mit Sicherheitsgurten auf dem Cockpitboden sitzen und gaben Acht auf die Zeit, die jedes Mal zwischen Wellental und -kamm verging. Es waren zwischen fünf und sechs Sekunden. Dabei waren die Wellen unvorstellbar hoch. Als der Wind nach 18 Stunden nachließ, tat er es sehr schnell und ließ uns in einer völlig konfusen, riesigen See zurück. Das Gefühl der Erleichterung war gewaltig. Wir waren überglücklich, unversehrt durchgekommen zu sein. Ein Ereignis aus jüngster Zeit stammt von 1994. Wir erzielten mit der ENZA (NEW ZEALAND), einem 28 m langen Katamaran, einen neuen Rekord in einer Non-Stop-Weltumsegelung. Dabei kamen wir mehrmals in äußerst bedrohliche Lagen. Wir passierten Eisberge hautnah, und hin und wieder hätten wir uns fast überschlagen. Wir hatten den Pazifischen Ozean wegen leichter Gegenwinde zwischen dem 60. und 63. Grad südlicher Breite überquert und versucht, weiter nach Norden zu kommen. Als wir uns jedoch der Passage zwischen Kap Hoorn im Norden und der Antarktischen Halbinsel im Süden näherten, erwies sich dieses Vorhaben als äußerst schwierig, weil der Wind in Sturm- bzw. Orkanstärke aus Nord bzw. Nordost blies. Zweihundert Meilen südlich von Kap Hoorn fegte er mit 60 kn heran und wühlte eine ungeheure See auf mit »Graubärten«, die auf der ganzen Länge eines Wellenkamms riesige Schaumfelder hinterließen. Die Bedingungen waren extrem: sehr kalt und Wellen von geschätzten 18 m Höhe und mehr. Mein tiefster Wunsch war, irgendwo anders zu sein – ganz egal wo. Die Wellen brachen sich direkt über der Yacht, die zu diesem Zeitpunkt vor Topp und Takel lief, aber dennoch mit etwa 10 kn quer zur heranrollenden See vorangetrieben wurde. Es war Nachmittag, und wir machten uns ernsthafte Sorgen, was als Nächstes zu tun sei. Wir hatten fast alle Möglichkeiten durchgespielt – ohne Erfolg. Wir hatten versucht, die Yacht direkt vor Wind und Wellen zu legen und abzulaufen. Das Kat schoss dann mit 20 bis 25 kn davon, und es konnte nicht lange dauern, bis wir uns überschlagen würden. Zudem war die Antarktische Halbinsel nur 250 sm entfernt, und bei 20 bis 25 kn Fahrt würden

wir dort bald stranden. In der Hoffnung, das Ding könnte uns retten, machten wir uns an die Arbeit, einen Treibanker auszubringen, banden ihn an die Ankerkette und brachten zusätzlich alle möglichen Trossen in einer Bucht achtern aus. Kurz vor der Dunkelheit nahm der Wind zum Glück etwas ab und drehte nach Nordwest. Wir konnten uns nach Nord durchkämpfen und in den relativ sicheren Südatlantik ablaufen.

Nur ein paar Wochen später, 300 sm vor dem Ziel, gerieten wir vor Ushant in derartig schlechtes Wetter, wie ich es noch nie erlebt hatte. Wir waren wieder nahe daran umzukippen. Der Sturm blies mit voller Stärke aus Südwest, direkt von achtern, und die riesige, äußerst steile und gefährliche Kreuzsee erzeugte ungewöhnlich tiefe Löcher in dem Ozean. ENZA lief vor Topp und Takel. Zweimal bohrte sich die Yacht in die See: Die Buge tauchten unter, das ganze Kat grub sich bis kurz hinter dem Mast in die See, und die beiden Ruder kamen aus dem Wasser. In dem Moment, als die Yacht aus voller Geschwindigkeit urplötzlich stoppte, wurde ein Crewmitglied horizontal aus seiner Koje durch einen Ausschnitt im Schott bis in die Pantry geschleudert und schwer verletzt. Unter Deck herrschte ein riesiges Chaos. Obgleich wir vor Topp und Takel liefen, waren wir immer noch zu schnell. Also brachten wir den Treibanker erneut aus. Unter scheußlichsten Bedingungen wurde die schwere Ankerkette hervorgeholt und darum die Ankerleine gebunden, damit viel Reibungsfläche entstand. Zusätzlich wurden, von beiden Rümpfen aus operierend, Fallen und Schoten von 100 m Länge zusammengeknotet und jeder Knoten mit Segelgarn zur Sicherheit beigebändselt. Wir hatten keinen Moment zu früh den Treibanker ausgebracht, denn kurz darauf nahm der Wind auf 67 kn zu. Die See wurde total weiß. Das Kat aber wurde wieder kontrollierbar und sicher, selbst wenn er sich von den Wellenkämmen senkrecht in die Wellentäler stürzte. Die Bootsgeschwindigkeit lag immer noch bei satten 14 kn. Die Geschwindigkeit konnten wir allerdings durch Einstellung der Trossenlänge beeinflussen. Je kürzer die Trossen, desto höher die Geschwindigkeit; je länger, desto mehr Widerstand und somit langsamer. Aus der Situation auf Leben und Tod war durch den Treibanker eine geworden, die wir einigermaßen unter Kontrolle hatten.

Schweres Wetter wie starke Winde und gelegentlich Sturm gehören zum Blauwassersegeln dazu. Man muss wissen, dass man sich weit draußen das Wetter nicht aussuchen und niemanden dafür verantwortlich machen kann. Beim Küstensegeln wird derjenige, der ein wachsames Auge auf die Wettervorhersagen hat, immer rechtzeitig einen Hafen anlaufen, um das Schlimmste zu vermeiden. Schafft er es nicht, können die Bedingungen an Bord sich schneller verschlechtern als weit draußen auf dem Ozean. Der oberschlaue Küstensegler endet vielleicht – wie bei den meisten Tragödien – schlimm zugerichtet an der Leeküste. Wer weit genug vom Land entfernt ist, braucht sich dagegen nicht zu ängstigen und ist kaum in Gefahr.

Wann immer ich mich auf See befinde und das Wetter verschlechtert sich, bekomme ich ein Kribbeln in der Magengegend. Fragen sausen durch meinen Kopf. Was werden die nächsten Stunden bringen? Ist die Yacht gut vorbereitet? Stimmt der Wetterbericht (wenn wir überhaupt einen haben)? Haben wir genügend Seeraum? Sollten wir jetzt eine warme Mahlzeit zu uns nehmen, bevor die See hoch geht? Ist alles an Deck sorgfältig verstaut? Und so weiter.

Keine zwei Situationen auf See sind die gleichen, und auch keine zwei Yachten verhalten sich gleich. Zum Beispiel lässt sich die eine gut beidrehen, die andere nicht. Manchmal war schweres Wetter vorhergesagt, manchmal nicht. Auf Wetterberichte kann man sich nicht verlassen; es ist wichtig, aus dem Fenster zu gucken und sich selbst ein Bild zu machen. Das Wichtigste ist und bleibt für jede Yacht, auf alle Situationen vorbereitet zu sein. Es gestaltet sich alles viel leichter, wenn man über die Folgen schweren Wetters nachgedacht hat, bevor man die Annehmlichkeiten einer Marina, eines Liegeplatzes oder eines ruhigen Ankergrundes verlässt. Natürlich muss man sich auf das Rigg, die Segel, die Maschine, die Luken und die gesamte Mechanik verlassen können. Genauso wichtig ist die Leistungsfähigkeit der Crew.

In diesem Buch sollte jeder Segler und jede Seglerin – egal ob Skipper oder Crew – immer wieder lesen, gleich, ob sie über einen Ozean segeln oder ganz einfach an der Küste entlangbummeln wollen. Nicht alles passt auf alle Situationen, aber jede hinzugewonnene Kenntnis und Erkenntnis kann sich irgendwann auszahlen.

Einleitung

Adlard Coles, Officer of the British Empire, starb 1985. Er ließ eine große Anzahl von Freunden und Bewunderern zurück. Viele kannten ihn nur von seinen Büchern. Adlard besaß die Fähigkeit, verständlich und klar zu schreiben, und war ein außergewöhnlicher Mann. Obgleich er stets ruhig und sehr freundlich erschien und etwas von einem Poeten an sich hatte, war er trotz einer Diabetes unglaublich zäh, mutig und entschlossen. Aus diesem Grunde kam es nicht selten vor, dass seine COHOEs nach einer Sturmregatta an der Spitze der Ergebnislisten standen.

Wenn man Adlards bezaubernde Prosa liest, muss man bedenken, dass er äußerst bescheiden war, und seine eher zurückhaltende Beziehung zu Erfolgen täuscht vielfach über die notwendigen Anstrengungen hinweg. Das erklärt auch seine Art, alles herunterzuspielen, was ihm hätte Anerkennung bringen können. Die Windstärken beispielsweise, die in seinen Beiträgen zum vorliegenden Buch über Schwerwettersegeln vorkommen, entsprechen voll der Wahrheit und unterliegen in keinster Weise dem Vorwurf eines erzählerischen Effekts.

Die Überarbeitung dieses wichtigen Buches hätte eigentlich von Adlard selbst vorgenommen werden sollen. Leider war es ihm nicht mehr vergönnt. Mit der Unterstützung von Adlards Witwe Mamie und seines Sohnes Ross sowie meines Vaters Erroll Bruce, der ein Leben lang ein Freund von Adlard war, und des Verlegers habe ich versucht, mein Bestes zu geben und das zu tun, von dem ich glaube, dass Adlard es sicher auch getan hätte.

Die letzte Ausgabe dieses Buches war ein großer Erfolg und in gewisser Weise angelegt, das fortzuführen, was Adlard Coles in letzter Zeit begonnen hatte. Adlard hatte in weiser Voraussicht in den von ihm gestalteten letzten Ausgaben angefangen, die Wichtigkeit von Fachkapiteln von Experten immer mehr zu betonen. Dieser Philosophie wurde in der letzten Ausgabe mehr Raum gegeben. Das Buch wurde mit Artikeln von Fachautoren angereichert, die eine verantwortungsvolle und von Erfahrung geprägte Sicht mitbringen. Dadurch konnte der neueste Stand der Dinge dargestellt werden.

Diese Ausgabe beginnt mit dem Fachteil. Danach folgen die Erlebnisberichte. Es kommt also die Theorie vor der Praxis. Adlard Coles' Sammlung von Schwerwetterberichten ist überall bekannt und wird weltweit in allen Bücherschränken als wichtiger Schatz gehütet. Es schien uns an der Zeit zu sein, den Großteil dieser Berichte durch neue zu ersetzen. Die Stürme auf See haben sich nicht verändert, wohl aber die Bedingungen an Bord. Heute wissen beispielsweise die Segler in der Regel, wo sie sind. Dadurch gehört eine große Schwierigkeit aus früheren

Tagen bei schwerem Wetter der Vergangenheit an. Es gibt eine Unzahl von Möglichkeiten, wie Schwerwetter über eine moderne Yacht herfallen mag; aber ebenso stehen dem Skipper heute viel mehr Hilfen zur Verfügung. Die neuen Schwerwetterberichte in dieser Ausgabe wurden nicht nur unter dem Aspekt der atemberaubenden Gewalt des Sturms ausgewählt, sondern auch, weil normale Segler heute in die Lage versetzt werden sollen, einer derartigen Situation in gewisser Weise entspannt zu begegnen.

Als die letzte Ausgabe in Vorbereitung war, gab es in Europa einige Zweifel, ob die Ansprüche, die an einen Fallschirm-Seeanker gestellt würden, sich überhaupt erfüllen. Zur Sicherheit wurde vielfach eine Leine zusätzlich nachgeschleppt. Jetzt, an die zehn Jahre später, ist deutlich geworden, dass Fallschirm-Seeanker und andere Treibanker eine sinnvolle Ausrüstung für Überlebenssituationen sind, vorausgesetzt, man hat sich vorher sorgfältig mit der Technik des Ausbringens vertraut gemacht. Diese Ausgabe hat 27 Kapitel. Lediglich 1,5 stammen noch von der Originalfassung des Buches von 1967; 6,5 Kapitel wurden von der letzten Ausgabe übernommen und 19 sind völlig neu. Die früheren Ausgaben von »Schwerwettersegeln« konzentrierten sich mehr aufs Vorbeugen als aufs Heilen. Das hat sich in dieser Ausgabe nicht geändert. Deshalb bin ich bei Rettungs- und Überlebensaktionen nicht ins Detail gegangen. Das wird in anderen Büchern behandelt.

Peter Bruce

RATSCHLÄGE
DER EXPERTEN

1. Konstruktionsmerkmale einer Yacht für Schwerwetter

Olin J. Stephens II

Schwerwetter hat unter Seefahrzeugen jeglicher Form und Größe seine Opfer gefordert. Andererseits haben es ebenso viele Yachten überlebt. Aus diesem Grunde lohnt es sich, die Konstruktionsmerkmale von Yachten in Hinsicht auf ihre Fähigkeit, schwerstes Wetter zu überstehen, genauer unter die Lupe zu nehmen. Oder ist die Seemannschaft der entscheidende Faktor? Zweifelsohne zählt auch das Schiff zu den entscheidenden Punkten, vielleicht ist es sogar der wichtigste. Dennoch sollte man eine gute Seemannschaft auf weiter See nicht zu gering einschätzen.

Es ist einleuchtend: Überleben heißt, über Wasser zu bleiben, kein Wasser ins Schiff zu bekommen, immer in aufrechter Lage zu bleiben oder im schlimmsten Fall schnell dorthin zurückzugelangen. Rumpffestigkeit und große positive Stabilität sind erste Voraussetzungen. Mit diesen Ausführungen versuche ich zu erklären, wie diese grundlegenden Merkmale gefunden und mit anderen kombiniert werden, damit Sicherheit und Komfort einer Crew auf See gewährleistet sind.

Bei meinem ständigen Leben am Wasser habe ich viele Yachttypen gesehen, die auf langen Reisen durch extremes Wetter gekommen waren. Ich denke, es muss etwa 1926 gewesen sein, dass mein Bruder Rod und ich im Hafen von New Rochelle die ISLANDER von Harry Pidgeon entdeckten, nicht weit von unserem Haus entfernt. Wir beeilten uns, ihn von einem geliehenen Beiboot aus zu begrüßen und ihn zu einer Fahrt über Land einzuladen, nachdem wir die selbst gebaute 10,40-m-Yawl inspiziert hatten, die er allein um die Welt gesegelt hatte. Weder die geringe Verdrängung noch das einfache V-förmige Unterwasserschiff schienen für Überlebensschwierigkeiten geeignet. Wir waren am meisten von der einfachen Konstruktion und Ausrüstung überrascht: keine Maschine, überhaupt keine Elektrik, kein Speedometer, nicht einmal ein Schlepplog. Wir bewunderten den Mann, der alles so einfach erscheinen ließ. Etwas später hörten wir, dass Alain Gerbault mit seiner FIREBIRD in City Island war. Sofort gingen wir zu ihm. Der Kontrast konnte nicht größer sein. Doch diese ältere und schwerere Yacht hatte auch mehrere sehr schwere Wetter überstanden.

Ich hatte und habe noch immer einen großen Respekt vor der Arbeit von Dr. Claud Worth, der in den Zwanzigern eine Reihe von Yachten besaß, die alle TERN hießen. Er musste das Seesegeln peinlich genau studiert haben und dazu ein guter Praktiker gewesen sein. Er befürwortete eine mäßige Breite, große Verdrängung und einen langen Kiel. Seine Bücher »Yacht Cruising« und »Yacht Navigation and Voyaging« habe ich immer wieder gelesen.

Vor diesem Hintergrund glaubte ich über viele Jahre, dass man die Größe und Form einer Yacht beliebig stark variieren könne – extreme Formen einmal ausgeschlossen. Für gleiche Festigkeit und gleich komfortable Bedienung verlangen jedoch die größeren Yachten von den Erbauern und der Crew unverhältnismäßig mehr Aufwand und Kraft. Beispielsweise erfordern große Segel großen Körpereinsatz und Können der Mannschaft. Kleine Segel können von einer Hand bedient werden. Das Gleiche trifft auf Rumpf, Mast und Takelage zu.

Analytische Studien wie solche der United States Yacht Racing Union (USYRU) der Society of Naval Architects zur Sicherheit bei Kenterung haben zwei charakteristische Gründe für eine Kenterung verdeutlicht, die beide Einfluss auf die Festigkeit haben: Der eine ist in dem gewaltigen Druck des Windes auf das Rigg zu suchen, und der andere resultiert aus der katapultartigen Kraft einer brechenden See. Der Druck des Windes überfordert eine kleine Yacht nicht. Ein Sturzbrecher kann aber den Rumpf oder das Deck einer sehr kleinen Yacht zerschmettern und damit ihre Fähigkeit zerstören, wie eine Flasche zu schwimmen.

In diesem Zusammenhang bedeutet Größe dasselbe wie Verdrängung. Das Deplacement-Längen-Verhältnis D (kurz: Deplacement) einer Yacht errechnet sich aus der Verdrängung Δ (in Tonnen) geteilt durch die dritte Potenz aus einem Zehntel der Wasserlinie L (in Meter). Als Formel: $D = \Delta/(L/10)^3$. Was ist mit D? Das Deplacement ist ein wichtiges Maß für das Widerstandsverhalten von Segelyachten und teilt sie in vier Kategorien: in Schwer-,

Mittel- und Leichtdeplacementyachten und Gleitboote (s. Abb. 1.1) Das Deplacement eines Seekreuzers mit Allround-Eigenschaften liegt etwa zwischen 10,8 und 12,6 bei beispielsweise 7–11 m Länge in der Wasserlinie.

Die Formel besagt:
1. Bei konstanter Wasserlinie L wächst das Deplacement D, wenn das Gesamtgewicht der Yacht zunimmt.
2. Bei konstanter Wasserlinie L fällt D, wenn d kleiner wird.
3. Bei konstantem Gewicht d nimmt Δ ab, wenn die Wasserlinie sich verlängert.
4. Bei konstantem Gewicht d nimmt Δ zu, wenn die Wasserlinie sich verkürzt.

Deplacement-Längen-Verhältnis $D = \Delta/(L/10)^3$	Kategorie
16,0 und größer	sehr schwer
16,0 – 14,5	schwer
14,5 – 12,5	mittelschwer
12,5 – 11,0	mittel
11,0 – 9,0	mittelleicht
9,0 – 7,0	leicht
7,0 – 5,5	sehr leicht
5,5 – 2,9	extrem leicht
2,9 und kleiner	ultra leicht

Bei geometrisch ähnlichen Rümpfen wächst das aufrichtende Moment mit zunehmender Länge – und zwar proportional zu einem Viertel der Länge, während die krängenden Momente langsamer als das Kubik der Länge wachsen. Deshalb erfordern kleine Yachten größere eigene aufrichtende Kräfte, das heißt, sie müssen breiter sein oder ein relativ größeres Deplacement haben. Ein zu niedriges Deplacement sollte schon deshalb vermieden werden, weil sie sonst zu leicht werden. Große Yachten mit ihren sehr großen Riggs sollten ein nicht zu hohes Deplace-

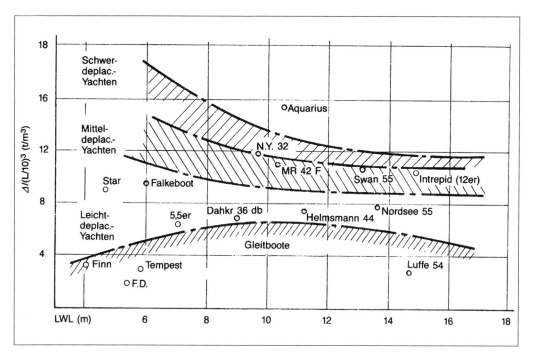

Abb. 1.1 *Einteilung von Segelyachten anhand ihrer Deplacement-Längen-Verhältnisse.*

ment haben, weil sie sonst zu schwer werden. Kleine Yachten sollten nicht am unteren Limit dieser Faktoren liegen, größere nicht am oberen. Ein gesundes Mittelmaß wäre optimal.

Das Deplacement wird in erster Linie durch die Forderung nach Festigkeit und die Stabilität bestimmt, außerdem nach komfortabler Bewegungsmöglichkeit und großzügigen Räumlichkeiten. Für das Gesamtgewicht inklusive dem Gewicht der Crew, der Vorräte und der Ausrüstungsteile muss die Konstruktion der Yacht von ausreichender Festigkeit sein. Dadurch wird zudem eine sichere Befestigung für den notwendigen Ballast garantiert. Der wirkungsvolle Einsatz bester Baumaterialien ermöglicht heute einen leichten Rumpf und ein leichtes Rigg bei

genügend Ballast. Ein entsprechender Entwurf garantiert positive Stabilität, und die ideale Kombination aller Faktoren liegt bei der unteren Grenze eines sicheren Deplacements.

Obgleich die Baumaterialien nicht Thema dieses Kapitels sind, sollte man doch erwähnen, dass kompetente und tüchtige Handwerker leichte Rümpfe aus den verschiedensten Materialien einschließlich Holz, Polyester und Aluminium bauen können. Die hochwertigen Modulmaterialien, häufig in Kompositform eingesetzt, wie Karbonfiber, bringen Stärke und wenig Gewicht, wenn sie mit Sorgfalt und Erfahrung verarbeitet werden. Stahl und Beton sind bedeutend schwerer, insbesondere das letztere. Leichtdeplacementyachten müssen leichte Rümpfe haben, um wegen der Stabilität ein vernünftiges Maß an Ballast tragen zu können. Bei schwereren Yachten ist die Materialwahl weniger kritisch.

Der senkrecht wirkende Gewichtsschwerpunkt und die Rumpfform bestimmen gemeinsam den Umfang der positiven Stabilität. Reicht diese Stabilität beispielsweise über 120° hinaus, kann man davon ausgehen, dass eine quergeschlagene Yacht sich sehr schnell wieder aufrichtet. Erheblich niedrigere Werte bewirken bestimmt das Gegenteil. Obwohl größere Yachten mit schwererem Rumpf und Rigg leichter in Schräglage geraten, ist bei ihnen die Gefahr einer Kenterung geringer. Die Stabilität wird in nicht geringem Maße auch durch die Form der Aufbauten, des Cockpits und durch die Menge des eingedrungenen Wassers mitbestimmt. Ein weiterer wichtiger Faktor ist der Segelschwerpunkt, der sich bei Rollsegeln schnell verlagert. Das alles besagt, dass die Stabilität über dem berechneten Minimum liegen sollte. Die Regattaszene – früher die IOR, heute mit weniger negativen Folgen das IMS – hat nicht immer einen glücklichen Einfluss auf die Stabilität gehabt. Die Tendenzen gingen in Richtung einer großen Breite und eines flachen Unterbodens. Die IMS-Formel brachte Yachten mit niedrigem Gewichtsschwerpunkt hervor; bei den IOR-Yachten lag er viel ungünstiger, nämlich höher.

Bei einer voll eingedeckten 12-m-Yacht mit tiefhängendem Ballast reicht die Stabilität bis 180° – und somit für eine 360°-Durchkenterung. Eine Beschränkung in der Breite und Rumpftiefe ist der beste Weg. Breite bringt Anfangsstabilität und Geräumigkeit unter Deck. Zu große Breite aber verringert den Umfang der Stabilität und erzeugt unruhiges Seeverhalten. Ein tiefer Rumpf verspricht dagegen geringeres Stampfen, mehr Kopffreiheit, größere

strukturelle Festigkeit und Platz für Bilgewasser – alles wünschenswerte Dinge. Einziger Nachteil: geringere Fahrt durchs Wasser. Ein hoher Ballastanteil erhöht zwar die positive Stabilität, bewirkt aber gleichzeitig ein unruhiges Seeverhalten.

Ein ausgewogenes Verhältnis zwischen Breite und Rumpftiefe scheint ideal zu sein – etwa so: Die Breite sollte etwa das Drei- bis Vierfache der Rumpftiefe betragen und der Gewichtsschwerpunkt tief genug liegen, damit er bei 130° noch ausreichend positive Stabilität erzeugt. Die drei Yachten Adlard Coles' mit dem Namen COHOE hatten die Proportionen, wie ich sie empfehle. Der Schaden an der VERTUE XXXV (in einer früheren Ausgabe dieses Buches beschrieben) wurde dadurch verursacht, dass sie von einer brechenden See durchgekentert und der Kajütaufbau auf der Leeseite zerschmettert wurde. Begünstigt wurde der Schaden durch die anfällige Konstruktion und insbesondere die schlechte Verbindung der Bauteile. Der Rumpf der VERTUE XXXV war zu klein, als dass man die Materialien so haltbar hätte verbinden können, wie es nötig gewesen wäre. Ähnlich gelagert war die Beschädigungsursache bei der PUFFIN, eine meiner eigenen Konstruktionen. Sie war etwas größer und wurde an ihrer schwachen Stelle getroffen. Das Überleben der SAYULA nach einer Fast-Durchkenterung auf der zweiten Etappe des Whitbread-Rennens 1973 mit anschließend großen Unbequemlichkeiten, aber geringen Schäden, hat wesentlich zum Vertrauen in eine größere Yacht beigetragen.

Der Kajütaufbau sollte nicht zu einer Schwachstelle und somit für untauglich erklärt werden. Zum einen schafft er die nötige Kopffreiheit, und zum anderen trägt er durch sein Volumen sehr wirkungsvoll zur Stabilität bei. Es ist wichtig, daran zu erinnern, dass alle Ecken und abrupte Knicke in Flächen, die die bauliche Kontinuität unterbrechen, Ursachen für Schwachstellen sein können und deshalb der Kajütaufbau sorgfältig entworfen und gebaut sein muss.

Für viele Beobachter ist klar, dass ein sehr dünner und eng am Rumpf angebolzter Kiel diese stark beanspruchte Verbindungsstelle am Rumpf kontinuierlich schwächen kann, da alle auftretenden Kräfte in diesen Bereich und in die Kielbolzen weitergeleitet werden. Dementsprechend sollte man die Struktur in diesem schmalen Rumpfbereich besonders aufmerksam beachten. Bei der zunehmenden Tendenz zu Flossenkielern mit ihren schmalen Anschlussflächen am Rumpf muss der festen Verbindung größte Aufmerksamkeit gewidmet werden.

Das Segeltragevermögen ist deutlich von dem Stabilitätsumfang zu trennen. Ein Yachtdesigner ermittelt beides, indem er die Yacht ein wenig krängt und den senkrechten Abstand zwischen dem Gewichtsschwerpunkt und dem Metazentrum feststellt. Es ist der Schnittpunkt der senkrechten Auftriebsrichtung mit der Mittschiffsebene. Das Produkt aus der Höhe des Metazentrums über dem Gewichtsschwerpunkt (GM) und dem Sinus des Krängungswinkels (ß) ergibt den Hebelarm (GH).

$$GH = GM \times \sin ß$$

Wird dieses noch mit der Verdrängung (D) multipliziert, haben wir das aufrichtende Moment (MAR) (s. Scharping, Konstruktion und Bau von Yachten, Delius Klasing).

$$MAR = D \times GM \times \sin ß = D \times GH$$

Bei vorausgesetzt konstanter Verdrängung steht die Höhe des Metazentrums in enger Beziehung zur Rumpfform, die sich mit dem Krängungswinkel ändert. Das Verhältnis von Breite zur Tiefe des Rumpfes verändert sich ebenso mit der Krängung. Eine breite Yacht mit flachem Unterboden hat ein hoch liegendes Metazentrum, wenn sie nur wenig krängt. Die Höhe nimmt aber rapide ab, wenn die Krängung zunimmt – ja sogar bis der aufrichtende Hebelarm negative Wirkung hat. Geringe Breite und größerer Tiefgang halten diesen Faktor fast immer konstant in einem Sicherheit verbürgenden Bereich von 35° – 40°. Die flache, breite Yacht erscheint sehr steif und muss zumeist aufrecht gesegelt werden, um die volle Kraft des Riggs zu entwickeln, während die tiefer gehende Yacht viel Segelfläche selbst bei Schräglage verträgt und in Vortrieb umsetzen kann. Die breite Yacht ist in hohem Maße von der Crew abhängig, die durch ihr Gewicht die Yacht in aufrechter Lage hält. Wie Hühner auf der hohen Kante sitzen zu müssen ist bei miesem Wetter kaum angenehm.

Komfort steht in einem engen Zusammenhang mit der Breite. Großzügig bemessene Breite eröffnet einen Tanzsaal unter Deck. Zuviel Breite hat aber den negativen Effekt von unruhigem Seeverhalten und geringem Stabilitätsumfang. Ich denke, dies ist nicht die Gelegenheit, um über Einrichtungspläne zu diskutieren, aber Komfort kann zur Sicherheit bei Schwerwetter beitragen, indem er nämlich die Leistungsfähigkeit der Crew erhält.

Trockene Kojen und Schapps ohne Bilgen- und Deckswasser sind nicht zu unterschätzen. Ich bin ja immer noch ein Anhänger des Doradelüfters. Trotz seines Aussehens und trotz vieler Versuche, manches besser zu gestalten, ist er in puncto maximaler Luft- und minimaler Wasserzufuhr unübertroffen.

Genau wie andere Luftstutzen lässt der

Doradelüfter eine nicht unerhebliche Menge Wasser durch, wenn er wie bei einem Querschlag vollständig ins Wasser eintaucht. Bei den Vorbereitungen auf sehr extreme Bedingungen sollte jedoch die Lufthutze mit einem Schraubverschlußdeckel abgedichtet werden. Und ähnlich sinnvolle Abdeckungen sollten für alle übrigen Lüftungen immer zur Verfügung stehen. Hier sei noch erwähnt, dass die Niedergänge und anderen Luken im Deck möglichst nahe zur Schiffsmitte auszurichten sind, um niederströmendes Wasser besser abzuhalten.

Ein kurzer Hinweis auf andere Aspekte der Sicherheit und des Komforts: Ganz besonders ist darauf zu achten, dass die Handläufer an der richtigen Stelle und alle Ecken nicht kantig, sondern großzügig abgerundet sind. Die Pantry sollte so angeordnet sein, dass sich der Koch dort einklemmen oder festgurten kann, wenn's geht, außerhalb der Reichweite eines überschwappenden, heißen Topfinhaltes. Der Wasservorrat sollte auf mehrere getrennte Tanks mit einzeln schaltbaren Ventilen aufgeteilt sein. So behält man im Falle eines lecken Tanks eine Wasserreser-

Typischer Sonnenschuss einer modernen Regattayacht, hier einer Mumm 36. Bei Verlust der Balance zwischen Spinnaker und Groß krängt die Yacht derart stark, dass eine Korrektur mit dem Ruder nicht mehr möglich ist. Es ist schwierig, die Yacht aus dieser Zwangslage zu befreien, weil durch den Auftrieb des breiten Hecks das Ruder aus dem Wasser kommt. Bei modernen Yachten kommt das öfters vor. Die Crews sind damit vertraut, zumal Yachten und Personen dabei selten zu Schaden kommen. (Foto: PPL)

ve in den anderen Tanks. Außerdem kann man dadurch die Gewichtsverteilung beeinflussen und verringert das unangenehme, laute Hin- und Herschwappen des Wassers in viel zu großen Tanks. Durch das Belüftungssystem des Motors kann Wasser eindringen, was bei umsichtiger Bauplanung nicht passiert.

Das Rigg sollte für die großen, aber nie vorhersehbaren Belastungen bei Schwerwetter reichlich stark bemessen sein. Zweifelsohne haben die Riggs auf vielen Rennyachten nicht die nötige Festigkeit. Die neuesten, ausgetüfteltsten analytischen Methoden für das aufrichtende Moment haben einfache Kalkulationen für die Kräfte am Rigg, an den Püttings und die Stauchkräfte am Mast nicht über den Haufen geworfen. Die meisten Designer benutzen Eulersche Zahlenkolonnen und versuchen mit dieser Methode vorherzusagen, wann ein Mast unter den Stauchkräften zusammensackt – häufig noch mit zusätzlichen eigenen Endabschätzungen. Selbst wenn man solchen Berechnungen glaubt und die Sicherheitsfaktoren variiert, muss das Rigg so großzügig ausgelegt sein, dass es in dem unerwartet harten Einsatz beim Schwerwettersegeln seine Dienste erfüllt.

Die Bauweise des Riggs und die Einteilung der Segel scheinen eine sehr persönliche Angelegenheit zu sein. Unter harten Bedingungen können jedoch zwei unabhängig voneinander abgestagte Masten vorteilhaft sein. Stabile Sturmsegel und die Möglichkeit, sie schnell und leicht setzen zu können, gehören ebenfalls zu einer gut ausgerüsteten seegehenden Yacht. Die Sturmsegel sollten nicht zu groß sein. Für das Trysegel reicht ein Drittel vom Groß und für die Sturmfock etwa die Fläche aus 5% der Vorstaglänge im Quadrat. Die Segelfläche kann in Beziehung zur Stabilität sehr gut bei leichten Winden im Hei-

mathafen oder in bekannten Gewässern ermittelt werden, insbesondere in Hinsicht auf Handlichkeit, weniger bezüglich der Sicherheit. Segelflächen kann man bei Bedarf kürzen, während ein sehr hohes Rigg entweder Segeln mit viel Schräglage bedeutet oder häufiges, arbeitsintensives Reffen erfordert.

Die Größe der oben erwähnten Sturmsegel liegt sehr nahe bei denen, die das Offshore Racing Council in seinen Special Regulations empfiehlt (http://www.orc.org). Obgleich diese Empfehlungen für Rennyachten gemacht sind, enthalten sie eine Menge guter Informationen. Ich empfehle jedem, der auf die hohe See hinaus will, einen Blick auf diese Empfehlungen zu werfen.

Bezüglich der Rumpfform habe ich das Verhältnis zwischen Breite und Tiefe hervorgehoben. Es gibt aber noch andere Punkte, die zwar weniger bedeutend, aber dennoch zu beachten sind. Einer ist die wirkungsvolle und leichte Steuerbarkeit. In dieser Zeit des analytischen Yachtdesigns verdient nichts so sehr Beachtung wie ein intensives Studium der Ruderbalance. Das Fehlen von Kenntnissen erklärt möglicherweise, weshalb über einige Dinge derart große Meinungsunterschiede bestehen. Das gilt zum einen für die Art des Lateralplanes, einschließlich Kiel und Ruder. Lassen Sie mich dazu einige Ausführungen machen und einige spezielle Fragen beantworten.

Kursstabilität wird vielfach als ein Verhalten charakterisiert, bei dem die Yacht, die durch irgendeinen äußeren Einfluss vom Kurs abgebracht wird, ohne irgendwelche Korrektur mit dem Ruder wieder auf ihren Anfangskurs zurückkommt. Dies könnte als Selbststeuerfähigkeit bezeichnet werden. Viele Yachten können so getrimmt werden, dass sie sich bei guten Bedingungen selbst steuern. Aber nur wenige können das auf allen Kursen und bei jeder Windstärke. Die einwirkenden Kräfte und ihre Wirrichtungen sowie die Tendenz des Schiffes, in die eine oder die andere Richtung mit unterschiedlicher Geschwindigkeit zu drehen, bilden ein sehr komplexes System – und deshalb ist ein Richtungsgleichgewicht so schwierig. Trotz dieser offensichtlichen Schwierigkeiten sollten wir das Steuern weiter unbekümmert hinterfragen. Eine weitere Frage ist, wie sowohl bei hohen als auch bei geringen Geschwindigkeiten die Steuerfähigkeit erhalten wird. Gerade dies zu garantieren ist für die Designer ein hartes Stück Arbeit. Ich glaube aber, dass es dafür einige hilfreiche Tipps gibt.

Der Langkiel wird vielfach als die beste Lösung hingestellt. Das ist sicher der Fall, wenn die guten Allround-Eigenschaften am Ruder wichtiger sind als die Geschwindigkeit bei leichtem Wind und gute Etmale. Der Nachteil des Langkiels ist die große benetzte Fläche. Solch ein Kiel verhindert zwangsläufig eine plötzliche Kursänderung und führt zu besserem Steuern bei niedrigen Geschwindigkeiten. Die Kursstabilität ist besonders dann gegeben, wenn ein großer Teil des Lateralplanes hinter dem Gewichtsschwerpunkt liegt.

Stellen wir uns einmal den Vorgang bei einer Yacht mit einer weit vorne liegenden Kielfläche vor. Wirft nun eine Welle diese Yacht aus dem Kurs, ist es, als würde sie von einer Stelle, die hinter dem Drehpunkt liegt, seitlich bugsiert und gedreht. Das in Gang gesetzte Trägheitsmoment bewirkt zusätzlich ein sich fortsetzendes Abweichen der Yacht von dem ursprünglichen Kurs. Liegt andererseits der Gewichtsschwer- und Angriffspunkt der einwirkenden Kraft vor dem Lateralschwer- und Drehpunkt, ändert sich der Kurs um so mehr, je achterlicher das Trägheitsmoment oder die versetzende Kraft

zum Originalkurs einfällt. Ich möchte hier erwähnen, dass dieses Prinzip des Segelgleichgewichts nicht generell akzeptiert wird, obgleich es einigen wenigen als selbstverständlich erscheint.

Eine geringe benetzte Oberfläche bringt Vorteile mit sich. Das Resultat sieht man in der weltweiten Akzeptanz der Kurzkiele und separaten Ruder bei Rennyachten und Serienproduktionen, die vielfach den Rennyachten nachmodelliert werden. So will man etwa die gleiche Leistung besonders bei leichten Winden oder Amwindkursen mit weniger Segelfläche erreichen. Bei einem Kurzkiel erreicht man die gewünschte Position des Ballasts und damit die entsprechende Lage des Lateralschwerpunktes durch die richtige Anordnung des Kiels. Der Nachteil eines Kurzkielers kann dadurch verringert werden, dass man mobile Gewichte so weit wie möglich vorne unterbringt und den Ballastkiel nach achtern versetzt. Solche Verbesserungen haben aber ihre Grenzen, und der beste Weg für das Versetzen des Lateralschwerpunktes scheinen ein großer Skeg und ein großes Ruder zu sein. Dies funktioniert wie die Feder an einem Pfeil. Die meisten neuen Yachten sind nach diesem Muster gebaut. Mit gut ausgewogenen Linien zeigen sie ein gutes Seeverhalten, erfordern nur leichte Kurskorrekturen und können gut beigedreht liegen. Bei dieser Unterwasserform ist das Ruder allerdings großen Belastungen ausgesetzt, und es sind schon zahlreiche Brüche vorgekommen. Hier sind die Konstrukteure und die Werften gefordert.

Andere Eigenschaften, die mit dem guten Verhalten in Zusammenhang stehen, sind ausbalancierte Schiffsenden mit hinreichendem Auftrieb und mittlerem Deplacement. Beides minimiert Trimmänderungen bei zunehmender Krängung, so dass bei unliebsamer Tendenz der Yacht, plötzlich aus dem Kurs zu laufen, die Kurskorrektur mit dem Ruder nur sehr gering zu sein braucht. Leichtes und effektives Steuern ist bei steiler See besonders wertvoll. Für ein leichtes und ruhiges Steuern muss das Wasser an der Oberfläche des Rumpfes bei allen Geschwindigkeiten und Krängungen gleichmäßig verteilt sein. Schlanke Linien mit wenig Bauch, aber relativ konstanter Wölbung sorgen für eine gleichmäßige Wasserfahrt und damit für einen gleichmäßigen Druck auf den Bootsrumpf. Kurze, enge Biegungen beim Wasserablauf bringen schnelle Druckänderungen auf den Rumpf und erfordern sehr wahrscheinlich schnelle Rudereinschläge. Noch einmal: Ein Leichtdeplacementboot mit mäßiger Breite und weniger geraden Enden am Heck wird mit diesen Bedingungen am besten fertig.

Die Bewegung einer Yacht in rauhem Wasser ist sicherlich leichter zu verstehen als das Richtungsgleichgewicht unter Segeln. Das ist nämlich in großem Maße von dem Gesamtgewicht und seiner Verteilung abhängig, die normalerweise für jede gewünschte Ebene in Längs- und Querrichtung geplant wird. Man stellt das Richtungsgleichgewicht mit Hilfe des Trägheitsmomentes fest und bezeichnet es als Trägheitsradius k, das zu dem Massenträgheitsmoment I und der Gesamtmasse m der Yacht in Beziehung steht: $k = (I/m)^{1/2}$ (s. Marchaj: »Seetüchtigkeit – der verlorene Faktor«, Delius Klasing, S. 238). Dabei ist zu beachten, dass das Massenträgheitsmoment oder Rollträgheitsmoment I das Produkt aus jeder Teilmasse Δm mit dem Quadrat ihrer Abstände k zur Drehachse ist: $I = \Delta m \times k^2$. »Je größer das Massenträgheitsmoment eines Körpers, sei es ein Schwungrad oder ein rollendes Boot, um so größer ist seine Trägheit, das heißt, um so größer das erforderliche Drehmoment, um eine Änderung seiner Dreh- oder Win-

kelgeschwindigkeit zu bewirken. Wie die vorstehende Formel zeigt, ist die radiale Anordnung der Masse wichtiger als die Masse selbst, da I vom Quadrat von k abhängt« (s. Marchaj, S. 148). Dieses Maß bezeichnet somit auch den Widerstand eines Körpers gegen eine Beschleunigung um eine Drehachse. Daraus resultierende große, langsame Drehungen in Längs- oder Querrichtung sind vom Komfort her wünschenswert und führen zu angenehmen Stampf- und Rollbewegungen.

Nebenbei mag man beobachtet haben, dass das Bestreben nach einem äußerst geringen Trägheitsverhalten in Längsrichtung bei den Regattaseglern zu einem Glaubensbekenntnis geworden ist. Man vermutet, dass sie wohl eher richtig als falsch liegen, obgleich Untersuchungen bezüglich des Widerstandes in den Wellen ganz deutlich zeigen, dass die Gewichtsverteilung, die nur in engem Zusammenhang mit dem Wellenaufprall gesehen werden kann, äußerst unklar ist. Im Großen und Ganzen wird der Effekt vermutlich gering sein.

Gewicht – genauer: Masse – verzögert eine Beschleunigung, so dass die Bewegungen einer schweren Yacht angenehmer sind. Eine schwere Bauweise aus starken Spanten und Planken erhöht das Trägheitsmoment, und einen noch größeren Einfluss hat ein hohes Rigg mit großem Abstand vom Zentrum. Jeder, der einmal bei rauer See einen Mast verloren hat, kann die sofort einsetzende, heftige Bewegung der Yacht bestätigen. Ein schweres Rigg trägt also dadurch, dass es sich einem plötzlichen Rollen widersetzt, wesentlich zum Komfort und zur Sicherheit bei. Untersuchungen mit brechenden Wellen wie beim Fastnet Race 1979 an quer zu den Wellen liegenden Yachten haben zudem bestätigt, dass ein schweres Rigg den Widerstand gegen eine Kenterung erhöht.

Änderungen an der Rumpfform haben immer große Auswirkungen auf die Stabilität und die Steuereigenschaften. Es gibt jedoch noch weitere Aspekte der Rumpfform, die erwähnenswert sind. Ich habe oben auf die Ausgeglichenheit zwischen den Rumpfenden hingewiesen. Damit meine ich nicht eine echte Symmetrie. Heutzutage ist es leicht, die statische Stabilität mit einem Computer auszutrimmen – was sicherlich ein Schritt ist, um extreme Trimmwechsel auszuschließen. Trotzdem ist meine Methode – die mit den Augen – eine Mischung aus Vermutung und Beurteilung.

Es ist richtig, flache Abschnitte im Rumpf zu vermeiden. Diese können leicht an den Enden entstehen, besonders bei Leichtdeplacement-Entwürfen, bei denen die vorderen und hinteren Linien ziemlich gerade sind. Besonders wenn die Spanten mehr eine U- als eine V-Form haben, müssen möglicherweise die zum Rumpf querlaufenden flachen Stücke vermieden werden. Etwas Rundung selbst bei einem großen Radius verringert häufiges Aufschlagen auf die Wellen und die Tendenz des Stampfens.

Der Freibord einer Yacht ist ein weiteres Charakteristikum, bei dem ein gesundes Maß angebracht ist. Hohe Seiten erhöhen zwar den Stabilitätswert, sie bieten aber der Wucht heranrollender Wellen eine breite Fläche. Außerdem verstärken hochliegende Aufprallflächen das Drehmoment zum Kentern. Ein niedriger Freibord dagegen wird auf der Leeseite leicht bis zu den Fockschoten und den Klampen überspült. In Zusammenhang mit dem Freibord ist der Decksprung zu sehen. Ich kann Gründe dafür anführen, dass dieser mehr mit der Optik als mit der Seetüchtigkeit zu tun hat. Ich denke, dass eine gute Yacht ihre Enden auch ohne einen exzessiven Freibord mittschiffs über Wasser hält. Sie werden mit mir übereinstimmen, dass die wunderschönen Watson & Fyfe-Yachten aus dem frühen Jahrhundert ebenfalls funktionstüchtig waren.

Ein Cockpit, in das eine Menge Wasser passt, kann gefährlich sein. Man muss es aber in Relation zu der Größe und dem Reserveauftrieb des Rumpfes sehen. Es steht außer Zweifel, dass alle Cockpits selbstlenzend sein müssen – mit besonders großen Lenzrohren. Tiefe Cockpits bieten zwar Schutz und Annehmlichkeit, man muss aber immer das zusätzliche Gewicht durch übergekommenes Wasser bedenken. Viele Dinge mögen bei der Entscheidung über die Größe des Cockpits eine Rolle spielen – das kleinere Cockpit aber ist immer das sichere.

Die bisherigen Überlegungen sprechen nicht so sehr für Kielschwerter. Sie haben dennoch ihre Anhänger, und viele Entwürfe für Kielschwerter stammten von mir. Jedes Mal versuchte ich die Eigner davor zu warnen, dass Kenterungen möglich seien (wiewohl ich hoffte, dass das unwahrscheinlich sei). Denn zumeist war der Stabilitätsumfang geringer als wünschenswert. In anderen Fällen, bei denen der Tiefgang nicht zu eingeschränkt, das Verhältnis von Breite zur Tiefe nicht zu groß und andere Punkte wie der Freibord und die Decksaufbauten entsprechend proportioniert waren, schien der Stabilitätsumfang durchaus akzeptabel. Kielschwerter wie die von S & S entworfene SUNSTONE ex DEB sind bedingt durch ihren ziemlich tiefen Rumpf gute Beispiele dafür, dass auch Kielschwerter für Schwerwettersegeln geeignet sind (Abb. 1.2).

Ich hoffe, es ist sinnvoll gewesen, nacheinander über eine Reihe spezieller Eigenschaften nachzudenken. Jede hat zwar Einfluss auf die Fähigkeiten einer Yacht, am Ende zählt aber nur die Kombination aller Eigenschaften. Das Ausmaß der Indi-

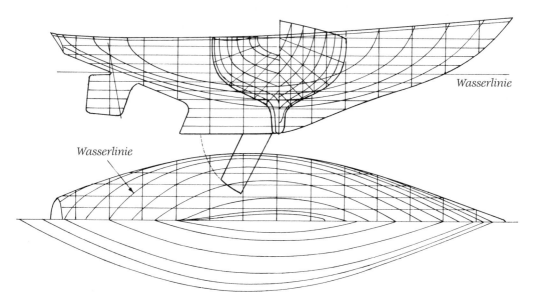

Abb. 1.2 *Linienriss von* Sunstone *ex* Deb. *Ihre derzeitigen Eigner, Tom und Vicki Jackson, leben das ganze Jahr über an Bord und waren wiederholt bei RORC-Regatten erfolgreich.*

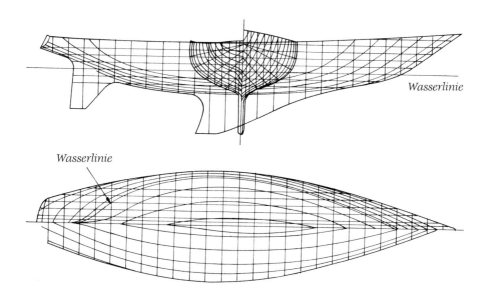

Abb. 1.3 *Linienriss von* War Baby *ex* Tenacious, *Gewinnerin des Fastnet Race 1979. Ihr jetziger Eigner, Warren Brown, hat sie intensiv gesegelt.*

vidualität sollte nicht übertrieben werden. Gute Leistung kann schließlich auf unterschiedlichen Wegen erreicht werden. Die guten Kombinationen aber bringen den Erfolg (Abb. 1.3, S. 25).

Wenn ich an eine Yacht denke, in der ich mich bei schwerem Wetter am wohlsten fühlen könnte, stelle ich mir eine vor, die in jeder Hinsicht ausgewogen, einfach, aber so stabil wie möglich ist. Ich würde extreme Verhältnisse zwischen Breite und Länge vermeiden, weder eine Leicht- noch eine Schwerdeplacementyacht bevorzugen, auch kein überhohes Rigg. Die Enden sollten ausreichend Auftrieb haben, aber weder zu scharf noch zu füllig, nicht zu überhängend, aber auch nicht glatt abgeschnitten sein. In meinem Seglerleben habe ich sorgfältig jede Kenterung vermieden und niemals diese Erfahrung gemacht. Von gelegentlichen Lecks und Schäden an Rumpf oder Rigg bin ich allerdings nicht verschont geblieben.

Zum Schluss empfehle ich noch einmal: mäßige Proportionen und eine Menge Stabilität.

2. Stabilität von Yachten bei großen, brechenden Wellen

Andrew Claughton

Ursachen von Kenterungen

Was bringt eine Yacht zum Kentern? Segeljollen und leichte Klassenboote mit festem Ballastkiel wie die J 24 können allein durch den Winddruck in den Segeln aufs Wasser gedrückt oder zum Kentern gebracht werden. Entsprechendes passiert bei größeren Yachten, wenn sie unter Spinnaker in den Wind schießen. Das kann so heftig sein, dass der Mast bis aufs Wasser gedrückt wird. Dann lässt aber der anluvende Einfluss des Spinnakers nach, und die Yacht kann sich wieder aufrichten. Die Erfahrung zeigt, dass in flachen Gewässern Böen allein eine Yacht nicht zum Kentern bringen können. Dasselbe gilt für hohe und steile Wellen. Der Wellenanstieg, der eine Jolle oder ein Klassenboot zum Anluven zwingt, kann den Wind bei der Verursachung einer Kenterung unterstützen. Die konventionelle Stabilität einer Yacht ist dagegen so angelegt, dass selbst Wind und Wellen sie nicht zum Kentern bringen können, egal wie hoch und steil sie sind.

Kenterungen kommen einzig und allein durch brechende Wellen zustande. Wird eine Yacht seitlich von einer hinreichend großen Welle erfasst, liegt es an der außergewöhnlichen Steilheit und an dem Aufprall des jetähnlichen Sturzbaches der brechenden Welle, dass der Mast bis aufs Wasser gedrückt wird. An diesem Punkt entscheidet die positive Stabilität der Yacht über ihr weiteres Schicksal. Entweder richtet sie sich wieder auf, oder sie setzt die Drehung bis zum Kopfstand fort, wo sie dann eventuell für einige Augenblicke verharrt, bis die nächste Welle ihr einen Schlag versetzt und sie wieder auf die Beine stellt. Ist der Sturzbrecher hoch genug oder sein Auftreffen zeitlich genau abgepasst, wird aus der Drehung eine volle Durchkenterung um 360°.

Wie hoch müssen brechende Wellen sein, damit so etwas passiert? Die Antwort fällt nicht gut aus. In Modellversuchen, in denen das Problem untersucht wurde, hat sich gezeigt, dass einige Yachten von einer brechenden Welle, deren Höhe 30% der Rumpflänge erreichte, zum Kentern gebracht worden wären, während Wellen, deren Höhe 60% der Rumpflänge ausmachte, alle Testboote unter sich begraben hätten. Konkret in Zahlen bedeutet das: Wenn eine 10 m lange Yacht an der falschen Stelle von einer 3 m hohen, brechenden Welle erfasst wird, besteht ein hohes Kenterrisiko. Ist die brechende Welle 6 m hoch, wird für jede Yacht aus diesem Risiko eine an Sicherheit grenzen-

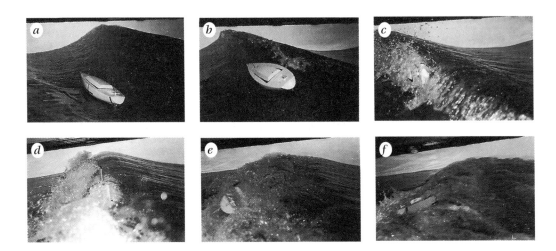

Der Test verdeutlicht die seitliche Kenterung eines Grundmodells mit Finnkiel.

a   *Quer zur Welle*
b   *Der Wellenkamm beginnt zu brechen*
c   *Krängung um 90°*

d   *Auf dem Kopf! Kiel und Ruder in der Luft*
e   *Fast wieder auf den Beinen*
f   *Alles wieder normal*

de Wahrscheinlichkeit. Wir haben zum Wort »Wellen« immer die Eigenschaft »brechend« hinzugefügt, um die Gefahr zu betonen, die von ihnen ausgeht. Große Wellen an sich sind kein Problem.

In der obigen Bildsequenz sieht man, dass die Modellversuche in Wellen stattfanden, die auf ihrer gesamten Länge auf einmal brachen, anders als die Wellen auf See, die kürzere brechende Wellenkämme haben, weil sich verschiedene Wellensysteme gegenseitig beeinflussen. Sobald der sich brechende Wellenkamm beim Aufprall so breit wie die Yacht lang ist, kriegt man die volle Wirkung zu spüren.

Wie kann man eine Kenterung vermeiden?

Die einfachste Antwort heißt: Brechende Wellen meiden! Das bedeutet nicht notwendigerweise, am Liegeplatz zu bleiben, wohl aber: »Meide unter bestimmten Wind- und Tidenbedingungen solche Seegebiete, in denen sich mit großer Wahrscheinlichkeit eine brechende See aufbaut!« Fischer z.B. helfen ihren kleinen Booten, indem sie brechende Wellen meiden. Die zuständigen norwegischen Behörden geben in ihren Wetterberichten die unbedingt zu meidenden Seegebiete bekannt.

Für die Fälle, dass man von extremen Wind- und Wellenbedingungen überrascht wird, sollte man eine Technik entwickeln, wie man sich überschlagenden Wellen aus dem Wege gehen kann. Während des Fastnet-Rennens 1979 waren viele Yachten in der Lage, aktiv segelnd ihre Fahrt fortzusetzen. Ihre Taktik kann man mit der eines Surfers vergleichen, der vom oberen Wellenkamm quer über die Vorderseite einer Welle seine Bahn zu dem nicht brechenden Teil einer Welle zieht und somit dem brechenden Teil aus dem Wege geht. Befindet sich eine Yacht vor oder hinter dem brechenden Teil eines Wellenkamms, ist die Gefahr vorbei. Solange die Welle beim Ausrollen Energie verliert, schiebt sich nämlich der Moment des Aufpralls weiter hinaus, und das Risiko einer Kenterung nimmt ab. Die Welle hat ihre größte zerstörerische Kraft, wenn sie gerade bricht – und unmittelbar danach. Aktives Segeln verhindert also, seitlich von der See getroffen zu werden. Das ist nämlich die Achillesferse einer Yacht. Es gibt bei dieser Taktik jedoch ein Risiko, das durch einen Steuerfehler hervorgerufen wird. Dadurch kann die Yacht querschlagen und dwars zu den Wellen kommen. Diese Taktik erfordert also eine harte und kompetente Crew mit großem Durchhaltevermögen. Trotzdem ist es eine vielfach angewandte und erfolgreiche Methode, um mit schwerem Wetter fertig zu werden.

Wie die Erfahrungen der Crews während des Fastnet-Rennens 1979 beweisen, kann man nicht immer Kenterungen vermeiden. Ermüdung der Crew oder Unterbemannung sind wohl eher Gründe für eine Kenterung oder einen K.-o.-Schlag. Die Untersuchung nach dem Fastnet Race hat eine Quantifizierung der Merkmale angestrebt, die ein Yachtentwurf für eine Überlebenschance in schwerem Wetter haben muss.

Bisher habe ich allgemein über die Stabilität gesprochen. Wir kommen aber nicht weiter, wenn wir nicht auch auf die Einzelheiten und die Physik eingehen, die eine segelnde Yacht aufrecht hält, oder nicht untersuchen, wie sich die Dinge verhalten, wenn der Mast auf dem Wasser liegt.

Abb. 2.1 (S. 30) zeigt die typische Kurve des aufrichtenden Moments (oder Stabilitätsmomentes). Sie beschreibt die Änderung des aufrichtenden Moments bei zunehmendem Krängungswinkel. Wir gehen davon aus, dass das gesamte Gewicht einer Yacht im Gewichtsschwerpunkt vertikal nach unten wirkt. Gleichzeitig wirkt die Auftriebskraft im Verdrängungsschwerpunkt vertikal nach oben. Unter dem aufrichtenden Moment versteht man das Drehmoment, das durch die zunehmende Verlagerung des Gewichtsschwerpunktes G gegenüber dem Verdrängungsschwerpunkt B erzeugt wird. Dabei liegt der Gewichtsschwerpunkt, solange die Crew das Boot nicht ausreitet, auf der Mittellinie des Bootsrumpfes, wogegen sich der Verdrängungsschwerpunkt je nach Krängung leewärts verlagert.

Man sieht sofort, dass einer normalen Krängung bis etwa 45° ein entsprechendes aufrichtendes Moment entgegensteht. Die Krängung durch den Winddruck in den Segeln kann konstruktiv entweder durch eine Verbreiterung der Yacht ausgeglichen werden, wodurch der Verdrängungsschwerpunkt weiter nach außen verlagert wird, oder durch einen tieferen Gewichtsschwerpunkt, wodurch man diesen weiter von dem Verdrängungsschwerpunkt entfernt. Was immer der Konstrukteur macht, eine Yacht muss im Bereich von 30°–40° Krängung ein angemessenes aufrichtendes Moment haben, damit sie eine anständige Segelfläche tragen kann.

Einige Yachten sind steif. Das bedeutet, dass das aufrichtende Moment bei Krängung sehr schnell anwächst. Bei ranken Booten steigt das aufrichtende Moment nicht so schnell an. Bei ihnen sitzt die Crew auch häufig auf der hohen Kante oder hängt im Trapez, um das aufrichtende Moment zu vergrößern. Durch die Umverteilung ihres Gewichts verlagern sie den Gewichtsschwerpunkt der Yacht weiter nach außen.

Wenn das aufrichtende Moment sein Maximum erreicht, liegt der Verdrängungsschwerpunkt gleichzeitig an seinem äußersten, leewärtigen Punkt. Von da an nimmt mit zunehmendem Krängungswinkel der vertikale Abstand (der aufrichtende Hebelarm) zwischen dem Verdrän-

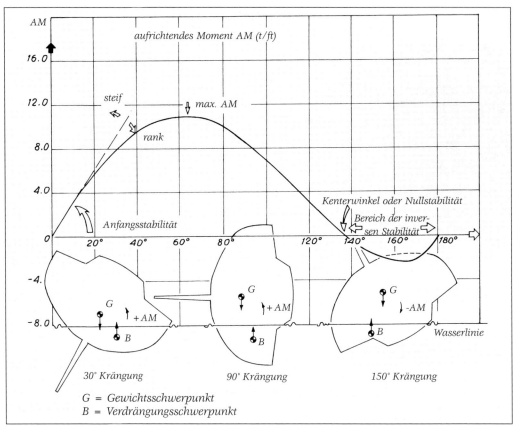

Abb. 2.1 *Typische Stabilitätskurve.*

gungs- und dem Gewichtsschwerpunkt kontinuierlich ab – und damit das aufrichtende Moment! Bei 90° ist es schon so klein, dass ein flatternder Spinnaker ohne Schwierigkeit den Mast einer quergeschlagenen Yacht auf dem Wasser festhalten kann. Bei ein paar Graden weiter liegen der Gewichts- und der Verdrängungsschwerpunkt in einer Linie. Aber leider in der falschen Reihenfolge! Hier liegt auch der Winkel, bei dem die Stabilität verloren geht. Man bezeichnet diese Stelle als Stabilitätsnullpunkt bzw. Kenterwinkel. An diesem Punkt befindet sich die Yacht in einem instabilen Gleichgewicht – wie ein Bleistift, der zu jeder beliebigen Seite fallen kann. Für die Yacht heißt das, entweder zurück zur stabilen Lage oder weiter bis zur totalen Überkopflage. Bei der 180°-Drehung sind die beiden Schwerpunkte in einer Linie, aber in einer ganz anderen Stabilitätslage zueinander; es sei denn, die Yacht ist total selbstaufrichtend. Bevor die hydrostatischen Kräfte wirken und die Yacht wieder aufrichten, müssen Kräfte von außen die Yacht bis zum Stabilitätsnullpunkt zurückdrehen. Den Bereich zwischen dem Kenterwinkel und der totalen Überkopflage (180°) bezeichnet man als den Bereich der inversen Stabilität.

Eine WESTERLEY KONSORT *(8,80 m) auf der Fahrt von den Azoren nach Schottland im April. Wenn eine derartig steile Welle just neben einer kleinen Yacht bricht, ist eine Kenterung kaum zu vermeiden. (Foto: Douglas Thomson)*

Um das Stabilitätsmoment einer Yacht zu berechnen, muss man mit einem Computer anhand der Rumpflinien die Lage des Verdrängungsschwerpunktes bestimmen. Die Position des Gewichtsschwerpunktes wird bestimmt, indem man die Yacht einige Grade krängt und das dabei entstandene Krängungsmoment misst.

Die Fähigkeit einer Yacht, sich vom Zusammenstoß mit einer brechenden Welle zu erholen, ist vom Rumpf und vom Kajütaufbau abhängig. Dabei ist weniger interessant, wie die Welle die Yacht zu fassen bekommt, sondern vielmehr, in welchem Umfang sie die Stabilitätskurve der Yacht beeinflusst.

Die Forschungsergebnisse über den Kentervorgang stammen aus Modellversuchen, die im Wolfson-Institut der Universität Southampton durchgeführt wurden. Die Tests wurden mit frei beweglichen Modellen in einem 60 m langen, 3,70 m breiten und 1,80 m tiefen Schlepptank vorgenommen. Die brechenden Wellen wurden mit computergesteuerten Schwingbrettern und der 40-kn-Wind mit Ventilatoren erzeugt. Das Verhalten der unterschiedlichen Rumpfformen wird in dem Bericht der Universität Southampton beschrieben. Diese Testergebnisse wurden durch die parallelen Untersuchungen des *Sailboat Committee of the Society of Naval*

31

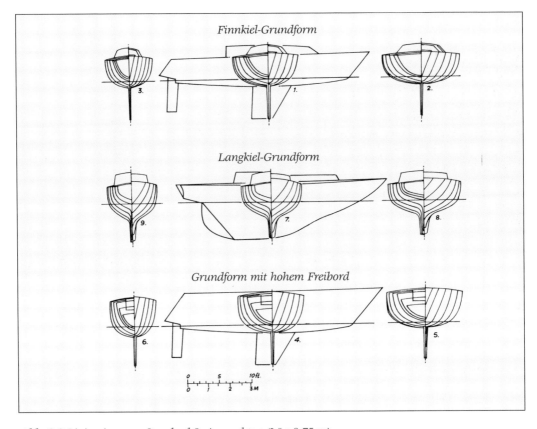

Finnkiel-Grundform

Langkiel-Grundform

Grundform mit hohem Freibord

Abb. 2.2 *Linienrisse von Standard-Serienyachten (Lüa 9,75 m).*

Architects and Marine Engineers/United States Yacht Racing Union (eine schiffbautechnische Vereinigung) ergänzt.

Die drei getesteten Grundrumpfformen gehörten zu einer traditionellen Yacht (7 in Abb. 2.2), einer typischen modernen Yacht mit Flossenkiel und Skeg (1) und zu einer gleichen Yacht ohne Kajütaufbau, aber größerem Freibord (4). Von diesen drei Grundformen stammen weitere sechs unterschiedliche Formen ab, die in allem den Grundformen entsprechen außer in der Breite, teilweise breiter (8, 2, 5) und teilweise schmaler (9, 3, 6). Nach diesen Linienrissen wurden Modelle gebaut, die eine 9,75 m lange Yacht im Maßstab 1:13

repräsentieren. Die Linienrisse der neun Modelle zeigt Abb. 2.2.

Die unterschiedlichen Eigenschaften der Rümpfe gestatteten individuelle Konstruktionsmerkmale, die unter folgenden Aspekten beurteilt werden sollten:

1. Hydrostatische Leistung, Kenterwinkel und Steifigkeit der Yacht
2. Reaktion beim Aufprall einer brechenden Welle
3. Kontrollierbarkeit der Yacht; das heißt, inwieweit Konstruktionsmerkmale aktives Segeln zur Vermeidung einer Kenterung unterstützen

Breite

Die Tests bezüglich der Änderung der Breite wurden an breiten und schmalen Ausführungen des Grundmodells 1 vorge-

nommen. Die Stabilitätskurven zu diesen drei Modellen zeigt Abb. 2.3. Der Gewichtsschwerpunkt hat bei allen den gleichen Abstand von Unterkante Kiel, und die Berechnungen zeigen deutlich den

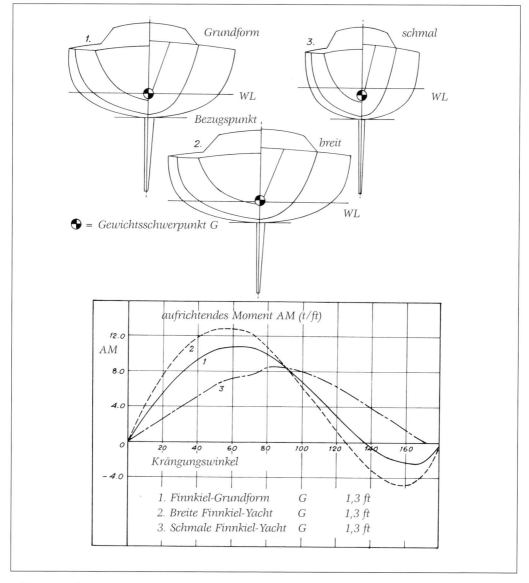

Abb. 2.3 *Hydrostatische Stabilität bei Finnkiel-Yachten unterschiedlicher Breite (Deplacement D = 4,5 t).*

Einfluss der Schiffsbreite auf die Stabilität und die Steifigkeit. Die breiteste Yacht (2) ist die steifste und hat das größte Stabilitätsmoment. Ihr Anteil an inverser Stabilität ist aber relativ hoch. Im Gegensatz dazu hat die schmale Yacht (3) eine deutliche Fähigkeit zum Selbstaufrichten, wäre aber – wie der flache Verlauf im ersten Teil der Kurve zeigt – hoffnungslos instabil.

Bei den Kenterversuchen konnten die Grundform (1) und die breite Form (2) von einer brechenden Welle, deren Höhe 40% der Rumpflänge (Lüa) hatte, umgedreht werden, wogegen die schmale Rumpfform lediglich bis 120° niedergedrückt wurde und sich dann wieder aufrichtete. Eine Welle von 55% Lüa, die von der Seite anrollte, brachte aber alle Boote zur Durchkenterung. Einer der Faktoren, der das Verhalten der breiteren Boote beeinflusste, war das Eintauchen des Decks auf der Leeseite, wenn das Boot von dem brechenden Wellenkamm seitwärts gestoßen wurde. Dies schien eine Kettenreaktion auszulösen, die das schmale Boot vermeiden konnte. Beim Ablaufen vor der See erwies sich der breite Rumpf als schwierig zu beherrschen und er zeigte keine Bereitschaft mehr, die Wellen hinunterzusurfen wie die schmaleren Schwestern.

Freibord

Im Weiteren wurde das Verhalten des Modells mit geringem Freibord und einem Kajütaufbau (1–3 in Abb. 2.2) mit dem Verhalten des Modells mit großem Freibord und Glattdeck (4–6) verglichen. Beide Modelle wiesen die gleiche Neigung zum Kentern auf, wobei sich zeigte, dass ein höherer Freibord das Kenterrisiko nicht verstärkt. Bei einer Kenterung besitzt die Yacht mit dem geringeren Freibord und einem Kajütaufbau die größere Fähigkeit, sich selbst aufzurichten.

Betrachtet man die Stabilitätskurven dieser beiden Rümpfe, kommt man zu dem Ergebnis, dass der Auftriebsanteil des Kajütaufbaus den Bereich der inversen Stabilität vorteilhaft verringert. Das zeigen sehr gut die Stabilitätskurven dieser beiden Rümpfe (Abb. 2.4). Genauso interes-

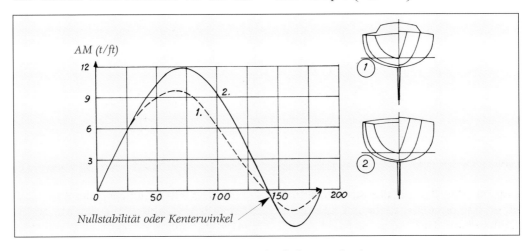

Abb. 2.4 *Aufrichtendes Moment (AM) bei unterschiedlichem Freibord:*
  1. Finnkiel-Grundform mit Kajütaufbau
  2. Höherer Freibord ohne Kajütaufbau

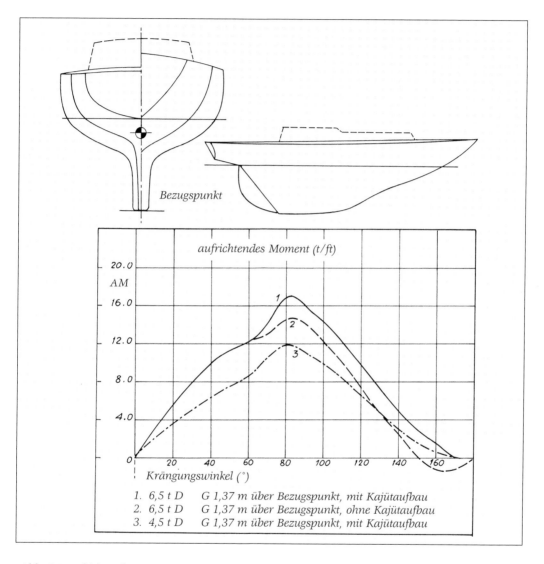

aufrichtendes Moment (t/ft)

Krängungswinkel (°)

1. 6,5 t D   G 1,37 m über Bezugspunkt, mit Kajütaufbau
2. 6,5 t D   G 1,37 m über Bezugspunkt, ohne Kajütaufbau
3. 4,5 t D   G 1,37 m über Bezugspunkt, mit Kajütaufbau

Abb. 2.5 *Aufrichtendes Moment (AM) bei Langkiel-Yachten. Verdrängung (D) = 4,5 und 6,5 t.*

sant ist Abb. 2.5 mit der Stabilitätskurve einer traditionellen Yacht mit und ohne Kajütaufbau. Hier zeigt sich, in welch deutlichem Umfang der Auftrieb des Kajütaufbaus den Kenterwinkel hinausschiebt.

Die Analyse der statischen Stabilität beweist, dass ein weiteres Anwachsen des Kajütaufbau-Volumens die inverse Stabilität völlig eliminieren kann. (Ein Konzept, das beim Bau von Seenotrettungsbooten verfolgt wird.) Dieses leistet insbesondere ein sehr leichtes, breites und sich selbst aufrichtendes Fahrzeug.

Flossenkiel oder Langkiel?

Eine der augenfälligsten Entwicklungen im Yachtdesign in den letzten 20 Jahren ist die deutliche Reduzierung der Lateralfläche des Kiels. Dieser Aspekt wurde bei den Untersuchungen im Schlepptank nicht nur durch Vergleich zwischen traditionellen und modernen Entwürfen beurteilt, sondern auch durch Hinzufügen von Verlängerungsstücken vorn und hinten am Flossenkiel, wodurch die Kielfläche annähernd verdreifacht wurde, wie Abb. 2.6 zeigt. Dabei stellten sich kaum erkennbare Verbesserungen bezüglich des Widerstandes gegen Kenterungen ein und – zur großen Überraschung – nur eine geringfügige Verbesserung der Kontrollfähigkeit beim Segeln vor dem Wind.

Ein ähnliches Ergebnis brachte ein Vergleich bezüglich des Kenterwiderstandes zwischen einem Flossenkiel- und einem traditionellen Entwurf – vorausgesetzt, bei beiden wurden das Gesamtgewicht und die Position des Gewichtsschwerpunktes nicht verändert. Keiner der Entwürfe zeigte eine erkennbare Überlegenheit, obwohl der traditionelle Entwurf mit der schmalen Breite und dem großen Kajütaufbau natürlich einen größeren Kenterwinkel

hatte und sich deshalb leichter von einem Niederschlag erholte.

Das Modell mit dem traditionellen Entwurf ließ sich den Wellenhang hinunter leichter steuern und kontrollieren und kam trotz des größeren Gewichts ohne weiteres ins Surfen. Bei einem modernen Entwurf war es dagegen schwierig, die See achterlich zu halten, und war der Rumpf erst einmal vom Kurs abgebracht, drehte er sich seitlich zu der brechenden Welle und war in dieser Position leicht verletzlich und anfällig für eine Kenterung.

Diese Tests beweisen also, dass die Lateralfläche allein nicht den Kenterwiderstand verbessert und dass die Kontrolle den Wellenhang hinunter nicht allein von der Kielfläche bestimmt wird. Es waren die besser ausbalancierten Enden des traditionellen Entwurfs, die bei der Kontrollfähigkeit behilflich waren, etwa wie die größere Lateralfläche des Kiels, weil sich nämlich das Heck, wenn eine Welle von achtern anrollte, weniger anhob und folgerichtig der Bug weniger eintauchte.

Der moderne Entwurf mit dem breiteren Heck hat den Nachteil, dass eine durchlaufende Welle das Heck anhebt und den Bug tief niederdrückt. Der Bremseffekt am Bug kann ein starkes Drehmoment auf den

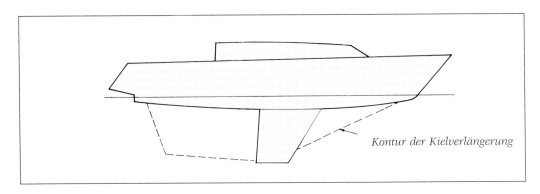

Kontur der Kielverlängerung

Abb. 2.6 *Verlängerung des Kiels.*

Rumpf ausüben, und weil das Ruder nicht schnell genug gegen das Drehmoment eingesetzt werden kann, läuft die Yacht sozusagen aus dem Ruder und schlägt quer.

Das unterschiedliche Verhalten der drei Modelle – der traditionellen Langkiel-, der Flossenkiel- und der vergrößerten Flossenkielform – gaben einen kurzen Einblick in die komplizierte Reaktion der Rumpfmerkmale auf die Kontrollierbarkeit, wenn die Yacht vor großen Wellen ablief. Das schnelle Gleiten und die gute Kontrolle des traditionell entworfenen Modells waren eine Überraschung. Die Resultate können aber nicht zu einer abschließenden Beurteilung über traditionelle und moderne Yachten führen. Weil ein leichterer Rumpf sich von einer von achtern anrollenden Welle bereitwilliger nach vorne tragen lässt und von dem Welleneffekt profitiert, muss er so geformt sein, dass er sich leicht auf Kurs halten lässt. Bei sehr harten Winden, wie beispielsweise in Überlebenssituationen, kann eine Yacht mit breitem Heck von den Segeln schnell vorangetrieben werden. Der fehlende statische Auftrieb im vorderen Rumpfteil wird dann durch den dynamischen Auftrieb, der beim Aufgleiten des Bugs auf die Wasserschichten entsteht, kompensiert. Dadurch wird der Bug hochgedrückt, und der Rudergänger kann die Yacht gelassen steuern. Wenn jedoch plötzlich der Antrieb durch die Segel ausfällt und die Yacht ihre Geschwindigkeit verliert – diese Situation wurde in den Tests nachgestellt –, wird deutlich, dass ausgewogene Enden einen hohen Kontrollwert haben. Bei all den vielen Aspekten der Leistung einer Segelyacht ist die Kombination aller Entwurfsmerkmale entscheidend, und das Geschick des Designers liegt darin, Rumpfform, Kielfläche und Gewicht mit Erfolg in ein harmonisches Ganzes zu bringen.

Verdrängung, Gewichtsschwerpunkt und Rollträgheit

Diese drei Parameter unterscheiden sich von den bisher besprochenen dadurch, dass sie entgegen den ersten Parametern, die durch den Entwurf festgelegt und fix sind, ohne weiteres abgeändert werden können.

Erhöht man die Verdrängung einer Flossenkiel-Yacht um 60% und bleiben alle anderen Faktoren gleich, wird die Neigung zum Kentern nur geringfügig verändert. Ein größeres Deplacement verbessert jedoch ihre Kurshaltequalitäten und damit ihren Widerstand gegen ein Querschlagen. Dieser Aspekt kommt nicht unerwartet, wenn man sein Augenmerk auf die statische Stabilität lenkt und darauf, wie man in Abb. 2.5 sieht, dass bei einem größeren Deplacement das aufrichtende Moment fast linear ansteigt.

Senkrechte Veränderungen des Gewichtsschwerpunktes bringen einige faszinierende Resultate ans Licht. Große Verschiebungen des Gewichtsschwerpunktes haben einen überraschend geringen Einfluss auf die Kenterneigung. In Wirklichkeit war es in einigen Fällen sogar so, dass eine hohe Anordnung des Gewichtsschwerpunktes (G) mehr Widerstand gegen einen Niederschlag brachte. Für das schnelle Wiederaufrichten nach einer Kenterung ist es günstig, wenn der Gewichtsschwerpunkt nicht zu hoch liegt.

Bei einer zu hohen Lage des Schwerpunktes wird der Umfang der inversen Stabilität sehr groß. Ein tieferer Schwerpunkt kommt der Kontrolle von Booten mit größerer Verdrängung zugute, denn die Steifigkeit nimmt bei normaler Krängung zu. Abb. 2.7 zeigt, wieweit die Lage des Gewichtsschwerpunktes die Form der Stabilitätskurve beeinflusst.

Ein anderer Aspekt, der mit dem Gewicht

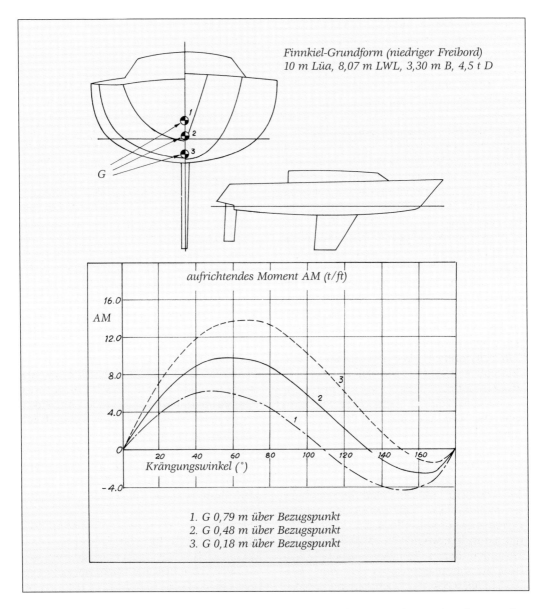

Finnkiel-Grundform (niedriger Freibord)
10 m Lüa, 8,07 m LWL, 3,30 m B, 4,5 t D

aufrichtendes Moment AM (t/ft)

1. G 0,79 m über Bezugspunkt
2. G 0,48 m über Bezugspunkt
3. G 0,18 m über Bezugspunkt

Abb. 2.7 *Stabilitätskurven von Modellen mit Gewichtsschwerpunkt über und unter dem der Grundform (Abb. 2.3.).*

und dem Schwerpunkt in Zusammenhang steht, ist der Widerstand gegen das Rollen oder der Trägheitsradius. Das Trägheits- moment wächst, wenn man die Teilge- wichte der Yacht weiter vom Gewichts- schwerpunkt entfernt. Dadurch wird die

Yacht von Kräften, die Rollen verursachen, weniger beeinflusst. Das kann man mit Schlittschuhläufern vergleichen, die die Kontrolle über ihre Geschwindigkeit in der Weise behalten, indem sie mit den Armen pendeln und somit bei Bedarf Gewicht nach außen verlagern. Bei einer Yacht erreicht man ein großes Trägheitsmoment durch einen schweren Mast und einen möglichst tiefen Ballast, am besten noch am Ende eines tiefen Kiels. Die Kenterversuche zeigen, dass das Trägheitsmoment den größten Einfluss auf den Kenterwiderstand hat. Als grobe Richtlinie kann gelten: Wächst das Trägheitsmoment eines Bootes um 50% an, kann die Wellenhöhe, die eine Kenterung herbeiführt, um 10 bis 15% höher sein. Das kann man bei Experimenten erkennen, aber der Effekt auf das allgemeine Kenterrisiko ist äußerst gering. Vorsicht ist jedoch geboten, wenn das Trägheitsmoment durch das Aufstellen von schwereren Masten verbessert werden soll, der zusätzliche Ballast aber vergessen wird. Dann wird der Gewichtsschwerpunkt nach oben verlagert und der Kenterwinkel gefährlich reduziert.

Zusammenfassung

Die Versuche mit den Modellen und die hydrostatischen Kalkulationen ermöglichen uns, den Einfluss der verschiedenen Grundparameter eines Yachtentwurfs bezüglich deren Fähigkeit, einer Kenterung zu widerstehen oder sich nach harten Niederschlägen durch Brecher wieder aufzurichten, zu beurteilen. Abb. 2.8 auf Seite 40 fasst die Ergebnisse der Tests und der Berechnungen zusammen. Sie zeigen, wie stark die fundamentalen Entwurfparameter das Kentern, die Stabilität und das charakteristische Verhalten einer Yacht beeinflussen.

Die stärksten Einflüsse auf eine Kenteranfälligkeit kann man an folgenden zwei unterschiedlichen Formen erkennen:

1. Ein schmales Boot scheint in Bezug auf den Kenterwiderstand einen Vorteil zu haben. Es kann nämlich, wenn es quer zu den Wellen liegt, von brechenden Wellen mühelos querversetzt werden. Zudem vergrößert die geringe Breite den Kenterwinkel.

2. Ein Langkieler ist aufgrund des geschlossenen Lateralplans und der ausgewogeneren Enden bei nachfolgender See weniger anfällig. Er lässt sich nicht so leicht querschlagen und kentern.

Aus den Tests wurde deutlich, dass Yachten, deren Kenterpunkt unter 140° liegt (Finnkieler), von brechenden Wellen, die sie gepackt haben, eine ganze Weile vor sich hergetrieben werden. Auf der anderen Seite bringt ein hohes Maß an Anfangsstabilität (durch größere Breite), das eine Yacht steif macht, kein Plus an Widerstandskraft gegen eine Kenterung durch eine brechende Welle.

Anscheinend bestimmt aber der Umfang der Stabilität bei 100° bis 130° Krängung den hydrostatischen Widerstand gegen eine Kenterung und eine komplette Drehung.

Der Kenterwinkel repräsentiert ein fundamentales Maß für die Fähigkeit einer Yacht, sich nach einem Zusammenstoß mit einer brechenden Welle schnell wieder aufzurichten, und die Entwurfparameter bestimmen, ob aus dem Aufprall ein Niederschlag und ein schnelles Aufrichten oder ein voller Überschlag wird.

Der Kenterwinkel ist für die Betriebserlaubnis von Segeltrainingsbooten und -yachten besonders wichtig und wird durch die nachfolgende Formel bestimmt:

$\text{KW} = \text{B}^2/(\text{R} \times \text{T} \times \text{V}^{1/3})$

KW = Kurvenwert

B = maximale Breite (m)

R = Ballastrelation: $\dfrac{\text{Kielgewicht}}{\text{Gesamtgewicht}}$

T = Rumpftiefgang, gemessen bei B/8 von der Mittellinie (m)

V = Verdrängung (m³)

Der Kenterwinkel WNS beträgt dann ≅ 110° + 400°/(KW − 10)

Eine Überprüfung der Formel zeigt, dass zunehmende Breite (B) den Kenterwinkel (WNS) verkleinert und damit die Stabilität verschlechtert, wogegen steigende Ballastrelation (R), größerer Rumpftiefgang (T) und zunehmende Verdrängung (V) den Kenterwinkel vergrößern und damit die Stabilität verbessern.

Es muss betont werden, dass die Formel nur eine Annäherung erlaubt und auf Re-

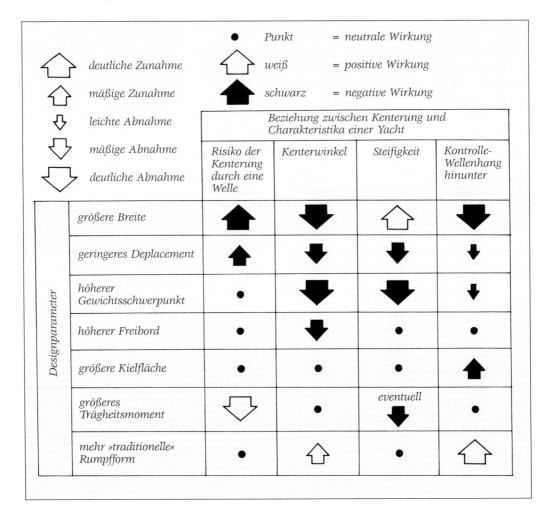

Abb. 2.8 *Zusammenfassung der Einflüsse vom Design auf eine Kenterung.*

sultaten von tatsächlich durchgeführten Tests und Berechnungen bei typischen Segelyachten basiert. Damit soll auf zweierlei hingewiesen werden: Erstens kann in einigen Fällen der Kenterwinkel (WNS) 10° bis 15° über oder unter dem errechneten Wert liegen, und zweitens lässt sich die Formel nicht auf ungewöhnliche Yachtformen übertragen. Trotzdem ist sie eine gute Richtschnur. Notfalls können die genauen Winkelwerte und die gesamte Stabilitätskurve mit einem erprobten und eingespielten Messverfahren und einem Computer berechnet werden.

Der Vorteil aus einer größeren Verdrängung und einem stärkeren Trägheitsmoment wird aus den Tests ebenfalls deutlich. Gleichzeitig werfen diese Ergebnisse ein Schlaglicht auf die Schwierigkeit der Designer, schon beim Entwerfen die Kenterneigung zu minimieren. Viele Entwurfsmerkmale werden bereits mit Blick auf die Vermeidung einer möglichen Kenterung angelegt, sie verschlechtern aber dadurch vernünftiges Segeln und das Leben an Bord – was bei allem die wichtigste Funktion einer Yacht ist und bleibt. Eine geringe Breite verringert zum Beispiel sowohl das Volumen der Yacht als auch ihr Segeltragevermögen. Große Trägheit führt zu übermäßigem Stampfen in der See usw. Wenn man auch den Modelltests sehr kritisch gegenübersteht, haben sie dennoch einige entscheidende Trends aufgezeigt: Keine Rumpfform – mit welcher Ballastkombination auch immer! – kann anhaltend einer Kenterung widerstehen, wenn die Wellenhöhe 55% der Rumpflänge entspricht. Außerdem werden alle Yachten bis 130° gekrängt, wenn sie zur genau richtigen Zeit und an der richtigen Stelle von einer brechenden Welle erfasst werden, die 35% der Rumpflänge hat. Das führt zu der Vermutung, dass, wenn die Sturzbrecher nur ein wenig

höher werden, Formänderungen, die den Kenterwiderstand verbessern sollen, nur wenig leisten.

Wie lautet nun die Antwort auf die Frage, wie man Kenterungen vermeidet? Der beste und effektivste Weg ist, brechende Wellen zu meiden und Seebedingungen aus dem Weg zu gehen, bei denen solche Wellen leicht vorkommen können. Geraten Sie dennoch in solch extreme Bedingungen, halten Sie die Yacht unter Segeln in Fahrt, damit Sie sich von den brechenden Wellenkämmen fern halten können. Entweder surfen Sie die Welle hinunter, oder Sie lassen den Kamm am Bug vorbeirauschen. Dadurch vermeiden Sie das gefährliche, seitliche Anrollen der See und verzögern den Aufprall der Sturzbrecher so lange, bis diese ihre Energie verschüttet haben. Wie bereits früher gesagt, verlangt diese Taktik aktives Rudergehen und einiges Geschick. In solchen Situationen braucht man eine gute und erfahrene Regattacrew. Eine unterbesetzte Fahrtenyacht gerät schnell an ihre Grenzen.

Sind die Bedingungen einmal so hart, dass sich die Crew nicht an Deck aufhalten kann, muss die Yacht für sich selbst sorgen. Unglücklicherweise haben alle Yachten, wenn man sie sich selbst überlässt, die natürliche Tendenz, sich quer zu Wind und Wellen zu legen. In dieser Position ist die Yacht am leichtesten zu verletzen. Dann kommen die Entwurfsmerkmale ans Licht. Es zeigt sich, wie groß der Kenterwiderstand und die Aufrichtfähigkeit der Yacht sind. Man sollte jedoch wissen, dass es nicht einen einzigen konventionellen Yachtentwurf gibt, der bei den oben genannten Bedingungen nicht kentert. Es ist jedermann einsichtig, dass, je größer eine Yacht ist, die Chance wächst, von einer Welle getroffen zu werden, die sie zum Kentern bringt.

Nach unseren Tests und Berechnungen,

Eine kleine Yacht wird wahrscheinlich kentern, wenn sie von einem einzigen Brecher wie diesem Südpazifikroller seitlich erfasst wird. (Foto: Rick Tomlinson)

bei denen all die genannten Entwurfsmerkmale geprüft wurden, herrscht doch etwas Enttäuschung darüber, dass es keine Kombination aus Rumpfform und Ballast gibt, die einen tatsächlichen Schutz vor dem Kentern bietet, wenn die Welle etwa zur doppelten Höhe aufläuft.

Es ist erwähnenswert, dass in den letzten Jahren das Wolfson Unit seine Experimente mit der Unterstützung des Royal Ocean Racing Clubs fortgesetzt hat, um den Einfluss von Treibankern auf das Verhalten einer Yacht bei brechenden Wellen besser einschätzen zu können. Diese Untersuchung wurde in den USA von Donald Jordan durch ähnliche Studien ergänzt. Alle Studien zeigen, dass der Einsatz eines geeigneten Treibankers, der über Heck ausgebracht wird, die Yacht ständig mit dem Heck zu Wind und Wellen hält, so dass jede brechende Welle nur den Spiegel der Yacht sieht und kein Kentern verursachen kann. Mithilfe eines ausreichend großen Seeankers könnte selbst die leichteste und breiteste Flossenkiel-Yacht eine Welle mit einer Höhe von 55% der Schiffslänge ohne Unterstützung des Rudergängers sicher überstehen. Wogegen sie schon von

Untersuchungen zum Kenterverhalten und Treibankereinsatz an einem breiten Modell mit Finnkiel.

einer 35-Prozent-Welle, die sich bricht und von der Seite anrollt, leicht durchgekentert wird. Wir waren leider nicht in der Lage, größere Wellen in dem Schlepptank zu erzeugen.

Dadurch kamen wir in der Untersuchung der sicheren Wellenhöhe nicht weiter. Wie man in der Bilderfolge sieht, bewegt sich die Yacht mit achtern ausgebrachtem Treibanker direkt die Welle hinunter und mit einer unbedeutenden Kursänderung durch die Gischt des Wellenkamms. Deshalb ist es durchaus möglich, dass der Treibanker die einfachste und zuverlässigste Methode ist, das Kenterrisiko zu mindern.

3. Designtrends bei Schwerwetteryachten

Peter Bruce

Nach all den Jahren der Weiterentwicklung könnte man meinen, es gäbe längst die optimale Rumpfform einer Yacht. Die gibt es aber aus diesem oder jenem Grunde nicht. Neue Yachten weisen immer wieder Veränderungen auf; keine ist wie ihre Vorgänger. Im Laufe der Weiterentwicklung verschwinden einige wünschenswerte Details, andere entwickeln sich weiter. Mit anderen Worten: Die Bootsindustrie produziert genau das, was die Leute wünschen – und das sind: Geschwindigkeit, Geräumigkeit, ansprechende Form, Komfort, eine Menge Elektronik, mühelose Bedienung und wenig Tiefgang. Die weniger augenscheinlichen Merkmale wie Seetüchtigkeit – insbesondere Stabilität – und Festigkeit der Verbände werden von Käufern zumeist als selbstverständlich angesehen.

Anders als Fahrtenyachten unterliegen Regattayachten in der Regel einer Handicap-Formel, die die Designer zur Verbesserung der Seetüchtigkeit nutzen könnten. Aber aufgrund des Drucks der Eigner werden die Formeln vornehmlich zur Vergleichbarkeit der Konkurrenten verwendet. Bis Mitte der 1970er Jahre waren Seetüchtigkeit und Festigkeit die obersten Ziele bei Regattayachten. Seitdem genießen sie den Ruf, dass die Crews allein zurechtkommen müssen, wenn es zu blasen beginnt. Früher gab es kaum eine Yacht, die die Regatta abbrechen musste, weil der Entwurf und die Konstruktion nicht stimmten oder weil Ausrüstungsteile brachen.

Entwürfe in den 1950er und 1960er Jahren

Einige Vergleiche sollen das Problem verdeutlichen. In einem Brief beschreibt John McDonell einen Sturm, der ihn mit seiner CAVALIER auf dem Heimweg vom Sydney–Hobart Race im Jahre 1963 erwischte, bei dem er den zweiten Platz belegt hatte. Die 9,40 m lange Holzyacht war bei Swanson Brothers in Sydney gebaut worden. Nach modernen Gesichtspunkten war die Yacht wohl extrem schwer und nach heutigem Standard ohne jeglichen Komfort. Da sie nach der Kenterung keine Beschädigung aufwies, muss man sie wohl als überaus seetüchtig bezeichnen. Die CAVALIER hielt dem Sturm problemloser stand, als man aufgrund ihres traditionellen Entwurfs vermutet hätte. Von John McDonell kamen nicht so viele Klagen, wie man erwartete. Zunächst kritisierte er nur, dass das Cockpit nicht schnell genug lenzte. Das zweite Problem in dem Sturm war: Die Yacht war nicht ausreichend schnell, um Brechern auszuweichen. Yachten, die ein hohes Geschwindigkeitspotential haben, müssen ständig und geschickt

Viele alte Entwürfe, wie die der Cavalier, *sind in Hinsicht auf schwere Bedingungen extrem stabil in Holz gebaut. Bemerkenswert der Kajütaufbau, der aussieht, als habe ihn ein Brecher eingedrückt, und das kleine Seitenfenster, das leicht verblockt werden kann, wenn es eingedrückt wird. (Foto: John McDonell)*

gesteuert werden. Das bringt den gewünschten Erfolg, vorausgesetzt, es sind hoch motivierte und absolut fähige Rudergänger an Bord. Regattayachten wie die beim Whitbread Round the World Race haben genügend solcher Rudergänger; Fahrtenyachten dagegen selten.

Ein Aspekt in John McDonells Bericht ist interessant und unterscheidet ihn von anderen: In neueren Sturmberichten wird immer der Kampf beschrieben, die Geschwindigkeit auf ein komfortables Maß zu verringern. Dass sich die Cavalier steuern ließ, lag vermutlich an dem Einsatz des Motors. Er verhinderte das abrupte Abstoppen der Yacht in den Wellentälern. Weil dadurch die Strömung in dem gesamten Zeitraum am Ruder nicht abriss, blieb die Yacht steuerbar.

Tatsache ist, dass viele, traditionell gebaute Yachten für ihre guten Seeeigenschaften berühmt sind, insbesondere die, die Olin J. Stephens gezeichnet hat. Hier ist ein Sturmbericht über einen seiner Entwürfe, die Half Pint, eine Swan 36. Geschrieben hat ihn der Eigner Christopher Price, der die Seetüchtigkeit des Rumpfes hervorhebt:

Mein Partner und ich liefen am 13. Dezember 1968 von Gibraltar aus mit Kurs Lanzarote auf den Kanaren. Der Wetterbericht sagte leichte bis mäßige nordöstliche Winde voraus. Am 24. Dezember war unsere Position genau 25 sm nördlich von Casablanca. Der Wind nahm in der Nacht ständig zu, und gegen 06.30 Uhr blies er mit anhaltenden 40 kn aus SW. Ich beschloss beizudrehen. Dadurch wurden die Schiffsbewegungen erträglicher.

Gegen 10.00 Uhr hatte der Wind auf 45–50 kn zugenommen. Von da an liefen wir mit Sturmfock allein vor dem Wind ab, parallel zur Küste. Die See war sehr kurz. Nur unter Sturmfock laufend knallte die Yacht in die Rückseite der Wellen. Gegen 15.30 Uhr schlug sie quer; der Mast wurde flach aufs Wasser gedrückt. Die Yacht richtete sich sofort wieder auf. Schnell knoteten wir zwei Leinen von je etwa 35 m Länge zusammen und brachten sie achtern erst über die vorderen, dann über die hinteren Winschen in einer Bucht aus. Der Zeiger unserer Windmessanlage sprang in Böen auf über 60 kn. Bei diesem Szenario gab es keine andere Wahl, als die Fock zu streichen und nur noch vor Topp und Takel zu lenzen. Die Yacht lief immer noch mit 5 bis 6 kn. Die Schiffsbewegungen wurden etwas angenehmer. Die Selbststeueranlage war in der Lage, die Yacht relativ gut auf Kurs zu halten. Der Wind fiel weiter von achtern ein und pendelte im hinteren Quadranten zwischen 15 und 20°. Der

Regattayachten für Weltumsegelungen haben gewöhnlich mehrere gute Rudergänger an Bord. (Foto: Philippe Schiller/PPL)

orkanartige Sturm mit über 60 kn hielt fast die gesamte Nacht durch an. Gegen 01.30 Uhr wurde die Yacht zum zweiten Mal aufs Wasser gedrückt. Wir mussten schließlich jede halbe Stunde die Bilge lenzen, weil ununterbrochen grünes Wasser über uns herfiel. Die Rundfunkreporter behaupteten, das Barometer sei in diesem Gebiet seit 14 Jahren nicht auf einem derart niedrigen Stand gewesen.

Die Yacht verhielt sich während der gesamten Dauer des Sturms sehr gut. Wir haben unsere Fahrt für drei Jahre fortgesetzt (Brasilien, Karibik, Bahamas, USA), sind aber nie wieder in eine ähnliche Situation gekommen.

In diesem Beispiel läuft die Swan 36 mit achtern ausgebrachten Leinen eine gute Geschwindigkeit. CAVALIER hatte keine Leinen ausgebracht. HALF PINT war – relativ gesehen – nicht ganz so schwer wie CAVALIER und wäre vermutlich unkontrollierbar gesurft, wenn sie nicht achtern gebremst worden wäre. Unterschiedliche Boote erfordern unterschiedliche Methoden. Die beiden Berichte legen die Vermutung nahe, dass beide Yachten, deren Design aus den 60er Jahren stammte, ein exzellentes Seeverhalten hatten. Ideal für regattafähige Tourenyachten. Seit den 1960er Jahren entwickelte sich das Yachtdesign mehr unter dem Gesichtspunkt der Leistungsfähigkeit bei Regatten. Die Yachten wurden immer leichter und breiter mit wachsendem Freibord. Finnkiele und freistehende Ruder wurden zur Norm. Die Yachten wurden schneller und sie zu segeln immer aufregender.

Fastnet Race 1979

Die Geschichte des Fastnet-Sturms von 1979, eines ungewöhnlich heftigen Sturms im Sommer, wird in einem besonderen Bericht in diesem Buch erzählt. Hier soll noch einmal das Augenmerk auf die Stabilität der Yachten aus dieser Zeit gerichtet werden. Bei einer Kenterung, von der berichtet wird, lag der Kenterwinkel bei 118°. Das Boot blieb einige Minuten lang kopfüber liegen. Erwähnenswert bleibt, dass in dieser Zeit der Kiel nicht abbrach.

Vasco Da Gama Race 1984

Nach dem enormen öffentlichen Interesse an allem, was mit dem Fastnet-Desaster zusammenhing, glaubten die Leute, die Lektion von 1979 sei verstanden worden. Am 26. April 1984 verursachte ein nicht vorhergesagter Sturm ein Chaos unter den 29 Teilnehmern am Vasco Da Gama Race von Durban nach East London. Wind von mindestens 60 kn blies über sechs Stunden lang gegen den Agulhasstrom und erzeugte eine See, die drei Yachten zum Sinken brachte und den Zweitonner SENSATION an die Küste warf. Eine der gesunkenen Yachten, die RUBICON, verschwand spurlos. Drei Yachten kenterten vollständig durch. Dabei verlor beispielsweise die SPIFFERO, eine Dufour 34, ihren Mast, die an Deck gestaute Rettungsinsel, die Maschine und die Batterie lösten sich aus ihren Halterungen. Die Rettungsinsel ging verloren, und als das Durcheinander beiseite geräumt war, überschlug sich die Yacht ein zweites Mal.

Der offizielle Bericht, an dem nicht zu zweifeln ist, besagt, dass die Yachten kompetent besetzt waren und dass alle Sicherheitsvorschriften eingehalten wurden. Die Frage, die bleibt, lautet: Sind moderne Yachten ausreichend optimiert für extremes Wetter?

Japan–Guam Race 1991

Bei allen dann folgenden Hochseeregatten gab es keine Probleme – bis 1991. Da erreichte die Frage nach der Stabilität, die nun in Zusammenhang mit der Festigkeit von Regattaboot-Konstruktionen erörtert wurde, einen neuen Höhepunkt. Die Tragödie dieses Japan–Guam Race, bei dem 14 Segler ihr Leben verloren, erlangte nicht viel Publizität in der westlichen Welt. Ich danke Barry Deakin vom Wolfson Unit, der 1992 folgenden Bericht schrieb:

Das 7. Japan–Guam Race startete am Mittag des 16. Dezember 1991 vor der Halbinsel Miura südlich von Tokio. Neun Yachten kreuzten die Startlinie bei winterlichen Bedingungen. Ziel war die Tropeninsel Guam, 1 300 sm entfernt auf südlichem Kurs.

Am Nachmittag des folgenden Tages – der Wind blies mit 30 kn und die Wellen waren 6 m hoch – kehrten zwei Yachten zurück. Die eine, eine Van de Stadt 71, war entmastet, die andere, eine Frèrs 48, hatte ein zerrissenes Großsegel. Um 15.40 Uhr fiel ein Crewmitglied, das versuchte, ein Backstag in Ordnung zu bringen und keinen Sicherheitsgurt trug, von Bord der MARINE MARINE, einer Yokoyama 39. Der Mann wurde nicht wiedergefunden.

Am Mittag des 28. Dezember wurde ein weibliches Crewmitglied, das aufgrund starker Seekrankheit erschöpft und körperlich ausgelaugt war, einem Wachboot übergeben, das bei der Suche Hilfe geleistet hatte. 24 Stunden später – die raue Wetterlage war unverändert – wurde der Motor der MARINE MARINE gestartet. Es hatte sich jedoch eine Leine um den Propeller gewickelt und blockierte den Motor. Eine Trosse sollte zu einem zweiten Wachboot ausgebracht werden, das fünf Anläufe unternommen hatte, eine Leine zur Yacht hinüberzubringen. An jenem Abend bemerkte ein Crewmitglied, dass die Rollbewegungen der Yacht ungewöhnlich waren. Die Übergabe der Crew an das Wachboot sei notwendig. Wegen der

Dunkelheit und der rauen Bedingungen erachtete man die Aktion aber für zu gefährlich. Die Crew zog daher Rettungswesten an und präparierte eine Rettungsinsel.

Am 30. Dezember gegen 05.30 Uhr trennte sich der Kiel vom Rumpf, der sofort umkippte und sich sehr schnell mit Wasser füllte. Ein Crewmitglied entkam beim zweiten Anlauf tauchend durch ein Luk, was wegen der Rettungsweste sehr schwierig war, und er stieß etwas später auf zwei weitere Crewmitglieder. Der Vorfall war von dem Wachboot nicht beobachtet worden. Um 07.00 Uhr fand es die leere Rettungsinsel. Bis dahin hatte es aber bereits den Sicht- und den Funkkontakt mit der Yacht verloren. Um 10.20 Uhr sichtete ein Flugzeug, das sich an der Suche beteiligte, die Yacht mit einem überlebenden Crewmitglied. In dem Rumpf war ein Loch, etwa so groß wie die Ansatzstelle des Kiels. Man konnte sehen, dass ein Querspant innerhalb des Rumpfes intakt geblieben war. Sieben Crewmitglieder ertranken. Vier Leichen wurden in der Yacht gefunden.

Am 29. Dezember um 20.30 Uhr, während die Crew der MARINE MARINE sich über die Rollbewegungen der Yacht zu wundern begann, wurde die TAKA, eine Liberty 47, nach 230 sm auf südlichem Kurs von einem Brecher zum Kentern gebracht. Sie segelte in diesem Moment bei raumem Wind von 32 kn mit Sturmfock. Die maximale Wellenhöhe in diesem Gebiet betrug gut 6 m. Die Yacht blieb länger als eine halbe Stunde auf dem Kopf liegen. Demzufolge suchten die vier Crewmitglieder den Weg an die Wasseroberfläche durch die Luken. Die EPIRB, die anscheinend nicht korrekt arbeitete, ging verloren. Ein Crewmitglied der Wache war ertrunken. 15 Minuten später richtete sich die Yacht auf. Das obere Waschbord fehlte, und da die Yacht bereits zur Hälfte unter Wasser stand, strömte immer mehr Wasser herein. Der Mast war gebrochen. Die Bilge-

Der Verlust des Kiels der EXIDE CHALLENGER im Südpazifik zog eine waghalsige Rettungsaktion nach sich. Um die Leistung zu optimieren, sind die modernen Kiele am Kielansatz extrem schmal und dünn. Das erfordert große Sorgfalt beim Entwurf und beim Bau. Trotzdem sind sie bei Grundberührungen sehr verwundbar. (Foto: Richard Bennett/PPL)

pumpe hatte sich mit Leinen verheddert. Die Rettungsinsel war aufgeblasen, aber schon bald danach gekentert. Mehrere Ausrüstungsteile fielen heraus und sanken in die Tiefe. Die restlichen sechs Crewmitglieder kletterten in die Rettungsinsel und drifteten. Trotz Einsatzes von 11 Wachbooten und 52 Flugzeugen wurde die Rettungsinsel erst am 25. Januar gefunden. Ein britischer Frachter hatte sie gesichtet. Nur ein einziges Crewmitglied lebte noch, die anderen waren zwischen dem 10. und 16. Januar gestorben. Die übrigen Yachten beendeten die Regatta

zwischen dem 1. und 3. Januar. MARISHITEN, eine Nelson/Marck 68, brach den Regattarekord mit einer Durchschnittsgeschwindigkeit von 10,1 kn.

Eine Analyse der Wetterberichte für diese und frühere Regatten verrät, dass mit durchschnittlichen Winden von mehr als 30 kn und Böen bis zu 50 kn in den ersten beiden Tagen dieses Rennen rauerem Wetter ausgesetzt war als vorangegangene. Die Spannen sind jedoch nicht so riesig: Durchschnittliche Windgeschwindigkeiten von 30 kn oder mehr gab es bei jeder Regatta, bis auf eine.

Man muss sogar sagen, dass solches Wetter für diese Jahreszeit normal ist. Die Crews mussten also mit sehr harten Bedingungen rechnen.

Die Regatta ist als ORC-Kategorie 1 klassifiziert. Demnach unterliegen alle Yachten den ORC-Regattabedingungen. Hinzu kommen die speziellen Auflagen des Nippon Ocean Racing Clubs. Alle Yachten müssen mindestens 10 m lang sein.

Der NORC rief sofort eine Untersuchungskommission ins Leben, die die Gründe untersuchen sollte. Sie nahm just an dem Tag, als die Rettungsinsel der Taka gefunden wurde, ihre Arbeit auf. Dass ein Mann über Bord gefallen war, war ein menschlicher Fehler. Es zeigt, wie wichtig Sicherheitswesten und -leinen sind. Der Abbruch des Kiels und die Unfähigkeit der Taka, sich nach einer Kenterung wieder aufzurichten, lässt auf Defizite bei der Konstruktion schließen. Darauf konzentrierten sich die Untersuchungen in Japan. Zwei Untersuchungsrichtungen kristallisierten sich heraus. Als erstes wurden die Anordnung der Kielbefestigung und die im Kielbereich geplante Glasfaserstruktur bei der Marine Marine anhand der Zeichnungen genau analysiert. Dazu sollten Berechnungen vorgenommen werden, um die Festigkeit zu beurteilen. Aus dem Untersuchungsbericht geht nicht eindeutig hervor, ob der Kiel an einem gut fundamentierten Flachboden oder an einem Stummel aus Laminat befestigt war. Detailzeichnungen der Laminatanordnung und die Befestigung der querliegenden Bodenwrangen zeigen jedoch Merkmale, die das Wolfson Unit als schlechte Praxis bezeichnet.

Die Stärke des Laminats entsprach den Forderungen des ABS (American Bureau of Shipping), und die Berechnungen wiesen einen Sicherheitsfaktor von 2,71 auf. Dabei wird die Scherfestigkeit des Laminats zu der statischen Belastung durch den Kiel bei 90° Krängung in Beziehung gebracht. Bei dieser Belastung werden weitere auftretende Belastungen des Kiels durch Rollen der Yacht in den Wellen jedoch außer Acht gelassen. Deshalb ist es schwierig, abgesicherte Rückschlüsse auf zukünftige Ermüdungsbrüche zu ziehen.

Der Bericht legt in verwirrender Weise dar, dass der Rumpf an der Umrisskante des Kiels abgeschoren wurde und die Kielbolzen in Höhe des Dichtungsringes brachen. Vermutlich als Folge von Materialermüdung, wie das bereits bei anderen stark beanspruchten Yachten vorgekommen war. Der Rumpf habe sich immer mehr von den Querverbindungen gelöst. Die Yacht ist 1983 gebaut worden und hat an vielen Hochseeregatten teilgenommen. Sie hatte fünf Jahre zuvor eine Grundberührung. Es waren einige Reparaturen an der Rumpf-Kiel-Verbindung notwendig. Die Einzelheiten dieses Schadens tauchten in dem Bericht nicht auf. Die Autoren kamen zu dem Schluss, der Laminatbruch zwischen Rumpf und Bodenwrange könne aus dieser Zeit stammen und sei bei der Reparatur nicht erkannt worden.

Um zu weiteren Ergebnissen zu kommen, wurden Untersuchungen mit Modellen in Originalgröße und Finnkielen mit unterschiedlichen Befestigungen durchgeführt. Es wurden Yachten mit und ohne Kielstummel und unterschiedlichen Laminatstärken getestet. Die Muster repräsentierten eine Yacht von 7,50 m. Die Marine Marine war 11,90 m lang, und das Gewicht des Probekiels machte nur 20% jenes der zu Schaden gekommenen Yacht aus. Aus diesen Gründen muss man die gewonnenen Daten kritisch betrachten. Die Tests zeigten: Die Bruchlast an der Verbindungsstelle wächst quadratisch zur Laminatstärke, so dass jedes Defizit beim Laminat die Festigkeit signifikant verschlechtert. Der einkalkulierte Sicherheitsfaktor von 3.3 – wie bei der Marine Marine – wurde durch ein 14 mm dickes Laminat im unteren Rumpfbereich erzielt – wie bei der Marine Marine. Der Druck auf dem Kiel war jedoch zur Zeit des Unglücks bei der MARINE MARINE mehr als achtmal größer als bei der Modell-yacht.

In dem Bericht findet man unzureichende Details für einen direkten Vergleich. Dennoch lassen die Zahlen den Schluss zu, dass es entweder Mängel in der Konstruktion gab oder in den Vorgaben zur Berechnung der Kielbelastungen und somit der Sicherheits-faktoren.

Die zweite Untersuchungsrichtung nach der Kenterung der TAKA, auf die sich die Japaner sofort stürzten, bezog sich auf den Stabili-tätsumfang der Yacht. Um ihn zu berechnen, werden die notwendigen Maße den Zeich-nungen vom gesamten Rumpf, vom Kiel und von der Form des Kajütaufbaus und des Cockpits entnommen und in die IMS-Formel eingesetzt. Die IMS-Stabilitätskurve verläuft bis 108° im positiven Bereich (bei größerem Winkel kann die Yacht in ruhiger See ken-tern). Werden Cockpit und Kajütaufbau als Extrateile berücksichtigt und unabhängig berechnet, liegt der Kenterwinkel bei 114°. Dieser Wert liegt unter dem Durchschnitt der 56 IMS-Yachten, die zum Vergleich herange-zogen wurden; sieben Yachten lagen noch darunter. Das IMS-Vermessungssystem be-nutzt einen »Stabilitätsindex«. Dabei wird der berechnete Wert durch einen Vergleich zwi-schen der Größe der Yacht und ihrem Ver-hältnis von Deplacement zu maximaler Breite ausgeglichen. Dieser Wert lag nur ganz wenig unter dem Durchschnitt aller Teilnehmer.

Man untersuchte die Wirkung des Wasser-einbruchs und kam zu dem Schluss, dass die Stabilität der Überkopflage abnimmt, je mehr Wasser ins Innere gelangt. Weil das nicht sehr schnell geschah, blieb die Yacht länger als angenommen in der Überkopflage. Nachdem das Hauptluk geöffnet war und somit schneller Wasser einströmen konnte, richtete sich die Yacht von allein auf – obgleich das Wasser weit über den Boden-brettern stand.

Diese Berechnungen und die Schlussfolge-rungen kommen denen, die die Untersu-chungsberichte zum Fastnet Race 1979 gele-sen haben, sehr bekannt vor. Sie enthalten exakt die gleichen Ergebnisse, zu denen das Wolfson Unit bezüglich dieses Desasters kam. Damals war das Wolfson Unit beauf-tragt, eine Reihe von Testreihen durchzufüh-ren und das Verhalten von traditionellen und zur damaligen Zeit modernen Yachten in schwerer See zu untersuchen (s. Kap. 2). Das Untersuchungsergebnis wurde veröffentlicht und über einen längeren Zeitraum lang und breit diskutiert. Parallel dazu waren Untersu-chungen in den USA und den Niederlanden vorgenommen worden. Nicht eine einzige dieser Untersuchungen wird im Bericht der Japaner erwähnt. Sie haben ihre ganz eige-nen experimentellen Studien über brechende Wellen durchgeführt. Die Technik des Experi-mentes war der des Wolfson Unit sehr ähn-lich, und die Ergebnisse bestärken die Erkenntnisse früherer Untersuchungen.

Als Grundmodelle (im Größenverhältnis 1:10) dienten zwei Rumpfformen: eine signifikante IOR-Form von 9,30 m und eine traditionelle Fahrtenyacht mit Langkiel von 9 m Länge, beide typische Vertreter ihrer Gattung. Die erste besaß eine positive Stabilität bis 120°, die zweite eine von 165°. Die IOR-Yacht ken-terte und blieb nach dem Aufprall einer 3-m-Welle über Kopf liegen. Die Wellenhöhe ent-sprach der Breite der Yacht. Die traditionelle Yacht konnte nicht zum Kentern gebracht werden. Dabei muss erwähnt werden, dass Wellen von nur maximal 3,40 m Höhe er-zeugt werden konnten. Als die Masten ent-fernt wurden, kenterte die IOR-Yacht in mehr als 2,20 m hohen Wellen. Die traditionelle Yacht kenterte bei Wellen über 3 m Höhe durch. Sie blieb aufgrund ihres Stabilitätsum-fanges nicht auf dem Rücken liegen.

Die Modellyachten waren 9 m lang, und geht man von der Annahme aus, dass die Grundcharakteristik einer Yacht bei zunehmender Länge gleich bleibt, kommt man zu dem Schluss, dass eine mehr als 4 m hohe Welle die Kenterung der TAKA verursacht haben muss. Und in der Tat, derart hohe Wellen hat es in der Zeit in diesem Seegebiet gegeben.

Dennoch gehe ich davon aus, dass keine extrem hohe Welle die Kenterung herbeigeführt hat, sondern die Kombination aus unabsichtlichem Querkommen zur See und seitlichem Aufprall eines überdurchschnittlichen Brechers. Die anderen Teilnehmer hatten das Glück, nicht von solch einem Kracher getroffen zu werden. Im Nachhinein zeigt die Berechnung der Stabilität ihrer Yachten, dass es ihnen wohl kaum besser ergangen wäre.

Am Wolfson Unit wird ein Stabilitätsumfang von 114° für eine Yacht dieser Größe bei einer Hochseeregatta als unzureichend betrachtet. Interessanterweise stimmt dieser Wert nicht mit dem für Segeltrainingsboote herausgegebenen Code of Practice (Gesetz für die Praxis) des britischen Department of Transport (Ministerium für Verkehr und Transport) überein. Dort ist ein Wert von 125° Minimum.

Einige Details, die in den ORC Special Regulations stehen, sind ebenso ungeeignet. Sie wurden ursprünglich aufgenommen, um die Auswirkungen solcher Desaster wie diesen so gering wie möglich zu halten. So müssen z.B. die Waschbords gesichert sein. Die der TAKA schwammen davon. Die Montage der Bilgepumpen war auf der TAKA ungeeignet. Eine Pumpe konnte gar nicht bedient werden. Nach den Regeln sind zwei Pumpen erforderlich. Aber die zweite in der Kajüte lag vermutlich unter Wasser.

Es ist wichtig festzustellen, dass weder MARINE MARINE noch TAKA etwas anderes als typische Hochseeregattayachten und die Bedingungen bei Bft 7 oder 8, bei denen sie zu Schaden kamen, nicht besonders extrem waren. Im Gegenteil, man musste mit ihnen rechnen.

Leider haben sich die Yachtentwürfe seit dem Desaster des Fastnet Race von 1979 nicht spürbar verändert. Im Gegenteil: Bei jedem neuen Unglück scheint sich die Misere erneut zu bestätigen.

Sydney–Hobart Race 1993

Die Probleme im Yachtbau sind oben deutlich geworden. Anscheinend haben sie aber keinen großen Einfluss auf die Designer gehabt. Vielleicht hätten sie Einfluss gehabt, wenn 1993 bei dem stürmischen und harten Sydney–Hobart Race Menschenleben zu beklagen gewesen wären. Zum Glück geschah das nicht. Eine siegreiche Yacht aus der Gruppe der kleineren Boote und Dritte von allen nach gesegelter Zeit war die 20 Jahre alte MARARA, eine S&S 34, ähnlich der HALF PINT. Nachdem die Yachten Sydney verlassen hatten und kurze Zeit mit Rückenwind gesegelt waren, gerieten die meisten für dreieinhalb Tage in stürmische Winde bzw. Sturm. Gegen den nach Süd setzenden Strom von 2 kn stand Wind in Sturmstärke aus Süd und verursachte eine steile See mit Brechern. Die Rumpfverbände lösten sich, Yachten sanken, verloren ihren Mast und ihren Kiel. Der Skipper einer Yacht verbrachte fünfeinhalb Stunden im Wasser, bevor er gerettet wurde. Die SWUZZLEBUBBLE VIII, eine Davidson 40 aus Neuseeland, wurde von einem Brecher um 360° gedreht. Dabei brach der Mast und beschädigte den Rumpf, so dass Wasser eindrang. Die bewundernswerte, tapfere Crew schnitt den gebrochenen Mast ab, brachte die Genua 3 als Seeanker aus, setzte den Motor in Gang und erreichte unter ständigem Lenzen den Hafen ohne Hilfe von außen. Eine andere Yacht, eine Farr 40, hatte bei 46 kn Wind eine Geschwindigkeit von 7,2 kn, als sie von einer Welle fiel. Im nächsten Moment kam auf Steuerbordseite der Hauptspant, an dem die Püttings befestigt waren, durchs Deck und verschwand mit Mast und Rigg über die Seite. Bei all diesen Vorfällen gab es keine Verletzten.

Von den Gewinnern und Verlierern kamen einige nützliche Hinweise. Gewinner hoben den entschlossenen Einsatz der Crew, die stabile Bauweise der Boote und die Notwendigkeit von drei Reffs im Großsegel hervor. Reine Trysegel hätten sich zudem als sinnvoll erwiesen. Die Kommentare derjenigen, die nicht so erfolgreich waren, beinhalteten, die normale, moderne Regattayacht eigne sich eher für Inshore-Regatten »rund um die Bojen«. Die neueste Handicap-Formel (IMS) leistete leichten flachen Schiffen Vorschub, die schwierig auf Kurs zu halten seien und fürchterlich in der See schlagen würden. Die Kiele seien nicht ausreichend befestigt, die Riggs zu leicht gewesen, und die Cockpits gäben unter schwierigen Verhältnissen nicht ausreichend Schutz. Einige bemängelten, es sei unmöglich gewesen, die Geschwindigkeit zu reduzieren.

Sydney–Hobart Race 1998

Die Bedingungen beim Sydney–Hobart Race 1998 waren erheblich schwieriger als 1993, und es waren Menschenleben zu beklagen. Nach dem Start hatte sich plötzlich ein Tief in der Bass-Straße gebildet. Es brachte über einen Zeitraum von 10 Stunden Wind von mehr als 70 kn aus westlicher Richtung. An der Südspitze der Halbinsel Wilson's Promontory im Norden der Bass-Straße blies der Wind mit durchschnittlich 79 kn. In Böen wurden 92 kn gemessen – ein phänomenaler Wert für die Sommerzeit und erheblich mehr als vorausgesagt. Der nach Süden setzende Strom an der Küste hatte stark zugenommen. In Höhe der Bass-Straße breitete er

sich aus, so dass sein Einfluss eher gering war. Lediglich die Yachten, die dicht unter der australischen Küste liefen, könnten in seinen Einfluss geraten sein.

Sechs Segler starben, etwa 55 von insgesamt 1135 Teilnehmern mussten aus Seenot gerettet werden. Sechs Yachten kenterten durch, sieben gingen verloren, von denen einige aufgrund von baulichen Fehlern sanken. Eine davon war der 1942 gebaute 15,80 m lange Holzkutter WINSTON CHURCHILL. Als er in den Trog des Tiefs geriet, schlug er vermutlich, als das Schanzkleid von der Wucht eines Brechers eingedrückt wurde, auf Backbordseite leck. Hilfe gab es nicht, drei Crewmitglieder fielen aus den Rettungsinseln.

Zwei weitere starben an Bord der BUSINESS POST NAIAD, einer 1984 gebauten Farr 40. Sie kenterte zweimal. Beim ersten Mal lief die Yacht mit 4 kn vor Topp und Takel, als ein gewaltiger Brecher über sie hinwegrollte. Der Mast brach, und es gab größere strukturelle Schäden. Sicherheitsleinen hielten die Crew an Deck. Nachdem der Mast gesichert war, lief die Yacht unter Motor Kurs Gabo Island, um dort Schutz zu finden. Einige Stunden später drehte ein zweiter riesiger Brecher sie vollständig um. Sie blieb etwa 4 oder 5 Minuten so liegen. Als die Yacht auf dem Kopf lag, erlitt der Eigner und Skipper einen Herzanfall. Ein Crewmitglied an Deck wurde ertränkt, weil es nicht in der Lage war, seine Sicherheitsleine zu lösen. Das erinnert an die Kenterung der TAKA beim Japan–Guam Race 1991.

Ein weiteres Crewmitglied verlor sein Leben, als es von Bord der SWORD OF ORION, einer 1993 gebauten Reichel/Pugh 43, fiel. Als sie das Rennen bereits aufgegeben hatte und Kurs Sydney ablief, kenterte sie vollends durch. Dabei wurde die Stütze, an der der Baum festgelascht war, abgeknickt. Der herumschlagende Baum zertrümmerte das Ruder, zerriss die Sicherheitsleine des Rudergängers und schleuderte ihn über Bord. Der Mast ging verloren, der Motor hatte sich aus seinem Fundament gerissen – Rettung aus eigener Kraft war folglich nicht möglich. Zudem waren alle Ringspanten gebrochen, die Deck-Rumpf-Verbindung hatte sich zwischen Cockpit und Heck gelöst. Nach 12 Stunden wurde die restliche Crew abgeborgen.

Weitere Yachten, die durchkenterten und entmastet wurden, waren die STAND ASIDE, eine 1990 gebaute Young 12 m VC Offshore, die B52, eine 1995 gebaute Bashford Howison 41, die 3 bis 4 Minuten in Rückenlage verharrte, und die MIDNIGHT SPECIAL, eine 1995 gebaute Jarkan 40, die zweimal durchkenterte und gerade so lange über Wasser blieb, bis die Crew von einem Helikopter abgeborgen wurde. Eine riesige Welle drehte die LOKI, eine Swan 44, auf den Kopf und drückte die Kajütfenster ein. Die robust gebaute SOLO GLOBE CHALLENGER ex RANGATIRA, eine 1984 gebaute Cole 43, rollte bis 135° auf die Seite. Dabei verlor sie ihren Mast, und ein Decksluk wurde eingedrückt. Durch das Loch stürzte viel Wasser nach innen und legte die gesamte Elektrik lahm. Der größte Teil der Crew war verletzt und musste abgeborgen werden, einer mit einem gebrochenen Bein. Es blieben gerade drei an Bord, um das Schiff heimzubringen.

Als die 19,80 m lange TEAM JAGUAR ihren Mast verloren hatte, wurde sie von einem Brecher getroffen, der das Boot nahezu senkrecht stellte und dann bis zum Niedergang in die See drückte. Alle Decksbalken bekamen Risse, und unter Deck herrschte ein fürchterliches Durcheinander. Es war, wie Peter Blake sagte, »als würde sie in einen Bergwerksschacht stürzen«.

Man kann immer etwas von denen lernen, die die Regatta erfolgreich beendet haben, und von den Berichten der Skipper der siegreichen Yachten in den drei großen Klassen. Hier zunächst der Skipper der siegreichen IMS-Yacht AFR MIDNIGHT RAMBLER. Sie kam als zehnte ins Ziel und hatte viele größere Yachten geschlagen. Sein Kommentar:

Die 10,50 m lange AFR MIDNIGHT RAMBLER ist eine exotische Kunststoffkonstruktion. Es gab keine Anzeichen von Schäden an Rumpf, Rigg und der Kielverbindung, obgleich wir sie durch eine fürchterlich schlagende See trieben. Solange man nicht ins Extreme geht, leisten moderne Konstruktionen durchaus ihren Dienst. Der Kiel ist aus Blei, ohne Wulst; der Rumpf hat keinen eingebauten Ballast. Die positive Stabilität reicht bis 123°. Obgleich sie zu den modernen, leichten IMS-Regattayachten zählt, liegt ihre Stabilität höher als die der neuesten IMS-Entwürfe. Die sieben Crewmitglieder hatten zusätzlich zu ihren weltweiten Erfahrungen zusammen 50 Sydney-Hobart-Regatten gesegelt.

Während der acht Stunden, als es mit 70–80 kn wehte und die Wellen sehr hoch waren, segelten wir nur mit der Sturmfock. Zeitweilig waren wir zu schnell, aber größtenteils lag das Ruder mit etwas Druck gut in der Hand. Unsere Versuche, das Trysegel zu setzen, brachten zuviel Ruderdruck.

Wir hatten zwei wichtige Verteidigungswaffen: Geschwindigkeit und Beschleunigung. Unsere normale Geschwindigkeit betrug 7 kn, aber nach einem bösen Seeschlag oder einer Konfrontation mit einer großen Welle beschleunigte die Yacht aufgrund ihres geringen Gewichtes schnell. Moderne Leichtgewichtyachten sind schnell und leicht manövrierbar. Das war wichtig, um durch die hohe und konfuse See zu steuern. Wir waren in der Lage, uns jederzeit in die richtige Position vor einer anrollenden Welle zu bringen. Andernfalls wäre die Yacht wie eine flugunfähige Ente gewesen.

Wichtig war, während des Sturms auf ein »Überlebens-Wachsystem« zu wechseln. Wir hatten immer nur zwei Leute an Deck. Einer saß an der Reling »im Angesicht des Sturms«. Er schützte den Rudergänger vor der wie aus Pistolen abgefeuerten Gischt und rief »Welle!«, wenn eine große anrollte. Der Rudergänger änderte den Kurs und drehte den Bug in die Welle, auf der Spitze der Welle zog er das Ruder scharf an und fiel auf den alten Kurs zurück. Kein Rudergänger sollte bei solch extremen Bedingungen mehr als eine Stunde Ruder gehen, denn es kann verheerende Folgen haben, wenn die Konzentration nachlässt.

AFR MIDNIGHT RAMBLER, von Robert Hick entworfen und 1995 gebaut, hat genügend Stabilität, um mit einer Crew unter Deck zu segeln. Mir wurde berichtet, dass bei dem Sturm einige der letzten IMS-Yachten ohne die gesamte Crew an der Reling keinen Weg nach Süd gutmachen konnten.

Ich würde es nie empfehlen, eine Yacht zu wenden und mit der See abzulaufen. Viel besser ist es, den Bug in den Wind und die See zu stecken und 60° am Wind zu segeln. Die meisten Boote, die umgekehrt waren und vor dem Sturm abliefen, bekamen fürchterlichen Ärger. Außerdem schlage ich vor, dass jedes Crewmitglied seine Sicherheitsleine an einem festen Punkt neben dem Niedergang einhakt, bevor es an Deck kommt, und dass jeder eine Blitzlampe oder zumindest eine wasserdichte Taschenlampe im Schwerwetteranzug bei sich hat.

Ein zweiter Bericht stammt von Alex Witworth, dem Eigner und Skipper der BERRIMILLA, einer 1969 von Prof. Peter Joubert entworfenen Brolga 33. Sie beendete die Regatta als Erste der Performance-Handicap-System-Division von 45 Yachten. Sie hatte den großen Nachteil, den Sturm in der Nacht abbekommen zu haben. Die Brolga 33 entspricht mit ihrem tiefen, V-förmigen Unterwasserschiff, dem Seiteneinfall und den weiten Überhängen in etwa einer S&S 34. Sie wird von ihrem Eigner als sehr stabil und sehr steif bei einem Kenterwinkel von 136° bezeichnet. Sie kam unbeschadet durch den Sturm, obgleich – wie er schreibt – der Rumpf richtig verprügelt wurde.

Während des Sturms wurde das gleiche Wachsystem durchgeführt wie auf der AFR MIDNIGHT RAMBLER (zwei an Deck und jede Stunde Rudergängerwechsel). Die Crew hatte bereits an 15 Sydney-Hobart-Regatten teilgenommen. Das Steuern war bei Dunkelheit schwierig und lief größtenteils nach Gefühl ab.

Wir segelten nur mit dem Trysegel durch den Sturm, weil ich dachte, wir wären mit der Sturmfock viel zu schnell. So blieb die Yacht steuerbar und kam selbst mit den größten Brechern ohne Dramatik zurecht. Das Trysegel war zu den beiden achteren Spinnakerblöcken geschotet. Wir segelten mit 60–70° scheinbarem Wind und durchschnittlich 4 kn. Es war grundsätzlich möglich, die Yacht vor jeder Welle aufzurichten oder sie zu meiden. Gelegentliche Brecher kamen entweder zu schnell oder aus dem hinteren Quadranten. Etwa zehnmal wurde die Yacht von einem dieser größeren Brecher erfasst. Dabei wurde sie im Winkel von 80° von der Vorderseite der Welle mit Surfgeschwindigkeit hinuntergespült. Im gleichen Moment brach sich die Welle direkt über der Yacht und füllte das Cockpit randvoll. Mit der Zeit hatten wir aber den Trick raus: Man musste hart Ruder legen und in dem Moment, als die Welle den Rumpf seitwärts drücken wollte, den Bug ins Wellental drücken. Dadurch wurde der seitliche Versatz in eine Vorwärtsbewegung umgesetzt. Andernfalls wäre die Yacht über ihren Kiel gestolpert. Ich bin überzeugt, diese Technik half uns, vermutlich unangenehme Folgen aus den Zusammenstoßen mit den Brechern, die uns trafen, zu verhindern.

Das Boot ist so stabil, dass es sich im Wellental jedes Mal sofort aufrichtete, nicht zuviel Geschwindigkeit verlor und weitersegelte, obgleich es einmal um 180° gedreht wurde. Nur mit dem Trysegel konnten wir nicht wenden, und eine Halse schien uns besonders riskant. Eine sich über dem Boot brechende Welle würde das gesamte Cockpit füllen. Ohne Steckschotts im Niedergang würde eine enorme Wassermenge ins Schiffsinnere stürzen. Die vier Cockpitabflüsse lagen gerade über der Wasserlinie. Es würde viel Zeit kosten, bis das Wasser dadurch abgelaufen war. Mit einem kleinen Swimmingpool am Heck kann die Yacht leicht querschlagen.

In aller Bescheidenheit bemerkt Alex Witworth, er vermute, die BERRIMILLA habe wohl hinter der schlimmsten Zone des Sturms gelegen und Glück gehabt, nicht durchgekentert zu sein. Am Morgen nach dem Sturm sahen sie einen Hubschrauber, der nach der B52 Ausschau hielt, die in diesem Seegebiet durchgekentert war. Zufällig nahm Prof. Peter Joubert, der die BERRIMILLA gezeichnet hatte, auf einer größeren, aber vergleichbar stabilen Yacht an der Regatta teil. Seine 13 m lange KINGURRA mit einem 6-Tonnen-Kiel wurde von einer enorm großen brechenden Welle total durchgekentert, richtete sich aber »innerhalb von 5 Sekunden« wieder auf.

Der Sieger nach etwa 12 Stunden aus der CHS-Division mit 12 Yachten war die AERA, eine Swan 46, ein Yachttyp, der für sein großes aufrichtendes Moment bekannt ist. Der Skipper berichtet:

Am Mittag des 27. Dezember nahm die Windgeschwindigkeit rasch auf Sturmstärke von 60 kn zu. Der Wind kam aus West. Die lange Erfahrung aus dem Segeln einer Swan 46 bei Schwerwetter zeigt, dass die Yacht auf allen Kursen genauso schnell unter Vorsegel läuft wie mit dem beigesetzten Groß. Dem Wetterbericht zufolge lief AERA zu diesem Zeitpunkt nur mit der Sturmfock.

Als die Wellen eine maximale Höhe von 10 m erreichten, war es klar, dass es nicht klug war, den Generalkurs beizubehalten, sondern um 30–50° vom Kurs abzuweichen und den Wind aus 110–130° zu nehmen. Der Wind nahm ständig zu und war bald selbst für die Sturmfock zuviel. Wir kramten das Sturmstagsegel hervor. Damit konnten wir unseren Kurs und eine Geschwindigkeit von 10 bis 11 kn halten.

Der Sturm erreichte für 2 Stunden eine Stärke von bis zu 70 kn, in Böen 75–80 kn. Fünfzehn Prozent des Meeres waren Brecher. Der Wind fegte die Spitze jeder Welle davon. Dadurch bildeten sich lange Gischtstreifen. Das Wasser wurde von einer Wellenspitze abgerissen und bis zur nächsten getrieben. Die See sah aus, als wäre sie von Rauchschwaden eingehüllt. Die Wellen hatten eine Länge von etwa 100 m; sie trugen aber nicht in solch einer Breite brechende Kämme, wie man vermutet. Sie leuchteten wie Diamanten. In dieser Periode wurden wir drei- oder viermal leicht aufs Wasser gedrückt, aber nicht über 45°. Das Cockpit wurde sieben- oder achtmal gefüllt. Wir behielten die Wache in voller Stärke von sechs Mann aufrecht. Der am meisten gefährdete Mann war der Rudergänger. Er wurde mehrmals von einer überkommenden See an die Heckrelingsstützen geschleudert.

Nach mehreren Stunden nahm der Wind auf 50 kn ab. Wir konnten zusätzlich das Trysegel setzen und unseren Kurs um 20–30° dem Generalkurs nähern. Gegen 17.00 Uhr jedoch zog sich der Himmel mit grauen Wolken vollständig zu, es begann fürchterlich zu schütten, und der Wind sprang wieder auf 65 kn. Wir mussten schnell das Trysegel bergen und auf den alten Kurs zurückgehen. Die Wellenlänge hatte auf 150–200 m zugenommen.

Obgleich wir Kurs Südwest liefen und die gleiche Geschwindigkeit hatten wie das Tief, schien dies sicherer zu sein, als auf Gegenkurs zu gehen. Das Tiefdrucksystem bewegte sich jedoch bald schneller weiter. Wir konnten wieder auf den Generalkurs gehen und mehr Segel setzen. Unser größtes Problem waren die automatischen Schwimmwesten, die sich aufbliesen, wenn ein richtiger Wasserguss an Bord kam (s. Kap. 8).

Die große Steifigkeit der Swan verschonte uns vor jeder größeren Krängung von mehr als 45°. Vermutlich waren die Yachten, die in Schwierigkeiten kamen, von grundsätzlich leichterer Konstruktion als die AERA. Aber selbst wir waren zur Zeit des stärksten Sturms nicht in der Lage, den Generalkurs sicher beizubehalten. Viele Yachten wurden von den Seen auf die Seite geworfen. Die LOKI beispielsweise, eine Swan 44 mit vergleichbaren Maßen, versuchte, auf dem Generalkurs zu bleiben und wurde dabei von einer extremen Welle nahezu umgedreht. Ein gebrochenes Fenster im Kajütaufbau zwang sie zur Aufgabe.

Ich glaube jedoch, dass es andere Faktoren gab, die es uns möglich machten, die Regatta bis zum Ende durchzuhalten. Erstens waren die Sturmfocks vieler Yachten für diese Bedingungen zu groß. Zweitens, sehr viele Yachten erlitten Schaden, weil Ausrüstungsteile brachen. Die AERA war extrem sorgfältig von der regulären Crew vorbereitet worden. Nicht ein einziges Teil fiel aus. Es ist eine Tatsache, dass der Bruch eines kleinen Teils oft genug weitere Probleme nach sich zieht. Deshalb ist das größte Augenmerk auf die kleinsten Dinge vor dem Start lebenswichtig. Zum Schluss: AERAs Crew hat in über hundert Regatten von gleicher Länge eine Menge Erfahrung auf dieser Yacht gesammelt. Jeder ist mit jedem und mit dem Boot vertraut. Das ist ein ganz wichtiger Faktor.

Aus diesen drei Berichten lassen sich einige interessante Schlüsse ziehen. Wir haben drei unterschiedliche Yachttypen: eine noch als modern geltende IMS-Yacht, einen 30 Jahre alten Entwurf und eine moderne Swan mit konservativem Design. Alle drei zählen zu den steifsten in ihrer jeweiligen Klasse.

Die IMS-Yacht AFR MIDNIGHT RAMBLER wurde mit viel Geschick gesegelt und konnte sich so aus dem ganzen Trouble heraushalten. Außerdem kam ihr das Tageslicht zugute. Nichtsdestotrotz kenterten zur gleichen Zeit größere Yachten mit etwa ähnlichem Design durch und erlitten starke strukturelle Schäden. Die BERRIMILLA mit einem 30 Jahre alten Design wurde entschlossen und intelligent von der Crew bedient, hatte in der Dunkelheit große Schwierigkeiten, kam aber immer wieder auf die Beine und blieb unbeschädigt. Die große, steife, stabile und gut vorbereitete Swan AERA erwischte den größten Sturm bei Tageslicht. Mit ihrer erfahrenen Crew kam sie nie ernsthaft in Gefahr. Es ist bemerkenswert, dass sie mit dem Sturmstagsegel genauso gut zurecht kam wie mit der Sturmfock. Wenn die Windgeschwindigkeit auf Orkanstärke ansteigt, brauchen Slups – wenn sie überhaupt noch ein Segel setzen können – eine nur noch Taschentuch große, äußerst stabile Sturmfock.

Wir haben gesehen, dass eine ausreichend hohe Welle, die sich im kritischen Moment bricht, eine Yacht zum Kentern bringen kann, wenn sie seitlich getroffen wird – ungeachtet ihrer Stabilität. Was aber danach geschieht, ist entscheidend. Kommt sie innerhalb von fünf Sekunden wieder auf die Beine (wie Peter Jouberts KINGURRA) oder bleibt sie vier oder fünf

Die havarierte STAND ASIDE, eine
VC Offshore, mit einem zum Teil
abgerissenen Kajütaufbau.
(Foto: PPL)

Satellitenfoto von dem Sturm, aufgenommen am 27. Dezember 1998
um 16.15 Uhr.

Minuten auf dem Rücken liegen? Hätte BUSINESS POST NAIAD sich so schnell wie KINGURRA wieder aufgerichtet, wäre vermutlich kein Menschenleben zu beklagen gewesen (s. auch Kap. 3).

Der Vergleich zwischen BERRIMILLA und MIDNIGHT RAMBLER ergibt zwar eine Yacht mit größeren eingebauten Sicherheiten, die aber nur halb so schnell ist. Offensichtlich war es für Alex Witworth eine interessante Entdeckung, dass es möglich war, die Gefahr zu kentern dadurch zu verringern, dass die Yacht mit Bug voraus ins Wellental gesteuert wurde.

Vergleicht man AERA mit MIDNIGHT RAMBLER, sieht man wieder ein Boot mit großen eingebauten Sicherheitsfaktoren, mit nicht so viel Spaß zu segeln, aber sicherlich doppelt so teuer. MIDNIGHT RAMBLER ist ein gutes Beispiel für IMS-Yachten. Trotzdem bleibt die Frage, ob Regattayachten mit extremer Form in der Lage sind, »schweren Stürmen zu widerstehen, und so präpariert sind, dass sie ernste Notfälle ohne Hoffnung auf Hilfe von außen durchstehen können«. Das ist das Kriterium für Hochseeregatten der Kategorie 1. Eine richtige Antwort wird es niemals geben, weil menschliche Faktoren bei Stürmen ungeheuer stark ins Gewicht fallen.

Andere Lektionen, die die Regatta an Land gespült hat, sind vielleicht folgende:

1. Getestete Hilfsmittel, um einen Über-Bord-Gefallenen zu retten, sind unverzichtbar.
2. Man braucht ein sehr kleines Sturmsegel für Wind in Orkanstärke (s. Kap. 17).
3. Die Rettungsbojen müssen leicht lösbar angebracht sein.
4. Die gesamte Crew muss sich mit allen Rettungsmitteln gut auskennen.
5. Wenn der Mast im Wasser liegt, muss weiterhin Funkverkehr möglich sein.

Ein Überblick über die Resultate von früheren stürmischen Sydney-Hobart-Regatten lässt den Schluss zu, dass sich über 40 Jahre einiges geändert hat:

1956 – 30 Yachten gestartet, 28 im Ziel (93 %)

1963 – 44 Yachten gestartet, 34 im Ziel (77 %)

1970 – 61 Yachten gestartet, 47 im Ziel (77 %)

1977 – 131 Yachten gestartet, 72 im Ziel (55 %)

1984 – 150 Yachten gestartet, 46 im Ziel (31 %)

1993 – 105 Yachten gestartet, 37 im Ziel (35 %)

1998 – 115 Yachten gestartet, 44 im Ziel (38 %)

Unabhängig davon, ob es die Australier mild oder in Sturmstärke trifft, das Resultat hat sich stetig verschlechtert. Vermutlich liegt es daran – und der Trend scheint sich fortzusetzen –, dass die zu allgemein abgefassten Handicap-Regeln dazu verleiten, nur noch Yachten zu bauen, die im Sinne der Regeln nach Leistung ausgerichtet, für Ozeanpassagen aber immer weniger geeignet sind. Der Regattaabbruch einiger Yachten lag einzig an Mast- bzw. Riggschwächen oder strukturellen Problemen; bei weiteren lag es an der mangelnden Stabilität.

Stabilität von Regattayachten

Ich danke nochmals Barry Deakin für seine Überlegungen:

Bei schmalen traditionellen Yachten reicht der positive Stabilitätsumfang bis 150°. Sie richten sich nach jeder Kenterung wieder auf. Solch einen Stabilitätsumfang betrachten moderne Designer als unnötig und konservativ. Er lässt sich mit einer modernen Rumpfform auch sicherlich nicht erreichen. Gewöhnlich waren die traditionellen Rumpfformen mit geringer Breite und tiefem Rumpf gegen Kenterungen resistenter, aber das Verhältnis von brechender Wellenhöhe zu Bootsbreite ist der allergrößte Faktor. Größere Yachten sind bei vorgegebenem Seegang sicherer, solange sie nicht mit einem Brecher konfrontiert werden, der so hoch ist, dass er sogar diese Yacht zum Kentern bringt. Dieser Umstand hat zu Vorschlägen für Stabiltätserfordernisse geführt, die mit der Größen variieren (s. Abb. 3.1).

Ohne Zweifel gibt es viele Yachten, die von einer brechenden Welle auf den Rücken gelegt und beschädigt werden. Ebenso sicher ist es, dass sich einige nicht wieder aufrichten. Und all das, obgleich man bei Sturm damit rechnen muss, mehrmals von großen Wellen getroffen zu werden.

Unfalldaten bestätigen die Dringlichkeit der Einhaltung der entwickelten Sicherheitsnormen und lassen den Schluss zu, dass die Industrie bzw. die Behörden sich die Lektion des Fastnet Race 1979 nicht zu Herzen genommen haben – trotz der weiterhin hohen Unfallzahlen rund um die Welt. Unglücklicherweise haben die oben beschriebenen Eigenschaften moderner Yachten – wie wir alle wissen – einen eher konträren Effekt bezüglich der Sicherheit in einer Überlebens-

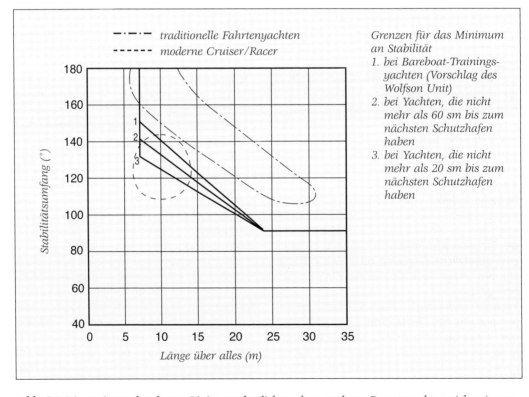

Abb. 3.1 Die zwei unterbrochenen Linien verdeutlichen, dass moderne Regattayachten viel geringere Stabilität besitzen als traditionelle Fahrtenyachten.

situation. Das Augenmerk liegt eher auf Schnelligkeit, Geräumigkeit und Bequemlichkeit bei angenehmen äußeren Bedingungen. Das sind die Verkaufsargumente auf dem modernen Yachtmarkt, und die Behörden wollen sich nicht durch restriktive Vorschriften unbeliebt machen.

Käufer von Segelyachten sollten mit Informationen versorgt werden, die realistisch den Bereich darstellen, für den eine Yacht geeignet ist. Es ist einfach unverantwortlich, Yachten als Ozeanyachten zu verkaufen, wenn sie aufgrund ihrer Stabilität oder eines anderen unzureichenden Sicherheitsaspektes leicht verwundbar sind. Jeder einzelne hat das Recht, Risiken auf sich zu nehmen und sich daran zu messen, aber niemand sollte auf Grund von Marktstrategien zur Unterschätzung solcher Risiken verleitet werden.

Die meisten Designerbüros haben Programme, mit denen sie die Stabilitätsfaktoren neuer Entwürfe am Computer ermitteln und die Berechnungen des Stabilitätsumfanges in die Entwicklung einfließen lassen können. Nicht alle Programme berücksichtigen die Auswirkungen des Kajütaufbaus und des Cockpits, die jedoch den Stabilitätsumfang und somit den Kenterwinkel fundamental verändern können. Bei der Entwicklung von Yachten sind viele Einzelpersonen und kleine Betriebe beteiligt, die nicht solche Möglichkeiten haben. Und es ist eher unwahrscheinlich, dass sie einen Berater beauftragen, der die Stabilitätsdaten erstellt, solange es nicht eine gesetzliche Regelung oder eine öffentliche Nachfrage nach detaillierten Informationen gibt.

Yachtdesigner neigen dazu, sich auf ihre Berechnungen des Deplacement und der Lage des Gewichtszentrums zu verlassen. Krängungsversuche, bei denen man diese Werte genau ermitteln kann, hat es für Fahrtenyachten noch kaum gegeben, es sei denn, mit diesen Yachten sollen auch Regatten ausgetragen werden und sie werden bei der dann anstehenden Vermessung einem Krängungsexperiment unterzogen. Solange es keine Stabilitätsvorschriften für Yachten gab, setzten sich einige Designer ihre eigenen Ziele, und im allgemeinen schien ihnen als Grundwert ein Stabilitätsumfang von 120° ausreichend zu sein.

Dieses Maß mag wohl eher aus der einflussreichen Veröffentlichung der USYRU-Empfehlungen Mitte der 1980er Jahre resultieren als aus den Erfahrungen einzelner unabhängiger Leute.

Es hat eine Abneigung auf Seiten der Vermesser gegeben, von den Designern von Regattayachten eine detaillierte Stabilitätsberechnung zu fordern. Bis vor etwa 20 Jahren war die Technik noch nicht so weit fortgeschritten, aber in neuerer Zeit gibt es eine große Anzahl von Computerprogrammen, so dass spezielle Stabilitätsforderungen problemlos in das Regelwerk übernommen werden könnten. Zusätzliche Kosten seitens der Designer und Probleme im Zusammenhang mit der Anerkennung der Resultate mag sie vielleicht davon abgehalten haben. Diese Haltung hat heute dazu geführt, dass man sich bei der Taxierung mit angenäherten Werten zufrieden gibt, die man einer sehr geringen Anzahl von prinzipiellen Abmessungen entnimmt.

Die Gefahr von angenäherten Taxierungen veranschaulicht der Vergleich zweier Stabilitätskurven von Yachten aus derselben Klasse. Es handelt sich jeweils um eine 8,70 m lange Yacht aus einer Serienproduktion (s. Abb. 3.2, S. 62). Die eine Yacht hat laut Zeichnung ein konventionelles Rigg und eine positive Stabilität bis 127°. Bei der anderen Yacht mit dem in den Mast zu rollenden Groß und der Rollgenua liegt der Wert bereits bei 96°. Das zusätzliche, hoch positionierte Gewicht hat den Wert um 31° vermindert. Derartigen Effekten kommt man nur mit einem Krängungsversuch und einer konventionellen Berechnung auf die Spur.

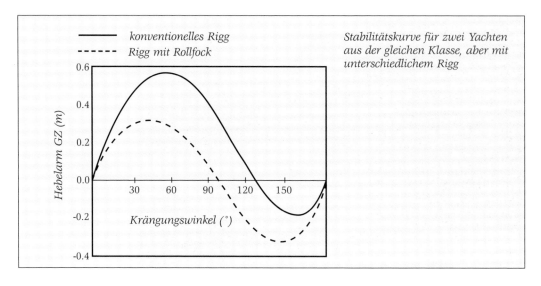

Abb. 3.2 *Die Kurven veranschaulichen eindrucksvoll, wie die positive Stabilität einer kleinen Yacht reduziert wird durch die Modifizierungen im Riggbereich.*

Eine Yacht wird bei einer Regatta immer die Grenze einer hundertprozentigen Sicherheit überschreiten. Wenn die Verantwortlichen jedoch die Wahrscheinlichkeitsrate von Unglücken grundsätzlich minimieren wollen, müssen die Yachten ausreichend stabil sein. Das Wissen und die Technik dafür sind da, um genutzt zu werden – und das zu einem inzwischen akzeptablen Preis. Gelegentlich hat man den Eindruck, als würden die derzeitigen Wettfahrtregeln eher dazu verwendet, ein möglichst großes Regattafeld zusammenzubringen als verschärft für mehr Sicherheit bei neuen Entwürfen zu sorgen. Eine Verbesserung wurde jetzt bei den Wettbewerbsregeln zum Whitbread Race gemacht. Wenn dieses Beispiel bei anderen Regattaveranstaltern Schule macht – wobei eine strenge Kontrolle ebenso notwendig ist –, könnte sich der allgemeine Sicherheitsstandard positiv entwickeln. Die Forscher machen Fortschritte; die Verantwortlichen zögern jedoch ganz offensichtlich, die Forschungsergebnisse zu übernehmen.

Die Stabilität der TAKA reichte ganz offensichtlich nicht für einen orkanartigen Sturm. Sie hätte sich von der Überkopflage sehr schnell wieder aufrichten müssen. Kompromisse kann man eingehen, wenn die Yachten größer werden. Dazu sollte man die Abb. 3.1 auf Seite 60 von Barry Deakin studieren. Er fügt hinzu, dass Annäherungsmethoden zur Feststellung des Stabilitätswertes bei stabileren Yachten akzeptabel sind, bei kleineren Yachten jedoch müssen umfangreichere und exaktere Methoden angewandt werden. Das trifft auf die meisten Regattaboote zu.
Nicht nur Rollsegel verringern in hohem Maße die Stabilität (Abb. 3.2), sondern auch Radarantennen, Radarreflektoren, Spinnakerbäume, die vor dem Mast angeschlagen werden, sowie Maststufen. Alle Dinge, die über der Wasserlinie gestaut sind, haben großen Einfluss auf den Kenterwinkel. Dazu zählen insbesondere Außenborder, Rettungsinseln, Lebensmittel, Werkzeuge, Ersatzteile und andere

Thierry Dubois klammert sich an seine durchgekenterte Yacht, die aufgrund ihrer extremen Breite in der Überkopflage stabil ist. Nur durch Entfernen der Luft im Inneren kann man sie wieder aufrichten.
(Foto: AFP/PPL)

Die WILD THING im Sydney–Hobart Race 1995 zeigt das ganze Potenzial einer modernen Regattayacht, das einer aufmerksamen und kompetenten Crew zur Verfügung steht.
(Foto: Richard Bennett/PPL)

Ausrüstungsteile wie Anker, Generator, Heißwasserboiler usw. Das Problem ist – wie man sieht – nicht allein auf kleine Yachten beschränkt. Es gibt eine Reihe von Superyachten, die nur dann Segel setzen, wenn die Bedingungen freundlich sind, weil sie bei der viel zu hohen Anordnung der Ausrüstungsgegenstände einen viel zu geringen Tiefgang haben.

Es ist interessant, dass die TAKA sich nach 45 Minuten von allein aufrichtete. Eine Yacht sollte sich schließlich von allein aufrichten, wenn sie voll Wasser gelaufen ist. Bei ruhiger See sollte der Prozess noch schneller ablaufen. Nach dem Aufrichten hat sie in der Regel ausreichend Längsstabilität, um sich über Wasser zu halten und nicht sofort wieder umzukippen. Nun müssen jedoch mehrere Tonnen Wasser ausgepumpt werden. Auspumpen ist – so unangenehm es auch sein mag – besser, als in die Rettungsinsel zu steigen.

Die Teilnehmer am Vendée Globe Challenge 1996–97 hatten wenig Glück. Es zeigte sich bei dieser Einhand-Weltumsegelung wieder einmal, dass die Kiele und der mangelhafte Stabilitätsumfang den Hauptausschlag gaben. Diese Regatta ist weit davon entfernt, gute Ideen für die Fahrtensegler abzuwerfen, weil bis heute nur Yachten daran teilnehmen, die nichts verzeihen. Immer häufiger werden die Vendé-Globe-Yachten wie Mehrrumpfboote im Hinblick auf eine mögliche Kenterung konstruiert, z.B. Einbau von Fluchtluken. Es wäre jedoch wünschenswert, dass die Boote genügend Stabilität haben, um sich selbst aufzurichten. Ein bekannter Fall ist der von Thierry Dubois mit seiner AMNESTY INTERNATIONAL, einer Open 60. Beim Vendée Globe Race 1996/97 blieb die Yacht trotz hoher Wellen und dem Fluten eines ihrer stabilisierenden Wassertanks auf dem Kopf liegen. Der Konstrukteur sagte, die Yacht habe bereits, als sie noch segelte, viel Wasser übergenommen; für das Aufrichten sei es notwendig gewesen, durch ein Seeventil Luft abzulassen, um noch mehr Wasser ins Innere zu bringen. Für die Teilnehmer an dieser Regatta könnte es ein weiser Rat sein, sich vor dem Start klar darüber zu sein, dass die Höhe des im Bootsinneren angesammelten Wassers Ursache für ein mögliches Sinken sein kann. Dass Isabelle Autissier im Februar 1999 bei der Einhandregatta um die Welt im Südpazifik kenterte und ihre

Yacht verlor, weil diese sich nicht wieder aufrichtete, lässt vermuten, dass man bei der Konstruktion von Yachten für Einhandregatten bis heute keine Fortschritte gemacht hat.

Die Stabilitätseigenschaften und insbesondere der Kenterwinkel sind Informationen, die eingeholt werden können und müssen, bevor man eine Yacht fürs Blauwassersegeln kauft. Diese Informationen sollten sowohl die Änderung der Werte durch Rollsegel, Radarantenne und andere Dinge oben am Mast enthalten als auch die Werte berücksichtigen, die aufgrund von Zusatztanks für Treibstoff, von an Deck gestauten Mofas und einer Menge unter Deck verstauter Lebensmittel und Ausrüstungsteile zustande kommen. Mit diesen Informationen hat man einen guten Anhaltspunkt für die Abschätzung der realen Stabilität der Yacht. In bestimmten Fällen hat man bei Regattabooten eine ausreichende oder mehr als ausreichende Stabilität durch eine Bleibombe erreicht, die tief an einer Kielflosse hängt. Solche Yachten sind aber für Fahrtensegler völlig ungeeignet, weil der Tiefgang viel zu groß ist.

Andere Yachten haben sich vermutlich nicht wieder aufgerichtet, weil der Kiel abgebrochen war. Kiele mit kleinem Breite-Höhe-Verhältnis – sie sind besonders tief (Höhe) und haben eine sehr schmale Kielflosse (Breite) – brauchen ein besonders stabiles Kielfundament. Es ist nicht leicht, in Kürze darzustellen, wie hoch die Wahrscheinlichkeit ist, dass solch ein Kiel abbricht. Vielleicht könnte ein Gutachter einen Rat geben. Vergrößert man die Festigkeit der Kiel-Rumpf-Verbindung, verliert die Yacht kaum an Leistung und anderen charakteristischen Merkmalen. Für das Designbüro ist das eine Kleinigkeit. Kiele von nicht mehr ganz so modernen Yachten brechen nicht mit solch hoher Wahrscheinlichkeit. Es werden aber von keiner Seite Schritte unternommen, zu dieser bisherigen Form zurückzukehren und somit ausreichend Stabilität zu verlangen.

Fragwürdige Design-Entwicklungen

Andere moderne Entwicklungen, auf die Käufer achten sollten, sind: große Kunststofffenster aus Acryl, schwache Kajütaufbau-Konstruktionen, offene Schwertkästen, schwache Backskistendeckel, eine schwache Ruderanlage, ein in »high tech« gefertigter, aber nicht ausreichend geprüfter Rumpf in Kompositbauweise, nicht in der Mitte angebrachte Luken, schwache und ungesicherte Waschbords, Gegenstände, die auf Grund ihres Gewichtes alles zerschlagen können, wie Motor, Batterien, Anker, Diesel- und Wassertanks sowie Auspuffanlagen, die möglicherweise nicht ausreichend dafür sorgen, dass kein Seewasser zum Motor läuft. Viele Regattayachten haben heute große, offene und flache Cockpits, die nur geringen Schutz vor den Elementen liefern, sowie unzureichende Backskisten, unbequeme Kojen und schwache Riggs.

Bei modernen Yachten sieht man immer häufiger Doppelruder, die seitlich ausgestellt und nicht auf der Mittellinie des Rumpfes angebracht sind. Bei dieser Anordnung kann es leicht zu Beschädigungen kommen, weil der Kiel die Ruder nicht schützt. Fällt eins der Ruder aus, kann nur auf dem gegenüberliegenden Bug weitergesegelt werden. Das geringe Breite-Höhe-Verhältnis bei Rudern von Regattabooten erfordert zwei enorm große Lager im Cockpitboden, damit sie funktionieren, denn es treten bereits riesige Quermomente bei der kleinsten Belastung auf. Ein an einem Skeg befestigtes Ruder

ist aufgrund seiner Struktur stabiler als ein freistehendes. Es ist ein gutes Argument, bei Yachten, die vornehmlich zum Fahrtensegeln benutzt werden, einen Skeg zu verwenden. Dabei ist zum einen das Ruder besser geschützt, und zum anderen reißt die Strömung nicht so leicht ab. Der Skeg muss natürlich sehr stabil gebaut sein, weil ansonsten nicht nur die Steuerfähigkeit verloren geht, sondern auch ein Loch unter der Wasserlinie auftreten kann.

Senkrechte Vorsteven sind ein weiteres Merkmal moderner Yachten, das die Vermessungsregeln hervorgebracht haben. Elegante, weit überhängende Bugs verursachen einen rasch anwachsenden Auftrieb, wenn der Bug eintaucht, und verhindern eine gleichmäßige »Unterwasserfahrt«; ein steiler Bug tut das nicht.

Zusammenfassung

Man muss verstehen, dass Designer und Werften Spaß daran haben, die traumhaften Leistungen von Regattabooten auf Fahrtenyachten zu übertragen, zumal die Leute schnelles Segeln wünschen. Aus diesem Grunde muss jeder potentielle Käufer einer Blauwasseryacht sorgfältig prüfen, ob er eine für dieses Vorhaben – und für andere Dinge, die er im Kopf hat – zutreffend entworfene und entsprechend gebaute Yacht erwirbt. Der Käufer einer Regattayacht sollte noch vorsichtiger sein. Die Suche nach Leistung und Spannung geht in den meisten Fällen auf Kosten der passablen Stabilität, des guten Seeverhaltens und der notwendigen Festigkeit. Darüber hinaus lag das Handling einer solchen Yacht bei Starkwind vielfach über der Fähigkeit der zunächst begeisterten »Amateurcrew«.

Für einen besonnenen Blauwassersegler sind die daraus folgenden Konsequenzen bei einem Kauf sehr einfach: Am besten ist eine solide Yacht, die mehrfach ihre Stabilität bewiesen hat, die weniger Beziehung zu den derzeitigen Regattazüchtungen hat, sondern viele vernünftige Konstruktionsmerkmale aufweist, wie sie Olin J. Stephens, ein Meister unter den Designern seetüchtiger Yachten, im 1. Kapitel beschreibt. Solche Überlegungen sollten zu einem vernünftigen Boot führen. Weiterhin sollte ein anderes Argument in die Überlegungen einbezogen werden: Wenn vor der Küste oder auf den Ozeanen segelnde Crews bei mehr als Bft 8 immer wieder in die Situation kommen, dass Rettungsmannschaften ihnen zu Hilfe kommen müssen, könnten allmählich Regierungen zu dem Schluss gelangen, dass Segler nicht in der Lage sind, ihre Angelegenheiten selbst richtig in die Hand zu nehmen. Die Konsequenz wäre, Sicherheitsanforderungen an Freizeityachten durch alle möglichen unerfreulichen Gesetze zu regeln. Das wird dann teuer und nachteilig für alle.

Man kann nur hoffen, dass sich der Bau und die Konstruktion von Yachten kontinuierlich verbessern, aber nicht auf Kosten einer guten Stabilität und anderer, ähnlich unscheinbarer, aber dennoch wichtiger Eigenschaften. Die Last liegt dabei auf den Schultern der Regelmacher. Die Seetüchtigkeit muss wichtiger sein als die Jagd nach immer größeren Etmalen.

4. Masten und Bäume fürs Schwerwettersegeln

Matthew Sheahan

Bei Schwerwetter an der Küste entlang von Hafen zu Hafen zu springen ist eine ganz andere Sache, als auf Blauwasserfahrt zu gehen und große Etappen an einem Stück zurückzulegen. Wenn dann die Bedingungen weit draußen auf See hart werden, sind Unabhängigkeit von Versorgungseinrichtungen sowie Vertrauen ins Boot und die Ausrüstung überlebenswichtig.

Das Rigg ist der wichtigste Antrieb an Bord und somit in vielerlei Hinsicht die Grundlage für das Wohlergehen der Crew. Verliert man das Rigg, steht man vor der Gefahr, noch mehr zu verlieren als nur die Antriebskraft. Die Kommunikation nach außen kann total ausfallen. Bei längerer Dauer der Fahrt bis zum nächsten Hafen reicht möglicherweise der Vorrat an Proviant, Trinkwasser und Treibstoff nicht aus. Je nach Bootstyp verändern sich die Bootsbewegungen total – insbesondere bei hochgehender See – und machen das Leben an Bord sehr ungemütlich.

Vorsicht ist besser als Nachsicht! Obgleich es nie möglich ist, für die Sicherheit eines Riggs zu garantieren, gibt es einige Wege, das Risiko eines Verlustes zu minimieren. Deshalb überlegen wir in diesem Kapitel zuerst, wie man das Risiko klein hält, und anschließend, was zu tun ist, wenn der Fall eingetreten ist. Zunächst aber eine kurze Abhandlung über die am weitesten verbreiteten Takelungsarten und was sie voneinander unterscheidet.

Takelungsarten

Es gibt eine Reihe historischer Gründe für die Entwicklung der Vielzahl von Riggs, die man heute sieht. Der Hauptgrund für die Unterschiede liegt im praktischen Umgang mit der vorhandenen Segelfläche. Moderne Rollanlagen und Reffsysteme haben viel zur Vergrößerung des Segelplans beigetragen, weil sie heute leicht von – sagen wir mal – zwei Mann bedient werden können. Ab einer bestimmten Yachtgröße beginnt die Konfiguration des Riggs eine wichtige Rolle bei der Bewältigung des Segelplans zu spielen.

Bei Yachten bis etwa 12 m Länge findet man in der Regel ein Bermudarigg mit Masttoptakelung, weil es einfach und leicht zu bedienen ist. Bei mehr als 12 m Länge ist die Kuttertakelung populär. Sie hat ein geteiltes Vorsegeldreieck mit zwei Segeln, der Fock (an dem inneren Vorstag) und davor dem Klüver. Beide Segel kann man einzeln oder auch gleichzeitig setzen. Diese Anordnung erleichtert das Trimmen, Kreuzen und Wechseln der Vorsegel und ist somit ideal fürs Schwerwettersegeln. Die am inneren Vorstag gesetzte Sturmfock und das mehrfach gereffte Groß bilden ein optimales Segelstell.

Die Ceramco New Zealand *unter Skipper Peter Blake verlor beim Whitbread Round the World Race 1981/82 150 sm nördlich von Ascension den Mast, nachdem das linke untere Stabwant an der Stelle gebrochen war, wo es um die untere Saling geführt wird. Das obere, 15 m lange Teilstück des Mastes wurde geborgen und an den 3 m langen Maststummel gelascht. Bis zum Ziel in Kapstadt waren es noch 2455 sm. Hinzu kam jedoch ein Umweg von mehr als 1000 sm, um günstige Winde zu finden. Einmal gelang der Crew mit dieser Notbesegelung ein Etmal von 238 sm. (Foto: PPL)*

Seit dem Aufkommen der modernen Reffsysteme, durch die die Bedienung der Segel erleichtert wird, sind Yachten mit Ketsch- und Yawltakelungen nicht mehr so populär. Sie haben noch ihre Bedeutung bei der Aufteilung der Gesamtsegelfläche in kleine, bedienbare Flächen bei Yachten von 16 m Länge und mehr. Zwei Masten zu haben bedeutet: Zur Not hat man einen Ersatzmast, der – obgleich kleiner – bei dem Verlust des einen zum Hauptmast werden kann. Das wird aber nicht immer möglich sein, insbesondere dann nicht, wenn es ein Verbindungsstag zwischen dem Hauptmast und dem Besan gibt. Denn dieses Verbindungsstag reißt bei Bruch eines Mastes in der Regel den anderen Mast mit über Bord. Ein Besanmast hat folgenden Vorteil: Eine Sturmfock am Hauptmast und das Besansegel ergeben zusammen eine sehr gut ausbalancierte Schwerwetterbesegelung.

Schonertakelungen, bei denen der vordere Mast kleiner ist als der hintere, haben ähnliche Vorteile wie Ketsch und Yawl. Hier ist die Gesamtsegelfläche ebenso unterteilt. Dadurch hat man bei Schwerwetter mehr als eine Möglichkeit, die Segelfläche den gegebenen Bedingungen anzupassen und die Yacht auszubalancieren. Noch einmal: Bei Verlust eines Mastes ist die Chance nicht gering, dass wenigstens einer stehen bleibt.

Obgleich unverstagte Masten nicht sehr verbreitet sind, sollten sie nicht unerwähnt bleiben. Es gibt Cat-Takelungen mit einem einzigen, großen Segel, weiterhin Riggs mit drehbarem Mast und festem Baum sowie Dschunkenriggs.

Obgleich es für alle möglichen Probleme immer mehrere Lösungen gibt und konventionell verstagte Masten auch ihre Unzulänglichkeiten aufweisen, haben die zuletzt genannten Takelungen ihre besonderen Schwächen, insbesondere für Langstreckensegler. Ein Mast ohne Verstagungen bedeutet größere Flexibilität und ist je nach Material, aus dem der Mast gebaut ist, in bestimmten Bereichen anfälliger für Bruch. Viele Mastbauer dieser Typen achten streng auf dieses Problem, und man muss zugeben, dass Karbonmasten weniger betroffen sind als Aluminiummasten. Trotzdem bleibt der Biegungsbruch der größte Feind der unverstagten Masten; bei verstagten ist es der senkrecht wirkende Stauchdruck. Unverstagte Masten erschweren das Klettern zur Mastspitze, insbesondere beim Segeln. Das mag ein kaum stichhaltiges Argument sein, aber man sollte überlegen, wie man mit solch einer Situation umgeht, bevor man in sie hineinschliddert.

Eine ganz wichtige Überlegung ist, wie und wo man ein Sturmsegel setzen kann. Nur wenige unverstagte Masten haben Vorrichtungen für ein inneres Vorstag, an dem eine Sturmfock eingehängt werden kann. Bei vielen fehlt sogar die Möglichkeit, eine Schiene für ein Trysegel anzubringen. Bevor man seinen Kurs bis hinter den Horizont absteckt, sollten diese Überlegungen abgeschlossen sein.

Was ist ein seetüchtiger Mast?

Das größte Problem für viele Designer und zukünftige Eigner ist die Entscheidung zwischen einem an Deck aufgestellten und einem bis zum Kiel reichenden Mast. Die Debatte, welcher der geeignetste fürs Langstreckensegeln ist, hält an. Beide haben Vor- und Nachteile. Ein durchgesteckter Mast kann, ohne an Sicherheit einzubüßen, strukturell und insgesamt leichter sein als ein an Deck aufgestellter. Durchgesteckte Masten leiten den Großteil ihrer Sicherheit davon ab, dass sie – wie Ingenieure sagen – »konstruktiv integriert« sind. Das bedeutet, dass sie sowohl am Mastfuß als auch an Deck fixiert sind.

In der gleichen Ingenieur-Terminologie werden an Deck aufgestellte Masten als »Bolzenverbindungen« bezeichnet. Mit anderen Worten: Ohne Wanten fällt ein an Deck gestellter Mast sofort um. Ein durchgesteckter Mast tut das nicht – wenigstens nicht so leicht.

Bei dem Entwurf des Mastprofils muss man im Gegensatz zu durchgesteckten Masten bei an Deck gestellten ein stärkeres Profil wählen, um die größeren Trägheitsmomente abzufangen. Schwerere Masten haben eine nicht zu unterschätzende Wirkung auf die Stabilität und die Schiffsbewegungen, ebenso auf die Gesamtleistung der Yacht. Das ist sicherlich nicht der Schlüssel des Geheimnisses, aber auch nicht zu unterschätzen.

Auf dem Kiel stehende Masten haben auch Nachteile. Vielfach kommt Wasser innen durch das Mastprofil ins Boot. Abb. 4.1 auf Seite 70 zeigt, wie das zu verhindern ist. Bei einem an Deck gestellten Mast gibt es dieses Problem nicht. Bei dem schlimmsten aller Szenarien, dem Mastverlust, kann der Teil eines durchgesteckten Mastes, der sich unter Deck befindet,

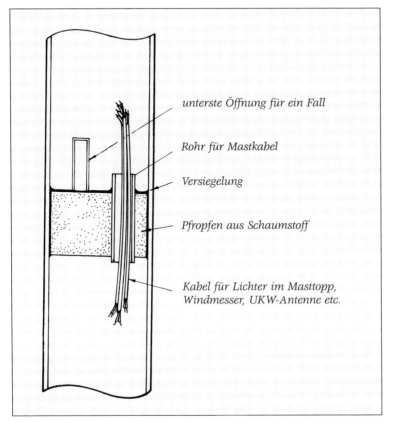

unterste Öffnung für ein Fall

Rohr für Mastkabel

Versiegelung

Pfropfen aus Schaumstoff

Kabel für Lichter im Masttopp,
Windmesser, UKW-Antenne etc.

Abb. 4.1 *Ein Beispiel dafür, wie verhindert werden kann, dass Wasser durch einen auf den Kiel gestellten Mast ins Schiffsinnere gelangt.*

im Salonbereich erhebliche Beschädigungen verursachen, insbesondere wenn sich der Mastfuß vom Kielschwein löst. Das kann passieren, wenn die Yacht kentert oder völlig über Kopf geht.

Diese Art der Beschädigung ist selten. Aber ein Fall aus jüngster Zeit ereignete sich im Südpazifik, bei dem eine Yacht verloren ging, weil das wasserdichte Schott vom Mast, der sich vom Kielschwein gerissen hatte, eingedrückt wurde. Demnach sind Vorsichtsmaßnahmen wichtig – und ganz einfach. Entweder befestigt man den Mastfuß mit einem Bolzen am Kielschwein oder benutzt einen Wantenspanner, den man an einer Stelle am Rumpf befestigt. Das reicht in der Regel.

Was geschieht aber mit dem Rest des Riggs? Wie viel muss man aufbewahren, um ein Notrigg setzen zu können, das auch für Schwerwetter tauglich ist? Wichtig sind: Salingbeschläge am Mast, Lümmelbeschläge, Wantengelenkstücke und Masttoppbeschläge. Unabhängig von ihrer jeweiligen Verwendung kann man sie in drei Kategorien einteilen: Aluminiumgussteile, aus Aluminiumblechen zusammengeschweißte Beschläge und Beschläge aus Nirostahl.

Viele Mastbauer verwenden mit Vorliebe Gussteile aus Legierungen, weil sie – in großer Stückzahl gefertigt – billiger und einfach anzubringen sind. Zur Befestigung braucht man nur ein paar Nieten oder

Schrauben (Abb. 4.2). Derartige Gussteile sind für das normale Segeln an der Küste oder etwas weiter draußen ausreichend, fürs Langstreckensegeln reichen sie aber aus unterschiedlichsten Gründen nicht.

Aluminiumgussteile sind im Vergleich zu anderen Legierungen oder Stahl spröde und verabschieden sich schnell, wenn sie einen harten Schlag mitbekommen. Eine Patenthalse beispielsweise kann einen Lümmelbeschlag aus Aluminium urplötzlich und derart heftig belasten, dass er irreparabel zerbricht. Ein extra angefertigtes Verbindungsstück hätte sich dabei vielleicht nur verbogen oder verdreht. Gussteile mögen überhaupt keine Verdrehungen. Eine in falschem Winkel angestellte Saling kann bei Belastung das Verbindungsgussteil zwischen Mast und Saling derart verdrehen, dass es komplett bricht. Ein geschweißtes Teil ist solchen Fehleinstellungen gegenüber sehr viel toleranter.

Es gibt jedoch unterschiedliche Meinungen zu dieser Angelegenheit. Eine Rechtfertigung lautet, dass diese Gussteile mit ein paar Schrauben oder Nieten leicht zu befestigen sind und in der Regel zum normalen Lagerbestand der Mastenbauer zählen. Somit können sie schnell an jeden Punkt der Welt versendet und ohne Spezialwerkzeug ausgetauscht werden. Wenn man bedenkt, wie viel Aufwand getrieben werden muss, bis man herausgefunden hat, welches System ersatzweise zu verwenden ist, neigt man schnell dazu, die Wahrscheinlichkeit eines Bruchs niedriger einzuschätzen als die Schwierigkeiten bei einer Reparatur.

Aufgrund dieser Überlegungen gibt es eine Befestigungsart, die, wer weit auf See hinaus geht, auf keinen Fall verwenden sollte. Salingbefestigungen aus Guss, die um den Mast gelegt werden, haben nicht nur den Nachteil, dass sie aus den obengenannten Gründen schneller brechen und die Stabilität des Mastes in diesem Bereich verringern, sondern dass eine

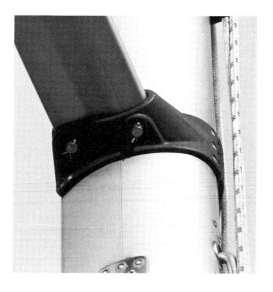

Abb. 4.2 Salingsmastbeschlag aus Gusslegierung.　　　*Abb. 4.3 Hier fehlt das Gelenk für das Vorstag.*

beschädigte Gussklammer sich unter Umständen nur schwer entfernen lässt. Darüber hinaus gilt: Jede Vorrichtung, die die Salingskräfte einzeln auf den Mast überträgt, ist besser als eine den Mast umschließende Klammer.

Ein geschweißter Masttopp mit eingelassenen Masttoppscheiben verringert die Festigkeit eines Mastes überhaupt nicht, wenn diese Arbeit sorgfältig ausgeführt wurde. Die meisten Aluminiumgussteile müssen einer Behandlung unterzogen werden, damit sie härter werden. Deshalb ist Schweißen am Masttopp in der Regel ein kritischer Punkt, denn dadurch wird die mechanische Eigenschaft der Legierung wieder auf den weichen Zustand reduziert.

Zum optimalen Herstellungsprozess gehört, dass alle Schweißarbeiten wie Mastverjüngung, das Anbringen aller Mastbeschläge, der Vorstagverbindungen und Scheibengatts ausgeführt werden, wenn das Mastprofil noch in weichem Zustand ist. Wenn alles komplett ist, kann der Mast einer Wärmebehandlung unterzogen und gehärtet werden. Erst danach sollte der Mast eloxiert und somit gegen Korrosion geschützt werden. Eloxieren ist das beste und kostengünstigste Mittel für Yachten ab 13 m Länge über alles.

Da es nur wenige Eloxiertanks gibt, die dicke und lange Masten fassen, ist das Anstreichen die nächstbeste Lösung für große Yachten. Zudem finden viele Leute einen angemalten Mast viel schöner.

Die angemalten Masten haben deutlich zugenommen. Die Farbe ist ja auch ein guter Schutz, solange sie nicht verkratzt oder anderswie beschädigt wird. Es ist jedoch nahezu unmöglich, den Mast vor jeglichem Kratzer zu bewahren.

Obgleich Kratzer und abplatzende Farbe direkt keine strukturellen Probleme verursachen, muss man ständig ein wachsames Auge auf ungewöhnliche Anzeichen haben, die vielleicht auf eine ernsthafte Korrosion unter der Farboberfläche hinweisen.

Verstagung

Abgesehen von schlechter Wartung und Aufstellung des Mastes zählen Ermüdungs- und Wantenbrüche zu den allgemein üblichen Gründen für die Entmastung eines Fahrtenseglers – wenngleich es dafür nur wenige Statistiken gibt, die das belegen. Mastschwingungen, bei denen die Beschläge durch wiederholtes Hin- und Herschwingen des Mastes hart beansprucht werden, entstehen häufig durch unzureichende Verbindungsteile. Das gilt insbesondere für die Gelenkverbindungsstücke zwischen Mast und Wanten. Je schlechter die Verbindung dort funktioniert, desto größer ist das Ermüdungsrisiko mit anschließendem Bruch. Wie auch an anderen Stellen sind billige Beschläge Grund dafür, dass große und anschließend teure Mastschäden entstehen.

Woher weiß man denn, welche Beschläge geeignet sind? Eine Faustregel lautet: Das beste Terminal für Wanten ist das mit Auge und Bolzen, weil beide etwas Bewegung zulassen und sich somit den unterschiedlichen Spannungsrichtungen anpassen (Abb. 4.4). Ball-Stopper- (RT-Aufhängung) oder T-Terminals mit Hülse leiden unter starker Reibung an den Führungen und passen sich schlechter den Zugänderungen an (Abb. 4.5 und 4.6). Das Resultat ist irgendwann Materialermüdung in dem Beschlag, normalerweise etwas unterhalb des gestauchten Formstücks oder an dem Punkt, wo das Drahtwant in die Endhülse läuft.

T-Terminals und ähnliche Beschläge sind in vielen Fällen durchaus gut geeignet. Man muss jedoch bedenken, dass sie

Abb. 4.4 *Standard-Wantenterminal mit Auge und Bolzen.*

Abb. 4.5 *Einzelteile des Ball-Stopper-Terminals.*

Abb. 4.6 *Außenansicht der RT-Aufhängung.*

weniger flexibel sind und in regelmäßigen Abständen ausgetauscht werden müssen. Das große Problem neben den nicht gerade geringen Kosten für eine Röntgenuntersuchung der Terminals sind die nicht sichtbaren Anzeichen einer fortschreitenden Ermüdung.

Ein weiterer Faktor, den es zu berücksichtigen gilt, ist, dass nur wenige Masten steif auf immer derselben Stelle bleiben. Täten sie es, würden starke schockartige Belastungen auf das gesamte Schiff übertragen. Weil sich vielmehr die Masten in den Booten bewegen, muss das Rigg in der Lage sein, die Bewegungen in ihrem gesamten Umfang aufzufangen. Die Frage bleibt: Bis wie weit ist das akzeptabel und wie sollte ein Mast am besten verstagt sein?

Es gibt eine weite Palette an Grundmustern. Hinzu kommen etliche Kombinationen der unterschiedlichsten Salingsanordnungen. All das macht es schwierig, dieses Gebiet präzise zu definieren. Wenn es keine Überlegungen bezüglich des engen Durchsetzens der Vorsegel gibt, gilt im Allgemeinen: Je weiter der Abstand der Rüsteisen, desto besser. Wenn die Vorsegel jedoch sehr eng durchgesetzt werden sollen, um höher am Wind laufen zu können, muss der kurze Abstand der Rüsteisen durch eine ganze Reihe von Salingen ausgeglichen werden. Bei großen Yachten wird vielfach ein unterbrochenes Rigg mit drei oder mehr Salingen verwendet.

Quer zur Schiffsrichtung sind die meisten Boote ausreichend verstagt. Größere Probleme machen die Abstützungen in Längsrichtung. Bei Schwerwetter mit einem weit herunter gerefften Groß gegenan zu kreuzen kann ungemein starke Schläge auf den Mast auslösen. Bei jedem Seeschlag und Aufschlagen auf die Welle wird das Rigg schockartig belastet. Dabei pumpt der Mast in Längsrichtung. Ein tief gerefftes Groß kann die Situation noch verschlechtern, weil das Segel an der Mitte des Mastes zieht. Das kann sogar bis zur Umkehrung der positiven Mastkurve führen, wenn man es nicht kontrolliert. Unter solchen Umständen kann der Mast unter dem gewaltigen Staudruck brechen. Das geschieht dann mit großer Wahrscheinlichkeit, wenn das Boot von einem hohen Wellenkamm in die See knallt. Um das zu vermeiden, ist es wichtig, das Pumpen des Mastes zu stoppen. Vorsegelfallen oder Babystags eignen sich, um die Bewegung des Mastes nach achtern zu verhindern. Da diese nur einen sehr kleinen Angriffswinkel zwischen Mast und Stag haben, ist ein inneres Vorstag (vielfach als Kutterstag bezeichnet) ganz wichtig fürs Backstag.

Das Kutterstag ist im Zusammenhang mit den Back- und Trimmstagen ein unverzichtbares permanentes Ausrüstungsteil und kann bei normalen Bedingungen am Mast gestaut werden. Für jeden aber, der Fahrten ins Auge fasst, bei denen er in Schwerwetter geraten kann, sind solche Stagen ein Muss, insbesondere bei Yachten mit Masttopptakelung.

Bei der großen Popularität von Rollfockanlagen wird eine Vorrichtung für ein wegnehmbares inneres Vorstag immer ratsamer. Selbst zuverlässige Rollfockanlagen können brechen. Ohne ein Vorsegel kann es sehr ungemütlich werden. Aber selbst wenn die Anlage problemlos funktioniert, ist die restliche Fläche einer stark eingerollten Fock viel zu hoch am Vorstag positioniert und deshalb als vernünftige Sturmfock kaum zu gebrauchen. Eine tief gesetzte, flache Sturmfock treibt eine Yacht viel besser an, verringert die Krängung und macht die Fahrt insgesamt viel angenehmer. In den meisten Fällen kann ein solches inneres Vorstag bei alten Yachten nachträglich problemlos angebracht werden. Dazu reichen in der Regel ein Gelenkstück auf der Vorderseite des Mastes – etwas unter dem Vorstag – und ein Auge für den Pelikan- oder Sliphaken an Deck.

Langstreckensegler diskutieren gern, ob man Stabwanten den konventionellen 1x19-Drahtwanten vorziehen soll. Ein Rigg mit Stabwanten ist grundsätzlich teurer als eines mit Drahtwanten. Dennoch ist die Entscheidung eher davon abhängig, wie problemlos die Wartung ist.

Konventionellen Nirodraht bekommt man rund um den Globus und er ist leicht zu handhaben. Presswerkzeug findet man in fast allen Häfen und jedem Seegebiet. Wer jedoch noch weiter hinaus will, sollte Norseman- oder Stalok-Terminals mit Konen oder Hülsenbeschlägen verwenden. Dazu braucht er nur eine Bügelsäge und einen Schraubenschlüssel. Ein weiterer Vorteil: Diese Endstücke können leicht wieder verwendet werden, wenn man irgendeinen Schaden an einem Want findet oder vermutet.

Stabwanten dagegen erfordern Spezialwerkzeug, um die Endstücke herzustellen. Zudem neigen sie zur Ermüdung – mit wenigen äußeren Anzeichen. Dennoch haben Stabwanten Vorteile. Sie recken sich weniger als Drahtwanten mit gleichem Durchmesser. Das bedeutet, ein Mast kann im Boot besser gesichert werden, der Mast selbst verbiegt sich weniger und das Gewicht der Takelage verringert sich. Das alles zusammen fördert die Leistung und verringert die Schiffsbewegungen. Es sollte auch gesagt werden, dass die Minimierung von Gewicht bei großen Yachten unbedingt notwendig ist. Deshalb ist ein Rigg mit Stabwanten vielfach die einzige Lösung.

Reffen

Rollreffsysteme für Groß- und Vorsegel sind höchst praktisch, erschwinglich und am einfachsten zu bedienen. Dennoch habe sie ein paar Nachteile, über die man sprechen muss. An die Rollfockbeschläge kommt man grundsätzlich leichter heran als an die bei einer Rollanlage fürs Groß im Mast. Die Rollfockanlage bereitet bei einem Schaden erheblich weniger Probleme. Rollgroßanlagen können klemmen, wenn sich das Segel im Mastprofil verhakt und es sich weder vorwärts noch rückwärts bewegen lässt. Steckt man in den Klauen eines Sturms, kann das sehr unangenehm werden. Selbst bei vollstem Vertrauen auf die Rollanlage sollte man vorsichtshalber eine Vorrichtung montieren, mit der man das Groß bei Sturm ersetzen kann und die von der Rollgroßanlage völlig unabhängig ist, wie z.B. eine Schiene für ein Trysegel.

Anders als beim Patentreff und Rollgroßbaumsystem, bei denen bei jedem Reffschritt das Gewicht des Segels weiter nach unten verlagert wird, bleibt es bei vertikalen Systemen immer in gleicher Höhe zur Wasserlinie. Bleibt das Gewicht hoch, heißt das, die Stabilität verbessert sich beim Kürzen der Segel nicht. Das kann zu langsamen, aber starken Bewegungen der Yacht aufgrund der Trägheit des schwereren Mastes mit dem im Mastprofil aufgerollten Segel führen. Außerdem hat ein aufgerolltes Vorsegel einen stärkeren Windwiderstand als ein blankes Vorstag. Ein weiteres Problem ist: Man kann das Segel, das klemmt, vielfach nur dann vollständig einrollen oder abschlagen, wenn man es noch einmal ganz ausrollt. Das ist ein nicht unerheblicher Nachteil und kann in einigen Situationen unabsehbare Folgen nach sich ziehen.

Das Segel abschnittsweise zu reffen wie beim Patentreff ist eine praktische und zuverlässige Reffmethode. Im Ernstfall ist es angenehm, wenn das Segel einen Kopfbrett- oder Lattenschlitten hat. Da ist die Chance groß, das Segel ganz bequem niederzuholen, wenngleich es dafür auch keine absolute Garantie gibt. Großsegel mit durchgehenden oder halben Latten erleichtern den Reffvorgang, insbesondere in Verbindung mit Lazyjacks, die das Flattern des Segels beim Niederholen reduzieren. Außerdem lässt sich das Segel mit ihrer Hilfe leicht auf dem Baum festlaschen.

Einleinen-Reffsysteme, bei denen Vor- und Achterliek des Groß durch eine einzige Leine auf den Baum niedergeholt werden, sind ebenfalls weit verbreitet. Sie ermöglichen ein schnelles Reffen, bei dem man das Cockpit nicht verlassen muss. Der Nachteil jedoch ist wie bei allen Regulierleinen, dass sie leicht reißen. Bei dem Bemühen, das System so reibungslos wie möglich zu machen, ist es wichtig, dass alle Fallen oder Reffleinen so glatt wie möglich durch die Leitblöcke geführt werden.

Kontrolle und Wartung des Riggs

Wie oft das Rigg kontrolliert werden sollte, hängt stark von der Art des Segelns ab. Jeder Segler sollte immer ein wachsames Auge auf das Rigg haben. Die Praxis setzt allerdings Grenzen. Wochenendsegler, die von ihrem Heimathafen aus starten, sollten ihren Mast mindestens zu Beginn und am Ende einer Saison kontrollieren. Alle drei Jahre jedoch sollte der Mast für eine gründliche Überprüfung gezogen werden. Bei einer langen Passage gehört die Kontrolle zum täglichen Ritual. Unabhängig von der Art des Segelns resultieren die meisten Schäden oder Pannen von Schamfilen, Ermüdung oder Korrosion, weniger von Überlastung. Verräterische Anzeichen von Problemen lassen sich vielfach mit dem bloßen Auge identifizieren, wie z.B. ob der Mast auf seiner Position ist. Das ist genauso gut, als würde man den Mast und die Beschläge umständlich, teuer und manchmal ohne Erfolg röntgen.

Aluminiumlegierungen, aus denen die meisten Masten gebaut sind, besitzen einen hohen natürlichen Widerstand gegen Korrosion, der aus der Entstehung einer widerstandsfähigen, wasserdichten Oxidschicht an der Oberfläche des Aluminiums resultiert, die sich im Zusammenspiel mit Luft bildet. Dieser graue Oxidfilm repariert Schäden selbstständig. Somit wird das Aluminium selbst dann vor weiterer Korrosion geschützt, wenn die Schicht durch Schamfilen oder Kratzer beschädigt ist. Die Sache liegt anders, wenn Aluminium mit anderen Metallen in Kontakt kommt und dabei Elektrolyse entsteht. Jede größere Korrosion am Mastfuß oder in Deckshöhe muss gründlich behandelt werden, weil das Bereiche sind, die stark belastet werden. Beulen im Mast in diesen Bereichen sind ebenfalls ein Problem und können dazu führen, dass sich der Mast verbiegt. Solch ein Schaden ist nicht leicht ohne Spezialwerkzeug und Hilfe zu reparieren.

Knackgeräusche sind im allgemeinen deutliche Anzeichen für den Beginn von Brüchen in Mast oder Rigg und können behoben werden, wenn man sie in den Griff bekommt, bevor es zu spät ist. Bereiche, auf die man ganz besonders achten muss, sind Öffnungen oder Löcher im Mastprofil – insbesondere bei einem eckigen – als da sind: die Umgebung eines Fallaustritts und die Verbindungsstellen von Mastbeschlägen und Mast. Ein kleines Bohrloch am Ende des Risses kann in den meisten Fällen den Riss stoppen. Das ist aber nur eine zeitliche Maßnahme und erfordert so bald wie möglich eine weitere Behandlung.

Sich zu vergewissern, dass alle Befestigungsteile abgesichert sind, ist vielleicht ein ganz simpler Check. Was aber leicht übersehen wird, ist der leichte Lauf der Scheiben in den Blöcken. Denn sollten sie klemmen, verursachen sie ein vorzeitiges Schamfilen bzw. Beschädigen der Fallen und Kontrollleinen. Bei einem durchgesteckten Mast werden häufig die Pufferelemente unter dem Mastkragen vergessen. Diese Teile sollten so abgesichert sein, dass der Mast sich auf keinen Fall bewegen kann.

Es gibt heute bereits Möglichkeiten, die Einstellungen des Riggs mit elektrischen Methoden durchzuchecken. Es gibt aber auch ganz einfache Kontrollen, die mögliche Probleme ans Tageslicht bringen: Mit dem Auge lassen sich gebrochene Kardee-

Beim British Steel Global Challenge 1992/93 brachen an Bord der BRITISH STEEL *II mehrere Spann-
schrauben. Nach dem Bruch der Vorstag-Spannschraube fiel auf der Etappe zwischen Rio und Auckland der Mast über Bord. Ein Notrigg wurde aus Baum und Spinnakerbaum, Stagsegelfallen und
Reffleinen zusammengestellt. Doch weil ein P&O-Tanker Treibstoff übergegeben hatte, konnte die
Crew einen großen Teil der Strecke unter Motor zurücklegen. (Foto: PPL)*

le oder Korrosion im Draht entdecken.
Geweitete Kauschen oder verbogene Bolzen sind Anzeichen von Überlastung und
müssen ausgetauscht werden. Die Aus-
richtung des Riggs ist ein weiterer wichtiger ‚Kontrollpunkt. Ein verdrehtes Stag
oder ein gedehntes Want ist vielleicht ein
Hinweis auf Ermüdung. Schlechte Gelenkstücke sind – wie bereits erwähnt – vielfach Ursache für Ermüdungsbrüche im
Rigg. Alle Beschläge am stehenden Gut
sollten ein paar Grad Bewegungsfreiheit in
alle Richtungen haben. Ein weiterer einfacher, aber ganz wichtiger Test ist die Kontrolle der Wanten an den Salingsnocken.

Schwerwetter – Vorgehen unterwegs

Vorbereitung der Yacht auf allen Gebieten
ist der Schlüssel, um Schwerwetterbedin-
gungen abreiten zu können. Der wichtigste Punkt dabei ist das Rigg. Wie bei vielen
Dramen auf See ist eine Katastrophe an
Deck vielfach der Höhe- und Endpunkt
von unterschiedlichen, zuvor noch kon-
trollierbaren und vermeidbaren Ereignissen. Seien Sie immer vorbereitet! Vergewissern Sie sich, dass das Trysegel beim
Setzen auf der Schiene läuft, ohne übers
Deck zum Mast kriechen zu müssen. Sind

genügend Zeisinge oder Bändsel vorhanden, um das niedergeholte Großsegel fest auf den Baum zurren zu können? Vergewissern Sie sich, dass ein stabiler Beschlag an Deck vorhanden ist, an dem der Baum sicher festgelascht werden kann, damit er nicht in der tobenden See von einer Seite des Cockpits zur anderen schlägt. Das Leben an Bord ist sowieso schon schwierig genug.

Ebenso wichtig ist, dass alle Schwerwettersegel ausprobiert worden sind – nicht wenn die Yacht längsseits am Steg lag oder gemütlich an einer Boje schwojte, sondern während der Fahrt und – vorzugsweise – wenn es blies. Vorausdenken ist ganz wichtig, denn es ist viel einfacher und ungefährlicher, bei ruhiger See ein Reff auszuschütten als bei einem Wetter, das sich erheblich verschlechtert hat, einzureffen. Vorahnung oder kontinuierliche Wetterbeobachtung ist ganz wichtig bei Rollsegeln. Eine aufgerollte Fock ist bei Sturm ein großer Windfang, ganz zu schweigen von dem Gewicht hoch überm Deck. Wenn der Wetterbericht schlechte Bedingungen vorhersagt, kann es klug sein, das Segel komplett auszurollen und abzuschlagen. Die letzte Gelegenheit dafür ist Wind mit 40 kn. Dasselbe gilt fürs Rollgroßsegel. Das eingerollte Groß verursacht zwar keinen zusätzlichen Winddruck, aber bei extremem Wetter kann es ratsam sein, den Gewichtsschwerpunkt der Yacht so niedrig wie möglich zu halten.

Wenn der Ernstfall eintritt

Häufig sind Mastbrüche das Resultat von Brüchen von Beschlägen; aber ebenso häufig können schnelle Entschlüsse und Reaktionen den Tag noch einigermaßen retten. Ein Wantenbruch – sei es, dass ein Draht oder ein Terminal das Problem ausgelöst hat – führt in den meisten Fällen zum Mastverlust. Reagiert der Rudergänger allerdings in solch einer Situation schnell genug und lässt sich sein Entschluss problemlos und sicher ausführen, kann er mit einer weichen Halse und backstehender Fock die Yacht beidrehen und somit die Möglichkeit schaffen, dass das Want behelfsmäßig repariert werden kann. Manchmal ist es sicherlich nicht möglich, lange beigedreht liegen zu bleiben; dann hat man aber zumindest Zeit gewonnen, darüber nachzudenken, wie der Mast am besten abgefangen werden kann. Wenn ein Fall ein Want ersetzen soll, ist zu bedenken, dass der Winkel an der Mastspitze sehr klein sein wird, da das Fall ja nicht über die Salingsnocken geführt werden kann. Mit einem etwas über Deckshöhe ausgestellten Jockey- oder Spinnakerbaum lässt sich der Winkel vergrößern und die Absteifung des Mastes verbessern.

Ein Vor- oder Achterstagbruch führt seltener zum sofortigen Mastverlust, ist aber ein ebenso ernsthaftes Problem, auf das sehr schnell reagiert werden muss. Das Wichtigste in solch einer Situation ist, entweder in den Wind zu drehen oder sich vor den Wind zu legen, um Druck auf das intakte Stag zu bringen und das Rigg fürs Erste mit einem Spinnaker- oder Genuafall zu entlasten. Die Großschot darf nicht gelöst werden, damit das Achterliek gespannt bleibt und hilft, den Mast zu stützen. In vielen Fällen, wenn ein Want oder ein Stag gebrochen ist, ist es wichtig, nicht zu früh die Segel aufzufieren. Das gilt besonders bei schwerer See, da die Segel vielfach helfen, die Schiffsbewegungen zu stabilisieren und starkes Arbeiten des Mastes verhindern. Bricht das Rigg aber bei ruhiger See aufgrund Überlastung, ist das Streichen der Segel vermutlich die beste Lösung.

Ist der Ernstfall da und kippt der Mast

Eine Regenbö entmastete die YEOMAN 25 und warf sie bei einer Ausscheidungsregatta für das englische Admiral's-Cup-Team an zweiter Stelle liegend aus dem Rennen. Der Mast brach, als die Cunninghamleine aus der Führung sprang. Dadurch bog sich der Mast zu weit nach vorne. (Foto: Peter Bruce)

über die Seite, gibt es zwei goldene Regeln: Vermeiden, dass der Mast gegen den Rumpf schlägt, und den Motor nicht eher anlassen, als bis man absolut sicher ist, dass keine Riggteile in die Schraube geraten. Der Beschädigung des Rumpfes durch einen abgeknickten Mast gilt die größte Aufmerksamkeit. Sie zu vermeiden, wird

aber nur gelingen, wenn gleichzeitig auf Sicherheit an Deck und die Gefahr geachtet wird, von herumfliegenden Riggteilen über Bord geschleudert zu werden. Es muss alles schnell und mit größter Vorsicht ablaufen. Um den Rumpf zu schützen, muss das Rigg gekappt werden. Dabei sollte man immer im Auge behalten,

79

soviel wie möglich für ein Notrigg zu retten. Manchmal geht alles verloren. Dann ist es gut, darüber nachgedacht zu haben, wie man ein Notrigg mit Groß- und Spinnakerbäumen arrangiert.

Ersatzteile und Werkzeug

Die ideale Werkzeugkiste enthält alle Werkzeuge für alle Teile an Bord. Das ist allerdings eher ein Wunschtraum, so dass man mit Kompromissen zufrieden sein muss. Zur Basisausstattung gehören: Bohrer, Messer, Bügelsägen, Schraubendreher, Schraubenschlüssel und Zangen aller Art, die sich für alle nur denkbaren Aufgaben an Bord eignen.

Werkzeuge speziell für das Rigg

Wantenschneider für Draht 1x19 (Stabwanten können nur mit einer Säge mit HSS-Blatt, einem Winkelschleifer oder einem hydraulischen Wantenschneider getrennt werden.)
Holzhammer
Wasserpumpenzange oder Parallelzange
Extra große Wasserpumpenzange mit einem Verlängerungsrohr
Scharfer Flachmeißel
Marlspieker
Langes Bandmaß
Popnietenzange

Ersatzteile

Federringe
Splinte
Schäkel
Schrauben mit Muttern
Selbstsichernde Maschinenschrauben
Blöcke
Gelenkstücke
Wantenspanner mit und ohne Walzterminal
Drahtstücke länger als das längste Stag und nicht dünner als das dickste Want, zusätzlich Nicopresshülsen
Bügelklemmen
Material zum Schienen von Mast und Baum
Nieten
Zinkchrompaste oder anderes Isoliermaterial
Draht zum Laschen
Tape
Tauwerk

5. Vorbereitungen für Schwerwettersegeln

Peter Bruce

Als Schiffe seiner US-Pazifikflotte am 18. Dezember 1944 durch den Taifun »Cobra« stark beschädigt oder gesunken waren und 790 Offiziere und Mannschaften ihr Leben verloren hatten, schrieb Flottenadmiral Nimitz einen Brief an die Flotte, den er mit folgendem Kommentar abschloss: »Es ist keine Zeit zu schade, alle erdenklichen Maßnahmen zur Sicherheit eines Schiffes zu treffen. Nichts ist gefährlicher für einen Seemann, als nachlässig mit Vorsichtsmaßnahmen zu sein, nur weil man denkt, sie könnten sich ja im Nachhinein als unnötig erweisen. Sicherheit auf See basiert seit tausend Jahren auf genau der gegenteiligen Einstellung.«

Gelegentliches Schwerwetter ist für Blauwassersegler ein wohl kaum zu vermeidendes Schicksal. Die Mehrzahl der Küstensegler ist dagegen meistens in der Lage, diesem durch hohe Aufmerksamkeit, durch geübte Umsicht und gute Törnplanung aus dem Wege zu gehen. Da Meteorologie aber keine exakte Wissenschaft ist, bleibt trotz sorgfältigster Wetterbeobachtung und kontinuierlichen Abhörens der Wettervorhersagen immer die Möglichkeit, in einen Sturm zu geraten. Wenn es also trotzdem passiert, sollte man sich bemühen, ohne Schaden und ohne fremde Hilfe, aber mit Gelassenheit und Humor – soweit es die Umstände zulassen – sicher durch das Wettergeschehen zu kommen.

Um das zu erreichen, hat der kluge Skipper Pläne für den Eventualfall und Schwerwettersegeln entwickelt und sie entweder im Hafenbecken oder bei leichtem Wetter durchgespielt, wobei er weiß, dass er bei wirklich schwerem Sturm von seiner Crew nicht mehr als die Ausführung der einfachsten Anordnungen erwarten kann. Bei Sturm schleicht sich leicht unbemerkt eine Verhaltensänderung der Crew ein. Das geschieht meistens nach einer Periode unbeschwerten und heiteren Segelns und wenn plötzlich Wind und Wellen über die Erwartungen hinausgehen. Es beginnt eine Periode, bei der die Crew eine deutlich abnehmende Motivation zeigt. Sie hat keine Lust, notwendige Anstrengungen zu machen, außer dass die Segel auf das erforderliche Maß reduziert werden. Sie passt sich den Unbequemlichkeiten an und ergibt sich passiv der eigenen Seekrankheit.

Zweifelsohne sollten Kraft und Energiereserven einer Crew für unvorhersehbare Fälle gut aufgespart werden. Ein Skipper aber, der darüber hinaus keine Zweifel an der Fitness seiner Yacht und ihrer Ausrüstung hat, kann in einem Sturm unbeschwerter seine Crew anfeuern und absolut notwendige Leistungen herausfordern. Dieses Kapitel habe ich nicht mit einer bestimmten Sturmstärke vor Augen geschrieben, sondern mehr mit dem Gedan-

ken, dass sich ganz plötzlich und unerwartet schwerstes Wetter einstellt.

Vorbereitungen im Hafen

Man kann weder Sicherheit noch eine Überlebensgarantie kaufen, sondern nur Ausrüstungen, die in erfahrenen Händen die Sicherheit verstärken. In erster Linie bestimmt das Geschick der Crew, wie es im Ernstfall abläuft.

Sicherheitsausrüstungsteile gibt es in unterschiedlichster Form und sie müssen auf das jeweilige Fahrtgebiet abgestimmt werden. Von einer Liste mit nützlichen Dingen, die dem Seemann helfen, in schwerer See zurechtzukommen, hat Olin J. Stephens im 1. Kapitel berichtet. Sie stammt aus dem Regelwerk des Offshore Racing Councils. Die dort aufgestellten Regularien sind auf der ganzen Welt bei den meisten Offshore-Regatten für die teilnehmenden Yachten obligatorisch. Fahrtenskipper tun gut daran, sie zu studieren, denn diese Vorschriften sind das Ergebnis vieljähriger Erfahrungen. Bevor ein Skipper mit Selbstsicherheit einem Sturm gegenübertritt, sollte er mehr tun, als nur durch zusätzlichen Kauf und Einbau von Sicherheitsausrüstung sein Gewissen zu beruhigen und Vorschriften zu befolgen. Er und seine Crew müssen den Einsatz der Mittel in noch nicht bedrohlicher Situation getestet haben.

Zur Sicherheit gehört gerade für den Eigner einer neuen Yacht, dass er sich gelegentlich die Arbeit macht, die Grundausstattung der Yacht unter die Lupe zu nehmen und auf Fehler und Schäden zu untersuchen. Bei älteren Yachten ist eine Kontrolle in regelmäßigen Abständen notwendig.

Bei leichtem Wetter ist jeder Mensch flexibel und toleriert kleine undichte Stellen, gerissene Positionslampen-Gehäuse, ge-

flickte Absperrschieber im Rumpf, eine defekte Lenzpumpe, einen Mangel an Zeisingen für das Groß usw. Aber solche, anfangs triviale Unzulänglichkeiten können bei wirklich rauem Wetter enorme Ausmaße annehmen und zu Notlagen führen. Das Notieren solcher Mängel in einem Reparaturbuch ist eine sinnvolle Hilfe, um eine Yacht in erstklassigem Zustand zu halten.

Sturmsegel werden in der Regel nur selten benutzt und nach einem Einsatz zurück in die Säcke gestopft – mit dem Wunsch, sie so bald nicht wieder hervorkramen zu müssen. Deshalb ist es klug, die Sturmsegel zu Beginn jeder Saison auf Schwachstellen, gerissene Nähte und festkorrodierte Stagreiter durchzuchecken.

Weitere alltägliche Pannen liegen im Bereich der Ersatzausrüstung. Ist zum Beispiel das Alternativsystem einsatzbereit, wenn die Vorrichtung der Rollfock bricht? Arbeitet das alte Funkpeilgerät noch und

ker fehlen usw. In solch einer Situation kann die Unterstützung eines Sachverständigen gut und hilfreich sein.

Der Navigationstisch sollte vor Fahrtantritt oder während der Liegezeit mit Karten, mit Seehandbüchern und Leuchtfeuerverzeichnissen so ausgestattet worden sein, dass man bei einem herannahenden Sturm rechtzeitig alle Informationsquellen zur Hand hat oder bei bereits hochgehender See einen fremden Nothafen anlaufen kann. Man kann sich leicht vorstellen, wie Angst aufkommt, wenn man gezwungen ist, ohne Karte in ein Flachwassergebiet einzulaufen. Adlard Coles beschreibt in Kapitel 14, wie er auf einige Mut machende Anmerkungen im »Cruising Association Handbook« vertraute und den flachen Hafen von Walberswick in Suffolk ansteuerte. Er war dort unfreiwillig durch einen Sturm in der Nordsee angekommen. Der Ausgangspunkt seiner Reise lag nur 37 Seemeilen von seinem Ziel Dover entfernt.

Vorbereitungen auf den Ernstfall

Ein gutes Prinzip für Schwerwettersegeln ist, sich auf das Chaos vorzubereiten und gleichzeitig auf das Beste zu hoffen. Chay Blyth beispielsweise präparierte sich darauf, indem er an einem ruhigen Tag einen Sturm annahm und alle Schwierigkeiten inszenierte. Eine andere Methode ist, alle Einzelheiten durchzuplanen und zu trainieren. Solch eine Aktion kann auf eine unerfahrene Crew sehr erschreckend

sind Batterien dafür an Bord? Ebenso eine Reserve-Bilgepumpe, Ersatz-Positionslichter usw.?

Es muss gesagt werden, dass nicht alle neuen Yachten bei der Übernahme klar für schweres Wetter sind. Abgesehen von der unverzichtbaren strukturellen Festigkeit müssen sich gewissenhafte Eigner von Blauwasseryachten vielfach um zahllose Verbesserungen kümmern. Beispielsweise sollten eine separate Schiene für das Trysegel am Mast und Umlenkblöcke an Deck angebracht werden, damit das Segel aus dem Sack am Mastfuß heraus bei Bedarf sofort gesetzt werden kann. Vielfach sind Schrauben statt Bolzen verwandt worden, die Winschen oder andere Beschläge sind völlig falsch angebracht, der Anker kann in seiner Halterung nicht gesichert werden, das Groß hat nicht genügend Reffreihen, eine Vorrichtung wie Kutterstag fehlt zum Setzen der Sturmfock, Befestigungspunkte für einen Seean-

wirken. Deshalb ist es besser, sie anzukündigen und mitzuteilen: »Morgen früh um 10.00 Uhr Sicherheitstraining!« Die schlimmsten Situationen, die überlegt werden müssen, sind: Ein oder mehrere Crewmitglieder sind über Bord; die Notwendigkeit, sich bei schwerem Wetter von der Leeküste freisegeln zu müssen; Feuer, Kenterung und Aufgabe des Schiffes.

Mann über Bord

Der erste Notfall, der einem in den Sinn kommt, ist sicher der, dass ein Crewmitglied über Bord geht. In der Regel ist das sofort Anlass, nach dem Rettungsboot zu rufen – und das Verhängnis nimmt seinen Lauf. Es gibt drei Phasen, wenn jemand über Bord gefallen ist: Positionsbestimmung, Zurücksegeln und Bergen. Wenn die Crew groß genug ist, kann man vor solch einem Notfall jeder einzelnen Person an Bord für jede Phase eine spezielle Aufgabe zuordnen, damit sie sich geistig darauf vorbereiten kann.

Ich sage bestimmt nichts Neues, wenn ich darauf hinweise, dass die Unfallstelle am besten wiedergefunden wird, wenn jemand den Verunglückten permanent im Auge behält. Für diese Aufgabe sollte am besten eine Person ganz allein abgestellt werden. Man muss davon ausgehen, dass es dabei Schwierigkeiten geben kann; deshalb sollte man mit gleicher Intensität das Mitplotten der Position trainieren, zum einen, indem man geeignete schwimmende Rettungsmittel ausbringt, und zum anderen, indem man alle vorhandenen Navigationshilfen einsetzt. In einem wirklichen Ernstfall sollte – wenn möglich – neben dem Einsatz der Bordmittel unverzüglich Hilfe herbeigerufen werden.

Es gibt im Wesentlichen zwei Methoden, jemanden wieder an Bord zu bekommen: die Quick-Stop- und die Q-Wende-Methode. Ich habe die Quick-Stop-Methode 1973 auf meiner kleinen Rennyacht SCARLETT RUNNER, als sie unter Spinnaker vor dem Wind den Englischen Kanal hinunterraste und ein Mann über Bord fiel, mit voll befriedigendem Resultat angewandt. Sofort wurde der Spinnaker geborgen und die Yacht, die keinen Motor besaß, durch den Wind gedreht. Die Fock schlug gegen das Vorsegeldreieck back und trieb mit unveränderter Großschotstellung direkt zu dem Mann im Wasser zurück. Er wurde auf der Leeseite kurz hinter den Wanten an Bord geholt.

Die andere Methode, die viele Jahre von der Royal Yachting Association gelehrt wurde, beinhaltet folgende Schritte: Sofort auf Halbwindkurs abfallen, anluven, die Q-Wende fahren, wieder auf Halbwindkurs abfallen und mit einem Nahezu-Aufschießer zu dem Verunglückten anluven. Auf alle Fälle ist es besser, das eine oder das andere Manöver zu trainieren als im Notfall mit einer langen Diskussion Zeit zu verlieren.

Zu Beginn mag es mühsam sein, die Crew davon zu überzeugen, dass eine Mann-über-Bord-Übung notwendig ist, aber im Nachhinein hat sicher jeder begriffen, dass sich der Einsatz und die Kritik lohnen, damit die Manöver sicher ablaufen. Aus meiner Erfahrung übt das schnelle und seemännische Bergen eines schwimmfähigen Gegenstandes (Fender mit angeschlagener Pütz als Treibanker) ohne Einsatz der Maschine – zumal der Propeller vielfach durch eine Leine unklar wird – eine hohe Motivation auf die Crew aus.

Außerdem stellt man bei solch praktischen Übungen fest, ob die Ausrüstung für einen schnellen Einsatz vorbereitet ist, ob z.B. die Rettungsleuchte mit einer Leine am Rettungskragen befestigt ist und in solch einer Stresssituation wirkungsvoll eingesetzt werden kann. Erfahrungen aus in den USA gemachten Tests zeigen, dass beim ersten Versuch totales Durcheinander herrscht.

Jede Yacht sollte Mittel an Bord haben, mit denen man einen Verunglückten wieder an Bord hieven kann – eine Badeleiter am Heck ist bei Seegang keine Lösung. Insbesondere sollten Paare, die auf sich selbst angewiesen sind, darüber nachdenken, wie sie damit fertig werden wollen, wenn der stärkere und schwerere Partner über Bord gegangen ist.

Die Sailing Foundation in Seattle (USA) wurde durch einige im Nachhinein erklärbare, aber dennoch ungemein traurige Ereignisse vor Ort veranlasst, derartige Seenotfälle zu untersuchen. In einem Fall fiel der Skipper, ein erfahrener Segler, an einem böigen Tag vom Vordeck seiner Yacht über Bord. Seine Frau – allein, ohne Hilfe und ohne Erfahrung – wusste nicht, was sie tun sollte. Zu Tode erschrocken steuerte sie geradeaus weiter, bis die Yacht nach kurzer Zeit auf den Strand aufsetzte. Ihr Ehemann wurde nie gefunden. In dem anderen Fall ertrank der Skipper direkt neben der Bordwand, weil man Schwierigkeiten hatte, ihn an Bord zurückzuziehen. Heute sind eine Reihe guter Rettungsmittel auf dem Markt, die bei der Bergung eines Über-Bord-Gefallenen hilfreich sein können, z.B. die nach den Unfällen in Seattle entwickelte Rettungsschlinge. Im Übrigen kann man heutzutage die Tendenz beobachten, dass zu sehr der Technik vertraut wird. Um so mehr sollte man darauf achten, nur solche Geräte zu kaufen, die alle Prüfungen eines gründlichen Tests überstanden haben. Mike Golding hatte beim BT Round the World Race 1997 kleine EPIRB-Notsender an Bord (s. Kap. 9). Ein oder zwei waren in Reichweite des Rudergängers angebracht, damit er sie einem Über-Bord-Gefallenen sofort nachwerfen konnte.

Ich trage immer eine kleine wasserdichte Taschenlampe in meiner Schlechtwetterjacke als Seenotleuchte bei mir. Diese Lampe ist mir bei Nacht nicht nur unter Deck nützlich, wenn man irgendwelche Dinge sucht und die schlafende Crew nicht durch helle Kabinenbeleuchtung wecken will, sondern sie ist auch als Positionsanzeiger gedacht, falls man sich unfreiwillig von seinem Fahrzeug trennt.

Vorsicht ist besser als Nachsicht. Zusätzlich zu rutschfestem Decksbelag und Schuhwerk hat auch ein Sicherheitsgurt entsprechend EN 1095 einen hohen Wert. Die Vordeck-Crew ist am meisten gefährdet. Sie will frei beweglich sein, trotz des Risikos. Wobei es manchmal mehr als ein Risiko sein kann, wenn die Leute auf dem Vordeck die Gurte nicht benutzen. Manchmal sind es nur die kleinen Momente, die ein Menschenleben fordern, wenn z.B. ein Crewmitglied gerade nach unten steigt oder an Deck kommt und der Sicherheitsgurt nicht eingehakt ist. Bei ständiger Übung, wiederholten Ermahnungen, richtig positionierten Befestigungspunkten und Handläufen sollte es möglich sein, dass niemand uneingehakt an Deck ist. Man sollte darauf hinweisen, dass die Sicherheitsgurte eher zum Schutz vor einer möglichen Trennung vom Schiff anzulegen und einzuhaken sind als wegen der Gefahr, über Bord zu fallen. Die Folgen könnten zu unwiderruflichen Tatsachen werden.

Zum Glück bürgert sich die Benutzung von Sicherheitsgurten immer mehr ein. Trotzdem gibt es zwei typische Situationen, in denen leicht jemand über Bord fällt, einmal, wenn die Kameraden jemanden über die Seite wieder an Deck ziehen, und zum anderen, wenn Crewmitglieder bei einer unverhofften Halse am Kopf getroffen werden. Die Chancen, gerettet zu werden, steigen, wenn eine Rettungs-

85

An einer Leeküste gestrandet. Die GYPSY MOTH V wurde beim BOC Challenge Race 1982 auf die Felsen geworfen. (Foto: Ace Marine/PPL)

weste getragen wird. Im zweiten Fall, bei dem der Verletzte bewusstlos ist, ist eine automatische Rettungsweste lebenswichtig. Die Automatik verursacht jedoch zusätzliche Kosten und Pflege, die oft unterbleibt, wenn keine Notwendigkeit besteht. Mike Golding legte die Automatik bei dem BT Global Challenge Race 1997 lahm.

Es ist schon viel über Schlechtwetterjacken mit eingebautem Sicherheitsgurt und Rettungsweste geschrieben worden – auch darüber, dass die Entscheidung, sie bei windigem oder schlechtem Wetter sofort anzulegen, einige Anstrengungen erfordert. Es ist jedoch anscheinend nicht leicht, die Jacken so zu fertigen, dass sie auch bei rauer See wirkungsvoll sind. Die Erfahrungen beim Bergen eines im Fastnet-Rennen 1989 von Bord der Yacht HAYLEY'S DREAM gefallenen Mannes zeigen beispielsweise, wie wichtig es ist, die eingelassene Schlaufe zuziehen zu können, damit die Rettungsjacke nicht über den Kopf des Verunglückten gezogen werden kann. Ein anderer Fall, der sich während des Whitbread Round the World Race 1989/90 ereignete, lenkt die Aufmerksamkeit auf den Wert eines Gesichtsschutzes, der das Ertrinken eines Verunglückten durch Spritzwasser verhindern kann. All diese zusätzlichen Extras können in eine Kombination aus Rettungsjacke und Sicherheitsgurt eingebaut werden. Solch ein Arrangement ist zugleich sicher und bequem.

Am Ende dieses Abschnitts möchte ich noch einmal darauf hinweisen, dass Leute, die über Bord gefallen sind, eher ertrinken als erfrieren.

Leeküste

Unsere nächste Überlegung gilt der Leeküste, die früher bei den Rahseglern eine Horrorvorstellung auslöste. Heute aber besitzen die modernen Yachten eine solch gute Fähigkeit, nach Luv zu segeln, dass

Die Crew der OYSTERCATCHER *nutzt nach einer wegen Hurrikans abgesagten Regatta die Gelegenheit, auf dem Wege in die ruhigeren Gewässer von Newport, Rhode Island die Sturmsegel auszuprobieren. Es goss in Strömen, als die Aufnahme gemacht wurde. (Foto: Daniel Foster)*

die Leeküste ihren Schrecken verloren hat. Trotzdem können immer noch Umstände eintreten, dass einzig die Fähigkeit der Yacht, sich unter Sturmsegeln freikämpfen zu können, diese vor einem Schiffbruch bewahrt. Wer eine Rollreffanlage hat, muss bedenken, dass ein zum Teil eingerolltes Vorsegel bauchiger ist als ein gut profiliertes Einzelsegel, mit dem man Höhe laufen kann. Einige Yachten aus Serienproduktionen haben weder ein Sturmsegel noch die Beschläge dafür. Andere sind zwar mit Segeln ausgestattet, die als Sturmsegel bezeichnet werden. Das sind aber Segel, die viel zu groß sind und sich für Schwerwetter überhaupt nicht eignen. So hält die Werft die Kosten für das Segelstell niedrig.

Aber selbst wenn man im Besitz einer ausgezeichnet geschnittenen Sturmfock ist, sei daran erinnert, dass der Holepunkt und die Stellung des Fußpunktes für das Vorstag sorgfältig überlegt sein müssen, wenn man damit effektiv gegen den Wind segeln will. Am besten sollte der Hals der Sturmfock zu einem Punkt kurz hinter dem Bugbeschlag geführt sein. Dadurch ist eine optimale Balance zwischen dem Segel und dem Groß bzw. dem Trysegel gewährleistet. Hierzu ist aber ein sorgfältig angefertigtes und unabhängiges Vorstag notwendig, das von beweglichen Backstagen unterstützt wird. Normalerweise ist am Hals ein Vorlauf angebracht, mit dem man die Höhe der Sturmfock verändern kann, um das Segel so dem Trysegel oder dem gerefften Groß anpassen zu können. Gleichzeitig wird es so von überkommenden, auf Deck stürzenden Wassermassen freigehalten. Die Holepunkte müssen im Vergleich zu größeren Vorsegeln weiter nach außen gesetzt werden. Der Winkel zwischen Schiffsmittellinie und Anstellwinkel des Segels sollte zwischen 12° und 14° liegen. Yachten, die ein Profilvorstag

statt Stagreiter haben, müssen sich sorgfältig mit dieser neuartigen Methode vertraut machen. Die Vorrichtung ist stabil, kann aber dennoch durch einen Spinnakerbaum beschädigt werden. Es gab sogar Plastikausführungen, die bei niedrigen Temperaturen leicht zerbrachen oder durch das natürliche UV-Licht zerstört wurden.

Großsegel können vielfach nicht weit genug, d.h. auf 25% ihrer Segelfläche, herunter gerefft werden. Vermutlich geht man davon aus, dass die Maschine eingesetzt wird, wenn es windig wird, bzw. dass die meisten Eigner bei schwerem Wetter nicht draußen sind. Eine gefährliche Annahme! Selbst wenn das Groß weit heruntergerefft werden kann, ist es wichtig, dass die Reffleine das Segel absolut flach zieht. Ein stark gerefftes, aber bauchiges Groß ist schlechter als ein ungerefftes, sehr flaches.

Unter bestimmten Bedingungen ist das Trysegel ein sehr effektives Segel. Es ist aber nicht leicht zu setzen. Der Befestigungsbeschlag des Vorlieks – im Normalfall eine Gleitschiene direkt neben der Mastkeep des Großsegels – befindet sich notwendigerweise hoch über dem Deck. Ideal ist eine separate Führungsschiene. Daran kann man das Trysegel bereits anschlagen und vorheißen, bevor das Groß niedergeholt wird. Welches System man auch benutzt, das Trysegel muss von Zeit zu Zeit bei gutem Wetter gelüftet werden, denn es ist sicherlich besser, aufgrund defekter Stagreiter vorzeitig die Fahrt abzubrechen und in den Hafen zurückzukehren als bei Sturmstärke 10 nach Lee auf eine Felsenküste versetzt zu werden. Die Holepunkte sollten mit einem entsprechend vorbereiteten Baum und ohne Baum ausprobiert werden. Eine gute Gelegenheit, die Sturmbesegelung einmal aufzuziehen, ergibt sich leicht bei einer Fahrt unter Maschine oder wenn die Regatta wegen Schlechtwetter abgesagt wurde.

Feuer

Zum Glück ist Feuer an Bord selten. Bricht es aber bei Sturm aus – was durchaus möglich sein kann –, wird es brenzlig. Der beschränkte Raum unter Deck ist rasch voller Qualm. Schnell ist der Punkt erreicht, dass man die Yacht aufgeben muss und möglicherweise nicht mehr ans UKW-Gerät, an die Rettungsinsel oder Signalraketen gelangt. In der noch zur Verfügung stehenden Zeit sind schnelle Entschlüsse und Aktionen oberstes Gesetz.

Ein Elektrobrand ist in schwerem Wetter eher wahrscheinlich, weil eingeströmtes Salzwasser oder die heftigen Schiffsbewegungen einen Kurzschluss auslösen können. Sorgfältige Kabelführung und Verlegung verhindern das meiste. Der Eigner sollte aber dennoch sicher sein, dass bei extremer Krängung und harten Schlägen kein Kurzschluss entsteht. Das Umlegen des Hauptschalters verbessert dann die Situation, wenn der Brandherd vor dem Schalter liegt. Die meisten Feuer brechen an den Hauptkabeln in der Nähe der Batterien aus, die nicht durch Schalter oder Sicherungen isoliert sind. Es ist wichtig, dass sich die Batterien nicht selbst bewegen und keine anderen Teile ihnen zu nahe kommen können. In Kapitel 12 wird ein Beispiel genannt, bei dem sich der Dieseltank löste, gegen die Batterie drückte, das Hauptkabel kurzschloss und schließlich einen Brand verursachte.

Kenterung

Die Bedeutung eines stabilen und wasserdichten Rumpfes wurde in Kapitel 2 besprochen. Die Unverzichtbarkeit dieser Punkte wird besonders bei einer Kenterung deutlich. Um sich innerlich auf eine Kenterung vorzubereiten, sollte man versuchen, sich die Über-Kopf-Situation vorzustellen. In dieser Lage, selbst bei geschlossenen Ventilationsöffnungen, sollte eine gut konstruierte und sorgfältig gebaute Yacht kaum Leckstellen haben, auch nicht am Niedergang und an den Backskisten. Selbstverständlich müssen schwere Teile wie Maschine, Herd, Kühlschrank, Anker, Batterien, Gasflaschen, Tanks und Kielballast kentersicher eingebaut sein. Es wäre keine schlechte Sache, wenn neue Yachten mit vollen Tanks einmal um 180° gedreht würden. Nicht alle kämen aus solch einem Test ohne Schaden heraus.

Vielleicht denkt man, dass Bodenbretter nicht zu den Dingen gehören, die gesichert und im Falle einer Durchkenterung an Ort und Stelle bleiben sollten, weil man davon ausgeht, dass der Zugang zur Bilge ganz wichtig und vielleicht lebensnotwendig wird, wenn im Rumpf ein Loch ist. Ein Kompromiss ist hier die beste Lösung. Man sollte das Bodenbrett über dem Bilgesumpf lose lassen, die anderen Bretter jedoch mit einem Minimum an Schrauben befestigen, damit sie im Notfall oder zwecks Reinigung schnell gelöst werden können.

Dies ist die eine Hälfte des Aufwandes, die andere bezieht sich auf die Anleitung der Crew: Sie muss sich den immer noch gültigen Regeln der Seemannschaft, zu denen die Sicherheitsmaßnahmen auf See gehören, anpassen.

Genügend Schrank- und Stauraum muss vorhanden sein, damit die Crew vor dem Auslaufen alle losen Teile verstauen und sichern kann. Das ist nicht für jeden selbstverständlich (ebensowenig wie das Säubern des Schiffes nach der Fahrt). Es braucht nicht gerade eine Kenterung zu sein, es genügen bereits kleine, unerwartete, aber verwirrende Ereignisse auf See, die unwiderruflich deutlich machen, dass es klug ist, immer eine aufgeräumte Yacht zu haben. Kentert eine Yacht durch, ist in der Regel der Mast verloren, weil irgendein Teil in der Takelage bricht. Das lässt sich sicher auch durch eine Verstärkung des Riggs nicht vermeiden. Trotzdem würde den meisten Yachten eine stabilere Auslegung des Riggs nichts schaden, da sie meist nur für »normales« Segeln gebaut sind.

Bezüglich einer Kenterung sollte man noch überlegen, dass eine Sicherheitsleine an beiden Enden Schnappschäkel haben sollte, damit sich der Segler im Falle einer anhaltenden Kenterung oder beim Sinken des Schiffes selbst unmittelbar aushaken kann (s. WAIKIKAMUKAU, Kap. 15).

Ein sinkendes Schiff

Die schlimmste Situation ist der Moment, in dem die Rettungsinsel die letzte Rettung auf dem Wasser und der Zeitpunkt gekommen ist, an der Reiß- oder Vorleine zu ziehen. Solch eine Situation stellte sich am 11. August 1985 bei Windstärke 9 eine Seemeile vor Salcombe (SW-England) ein. Die 9 m lange Slup FIDGET, aus Mahagoni und Eiche 1939 bei Camper & Nicholson gebaut, fiel in einer Kreuzsee von der Rückseite einer sehr hohen Welle aus etwa 6 m Höhe auf die See, brach auseinander und sank in 30 Sekunden. Der Skipper Simon Wilkinson, der wie immer in seiner Schlechtwetterjacke ein Messer bei sich trug, hatte gerade noch Zeit, die Haltegurte der Rettungsinsel und des noch nicht aufgesprungenen Behälters zu kappen, bevor die FIDGET sank. Die Crew schwamm zum Glück im Wasser, und alle trugen Rettungswesten. Das war ein doppelter Vorteil, denn es dauerte eine Weile, bis die Reißleine, die noch an der Yacht befestigt war, straff kam und sich die Rettungsinsel aufblies. Simon Wilkinson meint, er und seine Crew hätten nur des-

Raphael Dinelli steht auf seiner havarierten Yacht, kurz bevor sie beim Vendee Globe Race 1996 sank. (Foto: RAAF/PPL)

halb überlebt, weil sie Rettungswesten trugen. Wenn eine Yacht, weit entfernt von jeglicher Hilfe, sinkt, besteht heutzutage die größte Chance, gefunden zu werden, mit einer Seenot-Funkbake (EPIRB).

Die Art und Weise, wie das Unglück der FIDGET-Crew ablief, ist wahrscheinlich so noch nie geübt worden, obgleich Kurse für Überlebenstraining abgehalten werden, die einen guten Ruf genießen, und es Bücher dazu gibt. Die meisten Segler vertrauen blindlings auf das Funktionieren der normalen Rettungsinsel – vielleicht ausgenommen von denen, die ein »Tinker Tramp«, eine Kombination aus Dingi und Rettungsinsel, mitführen. Da sie es häufig benutzen, wissen sie, wieweit ihr Vertrauen gehen darf.

Der Umfang von Zusatzausrüstungen, die die Sicherheitsausstattung der Rettungsinsel vervollständigen sollten, ist sehr von dem Fahrtgebiet abhängig. Das Prinzip eines »Grabbel-« oder »Katastrophensacks« mit allerlei brauchbaren Dingen möchte ich in Erinnerung rufen. Dieser Notfallsack sollte enthalten: ein wasserdichtes UKW-Sprechfunkgerät, trockene Kleidung, Isolierdecken, zusätzliche Leuchtraketen, Proviant, Trinkwasser, Schreibmaterial, Pässe bzw. Passkopien, Geld und etwaige Medizin für die Crew. Eine solche Vorsicht zahlt sich später aus.

Vorbereitungen auf See bei aufziehendem schlechtem Wetter

Der Skipper sollte unterschiedliche Aufgaben an einzelne Mitglieder seiner Crew verteilen, um Einzelbelastungen zu verhindern und für den Fall vorzusorgen, dass er selbst aus- bzw. über Bord fällt. Das bedeutet, dass eine Organisationsstruktur aufgestellt worden sein muss, die – obgleich viele Leute segeln gehen, um Stress abzubauen – in einer Krisensituation

sicher funktioniert. In diesem Sinne ist es immer gut, wenn ein Wachplan aufgestellt und eingehalten wird, so dass sich die Freiwache unbelastet ausruhen kann. Bei einer erfahrenen Crew erfordert der vorgesehene Wachwechsel keine Nachbesserung, wenn schlechtes Wetter aufkommt. Weniger erfahrene und vorbereitete Crewmitglieder drücken sich vielleicht, während andere bis zur völligen Erschöpfung arbeiten. Genauso ist eine Katastrophe vorprogrammiert, wenn die Crew kalt, nass, ängstlich und übermüdet und niemand mehr in der Lage ist, richtige Entscheidungen zu treffen.

Sehr häufig ist die Situation so, dass es bei aller Gewissenhaftigkeit nicht nötig ist, dass sich die gesamte Wache an Deck aufhält. Bei stabilem Wetter reichen zwei oder gelegentlich reicht nur ein Mann an Deck, um die Sicherheit zu gewährleisten. Für die anderen ist es dann besser, sich im Trockenen und Warmen aufzuhalten.

Es ist wichtig, dass sich an Bord jeder Yacht, die in See geht, eine Checkliste befindet, auf der der Eigner alle Aktionen vor einem unmittelbar bevorstehenden Sturm aufgelistet hat. Die aufgezählten Maßnahmen sind selbstverständlich abhängig von den Umständen, wie z.B. von der Erfahrung der Crew, dem Yachttyp und der Entfernung zum nächsten Hafen.

Die folgende Liste ist vielleicht für den einen hilfreich und für den anderen Routine.

1. Gib Pillen gegen Seekrankheit aus.
2. Kontrolliere die Batterien.
3. Reffleinen ins Groß einziehen und – wenn vorhanden – das innere Vorstag setzen. Trysegel anschlagen. Klappverdeck entfernen. Cockpit-Sprayhood zusammenfalten oder entfernen.
4. Überprüfe Fenster und Luken. Abdeckungen von Lüftern anbringen. See-

schlagblenden vor den Fenstern aufsetzen. Stecke einen Stopfen, vielleicht aus Knetmasse, in die Ankerklüse.

5. Lege die Sturmsegel, die Pützen, die Trossen und den Treibanker an eine günstige Stelle, weil es im Sturm schwierig und gefährlich sein kann, die Backskisten zu öffnen.

6. Schließe die WC-Seeventile, nachdem noch einmal gründlich durchgepumpt wurde. Erfahrungen verleiten vielleicht dazu, weitere Seeventile bei Schlechtwetter zu schließen. Das kann katastrophale Folgen haben, wenn nicht eine geeignete Sichtanzeige vorhanden ist. So sollte z.B. auf einem Schild über dem Motorstarter stehen: »Kühlwasser-Seeventil geschlossen?«

7. Stelle die Position fest und melde sie, wenn die Möglichkeit einer schwierigen Situation nicht auszuschließen ist, an die Küstenfunkstelle. Lege ein Handtuch oder etwas Ähnliches zum Abtrocknen in die Nähe des Kartentisches. Lies und notiere in kurzen, regelmäßigen Abständen den Barometerstand ab.

8. Kontrolliere die Halterungen der Batterien und anderer schwerer Teile wie Anker, Werkzeugkisten und Tanks.

9. Ziehe geeignete Kleidung an, wie Thermo-Unterwäsche, Stiefel, Handschuhe usw.

10. Packe eine Nottasche mit eingeschweißter Kleidung, einem Bettlaken, Streichhölzern, Toilettenpapier, Butterbroten usw. und verstaue alles in einem stabilen und trockenen Plastiksack.

11. Pumpe die Bilgen aus. Kontrolliere, ob die Pumpenhebel und die Ersatzhebel an Ort und Stelle sind.

12. Setze das Steckschott in den Niedergang und sichere die Verriegelungen.

13. Sichere die Backskistenverschlüsse.

14. Kontrolliere die Cockpit- und Ankerkastenabflüsse. Vielleicht ist es sinnvoll, sie gelegentlich mit der Fußpumpe für das Beiboot durchzublasen oder mit einer Abflussspirale zu reinigen.

15. Kontrolliere, ob alle Teile an Deck wie z.B. Spinnakerbaum, Anker, Kettenklüse und Rettungsboot sorgfältig gesichert sind. Die Winschkurbeln dürfen nicht lose sein. Eine Ersatzkurbel sollte unter Deck verstaut sein.

16. Kontrolliere, ob in den Fallen Törns sind und ob alle Leinen gut aufgeschossen sind, damit sie im Ernstfall nicht über Bord gehen und sich im Propeller verfangen.

17. Kontrolliere, ob alle Positionslichter funktionieren. Klariere den Radarreflektor.

18. Hole das Dingi an Bord und verstaue es am besten unter Deck.

19. Kontrolliere, ob die Taschenlampenbatterien und die Gasflasche für den Herd ausgetauscht werden müssen.

20. Bereite Thermoskannen mit Brühe und Kaffee vor. Schmiere Brote und verstaue sie in einem wasserdichten Behälter.

21. Versorge die Crew vorher mit einem guten warmen Essen.

22. Verstaue und sichere alle losen Teile unter Deck, insbesondere im Bereich der Pantry. Wenn Behälter aus Glas mit an Bord gebracht wurden wie z.B. Gläser mit Kaffee oder Marmelade, müssen sie mit größter Sorgfalt eingepackt werden. Segelsäcke an neuralgischen Punkten platzieren, wo sie Stürze von Crewmitgliedern abfedern.

23. Weise die Crewmitglieder an, ihre Sicherheitsleinen und Rettungswesten anzulegen. Prüfe, ob sie über der Schlechtwetter-Bekleidung richtig angelegt und passend eingestellt wurden, damit sie der Person nicht über den

Kopf gezogen werden können. Es muss sichergestellt sein, dass die Crew mit der Handhabung vertraut ist, damit sie im Notfall schnell und ohne Hilfe bei starkem Seegang und völliger Dunkelheit damit zurechtkommt. Während des Sturms sollten Sicherheitsgurt und Rettungsweste nicht abgelegt werden – auch nicht unter Deck.

24. Man muss darauf vorbereitet sein, zur rechten Zeit zur Sturmbesegelung überzuwechseln.

25. Vor dem Wind setze einen stabilen Bullenstander, der das Umschlagen des Baumes bei einer plötzlichen Halse verhindert. Am besten führt man ihn über einen Rollenblock am Bug nach achtern ins Cockpit.

26. Überspanne zur größeren Sicherheit der Besatzung das Cockpit kreuz und quer mit Leinen.

27. Besprich mit der Crew, was möglicherweise auf sie zukommt. Erinnere sie noch einmal daran, wie wichtig es ist, immer an irgendeiner Stelle an Deck fest eingehakt zu bleiben, einen guten Rundumblick zu behalten und sich zu merken, wo Rettungssignale, der »Grabbelsack«, das Rettungsboot, ein scharfes Messer usw. verstaut sind.

28. Überprüfe die Wantenschneider. Sie müssen mit einer Sicherungsleine versehen sein.

29. Verklebe alle Schubläden, die keine vorstehenden Verschlüsse haben.

Eine gut vorbereitete Yacht kommt nach Admiral Nimitz' Meinung voraussichtlich viel leichter und problemloser durch einen aufreibenden Sturm. Stürme können sich immer – trotz sorgfältigster Vorbereitungen – als fürchterlicher Dauertest darstellen. Viel hängt von den kühlen Entscheidungen, dem Mut, der körperlichen Fitness und dem Durchstehvermögen des Skippers und der Crew ab.

6. Treibanker und ihr Einsatz bei Schwerwetter

Peter Bruce

Wenn es richtig anfängt zu blasen, ist es sicherer, Wind und Wellen über Bug oder Heck zu nehmen als von der Seite. Die Wahl zwischen verschiedenen Schwerwettertaktiken ist größer geworden, seitdem eine Vielzahl von Treibankern auf dem Markt ist. Sie werden über Bug oder Heck ausgebracht, um die Yacht auf ihrer Position zu halten oder ihre Geschwindigkeit zu verringern. Die Notwendigkeit, die Fahrt einer gut besetzten Rennyacht wie bei den Round-the-World-Regatten zu reduzieren, besteht selten. Bei unterbesetzten Fahrtenyachten kann Fahrtreduzierung während eines Sturms zwingend notwendig sein, damit sich die Crew erholt.

Treibanker fallen in zwei Kategorien: Seeanker in Form eines Fallschirms (auch Para-Anker genannt) werden an einer langen Trosse über Bug ausgebracht und sollen die Yacht mit der Nase im Wind möglichst auf der Stelle halten. Treibanker werden über Heck nachgeschleppt und sollen die Geschwindigkeit auf ein gewünschtes Maß verringern. Dabei rollt die See von achtern an. Dieser Anker kann auch als Notpinne dienen. Bis vor kurzem waren die Bezeichnungen Seeanker und Treibanker nicht ganz klar, aber in den USA werden sie immer deutlicher nach der Art des Ausbringens unterschieden.

Bei einem Fallschirm-Seeanker sollte es nach dem geglückten Ausbringen so sein, dass das Boot nicht mehr so viel Aufmerksamkeit erfordert und die Crew sich entspannen kann. Bei einem Treibanker muss weiterhin Ruder gegangen werden, es sei denn, das Zusammenspiel von Rumpf und Treibanker klappt so gut, dass man es nicht korrigieren muss. Treibanker werden immer populärer, weil sie immer häufiger ihre Effektivität unter Beweis stellen. Einfachheit und unkomplizierter Einsatz sind die ausschlaggebenden Faktoren für ihren Erfolg in unfreundlichen Situationen. Man braucht aber dennoch eine gewisse Portion an Geschicklichkeit und eine spezielle Seemannschaft, um mit den starken, besonders bei großen fallschirmartigen Seeankern auftretenden Kräften umgehen zu können.

Informationsquellen

In den USA gibt es eine Reihe von Büchern über Treibanker. Zunächst das Buch »Drag Device Data Base« von Victor Shane, herausgegeben von Para-Anchors International – nicht zu verwechseln mit Para-Tech International oder Para-Anchors (Australien). Ein weiteres Buch ist »The Sea Anchor and Drogue Handbook« von Daniel Shewmon, erschienen bei Shewmon, Inc. Es gibt darüber hinaus einen bemerkenswerten Bericht des Wolfson Unit in Southampton (England) aus dem

Jahre 1988 mit Testergebnissen von Schlepptankversuchen mit See- und Treibankern. Zum Schluss sei noch das Buch des außergewöhnlichen Seglerehepaares Lin und Larry Pardey »Storm Tactics Handbook« genannt.

Victor Shane beschreibt in seinem Buch, wie man mit den unterschiedlichen Treibankern aller möglichen Hersteller umgehen muss. Er ist von Treibankern absolut begeistert und hat über hundert Berichte von erfolgreichen Einsätzen gesammelt. Seinen Stil mögen manche Leser als übertrieben empfinden; trotzdem ist der Inhalt interessant und beschreibt die Verwendung aller möglichen Treibanker recht real – nämlich bei schwerem Wetter. Eine Reihe von Skippern beenden ihre Berichte mit der Feststellung, sie würden nie wieder ohne einen Para-Seeanker aufs Meer hinaus fahren.

Shewmons Buch ist ein Fundus einzelner Konstruktionsdaten. Der Autor stellt besonders die Eigenschaften des von ihm entworfenen Para-Seeankers heraus und vergleicht sein Modell mit dem von Para-Tech.

Der Bericht des Wolfson Unit enthält nüchterne, wissenschaftliche Fakten. Beim Lesen des Berichtes muss man sich darüber klar sein, dass in einem Versuchsbecken erzeugte Wellen nicht mit der Realität zu vergleichen sind. Auf dem Ozean gleicht keine Welle der folgenden. Bei den Versuchen wurde eine sich immer wieder brechende Welle mit einer relativen Höhe von 5,85 m bei 40 kn Wind erzeugt. Eine Reihe von Modellen mit typischen Rumpfformen, gleichbedeutend eines Lüa von 10 m, wurden in Verbindung mit zwei unterschiedlich großen Para-Seeankern und zwei Modellen von Treibankern benutzt. Die Treibanker wurden einzeln und hintereinander in Reihen nachgeschleppt. Die Modelle drifteten ohne Treibanker mit der Breitseite zu den Wellen und kenterten ohne Ausnahme, gelegentlich bereits bei einem 3,30 m hohen Brecher, der vor der Hauptwelle lief. Es war überraschend, dass die Para-Seeanker in dem Versuchsbecken eine Kenterung nicht verhindern konnten. Die plötzliche, enorme Kraft des Brechers dehnte die Verbindungsleine zum Para-Seeanker und zog kurz nach Durchgang der Welle die Yacht aufgrund der Elastizität der Leine nach vorne. Dabei wurde die Yacht sogar über ihre ursprüngliche Position hinausgezogen. Die Verbindungsleine verlor Zug, und der Fallschirm fiel ein – insbesondere dann, wenn er kurz unter der Oberfläche war. Obgleich das wahrscheinlich nicht auf See passiert, würde die Yacht dann von einer ersten Welle quer zur See gedreht und anschließend, bevor die Leine wieder straff kommt und der Fallschirm wieder aufgegangen ist, von einer 3,30 m hohen Welle zum Kentern gebracht.

Treibanker waren erfolgreicher. Wenn der Zug auf die Verbindungsleine beim Auftreffen des Brechers nicht abbrach und das Modell mit dem Heck zum Brecher blieb, kenterte es nie. Ein Vorteil in der Realität ist, dass ein Treibanker nicht die Möglichkeit nimmt, weiterhin Ruder zu gehen und das Heck zu den anrollenden Wellen zu halten.

Zusammengefasst: Die Testreihen des Wolfson Unit zeigen, dass Treibanker besser geeignet sind als Para-Seeanker und Reihen-Treibanker besser als einzelne. Modellversuche lassen sich wohl nie exakt auf Bedingungen auf See übertragen, und die Ergebnisse des Wolfson Unit bezüglich der Para-Seeanker mögen etwas seltsam erscheinen, weil sie wegen der Probleme mit der Verbindungsleine nicht auf die Praxis übertragbar sein mögen. Es gibt aber Berichte, die bestätigen, dass die Leine auf See gelegentlich durchsackte

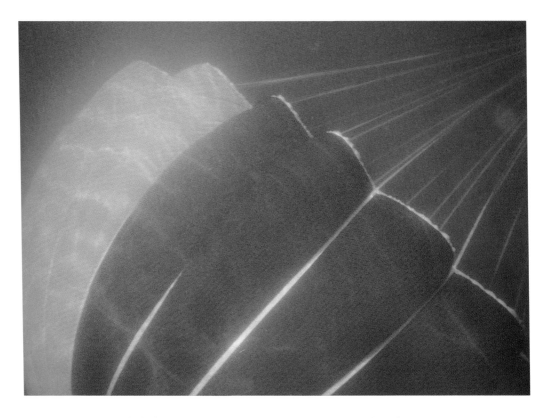

Ein unter Wasser aufgefächerter Fallschirm-Seeanker. (Foto: Richard Clifford)

wie im Testtank und es beinahe zu Kenterungen kam. Das sollte nachdenklich machen.

Im »Storm Tactics Handbook« findet man u.a. detaillierte Instruktionen, wie man einen Para-Seeanker mit einer Hahnepot im Winkel von 50° zu den Wellen legt. Eine geniale Verbesserung.

Die nötige Weiterentwicklung

Es war notwendig, die theoretisch und praktisch gesammelten Erfahrungen von einem unabhängigen Standpunkt aus miteinander zu verbinden und das Augenmerk auf die Technik des Auslegens eines Treibankers zu richten. Dazu wurden zwischen 1996 und 1998 Versuche mit einem speziell angefertigten, großen Para-Seeanker, mit einem viel kleineren und billigeren »Bu-ord«-Seeanker und normalen Treibankern durchgeführt. Dabei sollte der praktische Umgang im Vordergrund stehen. Es wurden nur Treibanker verwendet, die auf dem Markt waren und zur Einschätzung zur Verfügung standen.

Die ersten Versuche fanden bei ruhigem Wetter mit weithin bekannten Bootstypen statt und sollten bei schwerem Wetter fortgesetzt werden. Folgende Typen von Fahrtenyachten waren beteiligt: Rustler 36, Hallberg Rassy 36, Najad 391, Warrior 35 und eine Contessa 33.

Aus verständlichen Gründen waren Winde von Bft 6–7 die Grenze, bis zu der die meisten Eigner noch bereit waren auszulaufen. Das bedeutet, die Versuche fanden unterhalb der Bedingungen statt, bei denen Treibanker normalerweise erst zum Einsatz kommen. Trotzdem waren die Tests lehrreich. Man konnte beobachten, dass sich bei einem Para-Seeanker das Verhalten der Yachten bei allen Windstärken überraschenderweise nicht veränderte. Das lässt vermuten, dass das bei größeren Windstärken so bleibt. Das Wolfson Unit unterstützt diese Meinung.

Fallschirm-Seeanker

Die ersten Seeanker über Bug

John Voss, ein pensionierter kanadischer Kapitän, der in einem 11,60 m langen Indianer-Kriegskanu zur Zeit der Jahrhundertwende um die Welt segelte, war einer der ersten Befürworter eines Seeankers. Sein Kanu mit nur 1,70 m Breite und 0,60 m Tiefgang hatte ein niedriges Rigg und weit achtern einen Besan und war somit für den Einsatz eines kleinen Seeankers bestens geeignet. Anschließende Versuche, mit ähnlichen Seeankern Kapitän Voss nachzueifern, schlugen vermutlich deshalb fehl, weil die Seeanker im Querschnitt nicht groß genug waren und somit zuviel Fahrt achteraus zuließen.

1963 erschien ein kurzer Bericht von Arthur Piver, der mit seinem Trimaran einen großen Sturm in der Nähe von Rarotonga abwetterte, indem er einen Para-Seeanker benutzte. 1965 drehte der große Entdecker Bill Torman auf seiner Expedition zu der Heard-Insel im Indischen Ozean mit seinem 19,20 m langen Stahlschoner bei. Er hatte einen Para-Seeanker von 9,80 m Durchmesser über Bug ausgebracht und war überrascht, wie gut der Anker das große und schwere Schiff in den Wind hielt – bis schließlich der Bronzering brach, an dem die Leinen festgemacht waren, und der Anker verloren ging. Eine bemerkenswerte Sache.

Die Verwendung von Fallschirm-Seeankern stammt vermutlich aus San Pedro, Kalifornien, weil es dort ausgemusterte

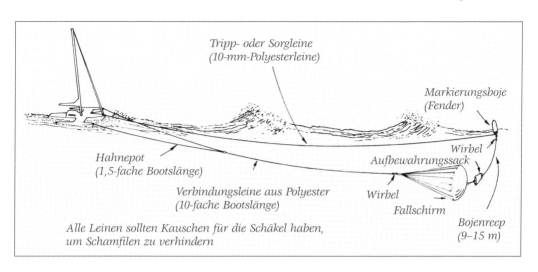

Tripp- oder Sorgleine (10-mm-Polyesterleine)

Markierungsboje (Fender)

Hahnepot (1,5-fache Bootslänge)

Wirbel
Aufbewahrungssack

Verbindungsleine aus Polyester (10-fache Bootslänge)

Wirbel

Fallschirm

Bojenreep (9–15 m)

Alle Leinen sollten Kauschen für die Schäkel haben, um Schamfilen zu verhindern

Abb. 6.1 Para-Anker, erfolgreich eingesetzt von John Casanova auf seiner Tortuga Too.

Militärfallschirme zu kaufen gab. Die einheimischen Tunfisch-Fischer holten sie sich und benutzten sie. Das Gleiche taten die Trimaran-Eigner John und Joan Casanova und die Pardeys Ende der 60er Jahre. Die Casanovas benutzten den Para-Seeanker über viele Jahre, um extreme Stürme mit ihrem Trimaran TORTUGA TOO abzuwettern, und manchmal auch nur, um sich zu erholen (Abb. 6.1). Etwa zur gleichen Zeit sammelten die Pardeys Erfahrungen mit solch einem Gerät auf ihrem Einrumpfboot.

Warum einen Seeanker benutzen?

Wenn man mit einem kleinen Boot weit auf See und ebenso weit von Land entfernt ist, ist das Konzept eines Seeankers recht einleuchtend. Es ist, als würde man an einer Mooringboje liegen. Para-Seeanker geben nur wenig nach, wenn sie ausreichend groß sind. Sie wirken wie eine Wasserbremse. Es ist viel darüber geschrieben worden, ob es richtig ist, den Bug gegen Wind und Wellen zu richten. Man bedenke aber, dass ein Boot in der Regel so entworfen wird, dass die Wasserströmung von

Vorbereitungen zum Auslegen eines Fallschirm-Seeankers. (Foto: Peter Bruce)

Der Fallschirm wurde aus dem Aufbewahrungssack gezogen. Ein Fender dient als Markierungsboje. Die rote Bergeboje liegt weiter weg. (Foto: Peter Bruce)

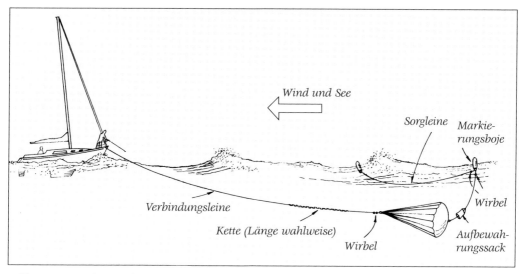

Abb. 6.2 Normales Geschirr für den Fallschirm-Seeanker eines Einrumpfbootes.

vorne kommt. Beim Aufkreuzen und Gegenanmotoren wird ebenso der Bug in die See gehalten. Beides sind – wie bekannt – Taktiken mit guten Erfolgen.

Einige Yachten können nicht wie an der Schnur gezogen aufkreuzen. Für viele moderne Leichtdeplacement-Yachten mit Finnkiel ist Aufkreuzen recht unbequem. Sie sind zu lebendig und haben nicht genügend Unterwasserfläche. Die Folge sind ein Schlingerkurs und ein erheblicher Leeweg. Man kann nicht garantieren, dass der Bug immer steil genug in die Wellen gehalten werden kann, um die Kenterung durch eine ungewöhnliche Welle zu vermeiden. Möglich ist auch, dass die Yacht aufgrund eines Brechers Fahrt über den Achtersteven macht und dabei das Ruder bricht. Unter Umständen machen einige Eigenschaften wie ein zu flaches Unterwasserschiff die Yacht zum Beidrehen ungeeignet. Diese Mängel prädestinieren sie aber geradezu fürs Liegen vor einem Seeanker. Andererseits können bestimmte Yachten – in der Regel die mit großem

Deplacement, geringem Freibord und einem Langkiel – so gut beidrehen, dass die Eigner sich kaum gedrängt sehen, eine andere Taktik anzuwenden.

Gegen die See zu motoren kann eine andere gute Sturmtaktik sein. Dabei kann man den Bug in die Wellen halten oder der einen oder anderen Welle ausweichen. Der Nachteil ist, dass immer einer mit Geschick Ruder gehen muss, die Maschine kraftvoll sein muss und zuverlässig läuft und genügend Treibstoff vorhanden ist.

Anders ausgedrückt, Para-Seeanker-Systeme haben keinen der oben genannten Nachteile. Deshalb mögen sie für einige die ultimative Lösung und die einzig richtige Verteidigungslinie sein (Abb. 6.2).

Der Fallschirm-Seeanker

Lange Zeit gab es nur Fallschirme für die Luft, wie beispielweise den guten, alten Bu-ord-Fallschirm. Die Bezeichnung stammt von »Bureau of Ordnance«, das überschüssige amerikanische Militärsachen verkauft – auch via Internet. Sie wurden entworfen, um große Lasten zu tragen, die vom Flugzeug abgeworfen werden, und können mit den schockartigen Belastungen fertig werden. Sie funktionieren vergleichsweise gut bei kleinen Booten und sind nicht so teuer. Die Größen reichen bis 5,50 m Durchmesser, aber kleinere sind eher erhältlich. Vor Jahren benutzten Fischer in den USA Bu-ord-Fallschirme, um in der Nacht beizuliegen, oder bei schlechtem Wetter, um nicht zum Hafen zurückfahren zu müssen. Sie wussten, wie man die Schwierigkeit, zu größerer Bremsfläche zu kommen, überwinden konnte. Sie banden mehrere Bu-ord-Fallschirme hintereinander. Man sollte sich aber vor Augen halten, dass diese Läden für ausgediente Militärsachen deshalb eröffnet wurden, weil sich die Sachen nicht mehr für ihren ursprünglichen Zweck eigneten. Sie mögen preiswert sein, aber nicht unbedingt für die See geeignet. Speziell für Yachten werden in den USA, Australien und Neuseeland Para-Seeanker in allen Größen hergestellt.

Die amerikanischen »Empfehlungen fürs

Versuchs-Seeanker in Form eines Kreuzes, das einen Kasten bildet, wenn die Enden gegeneinander gelegt werden. Er ist preiswerter herzustellen als ein konventioneller Fallschirm. (Foto: Peter Bruce)

Offshore-Segeln« sprechen von einem Fallschirmdurchmesser von 35% Lüa einer Yacht. Englische Tests zeigen, eine Nummer größer ist besser. Andererseits sollte man nicht zu große Fallschirme wählen, weil der Zug zu groß wird und ihre Bedienung große Probleme schafft. Die Tests haben auch erwiesen, dass Langkielyachten größere Fallschirme brauchen als Finnkieler, weil Langkieler von Schlägen gegen ihre stabile Breitseite eher versetzt werden.

Para-Tech Engineering Co, Colorado, baut Fallschirme von 1,80 bis 9,80 m Durchmesser. Die großen eignen sich für Yachten bis 38 m Länge. Shewmons Fallschirme sind für gleich lange Yachten kleiner. Die Para-Tech-Fallschirme werden in einem Sack geliefert, aus dem heraus sie ausgebracht werden. Das ist ein Behälter aus Tuch, der den Fallschirm erst dann freigibt, wenn er bereits ausgebracht ist, und nicht schon an Deck.

Es gibt noch andere Hersteller und weniger übliche Formen von Fallschirmen, wie z.B. die Kreuzform. Mein Bruder lag 1998 mit seiner Hallberg Rassy 29 in einem Nordatlantiksturm mit dem Bug zu den Wellen und konnte ihn mit einem einfachen, quadratischen Transportsack vom Bau, mit dem man mehr als eine Tonne Material hochliften kann, erfolgreich abwettern.

Vordeckarbeit

Seeanker erfordern starken körperlichen Einsatz auf dem Vordeck, wenn die Arbeit zu spät angegangen wird und der Sturm bereits eingesetzt hat. Dann kann es sogar gefährlich werden. Als beispielsweise Robin und Maggie Ansell mit ihrer 16,80 m langen ORCA den Kurs durch das Great Barrier Reef mit Ziel Alaska absetzten (s. Kap. 26), entschieden sie, ihren neuen Seeanker bereits im Frühstadium des Zyklons »Justin« auszubringen. Obgleich sie den Einsatz des Seeankers geprobt hatten, war die Aufgabe nicht leicht, und nach zwei Stunden Kampf waren die Schwierigkeiten mit der Sicherungskette noch nicht gelöst. Maggie Ansell erzählte später, nur mit übermenschlichem Einsatz habe Robin 3 m der 12-mm-Kette des Heckankers gelöst, sie auf den Knien kriechend nach vorne geschleppt und am Ende der Fallschirmtrosse angeschlagen. Die Yacht habe sich sehr stark bewegt, und als Zug auf die Kette kam, sei sein Fußknöchel zwischen die Kette und die Fußreling geraten, aber glücklicherweise sei er mit einem blauen Fleck davongekommen.

Bevor man in einen Sturm gerät und kämpfen muss, dass man die Fallschirmleine durch die Bugbeschläge bekommt, ist es besser, diese Leine bereits beim Verlassen des Hafens zu stecken. Sie sollte außerhalb der Reling von vorne nach achtern geführt und dort an dem im Cockpit gestauten und mit einer Reißleine gesicherten Seeankersack angeschlagen werden.

Zugkräfte

Neben den möglichen Schwierigkeiten beim Auslegen ist zu bedenken, dass ein Para-Seeanker bei Schwerwetter unglaubliche Zugkräfte auf die Befestigungspunkte ausübt. Die Klampen, deren Fundamente und Unterzüge müssen stabil sein. Die Wolfson-Tests zeigen, dass sie mit 80% des Gesamtgewichts der Yacht belastet werden können sollten. Welche Kräfte auftreten können, kennzeichnet ein Vorfall auf einer 12,20 m langen Yacht, die bei einem Nordseesturm von etwa 45 kn Geschwindigkeit vor einem Para-Seeanker mit 5,50 m Durchmesser lag. Die Fallschirmtrosse war an der Ankerwinsch belegt. Als der erste starke Zug auf die Trosse kam,

Die Hahnepot ist an der Fußreling an jeder Seite befestigt. Die Schrauben in der Leiste führen durch die Rumpf-Deck-Verbindung und bieten immensen Halt. (Foto: Peter Bruce)

wurde die Ankerwinsch herausgerissen und ging mitsamt der Bugrolle und dem Großteil der Bugbeschläge über Bord. Es gilt: Je größer der Fallschirm, desto stärker der Zug. Wenn die Klampenfundamente zu schwach sind, hilft eine Hahnepot, die die Zugkräfte teilt. Beispielsweise können die Tampen der Hahnepot vom Ende der Kette zur Fußreling an Backbord- und Steuerbordseite oder zu den vorderen Winschen im Cockpit geführt werden (s. Foto oben). Bugbeschläge, die eigentlich nur für Grundanker konstruiert sind, eignen sich in der Regel gut für die Führung der Seeankertrosse. Damit sie nicht aus der Führung herausspringen kann, muss der Ankersicherungsstift eingesetzt werden. Das dann mögliche Schamfilen verhindert ein über die Trosse gestreifter Schlauch. Geschlossene Führungsklampen können das Gleiche bewirken.

Die Fallschirmleine

Da der Fallschirm wie eine am Meeresgrund verankerte Boje ist, muss die lange Verbindungsleine zwischen Schirm und Boot sehr elastisch sein. Es kommen nur Polyamid(Nylon)-Seile in Frage, am besten geflochtene, weil das die größte Elastizität und Torsionsstabilität bringt. Trossenartig geschlagenes Nylonseil »wickelt« sich gewissermaßen mit zunehmender Belastung ab, so dass sich in den Anschlussseilen Kinken bilden, die die Effektivität des Fallschirms beeinträchtigen. Seile aus anderem Material als Nylon wie z.B. aus Polyester, Spectra oder Kevlar dehnen sich nur wenig oder gar nicht und sind folglich absolut ungeeignet.

Die Verbindungsleine sollte die gleiche Bruchbelastung haben wie die für den Hauptanker. Sie sollte sich ebenso problemlos dehnen, aber keinesfalls brechen, selbst dann nicht, wenn sie ein wenig schamfilt. An beiden Enden müssen Kauschen aus Niro sein, weil Knoten, insbesondere Palsteke, die Festigkeit reduzieren. Para-Tech-Seeanker brauchen eine Verbindungsleine, die zehnmal so lang ist wie die Bootslänge, mindestens aber 90 m.

Daniel Shewmon empfiehlt als Minimum das Zwanzigfache der erwarteten Wellenhöhe oder sogar mehr angesichts der nicht abwägbaren Härte eines Sturms. Dieser Rat könnte dazu führen, riesig lange Leinen mitzuführen, um beispielsweise mit den 12 m hohen Wellen, wie beim Auckland-Tonga-Sturm 1994, fertig zu werden. Für welche Länge man sich auch entscheidet, Yachten sind noch nie in Schwierigkeiten gekommen, weil die Leine zu lang war. John Kettlewell z.B. führt auf seinem 9,80 m langen Katamaran 250 m Leine mit.

Es besteht die Möglichkeit, an dem einen oder anderen Ende der Verbindungsleine oder auf halbem Wege ein Kettenstück zu befestigen. Dies hilft, das Einrucken abzufangen und den Fallschirm fern von Treibgut und Welleneffekten unter Wasser zu halten. So kommt man eventuell mit einer kürzeren Verbindungsleine aus. In den Tests zeigte sich, dass eine Kette nur einen geringen Unterschied bewirkte und der Fallschirm bei längerer Zugphase trotzdem an der Oberfläche erschien. Larry Pardey sagt, er sähe seinen Bu-ord-Seeanker gern an der Oberfläche, obwohl die Befestigungsleine auf die falsche Seite des Kabinendachs springen könnte, wenn der Fallschirm plötzlich einfallen würde. Er hat aber von solch einem Fall noch nie gehört. Eine Kette am Ende oder in der Mitte der Leine macht allerdings das Einholen des Fallschirms zur Knochenarbeit. Es kann schwierig sein, mit der Länge der Leine zurecht zu kommen. Eine 16 mm starke, achtkardeelige, 136 m lange Verbindungsleine wiegt trocken 28 kg, nass 39 kg. Man braucht zusätzlich zum Fallschirm-

Die durch den Bugbeschlag geführte Fallschirmleine wird schnell schamfilen. (Foto: Peter Bruce)

Hahnepot für eine Yacht mit Fußreling. Ein Plastikschlauch über ein 10-mm-Kettenstück verhindert Schamfilen und dämpft Scheuergeräusche. (Foto: Peter Bruce)

sack einen Sack für die Verbindungsleine, um beim Aufschießen Kinken zu vermeiden und um Zeit zu gewinnen, die man sonst beim Entdrillen verliert.

Polyamid absorbiert mehr als das Vierfache an Wasser wie Polyester. Salzkristalle können die Fasern angreifen, deshalb ist es wichtig, die Leine nach Gebrauch gründlich mit Frischwasser abzuspülen.

Schamfilen

Einmal entfaltet, kann das teure und komplizierte Fallschirm-Anker-System bald verloren gehen, wenn nicht sorgfältig darauf geachtet wird, dass nirgendwo etwas schamfilt. Eine ungeschützte Leine, die durch einen gewöhnlichen Bugbeschlag geführt ist, wird wahrscheinlich in ein oder zwei Stunden durchgescheuert sein.

Der Fallschirm hat sich entfaltet. Die Markierungsboje ist wichtig, wenn der Zug auf den Fallschirm nachlässt. (Foto: Peter Bruce)

Das ist ebenso bei einem Wasserstag oder schlechter Leinenführung ums Vorstag der Fall. Geht man davon aus, dass man möglicherweise mehrere Tage lang vor dem Fallschirm-Seeanker liegt, verspricht ein durch den Bugbeschlag geführtes Kettenstück über einen langen Zeitraum Sicherheit. Man sollte jedoch Vorkehrungen treffen, dass man im Notfall die Ketten kappen kann. In den USA wird vielfach ein doppelt gelegter Feuerwehrschlauch verwendet, um Schamfilen zu verhindern. Eine Kette ist zweifelsohne besser. Vor dem Einspleißen der Augen muss man einen Plastikschlauch über die Leine ziehen. Ein aufgetrennter Schlauch ist nicht gut. Er arbeitet und rutscht immer weiter von dem eigentlichen Punkt weg. Nahe an den Enden der Verbindungsleine sollten kleine Augen für eine Sorgleine eingezogen sein.

Das Auslegen

Fallschirme über 3,70 m Durchmesser brauchen eine Vorleine zum Ausbringen. Dieses am Kopf des Fallschirms angeschlagene Bojenreep soll dazu dienen, dass der Fallschirm einerseits weit genug abtaucht, andererseits nicht unter den Kiel gerät. Wenn das nämlich passiert, wird es verdammt schwer, ihn wieder aufzufischen. In einem Fall wird berichtet, dass die Crew die Verbindungsleine kappte und das gesamte Geschirr mitsamt dem Fallschirm in die Tiefe ging (s. Kap. 22). Fender lassen sich allgemein als Markierungsbojen verwenden. Je größer ein Fender ist, desto leichter lässt sich seine und damit die Position des Fallschirms ausmachen. Weiße Fender sind nicht so günstig, weil sie in weiß schäumender See und in Gischt nicht so leicht auszumachen sind. Das Bojenreep sollte so lang sein, dass der

Fallschirm in ruhigeres Wasser auf ca. 10–15 m Tiefe abtauchen kann. Fallschirme neigen dazu, an die Oberfläche zu kommen. Je mehr Zug, desto näher an der Wasseroberfläche. Larry Pardey sagt, dass er es als ganz angenehm empfunden habe, wenn er den Fallschirm gesehen hätte. Dann hätte er beobachten können, wie er arbeitet. Im übrigen hätte er dort nie Probleme bereitet. Am Ende des Bojenreeps muss ein Wirbel sein. Ist das Kettenstück am Ende der Verbindungsleine angebracht, kann ein einzelner Fender am Bojenreep möglicherweise nicht ausreichen.

Tripp- oder Sorgleine
Bei allen kleinen Fallschirmen braucht man zwischen der Markierungsboje und der Bergeboje eine weitere Leine, die 30–40 m lang, 5 mm stark, schwimmfähig ist und einen Wirbel hat. Hat man die Bergeboje mit einem Bootshaken aufgepickt, fällt der Fallschirm ein und lässt sich leicht an Deck hieven (s. Abb. 6.3). Die Markierungsboje sollte sich – wie schnell einzusehen ist – von der Bergeboje sehr deutlich unterscheiden. Es hat Versuche gegeben, eine permanente Leine zwischen Markierungsboje und Bug zu stecken. Die hat sich aber schnell im Fallschirm verfangen. Aus diesem Grund hat man die Versuche abgebrochen. Wer jedoch etwas mehr Geduld aufbringt, könnte herausfinden, dass sich mit solch einer Leine der Fallschirm sehr leicht bergen lässt. Das Problem mit der permanenten Sorgleine ist, dass man eine Technik entwickeln muss, dass die Leine den notwendigen Zug hat und nicht durchhängt. Im Strom wie z.B. im Aghulas- oder Golfstrom empfiehlt sich eine Sorgleine, weil ungewöhnliche, bedrohliche Dinge wie z.B. Wasserwirbel es unbedingt notwendig machen, dass der Fallschirm schnell über eine Sorgleine eingeholt wird. Wenn man Hektik vermeiden will, sollte man den Fallschirm nicht in Strömungen ausbringen.

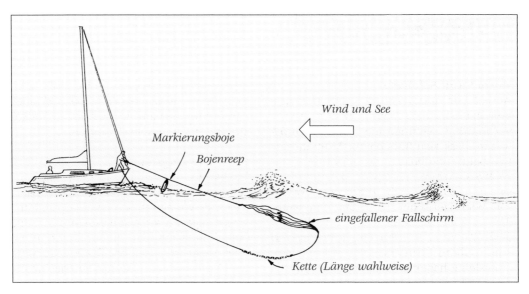

Abb. 6.3 *Bergen des Fallschirms.*

Ein spezielles, am Backstag gesetztes Stabilisierungssegel ist für Yachten, die keinen Besan haben, nützlich, wenn sie vor einem Seeanker liegen. (Foto: Peter Bruce)

Wirbel und Schäkel

Ausgelegte Fallschirme können sich drehen. Deshalb sind Wirbel in der Leinenverbindung wichtig. Sie sollen ermöglichen, dass sich Torsion im Moment der Entspannung abbaut, vor allem bei Para-Tech-Seeankern. Es wird diskutiert, ob sich ein Wirbel auch unter Last drehen soll. Wichtiger scheint mir, dass man weiß, dass er eine Schwachstelle darstellt und deshalb von sehr guter Qualität sein und eine höhere Bruchlast als die Verbindungsleine haben sollte. Ähnliches gilt für die Schäkel zwischen den Einzelteilen. Wenn man Schäkel und Wirbel kauft, sollte man zu Übergrößen greifen. Alle Schäkelbolzen müssen einfach oder doppelt mit einem stabilen und rostfreien Nickel-Kupfer-Draht gesichert werden.

Stabilisierungssegel

Langkieler haben den Vorteil, mit dem Bug nahezu direkt in die See zu zeigen, wenn sie vor einem Seeanker liegen. Finnkieler dagegen schwojen ungemütlich und zum Teil gefährlich hin und her. Wenn eine Yacht vor einer Muringboje schwojt, weil Mast und/oder Rumpf Vortrieb erzeugen, kann man davon ausgehen, dass sie vor einem Seeanker das Gleiche macht.

Wie stark eine Yacht schwojt, hängt davon ab, ob sie mehr Luftwiderstand im vorderen oder hinteren Bereich hat. Eine Rollfock z.B. erhöht den Luftwiderstand vorne beträchtlich.

Yawls können am Besan eine passende Segelfläche setzen, um Schwojen zu vermeiden. Slups brauchen ein kleines Stabilisierungssegel am Achterstag. Eine Sturmfock wäre zu groß. Am besten ist eine Taschentuch große Fock, halb so groß

wie eine normale Sturmfock und speziell fürs Achterstag zugeschnitten. Fahrt achteraus mit Maschine mag ebenso zum gewünschten Ergebnis führen.

Die Pardey-Methode zum Auslegen des Fallschirms

Normalerweise bringt man den Fallschirm direkt über den Bug aus. Man kann aber einen Bu-ord-Fallschirm bei tief gerefftem Groß oder gesetztem Trysegel ausbringen,

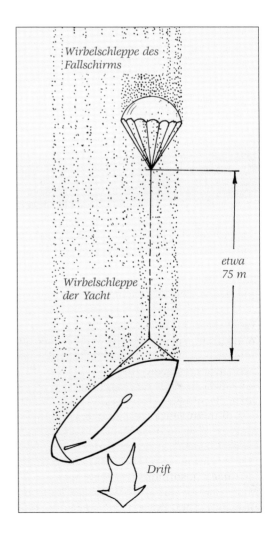

Abb. 6.4 Beigedreht Liegen mit dreifach gerefftem Groß und vor einem Fallschirm-Seeanker aus grob gewebtem Nylon mit 3 m Durchmesser. Das Gewebe lässt bei Druck Wasser durch. Boot und Fallschirmanker sollten zur gleichen Zeit auf ein und demselben Wellenkamm sein.

Ein nach der Pardey-Methode geriggter Fallschirm-Seeanker. (Foto: Peter Bruce)

wie es Lin und Larry Pardey in ihrem Buch »Storm Tactics Handbook« beschreiben. Dabei liegt die Yacht in einem Winkel zu Wind und Welle. Der Vorteil ist, dass die Yacht sich nicht andauernd durch den Wind dreht; sie bleibt vielmehr, als läge sie beigedreht, immer im gleichen Winkel dazu. Die durch die Abdrift erzeugte Wasserschleppe und der Fallschirm verringern die Möglichkeit, seitlich von Wellen getroffen zu werden (s. Abb. 6.4). Manche meinen, der Bu-ord-Fallschirm eigne sich besonders gut für die Pardey-Methode, weil er durchlässig sei und ruckartige Belastungen absorbiere.

Man braucht dazu einen Klappblock am Bug, durch den die Verbindungsleine zum Fallschirm geführt wird, weiterhin eine Hahnepot mit einem weiteren Klappblock, der über die Verbindungsleine gesteckt wird. Die Hahnepot wird direkt oder über einen Block nach achtern geführt und auf einer Cockpitwinsch belegt. Kommt die Hahnepot auf Spannung, muss der Klappblock auf die richtige Position gebracht werden. Dazu kann es notwendig sein, Hahnepot und Verbindungsleine gleichzeitig oder einzeln zu fieren. Nun wird die Yacht in dem gewünschten Winkel schwojen, nicht zu weit nach vorn und nicht zu weit nach hinten.

Bei einigen Yachten muss man den Klappblock für die Verbindungsleine über den Bugbeschlag führen, damit sie frei von

Hindernissen verläuft. Larry Pardey stellte die Länge der Verbindungsleine so ein, dass Yacht und Fallschirm jeweils gleichzeitig auf einem Wellenberg waren.

Stürme, von denen er in seinem Buch berichtet und bei denen er die Technik angewandt hat, sowie Tests zeigen, dass bei der Pardey-Methode sehr viel Zug auf die Hahnepot kommt und manche Beschläge zu schwach waren. Die Belastungen bei Yachten über 12 m Länge sind derart groß, dass diese Methode überhaupt nicht in Frage kommt. Manche große Yachten legen sich vor einem Fallschirm von ganz allein ohne eine Hahnepot in einem guten Winkel zur See.

In den Tests zeigte sich, dass Finnkieler im Gegensatz zu Langkielern bei weniger als Bft 7 leicht über Stag gehen. Es scheint, je tiefer der Kiel, desto besser.

Abreiten der Wellen mit einem Seeanker

Der Fallschirm-Seeanker ist wie eine sehr fest verankerte Festmacheboje. Anders als vermutet, wird das Ruder nicht übermäßig belastet, wahrscheinlich nicht mehr als bei einem Grundanker in tiefem und offenem Gewässer. Es empfiehlt sich allerdings, das Ruder mittschiffs festzulaschen. Es gibt ein paar Berichte über Probleme mit dem Ruder beim Liegen vor einem Seeanker. Der Fall der PRISANA II (s. Kap. 25) ist sicherlich eine Ausnahme.

Ist der Seeanker richtig ausgebracht, erfordert er keine weitere Aufmerksamkeit. Die Crew kann sich ausruhen. Das ist ein ungeheurer Vorteil für eine erschöpfte Crew, obgleich sie in rauer See und bei den gegen den Rumpf hämmernden Wellen nur bedingt Ruhe findet. Wie beim Ankern auf offener See nicht anders zu erwarten ist, sind heftige Bewegungen der Yacht, wie Aufschlagen und unentwegtes Rollen, mehr als wahrscheinlich (s. Kap 26

und 27). Die maximale Stromversetzung liegt bei 1,5 kn, im Allgemeinen sind es weniger.

Es ist klar, dass der ausgelegte Fallschirm, die Verbindungsleine und die Yacht selbst für andere Yachten eine Gefahr darstellen. Deshalb ist es wichtig, von Zeit zu Zeit eine SÉCURITÉ-Meldung mit der Position und den Umständen über UKW abzusetzen und die Schifffahrt zu warnen.

Bergen des Fallschirms

Kleine Fallschirme erfordern zum Bergen weder Bojenreep noch Bergeleine. Die Verbindungsleine kann einfach über eine Winsch eingeholt werden, bis man schließlich eine der Fangleinen greifen kann. Große Fallschirme werden geborgen, indem man langsam unter Maschine gegen den Wind fährt, die Verbindungsleine beim Einholen auf Zug hält und, wenn der längste Teil an Deck ist, die Bergeboje ansteuert, sie aufpickt und die Trippleine benutzt, um den eingefallenen Fallschirm aus dem Wasser zu ziehen. Das kann harte Arbeit sein und erfordert sorgfältiges Steuern. Der Mann auf dem Vordeck sollte Handzeichen mit dem Rudergänger vereinbaren, denn der sieht weder, in welcher Richtung der Fallschirm liegt, noch ob die Leine unter Zug ist. Beim Bergen in rauer See besteht die Gefahr, einen Mann über Bord zu verlieren bzw. dass sich die Leine im Propeller verfängt. Selbst bei moderaten Bedingungen ist die Sache verzwickt. Ist der nasse Fallschirm schließlich wieder an Deck, kann der Wind ihn fassen und aufblähen. Ihn dann unter Kontrolle zu bringen, ist nicht leicht. Manche nicht mehr so junge Ehepaare, die auf über 12 m langen Yachten unterwegs sind, trauen sich solch ein Bergemanöver möglicherweise nicht mehr zu. Trotzdem, selbst Einhandsegler sind nach einiger Übung und Erfahrung in der Lage, sogar

bei hartem Wetter den Fallschirm auszubringen und zu bergen.

Erfahrungen nach Tests mit Fallschirm-Seeankern auf See

Immer häufiger gibt es Berichte über
erfolgreiche Einsätze von Fallschirmen in
extremem Wetter. Sie liefern zunehmend
zwingende Beweise für ihre Funktionstüchtigkeit. Nach den Tests war bereits
klar: Fallschirm-Seeanker sind eins der
besten und sichersten Mittel, Stürme
abzuwettern. Auf der anderen Seite sind
sie keine bequeme Antwort, denn kleine
Crews haben große Mühe, große Fallschirme wieder an Deck zu holen.

Trotzdem kommt bei allen Vorbehalten
ein Fallschirm mit allen Aufgaben klar, die
an ihn gestellt werden. Der Fallschirm
eröffnet dem Segler ganz neue Möglichkeiten. Er bringt Sicherheit, wenn er erst
ausgebracht ist, ohne die Crew weiterhin
zu beanspruchen. Ein Fallschirm ist absolut Gold wert, wenn das Rudersystem bei
rauer See bricht, aber ebenso sinnvoll bei
Schwerwetter. Deborah Schutz beispielsweise berichtet von dem erfolgreichen
Einsatz eines Fallschirms bei schwerem
Sturm (Kap. 25) ebenso wie die Ansells im
Zyklon »Justin« (Kap. 26), um nur zwei zu
nennen. Sie beweisen erneut, dass Yachten, die einen Fallschirm ausbringen,
extreme Bedingungen ohne aktive Beteili-

*Das Bergen eines Fallschirms kann für eine ein-
zelne Person äußerst frustrierend sein.*
(Foto: Peter Bruce)

*Für zwei kräftige Männer ist das Bergen des
Fallschirms kein großes Problem.*
(Foto: Peter Bruce)

*Die WARRIOR SHAMAAL liegt vor einem Fallschirm-Seeanker. Die Sturmfock dient als Stabilisierungssegel. Die meisten Sturmfocks sind in der Regel bei Schwerwetter und starken Böen zu groß.
(Foto: Peter Bruce)*

gung der Crew abwettern können. Und das ist für segelnde Ehepaare in fortgeschrittenem Alter oder mit Kindern genau das, was sie brauchen. Ein weiterer, sicherlich willkommener Vorteil des Fallschirm-Seeankers ist, dass im Gegensatz zum Ablaufen vor der See das Tief schneller vorbeizieht und der Wind nachlässt.

Wenn Wind und See stark gegeneinander stehen, wird eine Yacht besser beigedreht liegen als vor einem Seeanker, denn dann ist sie durch die querlaufende See sehr verwundbar. Seeanker verlieren häufig den Zug oder verheddern sich. Andererseits können sie einen ungeheuer starken Zug ausüben, mit dem die Decksbeschläge selbst oder deren Unterzüge nicht fertig werden. Vielfach wird der Fallschirm in schwieriger Situation gar nicht ausgelegt, obgleich er an Bord ist, weil das Auslegen die Leute in größere Schwierigkeiten bringen könnte, als sie bereits sind. Das liegt auch daran, dass das Auslegen bei vielen nicht im ersten Anlauf funktioniert hat. Ein Seeanker ist stets nur eine von mehreren Möglichkeiten, und ein voller Erfolg wird die Sache sowieso nur bei komplettem Geschirr, gründlicher Vorbereitung, guter Seemannschaft, dem Ausbringen im richtigen Zeitpunkt und gründlichem Training.

Hat jemand sich zum Kauf eines Fallschirms entschlossen, muss er sich vergewissern, ob die Verbindungsleine und die

Ein Fallschirm-Seeanker sollte nach dem Einsatz oder am Ende der Saison im Garten ausgebreitet werden. (Foto: Peter Bruce)

Eine Auswahl der bei den Tests verwendeten See- und Treibanker. Die 136 m lange 18-mm-Verbindungsleine ist in dem Aufbewahrungssack links. Der Bu-ord-Fallschirm liegt in der Mitte und der Para-Tech-Fallschirm mit 5,50 m Durchmesser rechts von der Mitte. (Foto: Peter Bruce)

Schäkel groß und stabil genug sind, ob die Beschläge an Deck die Belastungen aushalten und ob die Vorkehrungen gegen Schamfilen ausreichen. Danach muss der Seeanker bei günstigen Bedingungen einmal ausprobiert werden.

Treibanker

Das Nachschleppen von Gegenständen, um die Geschwindigkeit unter Kontrolle zu behalten und die Steuerfähigkeit zu verbessern, ist eine alte, bekannte Schwerwettertaktik. Treibanker sind spezielle Anfertigungen und Alternativen für Improvisationen, zudem kann man sie auch anders verwenden, z.B. als Notruder oder als Mittel, um die Richtungsstabilität zu verbessern. Das kann ganz wichtig sein, wenn man in einen engen Hafen einläuft oder eine Barre überquert.

Wenn man auf dem Ozean vor der zunehmenden See eines aufziehenden Sturms abläuft, kann eine Yacht auf der Vorderseite einer nachlaufenden Welle ungeheuer schnell werden. Ein kluger Skipper erkennt, dass es dann Zeit wird, Vorsichtsmaßnahmen einzuleiten. Mit zunehmendem Wind und wachsendem Seegang nimmt der Ruderdruck zwar zu, aber auf der Spitze eines Brechers dreht sich die Strömung am Ruder leicht um, so dass die Kurskontrolle verloren geht und die Möglichkeit des Querschlagens größer wird. Der erste Schritt ist dann, die Segel zu kürzen, aber danach kann nur noch irgendein Treibanker helfen, die Geschwindigkeit der Yacht auf ein vernünftiges und erträgliches Maß zu reduzieren. Moderne Yachten haben selten ausbalancierte Rumpfenden und sind deshalb nicht sehr richtungsstabil, so dass ein Treibanker den großen positiven Effekt hat, die Yacht auf Kurs zu halten.

Verringert man die Geschwindigkeit und richtet das Heck direkt in die See, brechen sich möglicherweise mehr Seen über dem Heck als sonst. Es kann sogar vorkommen, dass die Yacht von achterlicher See richtig überspült wird. Die Heckpartie muss für solche Fälle stabil gebaut und die Wache sicher angeleint sein, insbesondere wenn das Cockpit weit hinten am Heck ist.

Das Auslegen des Ankers mit Kette über das Heck gilt als effektiv. Das Gewicht des Ankers und der Kette halte das Arrangement weit unter der Wasseroberfläche, und aufgrund des steil abfallenden Winkels werde viel Widerstand aufgebaut. Das hat aber zwei Nachteile. Das Ganze kann einen verheerenden Ausgang in flachem Wasser haben, und die Bergung des Geschirrs gestaltet sich sehr verzwickt. Eine Alternative wäre, nur die Kette zu verwenden. Die Bergung ließe sich mit Umlenkblöcken über die Winsch ermöglichen. Diese Methoden haben wir aber bei unseren Versuchsreihen nicht ausprobiert.

Es hat sich eingebürgert, eine Verbindungsleine von mindestens 100 m Länge mit einem Zusatzgewicht und einem Widerstand erzeugenden Gegenstand am Ende zu verwenden. Wie bei Fallschirm-Seeankern ist viel Leine besser als zu wenig. Sehr selten, aber manchmal und ohne rechte Erklärung funktioniert ein unbeschwerter Anker besser, wenn die Leine kürzer ist. Um lange Ozeanwellen zu überspannen, braucht man jedoch noch mehr Leine, die man dann aus Trossen und Ersatzleinen zusammensteckt. Damit die Verbindungsleine optimal zur Wirkung kommt, sollte sie mit einer Hahnepot versehen und gesichert sein. Die halbiert nämlich den Zug und leitet ihn zu den Beschlägen an beiden Seiten des Hecks. Man legt die Hahnepot an, indem man eine Zusatzleine mit einem Stopperstek im Abstand einer Bootslänge an der Verbindungsleine festzurrt und diese gegenüber auf der Heckklampe belegt. Dann steckt man die Verbindungsleine so weit nach, bis der Hahnepotwinkel etwa 30° beträgt.

Ein wichtiger Punkt dieses Treibankersystems ist, dass die Leine straff und so gleichmäßig wie möglich unter Zug bleiben muss. Verliert die Leine Zug, besteht unmittelbar die Gefahr, dass die Yacht querschlägt und schlagartig immensen Belastungen ausgesetzt wird. Um einen daraus resultierenden Überschlag zu verhindern, muss die Verbindungsleine auf die richtige Länge eingestellt werden. Nach einigen Experimenten findet man die richtige Länge: Wenn der Treibanker im Wellental ist, sollte die Yacht auf halber Höhe der Vorderseite sein. Das Problem kann jedoch sein, dass man gar nicht sieht, wo der Treibanker ist. Hinzu kommt, dass die Wellen selten gleichmäßig, eher als völliges Durcheinander daherkommen. Will man sichergehen, dass der Zug gleichmäßig und anhaltend ist, nimmt man am besten eine sehr lange Leine und beschwert sie ausreichend am Ende, damit der Treibanker weit entfernt von der chaotischen Wasseroberfläche ist. So springt er weder aus dem Wasser noch gerät er in die Orbitalströmung eines Brechers. Eine alternative und sicherlich noch bessere Methode ist, zwei Anker hintereinander zu stecken. Kommt ein Anker dann ins Stolpern, wird er von dem anderen gebremst.

Das Wolfson Unit empfiehlt ein Ballastgewicht zwischen 20 und 30 kg, damit der Treibanker 10–15 m unter der Wasseroberfläche bleibt. Ein solides Ballastgewicht ist sperrig und nur schwer zu bewegen. Ist es nicht richtig verstaut, kann es große Schäden anrichten. Also »Engel« oder »Teufel«. Manche verwenden den Anker oder ein passendes Stück Ankerkette als Ballastgewicht. Tauchausrüstungsteile eignen sich auch. Verringert der Treibanker die Fahrt zu stark, lässt sich das entweder mit einem kleinen Vorsegel oder dem Motor regulieren.

Der Zug kann sehr stark werden, aber sicherlich nicht so stark wie bei einem Fallschirm-Seeanker. Das Wolfson Unit ermittelte bei einer 10 m langen Yacht 3,8 t als maximalen Zug, während sie gerade von einem Brecher getroffen wurde. Derart immense Belastungen können äußerst gefährlich sein. Deshalb muss man unbedingt darauf achten, dass die Verbindungsleine über eine Klampe geführt wird und sich beim Auslegen des Treibankers kein Bein oder Fuß eines Crewmitgliedes über einer Bucht oder einem Auge der Leine befindet.

Schleppversuche

Bei dem Versuch, einen geeigneten Treibanker zu finden, mit dem man die Geschwindigkeit einer vor dem Sturm ablaufenden Yacht auf ein komfortables Maß verlangsamen kann, entstand der Wunsch, mit empirischen Mitteln die Bremswirkung eines Treibankers nachzuweisen. Dabei wollten wir gleichzeitig ein käufliches Produkt mit Arrangements vergleichen, die aus Teilen zusammengestellt waren, die mehr oder weniger zufällig zur Hand waren; bespielsweise die Leistung eines relativ teuren Spezialprodukts aus Segeltuch mit einem alten Autoreifen vergleichen. Es sollte auch herausgefunden werden, ob Treibanker in Serie Vorteile haben.

Für die Schleppversuche wurde eine Najad 391 genommen, die unter Maschine lief. So konnte in etwa eine vor Topp und Takel ablaufende Yacht simuliert werden. Sie lief mit konstanter Geschwindigkeit, kurz unterhalb der Höchstgeschwindig-

Versuchsergebnisse

Najad 391	Art des Treibankers keit	Bootsgeschwindigkeit (kn)	% der Ausgangsgeschwindigkeit
Motor: 2820/min	ohne Treibanker	6,6	100
	Schleppleine allein	6,3	95
	HSD 300 Seabrake	(6,0)	(91)*
	1 Autoreifen	5,9	89
	Genua 3	5,8	88*
	Delta (48 in)	5,5	83
	Reihen-Treibanker	(5,3)	(80)*
	Galerider S (36 in)	5,1	77
	großer Einzelkegel	4,6	70
	selbstgemachter Einzelkegel	4,3	65
	Delta (72 in)	4,2	64
	2 Kegel in Reihe	4,0	61
	Genua 3	3,8	58*
	Bu-ord-Fallschirm (3 m)	(1,2)	(18)*

* Kommentare zu diesen Ergebnissen im Text

keit. Bei den folgenden Versuchen mit den unterschiedlichen Treibankern im Schlepp wurde die Geschwindigkeit mit der bootseigenen Logge festgestellt. Die Schleppleine war 136 m lang, 16 mm stark und achtkardeelig.

Als der Treibanker voll unter Zug stand – wie es sein soll –, war das Bergen mit der Hand Schwerstarbeit. Eine Einzelperson hätte sicherlich eine Stunde oder mehr dafür gebraucht. Bei einem Bergemanöver musste die Leine, weil sie ganz plötzlich ganz stark unter Zug geriet, losgelassen werden. Das erinnert daran, dass der belegte Tampen der Leine bis zum Abschluss des Bergemanövers belegt bleiben muss. Es ist grundsätzlich einfacher, den Treibanker über Bug zu bergen. Wer eine motorbetriebene Schot- oder Ankerwinsch hat, sollte nicht zögern, sie hierbei einzusetzen.

Es wurden noch weitere Versuche durchgeführt, um die Bremswirkung der unterschiedlichen Methoden bei niedriger Geschwindigkeit festzustellen. Der ideale Treibanker lässt der Yacht eine optimale Geschwindigkeit. Sie darf weder zu hoch sein, damit sie nicht querschlägt, noch zu niedrig, damit sie steuerfähig bleibt. Es ist keinesfalls wünschenswert, dass ein Treibanker die Geschwindigkeit so weit reduziert, dass die Ruderwirkung total verloren geht und die Yacht nicht mehr mit dem Heck zu den Wellen gebracht werden kann. Dafür muss man mindestens 2 kn Fahrt im Schiff behalten. Sollte ein Treibanker zu stark bremsen, kann man ein Vorsegel setzen, um die verlorene Steuerfähigkeit wiederzugewinnen.

Versuchsergebnisse

Najad 391	Art des Treibankers keit	Bootsgeschwindigkeit (kn)	% der Ausgangsgeschwindigkeit
Motor: 800/min	ohne Treibanker	2	100
	Schleppleine allein	2	100
	Genua 3	2	100*
	HSD 300 Seabrake	2	100
	1 Autoreifen	1,7	85
	Galerider S (36 in)	1,3	65
	großer Einzelkegel	1,3	65
	Treibanker	1,2	60
	Delta (48 in)	1,2	60
	Delta (72 in)	1,0	50
	Reihen-Treibanker	0,9	45
	selbstgemachter Einzelkegel	0,8	40
	Genua 3	0,7	35*
	Bu-ord-Fallschirm	0	0

* Kommentare zu diesen Ergebnissen im Text

Nachgeschleppte Leinen

Einst galten nachgeschleppte Leinen als einzige, sinnvolle Schwerwettertaktik. Sie erzeugen etwas Widerstand und haben eine beruhigende Wirkung auf die Wellen. Mein Vater Errol Bruce lief im Mai 1950 mit seiner SAMUEL PEPYS mit nachgeschleppten Leinen vor einem Hurrikan vor den Bermudas ab. Als Robin Knox-Johnston 1969 als Erster einhand um die Welt segelte, benutzte er bei schwerer See eine in einer Bucht ausgebrachte Leine. Zusätzlich setzte er eine mittschiffs geschotete Sturmfock, um Richtungsstabilität zu behalten. Außerdem laschte er das Ruder fest. So war seine SUHAILI gut ausbalanciert, und er konnte sich in seiner Koje ausruhen.

Die Leistung hängt im Wesentlichen davon ab, wieweit die Leine abgetaucht ist. Je tiefer, desto mehr Widerstand. Miles

Smeeton, ein Veteran unter den Weltumseglern in den 60er Jahren, beobachtete einmal bei Sturm, dass die 110 m lange Trosse, die er achtern nachschleppte, nicht viel Wirkung zeigte. Gelegentlich sah er sogar, wie die weite Bucht seiner Trosse von einem von achtern anrollenden Wellenberg vor sich hergeschoben wurde. Folgerichtig kam er später zu dem Schluss, dass irgendein Gewicht am Ende der Trosse notwendig und für TZU HANG sinnvoll gewesen wäre. Er hat sich aber nie überwunden, es zu tun.

Bei den Versuchen hat sich gezeigt, dass eine 136 m lange, 16 mm starke, achtkardeelige, am Heck nachgeschleppte Leine einen minimalen, kaum messbaren Widerstand erzeugte. Eine noch längere Leine bringt zwar dasselbe Ergebnis wie ein Treibanker, aber die Schwierigkeit ist, dass man einen ganzen Tag braucht, bis man eine so lange Leine eingeholt hat (s. Kap. 15). Ob die Leine in einer Bucht oder gerade nachgeschleppt wird, macht bezüglich des Widerstandes keinen großen Unterschied. Es gibt für beide Methoden gute Argumente. Wird die Leine gerade nachgeschleppt, überspannt sie eine komplette Wellenlänge und produziert einen gleichmäßigen Zug. Ist sie in einer Bucht ausgebracht, kann ihr ein Brecher hinter der Yacht zwar die Spannung nehmen, andererseits kann man sie leichter bergen. Außerdem geht sie nicht so leicht verloren. Die Entscheidung sollte von der Länge der Leine und der Wellenlänge abhängig sein. Eine Seeanker-Verbindungsleine kann man ebenfalls doppelt stecken.

Mit langen, nassen und somit schweren Leinen umzugehen kann Knochenarbeit sein. Bei größeren Yachten ist es überlegenswert, eine Leinenrolle am Heck für einen Treib- oder Seeanker zu installieren. Eine motorbetriebene Seilrolle wäre ideal. Auf kleineren Yachten sollte man einen Sack zum Entfalten benutzen. Dieser Sack enthält eine Leine von hinreichender Länge und hat ein Loch in der Mitte des Bodens. Man wirft einen Teil der Leine ins Wasser. Der Rest kann dann problemlos und ohne Kinken ausrauschen. Der Sack oder Behälter muss befestigt sein, damit er nicht mit der Leine über Bord geht und die ganze Sache zum Kippen bringt.

Der schwierige Umgang mit sehr langen Leinen und die hohen Kosten sind ein gutes Argument, einen wirklich guten Treibanker oder Reihen-Treibanker mit einer ausreichend langen Leine zu verwenden.

Der Reihen-Treibanker

Das Gute an Reihen-Treibankern (s. Abb. 6.5) ist, dass der Zug annähernd konstant bleibt, nahezu unabhängig von allen Welleneinflüssen. Und das ist gerade deshalb wünschenswert, weil es viele Geschichten mit Treibankern gibt, die von nachlaufenden Brechern angehoben und mitgespült wurden. Ein weiterer Vorteil ist: Reihen-Treibanker erzeugen eine gute Richtungsstabilität und viele Yachten bleiben – selbst bei festgelaschtem Ruder – mit dem Heck zu den Wellen. Andererseits macht es viel Arbeit, sie anzufertigen; das ganze Geschirr ist sehr sperrig, schwer zu stauen und für nichts anderes zu verwenden.

Der bei den Tests für eine 8,50 m lange Yacht eingesetzte Reihen-Treibanker hatte 110 Kegel auf einer 18 mm starken geflochtenen Leine und am Ende ein 21 kg schweres Ballastgewicht. Ein ähnlicher Treibanker für eine Najad 391 sollte 130 Kegel und ein gleich schweres Ballastgewicht haben.

Selbst ein zu kleiner Reihen-Treibanker bringt guten Zug, aber das Bergen war ohne Ankerwinsch eine schwierige Angelegenheit. Sogar mit einer Winsch gibt es Probleme. Man muss beim Einholen jeden Kegel vor der Winschtrommel einzeln falten, damit das Material nicht unter den nächsten Törn gerät, eingeklemmt und zerrissen wird. Eine schwimmfähige Trippleine am Gewicht am Ende des Reihen-Treibankers kann das Bergen erleichtern.

Die Kegel öffnen sich im Einsatz normalerweise, können aber in flachem Wasser beschädigt werden. Wie beim Fallschirm-Seeanker war die nasse 18 mm starke Treibankerleine sehr schwer zu bedienen. Den bei den Tests eingesetzten Reihen-Treibanker hat Professor Nöel Dilly entworfen und von Bord seiner TWISTER bei Bft 10 vor den Azoren benutzt. Der Effekt aufgrund des anhaltenden Zuges hat ihn sehr beeindruckt. Damit steht er nicht allein. Tony und Coryn Gooch z.B. haben auf ihren weltweiten Fahrten einen Rei-

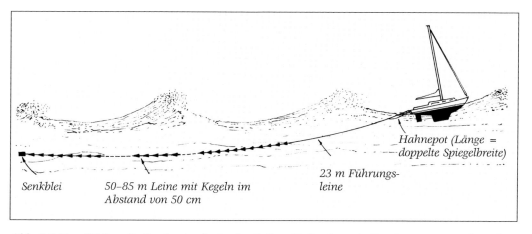

*Hahnepot (Länge =
doppelte Spiegelbreite)*

Senkblei

*50–85 m Leine mit Kegeln im
Abstand von 50 cm*

*23 m Führungs-
leine*

Abb. 6.5 *Ein effektiver Treibanker ist der Jordan-Reihen-Treibanker mit Hunderten von Kegeln auf einer achtern nachgeschleppten Leine. Ein Senkblei am Ende hält den Treibanker nieder, wenn die Yacht Fahrt aufnimmt. Dabei kommt der Treibanker zwar etwas höher, aber der Widerstand vergrößert sich.*

*Teil eines Reihen-Treibankers mit den Kegeln.
(Foto: Peter Bruce)*

*Auslegen eines Reihen-Treibankers.
(Foto: Peter Bruce)*

hen-Treibanker sehr wirkungsvoll in hohen Breiten eingesetzt, sowohl bei schlechtem Wetter als auch um auszuruhen. Ihre TAONUI ist ein Langkieler und bleibt bei ausgelegtem Reihen-Treibanker mit erstaunlichen 1,5 kn auf Kurs. Sie benutzen eine Hahnepot, die so eingestellt wird, dass die Yacht nur wenig vor den von achtern anrollenden Seen giert. Dadurch wird das Abreiten der Wellen erträglich.

Im Vergleich mit anderen Treibankern ist der Reihen-Treibanker schwerer zu bergen, hat aber eine viel größere Wirkung.

Der Galerider

Der Galerider (s. Foto) mit 0,90 m Durchmesser entwickelt hohe Zugkraft. Er

Der Galerider hat gute Zugkraft. Damit er bei schwerer See gleichmäßig zieht, braucht er ein Gewicht. (Foto: Peter Bruce)

scheint bei ruhiger See leicht einzutauchen. Der Ring steht unter starker Spannung. Deshalb muss man vorsichtig sein, nicht im Gesicht verletzt zu werden, wenn man ihn aus dem Sack nimmt. Er hat wenig Zug bei geringer Geschwindigkeit, ist leicht zu bergen und saugt nicht viel Wasser auf. Der Ring muss wie eine Acht gedreht, die Buchten müssen übereinander gelegt und so in den Sack zurückgestaut werden.

Das ist nicht so leicht. Andere Treibanker lassen sich einfacher einsacken. Man tut gut daran, den getwisteten Ring mit einem Bändsel zu sichern.

Im Juli 1994 benutzte die Einhandseglerin Mary Harper, 79 Jahre alt, einen Galerider, als sie mit ihrer LM30 in der Mitte des Atlantiks in einen schweren Sturm geriet. Sie sagte nachher, sie habe den Treibanker wohl nicht richtig benutzt. Die Leine sei wahrscheinlich zu kurz gewesen, und sie habe außerdem die Bedienungsanleitung nicht gefunden. Trotzdem sei es ihr gelungen, die Geschwindigkeit auf 5 kn zu reduzieren, und das Resultat habe sie sehr glücklich gemacht. Michael und Doreen Ferguson benutzten ebenfalls einen Galerider (Kap. 22). Als sie die Leine auf 25–27 m gekürzt hatten, waren sie mit dem Ergebnis zufrieden.

Zu dem Galerider gibt es viele positive Berichte, aber in extremen Bedingungen bleibt er ohne ein Ballastgewicht vermutlich zu nahe unter der Wasseroberfläche und bringt keinen konstanten Zug.

Der Seabrake-Treibanker

In seinem Vorwort erwähnt Sir Peter Blake, seine Zeit auf dem Multihull mit dem starren Profilsegel sei eine der schlimmsten und beunruhigendsten gewesen, die er je auf See verbracht habe. Das war während des Round Australia Yacht Race auf der STEINLAGER I. Er setzte

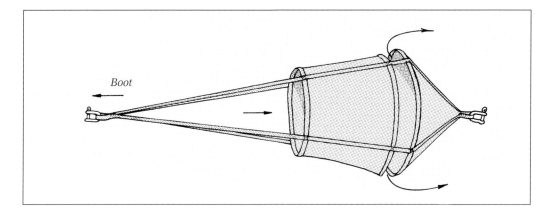

Abb. 6.6 *Ein Seabrake-Treibanker aus Tuch.*

einen Seabrake-Treibanker aus – mit gutem Effekt. Einmal jedoch tauchte der Treibanker plötzlich aus der Vorderseite einer Welle auf, fasste Luft und flog hoch. Vielleicht lag es daran, dass er schon leicht beschädigt war. Das Problem konnte dadurch behoben werden, dass ein Kettenstück von 9 m Länge und 12 mm Stärke an das Ende des Treibankers gebunden wurde.

Der Seabrake-Treibanker, den wir bei den Tests einsetzten, war die feste und schwere Ausführung HSD 300 für Boote bis 10 m Länge. (Die größere Version in Tuch, die nicht so viel Stauraum erfordert und besser für die bei den Tests eingesetzten Yachten gepasst hätte [Abb. 6.6], scheint nicht einfach zu besorgen zu sein.) In der Gebrauchsanweisung für den festen Seabrake steht, man solle ein mindestens 5 kg schweres Kettenstück zwischen Treibanker und Verbindungsleine scheren, und die Verbindungsleine müsse mindestens dreimal so lang wie die Yacht sein. Bei den Tests benutzten wir eine 3 m lange und 10 mm starke Kette und ein 40 m langes 16 mm starkes Polyamid(Nylon)-Seil. Als gerade ein Schäkel fest angeschlagen war, entdeckte jemand, dass zwei Schäkel notwendig waren, um den Seabrake an der Kette zu sichern. In der Anweisung steht, man müsse unbedingt darauf achten, den Treibanker bei wenig Geschwindigkeit zu Wasser zu lassen. (Es ist leicht, von geringer Fahrt zu sprechen. Wie man aber bei Sturm dahin kommt, steht nicht in der Anweisung.)

Dreieinhalb Knoten wurden als langsam genug erachtet. Ganz abgesehen von dieser revolutionären Methode des Ausbringens bringt der Seabrake mehr Zug, als man seiner schlanken Form wegen im ersten Moment erwartet.

Er wurde – wie empfohlen – mit der dünnen und kurzen Leine getestet, ebenso wie mit der Leine aus den anderen Tests. Die Ergebnisse zeigten kleine Unterschiede. Die HSD-300-Version war absolut zu klein für die Najad. Aus den Ergebnissen könnte man eher schließen, dass die Yacht einen kleinen Treibanker von 30 cm Durchmesser und 56 cm Länge nachgeschleppt hätte. Der Seabrake bewährt sich auch bei geringer Fahrt, die er nur schwach bremst. Stauraum ist die größte Mangelware an Bord einer kleinen Yacht – und somit ist ein sperriger Treibanker nicht sonderlich beliebt.

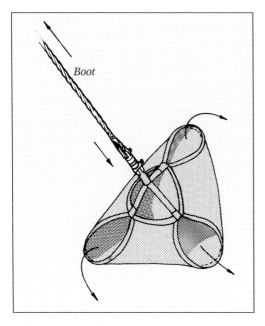

Abb. 6.7 *Der Delta-Treibanker.*

Der Delta-Treibanker

Der 1,80 m große Delta-Treibanker (Abb. 6.7) ist für Yachten bis 14 m Länge gedacht, der 1,20 m große für solche bis zu 11 m Länge. Der Treibanker ist klein und leicht zu verstauen. Er besteht aus einem schweren Material mit Vinylbeschichtung, ist somit wasserabweisend und leicht mit einem Tuch abzutrocknen. Der 1,80 m große Delta-Treibanker beeindruckt mit seinem immensen Zug. Er blieb unter Last stabil und brach bei ruhigen Bedingungen nicht zur Wasseroberfläche durch. Man konnte jedoch in einem Video des Herstellers sehen, dass ein unbeschwerter, von einer 8,80 m langen Yacht nachgeschleppter Delta-Treibanker bei Seegang an die Oberfläche kam. Als er hinter einem Schlepper hing, schlidderte er sogar über die Oberfläche und über Brecher hinweg.

Der Delta-Treibanker scheint folgende

Nachteile zu haben: Er zieht sehr kraftvoll bei wenig Fahrt, macht aber das Steuern schwierig bei wenig Fahrt und ebenfalls das Bergen. Andererseits kann man die Steuerprobleme durch ein Vorsegel beheben. Zudem ist die Bremswirkung für seine Größe beträchtlich.

Genua 3

Eine kleine Genua (11,60 m x 11 m x 4 m) wurde in den Tests dahingehend ausprobiert, ob sie als Ersatztreibanker geeignet ist. Man kann sich vorstellen, dass eine Genua mit Leinen an den drei Ecken, die sich im Wasser entfaltet, eine hohe Zugkraft hat. Als wir etwa 1,20 m lange Fang-

Der Delta-Treibanker wird zu Wasser gelassen. (Foto: Peter Bruce)

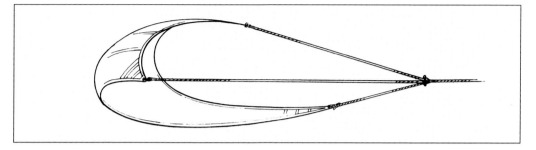

Abb. 6.8 *Ein stabiles Vorsegel eignet sich durchaus als Treib- oder Seeanker, wenn die Fangleinen lang genug sind.*

leinen benutzten, öffnete sich das Segel nicht und brachte nur wenig Zug. Bei unterschiedlich langen Leinen sieht die Sache anders aus – wie die Ergebnisse zeigen.

Man muss an den Kopf des Segels eine 4,60 m lange Leine, vom Hals und vom Schothorn je 7,60 m lange Fangleinen ziehen, um die Wirkung auf den Segeldruckpunkt auszurichten. So hatte das Segel eine kolossale Bremswirkung – viel mehr, als in manchen Situationen verlangt wird, insbesondere bei geringer Fahrt. Die Wirkung kam der eines Fallschirm-Seeankers recht nahe.

Andererseits ist es nicht leicht, bei Sturm ein Segel an Deck zu bändigen. Im ersten Moment scheint das Segel stabil zu sein, aber die unsymmetrische Form neigt zur Instabilität. Ein offensichtlich großer Vorteil ist, dass Segel immer an Bord sind und man kein zusätzliches Ausrüstungsteil kaufen muss. Ein weiterer – wenn auch nicht so großer – Vorteil ist, dass man das Segel nach dem Einsatz im Wind trocknen kann. Das ist auch nicht immer selbstverständlich.

Viele bringen lieber einen speziell angefertigten Treibanker aus dem Sack heraus zu Wasser, als teure Segel für einen Zweck zu verwenden, für den sie nicht gemacht worden sind. Mit ausreichend langen und ausbalancierten Fangleinen funktioniert ein kleines Segel wie ein Treibanker und ein großes wie ein Fallschirm-Seeanker. Für einen großen müsste man wohl zu einer Genua 3 greifen (Abb. 6.8).

Der Bu-ord-Seeanker

Mit einem 3-m-Bu-ord-Seeanker erzielt man die erstaunlichsten Ergebnisse. Dieser Seeanker korrespondierte jedoch überhaupt nicht mit der in den Tests vorgegebenen Motordrehzahl. Der Propeller produzierte eine Unmenge Luftblasen.

Es war notwendig, die Drehzahl von 2820/min auf 2000/min zu reduzieren, um Kavitationsschäden am Propeller zu vermeiden. Dass dann nur 1,2 kn erreicht wurden, zeugt im Wesentlichen von dem starken Widerstand des Seeankers. Ohne Bojenreep und Bergeleine am Ende zeigt der Fallschirm zwar keine Neigung zu sinken, aber das Bergen wird anschließend zu einer extrem schweren und harten Arbeit. Dieser Seeanker absorbiert eine Menge Wasser. Da er aber klein ist, kann man ihn leicht aufhängen, und so trocknet er schnell. Weil das Material weich ist, braucht er nur wenig Stauraum. Der Bu-ord-Seeanker erzeugt bei allen Geschwindigkeiten derart viel Widerstand, dass die Steuerfähigkeit vermutlich vollständig verloren geht.

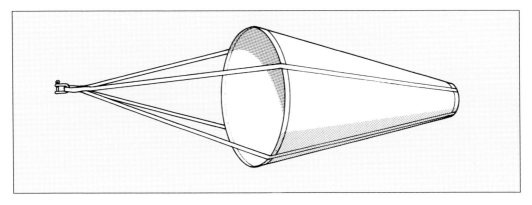

Abb. 6.9 *Der Kegel-Treibanker ist sehr effektiv.*

Kegel-Treibanker

Treibanker in Form eines Kegelstumpfs oder Windsacks (Abb. 6.9) kann man kaufen oder auch leicht selbst herstellen. Die Form hat sie als Seeanker in Verruf gebracht (warum eigentlich?). Die kleineren Größen jedoch scheinen bei Belastung nicht weniger effektiv zu sein als andere Formen.

Wir haben zwei getestet. Der Erste war ein käuflicher, mit einer weiten Öffnung von 61 cm und einer kleinen von 10 cm. Der Zweite, aus zwei Schichten Fallschirm-Nylon selbstgemacht, hatte eine weite Öffnung von 76 cm und eine kleine von 7,6 cm. Wir haben sie sowohl einzeln als auch hintereinander in Reihe mit einem Abstand von 15 m und mit einer Vorlaufkette getestet. Die Einzel- wie die Reihenergebnisse können sich sehen lassen. Die Anordnung in Reihe ist vermutlich besonders gut geeignet bei Seegang und einem Einzelnen überlegen, da dieser durch Welleneinwirkung leicht aus der Bahn geworfen werden kann.

Für die Anfertigung des großen Treibankers aus Fallschirm-Nylon braucht man eine Spezialnähmaschine. Eine normale wird mit dieser Aufgabe nicht fertig.

Autoreifen

Autoreifen erzeugen einen bescheidenen, aber durchaus nützlichen Widerstand. Ein doppelt so starker Widerstand wurde jedoch bereits durch die doppelte Leinenlänge erreicht. Wir vermuteten, der Reifen würde wie ein Wal auftauchen oder über die Wasseroberfläche schliddern. Dem war bei ruhiger See nicht so; bei Seegang gab es dafür aber durchaus Anzeichen. Ein Autoreifen ist groß, unhandlich, schwer zu stauen und hinterlässt unangenehme Farbspuren. Man muss die Manteldecke mehrmals durchbohren, damit das Wasser ablaufen kann, wenn man ihn wieder an Deck holt. Manche sehen bei einem Autoreifen eine weitere Verwendungsmöglichkeit: als guter, nicht rollender Fender an glitschigen Spundwänden.

Zusammenfassung der Testergebnisse

Die speziell gefertigten Seeanker zeigten in den Tests, dass sie stabil, kompakt, leicht zu bedienen sind und beträchtlichen Widerstand erzeugen. Einige Eigner von kleinen Schiffen werden jedoch auf die stabilen Seabrake- und Attenborough-Seean-

Ein handelsüblicher Kegel-Treibanker.
(Foto: Peter Bruce)

Das Einholen eines Treibankers von Hand ist harte Arbeit, ins-
besondere wenn Gewichte daran hängen. (Foto: Peter Bruce)

ker vertrauen und für sie einen Stauraum finden. Sie sollten mal versuchen, ihren Seeanker gegen einen leichten auszutauschen, der das Gleiche leistet, wenn er nur, wie das Wolfson Unit in seinem Bericht schreibt, unter Wasser gehalten wird.

Wie viel Widerstand gebraucht wird, hängt von der Härte des Wetters ab. Es ist ideal, wenn man einen Seeanker an Bord hat, der ab Bft 8 in der Lage ist, das Heck ständig gegen die See zu halten, die Bootsgeschwindigkeit auf ein wünschenswertes Maß zu reduzieren und die Yacht in den Tälern großer Wellen steuerfähig zu halten. Wichtig ist, dass die Schleppleine niemals schlapp durchhängt. Damit sie eine Ozeanwelle überspannt, muss sie mindestens 100 m lang sein.

Kursstabile Yachten mit ausgebrachtem Treibanker können durch eine Wind-, eine elektrische Selbststeueranlage oder bei mittschiffs gelaschtem Ruder vermutlich gut auf Vorwindkurs gehalten werden. Die meisten anderen müssen jedoch von Hand gesteuert werden.

Kleine Fallschirme – wie der Bu-ord-Seeanker – können bei Mehrrumpfbooten als Treibanker sowohl über Heck als auch als Seeanker über Bug ausgebracht werden. Grundsätzlich gilt, dass der Widerstand von Fallschirmen für Mehrrumpfboote zu groß ist. Sie verlieren ihre Steuerfähigkeit. Meistens bringt eine beschwerte Leine, wie wir sie in den Versuchen verwendet haben, ausreichend Widerstand. Improvisierte Vorrichtungen sind wahrscheinlich wenig effektiv. Der Autoreifen beispielsweise bringt nicht viel Widerstand und ist wohl derjenige Treibanker, dem man am wenigstens zutraut, dass er unter Wasser bleibt.

Hat man die Wahl, greift man am besten zu einem beschwerten Treibanker, mit dem man sich vorsichtig ans Optimum herantasten kann. So kann man die Fahrt reduzieren und hält gleichzeitig die Yacht steuerbar. Wer sich zutraut, mit zusätzlichen Schwierigkeiten fertig zu werden, kann zwei Treibanker in Reihe ausbringen, wenn sie speziell dafür gefertigt sind. So überlistet man besser die kontraproduktive Orbitalbewegung der Wellen.

Ein Treibanker ist nicht notwendigerweise eine Alternative zu einem Fallschirm – obgleich er leichter zu handhaben ist. Sind die Bedingungen – und solche kommen eher selten vor – so extrem, dass der Zug des Treibankers abbricht, die Yacht quer zur See kommt und sie folglich mehrmals von einem von achtern anrollenden Brecher überspült wird, sich eventuell überhaupt nicht mehr steuern lässt oder unter Umständen über Kopf geht, ist es wohl besser, den Bug in die See zu stecken, beigedreht zu liegen, Maschine beizusetzen oder vor einem Fallschirm-Seeanker zu liegen. Wichtig ist nur, die Entscheidung rechtzeitig zu treffen.

Grundsätzlich gilt: Alle Boote sind, wenn der Sturm tobt, mit den Enden zu den Brechern sicherer, als wenn sie seitlich anrollen. Eigner, deren Yachten sich nicht leicht beidrehen lassen, sind gut beraten, wenn sie irgendein Treibankergeschirr an Bord haben, das sie ausreichend ausprobiert haben. Dabei ist es egal, ob sie es über Bug oder Heck ausbringen. Hauptsache, es ist eins an Bord.

7. Meteorologie der Depressionen

Richard Ebling

Dieses Kapitel wurde für Segler, nicht für Meteorologen geschrieben. Es ist mein Ziel, nicht bis in alle Einzelheiten zu gehen, sondern einen nützlichen Überblick zu schaffen.

Da heute jedem Segler eine Unmenge von Wetterinformationen zugänglich ist, braucht er theoretisch nie in Schwerwetter zu geraten. Aber kein Meteorologe kann und wird seine Hand dafür ins Feuer legen, dass seine 24-Stunden-Vorhersagen hundertprozentig richtig sind – geschweige denn für solche, die die besten Aussichten für eine Woche voraussagen.

Empfang eines Wetterberichts auf See

Wer von einem Hafen an der englischen Küste starten will, kann über eine Telefonnummer den Wetterbericht in schriftlicher Form oder als Wetterkarte bei Met-Fax abrufen. Die Wetterkarte reicht von 70°N–40°N und von 040°W–015°E und enthält eine Vorhersage bis zu 4 Tagen. Ein vergleichbarer Service ist SEAFAX in Frankreich. In Deutschland ist das Abrufen des Seewetterberichts vom Deutschen Wetterdienst über SEEWIS-Fax möglich. Der über Telefax zu erreichende Wetterdienst Australiens ist für die am Admiral's Cup teilnehmenden amerikanischen Syndikate nicht ausreichend. Dabei sind die Telefax-Dienste der USA selbst nicht detailliert genug, um Fahrten an der Küste oder auf die offene See hinaus zu planen. Die Wettervorhersagen der NOAA (National Oceanic and Atmospheric Association = Umweltbehörde der USA) über UKW sind nur für kurze Zeitabschnitte verwertbar.

Man braucht heute, wenn man weit auf See ist, aktuelle Wetterdaten und die für die nächsten 24 Stunden nicht mehr über Morse zu empfangen. Seit einigen Jahren kann man in einigen Teilen der Welt Wetterkarten mit Vorhersagen bis zu sechs Tagen im Voraus über Funkfernschreiben an Bord empfangen. Dazu braucht man einen speziell ausgelegten Empfänger mit Drucker oder Display bzw. einen ganz normalen Laptop, der an die Kopfhörerbuchse eines solchen Kurzwellenempfängers angeschlossen wird. Über ein Programm lassen sich so Navtex-Meldungen, Morse-Nachrichten, RTTY-/Telex-Nachrichten und MSI-/Sitor-Nachrichten auf der Festplatte des Laptops speichern. Mit Hilfe eines in dem Dekoderprogramm enthaltenen Timers kann man die Nachrichten später lesen und auswerten.

Die Technik hat das Internet und mobile Telefone mit GSM-Nachrichtensystem entwickelt. Die neuesten Satellitenhandys schalten automatisch auf das Satellitensystem um, wenn landgestützte Sender nicht mehr in Reichweite sind. Über ein Handy kann man sich ins Internet einloggen und Sechs-Tage-Vorhersagen »kostenlos« an

Bord holen. Kostenlos nicht ganz, weil man an Bord die Telefonkosten für das Handy berücksichtigen muss. Gute Internet-Adressen sind für England: www.met-office.gov.uk, für Deutschland: www.dwd.de (Deutscher Wetterdienst) oder www.dkrz.de (Deutsches Klimarechenzentrum).

Starke Winde

Außerhalb der Tropen ist die normale Ursache für Schwerwetter innerhalb eines Tiefdrucksystems entweder die Entwicklung eines Teiltiefs mit noch enger beieinander liegenden Isobaren oder der sich unaufhaltsam fortsetzende Druckabfall im Zentrum eines vorhandenen Tiefs. Eine derartige Verengung der Isobaren an der südöstlichen und östlichen Flanke des Zentraltiefs erzeugte ein Teiltief, das über die Nordsee fegte und mindestens die doppelte der ursprünglich vermuteten Windstärke brachte. In diesen Sturm geriet Adlard Coles, als er quer über die Nordsee segelte (s. Kap. 14). Da sich der Südwestwind in der Straße von Dover zwischen der englischen und französischen Küste wie in einer Düse beschleunigen würde, war es vermutlich das Beste für ihn, dort beizudrehen, wo er war.

Um die sehr unterschiedlichen Schwerwetterberichte in diesem Buch besser verstehen zu können, scheint es angebracht zu sein, zunächst das Windprofil näher unter die Lupe zu nehmen. Reibung verringert den Wind auf See oberhalb der Grenzschicht bzw. Reibungsgrenze auf 80 % seiner ursprünglichen Geschwindigkeit; an Land reduziert sich die Geschwindigkeit auf 40 %. Die Windgeschwindigkeit wird in der Regel an der Mastspitze mit einem Anemometer gemessen. Es gilt jedoch weitere Faktoren zu berücksichtigen, zumal alle Wettermeldungen von landgestützten Wetterstationen auf Messungen von Geräten basieren, die – wie vorgeschrieben – 10 m über dem Erdboden stehen. Vielleicht stammt die Höhe dieser Meßgeräte von der Vorgabe, dass in dieser Höhe der Touch-down der Flugzeuge stattfindet.

Wenn der Wetterbericht 30 kn meldet (Bft 7), sollte der durchschnittliche Wind – mit einem Windmesser 50 ft (15 m) über der Wasseroberfläche gemessen – etwa 30 x 1,04 = 31,2 kn, auf einem 160 ft (49 m) hohen Leuchtturm wie dem Fastnet-Leuchtturm 30 x 1,48 = 44,4 kn betragen: satte Bft 9! Die Windmessungen der Wetterstationen sollten also immer bezüglich der Höhe der Messanlage und ihrer Lage korrigiert werden.

Vielleicht sollte man noch etwas zum Winddruck sagen. 24 kn Wind erzeugen einen Druck von 11,2 kg/m²; bei etwas weniger als der doppelten Geschwindigkeit, bei 34 kn, steigt der Druck auf 22,5 kg/m², bei 48 kn bereits auf 45 kg/m². Das bedeutet, bei Verdoppelung der Wind-

Höhe in ft oberhalb der Oberfläche																	
10	20	30	33	40	50	60	70	80	90	100	120	140	160	180	200	250	300
Faktor über See																	
0,89	0,95	0,99	1,00	1,02	1,04	1,06	1,08	1,09	1,11	1,12	1,14	1,16	1,17	1,18	1,20	1,22	1,25
Faktor über Land																	
0,74	0,88	0,98	1,00	1,05	1,11	1,16	1,21	1,25	1,29	1,32	1,38	1,44	1,48	1,53	1,57	1,66	1,74

geschwindigkeit vervierfacht sich der Winddruck. Das Gleiche gilt für Segel: Der Krängungsfaktor eines bestimmten Segels hängt sehr stark von der Höhe des Segelschwerpunktes ab. Da die Windgeschwindigkeit in der Höhe zunimmt, bewirkt eine Verlagerung des Segelschwerpunktes in die Höhe eine Zunahme der Krängung, denn das Krängungsmoment resultiert aus dem Winddruck und der Höhe.

Um Irrtümern vorzubeugen: Alle Diagramme und meteorologischen Theorien in diesem Kapitel beziehen sich auf die nördliche Hemisphäre, sofern nicht ausdrücklich auf das Gegenteil hingewiesen wird. Die Winde bei einem Tief wehen gegen den Uhrzeigersinn aus dem Tief heraus, bei einem Hoch gegen den Uhrzeigersinn in das Hoch hinein. Wenn man nach dem Überqueren des Äquators mit den Wetterkarten der südlichen Hemisphäre nicht zurecht kommt, ist es ein guter Trick, eine solche Wetterkarte an der unteren Kante anzufassen, sie nach oben zu drehen und gegen das Licht zu halten, beispielsweise gegen ein Fenster in der Kajüte, durch das Sonnenlicht einfällt. Das hat den Effekt, dass Nord und Süd gegeneinander getauscht werden, nicht aber Ost gegen West. So hat man wieder die einem vertraute Ansicht der Wettersysteme.

Teiltiefs

Ohne Zugang zu Wetterkarten ist es fast unmöglich, die Bedingungen zu identifizieren, die zur Entwicklung eines Teiltiefs führen. Man braucht Boden- und Höhenwetterkarten, die man nur mit einem Wetterfaxgerät auf den Kartentisch bekommt. Solche Geräte findet man heute aber immer häufiger auf Yachten. Der Ausdruck dieser Geräte ist groß genug, um damit arbeiten zu können. Die Faksimile-Ausstrahlungen für die Schifffahrt des

Deutschen Wetterdienstes enthalten Bodenanalysen für den Nordatlantik und Europa mit zusätzlich 24-, 48-, 72- und 96-stündigen Vorhersagen, Höhenwetterkarten für 500 hPa und 850 hPa mit bis zu 72-stündigen Vorhersagen sowie Eiskarten und Seegangsvorhersagen für den Nordatlantik. Die englische Faksimile-Station Bracknell strahlt Isobarenkarten (aktuelle und Vorhersagen), Seegangs-, Wassertemperatur- und Windkarten sowie Satellitenbilder aus. Die korrekte Größenbezeichnung für den Luftdruck ist seit 1983 Hektopascal (hPa).

Die Wetterkarten, auf die man besonderen Wert legen sollte, sind:

1. Bodenanalysen. Vermutlich mit der Überschrift: ASXX oder FSXX (Actual Surface oder Forecast Surface)

2. Höhenwetterkarten mit Vorhersagen der absoluten Topografie und Vorhersagen maximaler Winde. Vermutlich mit der Überschrift: AUXX oder FUXX (Actual Upper-air oder Forecast Upper-air)

Der Begriff »Höhenkarte« weist darauf hin, dass die Atmosphäre dreidimensional ist und es nicht reicht, nur darüber nachzudenken, was am Boden geschieht. Der Normaldruck auf der Erdoberfläche beträgt 1013,2 hPa und nimmt mit der Höhe ab. Der Abstand zwischen der 1000-hPa- und der 500-hPa-Grenze wird als die untere Hälfte der Gesamtatmosphäre bezeichnet. In diesem Bereich läuft der größte Teil des Wettergeschehens ab. Der Druck nimmt mit der Höhe zunächst je 8 m um 1 hPa ab. In 5500 m beträgt er somit nur noch die Hälfte.

Kalte Luft ist dichter als warme Luft; d.h. die Luftdichte ist umgekehrt proportional zur Temperatur. Daraus folgt: Je größer die Dichte bzw. je niedriger die Temperatur, desto enger ist der vertikale Abstand zwischen den Linien gleichen Luftdrucks

(Isohypsen) in den Höhenwetterkarten und desto stärker ist die zu erwartende Windgeschwindigkeit aufgrund des Druckgefälles. Umgekehrt gilt: Je geringer die Dichte bzw. je höher die Temperatur, desto geringer ist der Luftdruckunterschied und somit die Windgeschwindigkeit (s. Abb. 7.1). Warme Sektoren mit ihrer relativ homogenen Luftmasse sind Gebiete mit sehr geringem Luftdruckunterschied.

In vielen Wetterkarten oder Kartenauszü-gen fehlen Isobaren wegen der Übersichtlichkeit. Wenn wir eine normale Wetterkarte mit Isobaren zur Hand nehmen und einige der noch fehlenden Linien nachtragen wollen, kann das in einigen Fällen sehr einfach, in anderen dagegen äußerst schwer, wenn nicht gar unmöglich sein. Abb. 7.2 zeigt zwei unterschiedliche Verläufe der Isobaren in einem Hochdruckrücken. Tief- und Hochdrucksysteme kann man sich als Täler und Berge vor-

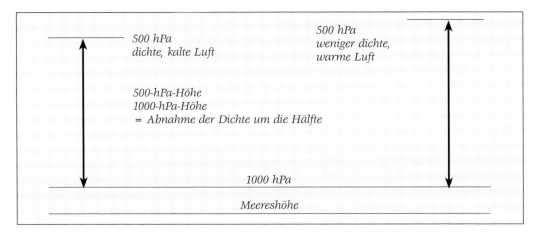

Abb. 7.1 *Änderung des Luftdrucks bei unterschiedlicher Lufttemperatur.*

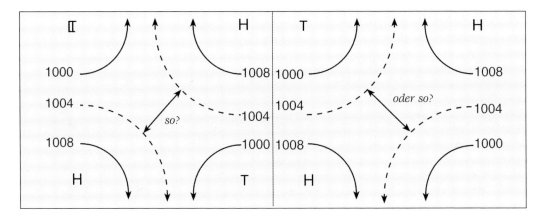

Abb. 7.2 *Wie verlaufen die fehlenden Isobaren?*

stellen oder als Brücken oder Rinnen. Ein Hochdruckrücken ist ein Sattel oder ein Rücken zwischen zwei Bergen.

Die Größe der Wetterkarte an Bord ist von der Breite des vorhandenen Druckers abhängig. Die 500-hPa-Höhenwetterkarte wird in der Regel im größtmöglichen Format übertragen und enthält alle notwendigen und Höhenlinien (soweit vorhanden), die Isohypsen. Sie verbinden Orte gleicher Höhe über NN in einer bestimmten Druckfläche. In solchen Karten sind nicht wie bei den Bodenkarten Isobaren oder Fronten eingezeichnet. Andererseits enthalten Bodenkarten gelegentlich einige dieser Luftdichtelinien. Dann ist es klug, eine zweite Karte heranzuziehen, um die erste zu vervollständigen. Auf Wetterkarten mit Isobaren und Isohypsen erkennt man die letzteren daran, dass sie gestrichelt sind.

Wenn man verstanden hat, worauf man achten muss, ist die Praxis ganz einfach (s. Abb. 7.3). Eng beieinander liegende Linien auf der Karte, die einen steilen Abfall bzw. eine rapide Abnahme der Tiefe andeuten, sind Fronten. Genauer ausgedrückt: Frontalzonen sind Gebiete, in

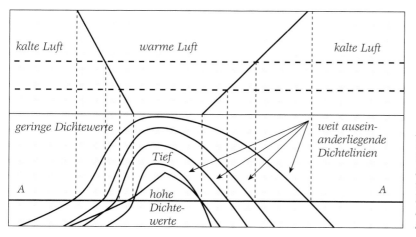

Abb. 7.3 Wetterkarte mit Luftdichtelinien. So werden 3-D-Informationen in einer 2-D-Wetterkarte dargestellt. Senkrechter Ausschnitt = A-A.

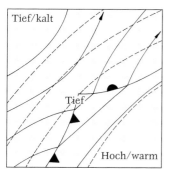
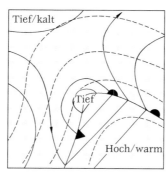
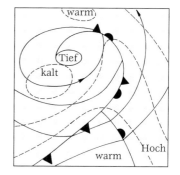

Abb. 7.4 Die drei Entwicklungsstadien einer Frontwelle bis zur Okklusion und die Beziehung zwischen den Isobaren, den Fronten und den Dichtelinien.

denen kalte Luft durch wärmere oder umgekehrt ersetzt wird. Warme Sektoren mit ihrer relativ gleichmäßigen Luftmasse enthalten nur wenige Isohypsen; bei Fronten dagegen ist der Temperaturunterschied um so größer, je dichter die Linien sind. Der Anstieg wird als Luftdruckgradient bezeichnet. Bei einer Warmfront wird kalte Luft durch wärmere dünnere Luft ersetzt. Das heißt, die Isohypsen verlaufen enger zueinander, die Luftdichte und der Luftgradient steigen. Bei einer Kaltfront ist es umgekehrt, wenn warme Luft durch kalte verdrängt wird.

Vorhersage von Teiltiefs
In Abb. 7.4 ist die Idealentwicklung eines Tiefs anhand von Boden- und Höhenkarten dargestellt. So ideal läuft das Ganze aber wohl selten ab. Manchmal liegen die Linien gleicher Höhe (Isohypsen) eng beieinander vor der Warm- oder Kaltfront oder auch quer zum Warmsektor. Teiltiefs entwickeln sich mit Vorliebe dort, wo die Isohypsen dicht beieinander sind.

In Abb. 7.5a liegen die Isohypsen zusammengedrängt nahezu parallel zur Kaltfront. Der Punkt, an dem sich das neue Tief als Kaltfrontwelle entwickelt, und das Gebiet, in dem es okkludiert, liegen etwa 1 200–1 500 sm auseinander. Das neue Tief bewegt sich grundsätzlich parallel zu den Isohypsen oder zu den Isobaren im Warmsektor. In der Regel entwickeln sich in dieser Form die Teiltiefs.

In Abb. 7.5b entwickelt sich das Teiltief als Warmfrontwelle. Man sieht die dicht beieinander liegenden Isohypsen direkt über der Warmfront und wie sie in den Warmsektor hineinlaufen. Das hat zur Folge, dass sich das Tief in Richtung der Isohypsen fortbewegt. (Im Vergleich dazu liegen

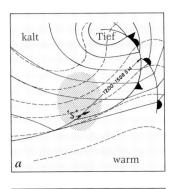
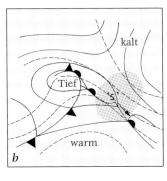
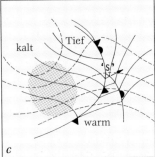
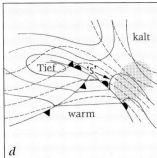

Abb. 7.5 Ein Verdichtungsfeld und sein Einfluss auf die Entwicklung eines Sekundärtiefs (Teiltiefs) und seiner Zugrichtung.
a) Entstehung eines Sekundärtiefs als Welle an der Kaltfront
b) Sekundärtiefs an einer Warmfront
c) Entwicklung eines Sekundärtiefs am Okklusionspunkt
d) Der unwahrscheinlichere Fall der Entwicklung eines Tiefs am Okklusionspunkt

die Isohypsen in Abb. 7.5d näher am Okklusionspunkt.)

Die Entwicklung eines Teiltiefs als neues Tief am Okklusionspunkt (s. Abb. 7.5c) ist nicht ungewöhnlich – im Gegenteil. In solch einem Fall verlaufen die Isohypsen nicht mehr parallel zur Kaltfront. Einige bewegen sich quer zum Warmfrontsektor, die anderen schwenken kurz vor ihrer Okklusion nach Norden ab. Aber auch in diesem Fall bewegt sich das Teiltief grundsätzlich parallel zu den Isohypsen oder den Isobaren im Warmsektor.

In Abb. 7.5d verlaufen wie auch in Abb. 7.5c einige Isohypsen quer zum Warmsektor und ihre Verengung liegt näher am Okklusionspunkt als in Abb. 7.5b. Dass sich aus solch einer Lage ein Teiltief entwickelt, ist eher unwahrscheinlich.

Die treibende Kraft bei der Bildung eines Teiltiefs ist in all diesen Fällen der große Temperaturunterschied, der auf einer Höhenkarte durch die eng beieinander liegenden Isohypsen deutlich wird.

Man muss sich bei der Analyse der Höhenwetterkarte folgende Fragen stellen:

1. Liegt der größte Temperaturunterschied entlang oder sogar parallel zur Kaltfront? Wenn ja, achte auf die Kaltfrontwellen.
2. Liegt der größte Temperaturunterschied entlang oder sogar parallel zur Warmfront? Wenn ja, achte auf die Warmfrontwellen.
3. Liegt der größte Temperaturunterschied eher quer zur Front? Wenn ja, dann achte darauf, ob sich am Okklusionspunkt ein Teiltief entwickelt.

Radikale Abnahme des Luftdrucks

Die Entwicklung des Wetters wird in der Regel verlässlich vorhergesagt. Fällt ein Tief jedoch unerwartet in den Keller, liegt das vielfach an einem explosionsartig einsetzenden Druckabfall, das heißt 14 hPa in 24 Stunden. Das geschieht in der Regel nur im Winter, auf den Ozeanen jedoch nahezu immer, wobei der Nordatlantik dafür das berüchtigste Gebiet der Welt ist. Plötzlicher Druckabfall kann jederzeit vorkommen, auch mitten im Sommer, insbesondere wenn die Ausläufer eines tropischen Wirbelsturms beteiligt sind.

Wenn die Anzeichen solch eines Ereignisses den professionellen Meteorologen und Wetterstationen entgangen sind, hat der Segler kaum Informationen, die ihn warnen, außer der plötzliche und nicht enden wollende Fall des Barometers. Sind keine zusätzlichen Informationen zu bekommen, gilt als Regel: Fällt das Barometer in 3 Stunden um 10 hPa, folgt ein Sturm mit Bft 8. Es kann sein, dass der Druckabfall nicht besonders steil ist, der Anstieg auf der Rückseite des Tiefs dafür aber umso schneller abläuft. Im Oktobersturm von 1987 fiel das Barometer am Hurn Airport in 18 Stunden um 33 hPa, also durchschnittlich um 1,8 hPa/Stunde. Später stieg es dann um 50 hPa in 15 Stunden. Der maximale Anstieg lag bei 12,2 hPa von 04.00–05.00 Uhr.

Am Anfang bringt der Warmsektor wohl den stärksten Wind. Hat aber ein explosionsartiger Druckabfall eingesetzt, kann Sturm, ja selbst Orkan mit Stärke 10–12 in dem wie ein Komma gebogenen Kaltluftsektor hinter der Kaltfront einsetzen (s. Abb. 7.6). Dann strömt nämlich kalte trockene Luft aus der Höhe wie im Schlepptau nach unten und biegt scharf in die vorhandene Zirkulation ein. Die Trockenheit dieser Polarluft wird dadurch deutlich, dass in einigen Gebieten der Himmel völlig aufklart – wie beim Fastnet Race 1979.

Wenn der Wind zunimmt, bedeutet das nicht notwendigerweise, dass die beteilig-

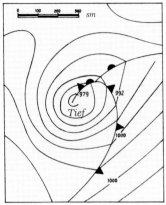

Abb. 7.6 *Kommaförmiger Verlauf der Isobaren durch sinkende Luft zeigt Windzunahme an.*

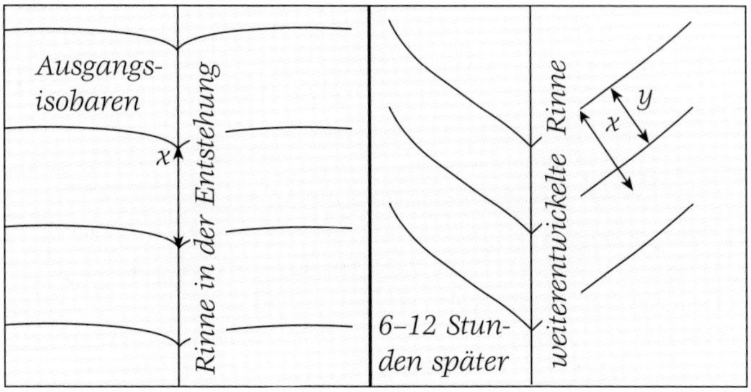

Abb. 7.7 *Isobaren in weitem Abstand an einer Tiefdruckrinne bedeuten gleichbleibender Wind. Verengen sie sich, nimmt der Wind zu. Enger Gradient y bedeutet mehr Wind als bei x.*

ten Fronten schnell durchziehen. Der Druckabfall in einem Tiefausläufer, wie z.B. bei einer Kaltfront, verstärkt den Ausläufer und treibt den Luftdruckgradienten auf jeder Seite der Front in die Höhe, ohne dass der entlang der Front gemessene Gradient Unterschiede aufweist (s. Abb. 7.7 links).

Der in diesem Beispiel an einem Tiefausläufer mit »x« gemessene, gleichmäßige Isobarenabstand ist konstant geblieben, obgleich der nun mit »y« festgestellte Abstand der Isobaren abgenommen hat. Ein sehr schneller Druckanstieg nach der Front führt vermutlich schlussendlich zum gleichen Ergebnis.

Leetief

Findet man in einer Wetterkarte ein »Isobarenloch« oder einen weißen Flecken in einem ansonsten gleichmäßig zirkulierenden Zentraltief, kann sich in diesem unbeschriebenen Gebiet ein Leetief entwickeln.

Wenn Luft gezwungen wird, über ein Bergmassiv zu klettern, werden die Isobaren antizykonal, das heißt, sie biegen im Uhrzeigersinn nach rechts ab. Auf der Rückseite des Hindernisses fällt der Wind wieder herab und die Isobaren biegen wieder nach links ab. Aus dieser Drehung kann dann in Lee der Berge ein Leetief entstehen (Abb. 7.8). Man kann sich das vorstellen wie bei einem Bach, dessen gleichmäßige Strömung von einem Hindernis unterbrochen wird. Hinter dem Hindernis bilden sich Wirbel, die abreißen und von der Strömung fortgetragen werden.

Um die Entwicklung einer derartigen unabhängigen Zirkulation neben dem Zentraltief festzustellen, braucht man Satellitenfotos und deren Analyse. Mitte der 50er Jahre lag ein Hoch über Grönland und brachte nördliche Winde nach England. Die Wetterkarten aus dieser Zeit enthielten nur teilweise Isobaren. Aufgrund fehlender Beobachtungen kam man gar nicht auf den Gedanken, dass südöstlich von Island ein Leetief liegen könnte (Abb. 7.9). Der unerwartet einsetzende und anhalten-de Schneefall in Schottland hätte uns darauf bringen können, dass einer dieser Wirbel von seiner Quelle abgebrochen war, mit der Strömung mitgerissen wurde und schließlich als Polartief ankam.

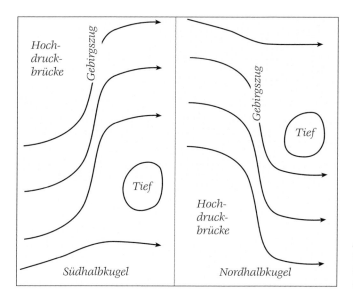

Hoch-druck-brücke

Gebirgszug

Tief

Südhalbkugel

Gebirgszug

Tief

Hoch-druck-brücke

Nordhalbkugel

Abb. 7.8 *Entwicklung eines Lee-tiefs als Wirbel durch Ablenkung der Isobaren bei der Überquerung des Gebirgszuges.*

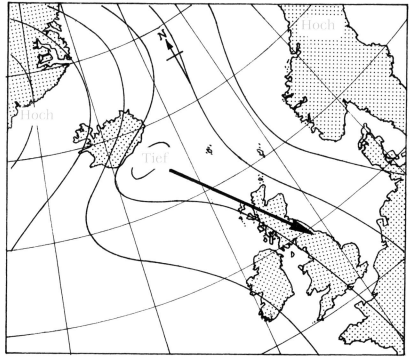

Abb. 7.9 *Entwicklung eines Polartiefs als Leetief. Nach dem Ablösen von Island zieht es in südliche Richtung über Schottland und eventuell Ostengland.*

Sturm aus einem Hoch

Unerwartet heftiger Wind kann auch durch ein Hoch verursacht werden, weil es nicht – wie erwartet – weiterziehen kann. Anzeichen dafür findet man auf dem Barometer kaum oder gar nicht. Ein Beispiel dafür ist die Geschichte von John Wilson (s. Kap. 16). Er geriet mit seiner UFO 34 südlich von Island in extremes Wetter, das seinen Ursprung in einem komplexen Tiefdruckgebiet auf der Mitte des Atlantiks hatte. Am Freitag, dem 11. Mai 1979, überquerte ein kleines Tief Schottland mit anschließend leichten Winden. Dann folgte ein Hochdruckrücken, der früh am Morgen über Rockall und spät am Abend über Schottland hinwegzog. Gleichzeitig lag ein atlantisches Tiefdrucksystem mit drei Zentren, von denen das tiefste 980 hPa hatte, auf 45°N 040°W. Am Samstag zogen die Tiefs mit 20 kn in nordöstlicher Richtung und vertieften sich auf dem Wege nach Island. Ihnen im Wege stand das langsam zunehmende Hoch über der Eiskappe Grönlands. Der Luftdruckgradient (50 kn) stieg zunächst über Island, später südlich davon und brachte derart hohe Windgeschwindigkeiten, wie sie Wilson vorher nie erfahren hatte. Am

Sonntag war der Luftdruck über Grönland unverändert hoch, der Ostwind fegte mit unverminderter Heftigkeit über Island und die Seegebiete südlich und östlich der Insel. Dann jedoch begann das Tief – nun mit nur noch einem Zentrum und 987 hPa – ostnordöstlich auf etwa 60° weiterzuziehen. Bis zu diesem Zeitpunkt war der Luftdruck über Grönland konstant geblieben, erst spät am Sonntag und weiter zum Montag hin begann er zu fallen, als sich das Tief von Island entfernte.

Das Widerstreben eines Hochdruckgebietes, weiterzuziehen, war auch offenkundig 1994 beim »Sturm am Geburtstag der Queen« (s. Kap. 22), als etwa 80 Yachten von einem Sturm überrascht wurden, als sie gemeinsam von Neuseeland aus zu den tropischen Pazifikinseln segelten, um dort zu überwintern. Die Isobaren lagen wieder am dichtesten in dem Quadranten, der gewissermaßen gegen das Tief gedrückt wurde, das über bzw. nahe an Neuseeland lag.

Antizyklonale Winde

Die Windzirkulation um ein Zentrum stammt von den Zentrifugalkräften, die vom Zentrum nach außen verlaufen. In

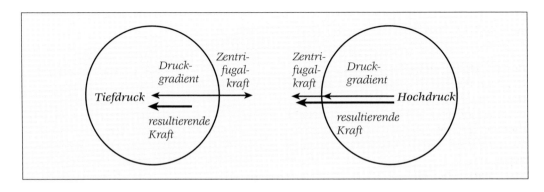

Abb. 7.10 *Kräfte, die bei einem Hoch bzw. Tief wirken.*

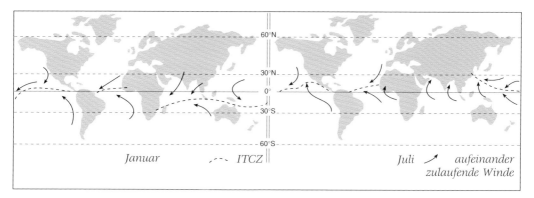

Januar -·-·- *ITCZ* *Juli* ↗ *aufeinander zulaufende Winde*

Abb. 7.11 *Aufeinander zulaufende Passatwinde am Äquator im Januar und Juli.*

Abb. 7.12 *Satellitenaufnahme der ITCZ am 24. Oktober 1998.*

einem Hochdruckgebiet wirken sowohl die Kraft des Luftdruckgradienten als auch die Zentrifugalkraft nach außen. Bei einem Tief aber wirkt der Luftdruckgradient in Richtung Zentrum. Mit anderen Worten: Der Luftdruckgradient arbeitet gegen die Zentrifugalkraft und verringert ihre Stärke (s. Abb. 7.10). Aus diesem Grunde sind die Winde bei gleicher Isobare um ein Hoch kräftiger als um ein Tief.

Zusammentreffen/Auseinanderstreben

Wenn Winde sich begegnen, sei es, dass sie spiralförmig in ein Tief hineinwehen oder dass eine Seebrise landeinwärts zieht und auf einen Landwind trifft: Irgendwo muss die Luft hin. Findet das Zusammentreffen am Boden statt, kann die Luft natürlich nicht sinken, sondern muss in die Höhe ausweichen. Beim Zusammentreffen von Luftmassen in der Höhe kann aber durchaus Luft nach unten gedrückt werden. Luft, die steigt, breitet sich aus und kühlt ab. Wenn sie sich weit genug abkühlt, kondensiert ihre mittransportierte Feuchtigkeit und bildet Wolken. Streben Luftmassen am Boden auseinander, geschieht Ähnliches. Aus der Höhe strömt Luft nach. Dabei wird jedoch die Luft komprimiert, sie erwärmt sich, und alle Feuchtigkeitspartikel verdunsten.

Die Passatwinde auf der Nordhalbkugel blasen von Nordost gegen die aus Südost wehenden Passatwinde auf der Südhalbkugel. Die Grenze, in der diese beiden Luftmassen aufeinandertreffen, wird als innertropische Konvergenzzone (ITCZ) bezeichnet (Abb. 7.11). Ursprünglich hat man gemeint, dass sich diese Tiefdruckrinne, auch Mallungen genannt, über die gesamte Strecke der Konvergenz erstreckt. Heute weiß man jedoch, dass die aktuelle Konvergenz nur hier und da passiert. Wichtig ist wiederum, dass die ITCZ die Brutstätte für Wirbelstürme ist – wenngleich diese nicht exakt auf der ITCZ entstehen. Abb. 7.12 zeigt eine Fotomontage von mehreren Infrarotbildern von einem Satelliten. Die höchsten und somit kältesten Wolken sind am hellsten.

Man kann eine Kette von hellen Wolken, die sich an der ITCZ entlangziehen, von Indonesien nach Südindien – dort besonders ausgeprägt –, über Afrika in Nähe des Äquators und über den Atlantik von Kamerun bis Nicaragua verfolgen. Die Hauptaktivität im Pazifik scheint südlich von Hawaii zu liegen. Man sieht also eher einzelne Felder, in denen die Luftmassen an der ITCZ aufeinandertreffen, als dass sich ein durchgehendes Band über den Globus zieht, wie man früher angenommen hat.

Tropische Wirbelstürme

1. Wetterkarten mit Zugbahnen von tropischen Wirbelstürmen zeigen, dass sie sich nicht 5° nördlich oder südlich des Äquators bilden (s. Abb. 7.13).
2. Hohe Luftfeuchtigkeit ist notwendig. Wenn der Nachschub an Luftfeuchtigkeit und Wärme für den Wärmetransport der Wasserteilchen ausreichen soll, muss die Wassertemperatur des Ozeans mindestens 26 °C betragen. Dann erreicht die Luftfeuchtigkeit einen Wert von 20–25 g auf 1 kg Luft. Wenn die feuchte Luft mit der Luftströmung aufsteigt, breitet sie sich aus und kühlt ab. Bei der nun einsetzenden Kondensation

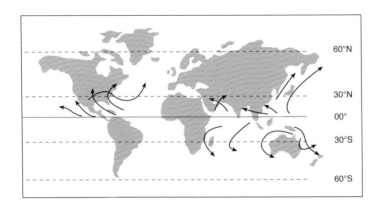

Abb. 7.13 Typische Zugbahnen der tropischen Wirbelstürme.

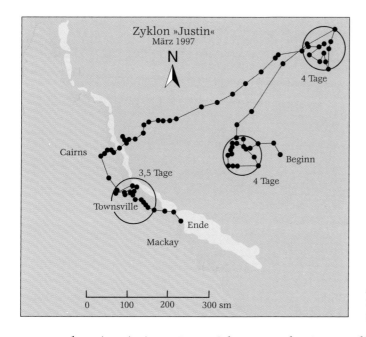

Zyklon »Justin«
März 1997

N

4 Tage

Cairns

Beginn

3,5 Tage

4 Tage

Townsville

Ende

Mackay

| 0 | 100 | 200 | 300 sm |

Abb. 7.14 Der unberechenbare Zug des Wirbelsturms »Justin« von über 20 Tagen.

entsteht ein riesiges Potenzial von latenter Wärme.

3. Die gespeicherte latente Wärme muss in der vertikalen Luftzirkulation erhalten bleiben. Deshalb bilden sich Wirbelstürme nur sehr weit entfernt von Luftströmen in großer Höhe (Jetstreams).

4. Schließlich dreht sich ein kleiner Teil der aufsteigenden Luft an der Spitze des Systems nach innen und sinkt innerhalb der Säule ab. Diese trockene Luft bildet dann das klare Auge des Wirbelsturms.

Anfangs zieht ein Wirbelsturm, der von der Luftströmung in der Troposphäre gelenkt wird, in der Regel mit 10–15 kn westwärts und leichter Tendenz zu den Polen (Abb. 7.13). Je nach Lage des Hochdruckgürtels beginnt die Zugbahn, zwischen dem 20. und 30. Breitengrad nördlich bzw. südlich des Äquators weiter zu den Polen hin abzubiegen. Die Zuggeschwindigkeit steigt auf 20–30 kn. Sobald das System die tropische Zirkulation verlässt, übernehmen die westlichen Winde der mittleren Troposphäre die Steuerung. Nicht alle Wirbelstürme laufen so ab, wie man es erwartet. Als ich die Wetterkarten der ORCA von ihrer letzten Reise betrachtete (s. Kap. 26), war ich überrascht, dass sich der Zyklon »Justin« kaum fortbewegte – ganze 180 sm in 9 Tagen (3.–12. März). Bei dem Taupunkt und der Meerestemperatur im Bereich der oberen zwanziger Breitengrade lässt sich die langsame Bewegung des Wirbelsturms bis zum 12. März nur dadurch erklären, dass es in der Höhe keinen Luftstrom gab, der ihn richtig vorantrieb. Zunächst zog er drei oder vier Tage lang in Richtung Nordost auf Neuguinea zu, dann wendete er und traf die Küste in der Nähe von Cairns und zog dann an der Küste entlang nach Süden bis Mackay (Abb. 7.14).

Die Moral von der Geschichte ist: Obgleich Wirbelstürme sich in der Regel vom Äquator weg bewegen, ist ihre Bahn in Wirk-

Klassischer Hurrikan, aufgenommen vom Satelliten. Am Datum sieht man, dass die Aufnahme während der Hurrikan-Hauptsaison gemacht wurde. Der Wirbelsturm liegt zwischen dem 20. und 30. Breitengrad und könnte durchaus umschwenken. (Foto: Internet)

lichkeit sehr schwer vorherzusagen, und man muss das Barometer sehr wachsam im Auge behalten. Das tägliche Fallen und Steigen des Luftdrucks in den Tropen um bis zu 3 hPa kann die frühe Warnung eines aufziehenden Systems verdecken. Veränderungen von ±0,5 hPa/h zwischen 01.00 und 19.00 Uhr Ortszeit sind normal.

Tropische Wirbelstürme

Gebiet und Bezeichnung	Jan.	Febr.	März	April	Mai	Juni	Juli	Aug.	Sept.	Okt.	Nov.	Dez.	ø i. Jahr	ø i. Jahr mit über Bft 11
N-Atlantik, Karibik (Hurrikan)					?	-----	-----	==	==	==	-----	?	10	5
NE-Pazifik (Hurrikan)					?	-----	==	==	==	-----	?		15	7
NW-Pazifik (Taifun)				?	-----	-----	==	==	==	-----	-----	?	25–30	15–20
N-Indischer Ozean, Golf v. Begalen (Zyklon)			?	-----	==	==	-----	-----	-----	==	==	?	2–5	1–2
N-Indischer Ozean, Arabisches Meer (Zyklon)			?	-----	==	-----			?	-----	==	?	1–2	1
S-Indischer Ozean, W von 80°E (Zyklon)	==	==	=---	-----	?						?	-----	5–7	2
Australien W, NW, N, Queensland (Zyklon)	==	==	=---	-----							?	-----	2–3	1
Fidschi, Samoa, Neuseeland (N) (Zyklon)	==	==	==	-----	?						?	-----	7	2

----- Hauptsaison　　　== Zeit der größten Aktivität　　　? betroffen bei früh- oder späteinsetzender Saison

Gewitter

Gewitter füllen sich ebenfalls durch Konvektionsprozesse auf, wenn auch nicht in dem Maße wie Wirbelstürme. Voraussetzung ist eine »konditionell instabile Luft«, auf der ein Paket saturierter Luft schwimmt und aufsteigt, wogegen ein angehängtes Paket trockener Luft das nicht tut. Tatsächlich würde ein Paket trockener Luft – falls angehoben – wieder auf seine Ausgangslage zurücksinken. In der unteren Atmosphäre von 3048 m (10 000 ft) kühlt trockene Luft um etwa 3°C je 300 m ab, aber nur um die Hälfte, wenn die Luft saturiert ist. Die warme Luft verliert dabei ihre latente Wärme, indem Feuchtigkeit kondensiert. Der Auslöser für diesen Vorgang kann entweder weiteres Aufheizen von unten oder Abkühlung von oben sein. Weiterhin möglich ist, dass der Aufstieg durch eine starke vertikale Luftströmung verstärkt oder durch das Herannahen einer Front ausgelöst wird. Konvergenz in

der Nähe einer Front kann zu den stärksten Gewitterstürmen führen. Eine weitere Bedingung für heftige Stürme ist eine deutliche Änderung der Windgeschwindigkeit mit zunehmender Höhe. Das kippt den Aufwind.

Der Aufwind funktioniert meistens wie ein Perpetuum mobile. Er füllt das System mit latenter Wärme und gibt dabei Kondensation ab. Ein kleiner »Wolkentropfen«, der den Anfang bildet, hat nur wenig Fallgeschwindigkeit im Inneren, kann aber leicht von starken Aufwinden mitgerissen werden. Dadurch besteht die Möglichkeit, dass er wächst.

Innerhalb der Wolke gilt: je höher, desto kälter. Bei etwa –20°C entwickeln sich Eiskristalle. Da die Aufzugwirkung aber weiter anhält, gefriert immer mehr Wasser zu Eis. Mit dem Aufstieg schreitet die Abkühlung voran. Bei –40°C besteht der gesamte obere Bereich aus Eiskristallen.

Je größer die Tropfen bzw. Eiskristalle werden, desto schwerer werden sie. Und da der Aufwind nicht länger vertikal aufsteigt, fällt Eis/Wasser aus dem mit Feuchtigkeit gesättigten Aufwind in trockenere Luftschichten. Dort verdunsten sie wieder. Die latente Wärme, die dafür verbraucht wird, kühlt nun ihrerseits die angrenzende

Luft ab, erzeugt eine negative Aufwärtstendenz, sprich Abwind. Der Abwind ist nicht allein verantwortlich für die Abkühlung und Verdichtung der Luft, sondern der fallende Niederschlag zieht ebenfalls die Luft mit nach unten.

Wenn dieser Abwind auf der Erdoberfläche ankommt, breitet er sich wie ein auslaufendes Kältereservoir sehr schnell aus und verursacht nicht nur einen schnellen und heftigen Anstieg der Windgeschwindigkeit, sondern auch einen Richtungswechsel. Dieses Kältepotenzial und die Böenfront breiten sich unter der Luft in der Umgebung aus. Dort reifen sofort Bedingungen für eine neue Entwicklung des erneuten Aufstiegs der Luft heran. In Gewittern mit mehreren Aufzügen kann das fallende Eis bzw. Wasser in einen anderen Aufzug geraten, wieder nach oben transportiert werden und die Voraussetzungen für ein erneutes Anwachsen schaffen. Dieser Vorgang kann sich mehrmals wiederholen. Die Untersuchung eines großen Hagelkorns zeigt z.B. eine Reihe von Schalen, die sich nach und nach gebildet haben (Abb. 7.15).

Ein Gewitter kann auch als ein riesiger elektrischer Stromgenerator betrachtet werden, selbst wenn der exakte elektrische

Gewitter über Ost-Falkland, von Pebble Island aus fotografiert. Das Hauptwindgebiet lag 30–40 Seemeilen weiter östlich und reichte über 50 Meilen in südöstliche Richtung bis Goose Green. Auf den letzten 15 Meilen hagelte es durchgehend. Der starke Südwind an der Spitze der Wolke erzeugte den typischen Amboss. (Fotos: Richard Ebling)

Ablauf unbekannt ist. Bei der Entwicklung der Gewitterwolke entstehen elektrische Feldstärken von 100–400 kV/m. Die positive Ladung sammelt sich an der Spitze der Wolke, die negative in Richtung der Unterseite und ein ebenso positiv induziertes Feld auf dem Erdboden direkt unter der Wolke. Es kann sein, dass sich kurz zuvor ein derartiges Gebilde unter einer Wolke aufgebaut hatte, als dann Bill Cooper an Bord seiner Stahlyacht vom Blitz getroffen wurde (s. Kap. 15).

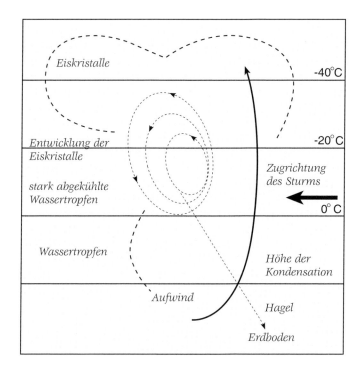

Abb. 7.15 *Entstehen von Hagelkörnern in einer Cumulonimbus-Wolke.*

Wenn solch ein Feld die kritische Grenze von 1 000 000 kV/m erreicht hat, entlädt es sich durch einen Blitz. Dadurch wird das Feld vorübergehend neutralisiert, baut sich aber sofort wieder auf, wenn die Zelle noch aktiv ist. Der Blitz kann sich in der Wolke selbst entladen, von Wolke zu Wolke oder von der Wolke auf die Erde springen. Erde bedeutet in diesem Fall Land oder Wasser.

Der Erdblitz beginnt mit einer sogenannten Vorentladung. Eine Ansammlung von Elektronen bewegt sich in einer Mikrosekunde etwa 50 m nach unten und bildet den Blitzkanal. Nach einer Pause von etwa 50 Mikrosekunden springt dieser Blitz eine Stufe tiefer. Das wiederholt sich, bis die Vorentladung die Erde erreicht hat. Die Dauer dieser Kanalbildung dauert etwa eine Hundertstelsekunde. Dann folgt die Hauptentladung von unten nach oben. Bis zu 40 Blitze hat man in einem Kanal beobachtet. Blitze von Wolke zu Wolke haben auch eine Vorentladung und einen »Gegenblitz«.

Da der vorhandene Wind mit seiner Stärke und Richtung in die Gewitterzelle einbezogen wird, bildet sich eine Kombination aus dem vorhandenen Wind und der in das Gewitter einströmenden Luft. Die kalten Fallwinde wehen als kühle Böen von der Zelle weg. Sie überfallen einen ganz plötzlich mit enormer Geschwindigkeit und aus der »verkehrten« Richtung. Dabei schieben sie sich in Form einer Kaltfront unter die Luftschichten in der Umgebung.

Tornados

Tornados leben ebenfalls von starken Aufwinden. Diesmal dreht sich der Aufwind bis in eine Höhe von 3000–6000 m. Mit zunehmender Rotation kommen der Druckgradient quer durch den Rotationskern und die Zentrifugalkraft des Kerns ins Gleichgewicht. Das System wird nun als Mesozyklon bezeichnet. Zu diesem Zeitpunkt wird fast der gesamte Teil des Luftstroms in den unteren Teil hineingezogen. Dadurch wird der Rotationskern größer und kommt immer tiefer, bis er schließlich den Erdboden erreicht.

Die Reibung an der Erdoberfläche zerstört die Balance zwischen der Zentrifugalkraft und dem Druckgradienten, so dass Luft ins Zentrum strömt. Der in die Höhe aufsteigende und sich ausweitende Wolkentrichter über der Basiswolke besteht in der Hauptsache aus Kondensation aufgrund der Abnahme des Luftdrucks. Wenn er sich aber an der Erdoberfläche ausweitet, treibt er Gischt über die See bzw. Nebel und Trümmer über das Land.

Starke und heftige Tornados kommen glücklicherweise nur über Land vor. Dort erreichen sie theoretisch eine maximale Geschwindigkeit von 313 kn. Schwache Tornados können sich in der Nähe einer schnell wachsenden Wolke bilden, die hinter einer Böenfront entsteht – vielleicht auch an den Rändern eines Gewitters. Dort sieht man gelegentlich Wolkentrichter und Wasserhosen.

Zum Schluss möchte ich sagen: Wenn professionelle Wetterfrösche nicht immer hundertprozentig richtig liegen, warum sollen es Amateure mit ihren wenigen Geräten besser können. Trotzdem sollte man, wenn die Informationen vorliegen, soviel Kenntnisse haben, dass man sie korrekt auswerten kann. Im Übrigen gibt das ein gutes Gefühl der Sicherheit.

8. Wind und Wellen

Sheldon Bacon

Wellenentwicklung

Eine Yacht ist weit draußen auf See und liegt bekalmt auf spiegelglatter See – und plötzlich kommt Wind auf. Was passiert nun auf der Wasseroberfläche? Kommt der einsetzende Wind als ganz gleichmäßiger Luftzug ohne Turbulenzen daher und war die See absolut glatt und eben, entstehen keine Wellen. Die Reibung zwischen dem Luftstrom und der See erzeugt eine leichte Strömung an der Wasseroberfläche. Aber irgendeine kleine Unregelmäßigkeit in dem Luftstrom ist notwendig, um die glatte Wasseroberfläche ein wenig aus der Fassung zu bringen. Dies ist der Anfang der Wellenbildung.

In der Realität ist der Wind böig, polterig und turbulent. Es gibt eine atmosphärische Grenzschicht bis zu 100 m über der Wasseroberfläche. Darin steht der Luftzug in direktem Kontakt mit der Wasseroberfläche und erzeugt, indem er gleichsam ins Stolpern gerät, Störungen auf dem Wasser von einigen Millimetern bis über 10 m Höhe. (Auch der Temperaturunterschied zwischen der Luft und dem Wasser kann Turbulenzen verursachen, die bis zur einer Höhe von 1000 m hinaufreichen.) Diese gestörte, turbulente Luft wird von dem gesamten Windzug weitergetragen, und es ist genau diese Turbulenz, die die Wellenbewegung auf dem Wasser durch Mitschwingen in Gang setzt. Mitschwingen ist das Anstoßen eines mechanischen Oszillationssystems bis zu einer natürlichen Frequenz, wie etwa beim Anstoßen einer Gartenschaukel. So verläuft die Anfangsphase der Wellenentwicklung relativ langsam.

Haben sich erst einmal ein paar Wellen gebildet, setzt eine schnelle Weiterentwicklung ein – und zwar exponentiell – mit dem Ergebnis: je mehr Wellen, desto rauer die See – und je mehr Wellen, desto größer die Turbulenzen in der Luft und so weiter. Dieser Prozess kann sich jedoch nicht bis ins Unendliche steigern. Bei jeder Windgeschwindigkeit, hoher oder niedriger, wird ein gewisser Sättigungsgrad erreicht, an dem der Energie-Input in die Wellen und der Energieabbau durch das Wellenfeld ins Gleichgewicht kommen. Dieser Abbau geschieht zum einen dadurch, dass die Wellen das Entstehungsgebiet verlassen und zum anderen durch das Brechen der Wellen. Die exponentielle Wachstumsphase der Wellen reduziert sich aber nicht auf ein gleichmäßiges Maß, sondern überträgt sich auf die Umgebung. Die kurzfristig in die Wellen hineingepumpte Energie können die Wellen nicht halten. Das nennt man einen »overshoot«: Das in der Welle gespeicherte Energiepotenzial überschlägt sich gewissermaßen und ist für Yachten gefährlich, weil das Wellenfeld durch eine größere als sonst übliche Anzahl von Brechern Energie abbaut.

Schließlich erreicht der Seegang einen gleichmäßigen Status, der sich nicht ändert, solange Windstärke und -richtung konstant bleiben. Nimmt der Wind weiter zu, steigt die Wellenhöhe, nimmt er ab, wird die Ausbreitung der Wellen mehr Energie abbauen, als der neue, schwächere Wind einbringt. Die Wellen werden kleiner. Dreht sich der Wind – wohl die gefährlichste Situation bei extremen Bedingungen –, baut sich auf der alten, abnehmenden See ein neuer Seegang auf. Das Resultat ist eine Kreuzsee, die sich schnell aufbaut, solange die See grob und der Wind turbulent ist.

Bei einer rollenden Welle bewegen sich deren Wasserteilchen auf nahezu kreisförmiger Bahn. Der Durchmesser der Bahn entspricht der Höhe der Welle, das heißt dem lotrechten Abstand zwischen Wellenkamm und Wellental. Auf dem Wellenkamm bewegen sich die Wasserteilchen mit der Wellenbewegung direkt geradeaus, im Wellental genau in die andere Richtung. An einem bestimmten Punkt auf der Vorderseite bzw. auf der Rückseite einer Welle steigen bzw. fallen die Wasserteilchen entweder direkt nach oben bzw. fallen direkt nach unten. Das Wasser in einer Welle ist also ständig in Bewegung. Wie weit die Orbitalgeschwindigkeit ins Wasser hineinreicht, hängt von der Länge der Welle ab. Bei einer 20 m langen Welle beispielsweise bewegen sich die Wasserteilchen in 5 m Tiefe mit 20% der Geschwindigkeit an der Spitze und in 20 m Tiefe mit nur noch 0,1%. Das ist für Flachwassergebiete sehr wichtig. Wenn nämlich die anrollende Welle den aufsteigenden Meeresgrund spürt, beeinflusst er die Bewegung der Wasserteilchen, oder anders ausgedrückt: Die Welle wird langsamer. Die Verringerung der Geschwindigkeit hat zur Folge, dass die Welle kürzer und steiler wird. Je mehr die Tiefe abnimmt, desto langsamer und steiler wird die Welle, bis sie schließlich bricht.

Es gibt eine einzigartige Beziehung zwischen Wellenlänge, -periode und Zuggeschwindigkeit. Eine Tiefwasserwelle kann zwar bis zu einer gewissen Grenze jede Höhe erreichen, aber zu jeder Wellenlänge gibt es nur eine ganz bestimmte Zuggeschwindigkeit und Periode. Lange Schwerkraftwellen ziehen über der Tiefsee schneller als kurze. Das sieht man daran, dass sich von dem Sturmgebiet, in dem Wellen unterschiedlichster Länge erzeugt werden, die langen Wellen schneller ausbreiten als die kurzen. Das heißt: Entsprechend ihrer Wellenlänge breiten sie sich aus bzw. lösen sich auf. Darin ist der Ursprung der Dünung zu suchen: Sich schnell fortbewegende, lange Wellen kündigen einen aufkommenden Sturm an. Lange, langsame Dünungswellen haben eine runde Form und sind vertikal betrachtet symmetrisch. Werden die Wellen jedoch steiler, werden sie gleichzeitig unsymmetrischer, das heißt zum Wellenkamm hin steiler und im Tal flacher.

Überlagern sich zwei Wellenzüge von annähernd gleicher Frequenz, tritt ein interessantes Phänomen auf: Es bilden sich Wellengruppen. Treffen zwei Wellenkämme gleichzeitig aufeinander, addieren sich die Wellenhöhen: Aus ursprünglich zwei 1 m hohen Wellen entsteht nun eine Wellenspitze von 2 m. Das entgegengesetzt Gleiche passiert, wenn zwei Wellentäler aufeinander treffen. Fällt ein Wellenkamm mit einem Wellental zusammen, ist die Summe Null, also keine Welle. Das bedeutsamste Ergebnis dieses Vorganges ist die Entstehung einer Modulation auf dem Wellenzug. Man sieht, wie der kurzwellige Basis-Wellenzug in einen langwel-

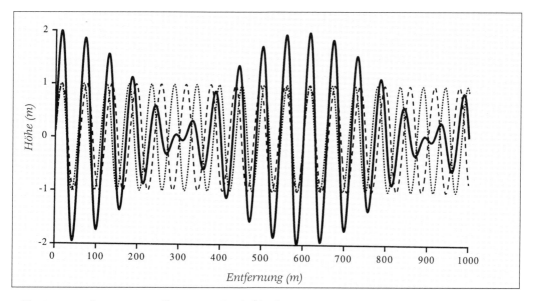

Abb. 8.1 Entstehung einer Wellengruppe durch Überlagerung zweier ähnlicher Wellen. Die eine ist 54 m lang von Wellenkamm zu Wellenkamm (punktiert) und die zweite 60 m (gestrichelt), jede 2 m hoch. Die aus der Überlagerung entstandene Wellengruppe (fett) hat Einzelwellen von 4 m bis fast null Meter Höhe. Die Länge dieser Einzelwellen entspricht dem Durchschnitt der Ausgangswellen, also 57 m. Je kleiner der Unterschied, desto länger wird die Wellengruppe.

lenartigen eingelagert wird. Einzelwellen werden sozusagen in »Pakete« eingruppiert. Abb. 8.1 zeigt die Modulation zweier, gleich hoher Wellen mit jedoch leicht (10%) unterschiedlicher Länge. Die zwei Wellen ziehen entsprechend ihrer Länge mit unterschiedlichen Geschwindigkeiten. Die längere schneller als die kürzere. Dadurch, dass die Kämme oder Täler mal in oder neben der Phase liegen, verursacht die Einlagerung eine Wanderung der Modulation nach vorne. Diese Vorwärtsbewegung wird als Gruppenbewegung bezeichnet. In jedem »Paket« bzw. jeder Gruppe bewegt sich die einzelne Welle, die sich am Ende der Gruppe erhebt, durch die Gruppe nach vorn und verschwindet schließlich am Kopf der Gruppe, währenddessen sich die Gruppe insgesamt bewegt. Wie das abläuft, kann man beispielsweise am Kielwasser beobachten.

Nachdem wir uns mit den Grundgedanken der Wellenentwicklung, der Ausbreitung der Wellen und dem Abklingen des Seeganges beschäftigt haben, wollen wir uns im Folgenden mit der Bestimmung der Wellenhöhe, mit einer langfristigen, weltweiten Wellenentwicklung und ungewöhnlich hohen Wellen auseinander setzen.

Bestimmung der Wellenhöhe

Es folgt ein einigermaßen klares Rezept für die Bestimmung und Vorhersage der Wellenhöhe. Ist Eile geboten, überspringt man die Punkte 1 bis 5 und geht direkt zu Punkt 6. Dann bekommt man schnell einen ersten Überblick.
Die Wellenhöhe hängt neben anderen Dingen von der Windgeschwindigkeit, dem Fetch und der Wirkdauer ab. Unter

Fetch versteht man die Windwirkstrecke, die der Wind von der Leeküste bis zu der Position, an der man sich zur Zeit befindet, zur Wellenentwicklung zur Verfügung hat. Wirkdauer ist die Zeitspanne, in der der Wind anhält. Weht der Wind mit gleichbleibender Geschwindigkeit lange genug in die gleiche Richtung, nimmt die Höhe des Seegangs nicht weiter zu. Er hat sich sozusagen voll entwickelt. Nun können drei Situationen eintreten: Die Windwirkstrecke ist zu kurz oder die Wirkdauer ist begrenzt. In diesen beiden Fällen entsteht kein hoher Seegang. Der dritte Fall ist, dass die Wellen ihre maximale Höhe erreichen.

Dazu passend gibt es hier drei Diagramme, die helfen zu entscheiden, welche Situation vorliegt, und weitere drei Diagramme, die bei der anschließenden Bestimmung der zu erwartenden Wellenhöhe Hilfestellung leisten. Hier die Vorgehensweise:

1. Zunächst die eigene Situation festhalten. Die Windgeschwindigkeit (W) in kn feststellen sowie den Fetch (F) in sm bestimmen und die Dauer (D) in Stunden festlegen. In Abb. 8.2 sieht man, dass die Wirkdauer eingegrenzt wird, weil sie eine Funktion der Windgeschwindigkeit und des Fetch ist. Damit finden wir eine Antwort auf unsere erste Frage: Ist die Windwirkstrecke zu kurz oder die Wirkdauer zu klein? Man muss in Abb. 8.2 nachschauen, welche Wirkdauer zu W und F passt. Ist D größer als der im Logbuch notierte Wert, ist die Windwirkstrecke zu kurz. In diesem Fall geht es weiter bei Punkt 2. Ist D kleiner als der festgelegte Wert, ist die Wirkdauer zu kurz. Dann geht es weiter bei Punkt 3.

2. Nun überprüft man, ob die Windwirkstrecke in der Tat zu kurz oder der Seegang maximal entwickelt ist. Dazu wendet man sich Abb. 8.3 zu. Man stellt fest,

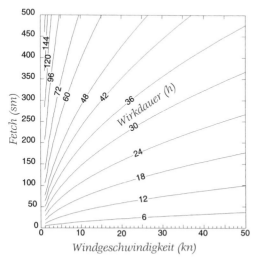

Abb. 8.2 Erster Schritt: Ausgehend von einer bekannten Situation mit Windgeschwindigkeit, Fetch und Wirkdauer wird anhand dieser Grafik entschieden, ob der Fetch oder die Wirkdauer eingeschränkt ist.

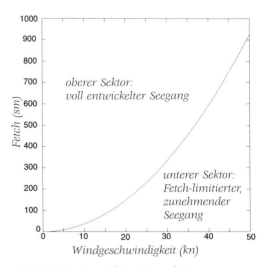

Abb. 8.3 Zweiter Schritt: Wenn beim ersten Schritt festgestellt wurde, dass der Fetch eingeschränkt war, wird hier entschieden, ob der Seegang Fetch-limitiert oder voll entwickelt ist.

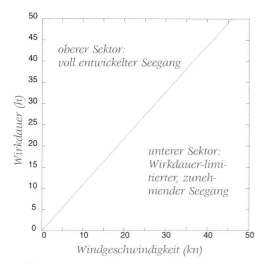

Abb. 8.4 Dritter Schritt: Wenn der erste Schritt gezeigt hat, dass die Wirkdauer des Seegangs eingeschränkt ist, wird hier entschieden, ob sich der Seegang wegen zu kurzer Wirkdauer noch nicht ganz oder doch voll entwickelt hat.

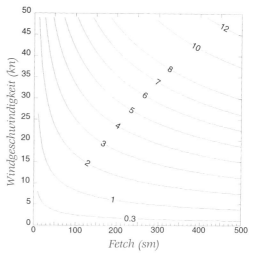

Abb. 8.5 Erste Vorhersage: Bei den Entscheidungsgrafiken ist herausgekommen, dass der Seegang Fetch-limitiert und zunehmend ist. Geht man in diese Grafik mit dem vorliegenden Fetch und der gemessenen Windgeschwindigkeit, kann man die Wellenhöhe Hs (m) vorhersagen.

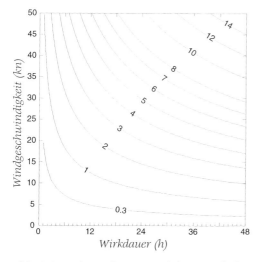

Abb. 8.6 Zweite Vorhersage: Bei den Entscheidungsgrafiken ist herausgekommen, dass der Seegang wegen zu kurzer Wirkdauer noch nicht voll entwickelt ist. Geht man in diese Grafik mit der Wirkdauer und der Windgeschwindigkeit, kann man die Wellenhöhe Hs (m) vorhersagen.

in welchem Sektor der Grafik der Schnittpunkt der Windgeschwindigkeit W mit dem Fetch F liegt. Ist die See Fetch-limitiert, aber mit zunehmender Tendenz, geht es mit Punkt 4 weiter; ist sie dagegen vollentwickelt, geht es bei 6 weiter.

3. Hier überprüft man, ob der Fall vorliegt, dass die Wirkdauer begrenzt oder ob die See voll entwickelt ist. Dazu dient die Abb. 8.4. Man muss feststellen, in welchem Sektor der Grafik der Schnittpunkt der Windgeschwindigkeit W und der Wirkdauer liegt. Ist die See Wirkdauer-limitiert, aber zunehmend, geht es weiter mit Punkt 5. Ist die See voll entwickelt, geht es weiter bei Punkt 6.

4. Fetch-limitierte, zunehmende See: Bestimmen Sie in Abb. 8.5 die zu erwartende Wellenhöhe anhand F und W.

5. Wirkdauer-limitierte, zunehmende See: Bestimmen Sie in Abb. 8.6 die zu

erwartende Wellenhöhe anhand von D und W.

6. Voll entwickelte See: Bestimmen Sie in Abb. 8.7 die Wellenhöhe anhand von W.

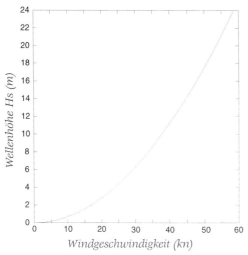

Abb. 8.7 Dritte Vorhersage: Bei den Entscheidungsgrafiken ist herausgekommen, dass der Seegang voll entwickelt ist. Geht man in diese Grafik mit der gemessenen Windgeschwindigkeit, kann man die Wellenhöhe Hs (m) bestimmen.

Hier ein Beispiel: Unsere Position ist 300 sm vor der Ostküste Nordamerikas. Der Wind weht seit mindestens 24 Stunden mit 25 kn aus West. Aus Abb. 8.2 kann man ablesen, dass die begrenzte Wirkdauer 36 Stunden beträgt. In unserem Fall liegt der festgelegte Wert (24 Stunden) darunter. Also geht es weiter mit Abb. 8.4. Dort lesen wir ab, dass 25 kn und 24 Stunden in dem Sektor Wirkdauer-limitierte, zunehmende See liegt. Nun folgt Abb. 8.6, und wir lesen ab, dass wir in unserem Fall mit 4 m hohen Wellen rechnen müssen.

Dies ist jedoch noch nicht die ganze Geschichte. Abweichungen lassen sich nicht so leicht berechnen, wenn das Wetter sich beruhigt. Einwirkungen von Flachwassergebieten sind ebenfalls zu berücksichtigen, wenn die Wassertiefe geringer ist als die halbe Wellenlänge. 50–150 m lange Tiefwasserwellen haben eine Periode von 5–10 Sekunden (typischer Wert auf dem offenen Ozean). Nimmt die Wassertiefe auf 25–75 m oder weniger ab, hat das Auswirkungen auf das Verhalten der Wellen. Sie werden immer steiler, bis sie schließlich brechen. In der Regel geschieht das in sehr flachem Wasser, in der so genannten Surfzone. Bei sehr schwerem Wetter mit sehr hohen und langen Wellen können sie sich bereits auf vorgelagerten Sandbänken brechen. Wellen werden auch steiler bzw. flacher, wenn sie gegen eine oder mit einer Strömung laufen. Das sieht man häufig in küstennahen Tidengewässern, kommt aber auch auf der offenen See in starken Strömungen vor, wie beispielsweise dem Golfstrom oder Kuroschio. Beide sind bekannt für steilen, konfusen Seegang, wenn der Strom gegen die Wellen steht. Dünung erhöht nicht nur die durchschnittliche Wellenhöhe in einem größeren Feld, sondern beschleunigt auch die Zunahme des Seegangs.

Eine Reise um den Erdball

Durch die Beobachtung von Wellen auf den Ozeanen durch Satelliten verfügt man heute über Bilder, die das Verhalten und den Einfluss der Wellen auf der ganzen Welt zeigen. In diesem Abschnitt werden die globalen Wellenbedingungen beschrieben, die kontinuierlich zwischen 1985 und 1996 von Satelliten mit Radar-Höhenmessern aufgezeichnet wurden. Mit diesem Gerät kann man aus 700 km Höhe die Wellenhöhe auf eine Genauigkeit von 2,5 cm feststellen, was mit den Geräten auf Schiffen und Bojen durchaus vergleichbar ist. Die Abbildungen 8.8 bis 8.11 auf den Seiten 152/153 zeigen die Verteilung der sig-

*Blick auf einen kleinen Süßwasser-Meeresarm am 8. Oktober 1995 in Uig auf der Isle of Lewis
(Äußere Hebriden). Der Fetch war 180 m lang, der Wind blies aus Süd bis Südwest in Böen mit
61–78 kn. (Foto: Murray Macleod)*

nifikanten Wellenhöhe in Metern auf der
ganzen Erde für die Monate Januar, April,
Juli und Oktober. Die signifikante Wellenhöhe ist ein wissenschaftliches Maß und
entspricht in etwa dem, was ein Beobachter mit dem Auge feststellt. Januar und
Juli werden gezeigt, weil das die Monate
mit den stärksten Winter- und Sommer-
winden sind (sowohl auf der Nord- als
auch auf der Südhalbkugel). Die Zwi-
schensaisons sind in den beiden anderen
Abbildungen zu sehen.

Das idealisierte Bild des globalen Luftdrucks ist: niedriger Luftdruck in der
Nähe des Äquators (in den Doldrums),
hoher Luftdruck etwa um 30°N und S
(Rossbreiten), niedriger Luftdruck bei
60°N und S und schließlich das Polarhoch.
Leichte oder veränderliche Winde werden
diesen Regionen zugeordnet. Die starken
Winde blasen zwischen diesen Hoch- und
Tiefdruckgürteln. Das sind zum einen die
bekannten Passatwinde zwischen dem
Äquator und 30 Grad nördlicher und südlicher Breite. Auf der Nordhalbkugel
wehen sie von Nordost und auf der südlichen von Südost. Zwischen dem 30. und
dem 60. Breitengrad findet man auf der
Nordhalbkugel südwestliche Winde und
auf der südlichen nordwestliche Winde
(die Roaring Forties). Zwischen den 60.
Breitengraden und den Polen weht der
Wind von der Arktis in nordöstliche und
von der Antarktis in südöstliche Richtung.

151

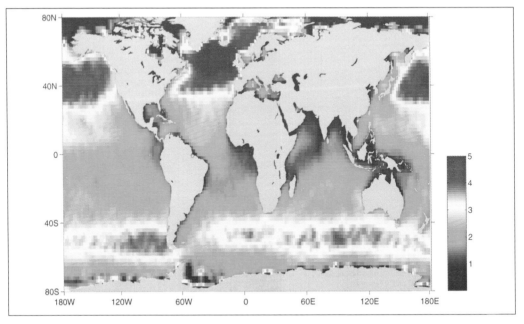

Abb. 8.8 *Mittlere signifikante Wellenhöhe (m) im Januar.*

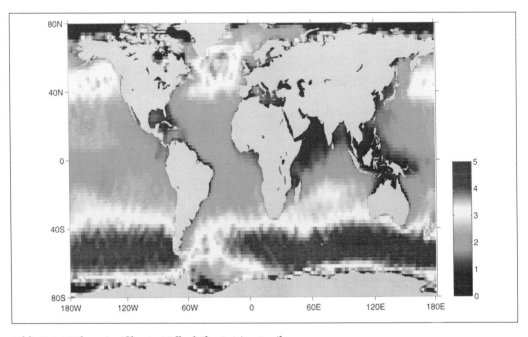

Abb. 8.9 *Mittlere signifikante Wellenhöhe (m) im April.*

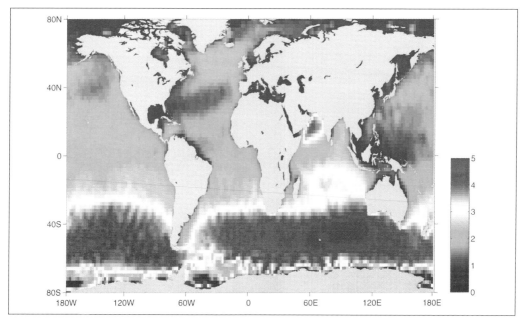

Abb. 8.10 Mittlere signifikante Wellenhöhe (m) im Juli.

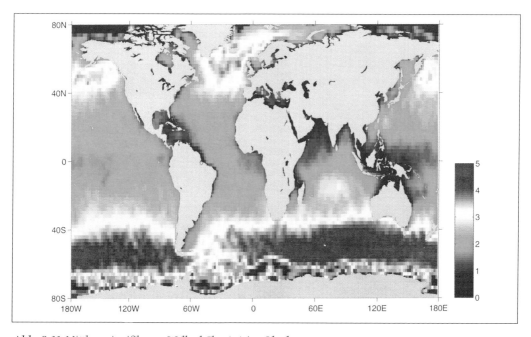

Abb. 8.11 Mittlere signifikante Wellenhöhe (m) im Oktober.

153

Die Fotoserie zeigt das Kanal-Feuerschiff im Dezember 1978 auf seiner Position vor Anker. Die Aufnahmen sind von Bord eines vor Lizard beigedreht liegenden Schleppers bei schwerem Oststurm mit Bft 9–10 gemacht worden. (Foto: Ambrose Greenway)

Wie korrespondieren die Wellen mit diesem planetarischen Windsystem?

Man kann den Abbildungen einige ganz klare Dinge entnehmen. Wenn Winter auf der Nordhalbkugel herrscht, ist die See im Nordatlantik und Nordpazifik oberhalb des 35. Breitengrades und im Atlantik noch bis oberhalb Island rau. Die durchschnittliche Wellenhöhe beträgt in dieser Zeit im Tiefwasserbereich 5 m. Im Sommer findet man davon kaum noch eine Spur. Der südliche Winter zeigt sich als ein breiter Gürtel rauer See vom 35. Breitengrad bis hinunter zum antarktischen Kontinent auf etwa 65–70°S. Im Gegensatz zur nördlichen Hemisphäre reduziert sich die Wellenhöhe im südlichen Sommer nicht so stark: von über 5 m auf 3–4 m. Als weiterer Kontrast ist es nahe am Äquator im Atlantik und Pazifik fast das ganze Jahr über relativ friedlich. Die Kalmen unter den Rossbreiten erscheinen deutlich im Nordatlantik, weniger deutlich im Nordpazifik. Ganz anders dagegen auf der Südhalbkugel. Durch die saisonbedingte Aus-

weitung der Roaring Forties gelangen Wellen nordwärts bis oberhalb des 20. Breitengrades.

Verständlicherweise gibt es noch eine Reihe weiterer Fakten, die Einfluss ausüben, insbesondere die Landmassen. Land speichert und gibt Wärme schneller ab als Wasser, sowohl im Tages- als auch im Jahresrhythmus. Wo wenig oder gar kein Land ist, hat die See wenig Einfluss auf die Herrschaft des Windes. Demzufolge gibt es kaum Unterschiede zwischen Sommer und Winter. So ist es in dem Windgürtel des Südpazifik, den Roaring Forties. Die riesigen Landmassen auf der Nordhalbkugel bewirken das Gegenteil. Die saisonbedingten Schwankungen sind nicht unerheblich. Der nördliche Sommer ist deutlich ruhiger als der südliche Sommer. Ein weiterer Effekt, den das Land auf die See ausübt, ist mit dem Begriff »geschützte Binnenmeere« verbunden. Eingeschlossene Meeresteile sind im Durchschnitt viel ruhiger als der weite Ozean, wie z.B. das Karibische Meer, das Mittelmeer, die

Ostsee, die Seegebiete Ostindiens und so weiter. In solch »geschützten Binnenmeeren« fehlt der Fetch; sie haben wenig oder gar keine Dünung, aus der heraus sich schnell sowohl die Wellen selbst als auch eine besonders hohe Welle entwickeln könnten. Es gibt Windschattenzonen hinter Island, den Hawaii-Inseln, Neuseeland und interessanterweise über einen breiten Streifen östlich von Süd-Argentinien im Südatlantik.

Den wohl größten und stärksten Einfluss einer Landmasse auf die Bedingungen auf See übt der Monsun aus. (Das Wort »Monsun« bedeutet im Arabischen »Saison«.) Während des nördlichen Sommers heizt sich die asiatische Landmasse auf und verursacht ein riesiges Tiefdruckgebiet mit Zentrum nahe am Himalaja. Die Winde wehen gegen den Uhrzeigersinn und beeinflussen einen Großteil Asiens: vom Äquatorgebiet des Indischen Ozeans über das Chinesische Meer bis zu den Seegebieten um Japan. Während des nördlichen Winters dreht sich die Sache total um. Die

Kälte verursacht ein Kontinentalhoch mit Zentrum über der Mongolei, die Winde wehen im Uhrzeigersinn usw. Aus den Abbildungen auf Seite 152/153 ist ersichtlich, dass die vom Monsun verursachten Seen besonders im Juli im Arabischen Meer in Erscheinung treten, wo der Südwest-Monsun sehr heftig ist, und im Chinesischen Meer östlich der Philippinen im Januar, wo der Nordost-Monsun heftig weht.

Extrem hohe Wellen

Es gibt zwei Arten von extrem hohen Wellen: einmal die, die bei einem Sturm höher als der Durchschnitt sind, und zum Zweiten die, die durch besondere Ereignisse hervorgerufen werden. Zu den Letzteren gehören die, die wir normalerweise als Monsterwellen bezeichnen. Die wollen wir zuerst behandeln. Dazu verwenden wir anstelle des Begriffs Gezeitenwelle das japanische Wort Tsunami, weil die Wellen, die wir nun betrachten, mit Gezeiten

18 m hohe Welle im südlichen Ozean. Les Powles war überrascht, dass bei solch extremer Windgeschwindigkeit die Selbststeueranlage funktionierte. (Foto: Les Powles)

nichts zu tun haben. Tsunamis sind sehr lange Wellen, die sich schnell ausbreiten und durch geologische Aktivitäten wie Vulkanausbrüche, Erdbeben und ähnliche Ereignisse unter der Meeresoberfläche ausgelöst werden. Bekannt sind z.B. das Erbeben von Lissabon im Jahre 1704 und die Explosion des Krakatau 1883. Bei dieser Vulkanexplosion überquerte die Welle den Pazifik in 12 Stunden mit einer Geschwindigkeit von 300 sm/h. Ein Tsunami ist etwa 100 sm lang. Von einem Wellenkamm zum nächsten vergehen etwa 10–20 Minuten. Auf der Weite des Ozeans nimmt man diese Wellen kaum wahr, weil sie überhaupt nicht steil sind. Wenn sie jedoch in Flachwassergebiete und an eine Küste geraten, kommt ihre zerstörerische Kraft zur Geltung und verursacht unvorstellbare Schäden.

Berüchtigt sind auch die Monsterwellen im Agulhasstrom östlich von Südafrika, die nicht nur hoch und steil sind, sondern auch riesige Löcher aufweisen, in denen schon vielfach Schiffe in die Tiefe gesunken sind. Meeresströmung, Wetterlage sowie der Meeresboden bilden hier eine eigenartige Kombination mit derartigen Folgen. Lange ostwärts ziehende Wellen rollen von den Roaring Forties heran und vereinigen sich mit dem starken Agulhasstrom, der wie der Golfstrom und der

Kuroschio bis zu 4–5 kn erreicht. Das bis 1000 m hohe Karoo-Plateau und der über 3000 m hohe Gebirgszug Drakensberg beeinflussen die küstennahen Tiefs und verstärken den Wind (s. Kap. 7). Das Ganze wird noch dadurch gesteigert, dass der Agulhasstrom über 10 bis 100 Seemeilen hinweg Mäander und Gegenwirbel erzeugt, als würde er die Wellen in Fallen locken und an bestimmten Stellen konzentrieren. Die See wird chaotisch und grausam.

Tropische Wirbelstürme wie Taifune und Hurrikane verursachen eher lokal begrenzte Wellenbilder. Sie entstehen auf etwa 30° nördlicher oder südlicher Breite. Kommen sie über 40° hinaus, steigern sie sich vielfach zu einem außertropischen Tiefdruckgebiet. Über die Karibik und den Nordatlantik ziehen etwa neun pro Jahr, den Westteil des Nordpazifik einschließlich dem Südchinesischen Meer etwa 30 pro Jahr. Der Mittelpunkt des Starkwindfeldes mit über Bft 8 und die damit verbundenen hohen Wellen konzentrieren sich auf etwa 100 sm rund ums Zentrum des Wirbelsturms.

Der Zeitpunkt ist ein wichtiger Faktor bei der richtigen Betrachtung solch extremer Situationen. Wir erinnern uns daran, dass die Abbildungen 8.8 bis 8.11 lediglich Durchschnittswerte der Wellenhöhen von einem Monat zeigen. In einem einzelnen Monat kann ein einzelner Tageswert jedoch durchaus auf das Doppelte des Durchschnitts klettern. Für eine einzelne Welle bedeutet das: Bei einer signifikanten Wellenhöhe Hs kann eine Einzelwelle in einem Zeitraum von 3 Stunden doppelt so hoch sein. Und je länger der Sturm anhält, desto höher wird vermutlich die höchste Welle. Ingenieure betrachten die Wellen im 50-Jahre-Rhythmus und machen diese Messungen zur Grundlage ihrer Berechnungen. Die Feststellung der Veränderung der signifikanten Wellenhöhe im Laufe von 50 Jahren basiert auf Messungen im Abstand von 3 Stunden. Für ein Seegebiet wie die Nordsee, das teilweise oder ganz von Land umgeben ist, bedeutet das, die maximale Wellenhöhe kann 6–8 m betragen. Auf dem Nordatlantik geht man von einer signifikanten Wellenhöhe im 50-Jahre-Rhythmus von über 20 m aus, wobei dann die Einzelwelle durchaus eine Höhe von über 40 m erreichen kann. Extreme Wellen und solche, die zwischen der extremen und der mittleren Wellenhöhe liegen, und auch solche darunter können bei einer bestimmten signifikanten Wellenhöhe immer vorkommen, weil bei jedem Seegang Wellen mit unterschiedlichen Komponenten wie Länge und Geschwindigkeit aufeinander treffen.

9. Führung einer großen Amateurcrew bei Regatten

Mike Golding

Dieses Kapitel basiert im Wesentlichen auf den Erfahrungen einer 14 Mann starken Crew auf der 20,40 m langen kuttergetakelten Slup GROUP 4 während zwei Weltumsegelungen im Rahmen des BT Global Challenge sowie einer Einhand-Weltumsegelung mit neuem Rekord. Es waren sicherlich keine Seereisen für Tourensegler. Dennoch ist für Fahrten- wie Regattasegler vieles ähnlich, wenn sie mitten auf einem Ozean in Schwerwetter geraten. Die richtigen Dinge müssen im rechten Moment in gleicher, kompetenter Weise ausgeführt werden. Man kann es sich nicht leisten – auch wenn man nicht Regatta segelt –, schlampig zu sein.

Von dem BT Global Challenge wird vielfach gesagt, dass dieses Rennen auf dem falschen Kurs um die Welt verläuft; doch im Falle des letzten Rennens wurde auf Vorwindkursen genauso lange gesegelt wie auf Amwindkursen. Aus diesem Grunde gelten viele Prinzipien der Crews wie beispielsweise »Iss, bevor du hungrig wirst« oder »Pack dich warm ein, bevor du frierst« oder »Geh schlafen, bevor du müde bist« genauso auf einer 6 m langen Slup mit zwei Mann wie auf einem 36 m langen Schoner mit 28 Mann.

Grundsätzlich aber gilt: Wenn man die Crew mit fester Hand antreiben will, müssen Crew und Boot vor Beginn einer Ozeanreise optimal präpariert sein. Für die Crew bedeutet das, sie muss zusammenarbeiten, wenn es – in hohen Breiten gar nicht selten – ernst wird, und innerhalb der gesamten Crew muss ein derartiges Vertrauen herrschen, dass jeder nicht nur spürt, was getan werden muss, sondern die Sache sofort in Angriff nimmt, und es niemanden gibt, der erst aufgescheucht werden muss. Vertrauen entsteht, wenn die Crew mental und praktisch auf Schwerwetter vorbereitet ist. Da sich Untertöne bei mangelndem Zutrauen und ganz widrigen Umständen schnell einschleichen, ist ein sehr hohes Maß an Vertrauen erforderlich. Es hatte sich bei dem letzten BT Global Challenge auf der GROUP 4 innerhalb der Crew ein derartiger Geist entwickelt, dass alle sich wie auf einer Dampfwalze sahen, die den Berg hinabrollte: Erst einmal in Gang gesetzt, konnte sie niemand mehr stoppen.

Sicherheit

Ein grundsätzliches Risiko beim Seesegeln ist, dass jemand, der über Bord gefallen ist, verloren geht. Rettungswesten mit integriertem Sicherheitsgurt sind viel leichter anzulegen und weniger hinderlich, als man allgemein vermutet. Die übliche automatische Rettungsweste ist jedoch schon eher lästig oder sogar gefährlich. Auf der GROUP 4 wurde die Automatik durch Entfernen der wasserlöslichen Tabletten entschärft. Der Skipper oder der Wachführer kann bestimmen, dass Sicherheitsgurte anzulegen sind, und auf der GROUP 4 gab es ein ungeschriebenes Gesetz, dass, wenn einer der Wachhabenden sich entschloss, seinen Sicherheitsgurt anzulegen, alle anderen das Gleiche zu tun hatten. Das schien zu funktionieren.

Es sollte in der Verantwortung des Einzelnen liegen, wann er sich einhakt. Niemand sollte kritisiert werden, dass er zu langsam ist, weil er sich beim Einhaken sehr viel Zeit lässt. Leute, die sich sehr gründlich einhaken und dazu viel Zeit brauchen, werden wenn möglich am besten im hinteren Bereich des Bootes beschäftigt. Wenn ein Crewmitglied an Deck kommt und keine Hand frei hat, sollte einer der Wachhabenden dessen Karabinerhaken einhaken und dafür sorgen, dass die Sicherheitsleine nicht durchhängt. Wanten sind als Befestigungspunkte ungeeignet, weil sich das Crewmitglied im Falle einer Kenterung beim Aufrichten der Yacht auf den Salingen wiederfinden könnte.

Bei Vordecksarbeit wie Segelwechsel ist es gut, wenn sich die, die damit beauftragt sind, vorher verständigen, wer was macht. Es gibt gute Gründe, die Vordecksarbeit aus Sicherheitsüberlegungen auf ein Minimum zu begrenzen. Deshalb sollten Crews gelernt haben, sich im Cockpit vorher abzustimmen.

Mann über Bord

Das Quickstop-Manöver ist das geeignetste, um einen Mann wieder an Bord zu holen. Dafür muss dieses Manöver aber so lange geübt werden, bis jeder in der Crew mit dem Ablauf vertraut ist. Dazu gehört, wie die Markierungsboje zu lösen ist und dass alle wissen, wo sich der MOB-Knopf befindet, mit dem die augenblickliche Position im GPS-Empfänger gespeichert wird. Ein EPIRB-Notsender ist nicht mehr so teuer, dass er nicht an Bord sein könnte. Auf der GROUP 4 war eine EPIRB an der Markierungsboje befestigt, eine weitere am Hufeisen-Rettungsring und eine dritte in Reichweite des Rudergängers, damit sie im Notfall sofort über Bord geworfen werden konnte.

Zum Bergen waren ein Kletternetz an Bord und ein Lifesling-Bergegerät, mit dem man den Überbordgefallenen über ein Fall wieder an Deck hätte liften können.

Motivierung der Crew

Das Ziel, jeden »an Bord« zu halten, bedeutet, dass alle gemeinsam mit Leib und Seele für das Schiff und das Ziel arbeiten. Dafür muss sich der Skipper mit der Struktur der Crew beschäftigen und sich vergewissern, was die Vorstellungen jedes einzelnen Crewmitgliedes sind. Wenn z.B. einer wünscht, Wachführer zu sein, dieser Dienst aber nicht hinter dem Ruder stehend abläuft, muss ihm jemand erklären, warum das nicht geht. Man muss über alles informiert sein, was an Deck passiert. Man sollte niemals jemanden auffordern, etwas zu tun, was man genauso gut selbst tun könnte. Man muss darauf vorbereitet sein, bei jeder Aufgabe auszuhelfen, wenn die Umstände es erfordern. Zeichne ungewöhnlich gute Aktionen aus und lobe die, die es verdient haben. Stelle sicher, dass der Skipper nicht für Dinge gelobt wird, die andere getan haben. Sei absolut fair. Das Lob muss der Sache, die erreicht wurde, angemessen und nicht übertrieben sein. Man sollte deshalb nicht diejenigen besonders hervorheben, die von vornherein Erfahrung und natürliches Geschick mitbringen und ihre Aufgaben mit Leichtigkeit machen. Reagiere auf persönlichen Einsatz und eigene Ideen, selbst wenn einer später wieder auf das alte System zurückgreift.

Versuche denjenigen Crewmitgliedern, die nicht in der Lage sind, sich selbst ins Spiel zu bringen, sondern sich eher selbst klein machen, Selbstsicherheit einzuflößen. Andere jedoch, die mehrmals ihre Aufgaben nicht richtig durchgeführt haben, muss man in freundschaftlichem Ton oder in scherzhafter Form ermahnen bzw. zurechtweisen. Verhindere Gruppenkämpfe. Unterbinde die Bildung von Cliquen oder Elitegruppen, da sonst der eine oder andere zum Außenseiter wird. Auch persönliche Zuneigungen können Basis einer Cliquenbildung sein. Es sollte nicht hingenommen werden, dass ein paar Crewmitglieder ihre gefühlsmäßige Zuneigung mehr als deutlich zur Schau stellen. Der Skipper sowie jedes andere Crewmitglied sollten Anregungen geben und Ideen entwickeln. Ich beispielsweise schlug einmal vor, das Frühstück zu machen, wenn die GROUP 4 15 sm vor dem Rest der Flotte liegen würde. Das wirkte.

Das Ziel sollte es sein, die Reise ohne ernsthafte Schäden und erfolgreich zu beenden, und dass jeder, der das Boot verlässt, das Gefühl hat, eine gute Zeit verbracht zu haben.

Organisation der Crew

Da es nicht das Ziel eines Skippers sein kann, über die gesamte Dauer einer Reise wach zu sein, müssen Aufgaben verteilt werden. Bei einer größeren Crew könnte das beispielsweise bedeuten, dass es zwei Wachführer gibt. Bei kleiner Besatzung wird es wohl nur einen »Steuermann«

geben. In beiden Fällen muss der Wachführer wissen, wann der Skipper zu rufen ist. Die Kriterien dafür sind wohl von den jeweiligen Umständen abhängig. Wenn der Skipper gleichzeitig für die Regattastrategie verantwortlich ist, wird er es wünschen, dass er gerufen wird, wenn sich die Situation ändert und eine taktische Entscheidung überlegt werden muss. Der Kriterienkatalog ist natürlich im Wesentlichen von der Erfahrung des Wachführers abhängig. Er schließt sicherlich unerwartete Vorkommnisse und Angelegenheiten ein, die Anlass für Überlegungen sind, wie z.B. die Gefahr einer Kollision. Weniger erfahrene Segler brauchen eine gründliche Einweisung. Man muss vorsichtig sein, dass man einem Wachführer nicht mehr Verantwortung überträgt, als er tragen kann. Wenn man beispielsweise seine Familie zum ersten Mal mit an Bord nimmt, sollte man nicht sofort lange Strecken segeln, sondern nur Tagestörns unternehmen. Die meisten erfahrenen Skipper bevorzugen eine klar strukturierte Creworganisation und übertragen den einzelnen Crewmitgliedern Aufgaben, in denen sie gut sind.

Ausnahmen von diesen Grundregeln bilden einige professionelle Crews. Der Skipper weiß, dass jedes Crewmitglied jede Aufgabe kompetent übernehmen kann, und erlaubt es deshalb, dass sich die einzelnen Crewmitglieder je nach Lust und Fähigkeit selbst organisieren. Die das nicht so gut können, reihen sich dann irgendwie ein – und das wird in der Regel von allen akzeptiert. Solch eine Methode kann sehr gut funktionieren. Wenn sich jedoch statt der guten Segler die eher lauten und aggressiven an die Spitze setzen, wird die Teamarbeit leiden und es innerhalb der Crew zu Spannungen kommen. Da hilft nur ein gelegentliches Abkühlen der Hitzköpfe, wenn die Leistung aller nicht in den Keller gehen soll.

Wacheinteilung

Es ist wichtig, Wachen einzuteilen. Auf der GROUP 4 gab es zwei 6-Stunden-Wachen am Tage und drei 4-Stunden-Wachen in der Nacht. Einzelne fielen für einen Tag aus diesem Wachrhythmus heraus und übernahmen die Backschaft, wie Kochen oder Ähnliches. Das war eine durchaus angenehme Unterbrechung des normalen Wachdienstes. Schlüsselpositionen wie Vordecksmann, Rudergänger und Wachführer blieben jedoch immer von den gleichen Leuten besetzt.

Bei Schlechtwetter wurde ein sturmfestes Crewmitglied aus der jeweiligen Wache bestimmt, das die nötige Stärke, das Geschick und die Ausdauer hatte, an Deck Wache zu halten.

Bei normalem Wetter gehört es zur Aufgabe der gesamten Deckswache, die Segel zu trimmen usw. Bei Schlechtwetter ist es günstig, wenn sich ein Teil der Wache in geschützten Bereichen aufhält. Auf der GROUP 4 gab es einen »Rotlichtbezirk«, wo sich ein Teil der jeweiligen Wache in voller Schwerwettermontur ausruhen und die Augen schließen konnte. Es war nicht erlaubt, den Salon mit nasser Segelbekleidung zu betreten. An Deck hatte dann der Rudergänger ein Crewmitglied neben sich und ein weiteres hielt sich im Niedergang auf, das als Verbindung nach unten diente.

Auf der GROUP 4 hatte sich die Regel bewährt, dass niemand eher nach unten gehen und seinen Wachdienst an Deck verlassen durfte, bevor nicht jemand von unten an Deck erschien, um ihn abzulösen. Dieses System verhindert, dass der eine oder andere zu spät zum Dienst kommt, und hat den Vorteil, dass für eine sorgfältige und detaillierte Wachübergabe genügend Zeit ist.

Die Deckswache war gehalten, den Lärm gering zu halten, damit die Freiwache unter Deck ohne Störungen durchschlafen konnte.

Schwerwetterkleidung

In hohen Breiten braucht man gute Kleidung. Die GROUP 4-Crew benutzte hauptsächlich Bekleidung aus atmungsaktivem Gewebe. Es gab einige Langzeitprobleme und gelegentlich hatte man das Gefühl, dass kleine herumfliegende Wassermoleküle das Unmögliche erreicht und die Goretex-Membrane durchdrungen hätten. Der einteilige Anzug war einsame Spitze in den südlichen Breiten, obgleich man immer jemanden brauchte, der beim Anziehen half. Da der Anzug jedoch nur wenig Spielraum zur Kontrolle der Körperwärme zulässt, kann er in wärmeren Breiten ungemütlich werden.

Es wurde die Erfahrung gemacht, dass Baumwollkleidung das Drei-Schichten-System ruinierte. Daher waren die einzigen Baumwollteile an Bord die T-Shirts, die die Crew beim Ein- bzw. Auslaufen trug. Tactel-Gewebe als Unterwäsche fühlt sich nicht nur gut an auf der Haut, sondern trocknet auch sehr schnell, wenn man geschwitzt hat oder wenn ein Teil gewaschen wurde. Seidenunterwäsche war bequem und warm bei nicht so extremen Bedingungen und angenehm kühl in den Tropen. Ein normales Handtuch um den Hals stellte sich als überflüssig heraus, zumal es immer wieder getrocknet werden musste.

Der Schutz der Hände bestand aus drei Schichten: Die erste Schicht war ein gewöhnliches Paar Segelhandschuhe, die zweite Neopren-Handschuhe und dann bei sehr schwerem Wetter als dritte Schicht Bergsteiger-Handschuhe aus Goretex mit weiten Stulpen und herausnehmbarem Innenfutter. Es gab nur vier Paar dieser Bergsteiger-Handschuhe an Bord, aber jeder hatte ein eigenes Innenfutter. Man weiß, dass die Haut an den Fingernägeln bei Frost weiß wird. Deshalb brauchten wir niemanden zu fragen, wie viele Schläge er in den antarktischen Gewässern gemacht hatte. Man konnte es sehen. Für den Schutz der Augen bei schwerer Gischt eigneten sich am besten Plastik-

Schutzbrillen aus der Industrie. Skibrillen waren nicht so gut, weil der Schaumstoffstreifen auf dem Innenrand Wasser durchließ. Dadurch wurden sie nach einer Weile unbrauchbar.

Seestiefel aus Polyurethan mit Innenfutter haben für diejenigen gute Dienste geleistet, die nicht von Natur aus an kalten Füßen leiden. Goretex-Lederstiefel mit

Die GROUP 4 beim Start zum BT Global Challenge 1997 (Foto: Norsk Data)
Insert: Schutzbrillen sind sehr gut gegen Gischt und verbessern den Ausguck. (Foto: Peter Bruce)

Innenfutter waren wärmer, aber gewöhnlich zu kurz für den Südpazifik.

Man kann es nicht eindringlich genug sagen, dass niemand ohne optimale Schwerwetterkleidung den Hafen verlassen sollte. Qualitätsmarken bieten die beste Ware. Trotzdem muss man damit leben, dass man von Zeit zu Zeit richtig nass wird.

Die GROUP 4 hatte eine Heizung, und solange sie lief, bildete sich relativ wenig Kondenswasser. Wenn sie aber ausfiel, verschlechterte sich der Komfort unter Deck erheblich – und elektronische Geräte versagten. Selbst wenn Gewichtsprobleme oberste Priorität haben, möchte ich dennoch nicht auf ein wirkungsvolles Heizsystem verzichten. Da man solch ein Ausrüstungsteil überall bekommen kann, gibt es keinen Grund, das Leben an Bord härter zu machen, als es sowieso schon ist.

Lebensmittel und Getränke

An Bord der GROUP 4 gab es hauptsächlich dehydrierte Lebensmittel. Aus diesem Grunde musste der zusätzliche Vitaminbedarf gedeckt werden. Für die Teilstrecken im südlichen Ozean hatten wir kalorienreiche Nahrung. Unabhängig von Wetter und Klima gab es immer heiße Mahlzeiten von hoher Qualität. Es wurde als wichtig empfunden, eine Esskultur zu schaffen, von der keine Abweichungen geduldet wurden. Konzentrierter Orangensaft konnte mit kaltem Wasser erhitzt werden, enthielt viele Kalorien, war mit Vitamin C angereichert, schmeckte sehr gut und wurde in großen Mengen getrunken.

Seekrankheit

Lange schlafen kann die Seekrankheit reduzieren. Je höher die Moral, desto weniger Leute sind seekrank.

Wetter

Moderne Wetterinformationen haben einen hohen Qualitätsstandard. Deshalb sollte man soviel Wetterdaten einholen wie möglich. Dazu sollte einer aus jeder Wache zum Wetterbeobachter ernannt werden. Er muss alle Geräte zum Einholen von Wetterinformationen bedienen können. Da beim Challenge Race Kartenplotter mit Datenspeicherung verboten waren, musste neben dem Kursplotter ein zusätzlicher Windmesser installiert werden. Der Eingang der Daten wurde alle 10 Minuten durch einen Alarm des GPS-Empfängers angezeigt. Mehrmals führten die Daten zu einem taktischen Vorteil.

Schwerwettertaktik

Wenn sich das Wetter verschlechtert, bin ich schnell dabei, die Segel zu verkleinern, anstatt mit Vollzeug auf der letzten Rille zu segeln. Bei Schwerwetter sollte man, solange es geht, in der gewünschten Richtung weitersegeln. Wenn das nicht mehr möglich ist, ist es das Sicherste, so lange wie möglich in Fahrt zu bleiben. Wenn sich die Bedingungen noch weiter verschlechtern, sollte man ins Auge fassen, dass man in Kürze die Entscheidung treffen muss, ob es zum Überleben besser ist, das Boot sich selbst zu überlassen, oder ob man weiterhin das Ziel ansteuert bzw. seinen guten Platz in der Regatta verteidigt. Man sollte sich auch darüber Gedanken machen, was ist, wenn der Sturm vorbei ist.

Wichtig ist, darauf vorbereitet zu sein, die Segel dann zu wechseln, wenn Wind und Seegang es erfordern. Wenn man am Wind segelt, kommt man selbst bei richtiger Segelkombination nicht schnell voran. Bei einer Regatta gegen den Wind segelt man ins Zentrum des Tiefs, wo die

Isobaren am engsten sind, um schnell in die Winddrehung auf der Rückseite des Kerns zu kommen. Bei solch einer Wetterlage segelte die GROUP 4 in das relativ windstille Auge des Tiefs. Dann wurden alle Segel ausgerefft, um mit Höchstgeschwindigkeit weiterzusegeln. Am Rand des Auges wurde die Yacht jedoch von den Böen platt aufs Wasser gedrückt. Statt zu versuchen, die Segel zu reffen, segelte die Crew ins Auge zurück, um dort die Segel für die Bedingungen außerhalb des Auges zu kürzen.

Im Hafen

Eine gute Zeit, das Schiff im Hafen gründlichst zu säubern, ist 24 Stunden nach der Ankunft. Jedem Crewmitglied wurde auf der GROUP 4 ein Bereich zugeteilt, für den es verantwortlich war. Zudem musste es sich in Zusammenarbeit mit einem anderen Crewmitglied in seinem Bereich mit den Schäden beschäftigen, die auf der letzten Teilstrecke entstanden waren. Die mussten dann während der Hafenliegezeit von diesen Leuten beseitigt werden. Einer der Wachführer wurde beauftragt, dafür zu sorgen, dass die Arbeiten voranschritten und rechtzeitig fertig wurden. Wichtig ist, dass jeder vor dem Start zur nächsten Etappe das Gefühl hat, sie bereits gewonnen zu haben, weil man optimal vorbereitet ist. Deshalb wurden die Segel Zentimeter für Zentimeter kontrolliert und scharfe Ecken, die das Segel zerreißen können, mit äußerster Sorgfalt beseitigt. So vermeidet man, dass man viele Ersatzteile mitschleppen muss. Sämtliche Ausrüstungsteile wurden bis ins Kleinste durchgecheckt. Eine gründliche Vorbereitung ist der Schlüssel zum Erfolg.

10. Fitness der Crew bei Schwerwetter

Noël Dilly und Cathy Foster

Man hofft immer, dass die Vorbereitungen auf Schwerwetter ausreichend sind und lange genug geübt wurden, damit keine gewaltigen Anstrengungen mehr gemacht werden müssen, wenn es anfängt zu blasen. Weil man aber nie ganz sicher sein kann, dass es so ist, müssen Skipper und Crew im Vollbesitz ihrer Kräfte sein, wenn sie gebraucht werden. Seekrankheit schwächt natürlich, ebenso Schlafmangel und eine unpassende Diät.

Bevor wir einzelne Punkte näher beleuchten, halten wir zunächst einmal fest, dass richtige Schwerwetterkleidung ab Windstärke 7 unverzichtbar ist. Wenn man an Deck steht und der Wind im Rigg zu heulen anfängt, findet die Gischt meistens ihren Weg bis in die untersten Schichten – insbesondere bei Arbeiten an Deck. Unterkühlung ist ein größerer Feind als der Wind.

Mike Goldings Bemerkungen zur Segelkleidung in Kapitel 9 sind hilfreich. Insbesondere einteilige atmungsaktive Overalls von bekannten Herstellern können bei Schwerwetter ein Segen des Himmels sein.

Seekrankheit *(Noël Dilly)*

Wenn wir uns an Bord eines Schiffes begeben – einem Gerät, das sich unentwegt bewegt – und aufhören, uns in aufrechter Haltung fortzubewegen, gehen wir das Risiko ein, seekrank zu werden. Zyniker meinen, Seekrankheit sei ein Mittel der Evolution, Reisen zu verhindern und die Reinheit des genetischen Vorrats an Ort und Stelle zu bewahren. Seekrankheit (bei den Griechen »naupathia«, bei den Römern »male di mare«) ist vermutlich die älteste Form von Übelkeit aufgrund von Bewegung. Eine überraschend große Zahl von Menschen leidet darunter, von den Argonauten bis zu den Astronauten. Jeder, der ein gesundes Ohr hat, kann davon betroffen werden. Das entdeckte man, als eine Taubstummeneinrichtung mit 70 Taubstummen eine Seereise unternahm und keiner dieser behinderten Menschen bei normalem Seegang (außer bei Sturm) seekrank wurde.

Viele Menschen werden sofort seekrank. Es leiden aber nur wenige über die gesamte Zeit an Bord. Kinder unter zwei Jahre sind immun. Im Alter von drei bis zwölf Jahren nimmt dann die Empfänglichkeit kontinuierlich zu, im weiteren Lebensverlauf im Allgemeinen aber wieder ab, doch können auch alte Menschen seekrank werden. Es ist interessant zu hören, dass extrem fitte Bodybuilder viel häufiger von See-, weniger aber von Weltraumkrankheit betroffen sind.

Es gibt nicht nur einen Unterschied in der Empfänglichkeit für Seekrankheit von

Die CARD prescht mit Genua 3 und gerefftem Groß bei 55 kn Wind im Südatlantik durch die Wellen. In diesem Stadium überfällt viele Anfällige die Seekrankheit. (Foto: Rick Tomlinson)

einer Person zur anderen festzustellen, sondern auch zwischen den Geschlechtern. Frauen sind in der Menstruation und Schwangerschaft bis zu 70% mehr betroffen als Männer. Seekrankheit ist nicht nur eine Sache unter Menschen. Viele Haustierbesitzer haben beobachtet, dass es ihren Lieblingen auf See ebenfalls nicht gut geht.

Seekrankheit ist in der Regel nicht lebensbedrohend. Sie mindert jedoch erheblich die Lebensqualität. In der Regel erreicht sie ihren Höhepunkt in regelmäßiger Übelkeit und Erbrechen. Die Seekrankheit enthält starke psychische Elemente. Hat sich die Angst davor bereits im Kopf festgesetzt, wird eine Bekämpfung fast aussichtslos. Die Seekrankheit ist eine Form der übergeordneten Gruppe von Bewegungs- und Reisekrankheiten (Kinetosen). Dazu gehören die See-, Luft- und Autokrankheit. Der Begriff Bewegungskrankheit ist etwas irreführend, weil die be-

kannten Symptome nicht nur durch unerwartete Bewegungen, sondern auch durch das Ausbleiben erwarteter Bewegungen ausgelöst werden können.

Obgleich es offensichtlich keine Erklärung zur Evolution der Seekrankheit gibt, stellt sich die Frage: Warum existiert nach Millionen von Jahren der Evolution noch immer ein Mechanismus, wenn er keinen Zweck erfüllt? Die Kinetose ist das Resultat eines künstlichen Reizes auf einen Mechanismus, der eine bestimmte Funktion hat. Warum löst eine unnatürliche Bewegung eine derartige Reaktion aus? Es hat viele Untersuchungen zur Erforschung der Ursachen der Seekrankheit gegeben. Eine kommt zu dem Ergebnis, dass sehr kleine Dosen giftigen Neurotoxins die gleiche Verwirrung der Signale zum Gehirn verursachen wie Augen, Ohren und Muskeln aufgrund der Schiffsbewegungen. Das Gehirn interpretiert diese gestörten Signale wie eine vorliegende Vergiftung und versucht nun, sich durch Erbrechen von dem Gift zu befreien. Die damit verbundene Übelkeit kann also den Zweck haben, dass der Einzelne in Zukunft Vergiftungen dieser Art vermeidet.

Es hat in der Vergangenheit viele Untersuchungen über die Ursache der Seekrankheit gegeben. Die am meisten akzeptierte Theorie geht von einer Irritation der Sinne aus. Sie besagt, dass das Gehirn durch die Signale, die von den Augen, Ohren und den ungewöhnlichen Körperreizen kommen, verwirrt wird. Die beim Gehirn ankommenden Signale stimmen nicht mit den gewohnten Mustern überein. Die Augen beispielsweise signalisieren am Kartentisch, dass die Karte ruhig auf dem Tisch liegt, das Gleichgewichtsorgan in den Ohren signalisiert dagegen, dass das Boot hin- und herschaukelt. Die widersprüchlichen Meldungen zwischen Gehirn, Darm und zunehmender Übelkeit aktivieren schließlich das sogenannte »Brechzentrum« im Gehirn. Nach dem Erbrechen fühlt sich der Betroffene für eine kurze Zeit besser, bis der Zyklus wieder von vorne beginnt.

Angst spielt auch eine Rolle. Zahlreiche Studien zeigen, dass viele Menschen auf plötzlich einsetzenden Stress mit Erbrechen reagieren, wie beispielsweise Soldaten vor einem Angriff, vor einem Fallschirmabsprung usw. oder wie Freizeitsportler vor einem Seilsprung in die Tiefe.

Übelkeit stellt sich häufig beim Kochen, Navigieren am Kartentisch, Anziehen der Schwerwetterkleidung oder Aufenthalt auf der Toilette ein. Das sollte man beachten. Es gibt noch weitere wichtige Anzeichen für aufkommende Übelkeit als nur Blässe: starker Schweißausbruch, Gähnen und Husten. Der Betroffene zieht sich generell von allen Aktivitäten zurück, wird teilnahmslos und wirkt apathisch.

Welche Behandlung?
Die oberste Strategie ist Prävention.

Der einfachste und effektivste Weg für die Mehrheit der Segler ist, sich öfters und langsam zunehmend den Schiffsbewegungen auszusetzen, die bei ihnen Seekrankheit auslösen. Weil man natürlich auf jeder Fahrt leicht an die Grenze kommt, sollte man schon einmal testen, wie man sich fühlt, wenn man in der Koje auf dem Rücken liegt, sich nur mit einer leichten Decke zudeckt und die Augen schließt. Der Kopf darf nicht hin- und herpendeln. Dazu dienen Kopfkissen auf beiden Seiten. Das verlängert auf alle Fälle die Zeit, bis die Übelkeit einsetzt. Manch einer zieht es vor, an Deck zu gehen und seine Augen auf einen festen Punkt am Horizont zu richten. Richtet man seinen Blickwinkel etwa 45° oberhalb des Horizonts, verringert man die Stimulation durch die optische Aufnahme der Schiffsbewegungen. Lesen ist auf jeden Fall zu unterlassen.

Es ist wichtig, dass die Kabine gut gelüftet ist. Der Gang an die frische Luft kann auch sehr hilfreich sein. Man sollte vor und während des Segelns keinen Alkohol trinken oder eine strenge Diät durchführen. Das Beste sind kleine Mengen Flüssigkeit und einfache Speisen in kurzen Abständen.

Eine weit verbreitete Meinung lautet, vor dem Segeln wenig oder gar nichts zu essen; wissenschaftliche Untersuchungen beweisen das Gegenteil, denn eine leichte Mahlzeit enthält in der Hauptsache Kohlenhydrate, die für jeden wichtig und hier speziell nützlich sind.

Ohne Medikamente
Ingwer

Ingwer wurde von jeher kultiviert, so dass man es als Wildpflanze nicht mehr kennt. Das Gewürz hat einen guten Ruf als Mittel gegen Seekrankheit. Zwei große wissenschaftliche Untersuchungen haben gezeigt, dass es keineswegs ein Ersatzstoff mit Placebo-Effekt ist. Es wurde erfolgreich eingesetzt bei Übelkeit nach Operationen und Strahlentherapien. Einer Studie zufolge hat Ingwer bei der Behandlung der Weltraumkrankheit bei Astronauten jedoch keine Vorteile gebracht.

Die Chinesen empfehlen, eine halbe Stunde vor Beginn einer Reise eine Dosis von etwa 1g zu sich zu nehmen. Einige chinesische Crews kauen kleine Stücke einer Ingwerwurzel, bis sie sich akklimatisiert haben. Westliche Experimente empfehlen kleinere Dosen, etwa ein Drittel oder Fünftel Teelöffel Ingwerpulver, also etwa 0,5 g. Dieser Dosis entsprechen etwa sechs Ingwerstäbchen oder ein Glas Ingwerbier (ohne Kohlensäure). Da Ingwer keine Nebenwirkungen hat, kann man die Einnahme bei Bedarf wiederholen.

Druckarmbänder
Alternative Mittel

In den letzten Jahren ist eine neue Behandlungsmethode auf den Markt gekommen. Hierbei handelt es sich um die Druckakupunktur durch sogenannte »Seabands«. Die Idee stammt aus der Akupunktur bzw. Akupressur der traditionellen chinesischen Medizin. Man trägt am rechten Handgelenk eine Manschette mit einem Druckpolster, das zu einer dauernden Akupressur des Perikardpunktes P6 – chinesisch Neiguan, »Innengrenze« – führt. Der Druckpunkt liegt zwei Daumen breit oberhalb der Handgelenkbeugefalte zwischen der Sehne des radialen Handbeuge- und des langen Hohlhandmuskels. In einer sorgfältig kontrollierten Studie durch das Institute of Naval Medicine zeigte sich bei der Benutzung des Druckarmbandes keinerlei Zunahme der Toleranz gegenüber Bewegungen. Dies schließt jedoch eine positive Wirkung unter realen

Bedingungen nicht ganz aus. Die meisten Fachleute bleiben allerdings skeptisch. Meine eigene Erfahrung mit Druckarmbändern fiel katastrophal aus – beim Ausprobieren des Armbandes wurde meine Frau zum ersten und einzigen Mal seekrank!

Andere Mittel, wie gesüßte Sportlerdrinks und warmer Tee, können sehr effektiv sein.

Medikamente

Die Bewegungskrankheit ist leichter zu verhindern als zu heilen. Die rechtzeitige Einnahme eines Mittels ist der Schlüssel zum Erfolg. Mittel mit Langzeitwirkung müssen früher eingenommen werden als die mit Sofortwirkung.

Es ist eine verwirrende Anzahl von Mitteln auf dem Markt, so dass man annehmen kann, dass nicht jedes Mittel bei jedem wirkt. Hat man aber eins gefunden, das gut wirkt, sollte man nicht wieder wechseln. In der Liste auf Seite 170 sind die bekanntesten Mittel aufgeführt, die sich im Wesentlichen in lang anhaltende oder weniger lang anhaltende einteilen lassen.

Scopolamin wirkt besonders schnell und eignet sich für mittelschwere Fälle. Das Medikament muss alle vier bis sechs Stunden erneut eingenommen werden und ist naturgemäß nach Erbrechen nicht mehr wirksam, da es als Tablette geschluckt wird. Es gibt auch ein Membranpflaster, das den Wirkstoff über die Haut abgibt (Scopoderm TTS Pflaster). Sie werden sicher schon Segler gesehen haben, die solch ein Pflaster an typischer Stelle hinter dem Ohr trugen. Um ihre volle Wirkung entfalten zu können, müssen die Pflaster bereits sechs Stunden vor dem Auslaufen aufgebracht werden, da die Resorption des Medikamentes über die Haut einen so langen Zeitraum benötigt.

Danach hält die Wirkung durch kontinuierliche Aufnahme des Wirkstoffes bis zu 72 Stunden an. Die Wirkung wird durch etwaiges Erbrechen nicht geschmälert.

Seekrankheitsmedikamente sind auch in Zäpfchen verfügbar und finden in dieser Form besonders in den USA und in Frankreich Anklang. Auf diesem Weg entgeht der Segler dem schwierigen Tablettenschlucken bei bereits vorhandenem Brechreiz. Häufig wird diese Methode jedoch auch als unangenehm oder peinlich empfunden – man denke nur an die zu erwartenden Unannehmlichkeiten auf einem kleinen, schaukelnden Boot, auf dem man sich zuvor der Schwerwetterkleidung zu entledigen hat! Diese Mühen allein können schon die Übelkeit verstärken. Rechtzeitig eingenommene Tabletten werden dagegen gut resorbiert und zeigen ihre Wirkung zur richtigen Zeit. Sollten sie allerdings einmal versagen, so bleibt es zweifelhaft, ob ein Zäpfchen die Situation noch grundsätzlich ändern kann. Insgesamt glaube ich, dass Membranpflaster ein guter Weg sind. Die Vorstellung, seinem Vorschiffsmann ein Zäpfchen anzubieten, wird nicht jeden Skipper begeistern.

Ein Problem bei der Einnahme von Scopolamin wie auch bei den meisten anderen Antihistamininka (Dimenhydrinat) entsteht durch das gar nicht so seltene Auftreten von Nebenwirkungen, von denen im Besonderen die Schläfrigkeit zu nennen ist. Laborversuche zeigten, dass Geschicklichkeitsübungen unter dem Einfluss von Antihistamininka deutlich schlechter ausgeführt wurden. Scopolamin kann darüber hinaus verschwommenes Sehen und einen trockenen Mund verursachen. Cinnarizin hat wohl etwas weniger Nebenwirkung, insbesondere, was die Müdigkeit betrifft. Ich persönlich schätze die Wirkung des Cinnarizins sehr, wenn es rechtzeitig, das heißt sechs bis

acht Stunden vor dem Auslaufen, eingenommen werden kann. Interessanterweise zeigen die Hersteller nur wenig Neigung, diese Tatsache besonders herauszustellen, wohl weil sie eine Benachteiligung gegenüber den Medikamenten befürchten, die einen besonders raschen Wirkungseintritt versprechen. Ich bezweifle jedoch, ob dies ein Argument für den Durchschnittssegler sein kann, der mit Sicherheit bereit ist, alles Mögliche für einen besseren Schutz gegen die Seekrankheit zu tun.

Ausführliche Versuchsreihen mit Scopolamin und Cinnarizin wurden und werden im Auftrag der britischen Marine durchgeführt. Vergleichende Untersuchungen haben gezeigt, dass Cinnarizin weniger

Fürs Einreffen braucht man gute Segelkleidung und einen gesunden Magen. (Foto: Peter Bruce)

problematische Nebenwirkungen als Scopolamin hat. Wirksamkeitsprüfungen wiesen keine großen Unterschiede zwischen den beiden Medikamenten auf. Zusammenfassend meine ich, dass Cinnarizin im Segelsport das Mittel der ersten Wahl ist. Scopolamin ist eine gute Alternative für Mannschaftsmitglieder, die nicht so wesentlich an der Schiffsführung beteiligt sind, dass eine eventuelle Müdigkeit schwere Folgen hätte. Ebenso ist das Scopolamin-Membranpflaster in seiner Wirkung einzuschätzen; es muss jedoch wirklich 8 Stunden vor dem Auslaufen aufgebracht werden.

Wenn diese Liste nicht Ihr »Lieblingsmittel« enthält, sollte Sie das nicht irritieren. Wenn es wirkt, sollten Sie dabei bleiben. Wir wissen, dass die Behandlung der Seekrankheit mit Tabletten bei 30% der

Medikament	Wirkungseintritt nach	Wirkungsdauer	Bemerkungen
Tabacum D30			Homöopathisch; akut: halb- bis einstündlich 5–10 Globuli
Cocculus D4			Homöopathisch; akut: halb- bis einstündlich 5–10 Globuli. Kann auch prophylaktisch genommen werden; dann 2–3 x tgl. 10 Globuli.
Cinnarizin	1,5–2 Std.	6–8 Std.	Schwaches Mittel. Weniger Nebenwirkungen wie Dimenhydrinat.
Scopolamin-Membranpflaster (Scopoderm TTS®)	6–8 Std.	60–72 Std.	Einige starke, unerwünschte Nebenwirkungen: Gedächtnisschwund, mangelnde Konzentrationsfähigkeit.
Scopolamin/Atropin	0,5–1 Std.	4–6 Std.	Starkes Mittel. Verstärkt die Wirkung von Alkohol sowie anderer Medikamente wie Schlafmittel und Antidepressiva. Mit vielen Medikamenten unverträglich. Nebenwirkungen: Müdigkeit, Fahruntüchtigkeit, Mundtrockenheit, Übelkeit, Magen-Darm-Störungen. Für Kinder, schwangere und stillende Frauen nur nach Absprache mit dem Arzt.
Dimenhydrinat (Vomex A® Zäpfchen, D.ratiopharm®, Stada Reise Kapsel)	1–2 Std.	6–8 Std.	Starkes Mittel. Verstärkt die Wirkung von Alkohol. Leichte Schlafstörungen möglich. Unerwünschte Nebenwirkungen: Müdigkeit, Mundtrockenheit, Übelkeit. Für Kinder und Schwangere nur nach Absprache mit dem Arzt.
Diphenhydramin HCl (Moradorm A®, Lupovalin®)	1–2 Std.	12 Std.	Starkes Mittel. Starke Ermüdungserscheinungen.
Promethazin (Atosil®)	1,5–2 Std.	24–30 Std.	Am besten am Abend einnehmen. Leichte Schlafstörungen möglich.

Betroffenen wirkt, auch dann, wenn das Mittel absolut nutzlos ist. Wichtig ist, niemals die angegebene Dosis zu erhöhen und anderen zu erzählen, wie viel man selbst nimmt. Hat man nahezu die gesamte Liste ohne Erfolg durchprobiert, sollte man es vielleicht mal mit einem ruhigstellenden Antihistamin wie Pheniramin (Avil®) versuchen.

Nach dem Einsetzen der Seekrankheit

Leidet der Seekranke bereits unter Erbrechen, helfen Mittel, die geschluckt werden müssen, nicht mehr. Ebenso wenig hilft dann noch ein Pflaster, weil dessen Wirkung erst mehrere Stunden nach dem Anbringen einsetzt. In solchen Notfällen sind Scopolamin-Zäpfchen sehr wirkungsvoll, wenngleich sie aus den oben genannten Gründen nicht sonderlich beliebt sind. Nach zwei oder drei Tagen sollte man versuchen, die Medikamente langsam abzusetzen. Die meisten Mittel zur Vorbeugung haben Nebenwirkungen wie Schlaflosigkeit, Sichttrübung und Trockenheit im Mund.

Behandlung einer seekranken Mannschaft

Eine seekranke Person muss an Deck einen Sicherheitsgurt tragen und eingehakt sein. Die Gefahr, beim Erbrechen über Bord zu fallen, ist sehr groß.

Die Seekrankheit hat zwei Phasen und dementsprechend muss gehandelt werden. In der ersten Phase empfindet der Betroffene mehr oder weniger Übelkeit, in der zweiten erbricht er. Ist ihm lediglich etwas mulmig, kann er noch ein nützliches Crewmitglied sein. Man stellt ihn beispielweise ans Ruder. Es ist ein uralter, aber sehr wirkungsvoller Trick, ihn durch Übertragung einer Aufgabe von seiner psychischen Situation abzulenken. Wenn er jedoch die Wache verlässt und unter

Deck geht, muss er sich mittschiffs in eine Koje legen, die nahe am Schiffsboden ist. Obgleich viele der Betroffenen Helden sein wollen und sich ungern helfen lassen, ist es eine gute Idee, ihm beim Ablegen der eventuell verschmutzten Kleidung zu helfen, das Leesegel herzurichten und ihn zuzudecken.

Diejenigen, die erbrechen, lassen sich in zwei Gruppen einteilen: die einen, die sich der Sache entledigen und voll einsatzfähig bleiben, und die anderen, die echt leiden und im wahrsten Sinne des Wortes krank sind. Die Letzteren verlieren die Selbstachtung und Moral. Es kann sogar so weit kommen, dass sie über Bord springen wollen. Diese dürfen nicht länger im Cockpit bleiben. Es besteht das Risiko auszukühlen, zu dehydrieren und über Bord zu fallen. Ihre ausgeprägte Apathie gegenüber bedrohlichen Situationen macht es notwendig, sie unter Deck zu bringen.

Man muss sie ausziehen, mit einem warmen Schlafsack zudecken und mit einem Eimer, Papiertaschentüchern und einer Flasche Wasser versorgen. Noch besser als normales Trinkwasser ist ein isotonisches Getränk. Solch ein Getränk imitiert den Salzgehalt des menschlichen Körpers, wird schnell absorbiert und hilft, die Dehydration des Körpers zu stoppen. Isotonische Getränke findet man heute in jedem Supermarkt.

Weil Seekranke mit geschlossenen Augen flach in ihrer Koje liegen sollen, ist eine Schnabeltasse gut geeignet, um Flüssigkeiten im Liegen zu sich zu nehmen. Von Zeit zu Zeit muss sich jemand um den Kranken kümmern und den Stand der Krankheit beobachten. Der Betroffene muss gepflegt und in Schutz genommen werden, obgleich er nichts zur Bordroutine beitragen kann. Es muss aber auch bedacht werden, dass irgendeiner die Yacht weitersegeln muss und eine nutzlose seekranke Crew nicht die besten Kojen für sich beanspruchen kann. Die braucht der hart schuftende Rest, um sich für die doppelt so lange Wache optimal erholen zu können.

Wenn man sich schließlich an die hochgradig abnormen Bewegungen auf See gewöhnt hat, soll man sich nicht zu früh freuen. Es gibt eine Art Seekrankheit, die erst dann eintritt, wenn man seinen Fuß nach langer Seereise wieder an Land setzt. Gegenmittel: Sofort wieder ablegen und hinaus auf See.

Jeder hat schon beobachtet, dass sich Seekranke sehr schnell nach dem Anlegen in einem Hafen erholen. Wenn Mädchen oder junge Frauen seekrank werden, kann es auch damit zusammenhängen, dass sie die Antibabypille abgesetzt oder vergessen haben.

Aber selbst wenn man nicht unter Seekrankheit leidet, kann ein Sturm auf See sehr auf das Gemüt des Einzelnen schlagen und seine Vitalität rauben. Cathy Foster gibt anschließend aus ihren Erfahrungen bei einer Regatta um die Welt Hinweise, wie man die Physis und Psyche des Einzelnen optimiert.

Schlaf und Ernährung
(Cathy Foster)

Schlaf

Alle Langstreckensegler kennen die Symptome des Schlafmangels: verminderte Reaktionszeit, Nachlassen der Wachsamkeit und der Sehfähigkeit, Niedergeschlagenheit und schlechte Laune sowie Nachlassen der intellektuellen Leistungsfähigkeit. Bei extremer Müdigkeit kann es sogar zu Halluzinationen kommen.

Erfahrungen aus der Regattaszene lassen sich leicht auf Schwerwettersituationen übertragen. Die Franzosen haben sehr viel zur Untersuchung des Schlafentzuges bei-

getragen. Die Untersuchungen gingen über sechs Jahre und wurden bei Einhandregatten und Regatten mit normaler Crew gemacht, wie bei der Figaro-Regatta, dem BT Global Round the World Race (Regatta um die Welt gegen den Wind) und der Jules Verne Trophy. Die Regattateilnehmer trugen Elektroden am Kopf, die die Gehirnaktivitäten und Schlafmuster auf See und an Land aufzeichneten. Die Ergebnisse waren interessant. Dr. Jean-Yves Chauve, der sehr stark in die französische Langstrecken-Regattaszene involviert ist, fand anhand der elektronischen Aufzeichnungen heraus, dass der Einzelne unfähig ist, sowohl die erforderliche Schlafmenge als auch die Schlaftiefe selbst zu steuern.

Jean-Yves Chauve berichtet: Einhandsegler beim Figaro-Rennen (4–5 Teilstrecken von je 3–5 Tagen) holen sich allen notwendigen Schlaf zur Erholung in kurzen Perioden von etwa 20 Minuten Dauer und wachen anschließend ohne Wecker spontan auf. Ihre Grundeinstellung ist, Ausschau halten zu müssen wegen Segelwechsel oder gefährlicher Situationen. Sie trainieren regelrecht Erholungstechniken wie schnell einzuschlafen. Deshalb verlieren sie von der 20-Minuten-Pause höchstens 1 oder 1,5 Minuten, bis sie einschlafen. Das setzt voraus, dass der Körper nicht durchgekühlt ist und sie nicht hungern.

Viele Segler kommen am besten mit 2 oder 3 Schlafperioden mit einer Gesamtschlafzeit von 6 Stunden aus. Einige passen sich dem natürlichen Tageslauf in der Weise an, dass sie die Schlafenszeiten um 2 Uhr nachmittags bzw. in der Früh beginnen. Jeder Mensch ist unterschiedlich und findet bald heraus, wann seine aktivste Tageszeit ist und wie er sie geschickt mit der Erholungszeit verknüpft. In diesem Sinne bezeichnen sich einige als Frühaufsteher und andere als Nachteulen. Einige

Leute können über einen sehr langen Zeitraum mit Höchstleistung und ohne große Unterbrechungen arbeiten – ihnen genügen kleine Nickerchen von 10–20 Minuten –, bis sie dann ganz zusammenbrechen. Andere brauchen regelmäßige Schlafperioden. Das beste System ist, abhängig von der Fähigkeit des einzelnen Seglers zu erkennen, wann und wie lange er sich in der jeweiligen Situation entspannen kann, um bei Gefahr physisch und mental voll da zu sein. Da man nicht auf Vorrat schlafen und nicht übermäßig lange wach sein kann, muss man das Schlafen in kurzen Intervallen trainieren.

Es ist wichtig, die eigene biologische Uhr mit dem Umlauf der Sonne (Tag und Nacht) in Einklang zu bringen. Das gilt besonders für die zweite Hälfte der Nacht. In dieser Zeit nimmt die Leistung der biologischen Funktionen ab, sie gehen gleichsam in Ruhestellung, der Segler wird unaufmerksamer und die Körpertemperatur sinkt. Es ist eine interessante Tatsache, dass 65% der größten Katastrophen auf See zwischen Mitternacht und 6 Uhr in der Früh passieren.

Um Verletzungen und Knochenbrüche zu vermeiden, haben Segler beim Figaro Race, dem British Steel Challenge und dem Vendée Globe Race gelernt, im Voraus zu planen und schwierige Manöver und Entscheidungen – wenn möglich – bei Tageslicht durchzuführen.

Weil Langstreckensegeln ein 24-Stunden-Job ist, muss man nach Möglichkeit in der Nacht auf dem Posten sein. An Bord der COMMODORE EXPLORER, einem 24 m langen Katamaran, der als erster in weniger als 80 Tagen um die Welt segelte, hatte die Crew einen Wachplan aufgestellt, der – soweit es möglich war – mit dem Umlauf der Sonne und dem persönlichen Rhythmus zusammenpasste. Die Wachen waren auf einen 23-Stunden-Tag berechnet, damit das Boot schnell gesegelt wurde und jeder Zeit für die Sonne hatte. Keine Wache zu haben bedeutete, Zeit zu haben für Essen, für die Kumpels, fürs An- und Ausziehen und ausreichend Schlaf. Sie versuchten einzuführen, dass die erste Hälfte der Schlafperiode nicht unterbrochen wurde – ausgenommen von Ernstfällen – und nur die zweite Hälfte zum Segelwechsel und ähnlichem verwendet wurde, mit dem Resultat, dass es kaum physische Schäden oder Sozialprobleme gab.

Bei Regatten von 3 oder 5 Tagen mit voller Crew sind solche Strukturansätze nicht möglich, weil sich der Körper nicht schnell genug an irgendein Wachsystem gewöhnt oder weil die Crew wegen der Siegchancen an der Reling schlafen muss. Um das Risiko von Verletzungen oder Katastrophen zu vermeiden, bestehen viele kluge Skipper darauf, dass jedes Crewmitglied bei Manövern in der Nacht seine Position und Aufgabe wie bei Inshore-Regatten einnimmt – insbesondere bei Halsen –, weil ein noch schläfriger Körper eher instinktiv richtig handelt, wenn ihm die Rolle vertraut ist. Rettungsmanöver verdeutlichen, wie wichtig es ist, dass die Entscheidungsträger ausreichend genug schlafen, um in kritischen Situationen wach zu sein – ganz besonders um Mitternacht, wenn die Körpertemperatur am niedrigsten ist.

Unter normalen Bedingungen kann sich der menschliche Körper sehr schnell auf Änderungen des Umfeldes einstellen. So versteht in der Regel unter »Nacht« jeder die Zeit, wenn der Himmel dunkel ist. Das Zeitgefühl für Tag und Nacht kann sich aber langsam verschieben, wenn man sich dem neuen Rhythmus konsequent anpasst. Es braucht etwa 3 Tage, bis man sich in ein Wachsystem eingefunden hat. Dann sollte man es nicht so schnell wieder ändern. Versucht man, die 2-Uhr-Wache auf 6 Uhr zu verschieben, um so eine kontinuierliche Verschiebung der Wachzeiten für den Einzelnen einzuführen, muss man damit rechnen, dass einige permanent unter »Jetlag« leiden. Die Symptome sind Kopfschmerzen, Appetitlosigkeit, Darmprobleme, schlechte Konzentration, Müdigkeit während der neuen Wachzeit und Schlafstörungen in der Nacht. Ursache ist das Durcheinander zwischen der inneren Uhr, die noch nach der »alten« Zeit läuft, und der veränderten Umwelt mit dem neuen Startzeichen. Sonnenaufgang und -untergang erscheinen anders, die Lichtintensität wird anders erlebt und Tag- und Nachttemperatur ändern sich von Wache zu Wache. Man hat herausgefunden, dass eine Änderung der Schlafgewohnheiten vor einer Regatta nicht möglich ist, weil die mentale Einstellung aufs Segeln erst mit dem Startschuss beginnt. Eine vorzeitige Umstellung gelingt nicht an Land. Man kann darauf vertrauen, dass der erhöhte Adrenalinausstoß beim Start alle bis dato gewohnten Schlafmuster über den Haufen wirft.

Fitness

Je fitter eine Crew ist, desto leichter verkraftet sie Schlafentzug. Wenn jemand über Stunden in ein und derselben Haltung verharrt, verlangsamt sich die Blutzirkulation. Die letzten Rettungsaktionen zeigen, dass das Durchhaltevermögen von den Vorräten an Kohlenhydraten im Körper abhängt. Wer nicht fit ist, dem geht zu Beginn einer Regatta bei Belastung sehr leicht die Luft aus, wogegen andere, die fit sind, nicht so schnell ermüden und zuerst ihren Fettvorrat verbrauchen. Nach jeder Regatta kann man im Hafen beobachten, dass sich die fitten Teilnehmer sehr schnell nach dem Festmachen erholen und zu neuen Taten aufbrechen.
Der Körper sollte vor dem Ablegen mit

sich selbst im Gleichgewicht sein. Das bedeutet: erholt sein und keinen Alkohol mehr im Blut haben. Der könnte wie Gift wirken. Es gibt nichts Schlimmeres, als mit einem Hangover zur Langstrecke zu starten. Verzweifeltes Herumgerenne am Morgen vor der Regatta, um die Yacht klar zu bekommen, oder Termine bis zur letzten Minute im Büro haben zur Folge, dass der Körper vor dem Start nicht vollkommen zur Ruhe gekommen ist. Die Topcrews gehen am Abend vor dem Start auf Partys, aber nicht alle. Alle Crews sind jedoch spätestens vor Mitternacht zurück und liegen im Bett.
Alkohol, Kaffee und Zigaretten beeinträchtigen den ruhigen Schlaf. Mit Alkohol und Kaffee zusammen kann man jede Nacht die Schlafdauer verkürzen, obgleich persönliche Veranlagungen solche Theorien über den Haufen werfen können. Der Einhandsegler greift 6 bis 9 Monate weder zu Kaffee noch zu Alkohol. Kaffee trinkt er deshalb nicht, um im Ernstfall besonders stark dessen Wirkung zu spüren.

Stimmungswechsel

Schlafmangel kann auch einen Stimmungswechsel innerhalb der Mannschaft auslösen. Wenn die Tendenz aufkommt, dass jeder alles auf seine persönlichen Bedürfnisse abstellt, entsteht bei einigen das Gefühl, sie seien die Sündenböcke und würden für alles verantwortlich gemacht, wogegen andere, die nicht beteiligt sind, sich langweilen. Diese Verunsicherung überträgt sich auch auf die Crewmitglieder, die entweder neu sind oder unsicher, wie es an Bord weitergehen soll. Das Resultat ist, jeder entwickelt sich zum Aufschneider. Die meisten werden gegenüber ihren Kameraden intolerant, das heißt: bissig, sarkastisch, nachtragend, unbeherrscht und schotten ihr »Territorium« an Bord gegen andere ab.

Eine Mütze Schlaf

Wenn die Bedingungen hart sind, ist es wichtig, sofort nach jeder Mütze Schlaf zu greifen. Es gibt in der Tat Leute, die nur sehr schwer auf See einschlafen können. Es kann an den Bootsbewegungen liegen, an dem Lärm oder an den Fragen, die einem durch den Kopf gehen. Was läuft an Deck ab? Falle ich aus der Koje, wenn ich einschlafe? Wann werde ich wieder warm? Ich bin allein – was passiert, wenn ich schlafe und mich ein Dampfer übersieht? Es ist wichtig aufzuhören, sich für alles verantwortlich zu fühlen, wenn man keinen Dienst hat, und der Crew an Deck zu vertrauen, dass sie ihren Job macht. Manche Skipper haben damit große Schwierigkeiten. Es muss der Wache klar sein, dass die Freiwache nicht mit jeder Kleinigkeit belämmert werden darf. Und es gehört zum Vertrauen, dass sie Wichtiges von Unwichtigem unterscheiden kann. So entsteht Gegenvertrauen und ein Gefühl der Sicherheit für alle – als Basis für einen gesunden und tiefen Schlaf.

Schläfer in der Koje müssen sicher sein können, dass sie bei Krängung der Yacht nicht herausfallen. Deshalb sollte man immer das Leesegel verwenden. An Deck zu schlafen sollte nicht erlaubt sein. Es ist nicht nur unbequem und somit kaum erholsam, sondern auch gefährlich, weil der Schläfer von Deck rollen oder im Wege sein kann, wenn der Wind dreht. Um aber schnell in den Schlaf zu fallen, bedarf es mehr als nur einer sicheren und bequemen Lage und Vertrauens; es müssen auch die Gedanken abgeschaltet werden. Das erreicht man am besten durch Atemübungen. Das funktioniert nicht sofort, aber nach einiger Zeit – und ist dann sehr effektiv.

Eine gute technische Weiterentwicklung hat den Kunstfaserschlafsack gebracht, wie man ihn vom Bergsteigen kennt. Er hat Thermoqualität, das heißt, er lässt Feuchtigkeit von innen nach außen durch; man kann sich feucht oder sogar mit feuchter Unterwäsche hineinlegen und wird trocken.

Ernährung

Aus dem Leistungssport weiß man, dass gutes Essen Einfluss nicht nur auf die physische, sondern auch auf die mentale persönliche Leistung hat. Zudem gibt es viele Berichte über ernsthafte Probleme mit Lebensmitteln an Bord.

Als Erstes ist es wichtig, nicht zu stark zu würzen, denn viele Menschen vertragen auf See keine scharf gewürzten Speisen. Eine gut ausgewogene Kost sollte Kohlenhydrate, Protein, Ballaststoffe für die Darmtätigkeit, Fette, Mineralien und Vitamine, besonders Vitamin C, enthalten. Natürlich ist die Menüwahl sehr stark von der Nationalität der Crew abhängig. Der Spaß am Essen ist genauso wichtig wie der Kaloriengehalt. Deshalb essen die Crews in der Regel das, was ihnen vertraut ist. Trotzdem muss man im Auge behalten, dass die Mahlzeiten ausreichend Nährstoffe und eine gute Grundlage für Leistungen sind.

Zucker, Getreide, Backwaren, Bohnen, Bananen, Reis und Nudeln enthalten Kohlenhydrate, die für den Aufbau und die Erhaltung der Energiequellen unverzichtbar sind. Neuere Untersuchungen haben gezeigt, dass Mangel an Kohlenhydraten zu schlechter Laune führt und gereizt und lustlos macht. Ebenso lässt die analytische Fähigkeit des Gehirns nach und damit gleichzeitig die Entscheidungsfreudigkeit. Um dem entgegenzuwirken, muss eine Mahlzeit an Bord reichlich Kohlenhydrate enthalten. Eine andere, aber nicht so bekannte Hilfe zur Leistungssteigerung sind elektrolytische Getränke, mit denen man den Salzverlust des Körpers aufgrund des

Wenn sich der Bug in die nächste Welle bohrt und man hart arbeiten muss, verbraucht man eine Menge Kohlenhydrate. (Foto: Rick Tomlinson)

Schwitzens bei heißem Wetter ausgleicht. In kälteren Klimazonen sind eine warme Mahlzeit alle 24 Stunden und mehrmals täglich heiße Getränke wichtig für die Moral der Crew. Das hält Körper und Seele zusammen.

Dehydrierung wirkt sich sehr nachteilig auf Körper und Seele und damit auf die gesamte Leistungsfähigkeit aus. Deshalb muss man viel trinken. Der Urin sollte eine helle Farbe haben; ist er dunkelgelb, liegt das an zu geringem Wasserkonsum.

11. Motoryachten bei Schwerwetter

Dag Pike

Bei rauen Bedingungen muss die Geschwindigkeit eines Gleitbootes auf Verdrängerfahrt reduziert werden. Aus diesem Grunde wollen wir zunächst erörtern, welche Methoden anzuwenden sind, wenn man unter 10 kn schnell fährt. In der Regel hat ein Boot, das sich in diesem Geschwindigkeitsbereich bewegt, einen Verdrängerrumpf, ein Gleitboot ist dafür aber nicht gebaut. In einem späteren Abschnitt werden die besonderen Probleme beim Umgang mit Gleitbooten in stürmischer See und bei reduzierter Geschwindigkeit diskutiert.

Rauer Seegang hat in der Regel zur Folge, dass das Boot mit einmal eingestelltem Gashebel nicht mehr selbst seinen Kurs findet. Im Gegenteil, eine Person muss ständig am Gashebel sitzen, die Geschwindigkeit regulieren und das Boot gleichsam über die Wellen tragen. Ob es die schwere See unbeschadet übersteht, ist im Wesentlichen von der Größe und der Konstruktion des Bootes abhängig. Wenn wir hier von schwerer See reden, meinen wir einen Seegang, der sich bei Windstärke 6 und darüber aufbaut.

Verdränger

See von vorne

Ein Verdränger hat einen relativ kleinen Geschwindigkeitsbereich. Wenn er die See von vorne nimmt, ist es ganz wichtig, eine Geschwindigkeit zu finden, bei der das Boot angenehm fährt. Bei einem stabil gebauten Boot ist es möglich, selbst bei relativ rauem Seegang in einem Geschwindigkeitsbereich zu fahren, bei dem das Boot gleichsam auf den Wellenkamm getragen wird und auf der anderen Seite wieder hinuntergleitet – ohne dass der Crew allzu viele Tricks abverlangt werden. Wenn die von vorne anrollenden Wellen nicht zu steil und zu kurz sind, kann man die Geschwindigkeit auf die Bedingungen abstimmen und muss so nicht dauernd seine Fahrweise ändern. Wenn ein Verdrängungsboot zu heftig durch die Wellen getrieben wird, stellt es sich auf der Vorderseite der Wellen steil auf und springt oben aus dem Kamm heraus. Dort oben verliert es förmlich das Gleichgewicht und fällt aus großer Höhe in die nächste Welle. Diese Probleme entstehen bei kurzer, steiler See. Dann nämlich hat der Bug keine Chance, vor der nächsten Welle wieder aufzutauchen. Das Boot wird gleichsam von dem Heck, das von der durchgelaufenen Welle stark angehoben wurde, in die nächste Welle hineingeschoben. Langsamere Geschwindigkeit ermöglicht es dem Boot jedoch, sich dem nächsten Wellenprofil anzupassen. Dadurch werden die Schiffsbewegungen erträglicher. Bei einem Boot mit schmalem Bug besteht das Risiko, dass es sich wegen des geringen Auftriebs im vorderen Bereich tief in eine Welle hineinbohrt.

Wenn ein Boot zu stark in die See getrieben wird, besteht die große Gefahr, das sich eine Welle über ihm bricht, weil sich der Bug nicht mehr vor der Welle aufgerichtet hat. Wasser hat ein enormes Gewicht, und die riesige Wassermenge eines Brechers kann an Deck strukturelle Schäden verursachen. In solch einer Situation werden leicht die Fenster vom Deckshaus eingedrückt. Ich selbst bin noch nie mit Brechern konfrontiert worden, die aufs Deck klatschten. Andere berichten, sie hätten Tonnen von Wasser an Deck gehabt.

Wenn man versucht, die Geschwindigkeit der jeweiligen Situation anzupassen, ist es wichtig, dass die Steuerfähigkeit erhalten bleibt. Je langsamer man fährt, desto geringer ist der Ruderdruck. Bei zu langsamer Fahrt und zu geringem Ruderdruck wird der Bug sehr schnell zu der einen oder anderen Seite gedreht. Dadurch ist es schwierig, sich für das richtige Gegenruder zu entscheiden. Wenn beispielsweise eine hohe und steile Welle gegen den Luvbug klatscht, kann das Boot aufgrund der geringen Gegenruderwirkung querschlagen. Durch plötzliches und entschlossenes Gasgeben muss man versuchen, das Boot schnell wieder auf den alten Kurs zurückzubringen bzw. wieder mit dem Bug in die Wellen zu legen. Dabei wird es kaum Fahrt aufnehmen.

Die Geschwindigkeit, die Sicherheit vermittelt, ist von Boot zu Boot unterschiedlich, liegt aber vermutlich bei etwas über 3 kn. Boote mit kleiner Ruderfläche müssen schneller gefahren werden. Das Risiko, aus dem Kurs geworfen zu werden, ist am größten bei einem anrollenden Brecher. Der von dem Wellenkamm abreißende Sturzbach ist eine wenig homogene

Wassermasse, die das Boot einhüllt und es gewissermaßen am Bug ansetzend aus den Angeln hebt.

Haben die Bedingungen auf See einen Punkt erreicht, bei dem das Boot entschlossen geführt werden muss, und will man in dem ganzen Chaos auf Kurs bleiben, ist es an der Zeit, das Boot gleichsam wie einen Kranken über die Wellen zu tragen. Das heißt, hier hilft nur noch der Gashebel: Man drückt ihn nach vorne, wenn die Welle anrollt. Dadurch hebt sich der Bug. Gleichzeitig sorgt dieser Pusch mit der Maschine dafür, dass das Boot steuerfähig bleibt. Kurz vor dem Wellenkamm drosselt man die Fahrt, damit der Bug nicht durch die Welle schießt und das Boot auf der Rückseite herunterfällt, sondern langsam auf der Wellenspitze abkippt. So verhindert man, dass das Boot den Kontakt mit der Welle verliert, der Propeller mit hoher Drehzahl leerschlägt und das Boot mit großem Schwung im Wellental aufschlägt – mit den oben bereits erwähnten Folgen. Vor der nächsten Welle wird dann wieder Gas gegeben.

Mit dieser Technik kommt man gut gegen den Wind voran. Man behält die Kontrolle über das Boot und ist gut darauf vorbereitet, wenn plötzlich eine größere als die normalen Wellen anrollt. Diese Fahrweise erfordert echte Konzentration, weil man immer damit rechnen muss, dass das Boot von Wellen, die urplötzlich aus irgendeiner Ecke daherkommen und ungewohnt hoch sind, aus dem Ruder geworfen wird.

Querlaufende See

Kommen Wind und See bei mäßigem Seegang querab, hat das den Nachteil, dass das Boot stark rollt und es an Bord ungemütlich sein kann. In der Regel lässt sich ein Verdränger bei diesen Bedingungen ohne große Probleme mit voller Geschwindigkeit fahren, weil das Boot leicht

Das in Seenot geratene Fischerboot LYNNMORE *dampft bei Orkan von 60–65 kn gegen 12–15 m hohe Wellen an. Gegenandampfen ist die bevorzugte Sturmtaktik von Fischern. Bei langsamer Fahrt voraus wird der Bug direkt in die Wellen gehalten. (Foto: Kieran Murray)*

179

über die Wellen kommt und wenig stampft. Wenn die See jedoch rauer wird, kann es gelegentlich von der Kante einer recht steilen Welle herunterfallen. Dann wird es ungemütlich und gefährlich.

Bei querlaufender See bietet die der See zugewandte Bootsseite den Wellen eine große Angriffsfläche. Dadurch ist das Boot bei sehr starkem Seegang leicht verwundbar. Der Übergang von ungemütlicher zu gefährlicher See ist von Bootstyp zu Bootstyp und deren Charakter unterschiedlich. Wenn jedoch die Wellen zu brechen beginnen, ist Vorsicht geboten.

Es gibt zwei große Probleme bei querlaufender See. Das erste entsteht, wenn die Wellen steiler werden. Das Boot reagiert auf den häufigen Neigungswechsel der Wellen in der Weise, dass es stark zu gieren beginnt. Das verursacht so lange keine ernsthaften Probleme, solange die Stabilität des Bootes ausreicht. Man muss jedoch bedenken, dass der Wind mächtig gegen die luvwärtige Seite des Bootes drückt. Das zweite Problem ist ernsthafter. Es tritt auf, wenn Brecher gegen den Rumpf schlagen. An der Oberfläche der Wellen herrscht eine starke Orbitalströmung, die einen enormen Druck auf die Luvseite des Bootes ausübt. Diesem Druck steht das relativ ruhige Wasser auf der Leeseite entgegen. So entsteht ein Drehmoment, das das Boot zum Kentern bringen kann. Hinzu kommt, dass unter solchen Bedingungen das Risiko groß ist, dass Brecher aufs Deck schlagen, zumal viele Verdränger einen geringen Freibord mittschiffs haben. Solche Brecher sind in der Lage, ein Cockpit zu füllen, unter Umständen die Fenster einzuschlagen und den Salon unter Wasser zu setzen. Wenn man meint, dass dies eintreten könnte, ist es höchste Zeit, nicht weiter quer zu den Wellen zu fahren.

Zum Glück bricht sich eine Welle selten entlang der gesamten Vorderseite, sondern eher abschnittsweise, so dass man mit etwas Vorausschau einem Brecher ausweichen kann. Das bedeutet, man muss die See voraus sorgfältig beobachten und rechtzeitig merken, welcher Teil der Welle kurz vor dem Kippen ist. Dann sollte man entweder die Fahrt drosseln, um den Brecher vor dem Bug durchrauschen zu lassen, oder in den Wind steuern bzw. von dem Wind abfallen, um vor bzw. hinter dem Brecher durchzuschlüpfen. Diese Methode, den weniger freundlichen Brechern aus dem Wege zu gehen, ist auch schon sinnvoll bei kleineren Brechern, denn dadurch wird das Leben an Bord bedeutend erträglicher. Bei mäßigem Seegang ist die Gefahr nicht zu groß, dass etwas schief geht; fangen die Wellen jedoch an, sich zu brechen, nimmt das Risiko zu. Dann ist Vorsicht geboten.

Tritt bei querlaufender See die Situation ein, dass ein Brecher auf das Schiff stürzt und es niederdrückt und man die Geschwindigkeit nicht mehr reduzieren kann, gibt es drei Möglichkeiten. Man hält die Geschwindigkeit bei und hofft, dass das Boot mit der Situation allein fertig wird, oder man steuert in den Brecher hinein oder man dreht von ihm weg. Die Entscheidung hängt sehr von dem Bootstyp und den Nehmerqualitäten des Bootes ab. Die beste Methode ist in der Regel, von der Welle abzudrehen. Das hat den Vorteil, dass man Zeit gewinnt und die Wucht des Aufpralls der Welle verringert, weil man sich von ihr entfernt. Da der brechende Wellenkamm nur eine begrenzte Strecke nach Lee rollt, kann es sein, dass man dem Brecher entkommt. Hat man sich entschlossen, vor der Welle abzudrehen, muss man entschlossen den Gashebel durchdrücken, um sofort Ruderwirkung zu haben und so weit wie möglich von dem Brecher wegzukommen.

Wenn man quer zur See steuert, ist es sehr wichtig, dass man besonders die Wellen im Auge hat, die kurz vor dem Kippen sind. Man kann sich glücklich schätzen, wenn man solchen Wellen nicht begegnet, denn wenn ihre Energie just in dem Moment freigesetzt wird, in dem das Boot querab ist, kann es fürchterlich krachen. Im günstigen Fall versinkt das Boot in einer riesigen Gischtwolke – und taucht anschließend daraus auf. Nicht so gefährlich sind die Brecher, die querab durch das Aufklatschen des Bootes ausgelöst werden. Durch diese Refraktion brechen sich Wellen, die es ohne diese entgegenkommende Energie nicht getan hätten. In solchen Brechern steckt nur wenig Energie.

Nachlaufende See

Die Vorstellung, vor einer schweren, nachlaufenden See ablaufen zu müssen, verursacht bei Seeleuten Alpträume von Querschlagen, Kentern oder Sinken. Diese Befürchtungen stammen größtenteils von den Segelbooten, bei denen Ablaufen vor der See die letzte Möglichkeit in extremen Bedingungen ist. Es gibt keine Zweifel, Ablaufen vor der See ist gefährlich. Wer sich mit den Gefahrenpunkten auseinandergesetzt hat, kann die Gefahr minimieren.

Auf den ersten Blick vermutet man, Ablaufen vor der See ist viel sicherer als gegen Wind und Wellen zu bolzen. Da die Hauptkontrolle eines Motorbootes über das Ruder läuft, ist es wichtig, jederzeit genügend Strömung am Ruder zu haben. Ist sie zu gering oder reißt sie wegen einer nachlaufenden Welle sogar ab, verliert man die Kontrolle teilweise oder total. Das ist die schlimmste Situation, die man sich denken kann. Eine normale Welle auf offener See zieht etwa mit doppelter bis dreifacher Geschwindigkeit eines durch-

Das Weymouth-Rettungsboot auf Testfahrt vor Portland Bill verschwindet nahezu in der Gischt eines Brechers.
(Foto: HMS OSPREY)

181

schnittlichen Verdrängerbootes. Somit vergeht einige Zeit, bis sie unter dem Boot durchgelaufen ist.

Eine nachlaufende Welle ist am steilsten, wenn der Kamm kurz hinter dem Heck steht. In diesem Moment zeigt der Bug steil nach unten in Richtung Wellental. Hier hat die Schwerkraft eine starke Wirkung und verursacht gewissermaßen einen starken Zug nach unten, der noch durch den Schub des Propellers verstärkt wird. Das bedeutet, die Vorwärtsbewegung auf der schrägen Vorderseite der Welle nimmt erheblich zu. Auf der Rückseite der Welle ist es umgekehrt, der Bug zeigt nach oben, das Boot muss praktisch hochklettern und verliert folglich an Fahrt. Diese willkürliche Zu- bzw. Abnahme der Geschwindigkeit lässt sich, solange wir es noch nicht mit Brechern zu tun haben, durch dosiertes Gasgeben bzw. -zurücknehmen kontrollieren.

Die Oberfläche eines Brechers zieht mit etwas mehr Geschwindigkeit in die gleiche Richtung wie die Welle selbst. Diese Bewegung ist aber nur von kurzer Dauer. Sie beginnt, wenn die Welle instabil wird und nach vorne überkippt, und endet, wenn die Welle ihre Stabilität wieder erreicht hat, das heißt, wenn die Sturzsee ausgelaufen ist. Wie sich ein Motorboot bei einem nachlaufenden Brecher verhält, hängt bis zu einem gewissen Grade von der Position des Bootes zum brechenden Wellenkamm und von der Form des Bootes ab. Wenn sich die Welle aufsteilt und unmittelbar am Heck bricht, besteht die Gefahr, dass der Brecher direkt auf das Boot stürzt. Das Problem wächst, wenn große Wellen auf Flachwassergebiete auflaufen, die Wellen immer steiler werden und die Häufigkeit von Brechern enorm zunimmt. Auf der weiten, offenen See sieht man das nicht so häufig. Dort rollen die Wellen eher.

Es mag eine Sache geben, die zum Vorteil des Bootes ist. Auf der Vorderseite ist die Neigung des Brechers so groß, dass die Geschwindigkeit des Bootes zunimmt und eventuell so groß ist, dass es dem Brecher entkommt. Beschleunigt das Boot zu langsam oder gar nicht, kommt die herabstürzende Sturzsee immer dichter hinters Heck und nimmt das Boot mit. Ein Boot mit breitem Heck wird von den herabbrausenden Wassermassen, die ans Heck prallen, leicht herumgeschwungen. Ein Boot mit Doppelenden bzw. einem Kanuheck teilt laut Theorie das achtern anströmende Wasser und führt es ohne große Probleme an beiden Seiten vorbei.

Ein Boot, das durch die Orbitalströmung des Brechers und die Neigung auf der Vorderseite der Welle beschleunigt wird, entkommt der Gefahr, wenn es schnell genug Fahrt aufnimmt. Aber sobald das Heck von den achtern heranrauschenden Wassermassen angehoben wird, kommt der Zeitpunkt, wo sich der Bug vorne in die nächste Welle bohrt. Das ist, als würde ein Auto zu Testzwecken auf einen Bremsklotz fahren, der nicht nachgibt. Der Bug bremst stark ab, und das Heck bricht achtern nach irgendeiner Seite aus. Das bedeutet, es besteht für das Boot die große Gefahr, dass sich die von den nachströmenden Wassermassen eingeleitete Drehung fortsetzt und es querschlägt. Dieses lehrbuchreife, heftige Drehmoment bringt das Boot zum Kentern. Danach hat sich das Drehmoment abgebaut. Nun kommt aber das Kentermoment wie bei querlaufender See zum Tragen. Selbst wenn das Boot die Kenterung überstanden hat, gerät es durch die nächste heranrauschende Welle in Gefahr, weil es sich vermutlich nicht schnell genug wieder aufgerichtet und genügend Fahrt aufgenommen hat, um den Kurs zu ändern und der drohenden Gefahr zu entkommen.

Ein Boot mit großem Tiefgang und tief hängendem Ruder verliert nicht so leicht die Kontrolle bei achtern anrollenden Brechern. Ein flach gehendes Boot hat es da schwieriger. Die Rumpfform hat einen starken Einfluss auf die Kursstabilität. Ein Boot mit spitzwinkligem Stevenanlauf dreht sich leichter als eines mit einem runden. Entsprechendes gilt für ein Spiegelheck.

Rollt von achtern ein Brecher heran, bleibt einem nicht viel anderes übrig, als das Boot so lange wie möglich genau rechtwinklig zu den Wellen zu halten. Das erfordert Konzentration und harte Arbeit am Ruder – sofern das Ruder überhaupt noch Wirkung zeigt. Als Generalkonzept gilt: Vollgas geben, um von dem Brecher wegzukommen oder zumindest den Aufprall zu mindern, und so lange wie möglich Ruderkontrolle behalten. Das hilft, den Bug ein wenig anzuheben und die Wucht des Aufpralls des Brechers aufs Heck zu mindern.

Wer vor einer steilen See ohne Brecher abläuft, sollte mit Vollgas fahren, um jederzeit Ruderwirkung zu haben, und mit den Wellen so lange wie möglich Schritt halten. In dieser Situation beobachtet man häufig, dass achteraus Wellen anfangen zu brechen. Das liegt daran, dass sich hinter dem Boot die Energie der Heckwelle mit der Energie der nachlaufenden Welle verbindet und einen Brecher erzeugt. Das kann zu einem Problem werden, wenn man mit nachlaufender See eine Barre vor einer Hafeneinfahrt queren muss. Ich habe in dieser Situation relativ harmlos aussehende Wellen plötzlich am Heck hochspringen sehen. Es kann sein, dass die zusätzliche Störung der Wellen, die durch die schnelle Fahrt des Bootes entsteht, ausreicht, die Wellen instabil zu machen, obgleich diese Wellen, die von der Hecksee verstärkt werden, theoretisch

keine Probleme bereiten sollten. Trotzdem bleibt: Sie können einem einen gehörigen Schrecken in die Glieder jagen.

Wenn man vor einer mittleren, von achtern anrollenden See abläuft, die nicht bricht, besteht eine große Chance, dass bei richtigem Trimm die Welle unter dem Boot durchläuft. In diesem Fall ist der Winkel wichtig, mit dem man die Welle nimmt, noch wichtiger als bei See von vorne, weil die Welle länger braucht, das Boot zu passieren, und der Rudergänger kurz überlegen kann, auf welche Stelle auf der Vorderseite der Welle er es legen will. Wenn dann der Wellenkamm durchläuft, wird das Boot plötzlich instabil. Das liegt daran, dass es in diesem Moment nur noch mittschiffs eine Unterstützung hat, nicht mehr über die gesamte Länge. Das ist ein recht kurzer Moment, und die Stabilität kehrt sofort zurück, wenn die Welle durch ist; aber wenn die Bootsgeschwindigkeit fast so schnell ist wie die der Welle, kann die Instabilität etwas länger andauern. Vielleicht empfiehlt es sich dann, die Fahrt zu verringern, damit die Welle schneller passiert und die Instabilität nicht so lange anhält.

Ein Problem, das bei vielen Booten auftaucht, wenn sie vor nachlaufender See ablaufen, ist, dass die Sicht nach achtern nicht so gut ist, wie sie sein sollte. Es ist eine große Hilfe, wenn man einen guten Überblick über das hat, was von achtern anrollt. Bei vielen Booten fehlt eben diese Möglichkeit.

Mit einem stabilen und gut funktionierenden Motorboot vor nachlaufende See abzulaufen kann ein Erlebnis sein. Ich bin in einer wilden Nacht, in der der Wind mit über 10 Bft blies, mit einem 14,50 m langen Rettungskreuzer die Irische See hinuntergefahren. Die ersten ein, zwei Stunden waren furchterregend, bis wir uns an die Bedingungen gewöhnt hatten. Doch bald fassten wir Vertrauen und waren der Meinung, dass das Boot genau passend für solche Situationen war. Wir genossen es, mit Speed die Wellen hinunter zu surfen und dann die nächste, von achtern anrauschende Welle oben aus dem Fenster des Fahrstandes zu beobachten. Ich denke, es besteht unter den Eignern von kleinen Booten eine unbegründete, große Angst vor einer nachlaufenden See. Eins ist jedoch wichtig: Das Boot muss grundstabil sein – nicht nur bei nachlaufender See, sondern eigentlich bei jeder rauen See.

Wenn man vor der See läuft und die See langsam immer rauer wird, kann sich eine wirklich gefährliche Situation aufbauen; dann nämlich, wenn man nicht richtig wahrnimmt, wie problematisch die Situation bereits ist, und sich das Boot immer noch relativ harmonisch in den Wellen bewegt. Das Ausbleiben von aufprallenden Wellen wiegt einen in dem falschen Gefühl von Sicherheit. Aus diesem Grunde empfiehlt es sich, von Zeit zu Zeit abzustoppen, umzudrehen und die Nase in den Wind zu strecken, um festzustellen, wie die Bedingungen wirklich sind. Es mag sein, dass man dann mit Schrecken feststellt, dass die Wellen bereits mächtiger sind, als man angenommen hat; aber besser ist es, jetzt einen Schrecken zu bekommen als erst dann, wenn sie plötzlich zuschnappen.

Gleitboote

Wenn ein Gleitboot in Verdrängerfahrt operieren muss, ist es viel verwundbarer als ein Verdränger unter gleichen Bedingungen. Dafür gibt es zwei Gründe. Der erste: Wenn es so weit ist, dass ein Gleiter seine Geschwindigkeit bis auf Verdrängerfahrt reduzieren muss, kann man davon ausgehen, dass der Seegang schon richtig ekelig ist. Der zweite Grund ist: Ein Glei-

ter läuft nie optimal in Verdrängerfahrt, einmal aufgrund der Rumpfform und zweitens aufgrund des Nachlassens der Steuerfähigkeit.

Was die Rumpfform betrifft, haben Gleiter in der Regel einen spitzen Bug und ein volles Heck – eine nicht unbedingt glückliche Kombination bei rauer See. Im Bugbereich fehlt es an Freibord, weil Boote dieser Art im Allgemeinen einen negativen Deckssprung haben. Hat das Boot zudem einen spitzen Bug, fehlt es in diesem Bereich an Auftrieb. Die Folge ist, dass es sehr leicht den Bug tief in eine anrollende Welle steckt bzw. sich bei nachlaufender See in der nächsten Welle festrennt. Weil Gleiter in der Regel leichter als Verdränger sind, sind sie windanfälliger und bei geringer Fahrt schwieriger auf Kurs zu halten. Der Wind drückt den Bug mal zu der einen, mal zur anderen Seite. Das wird noch dadurch verstärkt, dass die Ruder sehr klein sind und bei geringer Geschwindigkeit kaum Wirkung zeigen. Bei Booten mit Außenbordern oder am Heck angebrachten Antrieben (z.B. Z-Antrieb) wird der Propeller zur Steuerung verwendet. Dieses Prinzip funktioniert auch gut bei kleiner Fahrt.

Bei einem Gleiter in Verdrängerfahrt braucht man ein feines Händchen am Gas, weil jede kleinste Veränderung Einfluß auf die Geschwindigkeit hat. Wer das gut beherrscht, kann das Boot schonend über die Wellen bringen. Es kann sein, dass er die Gashebelstellung ständig verändern muss, um mit kurzem, kräftigem Gasgeben auf Kurs zu bleiben und den Bug vor den anrollenden Wellen aus dem Wasser zu bringen.

Die Taktik, mit einem Gleiter schwere, von vorn anrollende See abzureiten, kann ein anderer Kurs sein, auf dem man mit höherer Geschwindigkeit fahren kann, anstatt die Fahrt herauszunehmen. Es könnte sein, dass ein Gleiter auf Kurs gegen die Wellen die Fahrt stark vermindern muss, aber quer zu den Wellen oder mit ihnen eine gute Geschwindigkeit beibehalten kann – was bestimmt sicherer ist als mit Verdrängerfahrt auf dem ursprünglichen Kurs zu bleiben. Viel hängt natürlich vom Ziel und der jeweiligen Situation ab. Hohe Geschwindigkeit vor nachlaufender See ist für einen Gleiter meistens sicherer als für einen Verdränger, weil der Rudergänger bei hoher Geschwindigkeit die Möglichkeit hat, das Boot in eine günstige Position zu den von achtern heranrollenden Wellen zu steuern.

Die meisten Motorboote für lange Distanzen sind Verdränger, weil sie einen großen Vorrat an Treibstoff bunkern können. Es gibt aber auch eine Reihe von Halbgleitern, die durchaus weite Strecken zurücklegen können. Derartige Trawler mit überstarken Maschinen haben einen tiefen V-Rumpf und einen beträchtlichen Aktionsradius. Der große Unterschied zwischen den Rümpfen von Halbgleitern und Verdrängern liegt in ihrer unterschiedlichen dynamischen Stabilität, also in der Frage, wie schnell ein Boot »nach einer Störung in einer abklingenden periodischen Bewegung wieder in seine Ausgangslage zurückkehrt« (Marchaj: Seetüchtigkeit – der vergessene Faktor, Delius Klasing Verlag 1988). Ein schnell fahrendes Boot hat eine größere dynamische Stabilität als ein langsam fahrendes. Zudem ist es einerseits kursstabiler und andererseits wendiger aufgrund größerer Ruderwirkung. Die Halbgleiter besitzen in der Regel zwei starke Motoren und oberhalb der beiden Propeller je eine Trimmklappe. Durch Veränderung der Trimmklappen insgesamt, aber auch einzeln kann man die dynamische Stabilität positiv beeinflussen. Mit ihrer Hilfe kommt man bei wenig Fahrt in rauer See gut zurecht.

Es bleibt: Das wichtigste Mittel, Halbgleiter und Vollgleiter unbeschadet durch schwere See zu steuern, ist der Gashebel. Durch Veränderung des Propellervortriebs über den Gashebel kann man den Bug je nach Wunsch anliften oder absenken und die Heftigkeit des Aufpralls auf heranrollende Wellen bestimmen. Die Geschwindigkeit, mit der man eine Welle nimmt, ist der Hauptgrund dafür, ob man auf der Wellenspitze von der Welle abhebt oder nicht. Es ist ein spektakuläres Bild, wenn ein Boot durch die Welle schießt und frei in der Luft hängt. Aber auf Dauer ist diese Fahrweise eher ineffektiv, denn wenn das Boot bis zum Propeller aus der Welle schießt, verliert der Propeller den Kontakt zum Wasser und somit den Vortrieb. Darüber hinaus werden das Boot, die Motoren und die Crew enorm beansprucht. Als wir vor einigen Jahren mit einem 15 m langen Boot mit tiefem V-Rumpf einen neuen Round-Britain-Rekord aufstellen wollten, legten wir fest, das Boot dürfe niemals von der Wasseroberfläche abheben. Wir hatten das Gefühl, nur so die 44 Stunden durchstehen zu können.

Es gibt vermutlich nur wenige Fahrtensegler, die solche Heldentaten vollbringen wollen. Dennoch gelten für sie die gleichen Regeln. Wenn jemand in Schwerwetter und schweren, von vorne anrollenden Seegang gerät, ist exaktes und sorgfältiges Gasgeben unerlässlich. Nur so gelingt es, das Boot so behutsam wie möglich durch die See zu steuern. Das heißt aber nicht, dass man unbedingt die Geschwindigkeit bis auf Verdrängerfahrt reduzieren muss. In vielen Fällen ist es gescheiter, den Bug durch höhere Geschwindigkeit anzuliften, damit nicht soviel Wasser aufs Vordeck knallt, und die Trimmklappen hoch zu fahren. Die wirken allerdings in der Regel erst ab 12–15 kn Fahrt, wenn der Rumpf auf die eigene Bugwelle klettert.

Solange die See noch nicht zu rau ist, kann man auch einen Rumpf mit tiefem V hochkriegen und trotz des Aufschlagens auf die Wellen mit einer bestimmten Trimmklappenstellung vor der See ablaufen. Gleichwohl werden die Wellen immer wieder Einfluss auf den Trimm nehmen. Viel hängt von der Wellenhöhe ab. Ist das Boot gut getrimmt, gleitet es praktisch über die Wellenspitzen. Damit es in dieser Lage bleibt, braucht man nur noch die Stellung des Gashebels zu verändern. Das größte Problem ist jedoch, das Boot in diese Lage zu bringen. Das gelingt nur, wenn man sich beim Beschleunigen von ein paar ungemütlichen Wellen nicht aus der Fassung bringen lässt.

Gelingt das Trimmen, kann es einen riesigen Spaß machen, ein Boot in Gleitfahrt über die Wellen zu jagen. Es singt förmlich, wenn es so dahinfliegt. Da die vorbeifliegenden Wellen den Rumpf unterschiedlich beeinflussen, ist die Abstimmung enorm wichtig. Dazu gehören der Powertrimm, der bei Außenbordern und Z-Antrieben durch Neigungsverstellung des Propellerschaftes erreicht wird (Schaft vom Ruder weg = Bug steigt), durch die Einstellung der Trimmklappen bei Halbgleitern (Klappen einfahren = Vorschiff anheben) und durch das Spiel mit dem Gashebel. Gelingt es einem, das Boot damit in eine flache Wasserlage vor der nachlaufenden See zu bringen, kommt man selbst bei relativ hohen Wellen schnell nach Lee voran. Es braucht wohl nicht mehr betont zu werden, dass es eine gehörige Portion Mut verlangt, das Boot so an den Hörnern zu packen und es in diese Lage zu puschen.

Das ist jedoch keine Technik für Freizeitskipper. Als ich das bis dahin größte Boot der Welt mit tiefem V-Rumpf von England nach Griechenland zur Auslieferung überführte, brachten wir es in Gleitfahrt und liefen selbst dann weiter vor der See ab, als der Mistral einsetzte und das Mittelmeer in eine garstige See verwandelte. Das 26 m lange Patrouillenboot war für die griechische Marine bestimmt. Wir standen vor der Entscheidung, eine lange Nacht mit Verdrängerfahrt auf See dahinzuschlingern oder zu versuchen, bei stark auffrischendem Wind mit Höchstgeschwindigkeit in ein paar Stunden den Hafen zu erreichen. Man entscheidet sich für die zuletzt genannte Technik leichter, wenn man vor der See ablaufen kann und ein Schutzhafen oder die sichere Küste in erreichbarer Nähe ist. Voraussetzung ist ein stabiles Boot. Ein Halbgleiter eignet sich weniger.

In dieser Form vor der See abzulaufen erfordert nicht nur ein geeignetes Boot, sondern auch gute Nerven und eine anhaltend starke Konzentration. Das Risiko, dass plötzlich eine größere Welle als der Durchschnitt hinter einem auftaucht und die minimale Balance des Bootes zerstört, ist nicht gering. Ein guter Mann am Gas konzentriert sich absolut auf jede einzelne Welle, die von achtern heranrollt. Er stellt den Gashebel instinktiv so ein, dass der Bug den Wellenkamm durchschneidet. Die Welle liftet das Boot so wenig wie möglich an und es bleibt auf nahezu ebenem Kiel. Es bedurfte schon einer Menge Mut, die Motoren des griechischen Patrouillenbootes aufzudrehen. Und in der Tat setzten wir heftig und nass in die ersten zwei oder drei Wellen. Als schließlich das Boot aus dem Wasser kam, konnten wir mit leicht heruntergefahrenen Trimmklappen und nahezu 30 kn Fahrt über die Kämme sausen. Ich selbst hatte das für ein Boot dieser Länge nie für möglich gehalten.

Einer der wichtigsten Faktoren beim Ablaufen vor schwerer See mit einem Gleitboot ist der geschickte und sensible Umgang mit dem Gas. Viele neigen dazu, den Gashebel deutlich zurückzustellen, wenn sie eine große Welle heranrollen sehen. Sie möchten den Aufprall lindern. Damit endet die Gleitfahrt, der Bug senkt sich, und es besteht eher die Gefahr, dass eine große Welle in dem Moment an Deck steigt, in dem der Bug von ihr begraben wird, als dass sie unter dem Rumpf durchläuft. In dem meisten Fällen genügt eine leichte Zurücknahme des Gashebels, um die Geschwindigkeit der Zuggeschwindigkeit der Welle anzupassen. Das verändert zum einen den Trimm des Bootes und zum anderen das Vorankommen unwesentlich. Aus diesem Grunde bevorzuge ich eine Schaltung, bei der Gas- und Ganghebel getrennt sind. Damit kann man das Boot viel feiner und dosierter durch eine schwere See steuern.

See von vorn

Wir haben bei den Erläuterungen zum Umgang mit dem Gashebel schon viele Aspekte angerissen, wie man durch eine von vorn anrollende See kommt. Mit einem Boot bei nachlaufender See die Wellen hinunterzusurfen, ist nur begrenzt möglich. Mit einer Fahrtenyacht ist das kaum denkbar. Sie wird mit den schnellen Kurs- und Geschwindigkeitsänderungen kaum fertig, obgleich sie, wenn die Dinge einmal außer Kontrolle geraten sollten, eher einen heftigen Aufprall schadlos übersteht. In der Regel ist aber niemand an Bord, der die Ausdauer hat, lange Zeit am Ruder zu stehen und sich stark zu konzentrieren. Zudem sind diese Boote nicht so gebaut, dass man vom Steuerstand aus einen guten Überblick hat und die anrollenden Wellen frühzeitig deuten kann. Die Sichtbeeinträchtigung durch die Windschutzscheibe selbst oder durch Gischt verhindert vielfach das rechtzeitige Erkennen der Wellenform.

Unter diesen Bedingungen wird man seinen ganzen Ehrgeiz daran setzen, eine Gashebelstellung zu finden, bei der das Boot angenehm durch die Wellen geht und man es sich selbst überlassen kann. Ist der Seegang noch moderat, kommt man gut voran, insbesondere bei längerer Passage. Dann braucht man nicht ununterbrochen angestrengt am Ruder zu stehen. Möglicherweise kann man sogar die Selbststeueranlage einschalten und gemütlich dahinfahren. Bei einem Gleitboot muss man das breite Spektrum der Wellenformen und -höhen immer im Hinterkopf haben. Wer sich entschließt, den Gashebel festzusetzen und nicht ständig am Steuerstand zu stehen, sollte die Stellung so wählen, dass das Boot selbst eine größere Welle bequem und sicher nimmt. Es sollte nie gefährlich und ungemütlich unter Deck werden.

Wenn die Bedingungen sich zu verschlechtern beginnen, ist in der Regel schnell einer am Gashebel. Die Schiffsbewegungen machen es schon deutlich, ob man übertreibt und das Boot zu hart in die Wellen puscht. Bei den modernen, schnellen Motorkreuzern ist der schwächste Punkt die Mannschaft selbst. Sie bildet in der Regel das größte Sicherheitsrisiko. Wenn die Schiffsbewegungen für die Mannschaft unbequem werden, dann wird das Boot bestimmt zu hart in die Wellen getrieben. Ein leichtes Zurückstellen des Gashebels macht die Fahrt erheblich komfortabler.

Ist der Punkt erreicht, an dem es immer schwieriger wird, eine angenehme Geschwindigkeit zu finden und das Boot auf geradem Kiel zu halten, gibt es zwei Möglichkeiten. Im ersten Fall verringert man die Fahrt und geht in Verdrängerfahrt über. Da die meisten Gleitboote jedoch im Bugbereich nur wenig Freibord haben, ist diese Entscheidung nicht die beste. Bei den geringsten Zweifeln ist es wohl am klügsten, sich für eine aktive Lösung zu entscheiden. Das Geheimnis, einen Gleiter durch die von vorn anrollende See zu steuern, liegt ganz einfach darin, dass man ununterbrochen mit dem Gashebel die Geschwindigkeit den Bedingungen anpasst. Von großem Vorteil sind Trimmklappen, mit denen man bei Gleitfahrt den Bug nach unten drückt. Ähnlich ist es mit dem Verstellen des Propellerschaftes bei Außenbordern. Beide Vorrichtungen helfen, das Boot bei solchen Bedingungen in Balance zu halten.

Die andere Möglichkeit ist, den Kurs zu ändern. Eine Änderung um 20° kann das Verhalten des Bootes total verändern. Wer vom Wind abfällt und den Sollkurs zum Ziel aufgibt, gewinnt insofern, als die Welle länger und nicht mehr so steil ist. Das macht den Ritt über die Wellen erheblich komfortabler. Um wie viel man den Kurs ändern sollte, muss man ausprobieren. Vielleicht muss man bei einer gelegentlich sehr hohen Welle mehr auf sie zuhalten und die Fahrt reduzieren oder Fahrt aufnehmen und abfallen, um dem bereits brechenden Teil der Welle zu entkommen.

Querlaufende See

Mit einem Gleitboot über querlaufende See zu schießen kann Hochgefühle erzeugen. Wenn man schnell über die Wellen kommen will, muss man sich enorm konzentrieren. Selbst bei leicht achterlicher See muss man die Wellen vor dem Bug ständig im Auge behalten. Ansonsten passiert es leicht, dass das Boot seitlich getroffen wird und man einige Schrecksekunden erlebt. Rollt die See gleichmäßig, ist es kein Problem, das Boot über die Welle zu tragen. In einem angenehmen Rhythmus gleitet es von einem Wellenkamm zum nächsten. Das passiert jedoch nur sehr selten, weil die Wellen in der Regel ganz unregelmäßig von der Seite anrollen. Es kommt sehr leicht vor, dass man plötzlich vor einer nahezu senkrechten Welle steht bzw. dass eine Welle zusammensackt und man vom Kamm ins Tal fällt. Wenn das Boot mit zu hoher Geschwindigkeit durch den Wellenkamm schießt, ist der Aufprall im nachfolgenden Wellental grausam. Um das zu vermeiden, muss man die Welle richtig deuten, richtig steuern und die richtige Geschwindigkeit wählen.

Wer bei querlaufender See die Wellen beobachtet, stellt fest, dass einige beträchtlich höher sind als andere. Einige haben sanfte Neigungen, andere sind wie steile Berge mit tiefen Tälern. Nur wenige haben einen langgestreckten Kamm. Man kann leicht die flacheren Gebiete ausmachen und mit Ruder und Gashebel um die schlimmsten Wellen herumsteuern. Das sind solche, die kurz davor sind, sich aufzutürmen. Man ist überrascht, wie angenehm man die Wellen ausreiten kann, wenn man in dieser Form fährt. Es besteht jedoch kein Zweifel daran, dass man das nur mit höchster Konzentration und mit einem feinen Händchen am Gashebel und Ruder erreicht. Vielfach ist es schwer, unter diesen Bedingungen eine gute Ruderkontrolle zu behalten, weil man ja nur mit einer Hand steuern muss. Da man sich aber meistens nur auf eine Sache konzentrieren und sie richtig machen kann – und das bedeutet: mit beiden Händen ins Ruder greifen –, ist es bei solchem Seegang gescheit, den Gashebel auf eine konstante Geschwindigkeit einzustellen.

Bei starkem Seitenwind meint man, es sei deutlich leichter abzufallen, als in den Wind zu halten. Deshalb laufen viele ab, wenn sie einem bedrohlich nahe kommenden Brecher ausweichen wollen. Wenn jemand also um einige Grade vom Wind abgefallen ist, bedeutet das nicht, dass nun die Wellen nicht mehr von vorne kommen. Um einzelne Wellen durchzulassen, muss er gelegentlich noch weiter abfallen. Steuert er aber in den Wind, ist die Chance größer, die Welle vor dem Bug durchzulassen und in das ruhigere Wasser dahinter zu kommen. Keine Welle ist wie die andere. Jede muss einzeln beurteilt werden. Ein wichtiges Gesetz der Navigation ist: Je mehr man den Kurs in Richtung der Fortpflanzung der Wellen ändert, um so mehr kommt man von dem ursprünglichen Kurs ab.

Wenn der Wind nicht direkt querab einfällt, sondern eher 30–40° achterlicher als querab, lässt sich die gleiche Technik anwenden, um das Boot durch die Wellen oder die weniger steilen Teile zu steuern und um gut voranzukommen. Diese Technik lässt sich sogar auf recht raue See übertragen. Nimmt der Seegang jedoch noch stärker zu, wächst gleichzeitig die Gefahr, Fehler zu machen. Noch mehr Konzentration ist notwendig. Solch ein Ritt über die Wellen kann atemberaubend sein; man geht aber ein hohes Risiko ein und kann am Ende von den Füßen gerissen werden.

Es ist wichtig, sich Gedanken darüber zu machen, wie sich schnelle Boote – insbesondere die mit tiefem V – bei Ruderwirkung in den Wind neigen. Das wird ganz deutlich, wenn der Wind querab einfällt. Wenn man das Boot mit Hilfe der Trimmklappen in Gleitfahrt gebracht hat und es nun um eine Welle herumsteuern will, legt es sich seitlich in die Kurve, und das kann bei querlaufender See ungemütlich werden. Das passiert besonders dann, wenn einer versucht, den Bug in den Wind zu drehen, um einer scheußlichen Welle voraus auszuweichen. Dabei läuft er Gefahr, dass eine starke Welle mit ungeheurer Wucht gegen den flachen Teil des V-Rumpfes donnert. Hierbei wäre es egal, in welche Richtung er abgedreht wäre.

Man kann das nur vermeiden, indem man vorsichtig den Kurs ändert und den Längstrimm des Bootes nicht zu stark verändert.

Nachlaufende See

Mit einem Motorboot vor nachlaufender See abzulaufen, kann aufregend sein. Man hat nicht nur das Vergnügen, mit Vollgas zu fahren, sondern man bekommt auch das Gefühl einer relativ sicheren Fahrt. Das liegt daran, dass zwischen den einzelnen Wellen viel mehr Zeit vergeht als bei See von vorn. Die Geschwindigkeit, mit der sich die Wellen fortpflanzen, steht in Relation zu der Wellenlänge. Kleine Wellen ziehen mit 12–15 kn, größere – bei etwa Bft 5–6 – mit 15–20 kn. In Küstengewässern findet man kaum Wellen, die sich mit mehr als 20 kn fortpflanzen; es sei denn bei Dünung mit beträchtlich längeren Wellen und folglich höherer Fortpflanzungsgeschwindigkeit. Aber solche Wellen haben eine sehr flache Neigung und nehmen somit kaum Einfluss auf die Bootsgeschwindigkeit. Ein Gleitboot mit halber Kraft voraus kann selbst dann von nachlaufenden Wellen überholt werden, wenn es doppelt so schnell fährt, wie die Wellen sich fortpflanzen. Dann ist aber immer noch genügend Zeit dafür, dass sich das Boot ohne große Trimmveränderungen nach jeder Welle wieder stabilisiert.

Auf Booten, die bis zu 30 kn schnell sind, kann man einfach den Gashebel feststellen und das Boot seinen eigenen Weg finden lassen. So kommt man sehr schnell voran. Vieles hängt von der Höhe der Wellen und ihrer Fortpflanzungsgeschwindigkeit ab. Ein Problem entsteht, wenn das Boot die Rückseite einer Welle erklimmt. Dabei scheint es Fahrt zu verlieren. Es klettert sozusagen auf einen Berg und legt – auf der Spitze angekommen – gewissermaßen für einen Moment eine Pause ein, bis sich ein Teil des Bugs über den steilen, windabgewandten Teil der Welle geschoben hat. Hier verändert sich ganz plötzlich der Trimm. Wer solch eine Situation erlebt, hat das Gefühl, als liefe alles wie im Zeitraffer ab. Anders betrachtet: Das Boot auf dem Wellenberg bewegt sich etwas schneller als die Welle selbst. Das hat zur Folge, dass man einen deutlichen Wechsel im Fahrverhalten spürt, wenn das Boot auf die vom Wind abgewandte Seite der Wellen abkippt und plötzlich enorm Fahrt aufnimmt. Diese Beschleunigung beruht auf der verstärkten Wirkung des Propellers und der Schwerkraft. Wenn nun das Boot die Welle hinuntersurft und sich der Bug tief in die vorauslaufende Welle bohrt, hat man die rauen Bedingungen nicht richtig eingeschätzt und vergessen, die Bootsgeschwindigkeit auf die Form des Rumpfes und die Fortpflanzungsgeschwindigkeit der Wellen abzustimmen. Bei einem Boot mit breitem Bug ist solch ein Aufprall gewaltig. Das Boot wird förmlich aus der Bahn geworfen.

In solch einer immer ungemütlicher werdenden Situation, bei der Wind und Seegang zunehmen, gibt es zwei Mittel. Erstens: Wenn man die Bootsgeschwindigkeit erhöhen kann, verringert man die Verweildauer auf dem Wellenberg und somit die dramatische Trimmveränderung auf dem Kamm. Zweitens: Wenn man nicht weiter an Fahrt zulegen kann, lässt sie sich zumindest so weit reduzieren, dass man wie ein Wellenreiter auf der vom Wind abgewandten Seite hinuntergleitet und gewissermaßen Frieden mit der Welle hält.

Verschwindet eine Welle vor dem Bug oder bricht sie, kann man den Gashebel durchdrücken und beschleunigen. Das führt zu einer ruhigeren und angenehmeren Fahrt. Diese Taktik sollte man auf alle Fälle wählen, wenn die Bedingungen einen Punkt erreichen, bei dem man das Gefühl bekommt, dass man pfleglicher mit dem Boot umgehen sollte. Auf der Rückseite der Welle gewissermaßen hinunterzusurfen erfordert eine gehörige Portion Konzentration, denn plötzlich kann hinter dem Boot eine Riesenwelle stehen, die schneller ist als das Boot. Wenn man solch ein Ungetüm nicht rechtzeitig erkennt und Vollgas gibt, ist eine Kenterung so gut wie sicher.

Mit einem Gleitboot vor nachlaufender See und bei mehr als Bft 7 abzulaufen kann der sicherste Weg sein, um voranzukommen – vorausgesetzt allerdings, man hat ein seetüchtiges und zuverlässiges Boot. Auf solch einem Kurs kann man schnell viele Meilen zurücklegen, zumindest mit der gleichen Geschwindigkeit, mit der die Wellen ziehen. Dazu braucht man sich nur auf die Rückseite einer Welle zu legen und mit gelegentlich verminderter Fahrt zu warten, bis sie vor dem Bug zusammenfällt oder bricht. Dann kann man wieder beschleunigen. Dies ist aber keine gute Taktik bei großen Distanzen, weil sie sehr schnell müde macht und die Konzentration nimmt. Wie bereits gesagt: Die Überschrift dieses Spiels lautet Konzentration. Kleinste Fehler haben große Wirkung.

Die gleiche Technik benutzt man, wenn man in einen Hafen einläuft. Vor einer Hafeneinfahrt liegt vielfach eine Barre, auf der eine Grundsee steht. Da muss man hindurch mit Wind und See von achtern. Es gibt aber viele Situationen – dazu gehören auch Hafeneinfahrten –, die ein Verdrängerboot überfordern bzw. bei denen das Risiko, von einem nachrollenden Brecher quergeschlagen zu werden und die Ruderkontrolle zu verlieren, viel zu groß ist. Mit einem Gleitboot hat man eher die Chance, sich die Position zu den Wellen aussuchen zu können, sich auf die Rückseite einer steilen Welle zu legen und auf ihr gewissermaßen in den Hafen zu reiten. Bricht die Welle vor dem Bug, kann man über den Brecherschaum hinwegfahren und sich vor die nächste Welle legen usw., bis man das Gebiet mit den Brechern hinter sich gelassen hat. Dazu braucht man sicher Nerven und Konzentration. Nur wenn nichts schiefgeht oder ausfällt, gelingt es.

Bei nachlaufender See gibt es das Problem, dass die Stabilität bei niedriger Gleitgeschwindigkeit von etwa 18 oder 20 kn verlorengeht. Die dynamische Stabilität des Rumpfes, die mit zunehmender Geschwindigkeit wächst, verringert sich rapide, wenn man durch den auslaufenden Schwall einer vor dem Bug brechenden Welle fährt. Das ist deshalb wichtig, weil sich beim Passieren einer Welle zusätzlich die Gewichtsstabilität reduziert. Das kann dazu führen, dass sich das Boot stark zu einer Seite neigt. Fliegt es in diesem Moment förmlich übers Wasser, kann es ungemein heftig auf der einen oder anderen flachen Seite des Rumpfes aufschlagen. Solch ein Verlust an Stabilität führt wohl kaum zu einer Kenterung, er erschwert jedoch erheblich das Handling des Bootes. Wenn sich die Stabilität in dieser Form verändert, muss man den Gashebel zur rechten Zeit einsetzen. Dadurch erhöht man das dynamische Verhalten des Bootes und richtet den Bug auf, wenn man einen Wellenkamm durchstößt. Das spürt man sofort, wenn das Boot stark rollt und die Ruderwirkung nachlässt. Gerät man in solch eine Situation, die bei sehr schnellen Booten häufiger vorkommt, muss man Gas geben und nicht etwa die Fahrt drosseln.

Wenn man bei langsamer Fahrt eine Welle überholt, wird man die Trimmklappen nach oben fahren, um dem Bug die Möglichkeit zu geben, so weit wie möglich anzuliften, und um ein Abtauchen zu vermeiden. Aus dem gleichen Grund verkürzt man bei einem Powertrimm den Abstand zwischen Boot und Heck. Man darf sich jedoch nicht zu viel von der Wirkung dieser Trimmänderungen bei langsamer Fahrt versprechen.

Auf Gleitern oder Halbgleitern kann man sich bei rauer See nicht in der Form entspannen wie bei Verdrängern. Diese Boote sind in der Regel leichter gebaut und kommen nicht so gut mit schweren Seeschlägen zurecht. Selbst bei langsamer Fahrt findet man gelegentlich keine optimale Lösung. Das zeigt sich besonders beim Eintauchen des Bugs bei einem Vollgleiter bzw. einem Verdränger. Halbgleiter verhalten sich da etwas besser, weil sie im Bugbereich voller sind.

Wir haben schon mehrfach auf die notwendige Konzentration in schnellen Booten hingewiesen. Die wird jedoch in der Nacht zum Hauptproblem, weil man weder die Wellen heranrollen sieht noch ihre Form erkennen kann. Dann ist es höchste Zeit, das Boot ohne Rücksicht auf das Ziel auf den angenehmsten und am wenigsten anstrengenden Kurs zu legen. Natürlich hängt vieles von den Bedingungen ab, aber ein Kurs mit 30–45° gegen die Wellen ist der beste. Mit reduzierter Fahrt voraus und etwas Motorreserve kommt man mit Wellen, die gelegentlich höher sind als der Durchschnitt, gut zurecht.

In extrem hoher See

Wenn die Verhältnisse richtig schlecht werden, ist der beste Platz der im Hafen. Es kann jedoch manchmal schwieriger sein, in einen Hafen einzulaufen als draußen auf See zu bleiben. Gelegentlich herrscht vor der Hafeneinfahrt ein derart gefährlicher Seegang, dass man sich bei Wetterverschlechterung entscheiden muss, ob man draußen bleibt oder weiter

Kurs auf den Hafen hält. Das ist in jedem Fall eine schwere Entscheidung, weil die Ruhe in einem Hafen immer verlockend ist. Aber bevor man sich dazu entscheidet, muss man die Situation vor dem Hafen bedenken. Das ist besonders schwierig, wenn der Hafen an der Leeküste liegt und die See weit in ihn hineinrollen kann. Dann tritt das Gegenteil von dem ein, was man sich eigentlich erhofft hat. Statt Sicherheit und Ruhe nur Trouble.

Bleibt man draußen auf See, ist das Wichtigste, in Fahrt zu bleiben. Geschwindigkeit, Komfort und Stress stehen in direktem Zusammenhang. Langsame Fahrt bei Schwerwetter löst viele Probleme. Die Fahrt darf jedoch nicht so weit reduziert werden, dass die Steuerfähigkeit verlorengeht. Dann wird das Boot leicht von Brechern beschädigt. Zu wenig Fahrt voraus bedeutet zu wenig Ruderwirkung. Aufgrund dessen kann man nicht rechtzeitig und deutlich den Kurs ändern, wenn es notwendig ist. Zu wenig Fahrt ist gefährlicher als zu viel. Wenn sich die See derart aufbaut, dass man sich schon recht unwohl fühlt, muss man überlegen, welche Reserven noch da sind. Es könnte die Zeit gekommen sein, eine Überlebenstaktik anzuwenden und den Sturm abzuwettern, bis er nachlässt.

Es gibt keine Zauberlösungen in solch einer Situation. Man muss seine Entscheidungen von dem Bootstyp, von den äußeren Bedingungen, den eigenen Erfahrungen und deren Umsetzungen abhängig machen. Von Rettungsbooten erwartet man, dass sie mit solch extremen Bedingungen fertig werden und noch dazu anderen in Seenot geratenen Booten beistehen. Man kann von solchen Rettungsbooten lernen, wie sie operieren. Man sollte jedoch nicht vergessen, dass diese Boote ihre Schwerwettertauglichkeit nachgewiesen haben, bevor sie in raue See auslau-

fen. Zum einen sind sie extrem stabil, die Ausrüstung ist einsatzfähig und die Crew ist fit und eingespielt. Das sind die Grundvoraussetzungen, um extremes Schwerwetter zu überleben. Trotzdem besteht immer die Gefahr, erwischt zu werden. Ein kluger Skipper bereitet sich vor, trifft einige praktische Vorkehrungen für diesen Fall und stellt sicher, dass er und sein Boot topfit sind, bevor es auf See geht.

Wenn man in eine derart chaotische Situation gerät, ist es das Wichtigste, einen kühlen Kopf zu bewahren. Wo liegen die Schwachstellen des Bootes und der Ausrüstung? Ist die Crew fit für die anfallenden Aufgaben? Wo ist der nächste Hafen oder eine schützende Bucht? Was kann man dem Boot zutrauen und was nicht? Mit großen Windschutzscheiben kann man nicht unbedenklich gegen die See halten. Bei einem großen Heckcockpit muss man darauf achten, dass kein Brecher von achtern einsteigt.

Natürlich muss man bei laufender Maschine die Tankanzeige im Auge behalten, die Motorleistungen überprüfen, alle Hilfsaggregate und die Elektrik kontrollieren. Bei schwerer See genügt ein kleiner Fehler, der für sich allein unbedeutend sein mag, aber möglicherweise der Beginn einer Kettenreaktion ist, die schließlich im Desaster endet. Ich erinnere mich an einen Fall, bei dem ein Boot bei schwerem Seegang auf See brannte. Die ernste Lage war durch einen Bruch in der Ruderanlage ausgelöst worden, die mit Zugseilen und Umlenkrollen funktionierte. Ein Zugseil war durchgescheuert und schließlich gebrochen. Hätte Zeit bestanden, wäre der Schaden nicht zu groß gewesen, um ihn zu beheben. Aber ohne Ruder legte sich das Boot quer zur See und geriet heftig ins Rollen. Das erschwerte die Reparatur. Sie wurde aber besonders schwierig, weil sich die Batterien aufgrund des starken Rollens losgerissen hatten und so lange hin und her rutschten, bis das Batteriekabel brach. Der Kurzschluss löste einen Brand aus. Der Eigner, der allein an Bord war, war froh, mit dem Leben davongekommen zu sein. Das mag ein außergewöhnlicher Fall sein, aber jeder Fehler an Boot oder Ausrüstung kann in einer Katastrophe enden. Eine gründliche Vorbereitung ist die stärkste Waffe bei Schwerwetter. Es ist wichtig, dass jedes Teil fest verzurrt und gesichert ist. Bei der Beurteilung der Situation muss man alle Faktoren in Betracht ziehen. Bestehen die geringsten Zweifel, sollte man schon rechtzeitig zur Überlebenstaktik greifen und so in den sicheren Bereich gelangen, bevor sich die Bedingungen noch weiter verschlechtern.

Mit einem Motorboot beizudrehen bedeutet, dass das Boot weiterhin in Fahrt gehalten wird – und ein Crewmitglied lange Zeit am Ruder stehen muss. Eine Alternative wäre, alle Luken dichtzumachen und das Boot sich selbst zu überlassen. Für mich ist diese Entscheidung nicht denkbar. Ich kenne aber mehrere Fälle von Motorbooten, die allein dahindrifteten und die Situation unbeschadet überstanden haben. Das Problem ist, dass wir lieber von solchen Fällen hören, die glücklich ausgegangen sind, als von denen, wo die Schiffe sang- und klanglos gesunken sind. Selbst wenn man völlig übermüdet ist, kann der letzte Funken an Aufmerksamkeit besser sein, als das Boot einfach treiben zu lassen. Wenn man nichts mehr

Beim Queren einer Barre vor einem Hafen ist höchste Konzentration erforderlich. (Foto: Dag Pike)

tun kann, neigt man dazu, sich mental aufzugeben. Diese Haltung ist schlecht für das Überleben. Ein stabiler Verdränger mag die Situation noch überleben; bei einem leichten Gleiter ist die Chance geringer.

Natürlich wird man versuchen, einen Kurs zu steuern, der das Boot sympathisch durch das Chaos bringt. Ein guter Skipper hat noch immer ein Ass im Ärmel. Es gibt die traditionellen Mittel für Schwerwetter wie Treibanker, Seeanker und Öl. Darüber ist schon viel geschrieben worden. Es gibt aber nur wenige Skipper aus der jüngeren Zeit, die Erfahrung damit haben, und noch weniger, die sie zum Überleben eingesetzt haben. Diese Mittel sind sicherlich nicht die Lösung aller Probleme, wie es manchmal dargestellt wird. Man sollte sich aber mit ihnen befassen, bevor man sie ablehnt. Das über alle Maßen gelobte Allheilmittel für jede Extremsituation auf See ist das Ablassen von Öl. Es gibt keinen Zweifel, dass die richtige Ölsorte unter bestimmten Umständen einen guten Effekt hat und die Wasseroberfläche in begrenztem Umfang glättet. Man sollte aber keine Wunder erwarten. Das richtige Öl ist nicht raffiniertes Fischöl; im Handel als »Sturmöl« angeboten.

Man findet selten ein Boot, das Öl für solche Zwecke an Bord hat. Wenn es so weit kommt, dass Öl ausgebracht werden soll, wird in der Regel nach Motoröl oder Dieselkraftstoff gegriffen. Dieselkraftstoff ist mehr oder weniger wirkungslos; Motoröl wirkt schon eher. Das ist nämlich weniger viskos und verteilt sich besser auf der Oberfläche. Um die Anzahl der Brecher zu verringern, hat es aber nicht den gleichen Effekt wie Fischöl. Alles in allem halte ich nicht viel von der Verwendung von Öl, ganz abgesehen von der Umweltverschmutzung.

Treib-, Seeanker und Öl sind Ausrüstungsteile, die man kaufen kann und die helfen können, schwierige Situationen zu überleben. Die beste Waffe aber ist eine fitte Crew, die darüber nachdenkt, was sie tut und wie sie es anpacken will. Bei einem Verdränger ist es das Beste, langsam zu fahren und die See entweder von vorne oder von achtern zu nehmen. Mit einem Gleiter kann man besser vor der See ablaufen – vorausgesetzt, man kann schneller fahren, als sich die Wellen fortbewegen. Gelingt das nicht, wendet man und richtet den stabilsten Teil des Bootes, den Bug, direkt oder nahezu in die Wellen und achtet darauf, dass man mindestens die Steuerfähigkeit behält. Geht es etwas schneller, dauert der Stress nicht so lange.

12. Schwerwettertaktik auf Mehrrumpfbooten

Gavin Lesueur

Kurswahl bei Schwerwetter

Das Segeln mit einem Mehrrumpfboot erfordert das gleiche seemännische Geschick wie jedes andere Seefahrzeug. Ob man mit einem Multihull in schwerem Wetter fertig wird, ist von mehreren Faktoren abhängig. Dazu gehören das Wissen um die Charakteristik eines Mehrrumpfbootes, die Nähe einer geschützten Bucht, die Richtung, in die man segeln möchte, die Gefahren beim Anlaufen einer Küste, insbesondere einer Leeküste mit Riffen, der Verlauf der Schifffahrtswege sowie die Einschätzung des vorhandenen Seegangs und seiner Entwicklung.

Dieses Kapitel konzentriert sich auf Fragen, worin sich das Handling von Multihulls und Monohulls beim Schwerwettersegeln unterscheidet. Nach der Erörterung der Konstruktionsunterschiede gehen wir insbesondere auf die Vorbereitungen für Schwerwettersegeln, die Schwerwettertaktiken, die Segeltechniken und die Ausrüstung ein.

Ein Multihull in Schwerwetter

Die Palette von Multihulls ist riesig breit. Schnelle Renntrimarane unterscheiden sich absolut von Katamaranen im polynesischen Stil oder Fahrtenkatamaranen bzw. -trimaranen. Trotzdem haben alle einiges gemeinsam. Sie nutzen für ihre Stabilität Breite statt Ballast. Sie haben wenig Tiefgang, auch wenn sie mit einem Kiel ausgerüstet sind. Viele haben Steck- oder Kielschwerter, um ihre Leistungen an der Kreuz zu verbessern. Das Rigg ist aufgrund der Anfangsstabilität höheren Belastungen gewachsen. Die Fläche an Deck ist grundsätzlich größer. Die Schiffsbewegungen unterscheiden sich bei den unterschiedlichen Konstruktionen erheblich. Gegenüber einem gleich langen Monohull segelt ein Multihull aufgrund seines Lateralplans einerseits aufrechter, andererseits sind die Stampfbewegungen abrupter und deutlicher. All diese den Multihulls gemeinsamen Merkmale fließen in die Techniken ein, mit denen die Crews auf Multihulls Schwerwetter sicher überstehen.

Beim Kauf eines Multihulls für das Blauwassersegeln sind Größe (Länge und Breite), Zuladung, Konstruktion und Form Faktoren, die es zu bedenken gilt. Je nach Fahrtgebiet und Länge der Passagen sind Trinkwasser- und Dieselkapazität wichtig. Multihulls, die vielfach eine Zuladung von der Hälfte ihres Leergewichtes haben, sind nicht nur überladen, sondern in hohem Maße strukturell gefährdet.

Die Entscheidung für einen Katamaran statt eines Trimarans ist subjektiv. Beide haben nahezu die gleiche Leistung. Der Trimaran segelt etwas höher am Wind, vermittelt das Gefühl eines Monohulls, erfordert aber bei hoher See vor dem Wind mehr Aufmerksamkeit. Fahrtenkatamarane gibt es in den unterschiedlichsten Formen, mit Brückendeck oder nicht, mit Trampolin oder einem festen Vordeck, mit Kiel oder Schwertern. Diese Unterschiede beeinflussen das Gewicht, die Fähigkeit an der Kreuz und die Gesamtleistung. Der traditionelle Fahrtenkatamaran segelt in der Regel gut vor dem Wind und vermittelt dabei ein einzigartig gutes Gefühl im Vergleich zu Trimaranen und Monohulls. Er kann aber auch bei entsprechender Konstruktion relativ gut am Wind segeln.

Kiele und Schwerter haben Vor- und Nachteile. Ein Kiel ist bei Grundberührung und Trockenfallen unkomplizierter. Außerdem schützt er den Propeller. Mit Kielen kann man jedoch nicht so hoch am Wind segeln wie mit Schwertern. Außerdem lassen sie sich nicht wie Schwerter auf Vorwindkursen einziehen, um die Geschwindigkeit zu erhöhen, was unter Umständen ein echter Vorteil sein kann.

In jedem Grundmodell stecken viele Eigenschaften, die ein Mehrrumpfboot für Schwerwettersegeln prädestinieren. Um die Gefahr einer Kenterung zu reduzieren, sollte es möglich sein, Treibanker oder Fallschirmanker auszulegen. Dafür braucht man sehr stabile Führungen und Klampen, über die man die Länge der Verbindungsleinen einstellen kann. Die Decksaufbauten, Luken und Fenster müssen einen Wellenschlag überstehen können. Zur Segelgarderobe sollten eine richtige Sturmfock und ein »Sturmgroß«, das heißt ein Großsegel mit einem vierten Reff gehören. Auf Deck müssen ausreichend viele Befestigungspunkte für die Sicherheitsleinen sein, damit man jeden Punkt an Deck sicher erreichen kann. Ganz wichtig sind Fluchtluken, durch die man aus den Rümpfen klettern kann,

wenn der Multihull völlig durchgekentert ist, außerdem rutschfeste Beläge unter dem Brückendeck sowie ein Zugang zum Rettungsboot, den Rettungsmitteln und Vorräten.

Es gibt eine breite Palette von Konstruktionsmerkmalen, die einen Rumpf für das Schwerwettersegeln geeignet machen. Dazu gehört an erster Stelle, dass die Gesamtstruktur keine Fehler aufweist, die Rümpfe ausbalanciert sind, damit sie nicht stampfen, und dass Schiffsbreite und Rigghöhe aufeinander abgestimmt sind, um das Risiko einer Kenterung zu minimieren. Moderne Kreuzerkatamarane und -trimarane haben Kollisionsschotts und genügend Reserveauftrieb, damit sie über Wasser bleiben, wenn ein Rumpf ein großes Loch hat. Bei den meisten Multihulls ist der Reserveauftrieb im Bugbereich. Dadurch verhindert man gleichzeitig ein zu heftiges Stampfen oder Eintauchen der Bugspitzen.

Von Bedeutung ist die Wahl zwischen Außenborder oder Einbaumotor. Bei Katamaranen heißt das, sich entweder für einen unter dem Brückendeck aufgehängten Außenborder oder für zwei in den Rümpfen aufgestellte Motoren zu entscheiden. Dieselmotoren haben einen geringeren Treibstoffverbrauch, bringen ausreichend Leistung auf den Propeller und eignen sich außerdem als Antrieb für Generatoren oder Kühlaggregate. Der Treibstoff ist nicht so leicht entflammbar. Von Nachteil ist, dass sie sehr schwer und teuer in der Anschaffung sind. Benzinmotoren sind beliebt, weil sie leichter sind. Die modernen Viertakter haben Hochleistungspropeller und Turbolader. Außenborder werden in der Regel am Heck, seltener im Rumpf oder direkt vor dem Ruder montiert. Das hat zur Folge, dass sie bei schwerer See viel Luft schnappen und das Schiff gegen den Wind kaum voranbringen. Wenn ein Katamaran in jedem Rumpf einen getrennt steuerbaren Motor hat, ist er exzellent zu manövrieren. Hinzu kommt, dass man immer noch einen zur Verfügung hat, wenn einer ausfällt oder zeitweilig gewartet werden muss.

Schwerwetter meiden

Normalerweise kann man Schwerwetter durch den Empfang von Wetterberichten aus dem Wege gehen und dadurch, dass man die Geschwindigkeit eines Multihulls nutzt, um die betroffenen Seegebiete zu meiden, in einen geschützten Hafen segelt oder zumindest in eine weniger stürmische Region ausweicht. Dafür ist es notwendig, die Durchschnittsgeschwindigkeit des Multihulls realistisch einzuschätzen. Man braucht eventuell neue Geschwindigkeitsrekorde und die Fähigkeit, Wetterkarten richtig lesen und sie auf extreme Bedingungen übertragen zu können. Meistens wird die Fahrt verlangsamt, um mit der Müdigkeit fertig zu werden. Dadurch kann sich jedoch die Lage erheblich verschlechtern.

Bei den meisten Regatten rund England und Australien betrug die Durchschnittsgeschwindigkeit eines 18 m langen Renntrimarans 9 kn, eines Fahrtenkatamarans 5 kn, einschließlich Windstillen, Stürmen, Beidrehen und Nachschleppen eines Treibankers. Die Durchschnittsgeschwindigkeit der größten Renntrimarane und -katamarane bei Nonstop-Weltumsegelungen liegt bei nur 15 kn. Wenn man Schlechtwettergebiete meiden will, braucht man gelegentlich nicht mehr als 50 sm bis zum sicheren Hafen oder Ankerplatz. Wer eine hohe Durchschnittgeschwindigkeit als Sicherheitsreserve einplant, spielt mit der Gefahr. Es gibt ein paar einfache Regeln für das Segeln in Wirbelstürmen. Multihullsegler sollten sie kennen, wenn sie in gefährdeten Gebieten segeln.

Die Fähigkeit, schnell in ein anderes Seegebiet zu segeln, kann man auch nutzen, um Seeraum für das Nachschleppen eines Treibankers oder – wenn die Bedingungen äußerst extrem werden – Ausbringen eines Seeankers zu gewinnen. Vielleicht ist man gezwungen, Schifffahrtswege zu meiden. Wenn man dort bei schlechter Sicht und schwerem Seegang vor Seeanker liegt, ist das Risiko hoch, überlaufen zu werden. Der Schlüssel, um Schwerwetter auszuweichen, ist zu wissen, wie schnell der Multihull in der momentanen und zu erwartenden Situation wirklich ist.

Vorbereitungen für Schwerwetter an Deck

Wenn Sturm auf See zu erwarten ist, muss das Deck aufgeräumt werden, damit das Leben sicherer und einfacher wird. Es ist zu erwarten, dass der Multihull mit starkem Wind und hohen Wellen konfrontiert wird, die sowohl auf das Deck als auch durch die Trampolindecks stürzen. Es kann notwendig werden, einen Treibanker nachzuschleppen oder einen Fallschirm-Seeanker auszubringen, eine Sturmfock oder ein Trysegel zu setzen oder vor Topp und Takel abzulaufen. Werkzeuge und Geräte für den Notfall müssen griffbereit sein. Alle Vorsichtsmaßnahmen für eine mögliche Kenterung müssen getroffen sein. Beim ersten Anzeichen eines anrückenden Sturms sind alle Einzelheiten auf dem Seenotplan durchzugehen. Stürmt es bereits, ist es zu spät.

Das Folgende kann an Deck für den schlimmsten Fall vorbereitet werden: Sämtliche Gegenstände – so weit wie möglich – unter Deck verstauen. Alle Dinge, die an Bord bleiben müssen, wie Dingi, Surfbrett, Reservekanister, doppelt festlaschen. Es darf nichts auf dem Trampolinnetz bleiben. Von unten hochspringende Wellen können genauso viel zerstören wie solche, die auf das Deck knallen. Der übelste Platz für ein Dingi ist auf dem Trampolin. Alle unnötigen Leinen entfernen und griffbereit unter Deck verstauen. Nachgeschleppte Leinen können sich leicht im Ruder verfangen. Da ein Multihull nur wenig Tiefgang und Verdrängung hat, kommt das Heck regelmäßig aus dem Wasser. Das ist der Grund, warum jede nachgeschleppte Leine ein Desaster förmlich anzieht.

Ist das Dingi am Heck an Davids aufgehängt, muss der Außenborder abgenommen und dem Dingi eine Plane übergezogen werden, damit es kein Brecher randvoll mit Wasser füllen kann. Vielleicht ist es besser, es umgedreht an Deck zu laschen. Bei Schlauchbooten die Luft ablassen.

Den Fallschirm-Seeanker und die Schleppleinen zum Ausbringen vorbereiten. Es ist besser, der Wetterverschlechterung zuvorzukommen als zu warten, bis es nicht mehr sicher ist, an Deck zu gehen und diese Dinge auszubringen.

Der Rudergänger muss bequem Zugang zu wichtiger Ausrüstung haben wie Schwerwetterkleidung, Rettungsweste mit Sicherheitsleine, einer weißen Signalrakete, um Schiffe in der Nähe zu warnen, reichlich Kleinigkeiten zum Essen und Getränke, Fernglas und Taschenlampe.

Schwerwettersegel

Kein Mehrrumpfboot sollte den Hafen ohne eine Sturmfock verlassen. Sie kann zum Lebensretter werden, wenn man sich von einer Leeküste freikreuzen muss oder wenn man bei Schwerwetter mit nachgeschleppten Trossen oder Treibanker vor der See abläuft und die Fock die Bugs

förmlich vor dem Wind hält. Die Fähigkeit eines Mehrrumpfbootes, in einem Sturm aufzukreuzen, hängt von der Balance des Riggs ab. Bei extremen Bedingungen muss sich das Groß auf die Fläche einer Sturmfock oder eines Profilmastes reffen lassen. Rollfocks eignen sich nicht als Sturmsegel. Das liegt daran, dass der Fuß der Rollfock beim Einrollen immer weiter nach oben klettert – und hohe Segelflächen sind bei Sturm völlig ungeeignet. Hinzu kommt, dass eine bis zur Hälfte eingerollte Fock ihre Form verliert. Das kann so weit gehen, dass sie bremst, anstatt zur Leistung am Wind etwas beizutragen. Multihulls mit einer Rollfock brauchen unbedingt ein Kutterstag, an dem man die Sturmfock setzen kann. Bei extremen Situationen muss die Rollfock ganz von der Anlage heruntergenommen werden.

Bei Katamaranen hat das Vorstag meistens eine geringere Spannung als bei anderen Yachten. Aus diesem Grund gibt es bei der Rolleinrichtung leicht einen Ermüdungsbruch. Man muss die Verbindungen sorgfältig auf Verschleiß untersuchen und darf mit der Reparatur nicht warten, bis Bolzen oder Schrauben brechen. Ein bekanntes Problem ist, dass die Profilschiene der Rollreffanlage unbemerkt bricht und der untere Teil des Segels sich beim Einrollen dreht, der obere aber nicht. Dabei zerreißt das Segel und lässt sich – wenn überhaupt – nur noch abschneiden.

Ein Trysegel findet man selten auf Mehrrumpfbooten. Nicht nur ist ein Sturm nicht der rechte Moment, um ein neues Segel anzuschlagen; auch voll durchgelattete Großsegel werden nicht gern weggenommen. Es ist viel praktischer, ein entsprechend stabiles viertes Reff als »Sturmreff« im Groß zu haben. Es muss im Bereich der Reffkauschen mehrfach verstärkt sein. Damit es in die Offshore-Kategorie »0« (der höchste Offshore-Standard) kommt, darf die restliche Segelfläche nur 15% der Gesamtfläche ausmachen. Damit diese Fläche optimal arbeitet, ist es wichtig, dass der eingereffte Teil des Segels sicher und fest zwischen Lazyjacks liegt und am Baum festgebunden wird. Dazu braucht man eine Reihe Reffaugen im Segel. Durch das Reffauge am Vorliek muss eine feste Leine um den Baum oder zum Deck hin gespannt werden. Vielleicht muss man zusätzlich eine Sicherungsleine um den Mast binden.

Im Sturm gegen den Wind

Die Taktik, bei Schwerwetter mit einem Mehrrumpfboot hoch am Wind zu segeln, hat einige Vorteile. Der eine ist, dass man alles unter Kontrolle behält. Die Buge stoßen mit Schwung durch die Wellen, man kann den schlimmsten Brechern ausweichen oder sie zumindest in einem günstigen Winkel ansteuern. Auf der anderen Seite ist solch ein Kurs nass, ungemütlich und sehr anstrengend für das Boot, den Rudergänger und die Crew.

Es gibt viele Gelegenheiten, bei denen man am Wind segeln muss, beispielsweise um sich von einer Leeküste freizusegeln oder um dem gefährlichen Quadranten eines Orkans auszuweichen. Um mit einem Multihull bei Schwerwetter effektiv gegen den Wind voranzukommen, müssen die Segel tief heruntergerefft werden. Die Schoten werden extrem dichtgeholt. Das Segel braucht aber etwas Twist. Bei zu großem Anstellwinkel und zu wenig Profil macht ein Multihull keine Fahrt voraus. Die Segel müssen der zunehmenden Windstärke angepasst werden. Um Twist in der Fock zu haben, muss der Holepunkt eventuell nach außen und/oder nach vorne versetzt werden. Beim Großsegel erreicht man das dadurch, dass der Traveller etwas nach außen und die Großschot leicht gefiert wird.

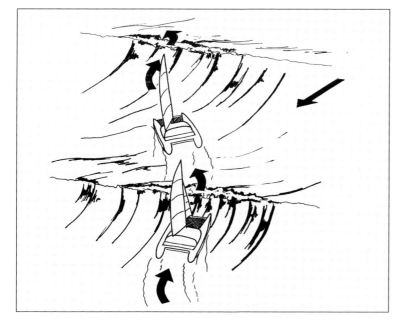

Abb. 12.1 Vor der Welle anluven, nach der Welle abfallen. So gewinnt man Luvraum.

199

Eine Grundregel lautet: Lieber frühzeitig reffen! Und gleich so weit, wie es die Böen erfordern – und nicht wie es für die durchschnittliche Windstärke reicht. Multihulls sollten in der Regel einfache und narrensichere Schotführungen haben. Man sollte sich nicht damit zufriedengeben, dass eine Schot nur von dem Selbstholemechanismus in einer Selftailing-Winsch gehalten wird. Wichtig ist, dass das freie Ende einer Schot jederzeit ausrauschen kann und nicht etwa Kinken das verhindern. Schoten müssen immer sorgfältig aufgeschossen werden. Man muss sie jederzeit loswerfen können oder ein Messer griffbereit haben, um sie notfalls schnell zu kappen. Eine Automatik zum Loswerfen der Schoten reduziert das Risiko einer Kenterung erheblich.

Kielschwerter und Steckschwerter

Das Steckschwert auf der Leeseite wird immer etwas angeliftet, bei weiterer Wetterverschlechterung auch das auf der Luvseite. Der laterale Widerstand wird verringert, die Abdrift nimmt zu und die Gefahr einer Kenterung ab. Das ist immens wichtig, wenn sich der luvwärtige Rumpf von der Wasseroberfläche abhebt oder auf eine sehr steile, große Welle trifft. Es ist äußerst gefährlich, quer zu einem Brecher zu kommen. Wenn das trotzdem passiert, müssen die Kielschwerter oder Steckschwerter ganz eingezogen werden. Das Gleiche gilt für das Kielschwert eines Trimarans.

Motorunterstützung

Den Motor zusätzlich zur Sturmfock und/oder mehrfach gerefftem Groß einzusetzen ist eine sehr gute Methode, um sich bei Schwerwetter freizusegeln. Die Segelfläche darf nicht zu klein sein, damit man in Fahrt und manövrierfähig bleibt.

Wenden und Stillstand

Wenden in rauer See mit kleinster Segelfläche und zum Teil hoch gezogenen Steckschwertern ist schwierig und gefährlich. Die Gefahr ist, dass das Schiff zum Stillstand kommt und rückwärts von einer Welle fällt. Wenn man befürchtet, dass das Boot bei der Wende in schwerem Wetter zum Stillstand kommt, sollte man das Großsegel streichen und eine Wende ganz allein mit der Fock fahren. Wichtig ist, das Ruder ganz fest in der Hand zu behalten, denn wenn das Boot Fahrt über den Steven aufnehmen sollte, können die Ruderblätter sehr schnell brechen. Eine Kenterung passiert auch dann leicht, wenn das Boot ohne Fahrt voraus seitlich wegdriftet. Mit backstehender Fock über den Steven zu wenden ist extrem gefährlich. Im Zweifelsfall sollte man abfallen und mit der Fock eine Halse fahren. Man verliert dabei etwas Höhe. Das ist aber nicht so schlimm, als wenn die Wende misslingt. Nie sollte man eine Wende oder Halse mit zuviel Segelfläche versuchen.

Ermüdung der Crew

Dauerbelastung Bei Amwindkursen nimmt der scheinbare Wind an Bord eines Mehrrumpfbootes mit zunehmender Fahrt kräftig zu. Ist eine Crew ständig Wind und Wetter ausgesetzt, wird sie unweigerlich von Müdigkeit überwältigt. Ein gute Lösung wäre eine geschützte Ruderposition. Das Mindeste aber, was ein Rudergänger braucht, ist eine absolut funktionsgerechte Schwerwetterkleidung mit fest sitzender Kapuze und Schutzbrille (am besten ist eine geschlossene Schweißbrille). Über den Kopf geht der größte Teil der Körperwärme verloren. Vom Wind aufgepeitschte Gischt verringert rapide die Sicht. Entweder setzt man ein leichtes Spritzwasservisier auf, oder man hat die Möglichkeit, sich hinter ein festes Vordach, ein Klappverdeck oder ein einfaches Sprayhood zu ducken. Geschützt hält man es länger am Ruder aus. An vielen Kais findet man aufgewickelte Schläuche. Damit könnte man testen, ob das Klappverdeck genug aus- und abhält.

Schiffsbewegungen Es kann sehr ungemütlich sein, mit einem Mehrrumpfboot in kurzer, steiler See am Wind zu segeln. Die Bewegungen sind schnell und ruckartig, weil die Rümpfe die Rückseite der Wellen überspringen und ins nächste Wellental plumpsen. Die einfachste Lösung ist, die Fahrt zu verringern. Das ist so einfach, wie es klingt. Entweder wird die Segelfläche noch stärker reduziert, oder man schleppt einen Treibanker nach, der die Schiffsbewegungen verlangsamt. Das Ziel ist, mit Fahrt voraus über die Wellen zu rollen und nicht über sie hinweg zu springen.

Materialermüdung

Wenn man stundenlang gegen die See bolzt, nimmt die Belastung für die Traversen und das Rigg enorm zu. Es kann zu Ermüdungsbrüchen kommen. Wenn ein Schiff über einen Wellenkamm kippt, zeigt der Windmesser in der Regel einen falschen Wert. Wenn bei diesem Nach-vorne-Schlagen des Mastes etwa 70 kn gemessen werden, kann es sein, dass der wahre Wind nur halb so stark ist. Es gilt allgemein, dass beim Segeln hoch am Wind der scheinbare Wind stärker ist als der wahre. Rigg und Beschläge müssen jedoch für derart hohe Windgeschwindigkeiten ausgelegt sein. Bei steiler, schwerer See hoch am Wind zu segeln erfordert ein großes Geschick am Ruder. Ebenso gefragt sind schnelle Entscheidungen, denn vielfach muss man rasch von einem sich plötzlich aufbauenden Brecher abfallen, um nicht breitseits getroffen zu werden oder vom Kamm zu stürzen.

Im Sturm vor dem Wind

Vor dem Wind zu segeln kann richtig begeistern. Rennkatamarane kommen dabei regelrecht ins Surfen und erreichen Geschwindigkeiten von über 25 kn. Für die meisten Fahrtenmultihulls ist dann bereits Schluss, denn bei mehr als 20 kn wächst das Risiko, querzuschlagen oder aus dem Ruder zu laufen. Es sei noch einmal daran erinnert, dass die Fortpflanzungsgeschwindigkeit von Wellen unterschiedlich ist. Eine 3 m hohe Welle zieht mit 20 kn, eine hohe Sturmwelle mit 40 kn Geschwindigkeit. Die Beschleunigung eines Mehrrumpfbootes durch eine hohe, nachlaufende Welle kann das Gefühl für Stabilität plötzlich völlig kippen.

Beim Segeln vor dem Wind bei Schwerwetter spielt die Taktik eine wichtige Rolle. Aber noch wichtiger ist das richtige Design der Rümpfe. Am besten eignen sich dafür Rümpfe mit ausreichend Auftrieb im Bugbereich, mit einem Gewichtsschwerpunkt in der Mitte und stabilen Befestigungspunkten für Treibanker.

Ablaufen vor dem Wind als Überlebensstrategie erfordert Kenntnisse des Wetterablaufes. In bestimmten Gebieten ziehen die Sturmtiefs häufig auf den gleichen Bahnen. Wenn man das weiß und die Winddrehungen beobachtet, kann man entscheiden, wohin man segeln sollte. Es ist für die Taktik wichtig, zum einen die Windrichtung stündlich ins Logbuch und zum anderen die Sturmfront, die eigene Position und den möglichen Kurs in die Seekarte einzutragen.

Beim Segeln vor dem Wind braucht man viel freien Seeraum. Mit Treibanker oder nachgeschleppten Leinen legt ein Multihull immer noch bis zu 10 sm pro Stunde zurück, das heißt 240 sm pro Tag. Ohne Treibanker kommt ein Mehrrumpfboot schnell ins Surfen, wenn Wind und Wellen

ENZA kurz vor dem Ziel nach der Weltumsegelung in Rekordzeit. Bei Bft 10 schleppt sie Leinen und Ketten nach, um die Geschwindigkeit zu verringern. (Foto: PPL)

zunehmen. Bei verkleinerter Segelfläche ist die Tendenz zu surfen geringer. Viele Multihulls surfen aber selbst dann noch, wenn sie bei Sturm vor Topp und Takel ablaufen.

Beim Segeln vor dem Wind ist es wichtig, alle paar Minuten den Windmesser abzulesen, weil es bei der hohen Geschwindigkeit des Bootes schwierig ist, den scheinbaren Wind in Relation zum wahren Wind zu setzen. Ein Multihull kann beispielsweise mit einem zweifach gerefften Groß und der Arbeitsfock bei 20 kn scheinbarem Wind von achtern 15 kn Fahrt durchs Wasser machen. Das Problem ist nur, wenn man in dieser Situation – bei 35 kn wahrem Wind! – zum Reffen anluven muss. Deshalb muss man die Segelfläche immer nach dem wahren Wind ausrichten, nicht nach dem scheinbaren. Und immer entsprechend der Windstärke in den Böen. Die Erfahrung, bei schwerem Sturm einmal mit zu großer Segelfläche anluven zu müssen, ist eine Erfahrung zuviel.

Wenn man Leinen oder einen Treibanker achtern nachschleppt, geht das am besten über eine Hahnepot. Kenterungen passieren oft, weil man querschlägt oder von einer üblen Welle getroffen wurde, die plötzlich aus einer ganz anderen Richtung kam. Ein mit einer Hahnepot ausgelegter Treibanker verhindert jegliche Tendenz des Schiffes, sich quer zu einer Welle zu legen. Dennoch kann jedes Boot trotz bester Vorbereitungen von einem riesigen Brecher verschüttet werden. Es ist nicht klug, auf kürzestem Wege oder in rechtem Winkel die Wellen hinunterzusegeln; besser ein wenig schräg, um gegebenenfalls ausweichen zu können. Wenn es aber nicht anders geht, braucht man einen effektiven Treibanker.

Stoppen

Es gibt drei bekannte Techniken, auf See zu stoppen: einen Fallschirm-Seeanker ausbringen, Beidrehen und Beiliegen.

Fallschirm-Seeanker

Man kann auf See ankern – nicht mit einem Anker auf dem Meeresgrund, sondern auf dem Ozean selbst. Dabei bewegt sich das Mehrrumpfboot kaum mehr als die Meeresstömung. Das Ankern vor einem Fallschirm ist die letzte Überlebensmöglichkeit, wenn die Crew aufgrund

Übermüdung bereits ausgefallen ist, die Situation schrecklich ist und das Boot zu kentern droht. Solch ein »Parken auf See« kann auch in anderen Situationen sehr sinnvoll sein, beispielsweise um eine Tide oder das Tageslicht vor der Einfahrt in einen Hafen abzuwarten oder um die Abdrift zu stoppen, wenn das Boot durch einen Schaden lahmgelegt ist oder sich nicht von einer Leeküste freisegeln kann. Es gibt Fallschirm-Seeanker in allen Größen, passend zum Deplacement des Bootes. Die Größe ist wichtig, weil bei einem zu kleinen Fallschirm die Buge vom Wind weggedreht werden und die Rümpfe quer zu den anrollenden Wellen kommen. Wenn der Fallschirm die Buge nicht in den Wind halten kann, muss er achtern wie ein Treibanker ausgebracht werden. Fallschirm-Seeanker werden in der Regel mit einer langen Verbindungsleine aus Poly-

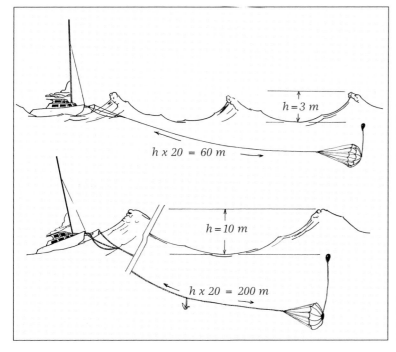

$h = 3\ m$

$h \times 20 = 60\ m$

$h = 10\ m$

$h \times 20 = 200\ m$

Abb 12.2a Die Länge der Verbindungsleine wird bestimmt durch die Wellenhöhe multipliziert mit 20, in diesem Fall: 3 m x 20 = 60 m.

Abb 12.2b Hier ist die Länge der Verbindungsleine 10 m x 20 = 200 m.

amid befestigt. Zwischen den Bugen wird eine Hahnepot gesteckt und daran die Verbindungsleine. Die freien Enden der Hahnepot werden auf festen Klampen belegt. Das gesamte Geschirr muss möglichst einfach und die Verbindungsleine dehnfähig sein. Tauwerk aus Polyamid ist besser als aus Polyester. Die Taustärke sollte die gleiche sein wie die der Ankerleine. Es muss das Zwanzigfache der Wellenhöhe ausgebracht werden. Ein Reitgewicht oder ein Kettenstück in der Mitte der Leine mindert scharfes Einrucken und Schamfilen. Ein Reitgewicht kann je nach Wellenform und -höhe nachträglich über einen Snatchblock ausgebracht werden.

Man erspart sich viel Ärger, wenn man eine kleine Boje mit einer Leine an der schmalen Öffnung des Fallschirms befestigt. Diese Boje soll verhindern, dass der Fallschirm zu weit absinkt und die Buge nach unten zieht. Eine Bergeleine braucht man bei einem Mehrrumpfboot nicht. Sie verfängt sich zu leicht unter den Rümpfen. Besser ist es, wenn man eine Mittelleine von der Spitze der Hahnepot auf einer stabilen Winsch im Cockpit belegt. Über diese lässt sich der Fallschirm einholen, wenn sich das Wetter bessert.

Zur Vorbereitung auf Schwerwetter gehört, dass man den eingepackten Fallschirm mit allen Verbindungsleinen im Cockpit griffbereit staut. Die Hahnepot kann man bereits vorstecken (Abb. 12.3). So ist man immer für den Notfall präpariert und kann den Fallschirm und die Leinen ohne Kinken auslegen.

Ausbringen des Fallschirm-Seeankers

Vor dem Ausbringen macht man den Fallschirm nass, damit er sinkt, statt vom Wind hochgetrieben zu werden. Die sicherste Methode, den Fallschirm auszubringen, ist folgende:

Abb 12.3 Bei der Vorbereitung auf Schwerwetter wird der Fallschirm mit angeschlagenen Leinen und Hahnepot fertig zum Ausbringen im Cockpit gestaut.

Abb 12.4 Erst wird der Fallschirm nass gemacht, dann wird angeluvt, die Segel werden geborgen, das Ruder wird mittschiffs gesichert und der Fallschirm über den Luvbug ausgebracht.

Mit Segel oder Motor in den Wind drehen; sofort alle Segel bergen; das Ruder mittschiffs festsetzen; sobald das Boot beginnt, seitwärts zu driften, den Fallschirm über den Luvbug ausbringen – nie über den Leebug; die Verbindungsleine über die Winsch im Cockpit fieren; nach einigen Metern festhalten und warten, bis Spannung auf die Verbindungsleine kommt und sich die Buge in den Wind drehen; die notwendige Länge fieren; zum Schluss kontrollieren, ob eine Leine schamfilt (Abb. 12.4).

Die Schwerter werden heruntergelassen, damit das Boot nicht so stark von einer Seite zur anderen schwojt. Damit das Zentrum des lateralen Widerstandes vorne bleibt, zieht man die Ruderblätter ein oder blockiert sie in Mittelstellung.

Probleme mit dem Fallschirm Wenn die Wellenkämme das Boot mitreißen und es von den Wellen nach hinten geworfen wird, weil auf der Verbindungsleine und dem Fallschirm nicht mehr genug Zug ist, muss die Verbindungsleine verlängert oder weiter abgesenkt werden. Da hilft entweder ein Anker als Reitgewicht oder eine Verlängerung der Verbindungsleine. Dadurch mindert man zusätzlich das starke Einrucken in die Leine.

Kardeeliges Tauwerk enttwistet bei starkem Zug. Diese Drehung kann die Fangleinen aufdrehen und die Basis des Fallschirms so weit verengen, dass er wirkungslos wird. Besser ist also eine geflochtene Polyamidleine. Zwischengesteckte Wirbel sind uneffektiv, weil sie bei starker Belastung selten noch funktionieren.

Bergen eines Fallschirms Bergeleinen vom Fallschirm zurück zum Boot verfangen sich leicht und sind nicht zu empfehlen. Ein Bojenreep oder ein Bojenreep mit zusätzlicher Sorgleine kann bei starkem Seegang notwendig sein – obgleich man auch ohne auskommt. Bevor man den Fallschirm einholt, sollte man ruhiges Wetter abwarten. Das Bequemste ist, zur Markierungsboje oder zum Fallschirm zu motoren und dabei die Verbindungsleine über die Winsch oder per Hand einzuholen. Wenn man kein Bojenreep angesteckt hat, verliert der Fallschirm nicht eher seine Form, bis man eine der Fangleinen gegriffen hat. Sobald man aber an einer zieht, fällt der Schirm zusammen.

Beidrehen

Beidrehen bedeutet: Alle Segel streichen, vor Topp und Takel treiben und sich der Laune von Wind und Wellen aussetzen. Ein Mehrrumpfboot legt sich in der Regel so, dass die See achterlicher als querab anrollt. Die Wellen können mit fürchterlichem Getöse über den Rümpfen brechen oder von unten dagegen schlagen. Die Querverbindungen müssen riesige Belastungen einstecken. Kleine Boote können abheben und über Kopf gehen. Beidrehen eignet sich nur für große Multihulls.

Ein beigedrehtes Boot driftet vor dem Wind mit etwa 5 kn Geschwindigkeit. Leichte Multihulls mit hoch gezogenen Kielschwertern drehen leicht vom Wind ab, weil das Zentrum des Lateralwiderstandes nach hinten wandert und die Rümpfe ins Gleiten kommen. Bei mäßigen Bedingungen ist das noch recht komfortabel, bei Sturm jedoch nicht.

Beiliegen

Beiliegen bedeutet, das Ruder so weit eingeschlagen zu haben, dass das Mehrrumpfboot mit der backstehenden Fock und dem Groß immer versuchen wird anzuluven. Je nach Rumpfform – das heißt je nach Lateralwiderstand der Kiele und der Bootslänge – macht das Schiff leichte Fahrt voraus oder driftet lediglich seitwärts. Bei mäßigen Bedingungen ist das eine gute Methode anzuhalten, um auszuruhen oder eine Reparatur auszuführen.

Es ist wichtig, das Beidrehen und Beiliegen ausprobiert zu haben. Nur dann weiß man, wie das Boot reagiert. Am besten vor einer kritischen Situation. Wenn man beiliegt, braucht man unbedingt ein GPS-Gerät, um die Richtung, in der das Schiff abdriftet, und die jeweilige Position feststellen zu können. Deckpeilungen sind vielfach zu ungenau.

Treibanker und Leinen in Schwerwetter

Bei mäßigen Bedingungen reduziert eine achtern nachgeschleppte Leine oder Kette die Geschwindigkeit. Werden die Bedingungen jedoch härter und läuft man vor dem Wind ab, braucht man ein wirkungsvolles Mittel, das hinten zieht, z.B. einen Treibanker. Ein Treibanker mit Hahnepot sollte immer parat liegen. Er kann grundsätzlich dazu benutzt werden, die Geschwindigkeit zu reduzieren, das Boot zum Stillstand zu bringen, das Surfen steile Wellen hinunter und das dabei mögliche Querschlagen zu verhindern, das Boot im rechten Winkel zu den Wellen zu halten und die Belastung auf die gesamte Ruderanlage zu reduzieren. Ein Treibanker mit Hahnepot kann durchaus als Notruder eingesetzt werden. Bei Vorwindsegeln mit Sturmsegeln verhindert ein Treibanker, dass man sich überschlägt oder querschlägt. Das kann leicht bei Böen und steiler See vorkommen. Die Kielschwerter werden beim Ablaufen vor dem Wind eingeholt, um das Zentrum des Lateralwiderstandes nach achtern zu verlagern und das Gieren zu vermindern. Wenn der Treibanker wirken soll, muss er unter Wasser bleiben. Das erreicht man

entweder mit einer langen Schleppleine oder dadurch, dass man den Treibanker mit einem Zusatzgewicht (z.B. Kette) auf Tiefe hält.

Unterschiede zwischen Treibankern

In Notfällen hat man schon Grundanker als Treibanker benutzt. Die kurven jedoch von einer Seite zur anderen, drehen sich um ihre Achse und schleudern derart stark, dass sich die Trosse oder die Ankerkette wild verknotet. Ein in Heckmitte angeschlagener CQR-Anker arbeitet noch am besten von allen. Vielleicht reicht manchmal nur die Ankerkette. Ein dicker Knoten am Ende vergrößert noch den Widerstand. Egal, was man achtern ausbringt: Auf jeden Fall wird das Boot langsamer. Reifen werden häufig als das billigste Mittel gepriesen. Wenn es aber richtig auf ihre Hilfe ankommt – also bei großer Geschwindigkeit –, schliddern sie über die Wasseroberfläche. Da ist ein spezieller Treibanker die bessere Lösung. Es gibt eine Reihe geeigneter Treibanker. Die Palette reicht von Plastik bis Metall, von Kegelreihen aus Tuch bis zu Fallschirmen in allen Größen.

Größere Boote brauchen ein kräftiges Gerät mit hoher Bremskraft. Es gibt in der Tat geeignete Treibanker in allen Größen. Die konischen Treibanker aus Metall haben Schlitze, die sich bis zu einer eingestellten Weite öffnen. Diese Schlitze verstellen sich je nach Geschwindigkeit und verstärken die Turbulenz. Die kleineren konischen Treibanker aus Plastik haben von vornherein feste Schlitze mit konstantem Widerstand. Sie eignen sich für Mehrrumpfboote bis 12 m Länge. Der Nachteil der Metall- oder Plastik-Treibanker ist ihr Platzbedarf.

Ein kompakter, leichter Treibanker lässt

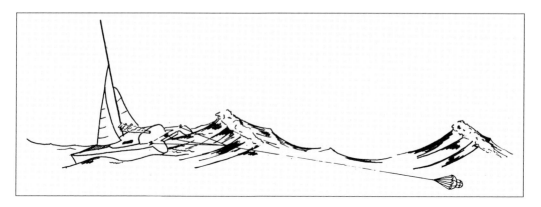

Abb 12.5 *Ein kompakter leichter Treibanker kann aus Tuch in Form eines Miniaturfallschirms oder -kegels angefertigt werden. Er lässt sich problemlos verstauen.*

sich problemlos aus Stoff und Gurtbändern herstellen (Abb. 12.5). Man kann ihm die Form eines Fallschirms oder Kegels geben. Das Wasser wird von der Basis eingefangen und tritt an der Spitze wieder aus. Dieses Ausströmen an der Spitze und der seitliche Austritt durch den Stoff erzeugen erhebliche Turbulenzen und bremsen das Boot ab. Der Vorteil von solch einem Treibanker aus Stoff ist, dass er in einen kleinen Sack gesteckt und an einem festen Platz in der Backskiste oder an der Heckreling gestaut werden kann.

Ausbringen des Treibankers

Die Verbindungsleine zum Treibanker muss dehnfähig sein. Eine geflochtene Polyamidleine ist besser als eine kardeelige, die die Tendenz hat, sich unter Zug aufzudröseln. Polyesterleinen sind weniger elastisch. Man braucht davon etliche Meter, damit sie nicht so heftig einrucken. Der Durchmesser sollte in jedem Fall dem der normalen Ankertrosse entsprechen.
Alle Treibanker sind weggestaut und ungetestet nutzlos. Das Ausbringen der Leinen ist nicht ganz einfach, wenn sie funktionieren sollen. Man braucht eine Hahnepot, um eine optimale Richtungsstabilität zu erreichen. Eine Hahnepot muss man testen, wenn man die Technik beherrschen will, die Verbindungsleine auf ihre richtige Länge einzustellen. Die Hahnepot sollte das 1,5- bis 2,5-fache der Multihullbreite haben. Bei zu kurzen Armen der Hahnepot wirken enorme Querkräfte auf die Rümpfe. Lange Arme verhindern zudem das Gieren. Sind die Arme zu lang, können sie sich umeinander aufdrehen. Das macht sie nicht ineffektiver, weil das Aufdrehen irgendwann aufhört. Das Problem entsteht erst dann, wenn man die Verbindungsleine neu einstellen will.
Es ist gut, die Hahnepot ständig angeschlagen zu lassen, um bei Bedarf daran die Verbindungsleine mit einem Stopperstek zu befestigen (Abb. 12.6). Der Rest der Verbindungsleine wird nach achtern geführt und dort sicher belegt. So kann man sie jederzeit auf die gewünschte Länge einstellen. Steuern lässt sich das Boot mit dem Ruder oder über die Arme der Hahnepot. Vielleicht muss man das Kielschwert etwas fieren.
Die Länge der Verbindungsleine entscheidet über die Wirkung des Treibankers. Das Boot kommt ins Surfen, wenn der Treib-

anker vor der nächsten Welle ist, das heißt, wenn Boot und Treibanker eine Wellenlänge auseinander, aber gleichzeitig auf der Vorderseite einer Welle sind. Dann wird der Treibanker an die Wasseroberfläche gezogen und rutscht wie das Boot über das Wasser. Kegelförmige Metall- oder Plastik-Treibanker schnappen leicht nach Luft. Sie brauchen eine kurze Ankerkette, mit der man sie beschwert. Die Verbindungsleine muss eineinhalbmal so lang sein wie die maximale

Abb 12.6 Mit einem Stopperstek wird die Verbindungsleine an die Hahnepot angeschlagen.

Wellenlänge: Wenn das Boot auf eincm Wellenkamm ist, muss der Treibanker im übernächsten Wellental sein. Und wenn es auf der Vorderseite der Welle ist und anfangen könnte zu surfen, muss der Treibanker in der nächsten Welle liegen und es daran hindern.

Seegang und Wellenform ändern sich von Tide zu Tide, mit dem Meeresgrund und den Windbedingungen. Je höher die Wellen, desto länger. Damit der Treibanker immer effektiv wirkt, muss die Verbindungsleine dem Seegang angepasst und der Treibanker eingestellt werden, bevor er seine Wirkung verliert, denn wenn der einmal nicht bremst, kann alles verloren sein.

Man kann mehr als einen Treibanker auf einmal ausbringen. Im Notfall, wenn man vor dem Wind läuft und soviel Gegenzug und Richtungsstabilität wie möglich braucht, kann man zusätzlich mehrere Leinen nachschleppen, am besten zu einer einzigen Leine zusammengebunden. In extremen Situationen wird man sogar zu den Fallen greifen. Um Fallen am Mast später wieder einziehen zu können, braucht man eine dünne Reihleine, die mindestens doppelt so lang ist wie die Masthöhe. Sie wird am Ende des Falls

befestigt, bevor man es aus der Führung zieht. Mit der Reihleine kann man später das Fall wieder einziehen. Weil der Verlust eines Falls katastrophal sein kann, ist es besser, eine Reihe dehnfähiger Ersatzleinen in unterschiedlichen Längen an Bord zu haben. Schoten und Fallen sind in der Regel kaum dehnfähig. Deshalb sollte man sie lieber gar nicht als Verbindungsleinen zwischen Treib- und Seeanker verwenden. Sie rucken zu stark ein, anstatt plötzliche Belastungen an Klampen und Rümpfen abzufangen.

Wirbel verhindern das Verdrehen der Verbindungsleine bzw. das Aufdröseln von kardeeligen Leinen nicht. Bei Belastung funktionieren sie nicht mehr. Die einzige Wirkung ist dann, dass sie die Leine beschweren. Man hüte sich vor Nirowirbeln, die von dem Salz stark angegriffen werden, was zu unsichtbaren Ermüdungserscheinungen führt. Ein plötzlicher Bruch der Nirokomponenten hat schon zum Totalverlust von Treibankern bzw. Seeankern geführt.

Ein Profilmast im Sturm

Selbst ohne Segel beherrscht ein Profilmast die Yacht. Er steuert sie trotz Ruder und Treibanker in andere Richtungen. Um seiner Aufgabe als Schiffsführer wieder gerecht zu werden, reicht oft eine ganz kleine Fock aus. Das macht das Boot nicht viel schneller, aber es nimmt dem Profilmast die Kontrolle über das Boot.

Mit einem Profilmast vor einem Seeanker zu liegen, ist nicht besonders lustig. Wellen donnern über das Boot, und es reißt und zerrt hin und her, als wolle es davonsegeln. Ein Treibanker bei einem Multihull mit Profilmast kann nur der letzte Ausweg sein, und dann nur über das Heck ausgebracht. Es sei denn, man kann ein kleines Stabilisierungssegel am Achterstag setzen, dass das Boot direkt in den Wind ausrichtet.

Man muss den Profilmast vorne und hinten regelrecht in Ketten legen, wenn man im Sturm »stoppt«. Dann benimmt er sich in etwa wie ein normaler Mast und treibt das Boot nicht schnell voran. Bei viel Wind darf sich die Vorrichtung zum Drehen des Mastes niemals lösen. Er würde sofort heftig hin und her schwingen. Den Mast einzufangen, könnte leicht zu Verletzungen führen. Die Vorrichtung zum Drehen des Mastes muss auf beiden Seiten belegt sein. Nur so kann man die vom Seegang verursachten Trägheitsmomente auffangen und ein Hin- und Herschwingen verhindern.

Nach der Kenterung

Jedes Mehrrumpfboot, das draußen auf See in eine extreme Wettersituation gerät, kann kentern. Damit ist aber die letzte Stunde für Crew und Schiff noch nicht gekommen. Gut vorbereitet sein heißt die Devise. Immer einen Sicherheitsgurt tragen, den man unter Last selbst lösen kann, so dass man außerhalb eines umgedrehten Rumpfes nicht gefangen ist. Der Rettungsplan für eine Kenterung muss vor dem Auslaufen fertig und mit der Crew

durchgesprochen sein. Dazu gehören der Zugang zu den Kabinen bei Kenterung, die Sicherung der Backskisten, der an Deck gestauten Segelsäcke, der Werkzeuge und der Notrationen. Erfolgreich in Schwerwetter zu segeln bedeutet, für den Ernstfall gut vorbereitet zu sein, die Hilfsmittel griffbereit zu haben und zu wissen, was oben zu tun ist, wenn's passiert. Viele sehen ihre Rettung nur in der Rettungsinsel, dabei ist ein Mehrrumpfboot die beste Rettungsplattform. Man sollte sie nur verlassen, wenn man sicher ist, dass man geborgen wird.

Zusammenfassung

Mehrrumpfboote in schwerem Wetter bereiten nicht mehr Kopfzerbrechen als jede andere Yacht, die gut konstruiert und mit einer erfahrenen Mannschaft besetzt ist. Ein Mehrrumpfboot schadlos durch einen Sturm zu segeln erfordert eine andere Technik als bei Einrumpfbooten, obgleich viele Voraussetzungen durchaus vergleichbar sind: Segle vorsichtig, lerne die Grenzen kennen und sei auf das Schlimmste vorbereitet. Es ist ganz wichtig, die Überlebenstechniken ausprobiert zu haben, bevor ein derartiger Fall eintritt. Man sollte sich die Zeit nehmen, einen Treibanker oder Fallschirm auszubringen, bevor man in den ersten Sturm gerät. Es ist zu spät, zu testen, wie ein Katamaran oder Trimaran vor Topp und Takel driftet, wenn man von einem Wirbelsturm überfallen wird. Jeder muss ausprobiert haben, wie viel Zeit er braucht, um in ein ruhigeres Gebiet zu segeln.

Schwerwetter zu überleben ist mehr als Glück, dazu gehören gute Seemannschaft und persönliche Einstellung. Aus diesem Grunde sollen die hier beschriebenen Methoden motivieren, praktische Erfahrungen zu sammeln.

13. Schwerwettertaktik auf Einrumpfbooten

Peter Bruce

Offiziere beim Militär weisen gern darauf hin, dass ein Plan selten den ersten Kontakt mit dem Feind überlebt. Derartige Pläne müssen flexibel sein. Das gilt wohl auch für Yachten, wenn sie in Schwerwetter geraten. Unerwartete Ereignisse haben viele Gründe: Die Wettervorhersage ist häufig nur eine grobe Übersicht, Stress beeinträchtigt das Verhalten der Crewmitglieder, sie sind nicht mehr so leicht einzuschätzen, etwa weil lang anhaltender Sprühregen ihre Augen blendet, weil sie Angst bekommen, frieren oder weil Lärm und heftige Schiffsbewegungen ihnen auf die Nerven gehen. Wenn aber Mannschaft, Boot und Ausrüstung einmal gut aufeinander abgestimmt waren, kann man ziemlich sicher sein, dass es beim nächsten Mal wieder gut klappen wird.

Unabhängig von der Windstärke in den nächsten Stunden gibt es bestimmte Abläufe an Bord, die durchgezogen werden müssen, bevor das Wetter die Regie übernimmt und alle Chancen dahin sind. Das Schiff darf nicht auf einer Position sein, bei der es mit Leeküsten, Flachwassergebieten, starken Strömungen, Tiden, Kaps und Sperrgebieten Probleme bekommt. Wenn der Sturm zugeschlagen hat, das Boot aber noch schwimmt, kann es recht ungemütlich und kalt werden. Die Crew sollte ohne zwingenden Grund weder Hilfsangebote akzeptieren noch in die Rettungsinsel steigen. All das macht die Probleme nur noch größer. Durchhalten ist angesagt. Sich bei Seegang schleppen zu lassen ist auch keine gute Lösung. Es gibt nur wenige moderne Yachten, die dafür ausreichend stabile Befestigungspunkte haben. Es hilft auch nicht, wenn das schleppende Boot bei langsamer Fahrt gut Kurs halten kann.

Trotz dieser Überlegungen gibt es keinen allgemein gültigen, einfachen Rat. Vielleicht hat es den auch nie gegeben. Jeder Skipper muss sich bei sorgfältiger Berücksichtigung der Eigenschaften seines Schiffes geeignete Taktiken überlegen, die er bei Schwerwetter sicher und schnell durchziehen kann. Es gibt Aktionen, die man nicht bis zum Ende durchstehen kann, und andere, für die man sich entschieden hat, lassen sich nicht abbrechen. In diesem Sinne versuche ich, im ersten Teil dieses Kapitels die verschiedensten Taktiken für Schwerwettersegeln mit einem Einrumpfboot aufzuzählen.

Treibanker, insbesondere Fallschirme, haben sich als sinnvolle Ausrüstung etabliert und gezeigt, dass sie eine wichtige zusätzliche Möglichkeit sind, mit Schwerwetter fertig zu werden. Sie sind aber nicht die einzige Option. Die Taktiken, die in diesem Kapitel beschrieben werden, sind bei mehr als einem Schwerwetterereignis entwickelt und angewandt und ihre

Effektivität ist am eigenen Leib erlebt worden. Es ist aber kaum möglich, die exakte Windstärke anzugeben. In Stürmen spielt die Größe der Yacht eine wichtige Rolle: Je größer, desto angenehmer. Es gibt aber noch andere Faktoren, die genauso wichtig sind, wie die Art des Seegangs, die Konstruktion und die Stabilität einer Yacht, die Mannschaftsstärke und ihre Belastbarkeit. Dieses Kapitel behandelt in groben Zügen die Aktionen, die ablaufen müssen, wenn der Wind von Stärke 8–9 nach 10 und darüber anschwillt.

Bei aller Bescheidenheit, die Adlard Coles in seinen Berichten an den Tag legt, hatte er offensichtlich ein sehr feines Gespür für den Moment, in dem man die Segel kürzen muss. Wie er betont, soll man das im Vorgriff auf eine plötzliche Notwendigkeit tun, trotz Unlust und entgegen der Hoffnung, das Wetter könne sich vielleicht bessern. Er war der Meinung, dass es beim Segeln in schlechtem Wetter klug sei, die Segelfläche mehr den heftigen oder plötzlichen Windstößen als der durchschnittlichen Windstärke anzupassen. Er war auch der Auffassung, man solle vor dem Wind nur soviel Segel setzen wie bei einem Amwindkurs getragen werden können. Dann erübrigt sich hektisches Reffen, wenn einer über Bord gefallen ist oder der Landfall sich schwierig gestaltet. Es ist klar: Je länger das Reffen hinausgeschoben wird, desto schwieriger wird es später und desto größer wird das Risiko eines Schadens. Und auch dies gehört zur Schlechtwettertaktik: Kluge und resolute Entscheidungen werden am besten vor einer Situation gemacht, die einen später zur Verzweiflung treiben kann. Anders ausgedrückt: Die meisten Probleme sollten bereits angegangen werden, wenn sie sich ankündigen.

Wenn schlechtes Wetter aufkommt, steuern die meisten Leute nervös den nächsten Hafen an. Wird man draußen auf See von einem Sturm überrascht, spricht mehr dafür, dort auszuharren, als den Kurs auf die Küste fortzusetzen, denn die Grundseen vor einer flachen Küste können weitaus gefährlicher sein als die offene See. Wenn beispielsweise das Einlaufen in einen Hafen schwierig oder unmöglich wird, ist verlorener Seeraum unwiederbringlich.

Wenn der Sturm tobt, ist es das Ziel, ihn so sicher und komfortabel wie möglich zu überstehen. Auf die Yacht bezogen heißt das: Sinken, Durchkentern, Überkopfgehen sowie Schäden an Rumpf, Mast und Segeln – das alles muss mit allen Mitteln vermieden werden. Adlard Coles sagt, der Wind diktiert die mögliche Segelfläche bzw. den Verlust des Mastes und der Segel. Doch die größte Gefahr für Rumpf und Decksaufbauten kommt von den brechenden Wellen. In solch einer Welle steckt eine enorme Energie, und diese gewaltigen Kräfte kommen voll zur Geltung, wenn die Yacht seitlich getroffen wird. Andererseits kann eine brechende Welle eine Yacht vorantreiben und beängstigend beschleunigen. Einen Moment später sackt sie dann im Wellental in ruhiges Wasser und verliert jede Geschwindigkeit. An dieser Stelle sind ernsthafte Schäden an Mannschaft und Schiff genauso möglich.

Natürlich ist es wünschenswert, brechenden Wellen auszuweichen. Wenn das aber nicht möglich ist, sollten die Wellen innerhalb von 20° über Bug oder Heck genommen werden. Vor der Zeit der selbstlenzenden Cockpits war eine über Heck einsteigende Welle ein schweres Risiko für den Segler. Heute ist das weniger ein Problem, aber es bleibt eine Gefahr für Motorboote mit offenem Spiegel, auch für Yachten mit überdimensioniertem Cockpit oder mit niedrigen Brückendecks, die

Waschbords erfordern, damit die über-schwappende See nicht bis unten durch-rauscht.

Unter Segelpress

Wenn zunehmend hartes Wetter die Yacht überfordert, signalisiert der Instinkt dem Seemann, dass er in etwa den Kurs halten, weitersegeln und die Segel auf das richtige Maß reffen sollte. Wenn Kurs gegen den Wind anliegt und die Crew die Order hat, eventuell unter Sturmfock oder nur unter Trysegel gegenanzubolzen, wird es be-stimmt ungemütlich. Das verdient aber höchste Anerkennung und ist nebenbei die Taktik, mit der schon einige Schlach-ten gewonnen wurden. Die Technik des Steuermanns besteht dann darin, eng zur Welle mit raumem Wind durch das Tal zu kreuzen, die Yacht anschließend auf der ansteigenden Welle hochzuziehen und kurz vor dem Kamm abzufallen, um nicht den Schwung zu verlieren oder von der Welle zurückgeworfen zu werden. Ähnlich steuert der Rudergänger vor dem Wind: Er luvt die Yacht in die Wellenkämme und fällt in den Tälern ab.

Dabei fasst die Crew Mut, weil es nämlich in der gewünschten Richtung weitergeht, und das Vorankommen verschafft die Möglichkeit – anders als beim Beiliegen oder Beigedrehtliegen –, brechenden Wel-len auszuweichen. Als Sturmtaktik ist diese Methode aber nur dann sinnvoll, wenn die Crew entschlossen genug und ein Weiterkommen unter Sturmsegeln noch gegeben ist. Mit dieser Taktik gewann allein unter der Sturmfock Ed Psaltis 1998 die Sturmregatta Sydney – Hobart. Eine Taktik, die sich besonders am Tage und für breite IMS-Rennyachten mit geringer Lateralfläche und geringem Stabi-litätsumfang eignet. Ed Psaltis sagte: »Eine schnelle und lebendige Yacht lässt sich

behende durch eine hohe und konfuse See steuern. Man kann sie in eine optimale Position zu einer anrollenden Welle brin-gen oder um sie herumsteuern. Ohne Geschwindigkeit, schnelles Beschleunigen und Manövrierfähigkeit verhält sich ein Boot bei großen Wellen wie eine lahme Ente.«

Verschlechtern sich die Bedingungen wei-ter, kann jedes Stück Segel – und sei es noch so klein – zu groß sein. Als erstes wird der Rudergänger versuchen, hoch an den Wind zu gehen, um den Einfallswin-kel zu verringern. Dabei kann das schla-gende Segel die ganze Yacht beängstigend schütteln. Würde der Rudergänger aber abfallen, nähme die Geschwindigkeit zu – und ebenso die Gefahr, dass das Heck der Yacht von der See durch den Wind gedreht würde. Zunächst wird man also den golde-nen Mittelweg zwischen diesen Extremen suchen. Nehmen Wind und Wellen aber weiter zu, ist der Zeitpunkt gekommen, andere Optionen ins Auge zu fassen – besonders dann, wenn die Schwierigkei-ten des Rudergängers wegen Dunkelheit zunehmen könnten.

Beidrehen unter Segeln

Die SABRE, ein 10,40 m langer Stahlkutter, der von einer Zweimanncrew gesegelt wurde, war eine der wenigen Yachten, die den Pazifiksturm im Juni 1994 relativ unbeschadet überstanden. Sie segelte durch das Sturmauge und erlebte Situatio-nen, die schlimmer nicht sein konnten, überstand sie jedoch ohne Rollen und Ken-tern. Die Crew sagte hinterher: »Unser Boot ist für hartes Wetter präpariert, und Beidrehen hat sich bereits mehrmals bewährt.«

Wenn es zu blasen beginnt, sollte man nicht zu spät beidrehen. Wann die Zeit dafür reif ist, merkt man am besten am

Ruder. Wenn es schon schwierig wird, das Schiff unter Kontrolle zu halten, weil das Ruder Luft schnappt, wird es höchste Zeit. Gibt es bereits Brecher, wendet man zwischen Wellen, die kurz davor sind zu brechen. Vielfach findet man ruhiges Wasser direkt hinter einem Brecher. In der Nacht hört man die Brecher und manchmal ist das phosphoreszierende Wasser zu sehen. Man kann unter Segeln beidrehen, indem man entweder die Fock back stellt oder indem man auf den anderen Bug geht und die Fockschot belegt lässt – in beiden Fällen zusammen mit dem den Umständen angepassten und heruntergerefften Groß oder einem Trysegel. Das Ruder sollte so festgestellt werden, dass der Bug zum Wind zeigt. Ob und wie gut eine beigedrehte Yacht in den Wellen liegt, muss ausprobiert und durch kleine Änderungen am Ruder und an den Schoten verbessert werden.

Der Lärm und die Schiffsbewegungen sind sofort erheblich reduziert, und auch der Rudergänger kann sich unter Deck begeben. Solches Beidrehen schafft zum Beispiel eine gute Gelegenheit, um in Ruhe eine Mahlzeit zu sich zu nehmen oder zum Klären einer unsicheren Navigationslage. Auf keinen Fall sollte man versuchen, eine überlappende Fock backzusetzen, um beizudrehen, denn sie würde sehr schnell an den Wanten schamfilen.

Sturmfocks und gereffte Großsegel sind manchmal sehr eigensinnig, wie Sir Peter Blake im Vorwort schreibt. Trysegel und Sturmfock waren gesetzt, um den Hurrikan »David« abzureiten. Er strich aber schon bald die Sturmfock. Unter solchen Umständen ist ein Rudergänger unverzichtbar. Wenn man die Wahl hat, ist ein weit heruntergerefftes Groß oder ein Trysegel besser als nur eine Sturmfock, weil man den Bug mit einer am Vorstag gesetzten Fock nur bedingt in den Wind halten

Bei schwerem Sturm kann es klug sein, das Groß ganz abzuschlagen und unter Deck zu verstauen, um den Winddruck zu verringern. (Foto: Peter Bruce)

kann. Besser wäre eine Fock an einem beiklappbaren Kutterstag, die dadurch dichter am Druckmittelpunkt liegt.

Ein Groß mit dem letzten Reff hat die gleiche Wirkung wie ein Trysegel. Dennoch ist es keine Alternative zum Trysegel, weil es leicht reißen kann und kaum noch zu gebrauchen ist, wenn der Baum bricht. Ein Trysegel kann mit und ohne Baum gesetzt werden. Wenn man gezwungen ist, vor dem Wind abzulaufen oder hoch am Wind zu segeln, geht es mit dem Baum leichter und bequemer. Auf raumen Kursen funktioniert ein Trysegel gut ohne Baum. Zudem kann der Baum dann für die Crew nicht gefährlich werden.

Traditionelle Methoden eignen sich am besten für Yachten mit traditionellen Rümpfen. Nicht alle Yachten mit Finnkiel lassen sich mit 50° am Wind beidrehen

Der 10-m-Schoner HALCYON liegt im Oktober 1981 beigedreht in einem nicht angekündigten Sturm 300 Seemeilen östlich von Kap Hatteras. Mittlere Windgeschwindigkeit 50 kn, Wellen 8–10 m hoch mit großen Brechern. (Foto: Douglas Perkins)

und bleiben so ohne Kontrolle liegen, weil in der Regel der Lateralplan zu klein ist. Leichtdeplacementyachten mit den schlanken Kielen und den tiefhängenden Kielbomben legen sich überhaupt nicht mehr in einem bestimmten Winkel zum Wind. Sie tanzen eher herum und machen weiter Fahrt nach Lee. Sie verhalten sich wie ein Überschallflugzeug, das nicht langsam fliegen kann (s. Kap. 3). Beidrehen unter Segeln ist eine alte seemännische Taktik bei mäßig harten Bedingungen. Für Eigner vieler Yachten gibt es nichts anderes. Wiewohl, Eigner einiger moderner Yachten werden feststellen, dass Beidrehen weder komfortabel noch sicher sein kann, und es besteht immer die Gefahr, dass man beiliegend von einer brechenden Welle erwischt wird.

Beigedreht liegen

Wenn das Beidrehen unter Segeln nicht länger vernünftig ist, kann vielleicht das Beigedrehtliegen der Ausweg sein. Das heißt, alle Segel streichen, das Ruder fest belegen, gewöhnlich etwas nach Lee, alle Luken dicht verschließen – und der Natur ihren Lauf lassen. Jede Yacht liegt unterschiedlich gut beigedreht. Im Allgemeinen haben traditionelle Yachten mit geringer Breite und großem Deplacement einen Vorteil gegenüber breiten Leichtdeplacementyachten. Dennoch war diese Taktik die populärste Überlebenstaktik bei den Ultraleichtdeplacementyachten in der Fastnet-Flotte 1979 (s. Kap. 17). Auch Harry Whale lag 1987 bei Ushant an Bord der MUDDLE THRU in dem großen Sturm im Englischen Kanal beigedreht (s. Kap. 19). Auch die TIR NAN OG überstand beigedreht einen Hurrikan vor der Küste Brasiliens (s. Kap. 18). Diese Methode wird von vielen Seglern bevorzugt, muss aber nicht zwingend notwendig angewandt werden. Bei ausreichender Windstärke erzeugt der Luftwiderstand des Mastes allein bereits soviel Stabilität wie ein gesetztes Segel. Die Turbulenz durch die Abdrift der Yacht kann helfen, dass sich die Wellen auf der Luvseite nicht so leicht brechen. Um die Fähigkeiten einer Yacht, im Sturm für sich selbst sorgen zu können, zu verdeutlichen, sei an das Fastnet-Rennen erinnert. Viele verlassene Yachten wurden später mit weit offen gelassenen Luken, in der Dünung treibend, aufgefunden.

Beigedrehtliegen kann als sehr angenehm empfunden werden und ein Gefühl der Sicherheit vermitteln, die objektiv betrachtet nicht gegeben ist. Das Problem ist, dass die Yacht von seitlich anrollenden Brechern beschädigt werden kann und – um es mit Andrew Claughtons Worten (s. Kap. 2) zu sagen – »dass brechende Wellen nicht einmal so gewaltig zu sein brauchen, um ein kleines Boot durchzukentern. Dabei ist es sogar gleichgültig, welche Rumpfform es hat.« Die Folgen eines Überschlags sind unter Deck fürchterlich – schlimmer, als man es sich vorstellen kann – und die Aussichten auf den Verlust des Mastes äußerst hoch. Solch ein Vorfall zieht, abgesehen von der offensichtlichen Beeinträchtigung der Mobilität, noch mehr Probleme nach sich, nicht zuletzt den Verlust des Dämpfungseffekts durch den Mast. Dadurch wird das Rollträgheitsmoment auf die Hälfte reduziert. Die Folge von dem nun schnelleren und ungemütlicheren Rollen kann eine zweite Kenterung sein.

Besonders deprimierende Fälle sind die Kenterungen von Yachten, als sich der Sturm bereits etwas gelegt hatte. Beispiele dafür sind die GALWAY BLAZER mit Bill King im Jahre 1968, die SAYULA II beim ersten Whitbread Round the World Race 1973, die JESTER mit Michael Richey im Jahre 1986 und die Swan 46 im Oktobersturm 1987 (s. Kap. 19). Dieses Phänomen mit der Bezeichnung »overshoot« (hinausschießen) erläutert Sheldon Bacon in Kapitel 8. Ein weiterer zusätzlicher Faktor mag die Winddrehung sein, wenn die Front durchgelaufen ist. Man weiß, dass Gebiete entstehen, in denen sich extrem hohe Wellen gefährlich brechen, wenn sich zwei Wellenrichtungen kreuzen.

Nachdem nun alle Gefahren des Beigedrehtliegens ausgelotet wurden, bleibt dennoch ein Hoffnungsschimmer, wenn wir beispielsweise die Erfahrungen von Weltumseglern zu Rate ziehen. Zu nennen sind Sir Alec Rose, Nicholas Davies und Alan und Kathy Webb, die bei ihren Weltumsegelungen auf ihren Schwerdeplacementyachten erfolgreich die Taktik des Beigedrehtliegens zum Abwettern von Stürmen angewandt haben. Derart robust gebaute Schiffe geraten wohl selten in ein Wetter, in dem sie nicht ohne allzu großes Risiko beigedreht liegen können. Aber es gibt in diesem Buch genug Beispiele von Yachten, die durchkenterten, als sie beigedreht lagen – und das zeigt, dass diese Taktik nicht der Weisheit letzter Schluss ist.

Einsatz des Motors

Heutzutage gehört der Dieselmotor zur normalen Ausstattung einer Yacht, und er lässt sich wirkungsvoll einsetzen, wenn die Führung der Yacht unter Segeln schwierig ist, wie beispielsweise beim Ansteuern oder Verlassen eines Ankerplatzes. Die herkömmliche Ansicht: »Der Einsatz einer Maschine ist unseemännisch!« basiert sicher größtenteils auf der

Ein Brecher gegen die Breitseite bringt die DAMIEN 1 *zum Kentern. (Foto: Jérôme Poncet)*

mangelhaften Zuverlässigkeit der ersten Hilfsmaschinen, auf den Startschwierigkeiten – und darauf, dass es klug war, sich nicht auf sie zu verlassen. Auch heute besteht noch die Gefahr, eine Leine in den Propeller zu bekommen, und jeder kennt den anschließenden Stress.

Dennoch wurde der kompetente Einsatz einer Maschine in dem außergewöhnlichen Zusammentreffen der PENDRAGON mit dem Hurrikan »Carol« (s. Kap. 15) und bei der bemerkenswerten Rettung von Alain Catherineau (Kap. 17) beim Fastnet 1979 geradezu demonstriert. Man kann sehr wahrscheinlich nicht mit einer Hilfsmaschine direkt in die Wellen steuern oder bei Sturm durch den Wind kreuzen, aber wenn man bedenkt, dass selbst eine vor Topp und Takel kreuzende Yacht einigen aerodynamischen Auftrieb liefert, sollte es möglich sein, mit der Maschine etwas Strecke nach Luv gutzumachen. Es kann vielfach Situationen geben, bei denen es sicherer ist, unter Segel beizudrehen und die Maschine beizusetzen als einfach beigedreht zu liegen. Das gilt besonders dann, wenn das Ablaufen vor der See wegen einer nahen Leeküste nicht

möglich ist. In solch einem Fall hofft man inständig auf die Zuverlässigkeit der Maschine, dass z.B. der Ölsumpf tief genug ist und die Motorschmierung wegen der Schräglage nicht ausfällt. Im Übrigen sollte man nicht vergessen, dass Motorbootfahrer gar keine andere Wahl haben, als unter Maschine beigedreht zu liegen.

Die alten britischen Rettungsboote konnten, wenn sie mit 8 kn vor der See abliefen, ohne Motor und Treibanker nicht mehr sicher gesteuert werden. Die Steuerleute auf den modernen Rettungsbooten haben bei 18 kn diese Schwierigkeiten nicht mehr. Sie können den Brechern ausweichen. Die Quintessenz lautet: Bei hartem Seegang flexibel reagieren und – ohne lange zu zögern – den Motor einsetzen. Wichtig ist nur, dass keine Leine über Bord hängt und dass man die Anzeigen regelmäßig überprüft (s. Kap. 16).

Ablaufen vor der See

Die Taktik, eine Yacht großzügig vor der See ablaufen zu lassen, wenn der Seeraum es zulässt, hat sich bewährt. Wind und Wellen werden dabei als angenehm empfunden, und das Risiko, überrollt zu werden, ist wahrscheinlich geringer, als wenn man beigedreht liegt. Bei ganz extremen Umständen ist die exakte Kurskontrolle vor dem Wind enorm wichtig. Nur so kann man Brechern ausweichen, das Heck in einem optimalen Winkel zu den Wellen halten und ein Querschlagen vermeiden. Das ist nicht leicht, besonders bei Nacht. Routinierte und vorausdenkende Jollensegler bzw. Surfer sind da sicher im Vorteil. In einer konfusen See können Wellen plötzlich aus unvorhergesehenen Richtungen kommen. Darauf muss der Rudergänger schnell und richtig reagieren. Ist die Geschwindigkeit zu gering, reagiert die Yacht nicht schnell genug, ist sie zu hoch, besonders im Dunkeln, ist der Rudergänger vielleicht nicht in der Lage, rechtzeitig zu reagieren und einen Über- oder Querschlag zu vermeiden. Beides hat fürchterliche Auswirkungen.

Die einen Yachten lassen sich vor der See zweifelsohne leichter steuern als die anderen, und man kommt leicht zu dem Schluss, das Deplacement sei der entscheidende Faktor. Die Sache ist aber nicht so eindeutig, denn wie Olin Stephens im Kapitel 1 schreibt, müssen mehrere zusammenhängende Konstruktionsfaktoren wie z.B. die Ausgeglichenheit an den Rumpfenden mit berücksichtigt werden. Auf alle Fälle ist ein Steuerrad mit vielen Umdrehungen von einem Anschlag zum anderen ein erheblicher Nachteil. Logischerweise verbraucht solch ein Steuerrad bzw. Ruder viel zuviel Energie. In diesem Zusammenhang sei darauf hingewiesen, dass die Windfahne einer Selbststeueranlage bis 50 Knoten Wind und mehr arbeitet und somit bei schwerem Wetter für eine unterbemannte Crew unschätzbar ist.

Die harten professionellen Crews auf den Maxi-Yachten kamen beim Whitbread Round the World Race in Hochstimmung, als sie im Südpazifik vor dem Wind soviel Segel wie möglich setzten und die Wellen

Kurz nachdem das Küstenwachboot der US Coast Guard zur Stelle war, wurde der Schoner von einer besonders großen, brechenden Welle auf den Kopf gedreht und er sank schnell. Der Einhandsegler – hinten am Heck der gekenterten Yacht zu sehen – konnte sich in ein festes Schlauchboot retten. (Foto: Douglas Perkins)

217

wie Wellenreiter hinunterglitten. Ihre Technik bestand darin, im Wellental ein wenig anzuluven, um die Geschwindigkeit zu behalten, dann auf der ansteigenden Wellenvorderseite langsam abzufallen, bis die Welle fast direkt achterlich war, um dann vor dem Wellenkamm den Ruderdruck freizugeben und die Yacht die Welle hinabsurfen zu lassen. Diese Methode ist mit der der Jollensegler oder der Wellenreiter vor Hawaii zu vergleichen. Sie verlangt viel Mut, Durchhaltevermögen und hohe Konzentration, besonders wenn man die größtmögliche Segelfläche gesetzt hat. Unter solchen Crews sind sechs bis acht regattaerfahrene Rudergänger, die die Steueraufgabe übernehmen. Auf einer normalen Fahrtenyacht findet man dagegen selten mehr als einen Rudergänger, für den dann die Arbeit an der Pinne – meistens über viele Stunden – eine Tortur wird. Deshalb sollte die durchschnittliche Tourenyacht nur dann vor der See ablaufen, wenn es wirklich sicher und bequem ist. Viele Schiffe sind zu Schaden gekommen, weil sie diese Taktik zu lange verfolgt haben.

Mit Trossen vor dem Wind

Wie bereits erwähnt, ist es beim Ablaufen vor dem Sturm wichtig, durch Versuche die richtige Geschwindigkeit herauszufinden, damit die Yacht steuerbar bleibt. Das Ausbringen von Trossen, die das Heck zur See halten, die die von achtern anrollenden Brecher etwas abflachen und die Geschwindigkeit der Yacht auf ein vertretbares Maß reduzieren, mag manchem archaisch vorkommen, wird aber immer noch von befahrenen Seeleuten bei knapper Mannschaft praktiziert. Zum Ersten hat man Trossen, gewöhnlich mehr als nötig, immer zur Verfügung. Man kann sie leicht verstauen, und sie sind unkompli-

ziert im Gebrauch. Außerdem kann man durch Nachstecken die Länge der Trosse so einstellen, dass sie ständig Zug hat. Eine zu kurze Leine kann durch brechende Wellen nach vorne getrieben werden, so dass eine bremsende Wirkung nicht mehr gegeben ist. Eine lange Trosse – vergleichbar mit einem einzelnen Treibanker – kann eine Welle in ihrer ganzen Länge überspannen und dadurch konstant ziehen. Vielfach sind sie aber für eine Ozeanwelle nicht lang genug. Für Ozeanüberquerungen sollte man deshalb eine mindestens 120 m lange Trosse an Bord haben. Auch ein erfahrener Schlepptrossen-Benutzer wie Sir Robin Knox-Johnston berichtet von dem Einsatz und der leichten Handhabung der Trossen und deren Hilfe in schwierigen Situationen. Selbstverständlich muss man das Ausbringen vorbereiten und mit Geschick vorgehen.

Als Sir Robin Knox-Johnston im südlichen Pazifik in schweres Wetter geriet, brachte er eine 50 mm starke und 180 m lange Trosse in Form einer Bucht aus, belegte das Ruder mittschiffs und ging schlafen. Er sagt:

Die Trosse hielt die stabil gebaute SUHAILI konstant mit dem Heck zu den Seen. Sie lag sehr ruhig, obgleich die Wellen bei einem Wind von mindestens Bft 12 sehr hoch waren und die See weiß vor Gischt. SUHAILI driftete bei dem Sauwetter und den harten Böen mit etwa zwei Knoten vor dem Wind. An Deck stand ganz vorne nur die Sturmfock, hart mittschiffs geschotet, so dass der Druck auf das Segel zunahm, je weiter die Yacht aus dem Kurs lief, und sie so wieder auf den alten Kurs gedrückt wurde. Die SUHAILI hat ein Kanu- oder ein Norwegerheck; das heißt, das Heck bietet den achtern anrollenden Wellen keinen großen Widerstand. Sie werden schlichtweg geteilt. Die Trosse zerrte nicht unerheblich an den Klampen – aber das war zu erwarten. Hätte ich 1989 Trossen ausbringen können, wäre alles gut abgelaufen, da bin ich sicher. Nun will ich zwei Leinenrollen anfertigen, die im Vorschiff an der Decke hängen. So kann ich in Zukunft die Trossen schnell ausbringen, wenn's eilt.

Häufig werden die Erfahrungen erwähnt, die Bernard Moitessier 1965/66 in einem Sturm auf Leben und Tod im Südpazifik machte, als seine 12-m-Yacht JOSHUA »fünf lange Trossen von 30–100 m Länge mit einem Zusatzgewicht aus Eisen nachschleppte, ergänzt durch ein schweres Netz für das Laden von Frachtschiffen«. Beim Einsetzen des Sturms schien dieses Arrangement Erfolg zu versprechen, aber irgendwann erreichten Wellenhöhe und -länge einen Punkt, an dem die Yacht nicht mehr aufs Ruder reagierte und die Trossen keine Wirkung mehr zeigten. Die

JOSHUA surfte trotzdem die Wellen hinunter. Moitessier gab das Nachschleppen der Trossen auf – schließlich kappte er sie sogar – und sah sich anschließend in einer viel besseren Lage.

David Lewis befand sich 1960 nach der Einhand-Transatlantikregatta auf dem Heimweg von den USA und machte eine ähnliche Erfahrung. Er lief nur mit der Fock vor dem Wind. Als aber die Umlenkrolle für die Fockschot mit der zunehmenden Windstärke aus dem Deck gerissen wurde, strich er das Segel und brachte eine 40 m lange Trosse achtern in einer Bucht aus. Auf der Stelle, so sagt er, sei die Yacht nicht mehr zu regieren gewesen, und die brechenden Wellen hätten die Trosse zur Seite des Schiffes getrieben, als es ihm gelungen war, die Wellen hinunterzusteuern. Es gibt noch mehr Beispiele für derartige Schwierigkeiten aus dem Fastnet-Rennen 1979 (s. Kap. 17).

Nachgeschleppte Leinen hinter dem Katamaran ANNA LOUISE *vom Typ Kelly 32. Die Leinen rutschen über die Wasseroberfläche und produzieren kaum Widerstand. (Foto: Richard Herbert)*

Der offenbar als Ausnahme zu betrachtende Einsatz von Trossen wird unter anderem in dem Buch von Tony Marchaj: »Seetüchtigkeit – der vergessene Faktor« (Delius Klasing Verlag) erläutert. Er meint, dass sich bei einer anwachsenden See die Wellenhöhe schneller entwickle als die Wellenlänge. Dadurch entstünden außergewöhnlich steile Wellen. Im weiteren Verlauf käme es zu einem Punkt, an dem die Wellen die doppelte Rumpflänge erreichten. Genau dann befände sich der Bug der Yacht im Wellental und das Heck auf dem Wellenkamm. Jeder könne sich vorstellen, dass bei derart steilen Wellen die Yacht die Tendenz habe zu »stolpern«, das heißt über Kopf zu gehen oder querzuschlagen. Der Grund sei, dass die Wasserteilchen am Wellenkamm aufgrund der Orbitalströmung nach vorne getrieben würden und das Ruder total wirkungslos machten. Sei das Ruder ganz weit achtern, wäre die Ruderwirkung aufgrund der »Ventilation« noch schlechter. Mit diesem Begriff wird die Situation beschrieben, in der das Ruder teilweise aus dem Wasser austaucht, Luft ansaugt und wirkungslos ist. Das tritt besonders dann auf, wenn eine Yacht von einer brechenden Welle überholt wird. Dabei wird das Ruder von dem Schwall auf dem Wellenkamm aus der falschen Richtung angeströmt.

Viele Segler befürchten, dass die Yacht bei sehr steilen Wellen ins »Stolpern« gerät, und glauben, wenn außerdem das Ruder schon etwas weniger Wirkung als normal zeigt, der Einsatz eines Treibankers ihnen helfen könne und die Yacht vor einem Quer- oder Überschlag bewahre. Tony Marchaj macht folgenden Vorschlag: Da bei einer langsamen Zunahme der Wellenlänge kaum die Notwendigkeit besteht, einen Treibanker auszubringen, ist es wichtiger, Geschwindigkeit im Schiff zu behalten, um den brechenden Wellenkämmen ausweichen und die Wellentäler schneller durchqueren zu können. Solange das Wellensystem also noch nicht ausgereift ist, sollten Trossen nicht ausgebracht werden. Dies erklärt aber keineswegs, warum Segler wie David Lewis und Bernard Moitessier Schwierigkeiten bei der Kontrolle über ihre nachgeschleppten Trossen hatten, nachdem die Seen reichlich Zeit zur Reifung gehabt hatten – und andere wiederum nicht, wie Sir Robin Knox-Johnston und Geoffrey Francis (s. Kap. 15).

Die Erklärung liegt möglicherweise in dem Verhältnis von Wellenlänge und -höhe zur Trossenlänge. Wenn Bernard Moitessier, wie er sagte, Trossen von vielleicht nur 100 m Länge bei Wellen von 150–170 m Länge einsetzte, kann man vermuten, dass die Trossen wegen der Orbitalströmung in einer Welle zeitweilig ineffektiv waren. Ähnlich verhält es sich bei David Lewis, der eine nur 20 m lange Trosse bei geschätzter Wellenlänge von 45 m ausgebracht hatte.

Nach dem Ausbringen der Trossen entdeckte Moitessier, dass es vorteilhaft war, wenn er vor jedem Wellenkamm ein wenig anluvte und somit die Wellen 15°–20° rechts achteraus nahm. Er war nun in der gleichen Situation wie die Webbs auf der SUPERTRAMP (s. Kap. 15). Diese Taktik, frei abzulaufen und die Wellen leicht von achtern zu nehmen, verringert zum einen die Gefahr des Unterschneidens und Überschlagens. Zum anderen kann man wie ein Surfer, der schräg über die Wellen gleitet, beim Zusammenprall mit einem brechenden Wellenkamm das Schlimmste vermeiden. Wenn die Vorderseite einer Welle außergewöhnlich steil ist, gibt es vielleicht nur einen geringen Spielraum zwischen einem möglichen Quer- bzw. Überschlag. In diesem Fall sollte der Rudergänger eventuell das Ruder herumreißen, die Yacht die Welle hinuntersteuern und das Beste aus der Situation machen.

Die Erfahrungen Bernard Moitessiers und anderer bestärken die Ansicht, dass Querschlagen, Durchkentern oder die Gefahr, von achtern überspült zu werden, dadurch vermieden werden können, dass man immer genügend Fahrt für Kursänderungen im Schiff behält. Wenn die hochgehende See genügend Zeit zur Entwicklung gehabt hat, ist es nicht außergewöhnlich, dass in den Wellentälern Schwierigkeiten auftreten. Dort wird die Geschwindigkeit der Yacht nicht mehr von der Schwerkraft unterstützt, und die folgende Welle deckt den Wind ab. In Wirklichkeit braucht die Yacht nirgendwo anders soviel Richtungsstabilität wie gerade im Wellental. Dem-

entsprechend muss entweder der Widerstand der Trossen oder die Größe der Segelfläche richtig bemessen werden. Dabei muss man in Kauf nehmen, dass die Yacht gelegentlich beängstigend stark ins Gleiten gerät. Einige Yachten, wie die SUHAILI, mögen mit nachgeschleppten Trossen kursstabil bleiben, andere wiederum brauchen einen kompetenten Rudergänger, wenn auch nicht in dem Maße, als wenn die Yacht ohne Trossen vor dem Wind abläuft.

Eine mitlaufende Maschine kann eventuell den nötigen Schub bringen, um in den Wellentälern die Kurskontrolle zu behalten. Dies sei an einem Erlebnis von Richard Clifford während einer Fahrt verdeutlicht, die er im August 1979 mit einer WARRIOR 35, der WARRIOR SHAMAAL, in Ir-

Ein modernes Rettungsboot wird am Bug von anrollender See fast völlig verschüttet. Man kann sich leicht vorstellen, dass eine kleine Yacht schnell kentert, wenn sie von solchen Wellen seitlich erfasst wird. (Foto: Ian Watson)

land startete. Wie das Schicksal es wollte, befand er sich mitten in dem berüchtigten Fastnet-Sturm allein auf See – und in seinem ersten Sturm überhaupt.

Am 13. August entließ ich in Glengariff meine Crew und segelte frohen Mutes die Bantry Bay hinunter. Dann kreuzte ich mit Kurs SW in den Atlantik. Am nächsten Morgen um 04.00 Uhr war der Wind für die Sturmfock zu stark, so strich ich das Segel und blieb beigedreht liegen. Bald darauf wurde die WARRIOR SHAMAAL von einer brechenden Welle flach auf das Wasser gedrückt. Ich schnappte mir eine Pütz, öste das übergekommene Wasser aus, bis ich an die Lenzpumpe kam, pumpte anschließend die Bilge frei und hangelte mich dann ans Ruder, um die Yacht vor den Wind zu legen. Sie wollte sich aber nicht wenden lassen. Die nächste große Welle füllte das Cockpit erneut und den Salon bis just über die Bodenbretter. Als sie wieder auf geradem Kiel lag, bemerkte ich, dass der Container mit der Rettungsinsel längsseits schwamm, dass der Pumpenstock der Bilgepumpe verschwunden und der Anker auf dem Vordeck aus der Halterung gesprungen war. Das dringendste Problem war, über Wasser zu bleiben. Deshalb beeilte ich mich, nach unten zu kommen, schob die Steckbretter in den Niedergang und lenzte mit der großen Bilgepumpe. Immer noch wollte die WARRIOR SHAMAAL sich nicht vor die See legen lassen. Erneut warf eine Welle sie auf die Seite, füllte das Cockpit und wieder stürzte Wasser ins Schiff. Dabei blies sich die Rettungsinsel auf, riss sich los und trieb ab.
Die 9 m^2 große Sturmfock konnte ich nicht setzen, weil sie zu groß war, und die 4,50 m^2 große Sturmfock lag zu Hause in der Garage! So startete ich den 15-PS-Motor und konnte endlich das Heck zur See drehen. Die Maschine ließ ich im Standgas mitlaufen. Wenn ich jedoch unkonzentriert gewesen war, gab ich für einen kurzen Augenblick Vollgas.
Plötzlich befanden wir uns auf der Spitze einer

außergewöhnlich hohen Welle. Die WARRIOR SHAMAAL hing auf der Spitze, kippte unvermittelt nach vorn und steckte den Bug beängstigend tief weg. Sie tauchte ins Wellental, und ich befürchtete, das gesamte Vorderschiff würde sich in die See bohren, das Heck aus dem Wasser kommen und die Yacht sich überschlagen. Nichts dergleichen – sie schüttelte sich und rauschte auf der nächsten haushohen Welle weiter.
Hiernach änderte ich die Taktik wieder. Ich zog in den Pausen zwischen den überkommenden Brechern einen Festmacher von einer Cockpitwinsch achtern ums Heck und um die Selbststeueranlage herum wieder ins Cockpit. Meine 100 m lange Trosse ist in Partien von 20–25 m aufgeschossen und mit Takelgarn beigebändselt, damit sie sich nicht vertörnt. Ich schlug das Ende der Trosse an den Festmacher und ließ jede Partie über Bord, bis mehr oder weniger die ganze Bucht achtern zu Wasser war. Solange der Motor beigesetzt war und die Bucht achtern nachgeschleppt wurde, hatte ich keine weiteren Probleme.

Aus diesem Bericht können wir entnehmen, dass bei extremen Bedingungen das Beisetzen einer Maschine eine sinnvolle, das Beiliegen ohne Segel aber keine befriedigende Taktik ist. Außerdem sehen wir, dass Trossen das Querschlagen einer Yacht oder ein Unterschneiden verhindern, wenn die See zu schnell hoch und steil geworden ist.
Anscheinend arbeiten achtern ausgebrachte und gut eingestellte Trossen in extremen Situationen recht gut, vorausgesetzt, das Trossengeschirr ist lang genug und überspannt eine ganze Wellenlänge. Es gilt nämlich: Je kürzer die Trossen gegenüber der Wellenlänge sind, desto kürzer ist der Zeitraum, in dem die Trossen einen Widerstand aufbauen können. Aus diesen Überlegungen kann man folgern, dass eine ganze Kollektion von kur-

zen Trossen in der Lage sein könnte, die Yacht sogar so weit abzubremsen, dass sie nicht mehr auf das Ruder reagiert oder, wenn alles stimmt, sich selbst steuert. Andererseits können die Trossen nicht genügend Widerstand liefern, um wildes Surfen zu verhindern, wenn die Orbitalströmung der Wellen die gleiche Richtung hat wie die Yacht.

Im allgemeinen gehört eine lange Trosse zu den sinnvollen Ausrüstungsgegenständen. Es seien in diesem Zusammenhang die Erfahrungen von Michael Richey zitiert. Er geriet im Juli 1981 mit seinem tüchtigen, 7,64-m-Folkeboot JESTER auf der Heimreise von den Bermudas nach England in einen starken Sturm aus SSW. Er schreibt:

Wie man ein Boot in extremen Situationen zu bedienen hat, hängt im Wesentlichen von dem Urteilsvermögen des Skippers ab und von seinen Kenntnissen, wie eine Yacht reagiert. Es gibt keine festen Regeln. Bei der JESTER habe ich nie Trossen ausbringen müssen, obgleich ich vielfach vor Stürmen abgelaufen bin. Bei diesem Sturm surften wir, als die Kämme zu brechen begannen, unter Selbststeueranlage die steilen Wellenhänge hinunter. Ich hatte Angst, dass die Yacht unterschneiden und sich überschlagen könnte. Es schien dringend notwendig zu sein, die Fahrt zu verlangsamen. An Bord hatte ich einen 5 kg schweren Bruce-Anker als Wurfanker, und da er für seine hydrodynamische Stabilität im Wasser bekannt ist, beschloss ich, ihn wie einen Fallschirm ans Heck zu binden. Folglich setzte ich den Anker achtern an einer gut 20 m langen Leine über die Steuerbordseite aus und belegte das Ende nach langsamem, schwierigem Ausbringen auf einer Klampe. Sofort reduzierte der Anker die Geschwindigkeit der Yacht um die Hälfte, hielt das Heck wunderbar zur See und hinderte sie am Drehen. So verbrachten wir die Nacht vom

9. auf den 10. Juli. Der Sturm nahm zu, es wurde total ungemütlich, aber JESTER lag gut unter Kontrolle.

Dieser Bericht offenbart, dass es zu den sehr langen Trossen während eines Sturmes noch eine Alternative gibt.

Einsatz von Treibankern

Nachgeschleppte Leinen haben mehrere Nachteile. Sie müssen entweder lang genug sein oder zusammengeknotet werden, damit sie genügend Widerstand erzeugen und mindestens eine Wellenlänge überbrücken. Nicht jede Yacht hat genug Leinen an Bord und wenn, erfordert es viel Ausdauer und Geduld, eine lange Leine in Schlechtwetter auszubringen. Die meisten Crews scheuen davor zurück, weil sie wissen, dass die Arbeit noch anstrengender wird, wenn sie die Leinen wieder einholen müssen.

Einen zumindest gleichwertigen Effekt erreicht man mit einem Treibanker an einer langen Verbindungsleine. Ein guter Treibanker hat die gleiche Bremswirkung wie mehrere hundert Meter Leinen. Sein Vorteil ist sogar, dass der Widerstand bei höherer Schleppgeschwindigkeit quadratisch zunimmt bzw. in umgekehrter Relation abnimmt, wenn sich die Fahrt verringert. Das bedeutet, beim Nachlassen des Windes verliert das Boot nicht plötzlich die Ruderwirkung. Ein Treibanker ist deswegen effektiv, weil er zumeist in tieferen und somit ruhigen Wasserschichten operiert und nicht wie die Leinen an der turbulenten Wasseroberfläche. Also: Ein guter Treibanker arbeitet effektiver, ist leichter zu handhaben und tut das, was man von ihm erwartet. Weitere Einzelheiten in Kapitel 6.

Der Nachteil eines Treibankers ist der, dass das Heck direkt in die See gehalten

Als Ernest und Val Haigh ihre Yacht beige-dreht hatten, wurde sie zweimal schwer auf das Wasser gedrückt. Sie knoteten 180 m Leine zusammen und schleppten sie achtern nach. Sofort verbesserte sich ihre Lage. (Foto: Ernest und Val Haigh)

wird und dadurch leicht Brecher von hinten einsteigen können. Yachten mit Mittelcockpit sind da im Vorteil. Möglicherweise muss man bei ausgebrachtem Treibanker Ruder gehen, doch etliche Yachten haben einen Autopiloten. Langkieler steuern sich mit festgelaschtem Ruder allein. Wie bei Trossen gilt auch bei Treibankern, dass sie mehr hindern als helfen, wenn die Wellen noch im Entstehen sind. Andererseits können die Wellen derart hoch und steil werden, dass das Risiko eines Überschlags immer größer wird – wie es der SILVER SHADOW 1994 passierte (s. Kap. 22). Wenn ein Boot aufgrund der Rumpfform nicht ruhig beigedreht liegt und die Gefahr besteht, sich zu überschlagen, dann hat man nur noch die Wahl, gegen die See zu motoren oder sich vor einen Fallschirm-Seeanker zu legen.

Fallschirm-Seeanker

Wenn man mit einem Treibanker oder Leinen am Heck vor einem Sturm abläuft, kann der Punkt kommen, dass die Gefahr besteht, dass sich die Yacht überschlägt, sie zu dicht unter eine Leeküste gerät oder die Mannschaft völlig erschöpft nicht mehr Ruder gehen kann. In einer derartigen Situation hilft ein Fallschirm-Seeanker. Für viele Segler steht er bereits an erster Stelle ihrer Schwerwettertaktiken. Die Vorteile eines richtig ausgebrachten Fallschirms: Er hält den Bug direkt gegen die See, und wenn eine brechende Welle zuschlägt, wird sie die Yacht nicht zum Kentern bringen, egal wie groß sie ist.

Viele Segler stellen sich die Situation, in der der Fallschirm ausgebracht werden muss, als schwierig und schrecklich vor. Es ist viel leichter, ihn bereits vor dem Ausbrechen des Sturms auszulegen. Er sollte jedoch einige Bedingungen erfüllen: Er muss groß und stabil und die Verbindungsleine lang genug sein und den entsprechenden Durchmesser haben. Alle Komponenten des Systems einschließlich der Befestigungspunkte am Boot müssen die riesigen Kräfte aushalten können. Vielen gelingt das Ausbringen des Fallschirms beim ersten Mal nicht. Auch das Einholen gestaltet sich schwierig.

Ein Fallschirm ist nichts Halbes. Jeder Segler, der ihn einmal erfolgreich eingesetzt hat, schwört auf ihn – trotz der unruhigen Schiffbewegungen, wenn er ausgelegt ist. Lin und Larry Pardey haben eine Methode entwickelt, mit der sie die Yacht in einen stabilen Winkel zu den von vorne anrollenden Wellen legen. Dazu benutzen sie einen Klappblock auf der Verbindungsleine zum Fallschirm und eine Leine, die achtern belegt wird. Über diese Leine wird der Winkel zwischen Wellen und Yacht eingestellt. Liegt der Fallschirm direkt in Schiffsrichtung, ist es klug, ein Trysegel oder ein tief heruntergerefftes Groß zu setzen. In vielen Berichten kann man jedoch lesen, dass man dazu sehr viel Zeit braucht. Diese Technik eignet sich wohl eher für Langkieler unter 12 m Länge wie bei der TALEISIN der Pardeys. Weitere Ausführungen zu diesem Thema in den Kapiteln 2, 25, 26 und 27.

Ausbringen von Öl

Es gibt keinen Zweifel, dass Öl einen beruhigenden Einfluss auf unruhiges Wasser hat. Vielleicht ist es nur von akademischem Interesse, dass pflanzliches Öl eine bessere Wirkung haben soll als mineralisches Öl. Es gibt einige detaillierte Berichte von kleinen Yachten, die mit Erfolg bei schwerem Wetter Öl – gleich welcher Sorte – ausbrachten. Bezeichnend ist, dass die alten britischen Rettungsboote pflanzliches Öl zum Glätten der See mit sich führten, es aber kaum gebrauchten. Bei den modernen Booten ist es nicht mehr vorge-

sehen. Es gibt das Beispiel des HMS BIRMINGHAM, das 1987 beim Sturm im Englischen Kanal Öl einsetzte, um einem Schiff, das sich in Seenot befand, beizustehen (s. Kap. 19). Der Kapitän nahm die Gelegenheit wahr, die Wirkung des Öls zu beobachten. Man sah, dass das Öl gut wirkte, das Problem aber war, es wirkungsvoll zu positionieren. Eine andere Situation, in der Oberst Geoffrey Francis in einem Taifun mit Erfolg Öl einsetzte, wird in Kapitel 15 beschrieben. Er führt sein Überleben auf die große Hilfe durch die Trosse und die breite Ölspur zurück. Man muss zugeben, dass er das Beste aus seinen Möglichkeiten machte; aber wahrscheinlich hat nicht jede Yacht 450 Liter Öl für einen tropischen Wirbelsturm an Bord. Trotzdem gibt es keinen Zweifel, dass Öl, zur rechten Zeit ausgebracht, Leben retten kann.

Viele bei Sturm gemachten Erfahrungen zeigen, dass eine Crew sich vielfach durch mehrere Sturmtaktiken kämpfen muss, wenn die Bedingungen von Stunde zu Stunde schlechter werden, und sich nicht allein auf ihre alten Erfahrungen verlassen kann. Instinkt und Improvisation sind verlangt. Es ist sicher, dass diejenigen, die solch eine Situation am besten überstehen, ihre Yacht und die Mannschaft gründlich auf Schwerwetter vorbereitet und für den Notfall noch ein paar alternative Methoden in der Hinterhand haben.

Dieses Buch zeigt, dass es keine klare Antwort gibt auf die Frage, wie man Schwerwetter überlebt. Aber es gibt viele Möglichkeiten, die Chance zu erhöhen. Man sollte immer die Worte von Adlard Coles im Kopf haben: »Keine Yacht, sei sie noch so stabil, keine Crew, sei sie noch so erfahren, ist immun gegen Gefahren auf See.«

SCHWER-
WETTERBERICHTE

14. Nordseesturm

Adlard Coles

1925 war das erste Jahr, in dem ich mehrere Male von Stürmen richtig erwischt worden bin. Das soll nicht heißen, dass ich vorher noch keine Stürme erlebt hätte, denn schon 1923 war ich mit zwei befreundeten Studenten an Bord meiner 7-t-Yacht ANNETTE auf einer ausgedehnten Kreuzfahrt in der Ostsee unterwegs gewesen. Zufällig war es ein Jahr, das sich durch besonders schlechtes Wetter auszeichnete, und wir erlebten infolgedessen eine Reihe von Stürmen, in denen nacheinander unser Baum knickte, ein Want brach, das Wasserstag ausriss, der Mast splitterte und wir auch sonst eine Menge kleinerer Schäden davontrugen. Aber alles das passierte mehr oder weniger in Küstengewässern, und wir wurden niemals auf offener See und außer Reichweite eines Hafens von einem Sturm überrascht.

1925 kauften meine Frau und ich in Riga eine gaffelgetakelte 12-t-Ketsch und tauften sie auf den Namen ANNETTE II. Sie war ein schwerer Spitzgatter skandinavischer Konstruktion von 9,00 m Lüa und nicht weniger als 3,50 m Breite. Der Tiefgang betrug 1,10 m ohne oder 2,40 m mit herabgelassenem Schwert, die Segelfläche 40 m². Sie war ausgerüstet mit einem Glühkopfmotor, den in Gang zu bringen mir allerdings nur selten gelang. Alles an dieser Yacht war schwer und solide. Nach unserer ersten ANNETTE, einer Leichtde-placementyacht von nur 5,80 m Länge in der Wasserlinie, erschien uns die neue Yacht riesengroß.

Mit der ANNETTE II unternahmen meine Frau und ich eine wunderschöne Reise. Wir segelten von dem fremdartig anmutenden, historischen Hafen von Riga nach Gotland und Öland und anschließend weiter nach Schweden und Dänemark, bevor wir durch den Nord-Ostsee-Kanal in die Nordsee gelangten und westwärts an den Ostfriesischen Inseln vorbei nach IJmuiden in Holland liefen.

Während der Reise hatten wir häufig schweres Wetter. So mussten wir westlich vom Feuerschiff Ölandsrev beigedreht liegen, aber der Sturm dauerte nur sechs Stunden. Der wahre Sturm blieb uns für die letzte Etappe unserer Reise aufgespart, als ANNETTE II in der Morgendämmerung des 18. September 1925 IJmuiden an der sandigen Küste Hollands mit Ziel Dover verließ. Bei leichtem Wind aus südlicher Richtung wurden Fock, Großsegel und Besan dichtgeholt, und wir konnten gerade etwas südlicher als West laufen. Die Yacht segelte stetig über die grauen Wellen der Nordsee, und die holländische Küste wurde bald zu einem dünnen Strich, bis wir sie schließlich bei zunehmender Entfernung ganz aus den Augen verloren. Die Zeiger der Borduhr rückten weiter und zeigten die verrinnenden Stunden an.

Während der Morgenstunden drehte der Wind zurück und wurde frischer. Gelegentlich fegte Sprühwasser über Deck und sprudelte an den Speigatten in Lee entlang, bevor es sich wieder in das Meer ergoss. Der rückdrehende Wind, an und für sich kein gutes Zeichen, gestattete uns jedenfalls, unseren Kurs südlicher auf das Feuerschiff Maas abzusetzen. Wir kamen gut voran.

Bei Sonnenuntergang, etwa 15 sm WSW von Hoek van Holland, passierte die ANNETTE II das Feuerschiff und ließ es in wenigen Meilen Abstand östlich liegen.

Die Abendmahlzeit wurde angerichtet und verzehrt, und bis wir das Geschirr abgewaschen und verstaut hatten, war die Nacht über uns hereingebrochen. Der Wind flaute ab und wurde vorlicher; sechs Stunden lang hatten wir mit dem Ebbstrom zu kämpfen, so dass es uns bis zum nächsten Morgen nicht gelang, Feuerschiff Schouwen zu erreichen, obgleich wir die ganze Nacht gute Fahrt machten.

Trotz des leichten Windes und der ruhigen See verbrachten wir die Nacht keineswegs untätig. Wir mussten aufmerksam Wache gehen, während wir durch eine Flotte von

Die Ketsch ANNETTE II *auf dem Stintsee, Riga, vor dem Start zu ihrer Reise nach England. Eine estländische Familie wünscht gute Reise.*

Fischerbooten hindurchsegelten. Von Zeit zu Zeit kreuzten andere Schiffe unseren Kurs, so dass wir beide einen großen Teil der Nacht an Deck verbrachten. Unsere Positionslaternen waren unzureichend, aber ich hatte in IJmuiden zwei Sturmlaternen gekauft, eine mit rotem, die andere mit grünem Glas, die ich im Cockpit bereithielt und nach Bedarf zeigte.

Als der Tag graute (19. September), stand meine Frau am Ruder, und ich war an der Reihe, die Wache zu übernehmen. Ich habe niemals die Vorliebe der Dichter für die Morgendämmerung auf See geteilt. Gerade dann machen sich die langen, schlaflos verbrachten Nachtstunden bemerkbar. Die Dämmerung ist grau; es ist kalt, es ist feucht, und Hunger meldet sich.

Die ANNETTE II durchpflügte die Einöde einer leeren See; die flachen holländischen Inseln lagen schon weit hinter dem Horizont. Das Glas fiel stetig, und der Wind wurde wieder frischer. Wir besaßen kein Radio und waren infolgedessen auch ohne Wettervorhersage, aber die vorherrschenden Verhältnisse selbst bedeuteten Warnung genug. Der einzige aufmunternde Umstand war, dass der Wind zurückgedreht hatte, so dass wir unseren Kurs anliegen konnten und bei mitlaufender Tide gut vorankamen.

Den ganzen Vormittag verfolgte die ANNETTE II, eingehüllt in eine Wolke von Gischt, ihren Kurs auf Feuerschiff North Hinder. Als ich nach dem Mittagessen anfing, unruhig zu werden, weil wir das Feuerschiff nicht in Sicht bekamen, entdeckte ich glücklicherweise verschwommen spinnennetzartige, rötliche Umrisse weit voraus. Ich hatte den weitverbreiteten Fehler begangen, die gutgemachte Distanz zu überschätzen. Eben vor 15.00 Uhr passierten wir das Feuerschiff in nächster Nähe; die Besatzung kam an

Deck und winkte uns zu. Ich hatte keine Zeit, ihren freundlichen Gruß zu erwidern, denn im gleichen Augenblick fiel eine Bö über uns her, und ich hatte alle Hände voll zu tun, um das Großsegel zu reffen und die Sturmfock zu setzen.

Um diese Zeit wehte es bereits mit halber Sturmstärke, und das Barometer war seit den frühen Morgenstunden um nicht weniger als 20 hPa gefallen. Vom Schiffsort aus lag Feuerschiff Sandettie etwa 30 sm südwärts. Die Entfernung von Sandettie bis Dover beträgt nur 20 sm, und so entschlossen wir uns weiterzumachen, um Dover oder irgendeinen anderen Hafen auf der englischen Seite der Nordsee zu erreichen.

Weiter ging es, während der Wind die ganze Zeit härter wurde. Er war auf SSE zurückgesprungen, und die See war unter dem Einfluss der nur 20 sm in Luv gelegenen Sände vor der belgischen Küste nicht hoch, wenn auch sehr rau. Die Stunden verrannen. Die ANNETTE II hielt weiter ihren Kurs, und das Barometer fiel um weitere 7 hPa, insgesamt also um 27 hPa.

Kurz vor Sonnenuntergang hatte die ANNETTE II mehr als die Hälfte des Weges vom Feuerschiff North Hinder zum Feuerschiff Sandettie zurückgelegt. Die Sonne stand tief über dem Horizont und glühte in einem grellen Gelb, während langsam eine große, purpurfarbene Wolkenbank am Himmel aufzog und den ganzen Horizont im Süden verhüllte. Die Sonne verschwand hinter der sich ausbreitenden Wolkenbank, hinterließ aber ein glanzloses Licht auf der schaumgekrönten See.

Dann geschah es. Die erste Bö bekam uns zu fassen. Die Seen verdunkelten sich in dem Weiß des prasselnden Regens, und die Luft war erfüllt von zischendem Lärm. Die Yacht legte sich weit über, und der Wind pfiff in der Takelage. Jedes Segel, jedes Stag, jede Schot kam steif unter der

Beanspruchung. Die Seen überschlugen sich kurz, steil und mit brechenden Kämmen. Eine stieg heftig an Bord, überflutete das Kajütdach und stürzte wie ein Wasserfall leewärts ab. Trotz ihrer enormen Breite wurde die Yacht mit ihrer Leereling tief ins Wasser gedrückt, so dass ich die Großschot fieren musste. Das gab etwas Luft. Ich holte die Sturmfock nach Luv und belegte sie. Dann setzte ich Groß- und Besanschot ganz dicht und band das Ruder ein wenig leewärts fest. Damit lag die Yacht beigedreht auf Steuerbordbug.

Eine Weile blieb ich am Ruder sitzen. Die Stärke des Windes verschlug mir den Atem. Der Regen stürzte in Gießbächen herab und bügelte mit seinem Prasseln die brechende See glatt, so dass nur noch tiefe Furchen übrigblieben. Blitz und Donner begleiteten die Bö.

Beigedreht lag die ANNETTE II vorzüglich. Das schwere eichene Schiebeluk über dem Niedergang war geschlossen, das Beiboot lag mit vier Laschings fest verzurrt auf dem Vorschiff. Die Yacht schien sicher genug zu liegen, hätte sich aber ohne Großsegel noch besser gefühlt. Trotzdem nahm ich davon Abstand, es zu bergen. Mit Ausbruch des Sturms schoss der Wind nach Südwesten aus und zerstörte damit jede Hoffnung, Dover anliegen zu können. Langsam trieben wir der Mitte der Nordsee zu. In dieser Richtung war auf viele Stunden hinaus nichts zu befürchten. Drehte der Wind aber weiter nach Westen oder sogar Nordwesten, bestand Gefahr, vor die belgischen Untiefen und die Küste auf Legerwall zu geraten.

Es gab nichts zu machen. Ich ergriff die Gelegenheit zwischen zwei Seen, öffnete das Luk und schlüpfte in die Wärme der Kajüte. Unterdessen hatte meine Frau sich der Lampen angenommen, Petroleum nachgefüllt und die Dochte getrimmt: weiß, rot und grün. Sie klemmte die Lampen zwischen Tisch und eine der Kojen, wo sie zum sofortigen Gebrauch bereitstanden.

Die Nacht brach bald herein. Es blieb uns nichts anderes übrig, als so gut es ging in unseren Kojen ausgestreckt liegen zu bleiben. Abwechselnd gingen wir Wache, hielten durch das Luk Ausschau nach Lichtern von sich nähernden Fahrzeugen und kontrollierten, dass alles in Ordnung war. Unten in der Messe war es eklig. Die Luft war dumpf und feucht, überall tropfte Schwitzwasser, und im Deck und rund um das Kajütdach hatten sich Lecks gebildet. Das pausenlose Hämmern und Schütteln bei jeder See, die das Boot traf, waren aufreibend und entnervend. Bei dem stärker werdenden Seegang bedurfte es dauernder Kraftanstrengung, um sich festzuhalten und nicht aus den Kojen geschleudert zu werden. Wir waren beide durchnässt; der heftige Regen im Verein mit dem Spritzwasser war durch unser Ölzeug gedrungen, so dass die feuchte Kleidung sich, wenn wir nach unten kamen, klamm und kalt anfühlte. Keiner von uns schlief; nur von Zeit zu Zeit nickten wir ein wenig ein.

Wenn wir abwechselnd an Deck gingen, sahen wir gelegentlich die Lichter von Schiffen in so unmittelbarer Nähe, dass es angebracht erschien, die eine oder andere der flackernden Sturmlaternen zu zeigen. Das Schauspiel, das sich uns an Deck bot, war in höchstem Grade beeindruckend. Dunkel und schwarz rollten die Wellenberge heran, aber im schimmernden Licht der sich brechenden Kämme zeichneten sich ihre Konturen deutlich ab. In unheilverkündender Prozession marschierten sie daher. Steil stieg der Bug empor, wenn er einem von ihnen begegnete, sank schon im nächsten Augenblick auf dem abschüssigen Wellenrücken hinab ins Tal und begann sofort wieder die nächste See

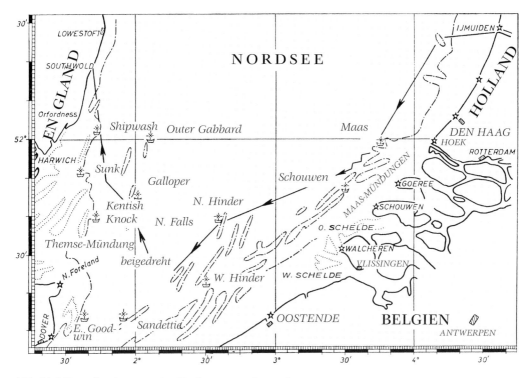

Abb 14.1 *Kurs der* ANNETTE *im Nordseesturm, September 1925.*

zu erklimmen. Von Zeit zu Zeit brach einer der Wellenkämme, das Wasser prasselte mit dumpfem Schlag auf das Kajütdach und ergoss sich kaskadengleich über die geschlossene Niedergangstür in das Cockpit.

Der Lärm war infernalisch. Das Heulen des Sturms, das Zischen der herannahenden Brecher, das Rauschen des sich verlaufenden Wassers und über allem das pausenlose, wütende Rattern und Vibrieren der Takelage rissen an den Nerven. Ich glaubte, dass der Seegang ständig zunahm, denn die Bewegungen der Yacht wurden von Stunde zu Stunde heftiger. Zwei Lampen gingen zu Bruch, aber das machte nicht viel aus, weil sie im Wind so stark flackerten, dass sie wohl kaum gesehen worden wären. Hinzu kam, dass wir mit der Zeit von einer großen Lethargie erfasst wurden; immer seltener konnten wir uns entschließen, an Deck zu steigen. Wir waren durchaus bereit, das eine Risiko unter tausend einzugehen, überrannt zu werden.

Unsere Lage war so übel, wie sie nur sein konnte. In einem Äquinoktialsturm beigedreht liegend, in einer Entfernung von nur 20 sm von einem nur im Norden unterbrochenen Kreis von der Küste vorgelagerten Sänden umschlossen, auf denen eine schwere See branden musste, waren wir wehrlos dem Spiel des Zufalls ausgeliefert. Zeitweilig fühlten wir uns ziemlich elend. So blieben wir einfach in unseren Kojen liegen und dämmerten in

233

unruhigem Halbschlaf dahin. Solange der Wind nicht auf West umsprang, war die Situation ja nicht unmittelbar bedrohlich. So verrannen die Nachtstunden, ohne dass die Zeit weder schnell noch langsam verging. Wir zählten die Stunden, bis man im Dunkel der Kajüte die Umrisse der Bullaugen gegen das dämmerige Licht des aufziehenden Tages zu unterscheiden vermochte. Wir hatten nur noch eine vage Vorstellung von unserem Schiffsort, und so war der Vorschlag meiner Frau durchaus angebracht, an Deck zu gehen, solange es noch dunkel genug war, um die Lichter irgendwelcher Feuerschiffe ausmachen zu können. Nach meiner Koppelrechnung bestand dafür wenig Aussicht, und ich blieb noch einige Minuten liegen, bis ich genug Energie gesammelt hatte. Dann stieg ich hinauf ins Cockpit. Es war bitterkalt an Deck, und es lief eine hohe See, aber der Wind war weniger bösartig. In der immer noch herrschenden Dunkelheit entdeckte ich zu meiner Überraschung den Reflex mehrerer Blitzfeuer am westlichen Himmel. Die Sicht musste sich vorübergehend gebessert haben. Die Intuition meiner Frau war richtig gewesen. Dann sah ich plötzlich weit weg an Steuerbord deutlich den Schein eines entfernten roten Lichtes. Es verschwand, kehrte zurück; lange Pause – und dann war es wieder da.

Ich war besorgt wegen unserer Position, doch in wenigen Sekunden änderte sich die Situation gründlich. Obgleich nicht vertraut mit der Themsemündung, konnte ich mich doch bei zwei roten Blitzen nicht irren. Auf der ganzen Karte konnte das nur eines bedeuten: das Feuerschiff Galloper (die Kennung hat sich inzwischen geändert).

Der Wind, der im Laufe der Nacht mehrfach seine Richtung geändert hatte, stand nun aus SSW. Ich band das Ruder los, holte die Fock nach Lee und machte mich mit NW-Kurs auf den Weg. Sobald die Yacht mit leicht geschrickten Schoten Fahrt aufgenommen hatte, fing sie auch gleich an, sich krachend durch die Seen zu arbeiten, während der Wind die Gischt in dichten Flagen über das Schiff jagte. Brausend warf sich eine schwere See an Bord, brandete über das Beiboot und stürzte auf das Kajütdach herab. Wenige Minuten später bäumte sich ein anderer Wellenberg empor und stieg tosend ein. Er überflutete das ganze Schiff, brach in kompakter Masse über das Niedergangsluk und versetzte mir einen heftigen Schlag quer über die Brust. Meine Frau kam zu mir ins Cockpit. Die ganze Nacht hatten wir, feucht bis auf die Haut, in unseren Kojen gelegen, und jetzt, in der bitteren Kälte der ersten Morgenstunden, durchdrang die peitschende Gischt unser Ölzeug und durchkühlte uns bis auf die Knochen. Beide fühlten wir uns nach der schlaflosen Nacht und den Anstrengungen, deren es bedurft hatte, uns in den Kojen festzuklammern, am Rande der Erschöpfung. Auch waren wir hungrig, denn es war so gut wie unmöglich gewesen, etwas zu kochen.

Wir nahmen einige Schluck Whisky und Riga-Balsam zu uns. Riga-Balsam ist ein starkes Getränk, das wir in Riga gekauft hatten. Es schmeckt unangenehm bitter und nach Medizin, enthält aber wahrscheinlich einen hohen Prozentsatz Alkohol und wärmte tüchtig. Den schlimmsten Hunger stillten wir mit Makronen aus IJmuiden; sie waren feucht, da eine See gerade in dem Augenblick eingestiegen war, als wir die Dose öffneten. Es war eine merkwürdige Art von Frühstück und eine sonderbare Tageszeit, es zu verzehren. Doch es war eine gute Mixtur aus Alkohol, Zucker und Proteinen, genau das Richtige, wenn man müde ist und friert.

In einem wilden Chaos von schaumgekrönten Wellen segelte die Yacht weiter. Immer wieder wurde sie von Seen überflutet. Aber die Kenntnis über unseren Schiffsort gab uns neuen Mut. Wir konnten die freundlichen roten Blitze vom Feuerschiff Galloper sehen, und noch bevor es hell wurde, befanden wir uns querab. Die See dort war riesenhoch und besonders wild, als wir in der Nähe der North Falls seichteres Wasser kreuzen mussten.

Meine Frau saß neben mir und versuchte, die weit entfernten Feuer auszumachen. Das Steuern war zu schwere Arbeit für sie, aber sie war wohlgelaunt und leistete ihren vollen Anteil bei jeder Aufgabe, die es zu bewältigen gab. Eine Stunde, nachdem wir Galloper passiert hatten, lagen die Feuer noch immer hinter dem Horizont. Es dauerte nicht lange, dass auch der Widerschein nicht mehr gegen den heller werdenden Himmel auszumachen war.

Die Navigation stellte mich vor Probleme, da mir die Ostküste Englands vollkommen unbekannt war. Ich konnte keine exakten Kurse absetzen, denn meine einzige Karte von der englischen Ostküste war eine Übersichtskarte. Harwich lag etwas mehr als 20 sm entfernt, doch ein Einlaufen ohne Spezialkarte war eine heikle Sache, abgesehen davon, dass der Wind wahrscheinlich rechtdrehen und uns dann entgegenstehen würde. Andererseits schien Lowestoft eine einfache Ansteuerung zu versprechen. Die Entfernung bis dahin betrug noch 50 sm, aber selbst wenn der Wind auf West drehte, konnten wir es immer noch anliegen, und die Reise würde weniger als zehn Stunden dauern. So schrickten wir die Schoten und fielen auf den geschätzten neuen Kurs ab.

Vor dem Sturm raumschots ablaufend, lag die ANNETTE II sehr hart auf dem Ruder. Dazu war ich durchgefroren, und das Rudergehen sog alle Kraft aus meinen Knochen. Langsam vergingen die Stunden. Meine Frau machte den Versuch, mich am Ruder abzulösen, aber die Anstrengung, vor der hohen nachfolgenden See einen stetigen Kurs zu steuern, überstieg ihre körperliche Kraft.

Endlich kam die Zeit heran, wo Land in Sicht kommen sollte, aber ringsum war nichts auszumachen als See und noch mal See, wohin man auch blicken mochte. Immerhin hatte der Sturm inzwischen nachgelassen, und wir passierten einige Schiffe.

Schließlich glaubte meine Frau (die besonders gute Augen hat), an Backbord etwas zu sehen, was Land sein könnte. Ich selbst vermochte nichts zu entdecken, aber ich wusste, sie musste Recht haben; das Ende unserer Prüfung war abzusehen. Das ermutigte uns sehr. Meine Frau ging unter Deck und setzte den Primus in Gang, um die Kajüte aufzuwärmen. Unten sah es aus wie auf einem Schlachtfeld; alles war während des Sturms durcheinandergeworfen worden. Das Wasser in der Bilge war bis zu den Bodenbrettern angestiegen, und alles war durchnässt. Die See beruhigte sich aber zunehmend, je weiter wir unter Landschutz kamen, und alsbald erschien meine Frau an Deck mit einer Dose kalter Baked Beans, die wir beide heißhungrig hinunterschlangen. Anschließend übernahm sie die Wache, da die Yacht inzwischen leichter auf dem Ruder lag, und ich begab mich in die wohlige Wärme der Kajüte. Als ich umgekleidet, trocken und mit einem Schluck Whisky im Bauch wieder an Deck stieg, um das Ruder zu übernehmen, fühlte ich mich wie ein anderer Mensch, aber meine Frau, die genauso durchnässt war wie ich, wollte sich nicht umziehen.

Querab erstreckte sich ein niedriger Küstensaum, und kurze braune Wellen waren

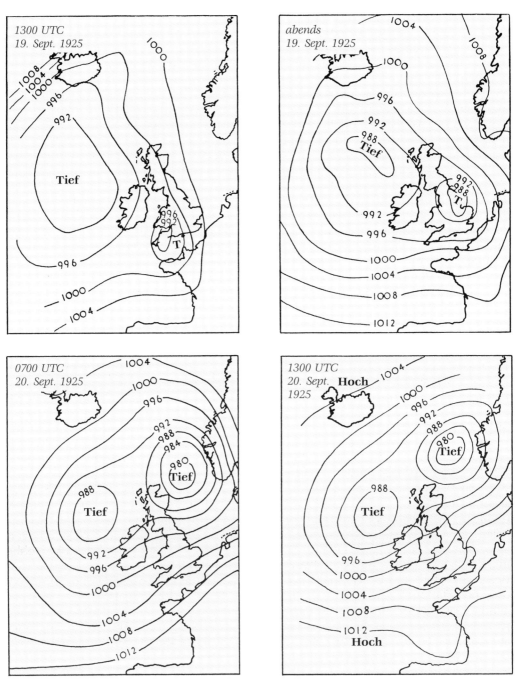

Abb 14.2 *Wetterkarten zum Nordseesturm im September 1925.*

an die Stelle der durcheinanderlaufenden grauen Wassermasse getreten. Wir passierten eine schwarze Tonne, die Sonne brach durch, aber immer noch verrannen die Minuten wie Stunden. Schließlich sahen wir an Backbord voraus eine Stadt liegen und kamen nach einiger Überlegung zu dem Schluss, dass es wohl Southwold sein müsse (Abb. 14.1). Wir näherten uns und machten durch das Glas zwei lange niedrige Holzpiers aus. Das Handbuch enthielt einige Hinweise auf den seichten Hafen von Walberswick, die alles andere als ermutigend klangen, aber bei weiterer Annäherung stellten wir fest, dass wir die Einfahrt zwischen den beiden Piers bequem anliegen konnten. So steuerten wir weiter unter Land, näherten uns der Einfahrt und konnten die See an beiden Seiten branden sehen. Nach meiner Berechnung war es zwei Stunden nach Hochwasser. Zweimal warf ich das Lot, bevor ich auf die Piers zuhielt. Die ANNETTE II schäumte durch die enge Öffnung, und ihr Anker fiel in der Stille des Hafens. Die Reise war zu Ende.

Schlussfolgerungen

In den Sonntags- und Montagszeitungen wurde in großer Aufmachung über das Wetter berichtet, das Wochenende als das schlimmste des Jahres bezeichnet, mit »heftigen« Stürmen und gewaltigen Regenfällen. Es hieß, dass sich die Störung am Sonnabendmorgen vor der Nordküste Spaniens entwickelt hatte und dann mit einer Geschwindigkeit von 40 bis 45 kn in nordöstlicher Richtung quer über England gezogen war. Die Wetterkarten lassen jedoch erkennen, dass die Ursache der Störung ein Sekundärtief mit fallendem Druck war (Abb. 14.2). Bei Dungeness wehte es von 21.00 Uhr am Sonnabendabend bis 17.00 Uhr am Sonntag mit 35 kn

(Bft 8). Bei Calshot, Hampshire und Spurn Head, Yorkshire, erreichte der Wind etwa 43 kn (Bft 9). Überall an der Küste gerieten zahlreiche Fahrzeuge in Seenot.

Nach diesen Berichten erscheint es als gerechtfertigt, die mittlere Windstärke des von der ANNETTE II in der Nordsee abgerittenen Sturms für die Dauer einiger Stunden auf Bft 8 zu schätzen. Am Sonntagmorgen schwächte der Wind sich auf Bft 7 ab, wie auch durch die Messungen in Calais um 07.00 Uhr bestätigt. Die Frontalböen, die ANNETTE beigedreht abwetterte, können zwischen 50 und 60 kn gelegen haben; möglicherweise erhöhten sie etwa eine Stunde lang die durchschnittliche Windstärke auf Bft 9. Aus dieser Reise mit der ANNETTE II und aus dem Sturm während der letzten Etappe haben wir folgende Lehren gezogen:

1. **Segelfläche.** Eine Yacht mit einer sehr kleinen Segelfläche wie die ANNETTE II ist bei leichten und mäßigen Winden so langsam, dass sie ohne Hilfsmaschine auf langen Fahrten wehrlos jedem Sturm ausgeliefert ist.

2. **Zeit.** Als wir erwischt wurden, neigten sich unsere Ferien ihrem Ende zu. Sonst hätten wir wahrscheinlich lange vor Ausbrechen des Sturms Schutz gesucht. Zeitmangel und die Notwendigkeit, eine Yacht auf dem schnellsten Weg in ihren Heimathafen zu bringen, sind die häufigsten Ursachen dafür, dass ein Fahrtensegler draußen erwischt wird.

3. **Beidrehen.** Beigedreht lag die Yacht ausgezeichnet, ohne in den Wind zu luven oder zuviel Fahrt voraus zu machen. Zweifellos trugen der lange, gerade Kiel und die über drei niedrige Segel verteilte Segelfläche zu ihrem Verhalten bei. Der Leeweg muss jedoch beträchtlich gewesen sein.

4. **Regen.** Aus späterer Erfahrung kann ich bestätigen, dass wolkenbruchartiger Regen von solcher Heftigkeit, dass die See zu kochen scheint, vorübergehend die See niederschlägt und ihr etwas von ihrer Bösartigkeit nimmt.

5. **Müdigkeit.** Als wir den Hafen erreichten, waren wir 53 Stunden auf See in einer Meerenge unterwegs gewesen. In der ganzen Zeit hatten wir zusammengerechnet vielleicht vier bis sechs Stunden geschlafen. Wir fühlten uns erschöpft, aber vor einem lodernden Feuer in einem Restaurant kehrten unsere Lebensgeister rasch zurück. Anscheinend braucht der Mangel an Schlaf, wenn es in schwerem Wetter wegen des Lärms schwierig ist einzuschlafen, nicht unbedingt zur Erschöpfung zu führen, solange die Besatzung ein ausreichendes Maß an Ruhe in ihren Kojen hat. Menschen, die sowieso an Schlaflosigkeit leiden, kommen mit verhältnismäßig wenig Schlaf aus.

Das vorübergehende Ungemach hinterließ keine sichtbaren Spuren bei meiner Frau, die alles gelassen und klaglos hingenommen hatte. Jahre später gestand sie mir aber, dass sie noch wochenlang durch böse Träume von Riesenseen geplagt worden sei.

15. Stürme auf Leben und Tod 1938–1997

Adlard Coles und Peter Bruce

Als Adlard Coles in den 1960er Jahren begann, sein Buch »Schwerwettersegeln« zu schreiben, profitierte er von seinen eigenen Erfahrungen. Es gab damals noch nicht viele Berichte über Schwerwettererlebnisse mit kleinen Booten. Die Zahl der Segler, die weit über die Meere segelten, war noch klein im Vergleich zu heute. Wenn eine kleine Yacht von einem schweren Sturm überrascht wurde, gab es kaum Berichte, die zu verwerten waren. Wetterberichte waren nicht so leicht verfügbar und Windmesser nicht montiert. Mit anderen Worten: Die Segler hatten keine exakten Daten, nach denen sie sich hätten richten können. Zusätzlich zu seinen eigenen Erfahrungen hatte Adlard Coles eine Anzahl Berichte in einem Kapitel zusammengefasst, das ursprünglich mit »Überlebensstürme« überschrieben war und in dem er neben seinen eigenen Erlebnissen die vieler anderer zusammenfasste. Für die einzelnen Berichte zog er eine Menge Hintergrund-Informationen hinzu, um die Berichte glaubwürdiger zu machen. Sie erscheinen in diesem Kapitel, weil sie von extremer Härte der Segler gegen sich selbst zeugen oder weil in ihnen Außergewöhnliches passiert – wie z.B. in dem Bericht von William Mathers, der sich trotz Hurrikanwarnung entschied, auf See zu gehen.
Adlards Coles' Sammlung von Berichten

gab vor 40 Jahren oder schon früher den Anstoß, über Seeanker nachzudenken. Man stand ihnen sehr misstrauisch gegenüber. (Die Erklärung dafür mag darin liegen, dass die Fallschirme vor 80 Jahren viel kleiner waren als die heutigen.)
Im Sinne von Adlard Coles sind einige weitere Sturmberichte aus der letzten Zeit hinzugefügt worden, außerdem Berichte von schwerem Wetter, das verursacht wurde durch Wirbelstürme, Wasserhosen und Tornados. Diese eher kurzlebigen Wetterphänomene können ebenso nach dem Leben trachten wie normale Stürme.

Adlard Coles schreibt:

Der Unterschied zwischen einem gewöhnlichen Sturm und einem solchen, in dem es nur noch ums Überleben geht, besteht darin, dass Skipper und Besatzung in einem normalen Sturm, bei 8 oder vielleicht 9 Windstärken (etwa 30 bis 45 kn mittlerer Windgeschwindigkeit), Herr der Lage bleiben und Maßnahmen ergreifen können, die sie für angemessen halten, während in einem Überlebenssturm bei 10 und mehr Windstärken und Böen, die vielleicht Orkanstärke erreichen, Wind und See die Herrschaft ergreifen. Für Skipper und Besatzung wird dann Segeln zu einem reinen Kampf, ihre Yacht über Wasser zu halten. Der Kurs wird von dem Zwang diktiert, die brechenden Wellenkämme im günstigsten Winkel abzufangen.

Am häufigsten werden Yachten von Stürmen und Hurrikanen auf der Westseite des Atlantiks überrascht. Aus diesem Grunde habe ich mich um Informationsmaterial über Überlebensstürme in Amerika bemüht und mich dort an die amerikanische Zeitschrift »Yachting« gewandt, denn das Hauptgefahrengebiet liegt auf der Route zwischen den Yachtzentren von Neuengland und Bermuda, Florida und der Karibik. Tropische Stürme bilden die Hauptgefahr, Stürme mit enggebündelten Isobaren und durchschnittlichen Windgeschwindigkeiten zwischen 34 und 63 kn, ferner die Hurrikane mit Windgeschwindigkeiten von 64 kn und mehr, in Böen bis 170 kn.

Hurrikane treten in der Regel zwischen Juni und November und mit erhöhter Wahrscheinlichkeit im September auf, aber sie kommen auch außerhalb dieser Periode zu praktisch jeder Jahreszeit vor. In einem durchschnittlichen Hurrikan sind Wellenhöhen von 10 bis 12 m nichts Ungewöhnliches; in Riesenstürmen können die Wellen sich sogar bis zu einer Höhe von 15 m aufbauen. Es wurde sogar von noch höheren Wellen berichtet, aber glücklicherweise kommen sie sehr selten vor.

Yachtsegler aus Bermuda erzählten mir, dass im Atlantik im Winter schwere Stürme wüten können, die zwar nicht als Hurrikane bezeichnet werden, aber nicht minder fürchterlich sind. Sie können drei Tage andauern, mit Winden, deren Geschwindigkeit an 85 kn heranreicht, weit mehr also als Hurrikanstärke. Nicht immer überleben Yachten so schwere Stürme. So verließ beispielsweise der 21-m-Schoner MARGOT an einem Januarabend um 17.00 Uhr Bermuda auf südlichem Kurs. Die Wettervorhersage für 50 sm südwärts Ber-

muda war gut, und doch wehte es um 20.00 Uhr desselben Abends örtlich mit 85 kn, und in der darauffolgenden Woche betrug die geringste in Bermuda gemessene Windgeschwindigkeit immer noch 50 kn. Von dem Schoner hat man nie wieder etwas gehört. Es wird angenommen, dass er schon am ersten Abend, unter bloßen Masten lenzend, untergegangen ist und dass das extra große Cockpit in Verbindung mit einem unzureichend gesicherten Niedergang daran schuld war, dass die Yacht von einer achterlichen See überrollt wurde, volllief und wegsackte. Niemand weiß, ob der Schoner Trossen achteraus schleppte oder ob der Untergang, wäre dies der Fall gewesen, hätte abgewendet werden können.

Was die Mannschaft des 21-m-Schoners CURLEW erlebte, liefert ein weiteres Beispiel eines Wintersturms. Die Yacht lief am Sonntag (11. November 1962) bei frischem Nordwestwind aus Mystic, Connecticut, aus. Ihr Ziel war das Karibische Meer, wo sie Charterzwecken dienen sollte. Sie wurde von einem Engländer, Kapitän David Skellon, geführt; Maat war Ed Lowe, ein Seemann aus Connecticut. Diese beiden waren die einzigen Blauwassersegler an Bord; in dem schlechten Wetter, das bald über sie hereinbrach, lösten sie sich nächtelang am Ruder ab. Mittwochmorgen stürmte es aus Nord, etwa Bft 10, und die Yacht lenzte unter bloßen Masten. Mehrere Komplikationen hatten sich bereits eingestellt; die ernsthaftesten waren der Ausfall der Bremsschraube, die das Drehen der Propellerwelle verhindern sollte, und ein böses Leck in der Wellenpackung. Die mit der Hauptmaschine betriebene Bilgepumpe konnte mit dem einströmenden Wasser gerade noch fertig werden.

Der Sturm nahm im Laufe des Mittwochs und in der darauffolgenden Nacht stetig an Stärke zu. Die CURLEW hatte inzwischen den Golfstrom erreicht, wo die Seen gefährlicher wurden. Auf der zweiten Wache am nächsten Morgen geschah es zum ersten Mal, dass die CURLEW querschlug und fast drei Minuten lang aufs Wasser gepresst liegen blieb, bevor sie sich wieder aufrichtete. Die Crew brachte die Yacht erneut vor den Sturm und fierte achtern eine Trosse in einer großen Bucht mit daran befestigten Schleppwiderständen über Bord.

Am Donnerstag ging die See höher als je zuvor, und es wehte in den Böen mit schätzungsweise 75 bis 80 kn. Um 07.00 Uhr brach eine himmelhohe See über das ganze Schiff hinweg und zerschmetterte das Oberlicht des Salons. Der daraufhin ausgesendete MAYDAY-Ruf der CURLEW wurde in Bermuda aufgefangen. Ein entsandtes Suchflugzeug fand das Schiff, und

um 14.00 Uhr kam das amerikanische Schiff COMPASS ISLAND in Sicht.

Unter kahlen Masten verfolgte die Yacht weiter ihren Kurs nach Bermuda. Die COMPASS ISLAND stand in Bereitschaft und erteilte über Sprechfunk Anweisungen. In dieser Nacht gelang es der CURLEW, unter dem Leeschutz, den ihr die COMPASS ISLAND verschaffte, bis auf eine Viertelmeile an die Ansteuerungstonne des Hafens von St. George's heranzukommen. Schutz war endlich zum Greifen nahe. Aber der Wind musste gedreht haben und war von einer solchen Heftigkeit, dass es selbst mit Hilfe der kräftigen Maschine kein weiteres Vorankommen gab. Es erwies sich als unmöglich, den Hafen zu erreichen, und die CURLEW war gezwungen, wieder abzulaufen. Inzwischen war der Zustand der Yacht kritisch geworden, und da der Wetterbericht eine Fortdauer

Der Schoner CURLEW *in Seenot in dem atlantischen Sturm nördlich von Bermuda, bei Winden, die in Böen 85 kn erreichten. (Foto: USS Compass Island)*

des Sturms für weitere 24 Stunden ankündigte, blieb keine andere Wahl, als abzulaufen und die Yacht ihrem Schicksal zu überlassen.

In Leeschutz der COMPASS ISLAND manövrierte die CURLEW sich längsseits, brach sich dabei aber den Bugspriet und verlor bei dem Anprall gegen die Bordwand Fockmast und Wanten. Dennoch wurde die Besatzung durch die COMPASS ISLAND mit Hilfe von Ladenetzen abgeborgen – eine beachtenswerte Leistung bei Nacht und Winden wenig unter Hurrikanstärke. Drei Tage später wurde berichtet, die CURLEW sei gesichtet worden. Sie wurde aufgefunden und sicher in den Hafen von St. George's eingeschleppt. Inzwischen stand das Wasser eineinhalb Meter über den Bodenbrettern, und die gesamte Einrichtung war zertrümmert. Die Besichtigung ergab jedoch, dass der Rumpf unbeschädigt war. Alle Nähte und Befestigungen waren noch so gut wie neu. Die Yacht hatte eine Mahagonibeplankung über Eiche und Teakdecks.

Dass die CURLEW einen Sturm überlebte, der in dieser Gegend als der schwerste seit vierzig Jahren galt, ist einzigartig. Der 17-m-Schoner WINDFALL, der Mystic um die gleiche Zeit verließ wie die CURLEW und ebenfalls auf dem Wege nach Bermuda war, sank in dem Sturm. Als die Crew zuletzt von einem Frachter gesichtet wurde, klammerten sie sich an Wrackteile, aber das Wetter war zu schwer, als dass der Frachter imstande gewesen wäre, Beistand zu leisten. Neun andere Schiffe befanden sich zur gleichen Zeit wie die CURLEW in Seenot. Insgesamt forderte die See das Leben von mehr als 144 Seeleuten.

Die in diesem Sturm gemachten Erfahrungen bestätigen die Erkenntnis, dass, wenn Wind und See zu Hurrikanstärke angewachsen sind, kein Mensch mehr sagen kann, was geschehen wird. Die WINDFALL ging unter, aber die CURLEW überlebte, obgleich halb voll Wasser. Vielleicht rettete sie die Taktik, abzulaufen und Trossen achteraus zu schleppen, und doch schlug sie mehrere Male quer. Wahrscheinlich hatte auch die WINDFALL Trossen achteraus gebracht, weil das nun einmal die anerkannte Methode ist, mit den nachfolgenden Seen fertig zu werden.

Adlard Coles` Anmerkungen dazu:

1. **Der Wert mechanischer Hilfsmittel.** Es war der motorbetriebenen Bilgepumpe der CURLEW zu verdanken, dass das Leck unter Kontrolle blieb.
2. **Die Schwäche vieler Ruderräder.** Fünf Speichen von CURLEWS Ruderrad brachen, als ein Mann von einer brechenden See dagegen geschleudert wurde. Schäden an Ruderrädern sind bei Sturm keineswegs selten.
3. **Querschlagen** muss in einem noch so heftigen Sturm nicht unausweichlich zur Katastrophe führen.
4. **Zum Teil vollgeschlagen.** Eine Yacht kann überleben, auch wenn sie halb voll Wasser geschlagen ist. Beweise dafür sind die TZU HANG (auf die ich in diesem Kapitel noch zurückkomme) und die CURLEW, die sich beide in Situationen befanden, denen zu entrinnen man für unmöglich gehalten hätte. Die CURLEW muss, nachdem sie von der Mannschaft verlassen worden war, in die volle Gewalt des Sturms hinausgetrieben sein; sich selbst überlassen, vor Topp und Takel treibend und halb voll Wasser, blieb sie trotzdem über Wasser.
5. **Längsseits kommen.** Unter Hurrikan-Bedingungen ist es für ein Rettungsschiff schwierig, wenn nicht gar unmöglich, längsseits zu gehen, um die Mannschaft abzubergen, ohne die Yacht zu beschädigen. Ein Rettungs-

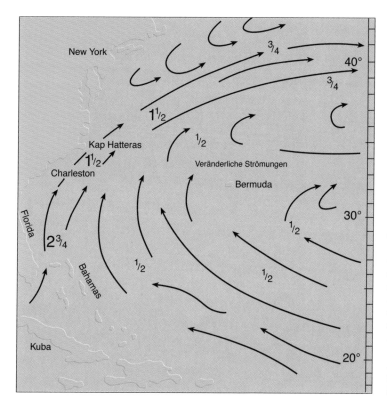

New York

3/4

40°

3/4

1 1/2

1/2

Kap Hatteras

1 1/2

Charleston

Veränderliche Strömungen

Bermuda

30°

1/2

Florida

2 3/4

Bahamas

1/2

1/2

Kuba

20°

Abb 15.1 Strömungen im Golfstrom (annähernde Geschwindigkeit in kn). Dargestellt sind durchschnittliche Sommerverhältnisse, aber der Strom wechselt in Richtung und Geschwindigkeit und ist oft viel stärker als gezeigt. Er verursacht ungewöhnlich hohen Seegang, wenn Wind gegen Strom steht, und seine Windungen bescheren den Navigatoren im Bermudarennen von jeher die Möglichkeit zu Spekulationen.

schiff muss unmittelbar längsseits liegen und in schwerer See ist die Gefahr groß, dass der Mast der Yacht gegen die Bordwand schlägt und bricht. Außerdem kann der Mast eine weitere Gefahr heraufbeschwören, wenn nämlich Masttrümmer und Teile der Takelage in der Gegend herumschwingen und tödliche Waffen bilden, die Retter und Gerettete gleichermaßen bedrohen, wenn sie die Kletternetze emporklimmen. Die einzige andere Methode für ein Rettungsunternehmen (wie für die an Wracktrümmern hängenden Überlebenden der WINDFALL) bestünde in dem Versuch, Leeschutz zu erzeugen und dann Rettungsflöße aus Gummi zu den Schiffbrüchigen hi-

nübertreiben zu lassen, da die üblichen Rettungsboote unter solchen Verhältnissen nutzlos sind. Die Schwierigkeit wäre nur, dass das Rettungsschiff zu rasch leewärts auf die Yacht zutreiben würde, so dass große Geschicklichkeit bei der Handhabung erforderlich ist.

Die CURLEW hat den Golfstrom vielleicht noch nicht einmal in seiner schlimmsten Form erlebt, da der Wind quer zum Strom und nicht gegenan geweht zu haben scheint, obgleich nichts bekannt ist über seine Richtung und Geschwindigkeit. Normalerweise findet man den stärksten Strom in der Floridastraße und da, wo er nordwärts in Richtung Kap Hatteras fließt (Abb. 15.1). Hier sind die Seen in der

243

Stromachse bei stürmischen Winden aus Nord gegen den Strom unter gewöhnlichen Sturmverhältnissen gefährlicher als bei einem schweren Sturm oder sogar Hurrikan auf offenem Atlantik. Hierdurch erklärt sich vielleicht der Verlust der REVENOC, eine der beklagenswertesten Yachttragödien auf der amerikanischen Seite des Atlantiks.

Die REVENOC war eine Sparkman & Stephens-Konstruktion mit Außenballast und Schwert, yawlgetakelt. Ihre Abmessungen betrugen: 13 m Lüa, 9 m LWL, 3,50 m Breite, 1,40 m Tiefgang, 82 m² Segelfläche. Sie war für Kreuzfahrten und Ozeanregatten besonders gut ausgerüstet.

Am 1. Januar 1958 startete die Yawl in Key West nach Miami. An Bord befanden sich ihr Eigner und Skipper Harvey Conover, sein Sohn Lawrence, ihre beiden Frauen und William Fluegelman. Die Crew besaß reiche Erfahrungen. Harvey Conover war ein alter Blauwassersegler, der seit seiner frühesten Jugend segelte. Sein 26-jähriger Sohn war mit Booten aufgewachsen und ein erstklassiger Seemann. William Fluegelman hatte viel mit den Conovers gesegelt und war früher bei der Küstenwacht gewesen. Die beiden Frauen galten als tüchtige und erfahrene Hände.

Am 2. Januar wurde das Gebiet ohne vorherige Warnung von einem NNE-Sturm überfallen, der in den Böen 65 kn erreichte. Das Wetteramt berichtete darüber zusammenfassend: »Ein großes Hochdruckgebiet über dem südöstlichen Teil der Vereinigten Staaten drängte eine breite, gar nicht besonders schlimme Kaltfront in südöstlicher Richtung über Florida, die Floridastraße und die Bahamas zurück. Inzwischen entwickelte sich am Mittwoch über dem westlichen Kuba plötzlich ein intensives Tiefdruckzentrum (das erst am Donnerstag, als man die REVENOC in Miami erwartete, gemeldet wurde) und

kreuzte, in nordöstlicher Richtung ziehend, die Bahn der Front. Als sich beide einander näherten, wirkten das rechtsdrehende System der Front und der um das Tiefdruckzentrum linksdrehende Wind, beide aus einer allgemein nordnordöstlichen Richtung kommend, zusammen und entfesselten am Donnerstag vor Tagesanbruch in der Floridastraße einen plötzlichen schweren Sturm mit fürchterlichen Böen.«

Der Seegang mitten in der Achse des Golfstroms muss unter solchen Umständen unvorstellbar gewesen sein. Das war der Sturm, in dem die REVENOC mit Mann und Maus verloren ging. Nie hat man wieder eine Spur von ihr gefunden, mit Ausnahme eines vollgeschlagenen Dingis, das am 6. Januar in der Nähe von Jupiter Inlet anschwemmte, wohin es von dem nordwärts setzenden Strom getrieben war.

Der Verlust kann durch zahlreiche Umstände verursacht worden sein. Die wahrscheinlichste Erklärung ist, dass die REVENOC nachts von einem Schiff überrannt wurde, da in dem Gebiet, wo sie erwischt wurde, dichter Schiffsverkehr herrscht und die Lichter einer Yacht in den Seen und der Gischt in einem Sturm regelrecht verschwinden. Möglich auch, dass der Mast brach, über Bord ging und den Rumpf, bevor die Takelage gekappt werden konnte, so schwer beschädigte, dass an Reparaturen nicht mehr zu denken war; oder dass die Yacht auf Korallenriffe getrieben wurde oder eine bösartige See die Aufbauten einschlug oder die Yacht herumrollte.

Eine Antwort auf diese Fragen werden wir nie erhalten, aber wir können mutmaßen, welche Taktiken die REVENOC anwandte. Ein Artikel von Carlton Mitchell, der im Juni 1956 in »Yachting« erschien, enthielt den Auszug eines Briefes von Harvey Conover, nachdem er mit der REVENOC schon einmal im Golfstrom von einem Sturm überrascht worden war. In diesem Sturm, der in den Böen 56 bis 65 kn erreichte, war er mit 2 bis 3 kn unter bloßen Masten und mit Trossen im Schlepp achteraus so gut abgelaufen, dass er überzeugt war, seine Yawl könne auf diese Weise fast alles aushalten. Es ist daher, wenn sie genügend Seeraum hatte, höchst wahrscheinlich, dass die REVENOC auf ihrer letzten Reise mit Trossen (oder vielleicht Segeln) im Schlepp vor dem Sturm lenzte. Dies ist nur eine Vermutung, und die einzige Lehre, die wir aus dieser Tragödie ziehen können, ist, dass keine Yacht, einerlei wie gut gebaut, und keine Besatzung, wie erfahren sie auch sein mag, vor den Gefahren der See gefeit ist.

Zurückkehrend zu unserem Thema Hurrikane, wollen wir jetzt den Fall von Jean Gaus 9-m-Ketsch ATOM untersuchen, die im September 1957, etwa 360 sm südlich von Montauk Point, Long Island, in die Bahn des Hurrikans »Carrie« geriet. Sie kam durch, indem sie vor Topp und Takel lenzte; eine Trosse war ausgebracht und Ölsäcke an den Wantenspannern in Luv befestigt worden. Es gibt vier Umstände, die ihr geholfen haben mögen, den Sturm abzuwettern. Nach Überquerung des Atlantiks war ihr Boden so bewachsen, dass sie fast tot im Wasser lag. Ihr Tiefgang betrug nur 1,20 m, und sie hatte 2 t Eisen im Kiel und 2 t Innenballast. Sie war also ein Typ, der nur schwer kenterte, und die Gefahr zu »stolpern« ist bei einem langen flachen Kiel weniger gegeben als bei einem schmalen tiefen. Anzunehmen ist auch, dass sie ein niedriges Rigg hatte, obgleich ich keine Einzelheiten hierüber weiß. Die ATOM befand sich in der Zugbahn von »Carrie«, doch etwa 160 sm nördlich von Bermuda änderte der Hurrikan seine Richtung und eilte ostwärts über den Atlantik und machte schließlich einen

präzisen Landfall bei Fastnet Rock vor der Südwestküste Irlands. Da ich den Kurs der ATOM im Einzelnen nicht kenne und ihn daher nicht mit der Zugbahn des Hurrikans vergleichen kann, weiß ich nicht, ob sie sich irgendwann und irgendwo in der Nähe des Zentrums befand, aber selbst wenn sie dem Schlimmsten entging, muss sie sich doch in so schweren Stürmen befunden haben, dass diese wohl der Kategorie der Stürme auf Leben und Tod zugerechnet werden können.

Das Beispiel der ATOM spricht also zu Gunsten des Lenzens vor Topp und Takel. Indes: Am 26. Februar 1966 wurde die Ketsch zwischen Durban und Kapstadt von neuem erwischt. Sie lag mit Wind und See querein von Backbord zum Treiben, wurde aber bei dieser Gelegenheit um 360 Grad herumgerollt. Sie verlor dabei alle Masten, Spieren und Segel. Jean Gau war gerade unter Deck und schlief, erlitt aber keine Verletzungen, die ihn außer Gefecht gesetzt hätten. Die nächsten 14 Stunden war er damit beschäftigt, die Bilge, die voll war bis zu den Bodenbrettern, zu lenzen, die Spieren, die den Rumpf gefährdeten, zu kappen, die Takelage zu klarieren und sich schließlich an die scheußliche Arbeit zu machen, die Maschine zu trocknen. Anschließend gelang es ihm, die 75 sm entfernte Mossel Bay mit Motorkraft zu erreichen.

Die ATOM besaß ein zuverlässiges Anemometer, das die Windgeschwindigkeit mit 60 kn anzeigte. Ob dies die Windgeschwindigkeit in den Böen war oder der Durchschnitt nach der Beaufort-Skala (was bei 60 kn Windstärke 11 entspräche), entzieht sich meiner Kenntnis.

Jean Gaus Erlebnisse zeigen, dass man die Ozeane viele Male überqueren kann, ohne Schaden zu nehmen, dass es aber nur eines einzigen Wellenungetüms von besonderer Größe und Form bedarf, das sich in einem ungeeigneten Moment auf das Schiff stürzt, um handfesten und manchmal katastrophalen Schaden anzurichten. Eine der bemerkenswertesten Geschichten von einer Yacht, die einen Hurrikan überlebte, war die der PENDRAGON, die 1954 in den Wirbelsturm »Carol« geriet.

Die PENDRAGON befand sich in dem etwas unsicheren Hafen von Gosport auf den Isles of Shoals, die nordöstlich von Boston im Atlantik liegen. Sie ist ein Kutter von 12,50 m Lüa, 9,10 m LWL, 3,10 m Breite und 1,90 m Tiefgang, 1935 bei Nevins gebaut. Ihre Besatzung bestand aus William H. Mathers, seiner Frau Myra und zwei Freunden.

Inzwischen war Hurrikan »Carol« über North Carolina zum Stillstand gekommen, doch am Dienstagmorgen (31. August) kam die alarmierende Nachricht, dass der Wirbelsturm wieder in Bewegung geraten sei und die Küste Neuenglands heraufzöge. Die Warnung kam zu spät, um noch einen besseren Hafen aufsuchen zu können. Auf der PENDRAGON wurden daher alle Vorbereitungen getroffen, aber beim Höhepunkt des Sturms geriet eine Ketsch ins Treiben, und PENDRAGONS Ankertrosse musste gekappt werden, um von ihr freizukommen. Der Wind war zu stark, als dass man gegen den Wind unter Maschine in Lee des Wellenbrechers wieder Schutz hätte finden können, und so lief die PENDRAGON, um nicht auf die Klippen getrieben zu werden, im gefährlichen Quadranten des Hurrikans hinaus auf See.

Kaum in offenem Wasser, traf die Yacht auf eine himmelhohe See und bekam die volle Gewalt des Hurrikans zu spüren. Womit wir uns hier beschäftigen wollen, ist jedoch, welches Verfahren angewandt wurde, um die Yacht vor dem Untergang zu bewahren. Das Außergewöhnliche daran ist, dass sie unter Maschine lief. Dies ist der einzige Fall, von dem ich gehört

habe, wo auf einer Segelyacht auf offener See während eines Sturms der Motor zu Hilfe genommen wurde, noch dazu in einem Hurrikan. Ich habe den Eindruck, dass die durchschnittliche Hilfsmaschine schon bei Windstärke 7 nutzlos zu werden beginnt, obgleich ich den Versuch auf See noch nie gemacht habe. Ich schrieb daher an den Eigner der PENDRAGON, und aus seiner Antwort geht hervor, wie er es schaffte.

Bei der Maschine handelte es sich um einen Vierzylinder von 25 PS, mit einem Übersetzungsgetriebe von 2:1 und einer Propellerdrehzahl im Hurrikan von 800/min. Der Propeller hatte 45 cm Durchmesser mit einer verhältnismäßig flachen Steigung. Während des Hurrikans wurde die PENDRAGON in den Wellentälern breitseits zur See gesteuert. Die Wellenkämme lagen 90 bis 120 m auseinander. In den Wellentälern (wo die Yacht teilweise von den Wellen abgedeckt wurde) war unter Maschine eine Geschwindigkeit von etwa 2,5 kn zu erreichen. Das gab dem Skipper genügend Steuerfähigkeit, um vor den brechenden Wellenkämmen anzuluven und so zu verhindern, dass sein Schiff überrollt wurde.

Der Kurs der PENDRAGON ist in Abbildung 15.2 dargestellt. Anfangs lief sie vor dem Sturm ab, wobei ihr scharf geschnittener Vorsteven unterzuschneiden drohte und »ihr Heck sich hob, so dass das Ruder fast wirkungslos wurde. Unten angelangt, wandte sie sich, wie es ihr passte, nach der einen oder anderen Seite und rollte schwer. In einem der Wellentäler rollte sie so weit, dass sie grünes Wasser über das Cockpitsüll nahm.«

Mit Rücksicht auf die Gefahren und die Duck Island vorgelagerten Klippen konnte die PENDRAGON nicht nach Osten oder Nordosten ablaufen und sich damit vom Zentrum des Hurrikans entfernen. Darum

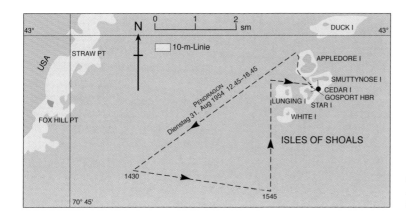

Abb 15.2 *Kurs der* PENDRAGON *im Hurrikan* »*Carol*«.

wendete William Mathers nach Passieren von Appledore Island und legte sich auf Steuerbordbug mit Kurs SW, obgleich er sich so dem Zentrum des Hurrikans näherte. Um etwa 14.00 Uhr lichtete sich der Himmel im Westen beträchtlich, und der Wind ließ entschieden nach. Eine halbe Stunde später schralte er von SE auf S und SW, und die PENDRAGON konnte E und SE anliegen. Ein winziger Fleck blauen – herrlich tiefblauen – Himmels erschien und verschwand und spendete einige Augenblicke lang Wärme und bessere Sicht. Um 15.45 Uhr kam der Leuchtturm auf einer der Inseln der Shoals-Gruppe in Sicht.

Die Yacht wurde auf Nordkurs gebracht, und eine Stunde später war sie heil zurück im Hafen. Um mit Myra Mathers eigenen Worten zu sprechen: »Es erschien als etwas widerspruchsvoll, vier Stunden lang draußen herumzubolzen, ohne etwas sehen zu können, und genau wieder da anzukommen, von wo wir aufgebrochen waren.«

Der einzige Unfall ereignete sich, als eine See von Backbord achtern gerade in dem Augenblick zuschlug, als der Rudergänger abgelöst wurde und die Yacht vorübergehend vom Kurs abgekommen war. Myra

Mathers hatte ihrem Mann die Pinne übergeben und schlängelte sich an ihm vorbei, als sie kopfüber ins Wasser katapultiert wurde und fast 10 m weit nach Lee abtrieb. Beim Überbordgehen schlug sie mit dem Kopf gegen eine Relingsstütze. Durch einen glücklichen Umstand hatte eine See die Yacht zum Stillstand gebracht, und der Hurrikan trieb sie auf Myra Mathers zu, die dann an Bord gezogen wurde. Fast das Gleiche passierte, als die TZU HANG im Pazifik über Kopf ging, worauf ich später zu sprechen komme, und Beryl Smeeton fast 30 m weit nach Lee geschwemmt wurde. Entmastet und zum Teil mit Wasser gefüllt, lag die Yacht bewegungslos im Wasser. Trotz der Verletzung schwamm Beryl Smeeton auf die schwimmenden Trümmer des Besanmastes zu und zog sich an ihnen an die TZU HANG heran.

Auf beiden Yachten war es schwierig, die Überlebenden in ihrer schweren, durchnässten Bekleidung aus dem Wasser zu ziehen und in die Geborgenheit des Cockpits zu bringen. Myra Mathers verfing sich vorübergehend an einer Deckstütze, wurde aber rasch an Bord geholt, sobald man merkte, woran es lag. Die Rettung von Beryl Smeeton auf der TZU HANG war sogar noch schwieriger, da sie wegen ihrer verletzten Schulter nur mit einem Arm mithelfen konnte. Es bedurfte der vereinten Anstrengungen der beiden Männer, um sie an Bord zu bekommen.

Der Hurrikan »Carol«, in den die PENDRAGON geriet, war ein schwerer Sturm, der beträchtliche Verwüstungen anrichtete. Auf seinem unerwarteten Sprung die Neuenglandküste hinauf wehte er den 192 m hohen Fernsehturm um, der auf dem Dach der Radiostation von Lynn, Massachusetts, stand, so dass von dort keine Wetterberichte mehr empfangen werden konnten. Ferner stürzte er den Kran auf dem Wellenbrecher der Isles of Shoals um, eben bevor die PENDRAGON zu ihrer Hurrikanfahrt auslief. Erstaunlich bleibt, dass die PENDRAGON, obgleich auf die Seite gerollt, bis ihre Salinge das Wasser berührten und das Cockpit voll Wasser lief, mit nicht mehr Schäden davonkam, als sich in einem gewöhnlichen Sturm auch einstellen können. Es erging ihr in dem Hurrikan auf See auf jeden Fall besser als den meisten anderen Yachten, die sich in die Häfen geflüchtet hatten, wo sich Häuser von ihren Fundamenten lösten, auf die vor Anker liegenden Fahrzeuge trieben und Bretter, Planken und anderes durch die Luft flogen, gegen die Takelage prallten und die Besatzungen gefährdeten. Eine große Anzahl von Yachten riss sich von ihren Murings los, viele schleppten ihre Anker und trieben auf Land.

Die folgenden Punkte verdienen Beachtung:

1. Nur William Mathers' schneller Entschluss, auszulaufen, bewahrte die PENDRAGON vor dem Schicksal, das zahlreiche andere Yachten im Hafen ereilte. Große Schiffe verlassen manchmal den Hafen, wenn ein Hurrikan droht, da sie in tiefem Wasser und weit von Land entfernt sicherer sind, aber es ist eher ungewöhnlich

2. Hinzuweisen ist auf die Schwierigkeit, einen Über-Bord-Gegangenen an Deck zu ziehen, selbst wenn er sich schon längsseits befindet. Das zusätzliche Gewicht durch nasse Bekleidung und die heftigen Bewegungen einer Yacht im Sturm machen diese Aufgabe unerwartet schwer. Das trifft besonders dann zu, wenn die Besatzung nur aus zwei Mann besteht, wie zum Beispiel dem Eigner und seiner Frau.

3. Eine Yacht mit starkem Motor und einer großen, langsam drehenden Schraube kann vielleicht, wie die PENDRAGON, einen Hurrikan abwettern. In ihrem Fall scheinen die Seen so riesig und so lang gewesen zu sein, dass sie im Wellental genügend Fahrt aufnehmen konnte, um zu den Wellenkämmen anluven zu können, aber ich bezweifle, dass dies in einem kurzen und sehr stark durcheinanderlaufenden Seegang durchführbar gewesen wäre. Außerdem glaube ich nicht, dass die von der PENDRAGON verfolgte Taktik von einer Yacht mit einer normalen schnelldrehenden Schraube übernommen werden könnte.

Die meisten Stürme, von denen ich berichtet habe, fanden in Gewässern statt, die von Yachten häufig befahren werden; sie sind daher praktische Beispiele für das, was bei normalen Kreuzfahrten auf der amerikanischen Seite des Atlantiks jedem passieren kann. Die schlimmsten Stürme jedoch und die höchsten Seen finden sich in den hohen südlichen Breiten, wohin Yachten, mit Ausnahme vereinzelter Weltumsegler, nur selten gelangen.

Das klassische Beispiel eines Sturms von allergrößter Heftigkeit im südpazifischen

Ozean erlebte William Albert Robinson, als er 1952 auf ungefähr 40º45,50'S von einem solchen ereilt wurde. Robinson hat die Welt umsegelt und gilt als einer der bekanntesten und erfahrensten Tiefwasserserseglers seiner Generation. Er hat manche andere Stürme und Hurrikane abgewettert, aber der Sturm, den er in einem Buch als den Sturm aller Stürme beschreibt, war der schwerste, den er während seines ganzen, auf Tiefwasserfahrten verbrachten Lebens durchgemacht hatte.

Seine Yacht hieß VARUA. Sie war eine Brigantine von 21 m Lüa, konstruiert von Starling Burgess. Für Ozeanreisen gedacht, sollte sie auch außergewöhnlich schweres Wetter und Stürme abwettern und auch vor orkanartigen Winden lenzen können, ohne zu großes Risiko querzuschlagen. Sie war ein großes Schiff, und dass sie durchkam, war ihrer Größe, Konstruktion und der Erfahrung des Eigners zuzuschreiben. Ich glaube nicht, dass irgendeine gewöhnliche Yacht, wie unsereins sie besitzt, die schwere Prüfung hätte bestehen können, der die VARUA unterzogen wurde.

Während des Sturms lag die VARUA unter Vorsegeln beigedreht, bis die Seen eine solche Höhe und Steilheit erreichten, dass die Segel abwechselnd in den Wellentälern abgedeckt wurden und sich auf den Wellenkämmen in den Böen mit einem Knall wieder füllten. Sie wurden dann geborgen, und man ließ die VARUA treiben. Anstatt das Ruder in Lee festzubinden, wurde es mittschiffs festgelascht, und man überließ es dem Schiff, seine eigene Treiblage zu finden. Die Brigantine fiel mehrere Strich ab und trieb mit dem Wind und vor der achterlichen See. Dabei wurde Öl über Bord gegeben. Robinson berichtet, dass die glatten Ölstellen bei dieser Treiblage wirksamer waren, als wenn das Boot beigedreht lag und der größte Teil der Ölfläche nach Lee weggeweht wurde.

Der Sturm drehte allmählich von Nordost auf Nord, und gegen Mitternacht begann die VARUA, außer Kontrolle zu geraten. »Die Seen waren jetzt so riesenhaft und hohl, dass das obere Drittel einzustürzen und senkrecht auf uns herabzukrachen schien. Unser Öl hatte jetzt nur noch wenig oder gar keine Wirkung, da das Wasser an der Oberfläche einfach nach Lee weggeblasen wurde.«

Robinson band das Ruder los und legte die Yacht genau vor den Sturm, womit sich die Fahrt unter bloßen Masten auf 6 bis 7 kn steigerte. Da er dies für gefährlich hielt, fierte er fünf 50-mm-Trossen von je 25 m Länge aus und dazu 200 m dünnere Leinen. Hierdurch wurde die Fahrt auf 3 bis 4 kn vermindert, und die Yacht lag wieder tadellos auf dem Ruder; auch die Ölfläche schien bei dieser langsamen Fahrt wieder besser zu wirken. Trotzdem kam es von Zeit zu Zeit vor, dass die Yacht eine See hinunterjagte und ihren Bugspriet im Wellental vergrub, bevor sie wieder hochkam. Robinson sagt, dass die VARUA, hätte sie nichts achteraus geschleppt, einfach untergeschnitten wäre. Und er fügte hinzu: »Wenn ein Fahrzeug von 50 t Gewicht und 21 m Länge, in allen Planken bebend, auf einem brechenden Kamm wellenreitend in die Tiefe schießt, dann hat man was erlebt.«

In fast den gleichen südlichen Breiten wie die VARUA wurde auch die TZU HANG bei ihrem Versuch, Kap Hoorn auf dem Wege vom Pazifik in den Atlantik zu runden, von Überlebensstürmen ereilt. Beim ersten Mal befand sich eine dreiköpfige Besatzung an Bord, der Eigner, Miles Smeeton, seine Frau Beryl und John Guzwell, bekannt durch seine Fahrten mit der TREKKA. Beim ersten Versuch, Kap Hoorn zu umsegeln, überschlug die Yacht sich Heck über Bug, während sie vor einer über 100 m langen, dicken Trosse lenzte.

Beim zweiten Mal waren Miles Smeeton und seine Frau allein, als sie in einen neuen Sturm gerieten. Diesmal ließen sie die TZU HANG vor Topp und Takel lenzen, was sie allerdings nicht davor bewahrte, über die Seite vollständig herumgerollt zu werden. Beide Male wurde die Yacht entmastet, schwer beschädigt und teilweise voll Wasser geschlagen. Die Seen, die das Unheil anrichteten, müssen wahre Monster gewesen sein, die sich durch das Zusammenwirken verschiedenartiger, aus den unendlichen Weiten des Pazifiks heranrollender Wellenzüge gebildet hatten. »Manchmal«, schreibt Miles Smeeton in seinem Buch »Once is enough«, »scheint eine Welle mit ihrer ganzen Vorderfront herabzubrechen, eine tobende Kaskade weißer Gischt, die sich in der Gesamtbreite der Wellenfront herunterergießt, wie die Lawine von einer Berglehne.«

Es gibt wohl nur wenige Yachten, die so geartete Wetterverhältnisse durchstehen können, ohne Schäden zu erleiden, einerlei von welchem Typ sie sind und welche Abwehrmaßnahmen an Bord ergriffen wurden. Erstaunlich bleibt, dass die TZU HANG überhaupt durchkam. Sie hatte zwar eine harte und zähe Crew, und in beiden Fällen wurden sofort provisorische Ausbesserungsarbeiten durchgeführt. Wären aber den Seen, die den Schaden anrichteten, andere, ebenso furchteinflößende Wellenungetüme gefolgt, hätte sie untergehen müssen. Möglich, dass der Verlust der Masten sie in die Lage versetzte, die

Der südliche Ozean, fotografiert von Les Powles. Er schätzt, dass die Welle 18 m hoch gewesen sein könnte.

Seen besser abzureiten, und sie so vor einer Katastrophe bewahrt blieb. Auf der anderen Seite wurde die DOUBLOON (wie in einer früheren Ausgabe dieses Buches beschrieben) nach Verlust ihrer Masten ein zweites Mal seitwärts herumgerollt, so dass man seiner Sache in dieser Beziehung nicht ganz sicher sein kann.

Dagegen gibt es zahlreiche Yachten, die durch die Brüllenden Vierziger und um Kap Hoorn ohne Zwischenfälle und drohende Katastrophen gesegelt sind. Dies war der »unmögliche Kurs«, dem sich der Argentinier Vito Dumas auf seiner großen Einhandreise verschrieben hatte. Seine Yacht LEGH II war ein 9,40 m langer norwegischer Spitzgatter, konstruiert von Manuel M. Campos, und eine modernisierte Version des alten Rio-de-la-Plata-Walbootes, nicht unähnlich einem Colin-Archer-Doppelender. Die LEGH II war ausdrücklich für Ozeanreisen gedacht und hatte daher einen langen Kiel, um bei jedem Wetter leicht steuerbar zu sein. Der Ballastkiel bestand aus 3,5 t Eisen, und der Entwurf sah ein hohes Maß an Reserveauftrieb vor. Sie führte keinen Innenballast. Der Erfolg der Konstruktion fand seine Bestätigung in der offensichtlichen Mühelosigkeit, mit der die LEGH II sich einhand ohne Selbststeueranlage auf Kurs halten ließ. In ihrem Spitzgattheck muss sich eine Menge Auftriebskraft befunden haben, um die Seen durchstehen zu können, die Dumas unterwegs erlebte. Es war auf seiner Reise nicht die Frage eines Sturms hier und da, sondern eines durchgehenden, fast nie unterbrochenen schweren Wetters schlimmster Art, mit Winden, die sich gelegentlich in den Böen bis auf schätzungsweise 70 kn steigerten. Seine taktische Verhaltensweise bei stürmischem Wetter war neuartig. »Was Treibanker anbetrifft«, schreibt er, »vertrete ich einen Standpunkt, der das ganze Problem

für mich erledigt: Einem solchen Apparat würde ich niemals Platz an Bord opfern. Vielmehr bin ich überzeugt, dass ein Boot unter Segel ziemlich mühelos jeder See gewachsen ist. Es hat Freiheit der Bewegung und kann auf die See hinaufreiten. Sollte die Windgeschwindigkeit 50 kn überschreiten, muss ich, entgegen der Ansicht, dass nachfolgende Seen brechen und Verwüstungen an Deck anrichten, gestehen, dass es zu meinem ganz besonderen Vergnügen gehörte, Böen auf einer Matratze von Schaum zu durchjagen. Meine Geschwindigkeit bei dieser Art von Wellenreiten überstieg 15 kn; dann zeigte ich das Heck der nächsten Welle, und das erregende Spiel begann von vorn.«

Manche Leser mögen 15 kn für übertrieben halten, aber die genaue Geschwindigkeit ist unwichtig; fest steht, dass die LEGH II auf dem Ozean die richtige Wellenlänge fand, die sie in die Lage versetzte, längere Zeit und weit über ihre theoretische Höchstgeschwindigkeit hinaus auf den Wellenkämmen zu reiten. Dumas gibt keine genaue Schilderung und auch keinen Hinweis, wie er das Wellenreiten ohne Selbststeueranlage zustande brachte. Surfen in Ozeanseen kann wegen des Risikos, in das Wellental hinuntergerissen zu werden und über Kopf zu gehen, eine gefährliche Sache sein. Wie immer es gewesen sein mag, Dumas lenzte vor Stürmen mit etwa 5 kn Fahrt, und es gelang ihm, die Welt auf den wohl gefährlichsten Gewässern zu umrunden und die Reise mit einem Boot zu beenden, das sich immer noch in tadellosem Zustand befand.

Es gibt noch mehr Yachten, die in der Vergangenheit die gefährlichen Gewässer des Südpazifiks durchsegelt und Kap Hoorn umrundet haben, ohne zu nachgeschleppten Trossen oder anderen konventionellen Verfahren zum Abwettern von Stürmen Zuflucht genommen zu haben. Als Sir

Francis Chichester nach einem bemerkenswert genauen Landfall ohne Sonnen- oder Sternbeobachtungen seit drei Tagen und wenig Schlaf seit einer Woche im März 1967 Kap Hoorn mit der GYPSY MOTH IV rundete, lenzte er unter Sturmfock. Es ist offenkundig, dass es sehr hart wehte, mit heftigen Böen und hoher See, so wie es für Kap Hoorn typisch ist. Das Cockpit der GYPSY MOTH IV wurde fünfmal voll Wasser gespült, und einmal dauerte es volle 15 Minuten, bis das Wasser ablief – ein weiterer Beweis für die Unzulänglichkeit der Abflüsse in selbstlenzenden Cockpits.

Die GYPSY MOTH IV lief unter Sturmfock, und es werden keine nachgeschleppten Trossen erwähnt. Ihre Geschwindigkeit scheint zwischen 5 und später 7 kn betragen zu haben, ein weiteres Beispiel dafür, dass eine Yacht eine ansehnliche Geschwindigkeit durchhielt, während sie in schwerem Seegang vor stürmischen Winden lenzte.

Höchst wertvolle Informationen über das Thema Lenzen vor stürmischen Winden verdanken wir Bernard Moitessier, der für seine außergewöhnliche Reise von Moorea nach Alicante via Kap Hoorn mit der Blue Water Medal des Cruising Clubs of America und der Wren Medal for Seamanship des Royal Cruising Clubs ausgezeichnet wurde.

Die JOSHUA, mit der er die Reise machte, ist eine von Jean Knocker konstruierte 12 m lange Bermuda-Spitzgattketsch von

Bernard Moitessier beschreibt die Seen, denen die JOSHUA im Südpazifik begegnete, als solche, die sich »pausenlos 200 bis 300 m weit brachen«. Er lenzte unter bloßen Masten und nahm sie in einem Winkel von 15 bis 20 Grad von achtern, um nicht kopfüber zu gehen. Die JOSHUA war aus Stahl gebaut und wurde aus einer Glaskuppel heraus gesteuert. (Foto: de Lange)

3,70 m Breite und 1,60 m Tiefgang. Sie ist aus Stahl gebaut und hat einen festen Kiel. Die Segelfläche von fast 90 m² ist beträchtlich für eine Yacht, die so weite Reisen unternimmt. Ein besonderes Merkmal dieser Konstruktion ist der »Führersitz«, eine metallene Kuppel, von der aus gesteuert wird. Die JOSHUA verließ Moorea (die westlich von Tahiti gelegene Insel) am 23. November 1965 und rundete Kap Hoorn am 11. Januar 1966, 49 Tage später. Wie der Zufall es wollte, wehte es nur mäßig aus NW. Es gab keinerlei Schwierigkeiten, aber ebenso wie die TZU HANG war die JOSHUA vorher im Südpazifik von einem Sturm auf Leben und Tod ereilt worden und wäre beinahe untergegangen. Dieser Sturm dauerte sechs Tage an und war durch zwei Tiefdrucksysteme ausgelöst worden. Moitessier besaß kein Anemometer, aber er schätzt, dass der Wind in Böen Hurrikanstärke erreichte, was bedeuten würde, dass die Durchschnittsstärke bei Bft 10 oder vielleicht 11 lag. Wenn man sich ferner überlegt, dass der Seegang im Südpazifik sechs Tage Zeit gehabt hatte, sich aufzubauen, kann man wohl mit Fug und Recht von einem Überlebenssturm sprechen. Nach den Berichten müssen die Seen gigantisch gewesen sein. Ihre Länge wurde auf etwa 150 bis 170 m geschätzt, und sie brachen pausenlos in Fronten von 200 bis fast 300 m Breite. Hinter sich ließen sie weite Felder weiß schäumenden Wassers zurück. Ihre Gewalt wurde als »absolut unfasslich« geschildert.

Zunächst lief die JOSHUA vor diesem Sturm mit fünf Trossen von 30 bis 90 m Länge achteraus in Schlepp. Daran war Eisenballast befestigt und zur Ergänzung ein schweres Netz, wie man es beim Laden von Schiffen verwendet. Hierdurch bildete sich ein so großer Schleppwiderstand, dass die Yacht dem Ruder nicht mehr schnell genug gehorchte. Trotz alledem konnte nicht verhindert werden, dass sie auf den Kämmen der gewaltigen Seen ins Surfen geriet. Auf einer See, die nach Moitessier gar nicht einmal besonders groß, aber genau von der richtigen Größe und Form zum Surfen war, schoss die JOSHUA wie ein Pfeil davon, als wären die Trossen achteraus nicht viel mehr als Angelleinen, und steckte den Kopf in einem Winkel von 30 Grad in die See, so dass das Vorschiff bis zu den Ventilatoren achtern vom Mast im Wasser verschwand. Wäre eine zweite See gleicher Art gefolgt, hätte sie die JOSHUA genauso über Kopf gehen lassen wie die TZU HANG, und sie wäre entmastet worden, aber glücklicherweise erwischte die nächste, wirklich gefährlich brechende See die Yacht unter einem Winkel, und Moitessier glaubt, dass ihn dieser Umstand davor bewahrte, wellenreitend über Kopf zu gehen. In diesem Augenblick erinnerte er sich der von Dumas angewandten Technik, mit ungefähr 5 kn Fahrt vor dem Wind zu laufen und beim Herannahen jeder Welle gerade genug anzuluven, um die Seen in einem Winkel von 15 bis 20 Grad von achtern zu nehmen. Auf diese Weise wird eine Yacht nicht mehr nach vorn gerissen und wellenreitend in Gefahr gebracht, über Kopf zu gehen, weil sie in einem Winkel zur See läuft; sie kann auch nicht seitwärts herumgerollt werden, weil sie nicht quer zur See liegt, aber es wird das Risiko des Querschlagens bleiben.

Kurz entschlossen kappte Moitessier daher die Trossen und befreite so die JOSHUA von der Bürde des Schlepps. Das bedeutete ihre Rettung. Jetzt folgte Moitessier der Technik von Dumas, Fahrt zu machen und die Seen in einem Winkel von 15 bis 20 Grad von achtern zu nehmen. Er meint, sonst hätte die JOSHUA den Sturm unmöglich überstehen können. Diese Ansicht stimmt weitgehend mit

Warren Browns Erfahrungen überein, der mit der FORCE SEVEN vor einem Hurrikan mit Fahrt voraus lenzte und die Seen schräg von achtern nahm.

Aus der von Moitessier auf Grund seiner Erfahrungen beim Lenzen vertretenen Theorie ist viel zu lernen. Ich fasse wie folgt zusammen:

1. In extremen Stürmen im Südpazifik reichen die üblichen Methoden nicht aus, um sie abzuwettern. Ein Treibanker ist nutzlos. Beidrehen kommt nicht in Frage. Das Nachschleppen von Trossen bietet keine Garantie, auf den Wellen reitend nicht mit 15 kn Fahrt fortgerissen zu werden, und es bannt nicht die Gefahr, kopfüber zu gehen.

2. Die JOSHUA war aus Stahl gebaut und würde nach Ansicht ihres Eigners sonst nicht durchgekommen sein. Sie lag ununterbrochen unter dem Anprall von Seen, die das ganze Fahrzeug bis zum Mast überfluteten und jedes Deckshaus aus Holz weggerissen hätten, mit den sich daraus ergebenden katastrophalen Folgen. Die JOSHUA wurde von einer stählernen Lotsenkuppel aus gesteuert. An Deck gab es, selbst mit Rettungsgurt, keine Sicherheit, da die Yacht manchmal vollständig unter den Wellen verschwand. Moitessier empfiehlt auch, dass jede Yacht, mit der eine Weltreise geplant ist, ein Glattdeck haben sollte, wenn es sich um eine Holzkonstruktion handelt.

3. Es wird empfohlen, die Sturmsegel klein zu halten und nicht zu schwer und unhandlich. Ich glaube, das versteht sich für alle Segel, einschließlich der Trysegel. Die altmodischen Segel pflegten sehr schwer zu sein, aber unförmige Segel sind lästig zu handhaben und mühsam zu setzen. Es besteht keine Notwendigkeit mehr für sehr schweres Tuch, seit es synthetische Fasern gibt, weil die Segelfläche so klein ist, dass sogar Tuch mittleren Gewichts immer noch kräftig genug im Verhältnis zur Fläche ist.

4. Moitessier sagt wiederholt: »Niemand darf behaupten, er würde in diesen Breiten nicht untergehen.« Dieser Ausspruch bestätigt die Ansicht anderer Tiefwassersegler, dass ein Zeitpunkt eintreten kann, wo man nicht mehr sicher sein kann zu überleben, einerlei wie groß oder wie besegelt die Yacht ist.

5. Moitessier sagt nicht sehr viel über die Form der Seen, die er als am gefährlichsten erachtete. Er beschreibt solche Seen als »verrückt«, was natürlich dasselbe bedeutet wie »Ungetüm« oder »Monstrum«. Gewöhnlich haben solche Seen Kämme, die in schweren Kaskaden herabstürzen, aber nach Moitessier ist dies nicht unbedingt der Fall; vielmehr seien die gefährlichsten Seen im Südpazifik die sehr steilen, die nicht zu brechen brauchen, aber das Boot erfassen, ins Wellental stürzen und über Kopf gehen lassen. Er erwähnt auch

Wellen, die noch viel gewaltiger sind und aus verschiedenen Richtungen kommen. Um jedoch eine Yacht über Kopf gehen zu lassen, bedarf es einer See von einer immensen Größe, der man wahrscheinlich sehr selten begegnet, außer in Stürmen von besonderer Gewalt und mit dem grenzenlosen Fetch eines Ozeans.

So weit Adlard Coles. Ich habe Coles' Sturm-Sammlung vier Pazifik-Berichte hinzugefügt, als weitere Beispiele von Erfahrungen mit extremem Wetter, neben Berichten von extrem starken Böen, in Verbindung mit Gwitterstürmen, Tornados und Wasserhosen. Die letzten beiden Ereignisse sind vergleichsweise selten, aber die Folgen können dramatisch sein.

In dem ersten Bericht zeigt sich, dass das Ausbringen von Öl und Trossen lebenswichtig war. Am 2. Mai 1938 geriet Geoffrey Francis in einen Taifun, als er mit seiner neuen 17-m-Ketsch MA-ON-SHAN mit Kurs Süd aus Hongkong ausgelaufen war. Zum Glück hatte er einen ausreichenden Vorrat an Leinen und Öl an Bord. Beides

setzte er mit Erfolg ein. Er hatte Öl und Leinen an Bord genommen, weil er sicher war, dass sie bestimmt zum Einsatz kommen würden. Im Taifun brachte er die gewaltige Länge von 300–400 m der rauen Trosse aus Naturfaser übers Heck aus und benutzte einen Marlspieker, um nacheinander die 100-Liter-Kanister mit dem Dieselöl, die er hinter dem Großmast gestaut hatte, anzupieken. Die Yacht lief mit Rumpfgeschwindigkeit vor Topp und Takel, und ringsum brachen sich die taifuntypischen großen Wellen, aber bezeichnenderweise keine unmittelbar hinterm Heck.

Geoffrey Francis nahm, so gut er konnte, die See raum-achterlich. Er glaubte nämlich, im gefährlichen Quadranten des Taifuns zu sein. Der ständige Zug der Trosse verhinderte sehr effektiv ein Querschlagen der MA-ON-SHAN. Er war überzeugt, die Kombination aus der großen Menge Öl und der enorm langen Trosse am Heck rette die Yacht. Es ist nicht leicht zu sagen, wie lang insgesamt die ausgebrachte Trosse war; wenn die Wellenlänge aber etwa zwischen 120 und 180 m lag, konnte sie wahrscheinlich eine ganze Taifunwelle überspannen.

Das Passagierschiff RAWALPINDI hatte, kurz bevor der Taifun loslegte, die Position der MA-ON-SHAN ausgemacht, und als die MA-ON-SHAN schließlich Saigon erreichte, konnte Geoffrey Francis keine Schecks einlösen. Der Offizier der RAWALPINDI hatte daheim in Singapur seinen Freunden und Bekannten erzählt, dass die MA-ON-SHAN in dem Taifun verloren gegangen sein müsse. Daraufhin hatten diese das Bankkonto von Geoffrey Francis gesperrt. Der zweite Bericht stammt von Alby Burgin, einem Australier, der 1972 mit der 11,30 m langen RIVAL, einem Vashti-Entwurf von Alan Buchanan, während einer Regatta von Brisbane nach Gladstone durch den Zyklon »Emily« segelte.

Der Wind wurde am Leuchtturm Bustard Head mit 132 kn gemessen. Im Umkreis von 15 sm von uns versanken zwei große Fischtrawler, eine Stahlyacht und ein Trimaran mit insgesamt 12 Menschen. Die Wellen, die gegen die Strömung auf flaches Wasser aufliefen, waren fast 10 m hoch, äußerst steil und derart, dass vom Wellenkamm einfach 90 bis 120 cm weggeblasen wurden. Überall fegte Wasser waagerecht über die See, die Sicht lag bei etwa 15 m, und der Lärm war ohrenbetäubend.

Wir liefen unter Sturmfock, und ich war zu der Zeit der Einzige an Deck. Die Crew befand sich hinter gesicherten Seeschlagblenden unter Deck. Wenn ich meinen Kopf nach oben hielt, hatte ich das Gefühl, Wind und Gischt würden mir die Augen ausstechen. Es war, als würde der Wind ohne Hindernisse direkt durch meine Schwerwetterkleidung und mein Unterzeug hindurchblasen. Die Wellen brachen sich kontinuierlich überm Vorschiff, liefen quer übers Deck und überschwemmten das Cockpit. Der Kompass vor der Ruderpinne war meistens unter Wasser.

Die Yacht kam ganz gut mit der Situation zurecht – bis eine ungewöhnlich große Welle, einer riesigen, brausenden und weiß schäumenden Veranda gleich, aufs Deck knallte, die Rettungsinsel und Handläufer mitnahm und das flache Glasfenster des Kajütdachs eindrückte. Der gewaltige Wasserdruck drehte die RIVAL um 360°. Meine Rettungsleine war an einer breiten Teakleiste eingepickt gewesen. Als sich aber die Yacht wieder aufrichtete, fand ich mich lose in der turbulenten See wieder. Was mir zuerst durch den Kopf schoß, war, unter Wasser zu

bleiben, so dass die See mich von der Yacht wegspülen konnte. Ich hatte die Befürchtung, dass ich mir den Kopf an der rollenden Yacht einschlagen oder mich in der Takelage aufhängen würde, wenn ich zu schnell auftauchte. Als ich realisierte, dass ich einigermaßen klar war, entdeckte ich, dass ich nicht an die Oberfläche konnte. Ich musste mich in den vielen Stunden an Deck voll Wasser gesogen haben. Mein nächster Gedanke war also, mich von der nassen Schlechtwetterkleidung zu befreien – womit ich unter Wasser anfing. Zum Glück trug ich keine Seestiefel. Die wird man nämlich unter Wasser nicht los. Danach konnte ich endlich an die Oberfläche kommen – und sah die entmastete RIVAL in etwa 5 m Entfernung. Ich schwamm zur Yacht, und meine Crew, die bereits an Deck war, half mir wieder an Bord. Ich hatte Verletzungen an beiden Armen und im Gesicht. Als der Zyklon durchgezogen war, setzten wir ein Notrigg und segelten nach Gladstone. Da hatte ich Zeit, mir Gedanken darüber zu machen, welche Verletzungen ich wohl durch die Deckbeschläge erlitten hätte, wenn die Sicherheitsleine nicht gerissen wäre.

Alby Burgin ist in Australien bekannt für seine waghalsigen Fahrten, die er noch in einem Alter unternahm, da andere sich bereits in ihren Garten zurückziehen. Kurz und knapp beschreibt er in aller Bescheidenheit, wie er einen voll entwickelten Zyklon überlebt hat, und meint nachträglich, es gibt keinen Grund, die Hoffnung aufzugeben, solange die Crew durchhält und das Boot noch schwimmt. Als RIVAL durchkenterte, war der Niedergang mit Waschbords gesichert (s. Kap. 1). Der dritte Pazifik-Bericht handelt von einer australischen Regatta, bei der vier Segler mit ihrer Yacht untergingen. Das geschah am 15. April 1983 während der 44 sm langen Nachtfahrt anlässlich des

JOG Tasman Cups von Sydney Hafen Kurs Süd entlang der offenen Küstenlinie bis zu einer Boje vor Port Hacking und zurück. Der Wetterbericht meldete Wind von 20–30 kn aus Süd bis Südwest und Dünung aus Südost. Das bedeutete, aufzukreuzen bis Port Hacking. Es sah so aus, als wäre der Wind stärker als angekündigt, und er legte eine zweite Dünung über die aus Südost. Zusätzlich gab es auf der offenen See eine südlich laufende Strömung – den Einheimischen als »set« bekannt –, und dieses alles zusammen erzeugte einige sehr steile, brechende Wellen.

Die erste Yacht, die in Schwierigkeiten kam, war die MONTEGO BAY, eine Hood 23, mit einer erfahrenen Crew. Nachdem sie von einigen Wellen hart heruntergefallen war, machte sie Wasser. Die Crew beschloss, das Rennen abzubrechen. Obwohl wie wild gepützt wurde, sank die Yacht sehr schnell. Kurz vorher war es den Crewmitgliedern gelungen, zwei Seenotsignale abzufeuern. Sie wussten aber nicht, ob jemand ihren MAYDAY-Ruf aufgefangen hatte, und es war auch schon zu spät, die Schwimmwesten in den Backskisten noch zu erreichen. Bei den zwei Yachten in der Regattaflotte, die die Seenotsignale sahen, entstanden anscheinend einige Zweifel, ob da überhaupt ein ernsthafter Notfall vorläge. Und es war etwa drei Stunden später, als eine Yacht, die aufgegeben hatte, auf dem Rückweg nach Sydney rein zufällig zwei Crewmitglieder der MONTEGO BAY auffischte und den Alarm auslöste. Eine halbe Stunde später konnten zwei weitere Crewmitglieder geborgen werden – der fünfte Mann wurde nie gefunden.

Inzwischen war eine andere Yacht, die WAIKIKAMUKAU, eine Farr 727, mit einer erfahrenen vierköpfigen Crew ebenfalls gesunken. Ein außergewöhnlich hoher Brecher ließ sie durchkentern, und man-

gels Wachbords lief sie durch den Hauptniedergang sofort voll und sank. Die Crew hatte sich mit ihren Sicherheitsleinen an der Yacht eingehakt. Einer war nicht in der Lage, sich zu lösen, und wurde mit in die Tiefe gezogen. Ein anderes Crewmitglied hatte erhebliche Schwierigkeiten beim Ausziehen der Seestiefel, die beim Schwimmen hinderlich waren. Keiner trug Rettungswesten, und die Rettungskragen blieben in den Halterungen am Heck und gingen mit der WAIKIKAMUKAU unter. Die drei restlichen Crewmitglieder wurden in der Dunkelheit und durch die schwere See schnell voneinander getrennt.

Am Ende gab es nur einen Überlebenden, der zehn Stunden im Wasser geschwommen war, als er von einem vorbeifahrenden Fischerboot aufgepickt wurde. Er berichtete, dass sowohl Hubschrauber als auch Rettungsboot, die nach dem fünften Mann von der MONTEGO BAY Ausschau gehalten hätten, wiederholt nahe an ihm vorbeigekommen seien, ihn aber nicht entdeckt und seine Schreie nicht gehört hätten. Er wurde nur von jemandem gesehen, der sich über die Seite des Fischerbootes gelehnt hatte, weil er seekrank war. Nicht vorstellbar, was den zwei Yachten und ihren Crews passiert wäre, wenn das Wasser nicht warm gewesen wäre. Die Tragödie dieser Regatta ist eine harte Lektion. Sie macht deutlich, wie wichtig Rettungswesten sind. Wichtig ist weiterhin, bei starken, brechenden Seen Waschbords vor dem Hauptniedergang anzubringen.

Ein nicht ganz so schrecklicher Fall ereignete sich im Februar 1985 im Südpazifik, als das befahrene australische Ehepaar Alan und Kathy Webb mit seiner 16-jährigen Tochter Portia in einen Sturm auf Leben und Tod geriet. Der schwere, 13,70 m lange Stahlkutter SUPERTRAMP, in den die Eigner großes Vertrauen hatten, war mit einem moderaten Finnkiel, einem hinter einem Skeg angeschlagenen Ruder und enormer Stabilität für weltweite Fahrten ausgelegt.

Die Webbs erreichten die Roaring Forties, als die Osterinsel 450 sm im Westen und Chile etwa 1400 sm östlich lag (40°20'S 101°37'W), als plötzlich das Barometer absackte und sie für die nächsten 36 Stunden mit 80 Knoten Wind konfrontiert wurden. Die Selbststeueranlage brach bald, und Alan Webb blieb nichts anderes übrig, als Ruder zu gehen, solange sie bei schätzungsweise Windstärke 12 vor Topp und Takel lenzten. Eine gewaltige See hatte sich aufgebaut, sie wurde zunehmend schlimmer und durch die Böen konfuser. Die Webbs hatten schon Übung im Beidrehen ohne Segel und mit nach Lee festgelaschtem Ruder. Aber in diesem Fall, sagt Kathy Webb, sei ein Beidrehen unmöglich gewesen, da sie mit Sicherheit gekentert wären.

Alans Kommentar: »Beim Ablaufen vor solch extrem hohen Wellen wurde die SUPERTRAMP zu schnell. Wenn sie aber in einem schrägen Winkel die Wellen hinuntersurfte, konnte ich sie lange auf dem Wellenkamm halten und somit die Geschwindigkeit reduzieren. Es war spannend, sie auf der Wellenvorderseite nahe am Wellenkamm, sozusagen auf der obersten Schicht, zu halten und dann im Winkel von 20° quer über die Vorderseite ins Wellental rutschen zu lassen. Es bestand immer die Gefahr, überrollt zu werden, aber ein langsamer Roller schien mir weniger Schaden anzurichten als ein Überschlag mit großer Geschwindigkeit.«

Die Webbs fragen sich seitdem, ob sie für den Erhalt der Steuerfähigkeit in den Wellentälern ihre Sturmfock hätten setzen sollen. Sie kommen aber zu dem Schluss, dass jede Segelfläche überflüssig gewesen wäre, da die Geschwindigkeit vor Topp und Takel selten unter vier Knoten sank. An diese Erfahrung schließen sich noch einige andere interessante Punkte an. Zum einen meint Alan Webb, dass ihm seine Erfahrungen mit dem Segelsurfbrett dabei zugute kamen, die brechenden Seen zu nehmen. Ebenso hilfreich war, dass die SUPERTRAMP vor Topp und Takel extrem gut kontrollierbar war und auf den anderen Bug gelegt werden konnte, wenn sie beigedreht worden war. Ein weiterer Vorteil der Yacht war das Mittelcockpit mit 25 cm Süll und weiten Lenzrohren.

Schließlich erwähnt er die »Polar Mitts«, die ihm ein kanadischer Eisbrecher in der Magellanstraße geschenkt hatte, als die einzigen wirkungsvollen Handschuhe, die sich bei nasskaltem Wetter bewährt haben. Es gibt dramatische lokale Wetterumschwünge von gut nach schlecht, die selten vorhergesagt werden und die derart schnell und heftig ablaufen, dass sie oft angezweifelt werden von jenen, die nicht dort waren. Vielleicht erklärt sich so eine Reihe von Schiffsuntergängen, obgleich es keinen Hinweis darauf gibt, dass die Schiffe sich in einer bedrohlichen Situation befanden. Ein Beispiel ist die britische Bark MARQUES, die 1984 an einer Regatta von Bermuda nach Neuschottland teilnahm. Um 08.00 Uhr stand sie bei mildem Wetter 80 sm nördlich von Bermuda. Plötzlich fiel aus heiterem Himmel Wind von Hurrikanstärke über sie her und brachte sie zum Kentern. Nur die Leute an Deck überlebten, alle anderen wurden mit in die Tiefe gerissen. Eine der Erklärungen war, dass sie von einem explosionsartig einsetzenden Fallwind in Orkanstärke getroffen wurde. Zweifelsohne gab es an diesem Morgen Gewitter in der Nähe, aber nicht in der Nähe der MARQUES.

Bill Coopers ungewöhnliches Erlebnis im Juni 1982 im Bermuda-Dreieck mit seiner 17,70-m-Stahlketsch FARE WELL lief glimpf-

Die FARE WELL von Bill und Laurel Cooper wurde in der Nacht von einer Wassserhose getroffen. (Foto: Bill Cooper)

licher ab. Er segelte mit seiner behinderten Frau Laurel und deren Freundin Nora von Bermuda nach Neuengland, als er im Radio hörte, der Hurrikan »Alberta« läge auf seinem Kurs. Der Wetterbericht bezeichnete die Wetterverhältnisse als solche, in denen sich »ältere vornehme Leute besser nicht auf See aufhalten« sollten. Sie hatten aber keine andere Wahl. Sie nahmen den Hurrikan etwas auf die leichte Schulter, zumal sie weit genug entfernt waren. Doch dann trat etwas völlig Unerwartetes und Drohendes ein:

Am Abend des 19. Juni lagen wir beigedreht unter Sturmfock und weit eingerefftem Groß. Der Wind blies mit durchschnittlich 40 kn. Die Wellenhöhe schätzte ich auf etwa 5 m. So blieb es die ganze Nacht über. Der Wind nahm nicht merklich zu, aber die Wellenhöhe. Bei der Morgenwache betrug sie etwa 6 m. Jede von der Seite anrollende Welle drückte einen kleinen kalten Spritzer durch die porös gewordene Gummidichtung der Deckhausscheibe und löste jedes Mal heftige Proteste von Laurel aus, die in der Lotsenkoje lag. Ansonsten war unter Deck alles trocken und intakt. Die Yacht verhielt sich ausgezeichnet. Es kam viel Wasser übers Deck. Aber über das hohe Achterdeck wehte nur Gischt. In das Cockpit, dem geschütztesten Bereich an Deck, stieg zwar keine See ein, aber wegen des herumwirbelnden Sprühwassers hatte ich das unterste Steckbrett in den Niedergang eingezogen.
Dann kam die Meldung, das Sturmzentrum befände sich auf 41°N 006°W etwa 170 sm nordwestlich von uns – und näher würden wir ihm wohl nicht kommen. Wir hatten nur einen Koppelort, da wir längere Zeit kein Sonnenbesteck nehmen konnten.
Die Eigenart solcher heftiger und schnell ziehender Stürme ist, dass im vorderen Halbkreis auch noch in weiter Entfernung vom Zentrum starker Wind herrscht. Hinter dem Zentrum schrumpfte der Radius auf nur 50 sm, und die Bedingungen wurden bald besser. Der Seegang nahm langsam ab, der Wind aber ganz schnell. Wir wendeten, als wir einigermaßen sicher waren, dass der Sturm durch sei, auf 290° und ließen das gereffte Segel für die Nacht stehen.
Als ich am 20. Juni um 04.00 Uhr die Morgenwache übernahm, hatte der Wind auf Bft 4 abgenommen, die See ging noch hoch, aber nicht gefährlich. Das Schiff rollte fürchterlich, und das Groß stand nicht gut. Deshalb strich ich es und beschloss, die Genua und das Besansegel zu setzen, um etwas Fahrt zu machen und dem Rollen ein Ende zu setzen. Es war sehr dunkel, und es regnete heftig. In der Nacht hatte es eine Reihe Gewitter mit Böen gegeben. Auch jetzt gewitterte es, aber nicht aufregend.
Das Besansegel war gerade bis zur Hälfte gesetzt, als ich mehr hörte als sah, dass eine rabenschwarze Regenwand aufzog. Ein oder zwei Sekunden später war sie da, und es goss wie aus Kübeln. Ich war immer froh gewesen, dass wir ein Dach über dem Cockpit hatten, aber gegen diese Art Regen war es machtlos. Alles wurde nass. Bevor ich etwas unternehmen konnte, setzte der Wind ein.

Auf den wenigen Metern Sicht, die ich hatte, sah ich, wie er die Wellen flach blies. Es tat einen richtigen Schlag. Die Yacht legte schlagartig nach Steuerbord über. Wie weit kann ich nicht sagen – es gab nirgendwo einen Bezugspunkt –, aber sicherlich mehr als 90°. Ich fiel gegen die Backkiste auf der Steuerbordseite. So weit reichte meine Sicherheitsleine. In dieser Situation brach eine See und riss die Yacht mit. Dabei wurde der Baum trotz festgezurrter Zeisinge regelrecht von der Baumstütze gehebelt.

Als sich die Yacht aufrichtete, rappelte ich mich auf. Das Besansegel flatterte im Wind. Der Großbaum schlug wild hin und her, und mit einem riesigen Knall riss das Groß in Stücke und flog aus den Lieken. Die Genua, die ich eingerollt hatte, knatterte im Wind, ohne selbst die Holeleine gelockert zu haben. Der Winddruck hatte sie ein Stück ausgerollt. Das Schothorn riss aus. Mein Ölzeug war ruiniert; die Knöpfe waren abgerissen und der Reißverschluss abgetrennt.

Ich stand mit einem merkwürdigen, euphorischen Gefühl hinter dem Steuerrad, als hätte mich jemand von den Füßen geholt. Das Gefühl hielt an – länger und länger – als würde die Zeit angehalten. Ich konnte nicht atmen, der Atem stand still, und ich konnte mich nicht bewegen.

Plötzlich ging ein Blitz nieder – und mit ihm löste sich der Krampf. Rings um die Yacht wurde es taghell. Ich hatte jegliches Zeitgefühl verloren. Ich weiß nur noch, dass Nora im Niedergang erschien und hinter ihr Laurel, sehr blass. Beide waren in weitem Bogen aus ihren Kojen geflogen, als uns die Bö auf die Seite legte. Sie sagten später, sie hätten etwa 20 oder 30 Sekunden gebraucht, bis sie an Deck waren. Laurel beschrieb, sie hätte mich völlig bewegungslos und mit weit aufgesperrtem Mund hinter dem Steuerrad stehen gesehen. Das Wasser wäre an mir heruntergeströmt, als wenn ich unter einem Wasserfall gestanden hätte. Ich hätte wachgerüttelt

werden müssen. Vermutlich hatte ich einen Schock erlitten.

Die Frauen machten sich an die Arbeit. Ich konnte sie nur wenig unterstützen, eher mit Worten, und ihnen sagen, was zu tun sei. Gemeinsam bändigten wir den Baum, der am Lümmelbeschlag gebrochen war, und zurrten ihn auf der Baumstütze fest. Dann sammelten wir die Segeltuchstreifen ein, die von dem Groß übrig geblieben waren. Das Besansegel stopften wir in den Sack. Die Genua machte mehr Probleme. Die Schoten hatten sich, als das Schothorn auswehte, derart miteinander und ineinander verknotet, dass wir das Segel weder aufrollen noch aus dem Profilrohr ziehen konnten. Ich wollte mein Schicksal nicht noch einmal auf halber Höhe am Vorstag herausfordern. Wir ließen es, wo es war.

Im Motorraum herrschte ein fürchterliches Chaos. Die Kompassablenkung stieg von 000° auf 090° W und verringerte sich langsam auf 025°. Das kam durch Vergleich mit der Richtung der Dünung ans Tageslicht. Was aber war eigentlich abgesehen von dem Blitz um 04.30 Uhr passiert? Bill Cooper meint heute, die Yacht sei von einer Wasserhose getroffen worden. Vermutlich hat der Blitz die unnormale Ablenkung verursacht. Oder war es der Tornado?

Harry Franks hatte 1997 mit seiner 10,50 m langen, von Morgan Giles gezeichneten Holzslup MATAWA vor Ushant ein fast ähnliches Erlebnis:

Wir waren fast am Ende unseres Sommertörns mit der MATAWA, die in diesem Jahr ihren 50. Geburtstag feierte. Nach einer ruhigen Nacht, die wir an einer günstigen Boje ein wenig flussaufwärts auf dem River Elorn verbracht hatten, nutzten wir die Ebbe aus der Rade und segelten mit Kurs Ushant. Es wehte ein leichter Wind aus Nord, der quer einfiel, und zeitweise segelten und motorten wir, um Ushant zügig zu erreichen und am Abend an Land zu sein. Es gab ein paar Schauer, und es donnerte gelegentlich. Es sah aber alles nach einer Fahrt ohne Zwischenfälle aus, als wir die Süd-Kardinaltonne Pierres Noir passierten und Kurs auf die Tonne Pierres Vertes nahmen. Ich stand am Ruder; der Rest der Crew lungerte unter Deck herum, am Kartentisch, in der Koje, mit einem Buch vor der Nase usw. Die Maschine lief, damit wir Höhe behielten. Die Landbrise, die uns aus der Rade geschoben hatte, wich dem vorhergesagten Wind aus Nord. Über den Felsen von Les Pierres Noir lag ein leichter Dunst. Sie kamen näher und verschwanden bei zunehmend schlechterer Sicht an Steuerbordseite. Wir waren weit genug nach Lee entfernt.

Ich wunderte mich nur und unternahm nichts, als ich den Wiederschein eines Blitzes auf dem Metallmast sah und den Donner um uns herum hörte. Doch plötzlich knallte es fürchterlich, und wir wurden von einer gewaltigen Bö getroffen. Für einen Moment überfiel mich riesige Angst, und ich erinnerte mich an das Jollensegeln von früher, als wir über Kopf gingen und ich mich verzweifelt am Boot festklammerte, um nicht über die Leereling zu fallen. Zum Glück verhielt sich MATAWA richtig und drehte sich langsam in den Wind. Dadurch konnte ich die Schoten loswerfen. Henry war unter Deck von seiner Koje in Luv quer hinüber auf Michael jun. geschleudert worden, und Tim im Vorschiff war sicher, dass wir kenterten. Mit dem Wind kamen wolkenbruchartiger Regen und stark reduzierte Sicht. Wir wurden jetzt – wie mir schien – auf die Felsen zugetrieben. Zum Glück erholte sich Michael sen. sofort von dem ersten Schock, sprang ins Ölzeug und war schnell an Deck. »Fock runter!« hieß es. Das war rasch erledigt. Als ich die Fockschot aufschoss, sah ich plötzlich, dass das Segel total zerfetzt war. Zum Glück war es

Die MATAWA ist eine traditionelle Yacht (10,50 x 2,70 x 1,80 m) aus Sperrholz, von Morgan Giles gezeichnet und 1947 bei Cardnell Bros gebaut. (Foto: Peter Bruce)

nicht neu. Noch hatten wir die Yacht nicht unter Kontrolle, der Wind schien uns wie ein Kreisel zu drehen. Die See war flach, aber bewegt. Da Tim nun auch an Deck war, hatten wir genügend Hände, das Groß zu bergen. Die Felsen schienen mir bedrohlich nähergekommen zu sein. Als das Groß unten war, bekam ich langsam das Gefühl, wieder steuern zu können. Zum Glück lief der Motor noch. Ich steuerte konstant Süd, als allmählich der Wind nachließ und der Regen nicht mehr so stark prasselte. Erleichtert stellte ich nach einiger Zeit fest, dass die Felsen immer noch nördlich von uns waren – damit hatte ich halbwegs gerechnet, weil wir ja abgetrieben waren. Fünfzehn Minuten später hatten wir das Groß wieder gesetzt und bald danach die Genua 2. Kurz danach waren wir wieder auf unserem alten Kurs.

Eine Stunde später lagen wir in Lampaul vor Anker. Wir bemerkten, dass ein oder zwei andere Boote ihr Ölzeug zum Trocknen aufgehängt hatten. Das gab uns die Gewissheit, dass wir nicht unter Halluzinationen gelitten hatten. Der Spuk hatte höchstens eine halbe Stunde gedauert.

Eine Wasserhose 3 sm vor Newport, Kalifornien. Sie entstand, als eine gewaltige Gewitterfront durchgezogen war. (Foto: Blake Dragonlord)

Nachträglich bin ich der Meinung, dass wir in einen Minitornado mit Wasserhose geraten sind. Ich bin mir dessen deshalb so sicher, weil ich den Eindruck hatte, dass wir, als wir die Segel strichen, einen Kreis von 360° fuhren. Hatte es irgendwelche Anzeichen gegeben? Der Navigator sagt, er habe beobachtet, dass der Himmel dunkler geworden sei. Aber offensichtlich nicht so stark, dass er mich darauf aufmerksam gemacht hätte. Und ich habe das vermutlich nicht realisiert, weil ich eine dunkle Brille trug. Ich denke, viel entscheidender war unsere innere Einstellung. Wir waren zwei Wochen lang nur bei Windstille und leichten Winden gesegelt und machten uns überhaupt keine Gedanken über Gewitter mit Platzregen und Windstille. Ich sollte in Zukunft mehr vorausdenken. Zum Glück war der einzige Schaden das Segel. Durch solch ein Ereignis wird die Seetauglichkeit einer Yacht getestet – nicht nur das Rigg, sondern auch, wie die Dinge über und unter Deck gesichert waren nach Wochen, in denen die stärksten Bewegungen aus dem Kielwasser von passierenden Dampfern resultierten.

Dieses alarmierende Erlebnis zeigt wieder einmal, wie schnell bei Gewitter der Wind auf Sturmstärke anschwillt und dass gleichzeitig ungewöhnlich starker Regen fällt. Bemerkenswert ist, dass die MATAWA völlig außer Kontrolle geriet und vom Wind wie ein Kreisel gedreht wurde.

Sandy Gilbert segelte mit seiner MAGNUM OPUS im Mittelmeer zwischen Mallorca und Menorca. Er berichtet, wie sein Schiff, als in der Ferne ein Gewitter aufzog, von einer unglaublich heftigen Bö getroffen wurde, später begleitet vom Hagel, der das einzige Segel in Fetzen riss. Die Yacht reagierte nicht mehr aufs Ruder und bewegte sich im Kreis. Eine Katamaran-Crew in derselben Situation nicht weit entfernt berichtete, dass sie auch mehrmals im Kreis gefahren sei. Von einer weiteren Yacht in der Nähe war ein Mann von Bord gefallen, bei einer anderen musste das Großsegel

abgeschnitten werden, weil sich die Großschot, die unter Druck stand, nicht loswerfen ließ. Ansonsten wäre die Yacht
gekentert. Es gab noch viele weitere Yachten, die sich in diesem Seegebiet aufgehalten hatten und von einem regelrechten
K.-o.-Schlag berichteten.

Etwas Ähnliches erlebte Harry Franks in
einem Tornado, der ihn urplötzlich und
mit enormer Gewalt überfiel. Boote wurden herumgewirbelt, aber nach einer halben Stunde war alles vorbei. Der Wetterbericht hatte östliche Winde mit Stärke 4
gemeldet, aber nicht solch heftige von
schätzungsweise Bft 12. Die Erklärung ist
vermutlich, dass der Regen in dem Gewitter Fallwinde auslöste, die ihrerseits einen
Tornado in Gang setzten.

Zum Schluss gibt es da noch einen weiteren Bericht von einer großen amerikanischen Fahrtenyacht in den Bahamas, die
sich vom Anker losriss, als sie von einer
Wasserhose gepackt wurde, und anschließend zwei Dalben in der Marina abknick-
te. Der Eigner sagte, es habe geklungen,
als würde eine U-Bahn herandonnern. Er
sah, wie ein Motorrad auf dem Anleger
vom Wind gepackt wurde, im Winkel von
45° in die Luft stieg und verschwand. Der
Lüfter auf dem Vordeck wog etwa 90 kg. Er
fand ihn später eine halbe Meile entfernt
wieder.

Berichte von Schiffen sind eher selten, die
von Wasserhosen, deren Durchmesser
zwischen 15 und 45 Metern liegen kann,
getroffen wurden, obgleich bekannt geworden ist, dass Wasserhosen große Verwüstungen anrichten, wenn sie an Land
springen.

Man sieht, Gewitter (auch in der Ferne),
Tornados und Wasserhosen können auf
See gefährlich sein. Und es ist klug, einen
weiten Bogen um sie zu machen. Donner,
Ambosswolken mit niedrigen dunklen
Wolken oder eine Wasserhose sind deutli-

che Hinweise, die deutlicher nicht sein
können. Ein guter Seemann sollte seine
Yacht so führen, dass ein plötzlicher Wet-
terumschwung sie nicht aus der Bahn
wirft und sie bei Gewitter auf eine plötzliche Bö vorbereitet ist.

Die in diesem Kapitel beschriebenen Ereignisse waren in den meisten Fällen
nicht unbedingt zu erwarten, und die
Crews handelten so, wie sie auf die gewöhnlichen üblichen Vorkommnisse vorbereitet waren. Die Horrorgeschichte vom
JOG Tasman Cup ist wohl am eindrucks-
vollsten. Die Yachten, die untergingen,
waren in Landnähe, in der Nähe von anderen Yachten und gerieten nicht einmal in
solch schweres Wetter wie in den meisten
anderen Berichten in diesem Buch. Eine
Reihe von Möglichkeiten, die Situation zu
retten, wurden ausgelassen. Man muss
feststellen, dass manches Unglück dadurch entsteht, dass im Anfangsstadium
einer ungünstigen Situation nicht rechtzeitig und entschlossen eingegriffen wird.
Wir sollten an die Worte von Admiral
Nimitz über die Vorsichtsmaßnahmen zu
Beginn erinnern (s. Kap. 5).

Wir müssen uns selbst fragen, ob wir
sicher sind, dass unter gleichen Umständen die eigene Seemannschaft ausreicht,
Leben zu bewahren. Warum beispielsweise antwortete keine Yacht auf die See-
notfackeln der MONTEGO BAY? Warum ist
bei aller Hektik an Bord der MONTEGO BAY
niemand auf den Gedanken gekommen zu
rufen: »Jungs, Rettungswesten anlegen!«,
bevor es zu spät war? Hätten wir, wie auf
der WAIKIKAMUKAU, auf Waschbords im
Niedergang bestanden?

Es ist anzunehmen, dass einige funda-
mentale Fehler gemacht wurden. Aber reichen die Konsequenzen, die wir daraus
ziehen? Wie sagt Chay Blyth zu Recht:
»Hoffe auf das Beste, aber sei auf das
Schlimmste vorbereitet.«

263

16. Extremes Wetter südlich von Island

John Wilson

Dieser Bericht wurde deshalb ausgewählt, weil er mehrere Sturmtaktiken und eine ausgesprochen tapfere Crew zeigt, die an die Grenze ihrer Ausdauer gelangte; außerdem wird hier die Verletzlichkeit einer kleinen Yacht in der Weite des Ozeans wie des Nordatlantiks deutlich. Diese Yacht und ihre Crew waren gefährlich nahe daran, auf See verloren zu gehen.

An Bord der WINDRIFT OF CLYDE vor dem Sturm.
(Foto: John Wilson)

Abb 16.1 Kurs der WINDRIFT OF CLYDE von Schottland nach Island im Mai 1979.

Im Mai 1979 war ich Crewmitglied auf der WINDRIFT OF CLYDE, einer UFO34, auf dem Wege von Schottland nach Island. Wir gerieten in sehr schweres Wetter mit geschätzter Windgeschwindigkeit von anhaltend 60 kn (Bft 11) über 24 Stunden. Die UFO34 ist ein Dreivierteltonner (nach IOR) mit tiefem Finnkiel, Spatenruder und Pinnensteuerung. Diese Yacht war speziell als Fahrtenschiff mit Kajütaufbau sowie stärkerem Rumpf und Rigg als die Standardausführung gebaut worden. Sie hatte einen 40 PS starken Motor und einen starren dreiflügeligen Propeller. Die Crew bestand aus sechs Personen, und vier davon – ich eingeschlossen – besaßen das britische Segelzertifikat »Yachtmaster«. Die Eignerin und Skipperin war Prüfer für dieses Zertifikat.

Der Wind aus Ost nahm zwei Tage lang ständig zu. In dieser Zeit segelten wir mit raumem Wind nordwestlich von Rockall und reduzierten ständig die Segelfläche. Da wir schon zwei Tage lang keinen Fix hatten und der Koppelfehler beträchtlich sein konnte (danach lagen wir 100 sm südlich der Südspitze Islands), erschien es uns zu unsicher, auf kürzestem Wege an die Küste weiterzusegeln oder bei Schwerwetter über die Untiefen Reyjanes zu laufen. Wir beschlossen beizudrehen und zu warten, bis der Wind, den wir auf Bft 7–8 schätzten, abnahm. (Wir hatten keinen Windmesser und konnten deshalb die Windstärke nur schätzen.) Später stellten wir fest, dass wir sie total unterschätzt hatten. Die nächste isländische Wetterstation auf Hcimaey in den Vestmannaeyjar-Inseln hatte über 48 Stunden 60 kn Wind im Mittel gemessen. Die großen stählernen Fischtrawler lagen vier Tage im Hafen fest. Ein Containerfrachter in unserer Nähe verlor Container vom Deck.

Beigedreht liegen war sechs Stunden lang angenehm, aber gelegentlich wurden die Wellen so hoch, dass der Rumpf seitwärts von den Kämmen rutschte, das Schandeck eintauchte und der Rumpf auf der anderen Seite bis zum Kielansatz aus dem Wasser kam. Wir merkten, dass es zu spät sein könnte, wenn wir nicht bald etwas unternehmen würden.

Wir lenzten dann vor Topp und Takel. Das schien für die nächsten paar Stunden sicher, obgleich das Steuern enorm anstrengend war und die Yacht ungemütlich rollte. Plötzlich unterschnitt der schmale Bug, und die Yacht drehte sich auf den Kopf. Ich saß in diesem Moment am Kartentisch und wertete 12 Funkpeilungen aus, die 30° auseinander lagen. Ich ahnte, dass wir über Kopf gingen. Das Boot lag für einen Moment ganz stabil auf dem Kopf. Ein Kajütfenster war zerschmettert. Ich erinnere mich noch ganz deutlich, wie das Wasser sich durch das gebrochene Fenster über meine Beine ergoss.

Als sich die Yacht wieder aufrichtete, waren die beiden Crewmitglieder, die sich an Deck aufgehalten hatten, außenbords an ihren Sicherheitsleinen. Einer war ernsthaft verletzt. Als wir sie wieder an Bord gezogen hatten, starteten wir den Motor und hielten mit voller Kraft voraus den Bug gegen die Wellen. In der kurzen Zeit, in der der Motor lief, funktionierte das recht gut. Wenn die Yacht ihren Bug in brechende Wellenkämme bohrte, stoppte sie komplett oder nahm Fahrt über den Steven auf. Die Ruderanströmung durch den schnell drehenden Propeller half, dass wir Herr der Lage blieben. Aber bei all dem Pech kam hinzu, dass der Motor stehen blieb.

Es blieb uns nichts anderes übrig, als weiter vor Topp und Takel zu lenzen. Wir versuchten, über Funk eine Meldung abzusetzen. Ohne Erfolg. Wir entdeckten, dass der Motor abgestorben war, weil sich ein Wollschal, der in der ganzen Wuhling

Stärke 12 im Atlantik. (Foto: Dag Pike)

unter Deck herumschwamm, in der Propellerwelle verfangen hatte, herumgewirbelt war und die Dieselzuleitung abgerissen hatte. Inzwischen war der Seegang beträchtlich steiler geworden, und es hatte sich eine grimmige Kreuzsee quer zur Hauptrichtung der Wellen gebildet. Plötzlich kamen Brecher von allen Seiten. In den nächsten zwei Stunden wurden wir erneut zweimal flach aufs Wasser gedrückt. Es begann mit dem Abtauchen des Vordecks und endete damit, dass der Rumpf in einem Winkel von 120° aus dem Wasser ragte und die Wache neben der Yacht im Wasser lag. Als sich die Yacht aufrichtete, konnten die zwei sich selbst an ihren Sicherheitsleinen wieder an Deck ziehen.

Es war klar, dass Lenzen vor Topp und Takel keine sichere Lösung war. Wir hatten ein mächtiges Bund aus schwerer Trosse an Bord, speziell um als Treibanker benutzt zu werden. Dennoch versuchten wir nicht, sie nachzuschleppen. Ich glaube auch nicht, dass das geholfen hätte. Wir setzten die Sturmfock in der Hoffnung, damit mehr Fahrt zu machen und den gemeinen Brechern davonlaufen zu können. Die Brecher sahen aus, als würden sie bereits auf Untiefen in Küstennähe auflaufen. Und tatsächlich schaltete ich irgendwann das Echolot ein. Wir hatten aber noch eine Wassertiefe von 1000–1600 m.

Wenige Sekunden, nachdem ich die Sturmfock gesetzt hatte und wieder zurück im Cockpit war, lag ich erneut im Wasser und sah den Kiel steil in die Luft ragen. Als sich die Yacht quer zu den Wellen wieder aufrichtete, griff ich zur Pinne.

Beigedreht liegen zu Beginn des Sturms. (Foto: John Wilson)

Die Yacht beschleunigte raumschots sehr schnell auf der Rückseite der Wellen. Instinktiv drückte ich die Pinne nach Lee, wenn der nächste Kamm anrollte, und steuerte den Bug direkt in die See.

Obgleich die Bedingungen in den nächsten 24 Stunden unverändert blieben, gerieten wir nicht mehr in Gefahr zu kentern. Auf der Rückseite der Wellen nahmen wir den Wind voll und bei, um zu beschleunigen, und luvten kurz vor dem nächsten Wellenberg mehr oder weniger direkt in den Wind. Dadurch drifteten wir seitlich nach Nord in Richtung Vestmannaeyjar-Inseln. Das Anluven bei schweren Brechern drehte die Yacht gelegentlich über Stag. Dabei wurde die Pinne dem Rudergänger aus der Hand gerissen, und das Ruderblatt schlug bis zum Anschlag durch. Die überkommende See drückte

die Wache bis an den Heckkorb. Trotz all dieser Schwierigkeiten funktionierte die Taktik sehr gut. Erst später wurde ein Rumpfschaden in Nähe des Ruderschaftes entdeckt. Die Sturmfock war sehr klein – kleiner als auf den meisten Rennyachten gleicher Größe.

Ohne Motor und ohne funktionierende elektronische Geräte segelten wir zwei Tage später in den Hafen von Heimaey. Ich schrieb einen Bericht von diesem Ereignis, der im gleichen Jahr in dem Magazin »Yachting Monthly« erschien. Das war jedoch eine recht zahme Version des Geschehens. Bestimmte Dinge wurden verharmlost, insbesondere wie es der Crew ergangen (um die Leser nicht zu verschrecken) und wie stark die Yacht beschädigt war (weil der Eigner sie verkaufen wollte). Dazu gehörte auch, dass die

Yacht anders genannt wurde, aus dem gleichen Grund. Aus heutiger Distanz zu dem ganzen Geschehen scheint mir eine detailliertere Betrachtung notwendig zu sein.

Es gibt drei Punkte, die ich im Nachhinein für wichtig halte:

1. **Einsatz des Motors bei Schwerwetter auf hoher See.** Bei ausreichender Motorleistung und genügend Treibstoff ist das Motoren eine Möglichkeit, die ich bei den meisten Booten immer wieder ausprobieren würde. Bei einer Yacht mit einem schlanken Bug ist dies bei mir erste Wahl.
2. **Aktives Segeln bei Schwerwetter mit einer sehr kleinen Sturmfock.** Die relativ steile Form einer Tiefwasserwelle lässt einem Zeit genug, ein agiles Boot zwischen den Wellenbergen zu beschleunigen, um dann jeden Brecher so zu nehmen, wie man es sich vorstellt – nämlich etwa 10°–20° von der Luvseite. Das funktioniert allerdings mit Langkielern und erheblich schwereren Yachten kaum. So boxt man sich durch die kleineren Kämme, und – selbst wenn eine große Welle das Boot achtern herumwirft – die Kombination aus dem Winkel, in dem man die Welle trifft, der Leegierigkeit des unbalancierten Riggs und dem Anluven zum Brecher hin bewirkt, dass die daraus resultierende Fahrt über den Achtersteven die Yacht wieder auf einen raumen Kurs bringt, auf dem sie dann wieder beschleunigt.
3. **Die Crew.** Ich habe diesen Punkt bis jetzt nicht angesprochen. Die sechsköpfige Crew beendete die Fahrt folgendermaßen: Ein Crewmitglied verletzte sich bei der ersten Durchkenterung sehr stark (gebrochenes Schlüsselbein, Rippenbruch und innere Ver-

letzungen). Ein zweites, Eigner einer Fahrtenyacht und eines der erfahreneren, fiel total aus – mehr aus Angst als aufgrund seiner Physis. Es schien, als seien seine 30 Jahre Erfahrung auf ein Jahr zusammengeschrumpft. Ich habe dieses Syndrom seitdem mehrmals erlebt. Ein drittes, das eigentlich fit und motiviert war, hatte nicht die Erfahrung, bei solchen Bedingungen Ruder zu gehen oder die Navigation zu übernehmen. Ein viertes, das stabilste und fitteste an Bord, war leicht verletzt und verlor das Vertrauen, obgleich es später, als sich die Situation besserte, erstklassig arbeitete und versuchte, den Motor wieder in Gang zu setzen.

Über 48 Stunden segelten die Frau (Eignerin und Skipperin) und ich die Yacht mehr oder weniger allein. Die Frau verlor nie ihre Kraft und Ausdauer. Ich war am Ende derart müde und fror, dass ich am Ruder unter Halluzinationen litt und mir vorstellte, seit Stunden ebenso gut durch die Bögen von Eisenbahnbrücken zu steuern wie durch die Brecher. Ich wusste zu der Zeit, dass das Halluzinationen waren, aber ich konnte sie nicht verjagen. Das Kuriose war, dass ich nicht glaubte, dass ich mir meine Effektivität als Rudergänger nur vortäuschte. Viel später, als sich die Bedingungen verbesserten, segelten wir hinter einer baumlosen, nahezu kegelförmigen Insel entlang, die plötzlich im Nebel verschwand. Bis heute weiß ich nicht, ob ich diese Insel wirklich gesehen habe, wenngleich es in dieser Gegend viele unbewohnte vulkanische Inseln gibt. Bis zu diesem Punkt hatten wir vier Tage lang keinen Fix. Unser Koppelbesteck enthielt einen Fehler von über 100 sm. Das einzige funktionierende elektronische Gerät an Bord war meine Casio-Armbanduhr. Als wir schließlich Heimaey ausmachten und auf den Hafen zusteuerten, unterliefen uns elementare Navigationsfehler. Wir konnten glücklich sein, die Yacht nicht noch kurz vor dem Ziel auf die Felsen vor der Hafeneinfahrt gesetzt zu haben.

Anmerkungen

Dieser schreckliche Vorfall, der die Crew an den Rand des Überlebens brachte, erinnert an den Fastnet-Sturm von 1979, der sich lediglich drei Monate später ereignete. Da lagen die Wassertemperaturen sicherlich etwas höher. Neben Angst, Müdigkeit und Hunger war Unterkühlung ein zusätzlicher Faktor, der die Einsatzfähigkeit der Crew beeinträchtigte.

Die UFO34 ist eine weit verbreitete, von Holman & Pye entworfene, gemessen an den heutigen Standards nicht extreme Yacht mit einem mittleren bis hohen Deplacement. Sie hat nur wenige Fehler, wenn man davon absieht, dass sie aufgrund des Ratings ein schmales Achterschiff hat und deswegen ein wenig schwer auf dem Ruder liegt. Dass die UFO34 wie ein Dingi herumgeworfen wurde, mag mehr an dem vorherrschenden Seegang als an der Rumpfform gelegen haben. Viel wichtiger ist beispielsweise, wie schnell sie nach der vollständigen Durchkenterung wieder auf die Beine kam. Die unterschiedlichen Schwerwettertaktiken sind interessant und lehrreich, wenngleich sich die Crew zu der Zeit nicht allzu viel Gedanken darüber machte.

Es gibt Fälle, bei denen eine Yacht ohne Vorwarnung um 360° durchkentert. In der Regel ist das Wellenbild ein sicheres Anzeichen für das, was auf einen zukommt. Wenn man längere Zeit beigedreht liegt, wird man über kurz oder lang durchkentern. Es ist klüger, eine andere Taktik anzuwenden. In diesem Fall wurde die Yacht von den Wellenkämmen hin-

untergesteuert. Nach einigen Stunden endete sie jedoch im Desaster. John Wilson ist davon überzeugt, dass sich die Yacht beim ersten Mal überschlug und komplett um die eigene Achse drehte. Die Tatsache aber, dass sie sich nur schwer steuern ließ, kann ein Hinweis darauf sein, dass die Welle nicht direkt von achtern, sondern in einem Winkel von mehr als 20° gegen das Heck anrollte und der Brecher die Yacht unter sich begrub. John Wilson denkt andererseits, achtern ausgebrachte Trossen hätten die Steuerfähigkeit verbessert. Aber wenn die Yacht sich kopfüber überschlagen hat, wie er vermutet, dann hätten die Leinen überhaupt keine bessere Wirkung gehabt, wie man an dem vergleichbaren Fall der SILVER SHADOW sieht (s. Kap. 22). Bemerkenswert ist, dass das verstärkte Rigg den Überschlag ohne Schaden überstanden hat. In der Regel bricht das Rigg bei 360°-Kenterungen.

Gegenanmotoren war die nächste Taktik und die erfolgreichste – relativ gesehen. Ein 40-PS-Diesel bringt eine Menge Vortrieb für eine Yacht von 10,40 m Länge. Er schaffte es jedoch nicht, sie gegen Wind und Wellen in Fahrt zu halten. Darüber sollten zumindest die einmal nachdenken, die nur diese Taktik bei Sturm ins Auge fassen. Die Maschine ließ sich starten – für sich allein schon ein kleines Wunder nach einer Durchkenterung. Hätte ein einziger überlegt und die Kraft gefunden, nach dem Start oder kurz danach eine Motorkontrolle durchzuführen, hätte sich das Problem vermeiden lassen: Der Wollschal hätte nicht die Zufuhrleitung abgerissen. Ebenso wichtig ist, nach einem Überschlag den Ölstand zu überprüfen.

John Wilsons Taktik, sich quer abtreiben zu lassen und dann wie ein Hai auf die anrollenden Wellen loszupreschen, ist eine etwas originelle, aber scheinbar effektive Variation der weithin bekannten

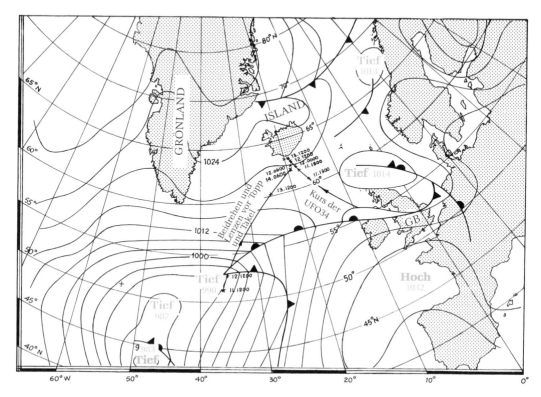

Abb 16.2 *Das komplexe Tiefdrucksystem brachte der WINDRIFT OF CLYDE auf ihrem Wege nach Island im Mai 1979 schweren Sturm. Richard Ebling erläutert diese Wettersituation in Kapitel 7.*

Methode, vor den Wellen anzuluven. Offensichtlich arbeitete sein Kopf weiter, aber vieles lief im Unterbewusstsein ab, gleichsam wie im Traum. Der Rest der Crew war froh, jemanden zu haben, der, von dem Willen getrieben zu überleben, allein klar kam. Die Lehre, die man aus John Wilsons lobenswertem Verhalten ziehen sollte, ist, dass man bei solch schwierigen Bedingungen immer versuchen muss, flexibel zu bleiben, weil man ja nicht weiß, was passiert, wenn der Wind auf Hurrikanstärke zunimmt, und dass man immer eine neue Taktik in der Hinterhand hat, wenn die bisherige nicht mehr klappt. Leute, die das beherrschen, sind bewundernswert.

Es sei noch einmal an die besonderen Navigationsprobleme gegen Ende der Fahrt erinnert, die dadurch entstanden waren, dass ein Koppelfehler von an die 100 sm einkalkuliert werden musste. Wer sich selbst einmal bei Schlechtwetter in einer ähnlichen Situation befunden hat, kann ermessen, wie eine derartige Ungewissheit regelrecht Magenschmerzen verursacht.

Das zerbrochene Seitenfenster im Salon ist eine deutliche Mahnung, dass solche Fenster Schwachstellen darstellen. Das Fensterglas besteht vielfach aus Acryl, insbesondere dann, wenn sie runde Kanten haben. Scheiben mit Ecken sind dagegen gewöhnlich aus gehärtetem Glas oder aus

*WINDRIFT OF CLYDE
nach der Reise auf
Island an Land.
(Foto: John Wilson)*

Polycarbonat (Sekurit-Scheiben). Polycarbonat (auch Makrolon) ist unglaublich stabil, bekommt aber leicht Kratzer und wird somit »blind«. Dagegen hilft nur, dass man die Scheiben von Zeit zu Zeit austauscht.

Nach einer sehr stressigen Fahrt kann man sich im Kopf derart benommen fühlen, dass einem die leichteste Navigation und Bedienung der Geräte an Bord unglaublich schwer fällt. Somit ist es überhaupt nicht verwunderlich, dass die Crew der UFO34 Probleme hatte, in den Hafen von Heimaey zu navigieren. Man sollte nicht zu stolz sein, bei solchen Bedingungen eine Leine anzunehmen, wenn die Möglichkeit dazu besteht. Es kam aber, als sie auf dem Wege nach Heimaey waren, keine Antwort von den zwei Fischtrawlern auf die 12 roten Fallschirmraketen und die 4 Handfackeln. Das UKW-Gerät und das wasserdichte UKW-Handfunkgerät waren, von Seewasser angegriffen, ausgefallen.

Bei nachträglicher Betrachtung und in Hinblick auf die Zukunft stellt sich die Frage: Was hätte getan werden können, um die Situation in dem Sturm zu verbessern? Hätte man beigedreht liegen sollen?

Vielleicht, aber viele Yachten mit Finnkiel sind viel zu agil, um gut beigedreht liegen zu bleiben. Hätte ein Treibanker funktioniert? Möglich. Wäre es mit einem Fallschirm-Seeanker gegangen? Vielleicht ja, weil die UFO34 am besten zurechtkam, wenn der Bug direkt in die Wellen zeigte. Wäre ein einteiliger Überlebensanzug sinnvoll gewesen? Ja. Die Crew der WIN-DRIFT besaß eine gute Schlechtwetterkleidung und Polarunterwäsche. Einteiler mit engen Verschlüssen an Armen und Hals sind das einzig Wahre, um bei wirklich schlechtem Wetter trocken zu bleiben. GPS? Auf jeden Fall!

17. Der Fastnet-Sturm 1979

Peter Bruce

Der Fastnet-Sturm vom 14./15.August 1979 ist immer noch das Maß, nach dem die Sturmerlebnisse anderer Yachtleute beurteilt werden. Das ist verständlich, da er, obgleich kurzlebig, mit 10–11 Windstärken sehr hart war. 300 Yachten waren beteiligt, und 19 Menschenleben, davon vier Mann eines Trimarans, der dem Regattafeld folgte, gehen auf sein Konto. Um einen Eindruck von der Gewalt des Sturmes zu bekommen, werden die von Sheldon Bacon in einer Tabelle zusammengestellten Wellenhöhen wiedergegeben (in Kapitel 8 erklärt er detailliert das Messen von Wellen). Er sagt, das exakteste wissenschaftliche Messgerät befand sich auf dem Feuerschiff Seven Stones, 130 sm südöstlich des Fastnet Rock. Das Feuerschiff selbst litt nicht unter der Gewalt des Sturms, obgleich dort einige mächtige Wellen registriert wurden. Die Tabelle (Abb. 17.1) zeigt eine Aufzeichnung der größten Wellen in den einzelnen Monaten der Jahre 1962 bis 1986. Man sieht, das typische Wintermaximum liegt zwischen 5 und 9 m, mit gelegentlichen Höhen von 11 m. Für den Sommer ist eine Höhe zwischen 2 und 6 m typisch, mit gelegentlichen Höhen von 9 m, die sonst aber eher in den Monaten April und September erreicht werden. Ferner ist zu erkennen, dass während des Fastnet-Sturms 1979 Wellen von 7,80 m Höhe gemessen wur-den. Das ist für einen Sommersturm ungewöhnlich, entspricht aber der Höhe eines normalen Wintersturms. Alle Berichte lassen jedoch vermuten, dass die Wellen weiter im Norden bedeutend höher als bei den Seven Stones waren. Somit steht außer Zweifel, dass der Fastnet-Sturm 1979 von einer für die Jahreszeit ungewöhnlichen Heftigkeit war.

Es gab konträre Meinungen darüber, ob der Sturm rechtzeitig und ausreichend von den Wetterstationen vorhergesagt wurde. Es war bekannt, dass sich vor dem Start der Regatta ein Tief über Kanada gebildet hatte. Es wurde korrekt vorhergesagt, es würde Dienstag oder Mittwoch über dem Regattafeld liegen. Als das Tief die Britischen Inseln erreichte, schien es harmlos zu sein. Das war bei einem Luftdruck von 1006 hPa im Kern auch nicht anders zu erwarten. Der Wetterbericht für die Seeschifffahrt vom 13. August um 06.30 Uhr, also 12 Stunden bevor der Sturm losbrach, enthielt die Windvorhersage Südwest 3 bis 4, zunehmend 5, gelegentlich 6. Nichts Aufregendes. Die erste Sturmwarnung kam mit dem Seewetterbericht am 13. August um 17.30 Uhr und lautete: Südwest 5 bis 6, zunehmend 6 bis 8, später auf Nordwest drehend. Zu diesem Zeitpunkt wehte es bereits mit Stärke 8. Da der Wind weiter zunahm, kam diese Sturmwarnung längst zu spät. Am 14. August um 00.30 Uhr, als

Monatliches Maximum Hs (m)

Jahr	Monat											
	1	2	3	4	5	6	7	8	9	10	11	12
1962	(4.06)	7.77	7.17	8.95	6.11	3.48	3.86	4.44	6.47	6.03	7.66	7.55
1963	5.18	–	–	–	–	–	–	–	–	–	–	–
1968	7.07	4.53	6.18	4.99	4.45	3.08	2.79	4.98	6.81	5.47	5.27	8.24
1969	7.81	5.70	3.63	5.52	3.46	4.57*	3.69	3.18	3.40	5.08	8.03	6.98
1971	–	–	–	–	–	–	2.36	3.60	4.28	5.72	6.32	7.70
1972	7.97	7.59	9.36	7.56	6.85	4.16	3.40	4.01	2.61	5.37	6.89	7.00
1973	7.12	7.66	5.59	5.05*	5.00	3.43	3.80	4.32	5.35	3.83	5.06	6.39
1974	9.84	8.67	5.48	3.57	5.20	4.01	–	–	–	–	–	–
1975	–	–	–	6.30	3.33	2.70	3.58	3.72	6.90	4.74	6.00	6.03
1976	7.30	6.11	10.68	4.48	3.79	3.67	3.15	2.05	5.70	7.71*	6.15	9.07
1977	7.33	7.01	7.37	6.41	4.13	4.09	3.36	5.05	4.48	5.67	6.41	6.81
1978	7.44	(2.74)	–	–	–	3.09*	4.08	3.25	5.33	3.60	5.34	9.34
1979	6.71	5.38	6.50	4.99	5.33	3.32	3.34	[7.80]	(2.63)	5.88	5.75	10.57
1980	7.55	8.16	9.28	3.49	3.99	5.14	2.94	3.72	7.60	7.64	6.12	7.55
1981	6.11	5.57	6.53	6.39	5.56	(2.95)	–	(3.80)	(5.96)	(5.19)	4.93	8.25
1982	5.96	7.17	6.88	4.39	3.91	4.31	2.53	4.57	4.77	11.13	7.64	8.75
1983	9.19	1.49	6.27	4.54	6.13	4.23	3.53	2.71	9.01	7.93	6.55	8.67
1984	9.64	10.22	6.08	3.87	5.07*	–	–	–	–	–	–	–
1985	(6.37)	6.28	7.18	9.37	6.21	6.97	3.05	5.34	4.86	5.74	5.37	7.17
1986	8.36	5.87	7.93	5.10	(5.82)	3.70*	(2.72)	3.55*	(6.29)	(5.62)	(10.24)	8.79*

*: Es fehlen 10-20% der Daten   (): Es fehlen mehr als 20% der Daten

Abb 17.1 Monatliches Maximum der kennzeichnenden Wellenhöhe (m) beim Feuerschiff Seven Stones zwischen 1962 und 1986. Die Markierung bezeichnet die Wellenhöhe beim Fastnet-Rennen im August 1979.

das Barometer auf 980 hPa abgestürzt war, meldete die Wetterstation: Südwest 7 bis 9, auf West drehend, in Böen 10. Es wehte aber schon mit satten Bft 10, und einige Yachten waren bereits in ernsten Schwierigkeiten.

Es wurde nie bestätigt, aber offensichtlich hatte das Tief das Wetteramt auf dem falschen Fuße erwischt, obgleich die Wetter-meldungen von den Scilly-Inseln stark vermuten ließen, dass ein Sturm derartiger Stärke im Anzug war. Unglücklicherweise waren die Bedingungen genau in dem Gebiet am schlimmsten, wo sich gerade das Regattafeld befand (s. Kap. 7, dort weitere Informationen zur Wetterlage beim Fastnet-Sturm). Dieses Kapitel beinhaltet die Berichte von Ereignissen an

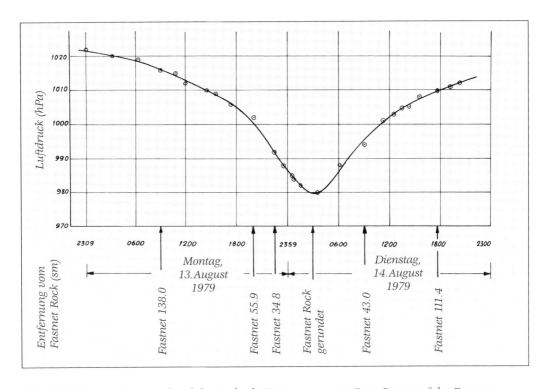

Abb 17.2 Barometerkurve anhand der Logbuch-Eintragungen von Peter Bruce auf der ECLIPSE.

Bord verschiedener Yachten und die Zusammenfassung der Erkenntnisse nach den Erlebnissen der gesamten Flotte. Als Einführung folgt meine eigene Darstellung, einige Tage nach den Geschehnissen niedergeschrieben, wie sie von der Crew der englischen Admiral's-Cup-Yacht ECLIPSE (11,90 m Lüa) erlebt und gesehen wurden. Die Yacht war nicht weit vom Zentrum des Ereignisses entfernt, konnte aber den Kurs ohne Zwischenfälle beenden. Sie erreichte als Erste ihrer Klasse, als Erste in der Admiral's-Cup-Flotte und als Zweite über alles nach Ted Turners 18,60-m-Yacht TENACIOUS das Ziel.

Am Morgen des 13. August um 09.00 Uhr war die ECLIPSE 127 sm vor dem Fastnet Rock, zusammen mit den gleich großen

Yachten CASSE TETE und REGARDLESS. Das Wetter war trübe und die Sicht schlecht. Entgegen der Vorhersage kam der Wind aus Nordost. Im Laufe des Nachmittags fiel das Barometer stetig (s. Abb. 17.2), und der Wind drehte zögernd über Ost nach Südwest. Es lag eine düstere Bedrohung in den Wolken. Wir trafen Vorkehrungen für schlechtes Wetter und warteten gespannt auf den nächsten Seewetterbericht. Der meldete um 13.55 Uhr SW, Stärke 4–5, zunehmend 7, auf W drehend.

Gegen Abend frischte der Wind auf, und einige wilde Surfpartien mit 15 Knoten Fahrt veranlassten uns, den Spinnaker zu streichen. Eine Stunde danach waren die Genua 2 und zwei Reffs im Groß schon zuviel. Die Sturmfock war die richtige Entscheidung. Um 17.50 Uhr gab der Seewetterbericht Sturmwarnung mit SW 5, örtlich 6, zunehmend 8, später auf NW drehend. Um 23.30 Uhr war das Barometer auf 988 hPa gefallen. Um 20.05 Uhr hatte es noch auf 1002 hPa gestanden. Wir zogen Höhe, so gut es ging, um dann, wenn der Wind weiter zunehmen sollte, zum Rock ablaufen zu können. Der Wind nahm ständig zu, und die See baute sich rapide auf. Um 01.00 Uhr etwa – ECLIPSE war noch etwa 12 sm vom Fastnet Rock entfernt – traf ein Brecher die Yacht von der Seite, so dass sie fast aufs Wasser gedrückt wurde. Offensichtlich hatten wir zuviel Segel stehen. Es wäre notwendig gewesen, ein drittes Reff einzubinden. Da das aber in dieser Situation nicht mehr möglich und zu gefährlich war, holten wir das Segel nieder.

Dann überlegten wir, was wir als Nächstes tun sollten. Einerseits war uns klar, dass die See zwischen dem Fastnet Rock und dem Kap Clear Island sehr gefährlich sein würde, so dass es vielleicht das Beste wäre, das Rennen aufzugeben. Andererseits war es für unser Abschneiden in der Regatta wichtig, den Rock vor der Winddrehung nach Nordwest zu umrunden. Schließlich setzten wir das Groß mit drei Reffs und segelten weiter zum Fastnet Rock, den wir an Backbordseite lassen mussten. Wir wollten ihn in ausreichendem Abstand umrunden, um nicht auf die Untiefen in seiner Nähe zu kommen. Dann passierte es, dass der Abwind vom Rock den Kamm einer Welle erfasste und sie zum Brechen brachte. Der traf uns dann seitlich, drehte die Yacht auf die Seite und nahm sie eine recht lange Zeit mit. Niemand sagte etwas, als wir hinter dem Kamm ins Wellental sackten und mitgespült wurden.

Wir gingen zur rechten Zeit über Stag und passierten Fastnet Rock am Dienstag um 02.55 Uhr. Die brechenden Wellen wurden vom Leuchtturm angestrahlt. Es war ein großartiger und zugleich Furcht einflößender Anblick. Der neue Kurs war recht komfortabel, der Wind heulte nicht mehr so stark,

und wir überlegten, die Genua 4 zu setzen. Um 03.30 Uhr – das Barometer zeigte 980 hPa – drehte der Wind aber auf West und legte gehörig zu. In aller Eile strichen wir das Groß und laschten es mit einer Ersatzgenuaschot am Baum fest. Mit der Sturmfock allein kamen wir auf 7 kn. Diese Geschwindigkeit gab uns eine nützliche Kontrolle über das Schiff in der wilden See. Es schien so, als wenn die eine Welle mit brechendem Kamm sich in der einen Richtung auftürmte und dann, einen Augenblick später, eine andere Welle aus der anderen Richtung folgte.

ECLIPSE war zum Glück gut mit geschickten Steuerleuten ausgestattet, die die vielen Brecher und die konfuse See gekonnt aussteuern konnten. Außerdem hatte die Yacht eine Ruderpinne. Diese verlangt zwar mehr Kraft – ist mir aber lieber als ein Steuerrad. Die Pinne hat eine kurze Reaktionszeit und ist in einer solchen Situation gegenüber einem untersetzten und langsamen Steuerrad im Vorteil.

Wir waren alle nass und einige seekrank. Dennoch bemühten wir uns sehr, die Dinge im Griff zu behalten, und brühten eine Suppe auf für alle die, die sie dringend brauchten. Dafür setzten wir den Kocher in Gang, der irgendwann aus der Halterung gesprungen war, obgleich er mit einem Stropp abgesichert war. Überkommendes Wasser drang unter Deck. Die elektrische Bilgepumpe konnte aber mit ihrem freien Ansaugschlauch (für solche Situationen vorgesehen) den Wasserstand in der Bilge auf einem Minimum halten. Nach dem Wetterbericht vom Dienstag um 00.15 Uhr, der Südwest, rechtdrehend West, Stärke 7–9, örtlich 10 (das hatten wir auch so geschätzt), ansagte, wurden beide Radios für die Nacht abgeschaltet. Wir dachten besorgt an die kleineren Yachten im Regattafeld. Unterdessen setzte ECLIPSE unter Sturmfock ihre Fahrt durch die Nacht fort. Es war zwar ungemütlich an Bord, aber wir fühlten uns nicht in akuter Gefahr.

Bei Tagesanbruch war die See spektakulär. Sie war sehr hoch, sehr steil und brach unangenehm. Dennoch ließ sich die Yacht gut steuern. Nahe auf Steuerbordseite sahen wir die 14 m lange VANGUARD mit dem Admiral's-Cup-Team aus Hongkong vor Topp und Takel. Später hörten wir, dass sie gleich nach dem Runden des Fastnet Rock bei gesetzter Genua 4 fast durchgekentert wäre. Unter diesem Segel surfte die Yacht schneller, als es der noch junge Rudergänger für richtig und klug hielt. Aufgrund eines kurzen Konzentrationsfehlers lief die Yacht vor einer Welle aus dem Ruder und wurde von dem brechenden Kamm der nächsten Welle quergeschlagen. Die Deckswache fiel über Bord und hing in den Sicherheitsleinen. Alle Winschkurbeln und Taschenlampen verschwanden in der See. Zum Glück konnte sich die Crew wieder an Bord ziehen. Die Leute hatten sich Blutergüsse zugezogen und litten unter Schock. Die Yacht war aber gut ausgerüstet, und unter Deck befanden sich noch einige Ersatzkurbeln und -taschenlampen.

Nach der Kenterung wurde die Genua 4 geborgen und die Geschwindigkeit auf bequeme und handliche 6 kn reduziert, mit gelegentlicher Gleitfahrt bis 10 kn. Man kann vom Glück im Unglück sprechen, dass gerade in dem Moment, als sich der Brecher auf die Yacht warf, das Segel durch den Niedergang unter Deck gebracht wurde. Dadurch kam lediglich eine geringe Menge Wasser ins Schiff und füllte es bis etwa 60 cm über den Bodenbrettern. In einer anstrengenden halben Stunde war es wieder ausgepumpt.

Außer VANGUARD sahen wir von der ECLIPSE aus keine weitere Yacht. Das musste auch so sein, da wir den Kurs aufgrund der einkalkulierten Strom- und Windversetzung so weit, wie es möglich war, und großzügig, wie sich später herausstellte, nach Süden hin abgesetzt hatten. Die anderen vielen Yachten, die den Fastnet Rock nicht gerundet hatten, mussten wohl in der Nacht nach Nordosten

abgetrieben und viele Meilen von uns entfernt sein.

Das Barometer war seit 03.30 Uhr stetig gestiegen. Entgegen dem Seewetterbericht von 06.25 Uhr, der noch Windstärke 10 meldete, waren wir der Meinung, dass der Wind schon seit längerer Zeit mäßiger geworden war. Zu Mittag hatten sich eindeutig die Lücken zwischen den Böen vergrößert und die Windstärke hatte abgenommen. Aber noch fehlten uns der Mut und die Begeisterung, mehr Segel zu setzen – was sinnvoll gewesen wäre. Um 12.20 Uhr beschlossen wir dann, die Genua 4 zu setzen. Es gab keine Schwierigkeiten mit diesem viel größeren Segel, und bald darauf setzte die Deckswache zusätzlich das gereffte Groß. Um 13.55 Uhr meldete der Wetterbericht wieder 10 Windstärken. Wir ignorierten das, zumal das Barometer 1003 hPa anzeigte. In den Nachrichten nach dem Wetterbericht hörten wir zum ersten Mal von dem Chaos im Regattafeld hinter uns. Für uns stand aber fest, dass wir nichts tun konnten – außer weitersegeln.

Der normale Rundruf des holländischen Begleitschiffes OVERIJSSEL für die Admiral's-Cup-Teams fiel aus, da sie mit Rettungsarbeiten stark beschäftigt war. Wir selbst meldeten an Land's End Radio, dass wir in Sicherheit waren. Wahrscheinlich wurde diese Meldung nicht weitergeleitet. Als wir die Scillies unter vollen Segeln rundeten, nahm die See erheblich ab, und während der Nacht flaute der Wind merklich ab. Am nächsten Morgen stellte sich eine frische Brise ein, und wir hatten strahlenden Sonnenschein. Die Schreckensmeldungen von dem Desaster bedrückten uns sehr.

Wenn man diese Geschichte mit den schrecklichen Erfahrungen von vielen anderen Yachten vergleicht, gewinnt man den Eindruck, dass die Crew der ECLIPSE entweder clever war oder Glück hatte –

oder beides. Wir schätzten uns schon glücklich, dass niemand an den scharfen Kanten des Pantryherdes zu Schaden kam. Die anschließenden Analysen zu dieser Regatta lassen vermuten, dass bei denjenigen erstklassigen Admiral's-Cup-Crews, die den Fastnet Rock umrundet hatten, bevor sie total erschöpft waren und bevor der Wind drehte, Konzentration und Motivation noch hoch genug waren und sie so ihre Yachten durch gutes Steuern aus Schwierigkeiten heraushalten konnten. Gutes Steuern ist Arbeit und bedeutet, die Yacht ohne viel Schräglage über die Wellen zu bringen – genauso wie ein Jollensegler, der beim Gleiten sorgfältig wahrschaut, was da von Luv kommt. Manchmal sind schnelle Ruderbewegungen notwendig, um die See achterlich zu halten und von großen Brechern nicht quergeschlagen zu werden. Dazu ist ein Crewmitglied sehr nützlich, das im Cockpit sitzt, nach achtern schaut und die Kaventsmänner, die die Yacht treffen könnten, aussingt. Es war wohl bezeichnend, dass unser Kurs den Wind und die Mehrzahl der Wellen in einen Winkel von 20 Grad vom Heck brachte.

Das Gefühl, noch im Rennen zu sein, war ein nicht geringer psychologischer Vorteil. Das Vertrauen in die Rettungsinsel war nicht groß. Sie blieb in ihrer Halterung und wurde auch nicht aus Vorsicht ins Cockpit gebracht und dort für einen eventuellen Gebrauch verzurrt. Sicherlich hätte sie nicht schnell klariert werden können, wenn sich z.B. die Yacht nach dem Verlust des Kiels völlig auf den Rücken gelegt hätte. Unvorstellbare Schwierigkeiten nach einem Totalüberschlag! Es ist wahrscheinlich, dass es in der Nacht einige Wellen gab, die eine Yacht von der Größe der ECLIPSE trotz der großen Zahl hervorragender Steuermänner hätten querschlagen können. Beispielsweise

konnte die JAN POTT aus der Klasse 1 in der konfusen See den Winkel zu den achterlich anrollenden Wellen nicht halten, sie kenterte durch und wurde entmastet. Wir auf der ECLIPSE stellten bei Annäherung an den Fastnet Rock fest, dass der Wind etwas nachgelassen hatte – zur gleichen Zeit erlebten andere die größten Windgeschwindigkeiten –, dann aber, als wir auf Südostkurs lagen, wieder zunahm. Möglicherweise standen wir gerade nahe am Sturmzentrum und erlebten eine kurze Unterbrechung der vollen Windstärke. Die Yachten im Bereich der Labadiebank hatten solch eine Atempause nicht. Offenkundig ist, dass viele Yachten dort in ein Gebiet mit deutlich höheren Windgeschwindigkeiten gerieten.

Der Meteorologe Alan Watts nennt es ein »Zyklonen-Becken«, und er hat sich um eine Erklärung bemüht, wie »ein Sturm im Sturm« entstehen kann. In diesem Gebiet waren auch große Yachten, die den Fastnet Rock schon gerundet hatten, und wie man es erwartet, hätte es ihnen besser ergehen müssen als den kleineren Yachten. Immerhin wurde die 14 m lange argentinische Yacht RED ROCK dort quer aufs Wasser gelegt, und die 13,70 m lange deutsche JAN POTT kenterte um 360° durch.

Der Untersuchungsbericht zu dem Fastnetrennen enthält keine eindeutigen Aussagen zu speziellen Taktiken bei solch harten Bedingungen. Er stellt fest: »Es liegt der Schluss nahe, dass aktive Taktiken erfolgreicher waren als passive. Und denen, die Geschwindigkeit und damit Richtungskontrolle im Boot behielten, ist es allemal besser ergangen.« Passive Taktiken bestehen gewöhnlich im Streichen der Segel, im Festlaschen des Ruders, im Schließen der Luken, darin, unter Deck zu gehen und auf das Beste zu hoffen. Es sank aber auch keine Yacht, die diese Methode anwandte. Einige Crews meinten

Ein elektronisch verstärktes Satellitenbild des Fastnet-Sturms vom 13. August 1979 um 16.37 Uhr. Es zeigt das erschreckende Ausmaß des Sturms, der von Schottland (rechts oben) bis zur Bretagne reicht (rechts unten). Das Regattafeld lag unter der dichten Wolkenschicht in der Mitte des Bildes. (Foto: Universität Dublin)

daher, dies sei die einzig richtige Methode, andere fanden, dass sie so nicht mehr hätten auf der Hut sein müssen als in jedem anderen schlechten Wetter. SARIE MARAIS, eine Yacht mit traditionellem Regattariss, aus Holz und mit Langkiel, lag etwa 12

Stunden beigedreht – nur mit einer Zweimannwache an Bord. Die Ruderpinne war nach Lee festgelascht. Eine Grundvoraussetzung! Der erfahrene Skipper sagte, das Boot habe fast problemlos 1,5 kn Fahrt nach Lee gemacht. SARIE MARAIS lag 37 sm nördlich von Round Island außerhalb des Zyklonen-Beckens, und der Skipper meinte, das Wetter sei dort wohl nicht so bösartig gewesen wie weiter nördlich.

Eine andere Yacht, die erfolgreich beigedreht gelegen hat, war Brian und Pam Saffery Coopers 9,10-m-Yacht GREEN DRAGON, ein ziemlich neuer und äußerst erfolgreicher Doug-Peterson-Entwurf für l.-Klasse-Regatten mit gemäßigteren Linien als manch andere. Am 14. August um 02.15 Uhr, 50 sm vom Fastnet Rock entfernt und somit außerhalb des Zyklonen-Beckens, sah die Crew auf der Leeseite eine rote Leuchtkugel. Sie holte das Groß nieder und ging, um Hilfe zu leisten, auf den unangenehmen Vorwindkurs. Allein unter Genua 4 war die Yacht zu schnell, und als sie von einer Welle stürzte, brachen das vorderste Schott und ein Decksbalken, so dass die Verbände arbeiten konnten. Die Crew machte eine Notreparatur mit Bodenbrettern, mit dem zurechtgesägten Jockeybaum, einer Spanischen Winde und zahlreichen Drillbohrungen. In dieser Zeit fühlten sie sich nicht mehr imstande, Hilfe zu leisten; deshalb drehten sie bei mit halb nach Lee gelaschter Pinne. So driftete die Yacht am besten über die Wellen und konnte zugleich die angeschlagene Steuerbordseite schonen.

Obgleich sie in den nächsten 10 Stunden »wie ein Federball hin und her geworfen« wurde, schlug der Mast nicht aufs Wasser. Die Saffery Coopers würden daher diese Methode zum Abreiten solch extremer Verhältnisse mit einer ähnlichen Yacht immer wieder anwenden.

Die Ereignisse in dem Zyklonen-Becken lassen trotzdem den Schluss zu, dass für die beigedrehten Yachten eine hohe Wahrscheinlichkeit bestand, durchzukentern. Und das hieß gleichzeitig, den Mast zu verlieren, unter Deck ein heilloses Chaos und an Bord eine desorientierte Crew zu haben, die jeden Mut verloren hat. Beigedreht zu liegen war deshalb eine klügere Wahl als in eine Rettungsinsel zu steigen. Doch das war nicht notwendigerweise erfolgreicher als die aktiven Taktiken, die von einigen anderen Yachten angewandt wurden.

Aktive Maßnahmen können grob in sechs Kategorien eingeteilt werden: Ablaufen vor der See mit genügend Geschwindigkeit, um aus der Gefahrenzone steuern zu können, wie es ECLIPSE unter Sturmfock und VANGUARD vor Topp und Takel taten; unter Sturmbesegelung in den Wind segeln; mit Maschinenunterstützung beiliegen; vor einem Treibanker liegen oder Trossen nachschleppen und Beidrehen unter Segel.

Der Fastnet-Untersuchungsbericht zeigt, dass nur 26 Yachten unter Segel beigedreht hatten – offensichtlich eine weniger populäre Taktik als Beiliegen oder Ablaufen vor der See. 13 Yachten liefen nur mit Fock weiter, 6 entweder mit gerefftem Groß oder Trysegel und 7 mit Fock und gerefftem Groß oder Trysegel gleichzeitig. Wenn man die Kommentare zu dem Untersuchungsbericht liest, gewinnt man den Eindruck, dass diejenigen es am besten hatten, die ihre Fahrt gegen die Wellen und mit Luvgewinn ausrichteten. Dieses war insbesondere bei den steifen Contessas 32 angebracht. Ihre Schwerfälligkeit war insofern ein Vorteil, als sie das Gebiet mit dem stärksten Sturm und der wildesten See gar nicht erreichten. Nur eine, die ASSENT, beendete das Rennen in der kleinsten Klasse!

Es gibt keine Informationen darüber, wie

es denjenigen Yachten ergangen ist, die in traditioneller Weise unter Groß oder Trysegel mit backgestellter Fock beidrehten. Und ohne die genauen Positionen geben die Ergebnisse auch nichts her. Es sieht so aus, dass in dem am schlimmsten betroffenen Gebiet zuviel Wind war, um entweder beizudrehen oder unter Sturmbesegelung in den Wind zu segeln. Bezeichnenderweise berichteten zwei Crews, es wäre vorzüglich gelaufen, solange sie nur die Sturmfock oder nur das Trysegel gesetzt hätten.

Die französische 11 m lange LORELEI, ein Sparkman & Stephens-Entwurf, im Vergleich zu anderen Yachten von mittlerem Deplacement, lag mit Maschine bei, nachdem sie die Crew der GRIFFIN von deren Rettungsinsel übernommen hatte. Der Skipper Alain Catherineau hatte zunächst versucht, die Rettungsinsel mit dreifach gerefftem Groß anzusteuern. Er war aber zu schnell, und nach einem weiteren vergeblichen Rettungsversuch startete er den 12-PS-Motor und strich das Groß. Er stellte fest, dass er selbst unter Vollgas nicht direkt durch die Wellen kam und große Schwierigkeiten hatte, durch den Wind zu kommen. Nur schräg zu den Wellen konnte er zu der sich auflösenden und instabilen Rettungsinsel gelangen. Die Maschine mit dem automatischen Verstellpropeller gab ihm die notwendige Kontrolle bei der Übergabe einer Leine. Und nach der geglückten Rettung hatte der Skipper derart viel Vertrauen zu dem Einsatz der Maschine gewonnen, dass er sie bei dem anhaltenden Sturm weiter benutzte. Es ist bemerkenswert, dass der Skipper der LORELEI, der für seinen uneigennützigen Rettungseinsatz mehrfach geehrt wurde, den Erfolg auf das gute Design der Yacht für schweres Wetter zurückführte.

Bei einer anderen Rettung entdeckte die Crew der DASHER, einer Nicholson 55,

dass ihre Yacht unter Maschine mit 1,5 kn den Gegenstrom totdampfen konnte. So kann man zu der Ansicht gelangen, der zusätzliche Einsatz der Maschine befähige eine Yacht, bei starken Winden effektiver in den Wellen zu manövrieren. Mit Maschine gegenandampfen zu können, scheint eine nutzbringende Eigenschaft moderner Yachten zu sein, insbesondere derer, die steif sind und einen Kiel mit reichlich Lateralfläche haben.

Die meisten Crews waren der Ansicht, dass sie weiterhin gut im Rennen lägen, und benutzten die Maschinen nicht. So auch Graham Laslett, ein Veteran des Channel Race von 1956 und Skipper der BONAVENTURE, einer Ohlsen 35. Aufgrund seiner Erfahrungen mit Langkielern war er ein hartnäckiger Verfechter der kleinen Segelfläche. Aber in der konfusen See in dem Zyklonen-Becken schien die Yacht unkontrollierbar. Zunächst verhielt sie sich vor Topp und Takel recht angenehm. Als sich aber die See aufbaute, wurden mehr und mehr Trossen und Segelsäcke achtern ausgebracht. Zum Absenken war in einem Sack das Ersatzgroß. Trotzdem passierten einige Querschläge und Beinahe-Kenterungen, weil das Ruder nur bei Geschwindigkeiten über fünf Knoten anschlug. Dazu kam es aber nur, wenn die Yacht auf der Frontseite einer Welle hinabstürmte. In der übrigen Zeit war der Rudergänger hilflos, insbesondere in den Wellentälern. Dort war es für ihn unmöglich, die Yacht richtig zu den Wellen zu steuern und ein seitliches Auftreffen der Wellen zu vermeiden, die zudem aus verschiedenen Richtungen anliefen. Bezeichnend ist, dass das Ruder bei diesem Yachttyp später geändert wurde.

Graham Leslett meint im Nachhinein, in solch einer kritischen Situation hätte ein Motor die Steuerwirkung aufrechterhalten. Er fragt sich aber, ob sich die ausgebrachten Trossen vom Propeller freihalten würden. Bei der AUTONOMY wurde eine Trosse durch eine nachfolgende See nach vorne gespült und verklemmte sich zwischen Ruder und Gillung. Danach war Steuern nicht mehr möglich.

86 Yachten lagen beigedreht, und 46 liefen mit achtern ausgebrachten Trossen oder anderen »Bremsklötzen« vor dem Winde ab. Hier interessiert besonders die WIND-SWEPT, eine OOD 34 mit Skipper und Eigner George Tinley, der nicht nur beide Taktiken einsetzte, sondern auch den Treibanker. Nachdem er die Sturmfock, die allein schon viel zu groß für die Yacht war, geborgen hatte, versuchte er es zunächst mit Beiliegen. Das war so lange komfortabel, bis die Yacht von einer Welle erfasst, über die Horizontale gerollt und die beiden Männer der Deckswache, die mit Rettungsleinen gesichert waren, über Bord gespült wurden. Beiden fiel es schwer, wieder an Bord zu kommen, nachdem die Yacht sich wiederaufgerichtet hatte. Sie erhielten auch keine Hilfe von den Leuten unter Deck, die ihre eigenen Probleme hatten – beispielsweise mit herumgeflogenen Marmeladentöpfen.

Ohne den Wunsch, noch einmal in solch eine Situation zu kommen, aber mit dem Ziel, das Rennen fortzusetzen, versuchte George Tinley, vor einem über Backbord ausgebrachten, improvisierten Treibanker zu liegen, um den Leeweg zu minimieren. Die Crew wurde nach unten beordert, und alle fünf Minuten musste Ausschau gehalten werden. WINDSWEPT lag so mit der Backbordseite zum Wind und dem nach Lee gelaschten Ruder eine ganze Weile relativ bequem.

Dann stieß eine See die Yacht herum, so dass die Steuerbordseite zum Wind zeigte. Da das Ruder nun zur falschen Richtung stand, wurde es ungemütlich, und George Tinley stieg an Deck, um die Yacht mit der Maschine durch den Wind zu drehen und sie in die alte Lage zu bringen. Danach geriet eine Fockschot in den Propeller und blockierte die Maschine. Georg Tinley ging wieder unter Deck, überstieg die Waschbords am Niedergang und ließ das Hauptluk einen Spalt für frische Luft offen. Etwas später hörte die Crew unten ganz deutlich das Nahen einer brechenden Welle. Diese warf die Yacht mit einem fürchterlichen Krach um. George Tinley, der in der Mitte des Salons gestanden hatte, brach sich seinen rechten Arm. Die unteren Waschbords waren verschwunden, die Rettungsinsel hatte sich von ihrer Halterung gelöst, und eine beträchtliche Menge Wasser war ins Schiff gekommen. Da das Liegen vor dem über Bug ausgebrachten Treibanker einen weiteren Überschlag nicht verhindert hatte, brachte die Crew ihn nach achtern, woraufhin, durch sorgfältiges Steuern, die Crew sich das erste Mal einigermaßen sicher fühlte.

Zehn Jahre später ist George Tinley immer noch überzeugt, dass diese letzte Maßnahme die beste von den dreien gewesen ist. Auch in Zukunft würde er sie bei ähnlichen Yachten und in solch extremen Situationen wieder anwenden.

Nach dem doppelten Überschlag war die Situation unter Deck der WINDSWEPT nun wirklich unerfreulich. Die Toilette war nicht ausreichend durchgepumpt worden – ein nur zu alltägliches Vergehen – und die Kloake mischte sich, da sie bis zu den Kojen hochgeschwappt war, mit nassen Klamotten, Bettwäsche und losen Ausrüstungsgegenständen. Der Stock der Hauptlenzpumpe – normalerweise an der Unterseite des Backskistendeckels an zwei Plastikclips zu finden – war bei dem Überschlag irgendwie abhanden gekommen. Als schließlich eine abgebrochene Pinnenverlängerung gefunden und befestigt war, funktionierte die Pumpe dennoch nicht, weil das Pumpengehäuse mit Teebeuteln verstopft war. Die Ersatzpumpe, technisch verknüpft mit der halb unter Wasser stehenden Toilette, war zu dieser Zeit keine brauchbare Alternative. Mit dem herrschenden Chaos vor Augen und der Angst vor weiteren Überschlägen im Nacken wurde auf der WINDSWEPT überlegt, die Yacht zugunsten der Rettungsinsel aufzugeben und die Insel seitlich festzuzurren. Zum Glück widerstand die Rettungsinsel allen Bemühungen, sie zur Entfaltung zu bringen.

Von den aktiven Taktiken wurde zumeist das Ablaufen vor dem Sturm ohne jegliche Bremshilfe angewandt: von 57 Yachten. Diese Taktik ist für die meisten Yachten gut, wenn und erfahrene Rudergänger an Bord sind, die die Yacht ohne Schaden durch die raue See steuern können. Selbst die Mitglieder des australischen Admiral's-Cup-Teams, das in der internationalen Konkurrenz als bestes Team den Sturm abwetterte, berichten über starke Bemühungen, die nötig waren, um mit den Bedingungen fertig zu werden, während sie am Ruder standen.

Andrew Cassell, Skipper auf der Leichtdeplacementyacht JUGGERNAUGHT, einer J 30, steuerte, nachdem es in verschiedenen Winkeln zu Wind und Wellen versucht hatte, vornehmlich mit der See von vier Strich achtern. Er berichtet:

Direkt vor dem Wind zu lenzen war äußerst prekär, zumal die Yacht mehrere Male wie ein ICE davonschoss. Mir war sofort klar, dass mehrere solche Gleitfahrten bald in einer anständigen Havarie nach einem massiven Querschlag oder Überkopfgehen enden würden. Deshalb versuchten wir, die Nase in den Wind zu halten, brachten Trossen über den Bug aus und stellten die erforderliche Länge ein. Wir hatten genug Trosse dafür. Damit fertig, war es keineswegs kom-

fortabel, vielmehr wurden wir ein- oder zweimal so heftig nach achtern geworfen, dass die Gefahr des Ruderbruchs bestand. Deshalb versuchten wir es mit Dwarswind. Das schien eine Weile gut zu gehen. Dann wurden wir aber zweimal derart auf die Seite geschmissen, dass der Mast aufs Wasser schlug.

Schließlich versuchten wir, raumschots mit der See von vier Strich achteraus zu segeln, und wir behandelten die J30 wie eine Jolle. Steuern war extrem anstrengend, besonders in der Nacht, wenn man auf die brechenden Wellen aufpassen und die Yacht in die richtige Lage bringen musste, um dann im spitzen Winkel vor der Welle hinabzusurfen. Wenn ein Brecher zufasste, war die Yacht aufgrund der geringen Kielfläche in der Lage, seitlich mit bis zu 5 kn Geschwindigkeit wegzurutschen. Diese Methode funktionierte, und wir behielten die Kontrolle, abgesehen von ein oder zwei brenzligen Situationen, die durch über der Yacht brechende Ungetüme entstanden. Ich denke, eine schwerere und weniger manövrierfähige Yacht als die J 30 wäre mehrmals durchgekentert – mit fürchterlichen Folgen. Auf der anderen Seite kann eine leichte Yacht, wenn sie mit festgelaschter Pinne beiliegt, wie wir es versucht haben, unplanmäßig über Stag gedreht werden.

Es soll nicht unerwähnt bleiben, dass Andrew Cassell beide Beine verloren hat und für seine Zähigkeit und enormen Kräfte in den Armen bekannt ist.

Der Untersuchungsbericht verzeichnet, dass fast alle Eigner es für notwendig hielten, das Ruder während des Sturms bemannt zu halten. Die es nicht taten, meinen im Nachhinein, sie hätten es lieber tun sollen. Etwa 80% der Yachten, von denen Informationen vorliegen, hatten jemanden am Ruder, wenn sie beigedreht hatten oder beilagen. Es wäre sicherlich von Vorteil, in dieser Situation das Ruder

Die amerikanische Yacht ARIADNE *– ohne Mast und von der Crew verlassen.*
(Foto: RNAS Culdrose)

Rettung dreier Crew-mitglieder der TROPHY *durch die* OVERIJSSEL. *Die Rettungsinsel besteht nur noch aus dem umgedrehten Schlauchring. Der untere Ring sowie das Dach wurden schon Stunden vorher von der Insel abgetrennt. Die Überlebenden haben sich mit ihren Rettungsleinen am Ring festgebunden.*
(Foto: Peter Webster)

festlaschen zu können. Es mag jedoch mit dem modernen Yachtdesign zusammenhängen, dass diese Methode nicht weiter verbreitet ist. Übrigens befanden sich auf nur einer Yacht wenige Crewmitglieder, die darauf vorbereitet waren, verantwortlich unter solch harten Bedingungen Ruder zu gehen.

Es gab mehrere Berichte von Yachten über die angewandten aktiven Taktiken, auch über das Leinenausbringen. Einige wurden dabei quergeschlagen, andere hatten damit Erfolg. Das Bemühen um einen ausreichenden Widerstand verspricht den größten Erfolg, denn so behält man die Kontrolle beim Hinabsurfen von den Wellenköpfen. Der Widerstand darf aber nicht zu groß sein, um in den Wellentälern nicht die Steuerfähigkeit zu verlieren. Der Einsatz der Maschine auf der LORELEI war unter diesen Umständen ein Vorteil, denn der Motor leistete gute Dienste. Der Seeanker über Bug schien bei dieser Yacht, die es als einzige probiert hatte, nicht gut zu wirken. Der Zug war nicht konstant, so dass die Yacht nicht zu steuern war und in einen ungünstigen Winkel zu den Wellen kam. Ein plötzliches Rückwärtstreiben kann außerdem die Ruderanlage enorm belasten.

Es gibt einen interessanten und eher ermutigenden Bericht von Chris Dunning. An seiner 13,70 m großen MARIONETTE OF WHIGHT brach am 14. August um 14.30 Uhr das Ruder, 20 sm vom Fastnet Rock entfernt, auf dem Wege nach Hause. Nach dem Streichen der Segel lag die Yacht quer zur See. Weil die Crew sich nun gnadenlos den heranrollenden Brechern ausgesetzt fühlte, knotete sie eine extrem lange Trosse – wohl an die 300 m lang – aus ihren zwei Ankerleinen und Genuaschoten zusammen. Sie brachten die Trosse über den Bug aus, worauf sich die Yacht mit 20–40 Grad stetig und komfortabel vor den Wind legte und dabei mit etwa 4 kn nach Lee abdriftete.

Die GOLDEN APPLE OF THE SUN, die Irland beim Admiral's Cup vertrat, verlor ihr Ruder, nachdem der Sturm durch war. Die See war noch immer sehr rau, und Versuche, sie auf Kurs zu halten, gestalteten sich schwierig. Die Crew versuchte sechs Stunden lang, irgendeine geeignete Methode zu finden, aber ohne Erfolg. Sie befestigten in der bekannten Weise ein Brett mit U-förmig gebogenen Schrauben am Spinnakerbaum, der jedoch schon bald brach. Die Crew der SIGMATIC, eine Sigma 33, beschloss beizudrehen, als der Sturm losbrach. Sie brachte den Anker mit 12 m Kette und 90 m Leine über Bug aus. Die Yacht driftete mit 2,5 kn achteraus, weil der Anker häufig an die Wasseroberfläche kam.

Wenn auch das 79er Fastnet keine eindeutigen Lehren für die beste Sturmtaktik gibt, sind doch einige Lektionen daraus zu ziehen. Der Sturm lenkte die Aufmerksamkeit auf die Tatsache, dass die positive Stabilität bei verschiedenen Yachten so gering war, dass sie nach einer Kenterung längere Zeit in der gefährlichen Überkopflage verharrten. Das Ergebnis ist, dass der Umfang der positiven Stabilität von nun an ein wichtiges Kriterium bei der Festlegung der Seetüchtigkeit eines Seefahrzeuges ist.

Die Regatta hat ebenso gezeigt, dass selbst eine bei diesem extrem harten Wetter unkomfortabel gewordene Yacht den besten Schutz bietet, solange sie nur über Wasser bleibt. Die Rettungsinsel sollte nur benutzt werden, wenn alle Stricke reißen! Sieben von den 15 Todesfällen sind in denjenigen Crews zu beklagen, die zu den Rettungsinseln gegriffen haben. Und von den 24 Yachten, die aufgegeben wurden, blieben 19 über Wasser und wurden geborgen. Die alte Seefahrerweisheit »Dein Schiff ist die beste Rettungsinsel« scheint ihre Bedeutung für das Überleben auf offener See nicht verloren zu haben.

Verschiedene Mängel in der Konstruktion der Rettungsinseln brachten überdies Ärger bei den Gerichtsverhandlungen. Die Fangleine zum Beispiel war auf der gegenüberliegenden Seite der Einstiegsluke befestigt. Die unzureichende Stabilität wurde durch unwirksame Treibanker verschlimmert, und es fehlte die geringste Festigkeit. Zum Glück wurde die Konstruktion der Rettungsinseln deutlich verbessert – ein Ergebnis aus den Fastnet-Erfahrungen.

Ebenso wurden die Sicherheitsgurte erheblich stabiler, die in dem Sturm vielfach zu Bruch gegangen waren. Auf deren Konto ging mehr als die Hälfte der Todesfälle. Darüber hinaus ist sehr deutlich geworden, dass es an Deck mehrere feste Punkte zum Einhaken geben muss. Diese Punkte und ebenso die Gurte sollten für zwei Tonnen Belastung ausgelegt sein. Der Untersuchungsbericht deckte auf, dass gelegentlich bis zu 6 Personen an einer Befestigung eingehakt waren, die dann unter plötzlicher Belastung brach.

Es gab noch viele andere Ereignisse, aus denen sich sinnvolle Schlüsse ziehen ließen. Nicht getestete High-Tech-Ruder aus Karbon haben sich in dem Rennen nicht bewährt, ebenso wenig die Waschbords beim Niedergang, wenn sie verjüngend zugeschnitten und nicht mit einer Halteleine gesichert sind. Unterdimensionierte Cockpitlenzer und zusätzlich unverriegelte Backskisten können zu einem gefährlichen Wassereinbruch führen. Viele Teilnehmer waren von der Geschwindigkeit und der Menge überrascht, mit der das Wasser selbst durch kleine Öffnungen eindrang.

Unser Respekt gilt all den Männern, die durchgefroren mit der Pütz in der Hand immer wieder deutlich machten, dass man auf sie zählen konnte. So nicht nur an Bord der WINDSWEPT, wo die Crew zeitweilig überlegte, die Yacht aufzugeben, sondern auch auf den vielen anderen Yachten im Rennen.

Die meisten Yachten hatten die notwendigen Karten an Bord, um gegebenenfalls einen Nothafen anlaufen zu können. Anders im Falle der ELECTRON II. Der Skipper fand keine Karten, als er beschloss, nach Milford Haven abzulaufen – und Vorsichtsmaßnahmen hielten ihn ebenso wenig zurück.

Weiterhin ist loser Ballast – einige sprachen von herumfliegenden Batterien – mehr als ärgerlich gewesen. Die Notwendigkeit, alle beweglichen Teile zu verstauen oder zu sichern, bevor man in See sticht, und sie dann dort zu belassen, mag in der Ausführung schwieriger sein. Die Erfahrungen in dem Sturm zeigen aber eindeutig, dass sich solche Vorsichtsmaßnahmen bei einem Überschlag bezahlt machen. Gute Seemannschaft sieht man auch darin, dass das Bettzeug nach der Benutzung und die Ersatzwäsche verstaut werden – am besten in einem festen und dichten Plastiksack, der luftdicht verschlossen wird. Das beugt vielen körperlichen Beschwerden und Unterkühlung vor.

Unangenehme Zwischenfälle werden ebenso vermieden, wenn die Handläufer richtig angebracht sind und es keine scharfen Ecken und Kanten gibt. Es besteht beispielsweise kein Zweifel daran, dass bei seegehenden Yachten unter Deck alle hervorstehenden Schraubenspitzen von der Werft entfernt sein sollten. Es wurde nämlich nach dem Rennen über Verletzungen bei Kenterungen berichtet, die Crewmitglieder sich unter Deck durch hervorstehende Schrauben von Fockschotwinschen zugezogen hatten.

Sinnvollerweise verlangt nun der Royal Ocean Racing Club, dass die gemeldeten Yachten vor dem Fastnetrennen an den kürzeren und weniger anspruchsvollen Auftaktregatten teilnehmen. Außerdem muss sich für die Abschlussveranstaltung ein Großteil der Crew aus den gleichen Leuten der Vorregatten zusammensetzen. Trotz der dramatischen Umstände beim Fastnet 1979 werden mancherorts bis heute noch nicht die richtigen Konsequenzen gezogen. Die Stabilität zahlreicher erst in jüngerer Zeit konstruierter Rennyachten ist fragwürdig, und die Rumpfkonstruktion ist in erster Linie leistungsorientiert.

18. Im Sudestada vor Brasilien

Stig Larsen

Das Zusammentreffen auf See mit einem Hurrikan sollte man vor nahezu allen Küsten vermeiden. Dieser Bericht beschreibt, wie schlimm es ein dänisches Ehepaar erwischt hat.

Die TIR NAN OG war eine 50-m²-Stahlslup mit Langkiel und hatte als Einzelbau folgende Abmessungen: 11,60 m Länge, 3 m Breite, 2,10 m Tiefgang und 10 t Verdrängung. Sie wurde 1962 von der renommierten Yachtwerft Van Dam in Holland nach den Plänen von Van de Stadt für einen englischen Auftraggeber gebaut. Sie hatte einen vollen Bug und ein wunderbar strakendes Unterwasserschiff in 4 mm Stärke. Das Deck und der Niedergang waren aus Holz über Stahlrahmen, das Cockpit aus Aluminium mit einer hoch gelegenen Querstrebe aus Holz für den Großtraveller. Diese Strebe trug wesentlich zur Sicherheit des Rudergängers bei. Der Motor war ein 28 PS starker Volvo 2003 mit einem festen dreiflügeligen Propeller. Damit lief sie maximal 9 kn.

Die Navigationsausrüstung war einfach: ein Danforth-Kompass, ein Tamaya-Sextant, ein Funkpeiler, ein Brookes & Gatehouse-Echolot, ein Walker-Log, ein UKW-Gerät und ein kleiner Sony-Weltempfänger. Eine Casio-Armbanduhr diente gleichzeitig als Zeitmesser. Kurzum, eine Yacht mit einem guten Geschwindigkeitspotenzial, bei der alles einfach gehalten war.

Die Crew bestand aus Dorthe Eriksen (27 Jahre) und mir (36 Jahre).

Ich habe in den unterschiedlichsten Seegebieten und mit den unterschiedlichsten Yachten Schwerwettererfahrungen gesammelt. Davon habe ich einige Stürme in den Brüllenden Vierzigern und in den Wütenden Fünfzigern vor den berüchtigten Küsten Patagoniens und Feuerlands abgewettert, wo Windstärke 11 bis 12 an der Tagesordnung ist. Wir verbrachten dort drei Monate. TIR NAN OG hat einen großen Tiefgang und ein mittelhohes Rigg, das Segel bei derartigen Windstärken tragen kann. Ich habe mir nie einen Sturm vorstellen können wie den folgenden, weder vorher noch nachher.

In November 1984 standen wir etwa 32 sm ostsüdöstlich von Cabo Frio (Brasilien). Wir waren auf dem Wege von Bahia/Salvador nach Rio de Janeiro, eine Strecke von 900 sm, und segelten auf der kürzeren, aber auch riskanteren Route über die Abrolhas-Bänke. Der bekannte amerikanische Segler und Buchautor Hal Roth, dem wir in Gibraltar begegnet waren, hatte uns vor dieser Route gewarnt. Weil aber die Wetterstatistiken für dieses Seegebiet im »South American Pilot« sagten, dass das Risiko von Stürmen über Bft 7 unter 1% lag, entschieden wir uns für diese Route – und bekamen unsere Abreibung. Der Sturm in Stärke 7 bis 9 und die steile, kurze See mitten auf den gefährlichen, flachen Bänken (5,50 m) zwangen uns, nach Nord in die Gegenrichtung zu wenden und unter Trysegel in die pechschwarze Nacht zu laufen.

Zwei Tage später schafften wir es endlich über die Bänke. Wir waren völlig erschöpft und hatten einige blaue Stellen von dem Sturm. Das war aber noch nichts gegen das, was nun kam. In der nächsten Nacht kündigte sich der nächste Sturm an. Ringsum herrschte ein völlig konfuser Seegang. Er nahm sogar zu, so dass jeder Gedanke, ein wenig auszuruhen, dahin war. Die See an Backbord wurde von Gasfeldern beleuchtet. Wir wussten, am Cabo Frio gab es unzählige Gegenströmungen, ahnten jedoch, dass die zunehmende Dünung ein Vorbote von irgend etwas Anderem war.

Wegen unserer Sprachprobleme hörten wir normalerweise die Wetterberichte gar nicht ab. Vor jeder Abfahrt jedoch wurde mit gleichgesinnten Seglern über das Wetter diskutiert. Gelegentlich holten wir auch im Hafenbüro Auskünfte ein oder riefen über UKW ein vorbeifahrendes Schiff an. Meistens waren wir auf unsere eigenen Einschätzungen, auf das Ablesen des Barometers und die Hinweise in den Handbüchern angewiesen. Wir waren der Meinung, Stürme würden sowieso selten in den Wettermeldungen vorhergesagt. Interessant auf dieser Reise war, dass überall an der Küste Südamerikas mehrfach erzählt wurde, das Wetter in diesem Jahr sei mehr oder weniger unnormal. Hinterher wurde mir klar: El Niño war im Jahr davor auf der Pazifikseite besonders aktiv. Um 08.40 Uhr begann sich hinter uns im Norden eine seltsam geformte Wolke aufzutürmen. Sie kam mir nicht geheuer vor, und ich beschloss nach kurzer Überlegung, Dorthe zu wecken, die sich hingelegt und noch mit Müdigkeit seit dem Auslaufen von Bahia in der vergangenen Woche zu kämpfen hatte. Wir holten gemeinsam die Segel herunter – zum ersten, aber nicht zum letzten Mal auf dieser Fahrt – und warteten ab, was passieren würde. Ich hatte ein recht ungutes Gefühl. Fünf Minuten später fiel ein gewaltiger, brüllender Wind über uns her. Es war uns sofort klar: Dies war kein gewöhnlicher Sturm. Es blies schrill wie beim Hurrikan. Wir blickten uns angstvoll in die Augen. Jeder sicherte sich und alle losen Teile im Cockpit. Der Wind drückte wie ein Presslufthammer seine Eisenfaust in unsere Gesichter. TIR NAN OG lag mit nackten Masten flach auf der Seite.

Der wirre Seegang zuvor wurde von dem unaufhörlich wütenden Wind und von dem nun gleichzeitig einsetzenden Regen platt gefegt. Es war unmöglich, das Gesicht und die Augen in den peitschenden Regen zu halten. Ich hatte jedoch, wie ich es in den Regenstürmen in den Rossbreiten gelernt hatte, den Horizont bereits nach Schiffen abgesucht, bevor dieser Sturm in Hurrikanstärke über uns herfiel. Es war unmöglich zu schätzen, ob die Windstärke bei Bft 11, 15 oder 17 lag. Sie lag nur weit über der, die ich je erlebt hatte. Der Wind brüllte mit ungeheurer Wucht aus Südost in Richtung Küste, die nicht weit hinter dem Horizont lag. Eine gefährliche Leeküste. Aus diesem Grunde entschlossen wir uns, den Motor zu starten und mit Vollgas in Richtung offene See zu fahren, bevor die Wellen zu groß wurden. In diesem fürchterlichen Wetter konnte es sein, dass der Seegang durch den nur 50–60 m tiefen Meeresgrund verändert wurde. Wir hatten Angst, selbst in tieferem Wasser, dass es für eine so kleine Yacht wie die TIR NAN OG Probleme geben könnte, weil sich über einem Meeresgrund mit wechselnder Tiefe und starken Gegenströmungen Monsterwellen aufbauen könnten.

Drei Stunden später nahm der Wind auf schätzungsweise Bft 9 ab. Wir stellten den Motor ab, um Treibstoff zu sparen, setzten das Trysegel und legten die Yacht auf einen südwestlichen Kurs. In den nächsten Stunden stabilisierte sich der Wind bei Stärke 7–9. Die See lief zwar gleichmäßiger, wurde aber immer höher.

Um 20.00 Uhr fing der Wind wieder an zu blasen, und schon bald war die Yacht nicht mehr zu regieren. Die Wellen sahen aus wie Berge. Wir fühlten uns trotz der speziell angefertigten Sicherheitsleinen, die an vier festen Einzelpunkten eingehakt waren und uns sicher und einigermaßen bequem im Cockpit hielten, an Deck nicht mehr wohl. Wir waren erschöpft. Unter Schwierigkeiten holte ich das Trysegel herunter und brachte es unter Deck, sicherte den Holzbaum an Deck und laschte das Ruder nach Steuerbord, allerdings mit etwas Spiel. Dann sicherten wir alle Luken, zogen ein paar kurze Leinen kreuz und quer übers Cockpit und über die Winschkurbeln neben dem Niedergang – für alle Fälle. Unser speziell gefertigtes Sturmfenster aus Polycarbonat konnten wir nicht benutzen, weil die Schraubenlöcher noch fehlten. Wir fanden einige Holzbretter und befestigten sie mit Nägeln von innen an dem Schiebeluk. Dann stiegen wir nach unten.

Die Yacht schien beigedreht liegend gut zurechtzukommen. Es war erheblich ruhiger als zu der Zeit, als wir vor dem Hurrikan lenzten. Der Wind heulte weiter aus Südost. Wir fühlten uns trotz der westlichen Drift relativ sicher bezüglich der Küste vor Rio de Janeiro. Wenn der Wind jedoch drehen oder für Tage anhalten würde, könnten wir wegen des unzureichenden Seeraums in große Probleme kommen.

Um Mitternacht fiel ein schlimmer Sturm in Hurrikanstärke über uns her. Die Wellen brachen sich mehrfach über der Yacht.

Die TIR NAN OG, von Van de Stadt gezeichnet, hat traditionelle Linien. 1962 wurde sie bei Van Dam in Stahl gebaut und ist speziell für Schwerwetter geeignet. (Foto: Stig Larsen)

288

Dorthe in einer Regenbö am Ruder. (Foto: Stig Larsen)

Erst ging es wie im Fahrstuhl nach oben, dann wurde sie im freien Fall von der Welle heruntergekippt und knallte ins Wellental. Es war, als würde der Ozean Hunderte von Tonnen Wasser über die schwachen, hölzernen Decksaufbauten schütten. TIR NAN OG erzitterte unter den gewaltig donnernden, schweren Wassermassen.

Wir fühlten uns überhaupt nicht sicher. Man kann gar nicht sagen, ob der physische oder der psychische Stress schlimmer war. Selbst bei dem Versuch, in der Koje ein wenig zu dösen, stand jede feinste Muskelfaser im ganzen Körper unter höchster Anspannung, um die absurden Bewegungen des Bootes abzufangen. Ich spürte plötzlich einen Schmerz in der Brust, traute mich aber nicht, meiner ebenso leidenden Gefährtin davon zu erzählen. Der Tod? Darüber redet man nicht. Man erlaubt es sich nicht einmal,

darüber nachzudenken, ob er bereits vor der Türe steht und unausweichlich näher kommt.

Der Gedanke an eine Kenterung oder einen Salto sauste im Kopf hin und her. Was wäre das Ende davon? Der hölzerne Decksaufbau würde zerquetscht und das Schiff versinken. Wir redeten nicht darüber. Es ist in der Tat schwierig, über alles zu reden, weil einem die Dinge, die um einen herum passieren, aus purer Angst und Stress die Kehle zuschnüren. Hat man alles getan? Hat man die richtige Taktik gewählt? Hat man die Natur herausgefordert? Einmal zuviel? All diese Fragen drehen sich im Kopf herum. Die übermächtige Gewalt, die in solch einem Sturm steckt, ist nicht zu beschreiben. Es ist, als sei sie nicht von dieser Welt. Die Zeit zwischen jedem Aufschlag steht still. Der Lärm und das Donnern der wilden See zerren an den Nerven. Das wütende Heulen des Windes, das Rütteln des Riggs und der regelmäßige Absturz des Rumpfes sind reine Höllenqualen, die nicht enden wollen.

Man hört ein teuflisches Zischen, ein Tosen und Donnern – jeder Muskel im Körper zieht sich zusammen. Und dann: Bums! Eine Monsterwelle kracht wie ein gigantischer Eisenblock auf Deck. Es ist, als würde man in einer dünnen Metalldose sitzen und in eine wilde, pechschwarze Unterwasserwelt geworfen. Der Mast sang die ganze Nacht hindurch, als säßen lauter kleine schwatzende Voodoo-Teufel da drin. In dieser Zeit tranken wir eine halbe Flasche Whisky, um die bis zum Zerreißen gespannten Nerven zu beruhigen. Meiner Meinung nach half das.

In der Morgendämmerung nahm der Sturm ab; später wehte es nur noch mit Stärke 6. Unser schlimmstes Segelerlebnis war vorbei. Unser braves, kleines Boot hat all unsere Erwartungen bezüglich seiner besonderen Seetauglichkeit ohne Treib- und Seeanker mehr als erfüllt. Ich kann mir bis heute keine andere Taktik vorstellen, mit der TIR NAN OG einen derartigen Sturm zu überleben, als ohne Segel beizudrehen. Das soll jedoch keinesfalls bedeuten, dass dies die richtige Taktik für alle anderen Yachten ist.

Wir erreichten die wundervolle Baia de

Nach dem Sudestada-Sturm. (Foto: Stig Larsen)

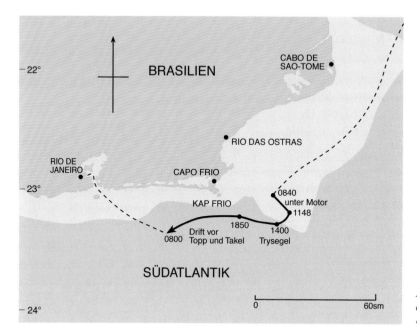

Abb 18.1 *Der Kurs der* Tir Nan Og *im Sudestada.*

Guanabara von Rio de Janeiro um Mitternacht. Am Morgen berichteten wir unserem Nachbarn auf einer Nicholson 31 über den außerordentlichen Sturm. Er glaubte uns nicht. In Rio habe es nur leicht geweht, erzählte er. Am Abend jedoch kam dieser kanadische Ölingenieur, um sich zu entschuldigen. Er erzählte, er habe die Nachrichten im Fernsehen mit den Auswirkungen des Sturms in der Cabo-Frio-Region gesehen. Die offiziellen Windmessungen an Land hätten 75 kn betragen (nach der Regel »auf See 10% mehr« können es auf See leicht 86 kn gewesen sein). Ein Gebiet in der Cabo-Frio-Region von der Größe Dänemarks wurde zum Katastrophengebiet erklärt. Hunderte von Häusern bei Rio Das Ostras wurden förmlich zerschmettert. Der Yachtclub dort wurde zerstört, und alle Yachten des Clubs versanken. Eine 11,60 m lange Yacht des Yachtclubs von Rio de Janeiro ging mit der fünfköpfigen Crew auf See verloren.

Schlussfolgerungen

Es gibt keinen Zweifel, dass wir in einen Monstersturm geraten waren. Nach dem »South American Pilot« ist das Risiko anhaltender Stürme gering. Im Norden dieses Seegebietes heißen diese plötzlichen Böen aus ESE »Abrolhos«, im Süden heißen sie »Sudestadas«. Sie entstehen aufgrund eines kalten, antarktischen Südwindes, der den warmen Nordwind vertreibt. Nach dem »South American Pilot« ist der Rio de la Plata eine Brutstätte für Teiltiefs an einer Kaltfront und dadurch Initiator für ungewöhnliches Wetter. Heftige »Sudestadas« erreichen gelegentlich Sturmstärke. Sie entstehen bei Hochdrucklage und können ein oder zwei Tage andauern. Am Rio de la Plata erreichte ein starker Südostwind einmal über eine Stunde lang eine Durchschnittsgeschwindigkeit von 62 kn mit Böen von 86 kn. Die fürchterlichen Pamperos aus Süd bis West können

291

noch härter sein. An die 20 Pamperos jagen jedes Jahr über dieses Gebiet. Dagegen stehen nur fünf bis acht Sudestadas.

Am Tage haben wir die Yacht unter Trysegel per Hand gesteuert, weil am Morgen vor dem Sturm das Hilfsruder an dem alten Aries-Windpiloten abgebrochen war. Die Windselbststeueranlage hätte in den ersten fünf bis sechs Stunden die Yacht sicher gesteuert. Das hätte uns eine dringend notwendige Erholungspause gebracht. Das Trysegel zu setzen und die Pinne festzulaschen, hätte uns keine Sicherheit gegeben. Wenn die Yacht in der konfusen See plötzlich gewendet oder gehalst hätte, wäre das Trysegel sicherlich abgerissen oder in Stücke geflogen. Boots-, Wind- und Wellengeschwindigkeit zusammen hätten die Yacht sofort quergeschlagen. Aus diesem Grund steuerten wir sie so lange von Hand, bis es im Cockpit zu gefährlich wurde.

1982 geriet ich nördlich der Orkneyinseln mit meiner früheren Yacht LUNDIE, einer stabilen, schmalen 8-m-Slup, in einen Nordsturm der Stärke 9. Diesen Sturm habe ich in der gleichen Weise, jedoch mit einem tief gereeften Groß am Mast erfolgreich abgeritten. Ich hätte mich nicht getraut, mit LUNDIE bei Bft 9 vor den Wellen abzulaufen. Vermutlich hätte ich bei der Beschleunigung durch die Brecher die Kontrolle verloren. Tatsächlich drückte auf der Rückreise solch eine Welle LUNDIE im Westausgang des Limfjords in Dänemark flach aufs Wasser.

In genau der gleichen Weise – das heißt aufgrund der ungewöhnlichen Beschleunigung vor einer ungewöhnlich steilen Welle – verursachte eine nicht ganz so hohe Welle eine Kenterung und den Totalverlust des 9-m-Trimarans meines Zwillingsbruders auf der winterlichen Ostsee. Wir waren froh, wieder einmal davongekommen zu sein.

Meine jetzige Ketsch AURORE, ein 14-t-Doppelender aus Stahl – wie die JOSHUA von Moitessier – mit Langkiel, kann nicht beigedreht liegend allein gelassen werden. Man kann sie eher wie ein Rennpferd die Wellen hinuntergaloppieren lassen. Das ähnelt der Methode, wie sie der weithin bekannte Bernard Moitessier mit seiner JOSHUA in seinem Buch »Der verschenkte Sieg« beschreibt. Er nahm die Wellen von vier Strich achtern. Die gleiche Erfahrung habe ich mit meiner AURORE auf nahezu 10 000 Seemeilen gemacht, die einen Löffelbug mit gutem dynamischem und statischem Auftrieb hat.

Meine Erfahrung aus vielen unterschiedlichen Stürmen in den verschiedensten Seegebieten und auf unterschiedlichsten Yachten ist, dass man nur so lange alle Mittel einsetzt, sich mit den Elementen auseinander zu setzen, wie man Kraft dazu hat. Das bedeutet: Solange man versucht, das Verhalten der Elemente und die Reaktion der Yacht darauf zu verstehen, kann man sich für die richtige Taktik bei diesem Sturm, für diese Yacht und diese Gewässer entscheiden.

Das Wichtigste für das Überleben eines wilden Sturms ist eine absolut geeignete und extrem stabile Yacht. Ich bevorzuge für die Gebiete, in denen ich mich am liebsten aufhalte – das sind die hohen Breiten – ein Stahlboot mit einem tiefen Langkiel. TIR NAN OG mit ihrem 2,10 m tiefen Kiel und den schlanken, klassischen Linien kann sich bei schwerem Sturm von einer Leeküste freikreuzen. AURORE mit ihrem fülligen Rumpf und flachem Langkiel (1,20 m) käme dabei in Schwierigkeiten. Sie hatte jedoch andere Tugenden: vor dem Wind schnell, extrem stabil gebaut und – nicht zuletzt – nahezu ein Eisbrecher.

Es schien, als hätten wir in dem Sudestada keine Schäden davongetragen. Als die TIR

NAN OG jedoch zwei Jahre später in Dänemark aufgeslippt wurde, entdeckten wir gut unter der Wasserlinie eine 2 m lange leichte Einkerbung an Rumpf und Spanten. Wir glauben, das ist bei den Abstürzen und Aufschlägen bei unserem Sudestada vor der Küste Brasiliens passiert. Heute ist TIR NAN OG total umgebaut. Das Deck und die Aufbauten sind nun aus Stahl. Sie hat ein Kutterstag und einen kleinen Bugspriet bekommen.

Kommentar

Dies ist eine außergewöhnliche Geschichte von zwei Leuten an Bord einer Yacht, die in einen Sturm von Hurrikanstärke gerieten. Doch nicht viele Eigner finden Trost in der Tatsache, dass sie überlebt haben. TIR NAN OG war in den 60er Jahren entworfen worden und besaß alle Eigenschaften einer Yacht dieser Zeit. Sie ist schmal, tief, immens stabil und schwer – alles Gegensätze zu vielen modernen Yachten. Sie ist ein gutes Beispiel für eine extrem seetüchtige Yacht, die die Crew schont, wenn es zu blasen beginnt. Es gibt Gelegenheiten wie diesen unerwarteten Orkan, wo Seetüchtigkeit das Einzige ist, was zählt.

Das Charakteristische an dem Rumpf von TIR NAN OG ist, dass er nicht so leicht durchkentert. Trotzdem überrascht es, dass es unter diesen Umständen, als sie beigedreht lag, nicht passierte. Ein Überschlag um 360° ist natürlich nicht zwangsläufig lebensbedrohend. Für Stig Larsen ist Seetüchtigkeit wichtiger als alle anderen Eigenschaften. Dass er mit dieser Reihenfolge richtig lag, hat die Geschichte gezeigt. Wäre es TIR NAN OG mit einen Fallschirm-Seeanker besser gegangen? Das weiß man nicht; aber die, die damit vertraut sind, würden zweifelsohne eher den Verlust eines Fallschirms riskieren als

eine Durchkenterung. Zudem war eine Leeküste nicht weit entfernt. Stig Larsen kann es sich leisten, gegen einen Fallschirm misstrauisch zu sein und ihn nicht auszuprobieren, weil er eine traditionelle und extrem seetüchtige Yacht hat.

Was ist zu einem Treibanker zu sagen? Da gibt es den Fall einer Yacht, die einen Taifun mit einer sehr, sehr langen Leine und einer riesigen Menge Öl überlebte (s. Kap. 15). In diesem Fall musste über die gesamte Dauer ein Rudergänger hinterm Steuer stehen und durfte nicht einschlafen. Ein Treibanker in der passenden Größe hätte auch bei der TIR NAN OG funktioniert. Vielleicht wäre jedoch öfters eine Welle achtern eingestiegen, die das Leben für den Rudergänger schwierig gemacht hätte. Vielleicht wäre das Risiko, sich zu überschlagen, größer gewesen. Wir wissen es nicht.

Interessant ist, dass Stig Larsen beim Einsetzen des Sudestada mit aller Macht versuchte, Seeraum zu gewinnen. Der Versuch, einen Hafen anzulaufen, hätte in einem Desaster enden können.

19. Oktobersturm 1987 im Englischen Kanal

Peter Bruce

Während des großen Oktobersturms von 1987 waren einige kleine Yachten auf See. Obgleich der Sturm an der Nordküste von Frankreich und an der Südküste Großbritanniens erhebliche Zerstörungen anrichtete, wurde über ihn nicht viel bekannt. Das intensive, eng begrenzte Tief brachte über das Gebiet des Englischen Kanals Winde von über 100 Knoten. Diese Geschwindigkeit findet man normalerweise in einem Hurrikan. Es ist aber nicht korrekt, in diesem Fall von einem Hurrikan zu sprechen. Es war lediglich ein Sturm, wenn auch ein besonders heftiger.

Der Oktober ist eine späte Jahreszeit fürs Freizeitsegeln; das Wasser ist dann aber noch warm. So waren noch ein paar Segler zu Vergnügungsfahrten ausgelaufen, andere zu Überführungsfahrten, die das ganze Jahr über durchgeführt werden. Es war also nicht verwunderlich, dass am Donnerstag, dem 15. Oktober, nachts mehrere Yachten auf See waren, zumal die Bedingungen tagsüber handlich und keine Warnungen vor extrem hartem Wetter ausgegeben worden waren. Eine kleine Flotte von englischen Kriegsschiffen aus Portland befand sich ebenfalls auf See. Bei besonders starken Winden können die im Hafen von Portland vor Anker liegenden Schiffe ans Ufer getrieben werden. Kommandant Peter Braley, der die rechtzeitigen Warnungen des erfahrenen diensthabenden Marine-Meteorologen empfangen und das bevorstehende Wetter für sich interpretiert hatte, beorderte die Portland-Flotte auf See.

Berichte von fünf Segelyachten, die diesen Sturm auf See abwetterten, werden in diesem Kapitel wiedergegeben. Sie spiegeln ein weites Spektrum an Erfahrungen wider. Aber bevor wir von den Ereignissen auf See berichten, stellt Peter Braley die meteorologische Situation dar.

Wetterlage

Sehr früh, am Wochenende des 10. und 11. Oktober 1987, gab der Diensthabende der Meteorologischen Station in Bracknell eine Sturmwarnung für den folgenden Donnerstag und Freitag bekannt.

Am Dienstag, dem 13. Oktober, um Mitternacht befand sich das heranziehende Tief vor Neufundland auf der Position 50°N 047°W, Ostziehend. Die weitere Vorhersage war, dass der Luftdruck bis Mitternacht des 15. Oktober stetig und danach explosionsartig fallen würde. Starker Wind wurde am Donnerstag im Bereich der Südwestansteuerung zu den Britischen Inseln erwartet, der sich dann zum Englischen Kanal ausbreiten und während der Nacht weiter zur Nordsee fortsetzen würde. Als sich das Tief mit zunehmender Geschwindigkeit nach Osten bewegte, wurden diese Vorhersagen am Mittwoch, dem 14. Oktober,

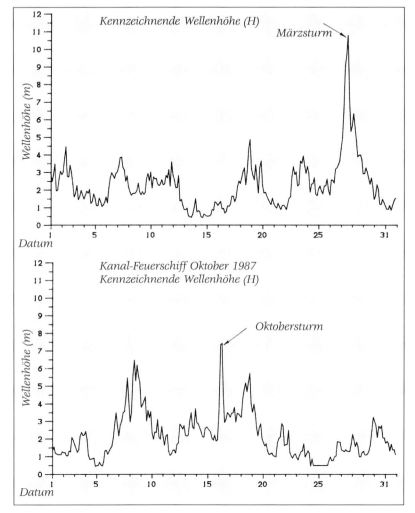

Kennzeichnende Wellenhöhe (H)

Märzsturm

Datum

Kanal-Feuerschiff Oktober 1987
Kennzeichnende Wellenhöhe (H)

Oktobersturm

Datum

Abb 19.1 *Diese beiden Monatskarten mit Wellen-Aufzeichnungen aus dem Jahr 1987 stammen vom Kanal-Feuerschiff. Das intensive und schnell ziehende Tief im Oktober 1987 richtete an Land Verwüstungen an. Es hielt aber nicht lange genug an, um solch außergewöhnlich hohe Wellen wie das extreme Tief im März zu erzeugen.*

um 15.45 Uhr wiederholt und aktualisiert. Die Sturmwarnung ließ darauf schließen, dass das Sturmzentrum am Donnerstag, dem 15. Oktober, gegen 06.00 Uhr 150 Seemeilen nordwestlich von Kap Finisterre liegen könnte. Die Windstärke in dem südlichen Quadranten des Tiefs könne 200 Seemeilen vom Zentrum entfernt über Bft 10 betragen. Das Tief würde dann nach NNE abdrehen und Südweststurm in das östliche Gebiet des Kanals und am 15. Oktober in die südliche Nordsee bringen.

Die Wetterentwicklung wurde in der Nacht vom 14. auf den 15. Oktober von allen meteorologischen Diensten in ganz Westeuropa wahrgenommen. Zu dieser Zeit war ein gestreckter und etwa 500 Seemeilen langer Trog westlich vom Kap Finisterre mit zwei klar getrennten Tiefdruckzentren festgestellt worden – das eine Zentrum mit 983 hPa direkt nordwestlich von La Coruña, das andere etwa 450 Seemeilen weiter westlich bei 43°N 019°W mit annähernd 986 hPa. Ein steiler

Druckabfall zeigte sich auf der warmen südlichen Vorderseite des Trogs, ein nicht so steiler auf der kalten Rückseite. Ein bemerkenswerter Temperatursturz, hervorgerufen durch die polaren und tropischen maritimen Luftmassen, wurde beim Durchzug der Front von einigen Wetterstationen aufgezeichnet. Gegen Mittag des 15. Oktober lag die breite Front dieses Trogs zwischen England und Kap Finisterre, und der Luftdruck fiel beängstigend. Gegen 18.00 Uhr hatten sich die Achse der Front und einige kleinere Tröge nach Nordosten ausgeweitet und die Wettervorboten über den Kanal und Südengland gebracht. Die zwei Zentren existierten noch, das eine nun über Ushant, das andere jetzt stärkere Zentrum mit 963 hPa bei 45°30'N 008°30'W. Der Druckabfall hatte sich bis in den Trog fortgesetzt. Bedeutend wichtiger war jedoch, dass sich der Druck in den letzten sechs Stunden sowohl auf der südwestlichen Seite des Zentrums als auch danach in der Kaltfront rapide veränderte. Gleichzeitig stieg die Windgeschwindigkeit. Gegen 21.00 Uhr wurde in Portland ein Funkspruch aus der Biskaya von dem Wetterbeobachter auf dem englischen Marineschiff ENGADINE aufgefangen. Er wies auf den enorm steilen und plötzlichen Druckabfall hin, der in der Biskaya zu einer explosiv gefährlichen Tiefe führen könne. Der Funkspruch sprach auch von schwerem Seegang und einer wilden Kreuzsee. Bald danach zog das Zentrum nahe der ENGADINE vorbei, der Wind nahm schlagartig zu und blies gelegentlich mit 90 Knoten. Gegen 21.00 Uhr hatte sich das Sturmzentrum beträchtlich zusammengezogen und bewegte sich nun in großen Schritten mit 40 Knoten nordöstlich, um in dem südlichen Seegebiet von Plymouth auf 960 hPa abzusinken. Dieser Trend setzte sich bis Mitternacht fort. Da lag das Zentrum direkt südlich von Eddystone mit einem Tiefststand von 952 hPa. Bemerkenswerterweise hatte sich nun ein klares, eindeutiges Zentrum ausgebil-

det. Damit verbunden waren eine ebenso klare und exakt auszumachende Zugbahn und einfachere und zuverlässigere Wettervorhersagen in kürzeren Zeitabständen. Die Analyse des Wellenbildes an der Vorderseite des Sturmzentrums korrespondiert mit den ungewöhnlichen Böen von 100 Knoten in einem schmalen Streifen südlich und östlich des Zentrums.

Gegen 02.15 Uhr kreuzte das Sturmzentrum die Küstenlinie zwischen Charmouth und Lyme Regis und zog in den folgenden sechs Stunden in nordöstlicher Richtung über England weiter. Die Okklusion schwenkte sehr schnell über Südengland hinweg und erreichte Lincolnshire gegen 05.00 Uhr des 16. Oktober. Ein eindeutiger Druckanstieg wurde in den drei Stunden zwischen 03.00 Uhr und 06.00 Uhr registriert, weil sich das Tief auffüllte. In Portland wurden für diesen Zeitraum +25,5 hPa gemessen. Der weitere Anstieg stellte sich nun mit sehr großen Sprüngen ein. Es waren die größten Veränderungen in einem 3-Stunden-Zeitraum, die je in England registriert wurden.

Die nachträgliche Auswertung der meteorologischen Aufzeichnungen war sehr ausführlich. Es lohnt sich, das Augenmerk auf einige interessante Tatsachen zu lenken:

1. Die heftigsten Böen – von gelegentlich über 100 Knoten – breiteten sich in einem etwa 90 Seemeilen breiten Band von Nordwestfrankreich über den Englischen Kanal parallel zur Zugbahn des Sturmtiefs aus.

2. Es wurde von Böen mit 70 oder mehr Knoten in einem zusammenhängenden Zeitraum von 3 bzw. 4 Stunden berichtet. Gleichzeitig drehte der Wind von 180° auf 230°.

3. Ein Gebiet mit zweifacher Windspitze waren anscheinend das zentrale Südengland und die angrenzende Kanalküste. Die erste brachte Winde aus 170° bis 190°, die spätere aus einer Richtung von 230° –

mit Spitzen um etwa 02.00 Uhr bzw. 05.00 Uhr.

4. Ein begrenztes Starkwindgebiet mit Winden aus nördlichen Richtungen traf Cornwall und North Devon von 23.00 Uhr am 15. Oktober bis 02.00 Uhr am 16. Oktober.

5. Die heftigste Bö in ganz England wurde um 04.24 Uhr in Gorleston (Norfolk) registriert: 106 Knoten. Über 20 weitere Böen mit 90 Knoten und mehr wurden zwischen 04.00 Uhr und 07.15 Uhr gemessen. Eine noch stärkere Bö mit 119 Knoten wurde auf einer Station in der Nähe von Quimper an der Biskayaküste festgestellt. Um 03.00 Uhr wurde in Granville am Golfe de St. Malo eine Bö von 117 Knoten beobachtet.

6. Mit dem Durchzug der Kaltfront begannen die wirklich starken Winde. Dabei war die allgemein hohe Windgeschwindigkeit bemerkenswerter als die einzelnen Böen.

7. Der Luftdruck fiel vor der herannahenden Depression zwar stark, aber nicht beunruhigend. Der darauf folgende Druckanstieg war jedoch außergewöhnlich. In weiten Gebieten Südenglands stieg der Druck um 8 hPa in der Stunde.

8. Im Kanal baute sich eine markante kurze und steile Welle auf. Die Aufzeichnungen verdeutlichen aber, dass weder eine bemerkenswerte Wellenbewegung noch eine großartige Dünung folgten. Der Grund lag in der kurzen Dauer des Sturms und dem schmalen Sektor des Starkwindfeldes.

Mit einer Sadler 34 vor Ushant

Der erste Seebericht handelt von der MUDDLE THRU, einer nagelneuen Sadler 34 mit kurzem Kiel. Gekauft hatte sie der Kanadier Allan McLaughlan, der mit Harry Whale und Bill Bedell, beide Kanadier mit langjähriger Segelerfahrung, von Ontario nach Poole in Dorset (England)

gekommen war, um dort die neue Yacht in Empfang zu nehmen und dann in die Karibik zu segeln.

Am 13. Oktober 1987 liefen sie aus. Aufgrund des starken Gegenwindes kamen sie aber in Richtung Ushant nicht voran. Am 15./16. Oktober wurde das Schiff 60 Meilen nördlich von Ushant von 100 bis 120 Knoten starken Winden regelrecht festgenagelt. Der Durchhaltewillen der MUDDLE-THRU-Crew wurde durch die Sorge gesteigert, dass die Mehrwertsteuer hätte bezahlt werden müssen, wenn sie nach England zurücksegelten. Nach dem ersten großen Sturm kam ein weiterer, der die Yacht um 360 Grad drehte. Bei diesem Überschlag brach ein Unterwant, und der Skipper Harry Whale beschloss, nach Falmouth abzulaufen. Der Zoll berücksichtigte die Umstände und zeigte sich bezüglich der Mehrwertsteuer wohlwollend. Harry Whale führte über die Ereignisse mit einem Kassettenrecorder Buch. Hier sein Bericht von dem Sturm:

Während des 14. Oktober verstärkte sich der Wind auf Stärke 9 aus WSW. Hart am Wind segelnd, kamen wir mit dem dreifach gerefften Groß leidlich in die richtige Richtung voran. Ordnungsgemäß Ausguck zu halten war schwierig, da man in der Dunkelheit nie sicher war, ob man zum Horizont oder lediglich in die Wand einer großen Welle blickte. Wir sahen eine Reihe Schiffe und unternahmen alle erdenklichen Anstrengungen, uns von ihnen freizuhalten, zumal wir unter den herrschenden Bedingungen selbst mit dem Radarreflektor im Mast kaum auszumachen waren.

Etwa gegen 03.00 Uhr des 15. Oktober ließ der Wind nach – genug für uns, um ein Vorsegel beizusetzen. Nach einigem Herumexperimentieren mit der Rollfock setzten wir ein Kutterstag, an dem wir eine schmale, flache Fock mit Stagreitern anschlugen. Den Rest des Tages verbrachten wir bei starkem Regen und knüppelten bei Bft 7 hoch am Wind in südwestliche oder südliche Richtung. Am Nachmittag ließ der Wind ganz plötzlich nach, um nach etwa einer Stunde aus der entgegengesetzten, nordöstlichen Richtung einzufallen. Plötzlich erreichte er wieder Stärke 7. Nur unter Fock, mit dem Wind im Rücken machten wir in Zielrichtung hervorragende Zeit gut. Die anrollenden Wellen kamen aber immer noch aus Südwest. Einige Wellen, so schien es, wollten uns überrollen, über andere schossen wir hinaus. Dennoch war es für uns ein gutes Gefühl, endlich mit respektabler Geschwindigkeit auf Kurs zu sein – und plötzlich war der Weg nach Ushant nicht mehr so weit.

Die Brassfahrt hielt bis 21.00 Uhr an. Dann schlief der Wind für eine halbe Stunde völlig ein. Anschließend kam er aus Süd, briste schnell auf und drehte nach Südwest. Um Mitternacht hatten wir alle Segel niedergeholt und lagen beigedreht. Auf Band sagte ich: »Um uns herum ist ein schreckliches Windgeheul.« Wir versuchten, mit Ruder und Windfahne zu steuern. Schließlich fanden wir heraus, dass sich die Yacht ganz allein günstig zu Wind und Wellen legte, wenn wir das Steuerrad mittschiffs festlaschten und die Windfahne auskuppelten. Ich bin sicher, den größten Beitrag zu dieser Lage leistete der nicht unerhebliche Windwiderstand der Spritzkappe, der den Bug in den Wind hielt.

Da ich mehrere ostwärts fahrende Schiffe gesehen hatte, war ich über den Verkehr in diesem Gebiet beunruhigt. Wir hatten den Seelotsen von Ushant gehört, wie er mit einem anderen Schiff über UKW sprach. Ich rief ihn, informierte ihn, dass wir Wind und Wellen preisgegeben beigedreht lägen, und bat ihn, einen SECURITE-Ruf an alle Schiffe in der Nachbarschaft auszusenden. Er war sehr entgegenkommend und meldete unsere Position, die mögliche Drift und den Kurs. Er sagte, dass sein Windmesser 100 bis 120 anzeige und dass er um die Sicherheit seines

Radar besorgt sei. Ich dachte nicht daran, ihn zu fragen, ob das nautische Meilen oder Landmeilen oder Stundenkilometer seien. Wahrscheinlich waren es in diesem Augenblick Knoten. Ich denke, dass wir alle an Bord uns nach dem Wortwechsel psychisch besser fühlten – insbesondere, als der Seelotse eine Stunde später unsere neue Position nachfragte. Ich besorgte sie und erwähnte, dass wir zwei oder drei westwärts fahrende Schiffe beobachtet hätten, die uns nördlich passiert hätten. Es beeindruckte mich, dass er wissen wollte, ob wir unsere Position halten könnten. Dann aber hörten wir einige Abschnitte einer einseitigen Unterhaltung über UKW, und uns wurde aufgrund der Anzahl der Hilferufe klar, dass da eine ganz hübsche Geschichte im Gange war. Darunter war auch das MAYDAY einer Yacht in einem französischen Hafen. Ich erinnere mich an zwei andere Gespräche. Das eine bezog sich auf ein Schiff, das abgetrieben und aufgelaufen, das andere auf eines, das nicht mehr steuerbar war.

Im Ganzen blieb unser kleines Schiff recht handlich und erledigte die Sache gut. Einzig der Krach von dem Wind und den Wellen, die sich über der Yacht brachen, war extrem und die Schiffsbewegungen unberechenbar. Gelegentlich sah es aus, als wolle die Yacht sich drehen und mit der Breitseite über die Wellen laufen. Dann hätte eine Mordswelle von der Seite her gegen den Rumpf knallen können. Die Rollfock war stramm um das Vorstag gewickelt. Die schmale Klüverfock war straff zur Fußreling gesetzt und das Groß am Baum beschlagen. Ein kleiner Teil des Groß hatte sich freigearbeitet und schlug immer wilder hin und her. Ich befürchtete, dass sich das Segel in Fetzen auflösen und zusätzlich das Rigg strapazieren würde. Weil der lose Teil des Segels unterhalb des zweiten Reffs lag und somit der größte Teil überleben würde, beschloss ich, es weiter flattern zu lassen und nicht das Leben eines oder zweier Männer zu riskieren bei dem Versuch, das

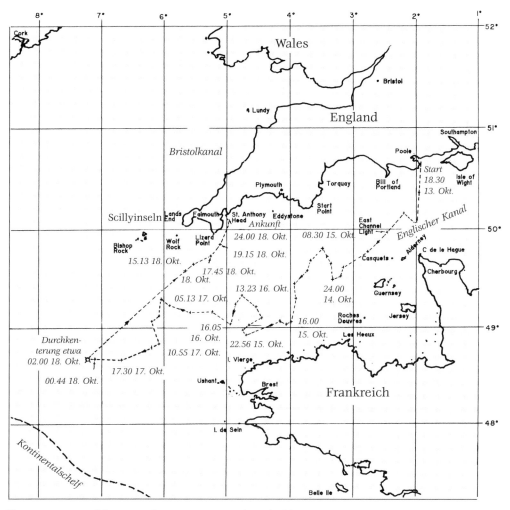

Abb 19.2 *Der ungefähre Kurs der* Muddle Thru *im Oktobber 1987.*

Segel wieder festzulaschen. Dazu hätten sie sich um die Spritzkappe herumhangeln müssen, wobei sie keinen sicheren Halt gefunden hätten. Als wir später ausrefften, war das Segel in Ordnung, lediglich die Latten hatten sich davongemacht.

Wir drei trugen die ganze Zeit über Schwerwetterkleidung und hatten die Sicherheitsgurte angelegt. Wir waren die meiste Zeit unter Deck, machten aber alle 15 oder 20 Minuten

einen Kontrollrundblick. Da ständig eine Menge Wasser übers Deck fegte, musste man beim Öffnen und Schließen des Schiebeluks besonders auf der Hut sein.

Es mag um 07.30 Uhr des 16. Oktober gewesen sein, als der Wind merklich nachließ und Segeln wieder möglich war. Mit zwei Reffs im Groß und der kleinen Fock segelten wir bis 14.00 Uhr behutsam weiter. Für drei Stunden hatten wir sogar herrlichsten Sonnenschein, und einige Delfine kamen längsseits. Obgleich wir völlig erschöpft waren, konnten wir im Großen und Ganzen über unsere Situation recht glücklich sein. Den Meldungen im Radio entnahmen wir aber, welche Schäden auf See und an Land in der vergangenen Nacht entstanden waren. Um 16.00 Uhr kam eine erneute Sturmwarnung: Windstärke 8, zunehmend 9 aus Südwest. In den folgenden 13 Stunden segelten wir ein gutes Stück nach WNW mit durchschnittlich 3 kn.

Im Laufe des 17. Oktober drehte der Wind von SW nach WSW. Folglich gingen wir über Stag in Richtung Ushant, das wir sehr vorsichtig in großem Bogen ansteuern wollten. Gegen 22.00 Uhr lagen wir wieder vor Topp und Takel in einem wütenden Sturm. Diesmal war das Groß sehr straff am Baum festgelascht, der Baum heruntergelassen und sein Ende an der Fußreling festgezurrt. Erneut experimentierte ich mit der Windfahnensteuerung und verschiedenen Stellungen des Ruders, bis ich zu demselben Ergebnis wie zuvor kam: das Steuerrad mittschiffs und die Yacht ihren eigenen Weg finden lassen. Aus unserer Perspektive kamen die größten Wellen aus Südwest angerollt. Wir meinten jedoch, dass wir zusätzlich ständig von ganz unberechenbaren Wellen aus Südost und Nordwest attackiert wurden. Einige unter diesen waren gar keine Wellen mehr, sondern riesige Wassereruptionen.

Genau wie vorher verkrochen wir uns in Schwerwetterkleidung und mit angelegten Sicherheitsgurten unter Deck, machten alle 15 oder 20 Minuten einen Kontrollrundblick und versuchten, eine Mütze voll Schlaf zu fassen. Ich vermute, das ging so über 3 oder 4 Stunden. Ich lag in der Steuerbordkoje und war wunderbar eingenickt, als ich plötzlich realisierte, dass ich im freien Flug auf dem Weg durch die Kajüte war, in einem eleganten Schwung mühelos über das Leesegel und den Tisch hinweg. Kurz darauf landete ich auf der anderen Seite der Yacht – auf Bill. Als ich

versuchte, mich zu befreien, und herumkrabbelte, kam mir der Gedanke, nach Al zu schauen, der in die Hundekoje gekrochen war. Er meldete sich von unten und sagte, er sei o.k. Er hatte die Hundekoje aufgegeben und sich bequem über einigen Wasserbehältern eingerichtet, die wir in dem U der Polstersitzgruppe verstaut hatten. Nun lag er eingekeilt zwischen Bill und dem Klapptisch. Zu diesem Zeitpunkt etwa hörte ich Bill in seinem ganz ruhigen Ton sagen – in Wirklichkeit war es wohl eher ein Murmeln – : »Jungs, wir liegen auf dem Kopf.«

Mit Hilfe der beiden durchgehenden Teakholzstützen in der Nähe der Pantry und des Kartentisches konnte ich mich über das Ausgussbecken ziehen und stand, da sich inzwischen die Yacht ganz auf den Kopf gelegt hatte, auf der Kajütdecke. Ich hielt mich mit jeder Hand an einer Stütze fest, mit dem Rücken zum Motorkasten und Niedergang.

Der genaue Ablauf und die Dauer dieses Ereignisses sind sicherlich nicht exakt zu bestimmen. Ich kann mich aber sehr lebhaft erinnern, dort gestanden und bewusst wahrgenommen zu haben, dass der Lärm und die Bewegungen nachgelassen hatten. Ich höre noch das Geräusch des Wassers, das durch mehrere schmale Öffnungen eindrang, und spüre noch meine Angst vor dem Moment, da die Steckbretter am Niedergang durch den Wasserdruck nach innen gedrückt würden. Es war gut, dass Bill darauf bestanden hatte, die Backskistendeckel besonders zu sichern.

Als die Yacht ihren Überschlag fortsetzte, klammerte ich mich weiterhin an die Stützen. Ich überstand ihn wie ein Kletterer auf einer rotierenden Leiter mit zwei weiten Sprossen. Als die Yacht ihre normale aufrechte Position wieder eingenommen hatte, befielen mich verschiedene Eindrücke. Der eine war die Rückkehr des alten Lärms und der Unruhe, hinzugekommen war das Geräusch des hin und her schwappenden Wassers. Am meisten verwirrte mich, was ich nur als ein »wackliges« Gefühl bezeichnen kann. Verschiedene Erklärungen kamen mir in den Sinn. Die erste war, dass der Rumpf möglicherweise Längsspantenbrüche davongetragen haben könnte – noch schien aber kein Wasser einzudringen. Dann vermutete ich, der Kiel habe sich gelöst. Den Gedanken, dass er bereits auf dem Meeresboden liege, konnte ich aber wieder fallen lassen, denn da sich die Yacht wieder in die alte Lage gedreht hatte, musste der Kiel noch an seinem Platz sein. Als einzige Möglichkeit blieb, dass die Yacht durch ein loses Rigg plötzlich auf die Seite gelegt würde.

Mein erster Entschluss war, zu versuchen, die Maschine anzulassen. Damit könnten wir die elektrischen Pumpen in der Bilge und unter den Duschwannen in Gang setzen, und zusätzlich könnte sie, wenn nötig, für Vortrieb sorgen. Als wir den Anlasser einschalteten, meldete sich der das Gaswarngerät. Wir warteten einige Zeit, der Alarm hörte aber nicht auf. Er musste eine andere Ursache haben, denn wir hatten immer sorgfältig den Gashahn zugedreht. Ich war sicher, dass es falscher Alarm war, wenigstens so weit er das Gas betraf. Wir schalteten den Alarm aus und starteten die Maschine erneut. Sie sprang an. Nun kam das Rigg an die Reihe.

Es war aber nicht leicht, für die Nachforschungen an Deck zu kommen. Die Spritzkappe mit den Nirostabügeln war über das Schiebeluk und die Steckbretter gedrückt worden. Bill und ich gelangten schließlich an Deck und entdeckten mit einer Taschenlampe, dass das Unterwant auf Backbordseite lose war. Bill ging mutig nach vorn, nahm ein Fockfall, führte es um den Mast und befestigte es in der Höhe des Püttings am Sockel einer Relingsstütze. Das Gleiche machte er mit dem Großfall. Damit hatten wir nun zwei Fallen, die von den Salingsnocken zu dem Fuß der Relingsstütze verliefen. Vom Cockpit aus taten wir unser Bestes und kamen bei der Arbeit an den Fallen mächtig ins Schwitzen. Es war keine leichte Sache ohne die Winsch-

kurbeln, die beim Überschlag aus den Taschen heraus über Bord gefallen waren. Als wir das Rigg mehr oder weniger stabilisiert hatten, knöpften wir uns die ins Cockpit führenden Leinen, Fallen und all den anderen Krimskrams vor, der über die Backbordseite des Cockpits hing.

Unter Deck hatte Al sehr tapfer die Pumpen unterstützt und mit einem Kochtopf das Wasser aus der Bilge in den Ausguss befördert. Der Abfluss war jedoch nicht sehr groß, und so schwappte wegen der heftigen Schiffsbewegungen gelegentlich Wasser zu ihm zurück, bevor es abfließen konnte. Wir waren sicher, dass wir uns behaupten konnten, da der Wasserspiegel kaum über dem Kajütboden stand. Wir wussten, dass ein Großteil der Bilge mit Konserven und fest eingebauten Schwimmkörpern gefüllt war, und aus diesem Grunde die momentane Wassermenge an Bord nicht groß sein konnte.

Einer entdeckte, dass die Pumpe unter der Dusche nicht arbeitete und dass nur ein Innenlicht brannte. Alle Elektronik mit Ausnahme des Satnav funktionierte nicht mehr: das Radio, der Windmesser und -anzeiger, das Log und das Echolot. Unsere Brillen, Karten, Stechzirkel, der Handkompass, die Taschenlampen und die Ersatzwinschkurbeln waren in einem Haufen aus durchgeweichten Matratzen, Werkzeug, Wäsche und diversen anderen Gegenständen verschwunden.

Ich beschloss, dass es wohl das Vernünftigste sei, nach Falmouth abzulaufen. Ich dachte an Moitessier und Vito Dumas, die dafür eintraten, dass die beste Art, große Brecher zu überleben, die sei, ausreichend schnell mit ihnen zu segeln.

Da ich vor der Kenterung schon viele Stunden auf die Karte gestarrt hatte, wusste ich, dass der Kurs bei 050° lag. Bevor ich den Ganghebel nach vorne legte, band ich einen dicken Knoten in die Leine der Rollfock, genau bei 1,80 m. Dieser Knoten würde die Leine automatisch an der Führungsrolle stoppen, wenn wir die Anlage schnell einsetzen und Segel setzen müssten. Außerdem konnte das dann von einem Mann allein bewältigt werden.

Wir waren erschöpft von der wildesten Schlittenfahrt, die ich je in meiner gesamten Seglerlaufbahn erlebt hatte. Bei dem Getöse von Wind und Wellen war es unmöglich, im Cockpit die Maschine zu hören. Dort hatte man auch keine Anhaltspunkte für die Motordrehzahl oder die Bootsgeschwindigkeit. Der Hauptkompass schien zu funktionieren, wenn auch ein bisschen träge. Es war striktes Gebot, auf dem Hosenboden zu sitzen. So oder durch die Schuhsohlen spürte man gelegentlich die Vibrationen der Maschine oder des Propellers. Mehrmals wurde die Yacht völlig überschüttet, und der Steuermann prustete und schnappte nach Luft. Es war die schwärzeste aller Nächte, an die ich mich erinnere, und ich hoffte, es würde alles besser werden, wenn der Tag anbräche.

Als es aber schließlich soweit war, wünschte ich, es wäre dunkel geblieben. Es war eine eindrucksvolle Szenerie, brechende Wellen in mehreren Etagen überall, die Luft mit Wasser gefüllt, entweder Regen oder Gischt. An einer Stelle kamen Delfine längsseits und hatten ihren Spaß. Wie junge Skiläufer auf einem »Idiotenhügel« tollten und tobten sie um uns herum. Häufig schossen sie direkt aus dem Vorderteil einer anrollenden Welle heraus. Während ich ihre wunderbaren Künste bewunderte, hatte ich den Eindruck, auf der falschen Seite zu sein. Ich hielt mich krampfhaft am Steuerrad fest, war ängstlich und müde. Allmählich fing ich an, mich über die Ermüdung und Unterkühlung zu beunruhigen. Bill drückte sich auf seine Art durch das Luk und bot sich an, das Ruder zu übernehmen. Das war für mich eine große Erleichterung, zum einen weil ich die Unterbrechung dringend brauchte, und zum anderen hieß das, dass Bill meine Strategie, nach Falmouth abzulaufen, guthieß, wenn auch stillschweigend. Ich bin sicher, dass das ursprünglich

nicht in seinem Sinne war. Später kam auch Al nach oben, wurde eingewiesen und übernahm die Wache. Immer wieder schien es, als würde die Yacht querschlagen und in einem Brecher einen Überschlag machen. Ein Extrapusch mit der Maschine konnte sie größtenteils wieder auf den Kurs ausrichten, ein anderes Mal surfte sie auf einer steilen Welle. Man musste jedoch immer auf der Hut sein, dass der Bug nicht unterschnitt und alles in einem Überschlag endete. Bill war es, der mir später erzählte, dass die Yacht in seiner Wache einmal eine 360°-Wende hinlegte, diesmal in der Längsrichtung. Er sagte, sie sei ganz eng um einen Wasserberg herumgesegelt, mit einer Felswand auf der einen und einem Abgrund auf der anderen Seite.

Um 19.00 Uhr in der Dämmerung kam der Schein des Lizard-Leuchtfeuers durch, 10 sm in NNW. Der Satnav hatte uns gute Dienste geleistet. Jetzt war die Aufgabe, ohne Tideninformationen und Echolot die Yacht über die restlichen 20 Meilen in den Hafen zu lotsen. Zum Schluss lief alles gut. Als wir in Lee von Manacle Point und der Menacle-Felsen kamen, ließen Wind und Wellen etwas nach. Die einzige Information, die wir an Bord hatten, zeigte die Hafeneinfahrt, aber nicht viel mehr. Wir schossen durch die Einfahrt, machten eine scharfe Linkswende – und plötzlich war alles ruhig und relativ normal.

Eine Swan 46 in der Biskaya

Wenn die MUDDLE THRU Ushant oder gar die Biskaya erreicht hätte, wäre es ihr vermutlich nicht besser ergangen, wie einem anderen Drama zu entnehmen ist, das 215 Seemeilen SSW-lich von Ushant ablief. Am Morgen des 15. Oktober hatte die Swan 46, mit einem Scheel-Kiel versehen und mit Kurs Spanien, beigedreht. Ihr Windmesser zeigte zeitweilig über 85 Knoten an. Abgesehen von regelmäßigen Rundblicken hielt sich die vierköpfige Crew unter Deck

Bei Stürmen von extremer Heftigkeit kann die See vollkommen chaotisch werden. Man beachte die senkrechte Welle, die sich gegen den Himmel erhebt – Mitte links. (Foto: de Lange)

auf, wo es trocken war. Gegen 18.00 Uhr kenterte die Yacht sehr schnell über Backbord durch. Die Bodenbretter und alles, was darunter verstaut war, flogen durch das Schiff. Der Yachteigner war gerade von einem Rundblick übers Deck zurückgekommen und befand sich im Salon, als das passierte. Er brach sich die Schulter. Der Mast war in Höhe des Decks abgebrochen, wahrscheinlich aufgrund des Bruchs eines Unterwants.

Die intakte Takelage hielt den Mast fest. Da keine geeigneten Werkzeuge an Bord waren, um die Stabwanten zu kappen, konnte die Crew den Rumpf nicht freischneiden. Gegen 20.00 Uhr brach der Mast an zwei weiteren Stellen und begann, gegen den Rumpf zu hämmern. In diesem Augenblick beschloss der Eigner, Hilfe von außen anzufordern und ein EPIRB wurde aktiviert. Die Swan war in 45 Minuten lokalisiert, und ein japanischer Frachter erschien um 01.00 Uhr in der Frühe des 16. Oktober. Er ließ ein Boot zu Wasser, das aber sofort kenterte. So wurde die Yacht aufgefordert, mit ihrer Maschine, die noch lief, längsseits zu kommen. Während die Crew von Bord ging, wurde die Yacht mehrere Male gegen den Rumpf des Frachters geschleudert. Einmal surfte sie sogar eine Welle hinunter und traf den Frachter aus voller Fahrt mit dem Bug. Obwohl der EPIRB danach noch eine Stunde zu hören war und die Luken beim Verlassen verschlossen wurden, hat man das Schiff nie gefunden.

Der wichtigste Punkt in dieser Episode ist die Schwierigkeit beim Kappen der Takelage. Wantenschneider werden mit den starken Stabwanten nicht fertig. Nur hydraulische Stabwantenschneider oder ähnliches Werkzeug eignen sich.

Rettung vor Portland Bill

Gäbe es nicht die sprichwörtliche Seemannschaft der Retter, wäre eine weitere Yacht in dieser Nacht verloren gegangen. Die Geschichte ist ein wenig absonderlich, und am besten erzählt sie Roy Clare, Kapitän des HMS BIRMINGHAM und selbst ein erfahrener Segler. Das Schiff ist ein moderner Zerstörer mit einem Hubschrauber an Bord.

HMS BIRMINGHAM operierte 7 sm SW-lich von Portland Bill und zog endlose Kreise für die Kompasskompensation. Gegen 18.00 Uhr des 15. Oktober zeigte mir der Navigator die letzte Fax-Wetterkarte, mit sehr engen Isobaren im Bereich von Brest. Ich kommentierte das noch mit der Feststellung, dass ich glücklich sei, nicht weiter südlich zu stehen. Dann kümmerte ich mich nicht weiter ums Wetter. Am Abend sahen wir uns auch die Wettervorhersage im Fernsehen nicht an.

Gegen 01.15 Uhr wurde ich plötzlich durch eine ungewöhnliche Querlage fast aus der Koje gekippt. Ich rief den wachhabenden Offizier über die Sprechanlage und fragte, wie er die Situation einschätze. Er antwortete umgehend und erklärte, der Wind habe ganz plötzlich aufgefrischt, und er habe soeben über UKW den Notruf einer Segelyacht aufgefangen... ob ich nicht auf die Brücke kommen könne.

Ich stellte schnell fest, dass die Yacht mit der Küstenwache von Portland in Verbindung stand. Ihre Position war etwa 18 Meilen südlich von uns, etwa 24 Seemeilen vor Portland Bill. Die Wetterbedingungen bei uns: Wind aus SSW Stärke 8–9, Sicht 6 sm, leichter Nieselregen. Wir setzten einen Kurs auf 200° mit 22 Knoten ab. Das war die maximale Geschwindigkeit unter den augenblicklichen Bedingungen. Wir stampften heftig in der steilen See. Darüber lag jedoch noch eine lange Dünung, so dass wir nicht pausenlos aufschlugen. Unterdessen funkte die Yacht in kurzen Abständen auf Kanal 67, wie von der Küstenwache angeordnet. Ich stellte mich der Funkerrunde als erfahrener Segler vor. Wir legten für diesen Vorgang ein Logbuch an, teilten das Seegebiet mit, in das wir unsere Fahrt fortsetzten, blieben mit der Küstenwache in Verbindung und stellten fest, dass der Versorgungstanker BLACK ROVER sich in dem gleichen Gebiet aufhielt und bereits routinemäßig ablaufende Vorbereitungen für die Suche und Rettung traf. An Hilfe aus der Luft

war von unserer Seite nicht zu denken, denn die Windobergrenze war für den Einsatz des Bordhubschraubers bereits überschritten. Hinzu kam, dass dieser Hubschrauber nicht für die Suche in der Nacht und für einen Rettungseinsatz über solch einem kleinen Objekt wie eine Yacht ausgerüstet war. Außerdem hätten wir uns vor den Wind legen müssen, um für den Hubschrauber den Bordwind zu reduzieren. Das hätte aber für das Schiff einige Probleme gebracht. Die Küstenwache an Land entschied, das Rettungsboot in Weymouth nach See zu beordern. Ich verstand nicht, warum der landgestützte SAR-Hubschrauber nicht einbezogen wurde. Das wäre aus meiner Sicht viel preisgünstiger gewesen, zumal ja eine Suche nach der Yacht nicht nötig war. Die Peilung der Yacht gestaltete sich ganz einfach, denn mit Hilfe der ersten verwertbaren Positionsmeldung und der ständigen Funksprüche der Yacht konnten die Küstenstationen von Portland Bill und Berry Head eine Kreuzpeilung durchführen.

Um 01.50 Uhr wussten wir, dass die Yacht ein Katamaran von 12 m Länge war, dass nicht unmittelbar die Gefahr des Sinkens bestand, keine Beschädigungen vorlagen, dass er beigedreht lag und mit etwa 4 Knoten in westliche Richtung driftete, offensichtlich mit Ziel Ushant. Die Crew klang unheimlich verängstigt. Sie baten dringend darum, abgeborgen zu werden, und flehten die Retter an, sich zu beeilen, bevor Schlimmeres passierte. Es schien Meinungsverschiedenheiten darüber gegeben zu haben, ob man weitermachen oder umkehren solle. Die Yacht würde in den Böen fürchterlich geschüttelt, und die Stimme klang überzeugt, jeder Augenblick könnte sein letzter sein. Bei jeder Sendung, das muss eingestanden werden, war im Hintergrund ein fürchterlicher Krach zu hören, von dem Windgeheul in den Wanten und von der brechenden See. Wir taten unser Bestes, die Crew zu beruhigen und zu trösten, und informierten sie ständig über unser Vorankommen.

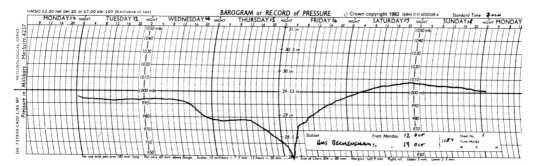

Abb 19.3 *Barometerkurve der* Birmingham *im Oktobersturm 1987, als sie einige Meilen südlich von Portland Bill einem in Seenot geratenen Katamaran Hilfe leistete.*

Um 02.15 Uhr mussten wir die Fahrt auf 15 Knoten verlangsamen. Die See ging hoch, und der Wind blies mit 75 Knoten. Die Sicht war auf eine oder zwei Meilen geschrumpft. Black Rover und Birmingham erreichten gegen 02.45 Uhr fast gleichzeitig den Ort des Geschehens. Wir manövrierten so, dass die Yacht zwischen uns lag, deren Lichter klar und deutlich in der Gischt zu sehen waren. Wir lagen auf der Luvseite.

Black Rover lief gleichauf mit dem Katamaran und fungierte als Wellenbrecher. Ich manövrierte die Birmingham zwischen die beiden und ließ Öl durch die Bilgen ab, um die Wellen zu glätten. Die Seglercrew berichtete, unsere gemeinsamen Bemühungen hätten ihren Ritt über die Wellen erleichtert. Welchen Anteil daran das Öl hatte oder die Lage in Lee, kann ich nicht sagen. Derek Sergeant, der Steuermann auf dem Rettungsboot, meint, seiner Meinung nach habe das Öl geholfen. Von uns aber war keiner der Auffassung, dass es einen nützlichen und entscheidenden Beitrag leistete. Ich glaube, dass die Yacht zu schnell war, um einen Vorteil von der glatten Ölfläche zu haben. Im Nachhinein betrachtet, wäre es wohl besser gewesen, wenn sich die Fläche mehr zur Leeseite oder vor der Yacht ausgebreitet hätte, so wäre sie eher durch eine beruhigte Zone gefahren. Dass das Öl das Wasser glättete, stand außer

Zweifel, denn wir sahen in dem Licht der Suchscheinwerfer dessen Wirkung. Es aber dort zu platzieren, wo die Yacht (und notabene das Rettungsboot) davon profitiert, ist äußerst kompliziert.

Der Katamaran setzte seine Fahrt unverändert nach WNW fort. Gleichzeitig erhöhte sich die Windgeschwindigkeit auf 90 Knoten. Unser Windmesser war für mehr als diese Geschwindigkeit nicht ausgelegt. Aus dem Brüllen des Windes im Mast und in den Antennen konnte man aber schließen, dass die Stärke zunahm. Während wir praktisch beigedreht lagen, hin und her gerollt wurden und mit der Yacht auf gleicher Höhe liefen, gab es lange Abschnitte, in denen die Nadel des Windmessers fest am Anschlag stand. Das Geräusch des Windes verriet, dass er kontinuierlich und erschreckend zunahm. Ich denke, die meisten von uns auf der Brücke der Birmingham waren zu beschäftigt, um sich über die Härte des Sturms zu wundern. Das Schiff rollte und legte sich manchmal bis 45 Grad über. Die Stabilisatoren arbeiteten aus Konstruktionsgründen bei solch geringer Fahrt nicht. Ich selbst fuhr das Schiff von der Brücke aus wie ein Rennboot mit einer doppelten Einhebelschaltung: Auf jeder Welle volle Kraft, die eine Propellerwelle voraus und die andere zurück oder umgekehrt. So konnte ich das Schiff nahe bei der Yacht halten – aber nicht zu nahe. Diese

Seemannschaft war nicht mit der auf der BLACK ROVER zu vergleichen. Sie hatte nur eine Welle mit einem Verstellpropeller, hatte einen massigen Rumpf und im Ganzen mehr Verdrängung. Sie konnte ihre Position aber gut halten und wurde mit allem gut fertig.

Kurz nach 03.20 Uhr drehte der Wind von über 95 Knoten ohne jegliche Vorwarnung von 180–190° nach 270–280°, wieder über 95 Knoten. Das widersprach jeglicher Erfahrung, nach der normalerweise die See bei einer Drehung für kurze Zeit abflacht. »Verworren« ist ein zu einfaches Wort: Die See war wie durchgeknallt, wie einer meiner Segelfreunde es nannte. Der Katamaran lief von hier mit halbem Wind nach NNE ab. Seine Geschwindigkeit lag bei 4 Knoten. Die Crew bat mich weiterhin in regelmäßigen Abständen, sie abzubergen. Ich machte ihnen klar, dass es besser sei, dort zu bleiben, solange sie nicht in unmittelbarer Gefahr seien. Ich saß auf 4 800 Tonnen, die den Tod bringen konnten, wenn ich ihnen unter diesen Bedingungen zu nahe käme und mit ihnen zusammenstieße, und ich hegte ebenso wenig die Absicht, bei diesem Seegang das Schlauchboot zu Wasser zu lassen.

In der Zwischenzeit kam das Rettungsboot von Weymouth aus NNE kontinuierlich näher. Die Überfahrt war schwer, und es war einzig dessen Unsinkbarkeit zuzuschreiben, dass es so früh ankam – gegen 04.20 Uhr. Es machte sich sofort daran, die Crew des Katamarans abzubergen. In der folgenden Stunde hatten wir auf der BIRMINGHAM das Privileg, zuschauen zu können, wie sich das Rettungsboot der Arun-Klasse mehrfach neben die Yacht manövrierte. Wir näherten uns auf etwa 180 Meter der Szene, um den größtmöglichen Leeschutz zu geben. Von Westen her baute sich die See unaufhaltsam auf. Der dramatischen Winddrehung folgte zwei Stunden lang eine nicht nachlassende, furiose See. Über eine sehr hohe Atlantikdünung lief die See kreuz und quer.

Das weibliche Mitglied der Yachtcrew wurde aufgefordert, als Erstes zum Rettungsboot überzusteigen. Es zeigte einige Courage und bestand darauf, als Letztes abgeborgen zu werden. Es war etwa 05.30 Uhr, als das Rettungsboot die Abbergung der Crew ohne einen einzigen Kratzer auf beiden Seiten abgeschlossen hatte. Zu diesem Zeitpunkt war die See ungemein wild, und der Wind aus 260° blies mit 80–100 Knoten, in Böen möglicherweise noch stärker. Der Skipper entschied, an Bord zu bleiben, und trieb seine Yacht entschlossen – wobei er auf den Shambles fast verunglückt wäre – in die ruhigen Gewässer vor Weymouth. Unser Schlauchboot mit der festen Rumpfschale kam dann schließlich um 08.00 Uhr in Lee von Portland Bill zum Einsatz. Mit ihm ließ ich einen erfahrenen Segler übersetzen, um dem Yachtskipper beim Einlaufen in den Hafen behilflich zu sein.

Eine Contessa 32 im Solent

Gleichzeitig befand sich, nicht weit von dem Katamaran entfernt, die EXPLORER, eine Contessa 32 des Joint Services Sailing Centre, auf der Fahrt von Poole bei Dorset nach Gosport in Hampshire. Es war der letzte Tag eines Küstensegler-Kurses der Royal Yachting Association. Der Segellehrer und Skipper war Ray Williams. Die folgende Geschichte erzählt das Crewmitglied Martin Bowdler, der am folgenden Tag die Prüfung ablegen sollte.

Wir beabsichtigten eine gemütliche Überfahrt, um so unserem Törn von einer Woche noch einige Nachtstunden anfügen zu können. Als wir um 17.50 Uhr den Seewetterbericht hörten, wussten wir, dass wir eine flotte Fahrt machen würden. Die Wetterübersicht gab für fast alle Gebiete Starkwind- bzw. Sturmwarnung West auf Südwest drehend Stärke 7, zunehmend 9, später abnehmend 6. Wir legten um 18.45 Uhr von dem Stadtkai in

Poole ab. Unser voraussichtlicher Kurs war auf den Karten abgesetzt und eingezeichnet. Alle Segel waren, falls die Bedingungen sich verschlechtern sollten, für einen schnellen Einsatz bereit. Alles, was herumfliegen konnte, wurde gesichert oder verstaut, und zum wiederholten Male legten wir die Sicherheitsgurte an. Wir waren in der Woche schon mehrmals durchnässt worden, aber alle hatten noch ein Reservepaket mit trockener Wäsche für den Fall, dass wir noch eine nasse Tour durchstehen mussten. Alle anderen Klamotten waren weggestaut. Eine wichtige Sache vergaßen wir, nämlich die Thermoskannen zu füllen und ein Paket Brote zu schmieren.

Als wir loswarfen, gab es auf See und am Himmel keine Anzeichen für aufkommendes Wetter. Der Himmel war regenverhangen; dunkel: ja, bedrohlich: nein. Der abgesteckte Kurs war ganz simpel: von Poole Fairway über die Christchurch Bay zur Bridge-Tonne, dann durch den Needles Channel zum Solent und schließlich nach Gosport.

Im Poole-Fahrwasser hatten wir ein Reff im Groß und die Genua 1 gesetzt. Das Wetter verschlechterte sich, Stärke 6 aus WSW, und der gut einstudierte Segelwechsel zur Arbeitsfock lief wieder ab. Weil wir uns auf dieser Überfahrt nicht quälen wollten, wurden die Segel rechtzeitig gewechselt.

Gerade als wir Christchurch Ledge querten, wurde diese Routine von den Ereignissen überholt. Der Wind briste auf, nach unserer Schätzung auf Bft 8 oder mehr, und die Wellen bekamen weiße Kämme mit Schaum und dichter Gischt. Von da an hatten wir drei Reffs im Groß und die Sturmfock gesetzt. Wir waren überrascht, wie plötzlich es dunkel und schwarz wurde. Es war schwärzer als in einer normalen Nacht unter einem bewölkten Himmel. Der Wind nahm ständig zu, und die See wurde höher und härter. Bisher waren wir in der Lage gewesen, die Lichter von Bournemouth und Highcliffe kontinuierlich auszumachen, aber nun wurde es wegen der Gischt

und der großen Wellentäler zunehmend schwieriger.

Die Navigation wurde immer mehr zu einer unglaublich abscheulichen Aufgabe. Als die See hoch ging, traten zusätzlich einige Schurken von Wellen auf den Plan. Diese zielten nach uns, wenn wir auf Posten waren. Zum Glück brachen sie sich aber meistens im Cockpit oder auf dem Kajütdach. Vielfach war eine noch gewaltiger als die vorherige. Wir hielten das Schiebeluk geschlossen, die Steckbretter waren eingeschoren – bis auf das oberste. Diese gewaltigen Schurken hatten aber so viel Gewalt, dass sie das Schiebeluk nach vorne drückten und den Navigator und den Kartentisch völlig durchnässten. Ich hatte gerade meine Schicht am Ruder beendet und übernahm in dem rotierenden Wachplan unter Deck die Navigation. Schließlich fand ich eine Gelegenheit, meine nassen Klamotten zu wechseln. Danach fühlte ich mich bedeutend besser. Dann jedoch überschwemmte einer dieser verdammten Schurken die Yacht total. Ich erinnere mich daran, weil eine Menge Wasser nach unten kam, mir in den just trockenen und warmen Nacken lief und den Kartentisch völlig unter Wasser setzte. Als ich im Luk erschien, trug ich zur allgemeinen Erheiterung der Crew bei, die selbst von der vollen Wucht der Welle getroffen worden war.

Wir entdeckten, dass wir uns auf die normale Serie der Wellen einstellen konnten, indem wir hin und her pendelten und den brechenden Wellenkämmen auswichen. Den normalen Rhythmus konnten wir fühlen, wenn die Yacht zu steigen begann. Jeder, der am Ruder stand, spielte mit den Wellen und ritt durch sie hindurch, wenn sich ihre Kämme brachen. Eine Contessa ist wohl sehr gutmütig. Aber in diesen Wellen musste sie sehr entschlossen mit den Sporen geritten werden. Sie sackte dauernd weg, und wir fuhren in richtigen Schlangenlinien durch das Wasser.

Die heranrollenden Wellen waren sehr unterschiedlich. Manche sahen wir erst im letzten

Augenblick – und schon war es zu spät. Einer aus der Crew war mit einer Taschenlampe abgestellt und sollte die Brecher ausmachen. Dieser Job wurde aber von keinem gern übernommen und machte keinen glücklich, denn man wurde allmählich durchnässt, und die anderen amüsierten sich.

Unser rotierender Wachwechsel war aber unter diesen Bedingungen sehr effektiv, denn dadurch wurden die körperlichen Anstrengungen an Bord sehr gut verteilt. Niemand konnte den anhaltenden Stress eines bestimmten Jobs lange durchhalten, zumal einige Aufgaben größere Anstrengungen und mehr Konzentration verlangten als andere.

Die spektakulärste See stand bei den Shingles. Dort trafen die großen Wellen auf den ansteigenden Meeresgrund. Überall sah man weiße Wellen mit Schaumkronen. Die Sicht war eingeschränkt und der Höllenlärm ohrenbetäubend. Wir hatten den Eindruck, dass wir viel näher an den Shingles waren als in Wirklichkeit. Die Wellen um uns herum waren ungemein steil, brachen sich, so dass alles weiß war. Man konnte sie überhaupt nicht einschätzen. Das machte das Steuern schwierig, zumal das Ruderblatt mehr über als unter Wasser war. Wir bemerkten, dass wir in Richtung der Shingles abgetrieben wurden und das Ruder hart nach Steuerbord legen mussten, um genügend Seeraum zu behalten.

Für die nächste halbe Stunde hatte die Yacht derart viel Schräglage, dass die Kajütfenster fast konstant unter Wasser waren. Wenn wir davonschossen, gab es einen Moment, in dem sich EXPLORER wie eine Betrunkene aufrichtete, um sich dann bei der nächsten Bö wieder auf die Seite zu legen. Einer aus der Crew fand das alles ein bisschen zuviel und zog sich für den Rest der Reise in die Kajüte zurück. Ich kann nicht sagen, dass wir keine Angst hatten, aber darüber nachzudenken, hatten wir gar keine Zeit, weil es an Bord viel zuviel zu tun gab. Aber wegen der Shingles machten wir uns schon Sorgen.

Das Segel und das Rigg standen unter einer enormen Belastung. Deshalb mussten die Segel, die Stagreiter, die Reffleinen und Schoten durchkontrolliert werden, um jeglichen Zufall auszuschalten. Das war ein riskanter Job, aber ein erfreulicher. EXPLORER bockte wie eine Ziege und steckte den Bug vielfach in die Wellen. Aber mit einer Sicherheitsleine, die ein Überbordfallen verhindete, war das wie ein Geländeritt.

Schließlich hatten wir Hurtscastle passiert, und der Wind geriet immer mehr unter den örtlichen Einfluss der Leeküste der Insel. Die See hatte abgenommen, und da ich bei der Navigation war, nutzte ich die Gelegenheit, für die Crew ein Sandwich zu machen. EXPLORER wurde jedoch von seltsamen Böen aus allen Richtungen hin und her geworfen. Das Gleiche konnte man von meinen Versuchen unter Deck sagen – aber alle freuten sich, etwas zu essen zu bekommen, wenn es auch nichts Warmes war, noch dazu nass und zu salzig.

Hinter Yarmouth hörte diese verrückte Situation auf, und obgleich der Wind seine volle Stärke noch nicht erreicht hatte, heulte er schon gewaltig durchs Rigg. Das Barometer fiel immer mehr in außergewöhnlichen Sprüngen.

Die Leute haben oft gefragt, warum wir nicht zum Schutz etwa nach Yarmouth gelaufen wären. Die Antwort lautet ganz einfach: Wir fühlten uns auf See sicherer als bei einem Landfall. Außerdem hatten wir unseren Termin am nächsten Tag mit den Prüfern in Gosport. Als wir jedoch Cowes sehr nahe passierten und all die vielen verschiedenen Lichter sahen, fühlten wir einen kleinen stechenden Schmerz. Der Gedanke an einen Whisky und eine ganze Rolle Seemannsgarn von diesem Sturm am warmen Kamin ging mir nicht so schnell aus dem Kopf.

Hinter der Tonne Prince Consort zogen wir das letzte Reff ins Groß. Wir machten das Segel deshalb so klein, weil wir die Geschwindigkeit auf etwa 6,5 Knoten vermindern wollten. Kurz vor Mitternacht kamen wir aus dem Lee der Insel, und sofort überfiel uns wieder die volle Stärke des Sturms. Es war eine interessante Erfahrung, dass sich die Bedingungen derart schnell verändern konnten: von dem sehr schwachen Wind in Lee der Insel bis zum brüllenden Sturm jetzt. Man konnte richtig spüren, wie EXPLORER unter dem Winddruck stöhnte. Da wir schnell allen Segeln etwas Lose gaben, ließ das Knallen der Yacht ein bisschen nach. In rasender Fahrt sausten wir weiter nach Gilkicker Point.

Der Seewetterbericht von 03.00 Uhr war näher an der Realität. Für Wight lautete er: stürmischer Wind aus SW, Stärke 8, bis schwerer Sturm, Stärke 10, dann abnehmend bis Stärke 6 und wieder zunehmend auf stürmischen Wind, Stärke 8. Sturmstärke 10 – das überraschte uns schon, mochte aber bei diesem Getöse und bei diesen Bedingungen wohl richtig sein.

Normalerweise hätten wir den schmalen Bootskanal unter der Küste zwischen Gilkicker Point und Portsmouth genommen, aber um einen größeren Spielraum bei einem eventuellen Fehler zu haben, nahmen wir die Swashway-Route. Als der Moment kam, um auf die Hafeneinfahrt abzudrehen, gingen wir nicht mit einer Halse auf Kurs, sondern mit einer Wende durch den Wind. Auf dem neuen Kurs verstärkte sich die Krängung erheblich, so dass die Kajütfenster ständig unter Wasser waren. Gleichzeitig machten wir einen deutlichen Leeweg auf den Strand zu. Zum Glück hatten wir noch genügend Spielraum auf unserem Kurs und erreichten ohne weitere Schläge den Hafen.

Als wir schließlich in Lee von Fort Blockhouse kamen, richtete sich EXPLORER unvermittelt auf, und wir schienen stillzustehen. Unser Taschentuch an Segel wurde gestrichen und aufgetucht. Es war kurz nach 01.00 Uhr, und wir hatten das Ziel in guter Zeit erreicht. Es war dann pure Ironie, dass die Prüfer bei Tagesanbruch die Prüfungen absagten – wegen des Wetters. Sie saßen zu Hause fest – wegen umgestürzter Bäume.

Mit einer Hallberg Rassy 42 im Englischen Kanal

Fast zur gleichen Zeit machte Jeff Taylor im Englischen Kanal weitere Erfahrungen im Schwerwettersegeln. Er überführte mit einer Zweimann-Crew eine neue Hallberg Rassy 42 von der Werft in Schweden nach Southampton. Diese Tour hatte er schon mehrmals bei allen möglichen Wetterlagen durchgeführt. Er berichtet:

Nach einer störungsfreien Fahrt über die Nordsee liefen wir am Donnerstagmorgen des 15. Oktober nach Lowestoft ein, um Diesel nachzubunkern. Der Wetterbericht meldete für das Gebiet Themse und Dover Wind aus S bis SW mit Stärke 4–5. Wir verließen den Hafen gegen etwa 14.00 Uhr bei Wind von 5 bis 10 Knoten aus E bis SE und machten in den nächsten 3 bis 4 Stunden unter beigesetzter Maschine 7 Knoten Fahrt. Im Seewetterbericht von 17.50 Uhr gab es erste Anzeichen dafür, dass wir auf unserem Kurs heftigen Wind aus S bzw. SW antreffen würden. In diesem Moment waren wir gerade etwas nordöstlich von Harwich. Leichter Wind kam aus Südost, die Segel standen voll, und wir machten mit Maschine weiterhin gute Fahrt. Ich spielte alle Möglichkeiten durch und entschied dann, vorerst weiterzusegeln. Es blieb ja noch die Möglichkeit, Ramsgate anzulaufen, wenn – wie vorhergesagt – der Wind später aufbrisen sollte. Und selbst wenn er auf Stärke 8 aus SSW auffrischen sollte, wäre das kein allzu großes, nicht zu bewältigendes Problem, da wir ja eine sehr stabile Yacht segelten, in die ich großes Vertrauen hatte.

Der Wind kam nun aus Süd und nahm allmählich zu, um Mitternacht bereits auf annähernd 20–25 Knoten. Wir hatten die Genua

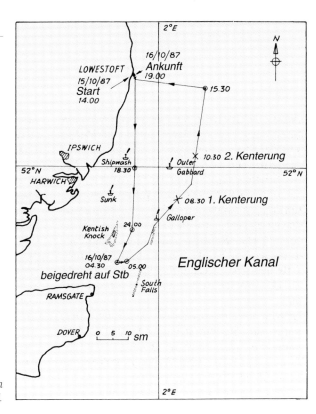

Abb 19.4 Kurs der Hallberg Rassy 42 im Oktobersturm 1987.

gestrichen und ein Reff im Groß. Die Maschine blieb beigesetzt. Zu diesem Zeitpunkt standen wir 8 Seemeilen WSW-lich der Galloper-Leuchttonne, und die Tide kenterte in unsere Richtung. Die See begann, sich von Süden her stark aufzubauen. Ich hörte kurz vor Mitternacht auf UKW eine Sturmwarnung mit Sturm aus SW mit Stärke 9 – schon bedrohlich. Für mich war klar, nun nach Ramsgate zu gehen. Bis dahin waren es nur noch 21 Seemeilen – aber plötzlich passierte es. Der Wind nahm unaufhörlich auf 30–35 Knoten aus SW zu, die See wurde merklich rauer und ungemütlicher. Der nach Süden setzende Tidenstrom verstärkte das Ganze. Eine Menge Wasser kam in diesem Moment übers Deck, und die Fahrt war auf 4 Knoten heruntergegangen.

Am Freitagmorgen um 01.30 Uhr hatte ich Wache an Deck. George steckte seinen Kopf durch das Schiebeluk und berichtete, es wäre soeben eine Sturmwarnung für Themse und Dover mit Stärke 10 durchgegeben worden. Ich begann, nervös zu werden, und bat George, unter Deck alles zu sichern, wegzu-

stauen und für möglicherweise sehr schlechtes Wetter vorzubereiten. Die nächste Sturmwarnung kam um 03.30 Uhr: orkanartiger Sturm, Stärke 11 aus SW – bedrohlich.

Jetzt war der Wind noch bei 35 Knoten, und wir fuhren mit etwa 4 Knoten Richtung Ramsgate. Es war aber klar, dass wir Ramsgate vor dem Sturm nicht erreichen würden.

Um 04.30 Uhr verstärkte sich der Wind plötzlich auf 60 Knoten. Ich beschloss, beizudrehen und auf See zu bleiben. Das brachte zwar ein kleines Problem, denn wir hatten keine Sturmfock und kein Trysegel an Bord. Da sich aber die Yacht ohne Segel, mit backgesetztem Ruder und mit der 1200/min-Maschine 60 Grad zum Wind legte, war es meiner Meinung nach den Umständen entsprechend recht komfortabel. Zu diesem Zeitpunkt standen wir 12 Meilen nordöstlich von Ramsgate. Die Seen mit ihren brechenden Kämmen waren gewaltig, und überall war Gischt. Die Yacht legte sich immer häufiger auf die Seite, wenn sie durch und über die Wellen stieg. Die Sicht war auf etwa eine halbe Meile gesunken.

Um 05.00 Uhr hatte der Wind noch mehr zugenommen, und wir standen etwa 14 Meilen nordöstlich von Ramsgate. Unser Radar, das die ganze Zeit über gut arbeitete, zeigte starken Schiffsverkehr in der Nähe. Mir lag sehr daran, mich von den North-Falls-Bänken freizuhalten, deshalb entschied ich, ins tiefere Wasser zu laufen. Wir drifteten größtenteils in nordöstliche Richtung. Die See stieg unaufhörlich und wurde äußerst steil. Jede Welle hatte nun einen brechenden Kamm. Fliegende Gischt füllte die Luft, und die Sicht war auf Null.

Wegen unserer geringen Geschwindigkeit wurde das Steuern immer schwieriger. Das wäre aber ganz wichtig gewesen, um die Yacht in der Falllinie der Wellen zu halten und einen Querschlag zu vermeiden. Ich meinte, es sei unbedingt nötig gewesen, einen Treibanker auszubringen. Wir hatten aber nichts Brauchbares an Bord, womit wir einen solchen hätten riggen können. Vielleicht wäre es auch gefährlich geworden, jemanden aus dem Cockpit zu lassen.

Unseren ersten Niederschlag mussten wir gegen 08.30 Uhr einstecken. Wir surften von einer sehr großen Welle hinunter, die Yacht brach nach Backbord aus, und ich konnte das nicht korrigieren. Die Welle brach dann über uns und drückte die Yacht 90° aufs Wasser. Sie richtete sich sehr schnell wieder auf. Das einzige Problem war ein randvolles Cockpit. Aber das leerte sich sehr schnell. Die Seen wurden immer schlimmer. Ich war schon bei gleich starken Winden gesegelt, aber noch nie in solch einer harten und gefährlichen See. Meistens war ich zuvor über sehr tiefem Wasser gewesen, das die Seen lang macht. Anders als diese sehr steilen kurzen Wellen, die in den Flachwassergebieten der Nordsee entstehen.

Der Sturm erreichte seinen Höhepunkt gegen 10.30 Uhr – und wir wurden zum zweiten Mal aufs Wasser gelegt. Es geschah in der gleichen Weise wie beim ersten Mal, nur weit härter. Eine massive Wand aus Wasser knallte

auf uns nieder und schien uns unter Wasser festzuhalten. Dieser plötzliche Überfall war wirklich beängstigend. Als wir uns wieder aufgerichtet hatten, bemerkten wir, dass die Rettungsinsel samt Niro-Halterungen, die im Deck verankert gewesen waren, über die Kante gewaschen worden war. Sie blies sich jetzt selbst auf und wurde nach achtern geschleppt. Unser Sprayhood war völlig umgekrempelt, die Rettungsboje über Bord gegangen. Das Wasser im Cockpit war seitlich der Waschbords durchgesickert und hatte das UKW-Gerät unbrauchbar gemacht. Dann ging die Rettungsinsel auf Drift. Ohne Rettungsinsel und UKW-Gerät fühlte ich mich plötzlich sehr verwundbar. Mir wurde klar, dass wir sehr allein waren.

Gegen Mittag ließ der Wind allmählich nach und lag durchschnittlich bei 40 Knoten. Nur die See rollte noch wütend weiter. Gegenüber der vorausgegangenen, etwa halbstündigen Windgeschwindigkeit von 70 Knoten mit gelegentlichen Böen von 95 Knoten war es nun richtig ruhig. Gegen 15.30 Uhr hatte sich auch die See etwas beruhigt. Wir konnten etwas Segel ausschütteln und beruhigt die Yacht vor dem Wind in westliche Richtung nach Lowestoft laufen lassen, von wo wir gekommen waren. Wir standen annähernd 25 Meilen östlich des Hafens und erreichten ihn gegen 19.00 Uhr. Dort gingen drei Segler total erschöpft, aber erleichtert und glücklich an Land.

Als erfahrener Profiskipper, der nahezu 15 000 Meilen im Jahr über die Meere segelt, wird man leicht selbstgefällig. Ich war davon überzeugt, eine Menge Erfahrung bezüglich der Interpretation der englischen Wettermeldungen zu haben. Aber mit der Zeit vergisst man, dass man früher oder später in einen harten Sturm kommt.

In diesem Fall hatte ich das Wetter falsch eingeschätzt, und vielleicht hätte ich zur Sicherheit nach Harwich einlaufen sollen. Im Nachhinein weiß ich, es wäre eine schlechte Idee gewesen, denn in diesem Teil Englands entstanden große Schäden an vielen Yachten. Die Entscheidung, zu wenden und vor dem Wind abzulaufen, war die einzig richtige, dessen bin ich heute sicher.

Eine Erfahrung, die wir mit nach Hause genommen haben, ist, dass wir alle Menschen sind und man einen großen Respekt vor der See haben sollte. Ich bin mir absolut sicher, dass wir mit einer weniger seetüchtigen Yacht in größere Schwierigkeiten gekommen wären.

Kommentar

Peter Braley beschreibt mit einfachen Worten die Wetterlage des großen Oktobersturms von 1987, wie er sich an dem alten Flottenstützpunkt in Portland darstellte. Aufgrund seiner Empfehlungen an den Admiral in Portland, durch die er sein Ansehen als Fachmann aufs Spiel setzte, zumal andere meteorologische Anstalten seine Ansicht nicht teilten, wurde die Kriegsflotte von Portland auf See beordert. Das war kurz vor einem Wochenende eine unpopuläre Maßnahme. Der Admiral ignorierte jedoch offensichtlich nicht den Überbringer schlechter Nachrichten. Er fand Peter Braleys Argumente logisch und traf eine harte und – wie sich später herausstellte – korrekte Entscheidung und vermied dadurch ein mögliches Desaster. Die mutige Geschichte der MUDDLE THRU enthält einige interessante Aspekte. Zunächst muss man sagen: Mitte Oktober ist schon recht spät in der Segelsaison und wohl kaum noch der Zeitpunkt, über die Biskaya zu segeln. Wenn man sich dazu entschlossen hat, gehört es zu den Planungen unbedingt dazu, bei starkem Wind von vorne nicht auszulaufen. Man sollte sich von jeglichem Zeitdruck befreien, wenn man sich entscheidet, bei unbeständigem Wetter auf See zu gehen.

Als der Sturm am schlimmsten tobte, lag MUDDLE THRU beigedreht. Der Winddruck gegen die Spritzkappe drehte den Bug in den Wind. Wir können davon ausgehen, dass es mit über 100 kn stürmte. Trotzdem hat sie überlebt. Erst später im nächsten Sturm kenterte sie durch, als sie beigedreht lag. Da reichte es offensichtlich nicht, dass das Sprayhood den Bug in den Wind drückte. Es liegt jedoch wie in diesem Fall nicht an der Höhe der Windgeschwindigkeit, dass es für eine beigedrehte Yacht gefährlich wird, sondern eher an der Höhe der Brecher, die im Laufe der Zeit zunimmt. Früher oder später wird eine beigedreht liegende Yacht von den Brechern auf den Kopf gestellt.

Man lernt aus diesem Fall, die Backskisten fest zu verriegeln. Springt ein Deckel hoch, wenn die Yacht platt auf dem Wasser liegt, läuft sie in Sekundenschnelle voll und sinkt.

Der Verlust der Winschkurbeln kann nicht unkommentiert bleiben. Beide Kurbeln in den Cockpittaschen fielen heraus, als MUDDLE THRU kenterte. Für solch einen Fall müssen immer Ersatzkurbeln unter Deck sein (s. Kap. 17).

Als der Mast bei dem Überschlag der MUDDLE THRU beschädigt wurde, musste der Motor zu Hilfe genommen werden. Die hohe Umdrehungszahl und die dadurch verstärkte Anströmung des Ruders verhinderten das Querschlagen der Yacht. Die Geschichte der Swan 46 zeigt, dass 360°-Kenterungen nicht auf Yachten unter 12 m Länge begrenzt sind. In dem Bericht heißt es, die Swan hätte unter Segel beigedreht. Wir wissen jedoch nicht, welche Segel gesetzt waren und in welchem Winkel sie zum Wind lag. Möglicherweise lag sie gerade quer zur See, als der Becher sie traf. Die Situation verschlimmerte sich dadurch, dass der Skipper sich schwer verletzte, dass die Bodenbretter nicht gesichert waren und alle darunter gestauten Teile durchs Schiff flogen. Es ist zeitsparende Praxis, Konservendosen unter den Bodenbrettern im Salon zu verstauen. Aber Eigner von Yachten für Blauwasserfahrten sollten die Konsequenzen bedenken, wenn sie das Pech haben, durchzukentern. Eine Lösung ist: Konserven so zusammenzustellen, wie man sie für eine Mahlzeit braucht, diese mit Tape miteinander zu verbinden und zu beschriften, dann einen Stauplan anzulegen, aus dem man entnehmen kann, wo was ist, und die Bodenbretter festzuschrauben oder spezielle Verschlüsse anzubringen, damit man sie bei Bedarf schnell entfernen kann.

Die Rettungsaktion durch das japanische Containerschiff muss man sehr kritisch betrachten. Sie unterstreicht die Schwierigkeit von Großschiffen, eine Crew von einer Yacht abzubergen (s. Kap. 22).

Die Rettung des Katamarans deckt eher menschliche Qualitäten als alles Andere auf. Der Skipper war offensichtlich ein entschlossener Mann und mag in seiner Einschätzung richtig gelegen habe, dass sein Katamaran kaum in Gefahr war. Er muss jedoch wohl spezielle Gründe gehabt haben, nicht in ruhigere Gewässer gelaufen zu sein, als der Wind bis auf Orkanstärke zunahm, zumal Weymouth greifbar nahe war. Schwerwettersegeln ist etwas, an das sich eine Crew langsam heranarbeiten sollte, indem sie sukzessive bei immer etwas stärkeren Winden und immer etwas höherer See ausläuft. Was sich in diesem Fall auch abgespielt haben mag, es sieht nicht so aus, als wenn die Crew mit harten Bedingungen vertraut gewesen wäre, was es gerechtfertigt hätte, im Oktober bei heftigem Sturm eine Nachtfahrt anzutreten.

Die Geschichte von den mutigen Teilnehmern an dem Küstensegler-Kurs auf der Contessa 32 ist ein Lob auf die Seetüchtig-

keit dieses Bootstyps. Um bei Nacht bei derartigen Bedingungen durch die gefährliche Needles-Passage zu navigieren, braucht man eine Portion Glück und Geschick. Offensichtlich war die Crew clever, robust und motiviert. Mit solch einer Crew kann ein guter Skipper Wunder vollbringen. Es spricht einiges dafür, dass Ray Williams sich richtig entschieden und die Zeit genutzt hat, bevor sich die See gefährlich aufgebaut hatte und die Needles unpassierbar geworden waren.

Jeff Taylors couragierter Bericht von dem Überführungstörn mit der neuen Hallberg Rassy 42 ist ein Beispiel dafür, wie schnell sich die Situation auf See ändern kann. Man kann sich nur schwer vorstellen, dass ein leichter Wind aus Südost wenige Stunden später wie eine Furie bläst. Zum Glück lag der Hafen, in dem Jeff Schutz suchen wollte, in Luv. Ansonsten wäre die Sache schlimm ausgegangen. Zumindest hatte Jeff Taylor einen kräftigen Motor, und er mußte nicht nach Luv vorhalten, um eine Leeküste zu meiden. Ohne Trysegel, Sturmfock und schließlich UKW wäre er in schlimme Schwierigkeiten geraten. Er sagt nichts darüber aus, ob sie Leuchtkugeln an Bord hatten.

Bezüglich der Rettungsinsel ist diese Geschichte ein weiteres Beispiel dafür, dass Rettungsinseln leicht aus ihren Halterungen an Deck gerissen werden. Die Konstrukteure haben viel zu lange gebraucht, eine passende integrierte Staumöglichkeit zu entwickeln. Es mag Fälle geben, in denen eine an Deck gestaute Rettungsinsel Vorteile bringt (s. Kap. 5). Aber viel häufiger kommt es vor, dass exponierte Rettungsinseln sich nicht aufblasen oder wie in diesem Fall von einem Brecher über Bord gespült werden. Ein gute Lösung ist, die Rettungsinseln in einem trockenen, speziellen Staufach im Cockpit zu stauen oder unter Deck.

20. Kurz vor
dem rettenden Hafen
durchgekentert

Oliver Roome

In den ersten Septembertagen vor Dartmouth zu segeln ist ganz normal. Und so wäre die Fahrt mit der Nicholson 32 auch normal verlaufen, wenn da nicht plötzlich eine ungewöhnliche Welle gekommen wäre.

MORNING SKY ist eine 1964 gebaute Nicholson 32 mit Langkiel, mittlerem Deplacement und traditionellem Riss.

Am Mittwoch, dem 8. September 1993, stand die MORNING SKY mit einer vierköpfigen Crew auf der Fahrt von den Scillyin-

Die MORNING SKY, eine 1964 gebaute Nicholson 32. Der alte Riss hat bewiesen, dass er seetüchtig ist und sehr erfolgreich als Fahrtenyacht. (Foto: Christopher Thornhill)

seln nach Yarmouth (Isle of Wight) gegen 23.00 Uhr etwa 10 sm ESE-lich von Dartmouth und segelte mit einem wahren Kurs von 075° in Richtung eines 5 sm südlich von St. Alban's Head liegenden Wegpunktes, der 50 sm entfernt war. Es wehte schon seit Tagen aus Südost. Um 05.00 Uhr an jenem Morgen drehte der Wind auf Süd, Stärke 5, und nahm stetig zu – bis Stärke 8. Eine Karte der Großwetterlage von 23.00 Uhr zeigt, dass es im Westausgang des Kanals mit Bft 4 bis 6 wehte, aber vor Dartmouth, wo die Isobaren enger lagen, mit Bft 8. Die Yacht lief bei raumem Wind unter der Genua, die bis auf die Größe einer Sturmfock eingerollt war, 5 bis 6 Knoten raumschots auf Backbordbug. Der Seegang war beträchtlich, aber keineswegs gefährlich. Es kam eine Menge Gischt über die Steuerbordseite. Gelegentlich schickte Neptun einen kleinen nassen Gruß ins Cockpit. Die Tür zum Niedergang war eingehängt und das Schiebeluk zugezogen. Die oberste, 13 cm hohe Klappe der Tür stand offen.

James und Jo waren im Cockpit und hatten ihre Sicherheitsleinen in das ums Deck herumführende Strecktau eingehakt, James auf Steuerbord, Jo auf Backbord. James war am Ruder. Amy lag in der Lotsenkoje auf Backbordseite und ich auf der Sitzfläche darunter, als Jo das Zischen einer heranbrausenden Welle hörte und nach James schrie. Sie sahen achtern eine riesige, vertikale Wasserwand, von der sie später sagten, sie sei wie zwei Stockwerke hoch gewesen. Der Kamm der Welle schnellte nach vorne und war kurz davor, sich zu brechen. Sekunden später begruben die herabstürzenden Wassermassen die beiden unter sich. James wurde aus dem Cockpit geschleudert. Jo hing vor der Heckreling an Backbordseite über Bord. Als sich die Yacht einige Augenblicke später wieder aufgerichtet hatte, fanden sie

sich im Cockpit wieder. James hatte zwar den Relingsdraht zu packen bekommen und sich (trotz eines elektrischen Schlags) festgehalten, aber sonst hatte keiner von beiden irgendwelche Anstrengungen unternommen, um mit eigener Kraft ins Cockpit zurückzugelangen.

Die Szene an Deck war – gelinde gesagt – chaotisch. Das Cockpit stand voll Wasser, das nur langsam abfloss. Die Genua war noch vorhanden, und die Yacht lag beigedreht auf Backbordbug. Das änderten wir nicht, solange wir aufräumten. Überall war ein Gewirr von Schoten und Leinen. Die Übertragungsriemen der Autohelmanlage hatten sich um ein Backstag gewickelt, der Stellmotor hing außenbords. Als ich ihn an Bord holte, sah ich, dass die Anzeigen noch blinkten. Später zeigte sich, dass er noch funktionierte. Die Rettungskragen und die Halterungen waren nicht mehr am Heckkorb, sie hingen an den Sicherungsbändseln außenbords. Die Rettungsboje schleppten wir hinterher. Die Blitzleuchte vom Rettungskragen hing über der Heckreling und blitzte. Jo meinte, zu all dem Unglück ziehe auch noch ein Gewitter auf. Die Abdeckhaube des Außenborders an der Heckreling war abgegangen. Zum Glück hatte sich der Gummizug am Motor verklemmt. Später stellte sich heraus, dass der Außenborder abgesoffen war. Das Relingskleid auf Backbord war in zwei Teile zerrissen. Die Relingsstützen waren auf beiden Seiten nach innen gebogen, auf der Backbordseite schlimmer. Dort in Nähe des Cockpits waren zwei Relingsstützen abgebrochen, weil wir dagegen gefallen waren. Das PVC-Tuch der Spritzkappe war gerissen, die Metallbügel waren noch in Ordnung. Der Flaggenstock am Heck hatte einen Knick von 70°. Das Topplicht und die UKW-Antenne am Masttopp waren abgerissen und hingen nur noch an den Kabeln. Das

Deck vor der Kajüte schien nichts abbekommen zu haben. Das nicht aufgeblasene Dingi hatte sich nicht verschoben, obgleich es recht lose gelascht worden war. Die Fallen hingen noch aufgeschossen am Mastfuß.

Amy hörte unter Deck im Halbschlaf das Zischen der Welle und merkte, wie sich das Boot überschlug und sie selbst gegen die Decke flog. Sie schoss wie eine Rakete in Richtung Luk und dachte, das sei's wohl gewesen. Sie kam beim Luk an, als wir uns schon wieder aufrichteten. Ich brüllte in Richtung Cockpit: »Seid ihr beide da?« Amy schrie »ja!«. Ich war bei der Kenterung nicht aus meiner Koje gefallen, weil ich versucht hatte, mir vorzustellen, wieweit wir kentern und wie wir uns wieder aufrichten würden. Im ersten Teil der Kenterung strömte Wasser durch die Lücke im Niedergang direkt auf die Leekojen. Die eine wurde immer von der Wache belegt. Die meisten Geräte in den offenen Schapps auf Steuerbord waren eine Etage höher auf Backbordseite gelandet. Werkzeuge und Teile aus den Winschkurbelschapps lagen auf dem Gasofen, die Bodenmatte vor der Pantry oben drauf. Die Bücher aus dem Bücherbord im Salon lagen fast alle auf der Backbordkoje, zwei in der Lotsenkoje und zwei auf dem Tisch. Die Spülmittel hatten sich auf dem Vorsprung am Backbordseitenfenster abgelagert. Die Bodenbretter im Vorschiff hatten sich einmal in der Länge überschlagen. Ein Bodenbrett aus dem Salon war in die Koje an Backbord gesprungen. All die vielen Dosen mit Kleinteilen wie Schrauben, Bohrer usw. aus dem Werkzeugkasten waren aufgesprungen und hatten ihren Inhalt in alle Ecken und Winkel verteilt. Später habe ich all diese unterschiedlichen Platzwechsel wie ein Puzzle im Kopf zusammengesetzt und bin auf der Basis der Schwerkraft zu dem Schluss

gekommen, dass wir etwa um 120°–130° gekentert sind. Nicht so weit, wie wir damals gedacht haben.

Amy prüfte die Fenster in Lee. Sie waren unbeschädigt. Als sie das Pantrylicht einschalten wollte, bekam sie einen elektrischen Schlag. Die meisten Lampen brannten jedoch, auch die noch vorhandenen Lichter am Mast und an Deck. Amy kramte alles schnell in irgendwelche Schapps, damit wir in die Bilge schauen konnten. Ein Job von 10 Minuten. In der Zwischenzeit hatte Jo die Bilge im Wesentlichen trocken gepumpt. Ich hatte Befürchtungen, dass das Wasser in der Bilge an die Batterien (unter den Bodenbrettern) geraten sein könnte. Wäre der obere Teil des Niedergangs geschlossen gewesen, wäre eine wohl kaum noch messbare Menge Wasser nach unten eingedrungen.

Wir brauchten etwa eine Stunde, das Durcheinander aufzuräumen und Bilanz zu ziehen. Danach gingen wir wieder auf Kurs und segelten weiter. 15 Stunden später erreichten wir Yarmouth. Der Motor sprang bei der ersten Umdrehung an.

Zusammenfassung

Es sieht so aus, dass uns eine ungewöhnliche Welle um 120°–130° gekentert hat, die dadurch entstanden ist, dass eine Dünung aus Südost und eine zweite aus Süd just in dem Moment ineinander liefen. Die anschließende Untersuchung ergab, dass keine strukturellen Schäden entstanden waren, weder am Rumpf noch am Rigg, am Motor, den Motorfundamenten oder den Segeln. Einige Teile an Deck wie Relingsdrähte und Befestigungen am Masttopp waren beschädigt, außerdem manches, was nicht kräftig gesichert oder aus den Behältern nach Lee gefallen war. Das hatte jedoch überhaupt keinen Einfluss auf die Funktionstüchtigkeit und die

Sicherheit der Yacht. Die schwersten Teile an Bord, die zwei 12-Volt-Batterien und die drei Anker, einschließlich des 25 kg schweren Pflugscharankers in der Vorpiek, waren sicher verzurrt und blieben auf ihren Plätzen. Die Wassermenge, die nach unten kam, war nicht groß. Wäre der Niedergang völlig geschlossen gewesen, wären wir unter Deck vermutlich ganz trocken geblieben. Nichts war über Bord gegangen; lediglich die beiden Crewmitglieder im Cockpit konnten jedem, der es sehen wollte, ihre großen blauen Flecken zeigen.

Kommentar

Die Morning Sky, eine Nicholson 32, ist eine weit gereiste Yacht mit traditionellem Riss und guter Stabilität. Die Crew betrachtete den Englischen Kanal vor Dartmouth im Wesentlichen als Heimatrevier. Die Welle, die die Yacht um 120°–130° kenterte, kam völlig überraschend. Mancher würde sie als einen Schurken von Welle beschreiben; Sheldon Bacon jedoch (s. Kap. 9) nennt sie »extrem«, weil er meint, dass solch eine Welle bei derartigen Bedingungen vorhersehbar ist. Wenn eine extreme Welle in dem Moment bricht, in dem sie gerade eine Yacht erreicht, besteht die Gefahr für die Yacht, über Kopf zu gehen oder um 360° durchzukentern. Klar, die Morning Sky war gut darauf vorbereitet. Alle schweren Teile waren gut gesichert. Der Niedergang war dicht, bis auf die 13 cm. Und deshalb endete die Kenterung nicht in einem Desaster.

Die Frage bleibt: War der Niederschlag zu vermeiden? Wenn man eine Welle, die sich direkt über der Yacht zu brechen droht, früh genug auf einem weiten Ozean ausmacht, kann man ihr möglicherweise ausweichen. Schnelle, moderne Rettungsboote zum Beispiel können in einer solchen Situation rasch beschleunigen. Wenn der Rudergänger einer 9,80 m langen Yacht bei den relativ kurzen Wellen im Englischen Kanal versucht, einen Kurs von den Wellen weg einzuschlagen, läuft er Gefahr, dass die Yacht nicht schnell genug reagiert, der größte Teil des Rumpfes quer zu einem Brecher kommt und sie am Ende völlig durchkentert.

Versucht man dagegen, das Heck der Yacht direkt gegen die achtern anrollenden Wellen und Brecher zu halten, kentert sie nicht so leicht; andererseits besteht dann die Gefahr, dass der Brecher ins Cockpit einsteigt bzw. dass die Yacht eine Rolle vorwärts macht. Die Folgen aus dem Einstieg eines Brechers von achtern sind nicht so heftig wie die einer Durchkenterung. Wenn die See hoch genug ist, um eine Rolle vorwärts auszulösen – womit in der Regel nur bei Orkan zu rechnen ist –, gibt es nichts, das der Rudergänger unverzüglich tun könnte – es sei denn, dass er das Heck direkt gegen die See wendet und hofft, dass nichts passiert.

Yachten, die einen Kenterwinkel von weniger als 120°–130° haben, können von einer ähnlichen Welle auf den Kopf gedreht werden. Bei der Morning Sky war es nur eine einzige Welle, die sie auf die Seite legte. Eine Yacht, die von einer einzigen Welle auf den Rücken gedreht wird, hat ein Problem, wenn nicht weitere, ausreichend hohe Wellen kommen, die sie aus der inversen stabilen Lage befreien. Vielleicht dringt soviel Wasser ein, dass der Punkt erreicht wird, bei dem sie sich selbst wieder aufrichtet. Wenn sie jedoch wie ein Korken an der Wasseroberfläche treibt, macht es keine Probleme, sie nach dem Aufrichten wieder flott zu machen – auch wenn sie ein wenig tief im Wasser liegt.

21. Ein denkwürdiger Pazifiksturm

Ernest und Val Haigh

Die TRUCE in heimatlichen Gewässern.
(Foto: E. u. V. Haigh)

»Pazifik« bedeutet »friedlich(er) Ozean«, aber es gibt Zeiten, da kann dieser Stille Ozean genauso ungemütlich werden wie jeder andere. Ernest und Val Haigh, ein erfahrenes Seglerehepaar, haben ihre Fahrten immer so geplant, dass sie schwerem Wetter aus dem Wege gingen, aber sie waren darauf vorbereitet. Ihr Bericht von einem unerwarteten Sturm zeigt den interessanten Unterschied zwischen Beigedrehtliegen und Trossen-Nachschleppen. Zugleich berichten sie von den Erfahrungen einer anderen Yacht in ihrer Nähe.

Am Ende einer langen Reise wurden wir häufig gefragt: »Haben Sie schlechtes Wetter erlebt?« Über Jahre haben Ernest und ich wahrheitsgetreu geantwortet: »Nein, überhaupt nicht.« Die Zuhörer waren enttäuscht. Nun aber haben wir den Schluck Essig aus der Schlechtwetterflasche schlucken müssen, obgleich wir immer alles versucht haben, dem aus dem Wege zu gehen. Auf all unseren Fahrten mit der TRUCE, einem 11 m langen Hohmann-Kutter, und davor mit der TRYSTE II, einem 12,20-m-Trimaran (mit unserer Tochter an Bord), ist uns das immer gelungen. Wir mussten erst 130000 Seemeilen auf der Logge haben, bevor wir antworten konnten: »Ja. Einmal hat es uns ganz bös' erwischt.«

Wir hatten uns in Neuseeland entschlossen, im Sommer wieder in British Columbia, Kanada, zurück zu sein. Wir wollten auf der gesamten Strecke nur auf Tahiti und Hawaii Stopps einlegen. Aus diesem Grunde verließen wir für das erste 2500 sm lange Teilstück nach Tahiti Whangarei Anfang April. Es war der bisher angenehmste Start zu einer Langfahrt, denn in den ersten zwei Tagen schien die Sonne, ein leichter Wind wehte aus Nordwest und wir schafften Etmale von 137 und 138 sm. Das Schicksal sollte es jedoch nicht weiter so gut mit uns meinen.

Am vierten Tag hatte sich bereits ein stürmischer Wind aus NNE eingestellt. Wir mussten die Segelfläche bis auf die Kutterfock und das letzte Reff im Groß verkleinern. Es war ein rauer und ungemütlicher Tag. Eine Menge Spritzwasser stürzte an Deck und fand kleine Lecks rund um verschiedene Öffnungen. Damit hatten wir überhaupt nicht gerechnet. Ernest hatte das Vorluk über der Koje einen Spalt offen gelassen, wie wir es bei gutem Wetter immer machen, zumal wenn das Dingi über dem Luk liegt. Wir hatten jedoch vergessen, es zu schließen, als sich das Wetter verschlechterte, und nun war das Bett vollständig nass von Seewasser. Viel schlimmer war jedoch ein schwer zu erkennendes Leck des Steuerbord-Dieseltanks.

Bei Sonnenuntergang wehte es mit Stärke 7. Der Logbucheintrag um 22.00 Uhr lautete: »Pausenlos Regen, scheußliche Nacht.« Wir überlegten beizudrehen. Da sich der Wind aber auf 40 kn einpendelte, entschieden wir weiterzusegeln. »Hab' solch einen Regen noch nie erlebt«, ergänzte Ernest im Logbuch. Gegen 05.00 Uhr blies es noch einmal kurz mit Stärke 8; zwei Stunden später war der Wind vorbei und hinterließ einen wilden, chaotischen Seegang. Das Barometer stieg für ein paar Stunden.

Bei dem schwachen Wind schlugen wir mit großer Eile das völlig durchnässte Großsegel ab und schoben und zogen es unter Deck, um einen Dreieckriss in einer der unteren Bahnen zu reparieren. Als wir es wieder eingezogen hatten, genossen wir ein opulentes Frühstück mit Eiern und Schinken.

Am Nachmittag stand das Barometer bei

Die TRUCE liegt beigedreht nach der Kenterung. Die Selbststeueranlage ist beschädigt, die Badeleiter hat sich gelöst und die GPS-Antenne ist gebrochen. (Foto: E. u. V. Haigh)

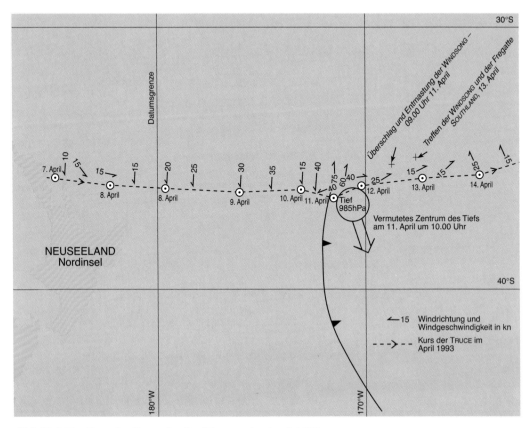

Abb 21.1 *Der Kurs der* TRUCE *im Pazifiksturm im April 1993.*

1012 hPa und fiel stetig. Der Wind von NNE nahm zu, und die Brecher bauten sich von neuem auf. Unter Deck herrschte ein Durcheinander von nassen Klamotten, Handtüchern und Bettzeug. Ernest hatte die Bilge mit einem Aufnehmer getrocknet und den Dieseltank geflickt. Er leckte aber immer noch.

Um Mitternacht wehte es bereits wieder mit Bft 7–8, das Barometer war auf 1005 hPa gesunken, und die Kurve fiel steil ab.

Wir hatten die Rollfock ganz eingerollt und lagen beigedreht mit tief heruntergerefftem Groß. Es regnete pausenlos wolkenbruchartig, wilde Böen donnerten und veranstalteten einen derartigen Lärm, dass das Denken schwer fiel. Bei der absolut ungemütlichen See torkelten wir unter Deck wie Betrunkene herum. Es war noch dunkler und miserabler als in der Nacht zuvor. Bei diesen Bedingungen nach Schiffen Ausschau zu halten war lächerlich. Mit dem Gefühl, alles was möglich war für die Sicherheit getan zu haben, versuchten wir, eine Mütze Schlaf zu fassen.

Am nächsten Morgen waren die Bedingungen unverändert hart. Der Wind hatte zugenommen und auf Ost gedreht. Das Barometer war auf 988 hPa gefallen. Wir tuchten das Groß auf und drehten bei. Um auf alles vorbereitet zu sein, zurrten wir eine Leine um das Groß von einem Ende bis zum anderen, drehten die Fock so stramm wie wir konnten und holten die Schoten auf den Cockpitwinschen dicht. Dann gingen wir unter Deck, um zu überlegen, was dort in Gefahr war.

Wir hatten bereits vor Beginn dieser Fahrt nach Neuseeland – es war schon die zweite auf dieser Route mit TRUCE – einige Überlegungen bezüglich der Gefahren unter Deck angestellt. Die Batterien waren mit Kanthölzern gesichert. Die Kojenbretter über den Dieseltanks unter der hinteren Sitzbank im Salon waren festgeschraubt. Weil unter der vorderen Sitzbank Lebensmittel wie Mehl und Nudeln lagerten, befestigten wir auch dort die Kojenbretter und banden die Querriegel der Fächer mit den Konserven hinter den Sitzflächen fest.

Zur Frühstückszeit erreichte das Barometer mit 982 hPa einen neuen Tiefstand. Vor sieben Stunden hatte es noch bei 1004 hPa gestanden. Ein kapitaler Sturz! Wir warteten und dachten, die Katastrophe würde in jedem Moment hereinbrechen; aber stattdessen nahm der Wind ein wenig ab und drehte auf Südwest. Wir legten TRUCE mit Motor auf den anderen Bug und setzten ganz optimistisch die Sturmfock.

Das Barometer begann zwar zu steigen (987 hPa), aber wir waren uns eigentlich sicher, dass der bisherige Sturm keine Erklärung für den horrenden Absturz des Barometers war. Wir warteten.

Nicht einmal eine Stunde später sagte Ernest, der neben dem Kartentisch stand und aus dem Seitenfenster schaute: »Val, komm' mal schnell her und schau dir diesen Regen an.« Der Horizont war verschwunden; eine weiße Wand schob sich heran – eine Wand aus Regen, Gischt und Wind in Orkanstärke. TRUCE legte sich schwer auf die Seite. Ernest wusste, dass die Sturmfock sofort herunter musste und

was er zu tun hatte. Mit zitternden Fingern schlüpfte er ins Ölzeug, öffnete das Luk und kletterte in Eile ohne Sicherheitsgurt an Deck.

Als er bis zum Bug vorgekrabbelt war, lag die Yacht bereits so stark auf der Seite, dass er, obwohl er platt an Deck lag, mehr oder weniger stand und sich mit nackten Füßen gegen die Backbordreling stemmte. Er mühte sich, das Fall von der hin und her schlagenden Sturmfock zu lösen. Er war in Gefahr, außenbords zu rutschen. Irgendwie schaffte er es trotz des sintflutartigen Regens und des fürchterlichen Lärms, den Schnappschäkel an Deck einzuhaken. Das Segel zu bergen war allerdings zu gefährlich. Er musste es einfach flattern lassen. Er krabbelte zurück ins Cockpit und von dort weiter unter Deck.

Im Laufe der nächsten Stunde halste die TRUCE, so dass wir auf unserem ersten Niederschlag auf Steuerbordbug lagen. Unsere Vorbereitungen erwiesen sich jetzt als gut, gleichwohl nicht als narrensicher. Ich hatte den Plastikbehälter mit den Eiern in dem Schapp neben der Hundekoje vergessen. Der flog nun in hohem Bogen zusammen mit dem Kopfkissen der Lotsenkoje und dem Inhalt des Kühlfachs (Butter, Käse und Fleisch) bis unten an den Kartentisch. Zum Glück platzte nur ein einziges Ei, dessen Inhalt sich auf dem Kissen ausbreitete. Das einzige Ding, das uns sehr gefährlich hätte werden können, war der schwere 13 cm dicke Deckel des Kühlfachs, der sich zu dem ganzen Durcheinander auf dem Boden im Salon gesellte. Zum Glück traf er weder Ernest noch mich.

Draußen an Deck hatte der Winddruck die Windselbststeueranlage ausgekuppelt. Das Segeltuch der Windfahne war zerfetzt. Die Fahne selbst war aus den Nirohülsen gezogen und hing kopfüber achtern nur noch an einem dünnen, verdrehten Nirostreifen. Die Badeleiter war aus den Halterungen gesprungen, hing außenbords und schlug gegen das Ruder. Die GPS-Antenne war zur Seite hin abgebrochen.

Es schien, als bestünde der verrückt gewordene Ozean um uns herum nur aus Krach und Lärm, der nicht enden wollte. In Kürze hatte sich atemberaubender, steiler Seegang aufgebaut. Die See war weiß und rollte gewaltig. Die Sturzbäche rissen von den Wellenkämmen ab. Überall sah man Gischt über blaugrünen Strudeln. Unsere Eintragungen im Logbuch steigerten sich von »rau« über »rauer« bis jetzt »extrem«.

Als der Wind auf Sturmstärke nachließ, ging Ernest wieder aufs Vordeck – nun aber mit Sicherheitsgurt –, hakte die durchnässte Sturmfock aus, kämpfte sich mit ihr ins Cockpit und stopfte sie unter Deck bis ins Vorschiff, wo sie abtropfen und trocknen konnte.

Kurz darauf – der Wind blies unverändert – kletterte er ins Cockpit, zog diesmal die Badeleiter und die Teile der Selbststeueranlage an Bord und reichte sie mir nach unten. Ich verstaute sie in der Hundekoje. Bei dieser Tätigkeit entdeckte er glücklicherweise die beiden Fockwinschkurbeln, die im Cockpit herumrutschten.

Die Wellenkämme brachen sich kontinuierlich über uns, und das Pantryluk war manchmal blau von Wasser. Ernest begann zu befürchten, dass wir durchkentern könnten, und bat mich, eine Rettungsweste anzulegen. Wir hatten zwei an Bord, aber sie hingen in der wild tanzenden Vorpiek. Mit Schwierigkeit gelang es mir, sie beide zu holen.

Der zweite Niederschlag traf uns weniger als vier Stunden später. Ernest saß auf Steuerbordseite und sah regelrecht den gewaltigen Aufprall, als wir querschlugen. Ich stand am Niedergang und hielt mich fest. Das Bullauge über der Hundekoje blieb lange Zeit komplett unter Wasser, denn die Wellen drückten die Yacht recht lange aufs Wasser.

Diese Kenterung war viel gefährlicher. Später entdeckten wir, wie weit wir gekentert waren, denn das Klappverdeck auf der Steuerbordseite war zerrissen – an der Stelle, wo es wohl aufs Wasser geschlagen war –, und ein Teil des Gestänges hatte sich zu einem wirren Knäuel nach Steuerbord zusammengewurstelt. Außerdem konnten wir den Anker nicht ausbringen, als wir Tahiti erreichten, weil sich die Kettenlast total verdreht hatte.

Das alles bemerkten wir jedoch erst später. Die Hälfte der Bücher im Schapp auf Backbordseite übersprang den Querriegel wie eine Hürde und flog zu Ernest auf das Steuerbordsofa hinüber. Die Behälter im Kühlfach, die ich in einem Sack eingesammelt und fünf Minuten zuvor in das Fach gelegt hatte, flogen wieder heraus. Zum Glück hatten wir den Kühlfachdeckel nicht zurückgelegt; er war in der Hundekoje fest verkeilt, mitsamt Badeleiter und Windfahne.

Ernest hatte erwogen, Leinen nachzuschleppen. Er gab sich jetzt die Schuld an der zweiten Kenterung, weil er keine Leinen ausgebracht hatte. Nun kletterte er aber ins Cockpit, knotete insgesamt 180 m unserer schwersten Leinen zusammen und befestigte sie seitlich auf den beiden Festmachepollern, damit achtern eine große Bucht entstand. Sofort trat eine Besserung ein. TRUCE legte das Heck zu den Wellen und lenzte vor der See. Durch die Bullaugen lugte kein grünes Wasser mehr. Zur Abendbrotzeit hatte der Wind aus WSW auf Sturmstärke abgenommen. Die See rollte noch fürchterlich, wir schleppten weiterhin Leinen nach und lenzten vor Topp und Takel. Es war bei den heftigen Bewegungen zu gefährlich, etwas Warmes zuzubereiten. TRUCE rollte von einer

Seite zur anderen, und riesige Brecher schlugen mit Wucht Backbord achteraus gegen den Rumpf. Weil der Wind etwas nachgelassen hatte, nahm Ernest für ein oder zwei Stunden das Ruder in die Hand, um das Heck direkt zu den Wellen zu halten. Als ich ihn jedoch fragte, ob er essen kommen könnte, war er sofort unter Deck. Ich wollte ihm ein Glas aus dem Schapp an Backbordseite holen und vergaß für einen Moment, mich festzuhalten. Das Boot machte einen Satz, ich flog in hohem Bogen durch den Salon und schlug mit einem scheußlichen Geräusch mit dem Kopf gegen eine Schranktür auf der anderen Seite. Der Kopf brummte. Zusätzlich war ich mit dem Ellbogen irgendwo aufgeschlagen, der blau unterlief und blutete. Zum Glück hatte ich mir keine Knochen gebrochen. In der folgenden Nacht waren wir physisch und psychisch so stark ausgelaugt, dass wir trotz Lärm und Beschwerden sofort einschliefen – ich auf der Liege im Salon und Ernest unter mir auf dem Boden auf einer Matratze. Der Sturm heulte ununterbrochen die ganze Nacht hindurch weiter.

Am nächsten Morgen um 06.00 Uhr waren wir fest entschlossen, den Wasserkessel aufzusetzen und heißes Wasser zu machen. Weil aber ein Behälter mit Farbverdünner aufgegangen und der Inhalt bis in die Bilge gelaufen war, sprang der Gasmelder an, und wir trauten uns nicht, den Gasherd anzuzünden. Wenn sich genügend Benzin-Gas-Gemisch unter den Bodenbrettern angesammelt hatte, konnte der erste Funke gleichzeitig unser letzter sein. Statt Morgentee brachten wir das Logbuch auf den neuesten Stand. Ernest sagte: »Die Aufgabe für diesen Tag besteht darin, die Selbststeueranlage zu reparieren.« Wir schafften das mit einem schweren Hammer, mit brutaler Härte gegen uns selbst und mit Ausdauer. Die Montage der Teile war bei der schweren See gefährlich. Es wehte immer noch in voller Sturmstärke. Ernest hing überm Heck, und ich tat mein Bestes, um TRUCE vor dem Wind zu halten. Gegen 09.00 Uhr war die Windfahne selbst repariert und TRUCE steuerte sich, immer noch mit blankem Mast und nachgeschleppten Leinen, vor den Wellen selbst. 28 Stunden lenzten wir schon, seit wir die Sturmfock niedergeholt hatten, und 22 Stunden davon schleppten wir bereits die Leinen achteraus nach.

Wir waren zweimal gekentert, hatten erfahren, was Orkan bedeutet, verloren die Schalen des Windmessers und gaben Acht auf die Selbststeueranlage und die Badeleiter, die versuchten, das Ruder zu Tode zu schlagen. Wir waren nicht verletzt, zumindest nicht schwer, und das Boot war noch ganz. Wir wussten, wir hatten Glück gehabt.

Als wir nach 19 Tagen Tahiti erreichten, erfuhren wir von der WINDSONG, einer Valiant 40, die einen Tag vor uns ebenfalls von Whangarei ausgelaufen und in denselben Sturm geraten war. Sie hatte sich überschlagen und den Mast verloren. Ein Crewmitglied hatte sich derart schlimm verletzt, dass Neuseeland über 800 sm eine Fregatte schickte, um es abzubergen. Der Kommentar des neuseeländischen Wetteramtes lautete: »Ein starkes Tief, das in den Tropen entstanden ist, hat sich auf seinem schnellen Wege nach Südost rapide vertieft. Es wurde nicht als tropischer Wirbelsturm analysiert und erhielt deshalb keinen Namen. Anscheinend war es kein typischer tropischer Zyklon, sondern eher ein kräftiges Tief, das man besser als ›Bombe‹ bezeichnet hätte, weil es sich ungewöhnlich schnell vertiefte und ebenso schnell weiterzog. Die Winde in der Nähe des Zentrums wurden auf 40–50 kn geschätzt, in Böen sogar auf 60–65 kn.«

»Mindestens!« nach unserer Meinung. Die Crew der WINDSONG mag den Wind noch stärker eingeschätzt haben.

Ernests Anmerkungen

Ich zögere, einige positive Schlüsse aus einem Erlebnis zu ziehen, wenn eine Menge Glück im Spiel war. Wenn man zur falschen Zeit von der falschen Welle an der falschen Stelle getroffen wird, kann das eine schlechte Nachricht sein.

Wir taten nichts, das man brillant nennen könnte, bevor die Front kam. Wir lagen beigedreht und warteten. Die See war viel zu konfus und unregelmäßig, um vor der ersten Kenterung irgendetwas Sinnvolles zu tun. Hätten wir aber, als der Seegang drehte und gleichmäßiger wurde, Leinen nachgeschleppt, wären wir vermutlich nicht ein zweites Mal gekentert.

Die wichtigste Lektion, die wir gelernt haben, ist, dass alles gesichert sein muss.

Es war sehr rau und viele Seen brachen. (Foto: E. u. V. Haigh)

Nichts darf frei herumfliegen können (dazu gehören auch die Bodenbretter) und anderes beschädigen. Wenn ich den Kratzer auf dem Kartentisch von dem Deckel des Kühlfachs ansehe, bin ich dankbar, dass er keinen von uns getroffen hat. Die Leute an und unter Deck müssen ebenfalls gesichert sein bzw. sich sichern können. Dazu gehören solide Handläufer.

Obgleich Val und ich uns immer wieder ins Gedächtnis riefen, was gerade passiert war, und es gleich nach dem Sturm aufgeschrieben haben, ist alles irgendwie verwirrend geblieben. Diese Desorientierung scheint die Folge eines derartigen Sturms in Orkanstärke zu sein. Als er zuschlug und uns mit der Backbordseite aufs Wasser drückte, lagen wir auf Ostkurs; aber noch in Kenterlage wurden wir auf die Steuerbordseite gedreht. Wann und wie wir uns einmal umdrehten, weiß ich absolut nicht. Wir waren glücklicher dran als die WINDSONG, weil wir nicht über Kopf gegangen sind und nicht das Rigg verloren haben. Aber ich sage es noch einmal, wir hatten Glück. WINDSONG erging es in diesem Sturm viel schlimmer als TRUCE, obgleich beide Yachten bezüglich der Maße, der Rumpfform, des Riggs, der Verdrängung und des Ballastanteils ähnlich sind. Ich hoffe, dass unser stabiles Rigg einen Überschlag übersteht. Aber ausprobieren möchte ich es nicht.

Abgesehen vom Glück hat TRUCE gezeigt, dass sie eine gute Blauwasseryacht ist. Wie wäre es wohl unserem alten Trimaran TRYSTE II ergangen? Multihull-Konstruktionen gab es bereits recht lange, als wir TRYSTE bauten. Ihr mäßiges Längen-Breiten-Verhältnis (12,20 m/6,20 m) wäre vermutlich nicht so gut mit den Bedingungen, wie wir sie erlebt hatten, zurecht gekommen. Wir wären gewiss glücklich gewesen, wenn sie diesen Sturm überlebt hätte.

Kommentar

War der Wind stärker, als er von dem Wetteramt in Neuseeland eingeschätzt wurde? Daten zum aktuellen Wetter mitten auf dem Ozean sind rar, und trotz Satelliten und riesiger Computer kann das aktuelle Wetter vom vorhergesagten stark abweichen. Der Isobarenverlauf eines Tiefs kann beispielsweise komplexer sein, als er vordergründig ist, und Gebiete mit stärkerem, aber auch schwächerem Wind enthalten. Vermutlich sind TRUCE und WINDSONG in solch ein Gebiet mit höheren Windgeschwindigkeiten geraten.

Val und Ernest Haigh sprechen beide von Desorientierung und Verwirrung während des Sturms. Und deshalb sei es ihnen schwer gefallen, sich daran zu erinnern, was eigentlich passiert war. Ich glaube, dass der physische und psychische Stress bei derart extrem schlechtem Wetter und die Ungewissheit, was wohl gleich passieren mag, diesen Zustand erklärt. Man muss sich – so schwer es auch fällt – bemühen, ruhig zu bleiben und mit dem Kopf Prioritäten setzen.

Ernest Haigh geriet auf See unter Stress, weil es wichtig wurde, alle beweglichen Teile zu sichern. Welche Auswirkung eine derartige Aktion hat, bestätigt sich immer wieder. Das bösartigste Objekt war der Deckel des Kühlfachs (nicht zum ersten Mal in diesem Buch). Deckel von Kühl- oder Gefrierfächern sind meistens rechteckig, schwer und dick wegen der Isolierung. Sie bleiben nur aufgrund ihrer Schwerkraft an Ort und Stelle. Nicht nur die Deckel können zu gefährlichen Geschossen werden, sondern auch der Inhalt dieser Fächer. An anderer Stelle haben wir die Wirkung von frei herumfliegenden, gefrorenen Hähnchen gesehen. Eigner, die eine neue Yacht kaufen, sollten Wert darauf legen, dass die Deckel Scharniere

oder Bodenheber mit Gegenstück haben. Ältere Yachten lassen sich auch mit Grendelriegel oder Hebelverschlüssen nachrüsten.

TRUCE war offensichtlich eine gute seegängige Yacht, die gutmütig mit der Crew umging. Die zwei Kenterungen bereiteten aber dennoch Sorgen. Als TRUCE unbeaufsichtigt beigedreht lag, hätte sie leicht um 360° durchkentern können, wenn einer der Brecher sie im ungünstigen Moment zu fassen bekommen hätte. Offensichtlich lag die Yacht mit den 180 m langen Leinen achteraus viel komfortabler in der See. Die Leinenbucht reichte, das Heck gegen die Wellen zu halten. Bei der WINDSONG reichte das nicht. Sie überschlug sich. Vielleicht wäre es für beide Yachten sicherer gewesen, beizudrehen – wie Ernest Haigh es zeitweilig überlegt hatte – oder es mit einer der Nase-in-den-Wind-Taktiken zu versuchen.

Val Haigh schlug mit dem Kopf auf und war froh, nicht schlimmer verletzt worden zu sein. Der sicherste Platz ist die mit einem stabilen Leesegel verspannte, untere Sitzbank im Salon oder der Fußboden in einem engen Durchgang. Es ist interessant, aber nicht überraschend, dass die Haighs erst 130000 sm zurücklegen mussten, bis sie in einen schlimmen Sturm gerieten. Einige segeln schon ihr Leben lang auf den Meeren und sind nie in derartiges Wetter geraten. Wenn man jedoch für einen Sturm nicht vorbereitet ist, kann es so hart werden, dass man keine zweite Chance hat.

22. Der Sturm am Geburtstag der Queen 1994

Peter Bruce

Jedes Jahr verlassen zwischen November und April an die 500 Fahrtenyachten den Südwestpazifik, um der Zyklonsaison aus dem Wege zu gehen, und segeln in den Sommer auf Neuseeland. Es ist üblich, nach der Zyklonsaison wieder zu den tropischen Inseln im Pazifik zurückzusegeln. Bevor der Winter in Neuseeland einsetzt, organisiert Ende Mai die Cruising Association von Neuseeland eine Gemeinschaftsfahrt, die Auckland-Tonga-Regatta. 1994 fiel der Zeitpunkt des Startschusses mit einem perfekten Schönwetterfenster zusammen, daher erfreute sich die Regatta besonders reger Teilnahme, und etwa 80 Yachten begaben sich auf Nordostkurs, entweder als Teil der Regatta oder auf unabhängiger Überfahrt mit der gleichen Strategie.

Nachdem das Hauptfeld der Flotte gestartet war, geriet eine Reihe von Spätstartern in die Zugrichtung eines unerwarteten, ungewöhnlich heftigen und lange andauernden Sturms. Riesige Brecher fielen über mehrere dieser Yachten her. Eine Yacht verlor drei Crewmitglieder, zwei Mann auf anderen Yachten wurden schwer verletzt, und sieben Schiffe wurden aufgegeben. Ein weiteres geriet nach einer Kenterung durch einen Kurzschluss in Brand.

Dieser Sturm wird vielfach als Queen's-Geburtstag-Sturm bezeichnet, weil er während des jährlichen neuseeländischen Feiertages anlässlich dieses Ereignisses am 21. April begann. Andere nennen ihn die »Junibombe«, in Anlehnung an einen meteorologischen Begriff, der auf anschauliche Weise die explosive Art beschreibt, mit der sich manche Tiefdruckgebiete entwickeln können. Es gibt einige Parallelen zu einem anderen heftigen Sturm aus der gleichen Zeit im Jahre 1983, als einige Yachten auf dem Rückwege nach Auckland waren, nach einer Regatta nach Suva (Fidschi). Dabei verloren acht Teilnehmer ihr Leben. Die Situation war auch vergleichbar mit dem Fastnet Race 1979, als eine Gruppe von Yachten in einen nicht vorhergesagten Sturm mit Orkanstärke geriet. Der Pazifiksturm von 1994 hielt jedoch länger an, und die meisten Yachten waren größer. Ein wesentlicher Unterschied war sicherlich, dass die Fastnetflotte aus Regattabooten mit Regattacrews bestand, wogegen sich die Pazifikflotte größtenteils aus Fahrtenyachten mit Amateurcrews und sogar Kindern zusammensetzte.

Die Tatsache, dass eine Reihe unterschiedlicher Fahrzeuge in den gleichen Sturm geriet, ermöglicht Vergleiche, die sonst

SILVER SHADOW	12,80 m	Craddock-Slup	4-Mann-Crew
PILOT	9,80 m	Colin-Archer-Kutter	2-Mann-Crew
AROSA	9,80 m	Lotus-Slup	4-Mann-Crew
SABRE	10,40 m	Ganley-Stahlkutter	2-Mann-Crew
DESTINY	13,70 m	Norseman 447	2-Mann-Crew
RAMTHA	11,60 m	Simpson-Katamaran	2-Mann-Crew
ST LEGER	12,50 m	GFK-Kutter	2-Mann-Crew
SOPHIA	9,80 m	Thistle-Kutter	2-Mann-Crew
QUARTERMASTER	12,20 m	Paul-Whiting-Slup	3-Mann-Crew
MARY T	12,20 m	Cheoy-Lee-Yawl	4-Mann-Crew
WAIKIWI II	12,20 m	Les-Rolfe-Slup	4-Mann-Crew
HEARTLIGHT	12,20 m	Catalac-Katamaran-Slup	4-Mann-Crew
SULA II	13,70 m	Clark-Kutter	5-Mann-Crew
POR VIDA	13,10 m	Westsail-Ketsch	2-Mann-Crew
HIPPO'S CAMP	13,10 m	Morgan-Kutter	2-Mann-Crew, 2 Kinder
KIWI DREAM	10,70 m	Ganley-Slup	2-Mann-Crew
SWANHAVEN	14,60 m	Roberts-Ketsch	

nicht so unfassend hätten sein können. Wir bemühen uns in diesem Kapitel, die Stärken und Schwächen der Yachten, die diesem Sturm ausgesetzt waren, aufzuzeigen und daraus Schlüsse zu ziehen. Dieses Buch will ausdrücklich vorbeugen statt nachkarren. Zugleich wollen wir versuchen, die Rettungen zu beschreiben und die Gesetzeslage bei Sturm zu kommentieren. Das Ziel ist, eher solche Aktionen zu ermitteln, die bei der Crew Vertrauen erwecken und vor Gericht Bestand haben, anstatt sofort einen MAY-DAY-Ruf über UKW auszusenden oder die EPIRB-Boje zu aktivieren – dessen ungeachtet ist beides wichtig als letzter Ausweg an Bord. Die Yachten, über die wir im Folgenden sprechen, sind oben aufgeführt.

Vorbereitungen

Dieser Sturm zeigt, dass man nie zuverlässig weiß, wie das eine oder andere Boot bei wirklich schwerem Wetter und bei den unterschiedlichen Taktiken reagiert.

Ein Eigner sagte beispielsweise: »Ich hatte das Vertrauen zu meinem Boot total verloren, als ich beidrehte, aber vielleicht war das nicht gerechtfertigt.« Man spart viele Nerven, wenn man das Verhalten seines Schiffes beim Beidrehen schon ausprobiert hat, bevor es ernst wird. Genauso, wenn der Eigner die Erfahrung gemacht hat, dass sein Boot immer, aber besonders bei schwerer See, eine Menge Wasser macht und das Pumpen nie nachlässt. Dieser Stress muss deutlich verringert werden. Ein Sturm auf Leben und Tod ist nicht die richtige Zeit, Schwerwettertaktiken auszuprobieren. Das ist dann viel zu gefährlich, ermüdend und stressig. Als die SILVER SHADOW das Pech hatte, aufs Wasser gedrückt zu werden und durchzukentern, stellte die Crew nachher fest, dass nur ein paar Teile sich losgerissen hatten. Sie führten das auf die zusätzlichen Schnäpper an den Schapps und auf die Sorgfalt beim Stauen vor der Abreise zurück. Der Bolzen eines Anzeigeinstrumentes hatte sich gelöst und war von dem Wind bis ins Boot geblasen worden. Das illustriert die Kraft der Welle, die sie beim ersten Mal zum Kentern brachte. Während sie sich um 360° drehte, sich die Bodenbretter und die Bretter über den Staufächern im Boden lösten, war es bedeutend weniger schlimm, als es hätte sein können, und als das Rettungsflugzeug anfragte, wie stark sie ihr Dilemma auf der Skala von 1 bis 5 einschätzen würden, kam die Antwort: 2. Jeder hatte den Eindruck, es mit einem gut präparierten Boot und einer kompetenten, couragierten und einfallsreichen Crew zu tun zu haben.

Nicht alle Yachten, die kenterten oder durchkenterten, machten wie SILVER SHADOW den Eindruck, für die See gut vorbereitet zu sein. Der Inhalt der Kühlfächer bildete in vielen Fällen eine Gefahrenstelle. Bei dem Fastnet Race 1979 war die Gefahr größer, von herumfliegenden tiefgefrorenen Hähnchen getroffen zu werden als von Batterien. Aber auch das wäre zu vermeiden gewesen, wenn man sich 20 Minuten Zeit genommen hätte, um den Deckel des Kühlfachs oder die Tür des Kühlschranks mit einem Schieber zu sichern. In einer Yacht riss sich die 24-Volt-Batterie los, zerschmetterte ein Bullauge und gab Batteriesäure frei. Genau diese Yacht, die sich auf eine Fahrt über fünf Jahre vorbereitet hatte, hatte auch mit dem Auslaufen von Dieselöl und dem Verschütten des Zweijahresvorrats an Mehl zu kämpfen. Auf einer Yacht gingen die herumfliegenden Topfblumen zu Bruch. Wenn für jemanden die Yacht zugleich das Zuhause ist, ist es verständlich, dass solche Teile an Bord kommen; andererseits sollte man annehmen, dass jeder weiß, dass Topfblumen und ähnliche Dinge ein festes Staufach brauchen, wenn man auf See geht – wie beispielsweise eine Platte in einem Schapp mit einer Vorrichtung, die verhindert, dass selbst dann, wenn das Boot durchkentert, die Pflanze

aus dem Topf fällt. Das Gleiche lässt sich über die wandernde Nähmaschine auf einer anderen Yacht sagen.

Das Chaos nach einer Durchkenterung wird erheblich reduziert, wenn man die Yacht vor dem Ablegen systematisch auf einen derartigen Fall vorbereitet hat. Die Marinen haben es eines Tages zu einem ihrer strengsten Gebote gemacht, jedes Teil, das sich in schwerer See lösen könnte, vor dem Verlassen des Hafens zu befestigen oder wegzuschließen. Dieses Gebot gilt immer noch. Für diejenigen, die sich dieses Gebot zu Herzen genommen haben, ist es jedoch nicht leicht, die Crew zu erziehen – insbesondere den Teil, der in der Pantry gewirkt hat – und durchzusetzen, dass jeder Gegenstand für die See sicher verstaut wird. Dazu muss ein Skipper sicherlich häufiger als angenehm seine ganze Autorität ins Spiel bringen. Es sieht auch nicht so aus, als würde der normale Mensch schnell aus Erfahrungen lernen. Dazu rechne ich insbesondere die auf Entspannung bedachten Freizeitsegler.

Es gibt nur wenige Yachten, die in Hinblick auf eine Durchkenterung konstruiert sind. Man muss sich darüber im Klaren sein, dass nur wenige neue Serienyachten im wahrsten Sinne des Wortes seetüchtig für eine Ozeanüberquerung sind. Querliegende Klappen für Fächer brauchen beispielsweise absolut fest schließende Sicherungsvorrichtungen. Das Gleiche gilt für den Kartentisch, die Schubläden unterm Kartentisch und an der Pantry sowie für die Bodenbretter. Kurz gesagt, jedes Teil muss selbst bei inverser Schwerkraft an Ort und Stelle bleiben. Das verlangt von einigen Eignern, nicht unerhebliche Mittel aufzuwenden, um ihre Yacht ordnungsgemäß für eine Blauwasserfahrt vorzubereiten, damit sie zu Recht sagen können: »roll-over ready« (klar zum Überschlag). Da es sicherlich viel Zeit in Anspruch nimmt, passende Bretter für Topf-blumen, Nähmaschinen und ähnlich gefährliche Dinge selbst anzufertigen, soll-te man sich nicht scheuen, nach vorgefer-tigten Teilen zu greifen.

Seekrankheit war für einige ein Problem, wenngleich darüber nicht viel berichtet wurde. Die Crew einer Yacht probierte bei diesem Sturm zum ersten Mal Pillen gegen Seekrankheit und löste damit eine gegensätzliche Reaktion aus, schlimmer

als die Krankheit. Das zeigt, dass man die Mittel besser vorher an Land ausprobiert.

Erfahrungen der Crews

Es bestand nie der Verdacht, dass die Schwierigkeiten deshalb zunahmen, weil die Crews nicht hochseeerfahren waren. Heftige Stürme sind in der Segelsaison sel-ten. Das wirft jedoch die Frage auf, ob die Crews, die Hilfe verlangten, genügend

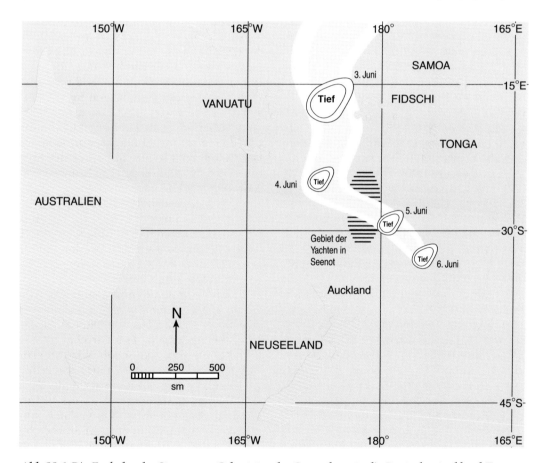

Abb 22.1 Die Zugbahn des Sturms am Geburtstag der Queen kreuzte die Route der Auckland-Tonga-Regatta. Die Wettervorhersagen stimmten mit der Realität überhaupt nicht überein. Der Wind erreichte nicht – wie vorhergesagt – 40–50 kn, sondern 75 kn, und der Sturm drehte nicht in süd-östliche Richtung, sondern zunächst in südliche.

erfahren waren, mit solch einer Situation klar zu kommen. Es ist etwas anderes, 50 000 sm bei normalem Wetter zu segeln. Ein Skipper, der seine Yacht verlor, sagte: »Wir hatten genügend Erfahrung an Bord für normales Segeln, aber keine erfahrenen Leute für diese extremen Sturmbedingungen. Hätten wir zwei Leute gehabt, die das Boot bei 14 m hohen Wellen hätten steuern können, wäre die Geschichte wohl anders abgelaufen.« Das besagt nur wenig, denn ein Überleben in dieser Situation ist nur schwer zu quantifizieren. Manchmal hört man jedoch, dass diejenigen, die das Geschick haben, Schwerwetter aus dem Wege zu gehen, vielleicht am schlechtesten vorbereitet sind, wenn es sie trifft.

Einige Crews bestanden lediglich aus einem Ehepaar; auf anderen Schiffen waren sechs oder sieben Personen an Bord. Es gab wahre Meisterleistungen an Ausdauer, wie beim Fastnet 1979, als an Bord vielfach nur eine Person war, die bei den Bedingungen sicher und lange genug Ruder gehen konnte. Insbesondere bei diesem Sturm war die Ausdauer eines Supermanns gefragt, der über zwei oder drei Tage ununterbrochen steuern konnte. Der Skipper der PILOT sagte: »Wenn wir ein weiteres, starkes und gesundes Crewmitglied gehabt hätten, hätten wir die Yacht nicht aufgeben müssen.« Eine der Yachten, die den Sturm unbeschadet, aber nicht ohne Schwierigkeiten überstand – die 10,70 m lange Slup AROSA –, wurde die ganze Zeit über von Hand gesteuert. AROSA war eine der kleineren und leichteren Yachten in dem Sturm, von denen man annehmen kann, dass sie schnell und behände reagieren. Solche Yachten lassen sich nicht leicht und komfortabel beidrehen. Der Eigner war absolut der Meinung, dass eine vier Mann starke, tüchtige Crew ausreicht, um Treibanker auszulegen und bei schwerem Wetter Ruder zu gehen. An Bord einer anderen Yacht hatte die Crew auf See noch nie von Hand gesteuert. Das mussten sie erst lernen, als der Autopilot seinen Geist aufgab. Man sollte immer bedenken, dass Autopiloten und Windselbststeueranlagen früher oder später mit ihrer Aufgabe überfordert sind und ausfallen. Daraus sollte man den Schluss ziehen, immer eine Crew an Bord zu haben, die ausreichend fit ist, die Yacht ohne Unterbrechung kompetent bei jedem Wetter mit der Hand steuern zu können. Es sei denn, man kann beweisen, dass die Yacht für sich allein sorgen kann.

Am besten ist es, einen Stellvertreter des Skippers an Bord zu bestimmen, der kompetent und bereit ist, die Aufgaben des Skippers zu übernehmen, wenn dieser ausfällt – wie beispielsweise auf der DESTINY. Besteht die Crew nur aus einem Mann und seiner Frau, ist es wichtig, dass sie von Zeit zu Zeit die Rollen tauschen, damit beide mit der Führung der Yacht vertraut sind. Die Übung »Mann über Bord!« ist wichtiger als »Frau über Bord!«, denn erstens fällt der Mann wegen der Arbeiten an Deck leichter über Bord und zweitens hat die Frau in der Regel weniger Erfahrung mit dem Bergemanöver.

Ausdauer der Crew

Müdigkeit ist der größte Feind des Seglers auf kleinen Booten. Aus diesem Grunde gilt der Grundsatz: Bei Sturm Energie sparen. Es besteht der Verdacht, dass einige Yachten nur deshalb aufgegeben wurden, weil die Crews völlig gestresst und restlos erschöpft waren. Nach den ersten 24 Stunden im Sturm waren verständlicherweise nur noch wenige Crews in der Lage, mehr zu tun als nur sich selbst zu helfen. Der 10,40-m-Stahlkutter SABRE mit nur zwei Mann an Bord geriet in das gleich harte Wetter wie die anderen und sogar in das

Auge des Orkans, blieb aber mehr oder weniger unbeschädigt und lag beigedreht mit tief gerefftem Groß. Die Kommentare der Crew nach dem Sturm sind bezeichnend: »Das Vertrauen aus vergangenen Schwerwetter-Erfahrungen reduzierte den Stress. Praktische Übungen im Vorfeld offenbaren alle Schwächen. Wir lagen auf dem Boden und versuchten, uns auszuruhen. Getränke und Energieriegel sind wichtig. Die kleinen Luken waren mit Seeschlagblenden versehen. Unser Boot ist in Hinblick auf sehr raue Wetterbedingungen präpariert, und das Beigedrehtliegen haben wir bei vielen Gelegenheiten ausprobiert.« Man hat den Eindruck, hier spricht eine mental und physisch vorbereitete Crew, die jedem Wetter ins Auge schaut. Sie brauchten nicht herumzuexperimentieren, um endlich herauszufinden, wie sie den Sturm am besten abreiten könnten. Sie vertrauten auf ihre Vorbereitungen und ihre robuste Kraft, sie sparten ihre Energie und konnten sie so lange wie nötig konservieren.

Crews mit weniger Zutrauen und geringer Schwerwetter-Erfahrung hätten sicherlich gut daran getan, mehr Kraft bei den Vorbereitungen zu verlieren als nun im Sturm. Es ist wichtig, sorgfältig Prioritäten zu setzen. Mit gewissen lästigen Dingen sollte man sich später befassen. Es kann viel wichtiger sein, das Risiko von Verletzungen zu vermeiden. Selbst die scharfen Anweisungen eines Ehemanns zur Vermeidung lebensbedrohlicher Situationen müssen sofort befolgt werden. Die Arbeitsbelastungen zum Überleben müssen übernommen werden – nicht von einem Einzelnen, sondern von allen gleichmäßig, damit nicht eine übermotivierte Person alles erledigt und nachher zusammenbricht.

Selbst wenn die gesamte Crew in der Koje liegt, sollte einer turnusgemäß darüber wachen, was an Deck abläuft. In einer ernsten Notlage – ungeachtet der Gefahr einer Kollision – sollte der Skipper die Autorität besitzen, der Crew zu befehlen, in den Kojen zu bleiben, wie er bei anderer Gelegenheit die gleiche Autorität haben sollte, ihr zu sagen, dass sie die Kojen zu verlassen hat.

Designprobleme

Mit schwerem Wetter fertig zu werden ist im Wesentlichen abhängig von der Größe und dem Design der Yacht. In dieser Hinsicht ist zu sagen, dass alle Rümpfe diesen Sturm sehr gut und heil überstanden haben. Bei einem Katamaran bekam der Rumpf Risse, und es gab gebrochene Fenster in jeder Größe, aber sonst traten nur wenige strukturelle Probleme auf. Länge, Breite, Stabilität und Verdrängung geben keine Erklärungen dafür her, warum das eine Boot kenterte und das andere nicht. Faktoren wie die Lage der Yacht zu den Brechern und Glück sind da schon relevanter. Yachten, die beigedreht liegen, sind anfällig und gehören eher in den »360°-Club«, als man erwartet – nicht aber der 13,70-m-Kutter DESTINY. Er wurde scheinbar von einer extremen Welle erfasst, die ihn über Kopf gehen ließ. Und es fällt einem kaum etwas ein, was die Crew hätte tun können, um das Dilemma zu vermeiden. Ähnlich erging es dem 9,80-m-Colin-Archer-Kutter PILOT, der kontrolliert vor Topp und Takel lenzte und eine Sturzsee von achtern übernahm, die den schweren Mast zerlegte. Man kann nur Mitleid haben mit der Notlage der Crews auf den entmasteten Yachten. Ohne Winddruck auf Mast und Rigg lagen sie nicht mehr richtig vor den Treibankern. Dabei war es egal, ob der Treibanker über Bug oder Heck ausgebracht war. Die Folge war eine verhängnisvolle Lage quer zur

331

Die RAMTHA *vor der Bergung der Crew bei durchschnittlich 55 kn Wind und Böen von 70 kn und mehr, gemessen auf der* MONOWAI, *und einer Wellenhöhe von 10 m. (Foto: Lindsay Turvey [RNZN])*

See. Nur auf der PILOT gelang es, den Mast zu kappen und die Yacht allein von Hand vor der See zu halten – zwar nur unter größten Schwierigkeiten, aber sie erlitt keinen weiteren Niederschlag. Das Ablaufen vor der See schien erheblich günstiger zu sein als beigedreht zu liegen. Man darf nicht vergessen, dass Yachten selten sinken, die sich selbst überlassen werden. Von acht oder neun aufgegebenen Yachten wurden vier (DESTINY, RAMTHA, SILVER SHADOW und SOPHIA) später gefunden oder waren irgendwo gestrandet.

Nur eine einzige Yacht schien gesunken zu sein als direkte Folge des Sturms, und die Familie ging tragischerweise ebenfalls verloren. Es war die QUARTERMASTER, eine 12,20-m-Slup, die als stabiles Fahrtenschiff angepriesen wurde, aber ein geringeres Deplacement hatte als die meisten Blauwasseryachten gleicher Größe. Als sich der Sturm aufbaute, hatte der Eigner regel-

mäßigen Kontakt mit der Küstenfunkstation in Kerikeri. Kurz vor Mitternacht des 4. Juni berichtete er von der ersten einer Serie von schweren Kenterungen und dass seine Frau verletzt sei. Zwei Stunden und 18 Minuten später meldete er die dritte schwere Kenterung. Die Yacht und die Crew schienen in großen Schwierigkeiten zu sein, obgleich von Volllaufen noch nicht die Rede war. Das war das Letzte, das man hörte. Zwei Stunden und 36 Minuten später wurde die EPIRB der QUARTERMASTER aktiviert. Am 6. Juni gegen 17.45 Uhr, also eineinhalb Tage später, fand man das immer noch funkende Gerät an der Rettungsinsel für acht Mann. Untersuchungen haben ergeben, dass der Behälter der Rettungsinsel zerschmettert worden war – vielleicht durch den Mast – und dass die gesamte oder ein Teil der Crew in der Rettungsinsel gewesen ist, bevor eine Welle die Insassen vermutlich hinausgewaschen

Die Australier Bill und Robyn Forbes, beide 53 Jahre alt, werden von ihrem 11,60-m-Katamaran RAMTHA an Bord des Rettungsbootes MONOWAI verholt. (Foto: Lindsay Turvey [RNZN])

hat. Man kann nur spekulieren, dass es sich in dieser Form nach dem letzten Funkkontakt abgespielt hat. QUARTERMASTER kann auch durch die Kollision mit einem Wal oder einem dicht unter der Wasseroberfläche schwimmenden Container gesunken sein. Am wahrscheinlichsten ist jedoch, dass ein Brecher ihr zum Verhängnis wurde.

Abgesehen von diesem furchtbaren und entsetzlichen Unglück wurde keine weitere Yacht aufgegeben, weil sie tatsächlich sank. Auf einer Yacht meinte die Crew, in unmittelbarer Gefahr zu sein und zu sinken, weil ein Teil des gebrochenen Mastes immer wieder gegen den Rumpf schlug. Einige Monate später wurde die Yacht schwimmend gesichtet, und wieder einige Monate später fand man sie hoch und trocken auf einem weit entfernten Riff. In allen Fällen – mit Ausnahme vielleicht der QUARTERMASTER – haben die Bootsrümpfe

die Bedingungen besser überstanden als die jeweiligen Crews.

Das stehende Gut brach nicht; lediglich das Mastprofil war wie beim Fastnet 1979 nicht stark genug, um eine 360°-Rolle zu überstehen. Vielleicht ist es an dieser Stelle angebracht, sich an die heute zumeist belächelten Wurzeln der Vergangenheit zu erinnern, denn ein Mastbruch ist eine der größten Katastrophen für ein Segelboot. Ein dickeres Mastprofil und somit schwerer Mast erhöht das Trägheitsmoment. Das hat den Vorteil, nicht sofort bei der erstbesten Gelegenheit durchzukentern.

Die Ruderanlagen waren ein weiterer Schwachpunkt – genau wie beim Fastnet 1979. Der 11,60 m lange und von Roger Simpson entworfene Katamaran RAMTHA hatte bereits vor dem Sturm einen Bruch in der Ruderanlage und einen weiteren beim Sturm. Die Crew war nicht das erste Mal in schwerem Wetter, aber von allen

Unbilden abgesehen, hatten sie sowohl Probleme mit der Kontrolle des Schiffes als auch Beinahe-Kenterungen zu verkraften. Sie besprachen mit dem Rettungsboot Monowai in ihrer Nähe, dass sie durchhalten würden; als aber auf der Höhe des Sturms die Ruderanlage erneut ausfiel, entschieden sie, ihr Schiff aufzugeben. Mary T, eine 12,20-m-Hochseeyawl, meldete zu dem Zeitpunkt ebenfalls Ruderprobleme. Auf der 12,80 m langen Slup Silver Shadow bemerkte die Crew, dass das Ruder unkontrollierbar wurde, wenn man den Motor benutzte. Bei dem Fastnet Race 1979 war die Anzahl der Ruderbrüche deshalb so hoch, weil viele Ruder von den Konstrukteuren verändert und mit dafür ungeeignetem, kohlefaserverstärktem Kunststoff gebaut worden waren. Andere brachen einfach, weil sie zu schwach waren. Anscheinend wird die Sache noch komplizierter, wenn zwei Ruderblätter über einen Ruderstand gesteuert werden. Aus diesem Grunde müssen die Ruderanlagen besonders bei Katamaranen sehr sorgfältig konstruiert sein. Das ist allen Werften bekannt; aber jede versucht, die Preise niedrig zu halten, um wettbewerbsfähig zu bleiben. Im Übrigen geht man davon aus, dass eine normale Yacht – durchschnittlich betrachtet – so gut wie nie in Überlebensstürme gerät. Vielleicht ist es wenig relevant, wenn man sagt: Es gibt brillante Yachtarchitekten, die jedoch keine guten Ingenieure sind. Beim Entwurf und der Konstruktion einer Ruderanlage für eine Blauwasseryacht sollten große Sicherheitsreserven berücksichtigt werden.

Es gibt eine bemerkenswerte Parallele zum Fastnet, nämlich die unzureichende Dichtigkeit der Backskistendeckel im Cockpit, nachdem das Cockpit voll Wasser war. Auf der Mary T stellte man fest, dass man gar nicht so schnell pumpen konnte, wie Wasser überkam. Es dauerte lange, bis man realisierte, dass das Wasser über die undichten Backskistendeckel eindrang. Die Yachtwerften montieren selten geeignete Dichtungen unter den Deckeln. Hinzu kommt, dass viele GFK-Konstruktionen so ausgelegt sind, dass es schwierig ist, darauf wasserdichte Gummileisten zu befestigen. Da bei schwerem Wetter das Cockpit mehrfach randvoll mit Wasser ist und es wegen der zu kleinen Abflussrohre nicht schnell genug abfließt, ist es wichtig, dass die Backskistendeckel fest zugeriegelt werden können und absolut dicht schließen. Unterdimensionierte Lenzrohre waren ein Problem auf der Destiny und der Mary T. Schwierigkeiten mit Lenzpumpen gab es auf mindestens zwei Yachten. Mary T hatte drei Pumpen, die von Deck aus bedient werden mussten. Die Crew bedauerte, dass es unten nicht eine einzige Handlenzpumpe gab.

Kajütfenster sind vielfach nicht wasserdicht. Bei diesem Sturm gingen einige zu Bruch oder verbogen sich. Die leewärtigen Fenster der 13,40-m-Slup Waikiwi II hatten keine Schlagblenden und brachen. Große Fenster wie auf vielen Katamaranen verursachten große Probleme. Ein ungenannter Eigner eines Katamarans bezeichnete die großen Fenster als die Hauptgefahr bei dem Sturm. Für lange Fensterreihen müssen große Löcher in den Aufbau geschnitten werden. Das verringert die Stabilität des Aufbaus so erheblich, dass er der Wucht einer Sturzsee kaum noch standhält. In diesem Zusammenhang mag es von Wichtigkeit sein, dass die als stabile Fahrtenyacht ausgewiesene Quartermaster vier relativ große Seitenfenster auf beiden Seiten des Aufbaus hatte und der Skipper auf Probleme mit ihnen hinwies, bevor der Kontakt abbrach. Man kann jedoch daraus nicht den Schluss ziehen, dass sie allein der Grund für den Verlust der Yacht sind. Der 11,60-m-Katamaran RAMTHA besaß Schlagblenden für die großen Fenster. Das Gleiche gilt für den 12,50-m-Katamaran HEARTLIGHT, bei dem jedoch eine Schlagblende von einer Welle abgerissen wurde. Natürlich kann auch durch kleine Fenster Wasser eindringen, wenn sie zerschmettert wurden.

Es ist bezeichnend, dass keiner der drei in diesen Sturm geratenen Katamarane kenterte, obgleich zwei längere Zeit beigedreht lagen. Zwei wurden jedoch von den Crews aufgegeben. Ihren Berichten zufolge sollte das Vertrauen auf die Seetüchtigkeit von Katamaranen bei solch extremen Situationen, wie sie sie erfahren haben, nicht zu hoch angesetzt werden – zumindest anders als bei Monohulls. Die Crew eines Katamarans stand zeitweilig auf den Seitenfenstern. RAMTHA und HEARTLIGHT kamen einer Kenterung mit ihren schlimmen Folgen sehr nahe.

Ein ernstes, aber absolut nicht neues Problem sind Verletzungen, die dadurch entstehen, dass Crewmitglieder aus der Koje geschleudert werden. Das freiwillige oder unfreiwillige Verlassen der Koje in diesem Pazifiksturm barg das Risiko, akute körperliche Schäden davonzutragen. Peter O'Neil, der Eigner der SILVER SHADOW, beispielsweise brach sich die Schulter, als er sich in der Pantry einen Tee kochte. An Bord der MARY T wurden die Segelsäcke in den Salon geschleppt, die dort mit Erfolg als Puffer dienten. Man sieht, die Koje ist ein sehr sensibler Platz, über den man sich mehr Gedanken machen sollte, als man im ersten Moment vermutet. Dazu gehören auch die Leesegel, wenn man ernsthafte körperliche Schäden vermeiden will.

Bei all dem Zubehör, das in einer Yacht installiert wird, gibt es nur wenige Dinge, die so gründlich bedacht sein müssen wie die Leesegel. Die Leesegel auf der DESTINY

rissen bereits, bevor sie sich überschlug. Vermutlich war das Tuch nicht stark genug. Wenn man von der größten Belastung, die in einem Sturm auftreten kann, ausgeht, kommt man in der Regel zu dem Schluss, dass die meisten Leesegel völlig ungeeignet sind. Wenn man nachfragt, warum Leute aus der Koje gefallen sind, erfährt man meistens, dass die Leesegel zu schwach und nicht tief genug waren. Man kann Leesegel jedoch so anfertigen, dass sie unten mit mindestens drei Leinen an der Außenseite der Sitzfläche angeschlagen werden. Wichtig ist, dass die obere Querleine an stabilen, ausreichend hoch angebrachten und durch die Seitenwände geführten Ringbolzen befestigt werden kann. Hilfreich sind auch Griffleisten oder Handläufer in Griffnähe des Ruhenden. Alle Teile (Leinen, Tuch, Handläufer) sollten stärker als normal sein. Der Skipper der SULA II schlägt vor, stabile Befestigungspunkte auch unter Deck anzubringen, in die sich die Crewmitglieder in der Koje mit dem Sicherheitsgurt einhaken können.

Taktiken

Was die Taktiken und Treibanker angeht, hat sich wie beim Fastnet 1979 kein eindeutiges Verfahren herausgestellt, von dem man sagen könnte, dass es in jedem Fall funktioniert. Zwei Yachten kenterten durch, als sie beigedreht lagen; die meisten haben – klugerweise – alles getan, um diese Situation zu vermeiden.

Es ist interessant, dass mehr Yachten bequem und sicher mit dem Bug in die See hielten, anstatt die populärere Taktik anzuwenden, vor der See zu lenzen. Mit dem Beidrehen unter Segel oder Motor hatten alle Erfolg, die diese Taktiken anwendeten. Beim Beidrehen war es von Vorteil, wenn das Groß ein viertes Reff und ein Kutterstag hatte. SABRE lag – wie wir bereits erwähnt haben – während des gesamten Sturms mit tief heruntergerefftem Groß problemlos beigedreht. POR VIDA, eine 13,10-m-Ketsch, lief bei 2/3 Motorleistung durch den dicksten Sturm mit dem Bug gegen die Wellen. Sie verlor die Sturmfock und den Anker, der die Ankerklüse mitnahm und ein Loch hinterließ, das zugestopft werden musste. Ansonsten hatte sie keine Schwierigkeiten. Der 13,10-m-Kutter HIPPO'S CAMP wetterte den Sturm beigedreht unter Sturm-

SILVER SHADOW *nach der Bergung der 4 Mann starken Crew, von der* MONOWAI *aus fotografiert. (Foto: Lindsay Turvey [RNZN])*

fock und mit nach Luv gelaschter Pinne ab. Der Motor wurde dazu benutzt, um in dem windstillen Sturmauge »um die Wellen zu kurven«. Später aber legte der Wind die Yacht mit der Sturmfock flach aufs Wasser. Danach lag sie mit Erfolg vor einem Plastiktreibanker. Es ist allerdings nicht bekannt, ob er über Bug oder Heck ausgebracht worden war. KIWI DREAM, eine 10,70-m-Slup, konnte mit Erfolg unter einer alten backgestellten Fock und dem Groß mit dem letzten Reff beidrehen. Ähnlich erging es SWANHAVEN, einer 14,60-m-Ketsch, die in dem stärksten Sturmfeld ebenfalls erfolgreich beidrehte. Die SULA II, ein 13,70 m langer und 12 Tonnen schwerer Kutter, wurde hart am Wind unter Trysegel mit 3 bis 4 Knoten Fahrt gesegelt. Die enge Segelstellung bewirkte, dass die Geschwindigkeit nicht zu hoch, sondern angenehm war und der Bug höher an den Wind kam, als es mit Beidrehen möglich gewesen wäre. Ihr blieb die Erfahrung einer Kenterung erspart, wobei allerdings einzuräumen ist, dass sie nicht in das stärkste Sturmfeld geriet. All diese Yachten gehörten interessanterweise zur gemäßigten oder schweren Deplacementkategorie.

Ein Experte weist darauf hin, dass zwei Yachten Fallschirm-Seeanker an Bord hatten, sie aber nicht einsetzten. Die Begründung war allerdings verständlich, denn als sich die Situation so entwickelt hatte, dass es Zeit gewesen wäre, den Fallschirm auszubringen, waren die Bedingungen für Decksarbeiten bereits zu gefährlich. Bei noch moderaten Bedingungen zu Beginn des Sturms hatte RAMTHA die Nacht über vor einem über Bug ausgebrachten Seeanker mit 90 m Verbindungsleine gelegen. Am Morgen jedoch hing der Seeanker wirkungslos senkrecht nach unten und hielt den Katamaran überhaupt nicht mehr gegen Wind und Wellen. Aus irgendwelchen Gründen konnte der Fallschirm nicht über eine Trippleine eingeholt werden – vielleicht weil sie nur zu zweit an Bord waren –, und das Einholen über die Winsch erwies sich als zu schwierig. Somit wurde er kurzerhand gekappt und aufgegeben. Der Katamaran HEARTLIGHT hatte einen 5,50 m weiten Paratech-Fallschirm an Bord. Der Skipper war jedoch der Meinung, ein Treibanker sei für solch extreme Situationen besser geeignet, weil man damit den Winkel zu den Wellen leichter variieren könne. Nur wenn die Verbindungsleine in den Propeller geraten wäre, hätte er den Fallschirm ausgelegt. Er sah in ihm keinen Vorteil. Wenn es für eine Rettungsaktion notwendig geworden wäre, auf der Stelle zu bleiben, hätte er den Treibanker gekappt und durch den Fallschirm ersetzt.

Nachdem SILVER SHADOW entmastet war und danach durchkenterte, machte sich die Crew daran – wofür ihr höchste Anerkennung gebührt –, den gebrochenen Mast abzutrennen und nach mehreren Versuchen die Yacht vor einen Treibanker aus der Genua 4 zu legen. Dann setzten sie ein Ersatz-Besansegel, das die Yacht eine Zeit lang in den Wind hielt und anscheinend half, dass weitere Kenterungen vermieden wurden.

Es wurden unterschiedliche Bremsmittel über Heck eingesetzt: Leinen, Leinen mit Ketten oder Treibanker. Sechs Yachten, die Bremsmittel nachschleppten, kenterten nicht, zwei von ihnen wurden zusätzlich von Hand gesteuert, vier nicht. Der 12,50-m-Kutter ST LEGER war am erfolgreichsten. Dessen Crew legte einen »Galerider« (Treibanker aus festen Tuchstreifen in Form eines Hummerkorbes) an einer 75 m langen Polypropylen-Leine aus und lief unter Windselbststeueranlage. Das Boot steuerte gut und die Geschwindigkeit war angenehm. Weil die Verbindungsleine

im Wellental lose kam, kürzten sie die Leine auf 25–30 m. In den nächsten 60 Stunden bei Windgeschwindigkeiten von über 60 kn blieb der Treibanker stabil und effektiv. DESTINY schleppte einen Sea-Squid-Treibanker an einer 60 m langen Leine und 4 m langen 10-mm-Kette. Das schien anfangs gut zu funktionieren. Man ging zusätzlich Ruder, und der Treibanker bremste die Yacht auf angenehme 3–8 kn. Als sich jedoch die Bedingungen verschlechterten, brach der Treibanker zweimal an die Wasseroberfläche durch. Dadurch wurde die Yacht gefährlich schnell. Im Nachhinein sind sie der Meinung, dass eine längere Leine vielleicht besser geholfen hätte. Man konnte sich aber auch ein längeres Stück Kette vorstellen. Wie dem auch sei – DESTINY überschlug sich trotz des Treibankers. QUARTERMASTER schleppte vermutlich auch einen Treibanker nach. Zugleich muss die Maschine gelaufen und der Autopilot eingeschaltet gewesen sein, denn der Skipper hatte bei seinem letzten Funkkontakt gesagt, man versuche, die See von schräg achtern zu nehmen, und das scheine zu funktionieren. SILVER SHADOW lenzte unter Sturmfock und Autopilot, als sie von einem Brecher getroffen wurde, der nicht von achtern, sondern um 30° vorlicher anrollte als die übrige See und den Mast herunterholte. Mindestens vier Yachten kenterten nicht, solange sie unter Selbststeueranlage liefen.

Um es noch einmal ganz deutlich zu sagen, die Berichte beweisen nicht eindeutig, dass Rudergehen bei solchen Bedingungen notwendig ist. Ein positiver Einfluss scheint jedoch nicht ganz auszuschließen zu sein. Der Skipper der PILOT beispielsweise ist der festen Meinung, dass er eine Durchkenterung hätte vermeiden können, wenn er mit der Hand gesteuert hätte. Der Skipper der WAIKIWI II wünschte, er hätte mehr sturmerfahrene Rudergänger gehabt. Der Skipper der ST LEGER meinte, dass die schnelle Reaktion eines Rudergängers ganz wichtig dabei war, einen Querschlag zu vermeiden. Ein erfahrener Segler sieht und hört am Ruder, was auf ihn zukommt. Er kombiniert die Geschwindigkeit mit der Beschleunigung, dem Kränkungswinkel und der Wellenform. Ein Steuerautomat kennt dagegen entweder nur den Kurs oder nur die Windrichtung – was in kritischen Situationen ausreichen mag. Wer dagegen behauptet, eine von Hand gesteuerte Yacht sei die sicherste, hat im Hinterkopf, dass er einen umsichtigen, starken und kompetenten Mann am Rohr hat. Das ist bei dem Fastnet Race 1979 herausgekommen.

Eine nützliche Feststellung, die von verschiedenen Skippern gemacht wurde, ist die, dass bei einer kleinen Besetzung nur eine Taktik geeignet ist, und hat sich der Sturm voll entwickelt, muss man bei dieser zu Beginn eingeschlagenen Taktik bleiben. Das zeigt deutlich, dass man vorher unter moderaten Bedingungen experimentieren sollte.

Es ist erstaunlich, wie viele Crews unverdrossen an der einmal eingeschlagenen Taktik festhalten. Es ist viel leichter, in etwa auf einem von Beginn an eingeschlagenen Kurs zu bleiben. Es bedarf enormer Entscheidungskraft, von einem Amwindkurs auf einen Vorwindkurs zu wechseln. Eine Entscheidung in umgekehrter Richtung ist schon fast kühn, wenn nicht sogar dreist. Die schnellste Route durch diesen Sturm entsprach dem Generalkurs der Segelflotte. Deshalb neigten diejenigen, die westlich der Zugbahn des Sturmtiefs lagen, dazu, vor Wind und See zu lenzen, wogegen die, die östlich der Zugbahn lagen, eher den Bug in die See hielten. Eine andere Sache, über die man nachdenken sollte, ist die Verwendung von Öl

bei geringer Abdrift. Das wäre denkbar, wenn die Yacht vor einem Fallschirm-Seeanker liegt, entmastet oder nicht mehr steuerbar ist.

Wie oben bereits angedeutet, ist der wohl interessanteste Aspekt dieses Sturms, dass im Gegensatz zu den Yachten, die in die See hielten, bei den Yachten, die vor der See lenzten, erheblich mehr Probleme entstanden. Mit der Nase in den Wind, diese uralte Methode des Beidrehens unter Segel, schien die sicherste Taktik für Mittel- oder Schwerdeplacementyachten zu sein. Moderne Leichtkonstruktionen, wie die AROSA, lassen sich dagegen nur schwer unter Segel beidrehen. Viele sind viel zu lebendig, driften zu stark und können nicht für sich selbst sorgen, wie es traditionelle Yachten tun. So muss eine Alternative gefunden werden. Wenn eine starke Crew an Bord ist, könnte die Lösung sein, unter Rudergänger und Treibanker vor der See abzulaufen oder unter Maschine und Rudergänger beizuliegen. Alternativ muss man erwägen, unter Fallschirm-Seeanker beizuliegen.

Rettungsinseln

UKW-Handsprechfunkgeräte haben sich bei Rettungsaktionen als nützlich erwiesen. Man kann sich leicht vorstellen, dass dieses Gerät in einer Rettungsinsel noch sinnvoller ist. Mehrere Crews betrachteten das Aufblasen der Rettungsinsel als gute Vorsichtsmaßnahme. WAIKIWI II hatte zwei an Bord. Eine wurde aktiviert, als unmittelbare Gefahr bestand. Vier Stunden später hatte der Wind sie in Stücke zerlegt und schließlich abgerissen. DESTINY's einzige Rettungsinsel wurde ebenfalls aufgeblasen und ging verloren, als die Fangleine brach. Zwei weitere Rettungsinseln wurden von den Lagerböcken an Bord gerissen und später viele Seemeilen von der Stelle, wo sie über Bord gegangen waren, in ihren Containern gefunden.

Diese Vorkommnisse zeigen, dass man die Rettungsinsel in dem Container belassen soll, bis sie wirklich benötigt wird. Der Container sollte in einer speziellen Kiste an Deck oder an einer leicht zugänglichen Stelle unter Deck gestaut sein. Wichtig ist, dass sie regelmäßig gewartet wird, damit sie sich, wenn sie wirklich gebraucht wird, auch entfaltet. Bemerkenswert ist, dass die QUARTERMASTER eine Rettungsinsel für 8 Personen hatte, obgleich nur drei Personen auf der Yacht waren. Rettungsinseln sind so ausgelegt, dass sie am besten funktionieren, wenn sie mit annähernd dem Gewicht belastet werden, das ihrer maximalen Tragfähigkeit entspricht. Aus diesem Grunde ist vermutlich die Crew der QUARTERMASTER verloren gegangen. Das bedeutet, dass ein Eigner eine Rettungsinsel an Bord haben sollte, die der maximalen Stärke der Crew entspricht. Wenn er jedoch für eine ständig wechselnde Crewstärke eine passende Rettungsinsel anschaffen soll, hat er ein Problem. Große Segelyachten haben häufig zwei 4-Mann- oder zwei 6-Mann-Rettungsinseln. Das ist eine clevere, aber leider teure Lösung des Problems. Ob es sinnvoll ist, eine zu große Rettungsinsel mit allen möglichen geeigneten Dingen zu beschweren – auf diesen Gedanken könnte man ja kommen –, wage ich zu bezweifeln. Kim Taylor weist in seinem Buch »Storm Survey« darauf hin, dass Crews, die abgeborgen werden wollten, auf dem Wege zum Retter mehr gefährdet sind als irgendwie sonst. Sie bringen sogar das Leben anderer in Gefahr. Eventuell wird man sogar dem Vorwurf ausgesetzt, das aufgegebene Boot sei vorsätzlich gesunken. Es läuft also darauf hinaus, möglichst lange an Bord zu bleiben und alles zu tun, dass es über Wasser bleibt.

Nützliche Ausrüstung

Hier eine Reihe unterschiedlicher nützlicher Ausrüstungsteile: elektronische Blitzleuchten, Skibrillen, Leuchtstäbe (Knicklichter), Thermoskannen für heißes Wasser, Nassbiberanzüge und Fahrradhelme. Commander Larry Robbin von der MONOWAI sagt, der elektronische Blitz der MARY T sei äußerst effektiv gewesen. Ein elektronischer Blitz (Stroboskop-Lampe) ist bedeutend besser zu sehen als die normalen Positionslaternen. Hinzu kommt, dass er nicht mit den anderen Lichtern zu verwechseln ist. Aus diesem Grunde könnte es zu einem nützlichen Sicherheitsteil werden, ähnlich wie bei Flugzeugen. Piloten sagen, dass die lichtstarken Stroboskop-Leuchten der Flugzeuge bereits aus 40 Meilen Entfernung zu sehen sind. Am Boden müssen sie ausgeschaltet werden, um zu vermeiden, dass irgendjemand geblendet wird. Wenn sich beispielsweise die gesamte Crew wegen eines Sturms unter Deck aufhält, wäre es sinnvoll, eine solchen Blitz einzuschalten.

Jeder, der auf einem kleinen Boot versucht hat, bei Windstärke 10 in Windrichtung zu blicken, weiß, wie sinnvoll eine Skibrille sein kann. Skibrillen gehören zur Standartausrüstung beim BT Global Challenge, der Etappenregatta um die Welt auf der »falschen« Route. Alby Burgin sagte nach dem Zyklon »Emily« (s. Kap. 15): »Als ich meine Nase in Wind und Wellen hielt, war mir, als hätte man mir die Augen ausgestochen.«

Leuchtstäbe sind Ersatzlichter, wenn die Bordelektrik ausgefallen ist. Ob das überhaupt vorkommt? Wenn man sich die schlimmste Situation vorstellt und weiß, dass feinste Salzwassertropfen in jedes elektrische Gerät eindringen können, kann die Antwort nur lauten: ja.

Selbst in den relativ warmen Gewässern,

in denen der Sturm wütete, war Unterkühlung ein Problem. Feuchtigkeit bahnt sich ihren Weg in die Isolationsschichten und reduziert deren Effektivität. Hinzu kommt, dass verstärkte Inaktivität nichts dazu beiträgt, dass der Körper warm bleibt. Selbst am Äquator kann man ungemütlich kalt werden, wenn man sich nicht vor dem heftigen Regen schützt. Die PILOT hatte eine Thermoskanne für heißes Wasser an Bord. Die kam ins Spiel, als bei Greg Forbes sich langsam Unterkühlung einstellte. Die Crew der MARY T fand Raumfahreranzüge gut, um sich bei den feuchten Bedingungen warm zu halten. Ein Nassbiberanzug ist vielfach seinen Platz wert, den er an Bord braucht. Beispielsweise trugen Bill und Robyn Forbes Nassbiber, als sie an Bord der MONOWAI vorholt wurden. Nicht nur fürs Freizeittauchen ist ein Taucheranzug gut geeignet, sondern beispielsweise auch dafür, einen Propeller wieder klarzumachen.

Welche Bedeutung ein Taucheranzug beim Überleben spielen kann, zeigt eine Geschichte, die sich vor Jahren abspielte, als ein Fischerboot nachts bei einem Wintersturm einige Meilen vor Island kenterte. Niemand hatte überhaupt wahrgenommen, was passiert war, bis einer aus der Crew, der einen Taucheranzug trug, den Strand hinaufkrabbelte. Er war der einzige Überlebende. Trockenanzüge sind heute billiger geworden. Sie sind leichter anzuziehen und aus atmungsaktivem Material gefertigt und es wert, angeschafft zu werden. Noch sinnvoller sind jedoch wohl Überlebensanzüge, die mehr und mehr auf den Markt kommen. Segler mögen nicht allzu viel in Schwerwetterkleidung investieren, weil sie sie vielleicht nur einmal brauchen. Da sich aber Überlebensanzüge mehrfach verwenden lassen, sind sie vielleicht die bessere Wahl.

An den Fahrradhelmen sieht man, dass es wichtig ist, bei jeder Sportart seinen Kopf zu schützen. Viele Leute fühlen sich unsicher, an Bord einen Helm zu tragen. Deshalb hat man bisher noch kaum jemanden damit gesehen. Das kann sich aber ändern.

Schlussgedanken

Man mag enttäuscht, sollte aber nicht überrascht sein, dass es kein Allheilmittel oder zumindest ein Ausrüstungsteil oder eine einzige spezielle Taktik gibt, die sich für alle Yachten eignet, um über die Länge eines Sturms ruhig zu liegen, während die Crew schläft. Wäre auf einer Yacht ein Fallschirm-Seeanker über Bug ausgebracht worden, hätten wir viel über das Leistungsvermögen solch eines Gerätes im Vergleich zu den anderen Techniken erfahren. Leider wurde keiner eingesetzt.

So bleibt uns am Schluss nichts anderes, als zu sagen, dass man zum Überleben eines seltenen und gewaltigen Sturms wie diesem tropischen Tief vom Juni 1994 eine recht gründliche Basis braucht. Dazu zähle ich beispielsweise für jede Yacht erprobte Taktiken, die man mit einer starken Crew auf Tagestörns ausprobiert hat. Ist man in einen schweren Sturm geraten, muss man völlige Übermüdung und Erschöpfung vermeiden. Rücksichtloses Verhalten gegenüber denjenigen, von denen man vielleicht einmal Rettung erwartet, ist nicht akzeptabel. Trotz allem gilt: Man braucht auch eine Portion Glück, um nicht von einem extremen Brecher aus völlig unerwarteter Richtung getroffen zu werden.

23. Mit Familie und Katamaran im Nordatlantik

Richard Herbert

Es gibt Leute, die der Meinung sind, dass der endlos weite Ozean absolut ungeeignet ist für kleine Kinder, zumal auf einem kleinen und unterbemannten Segelboot. Richard Herbert jedoch startete mit seiner österreichischen Frau und sechs Wochen alter Tochter zu einem Segeltörn in die Karibik. Bei Stürmen, wie sie auf dem Atlantik typisch sind, konnte er sich ein Bild machen von der Wucht der See und von der Qualität seines Katamarans.

Wir verließen England Ende Juli 1990 mit wenig Erfahrung im Katamaransegeln auf See. Ich war Ausbilder für englische Segelscheine und Mitglied des Ocean Youth Clubs. Dabei hatte ich eine Menge Erfahrung auf Monohulls (bis 20 m Länge) erworben, aber eben nicht auf der Weite eines Ozeans. Meine Frau Ingrid hatte so gut wie keine Erfahrungen, sieht man von einem an der Küste absolvierten Segelkurs ab. Meine Tochter Kristina war erst sechs Wochen alt.

Unser Katamaran, eine Kelly 32, von Derek Kelsall entworfen, war eine Sandwich-Konstruktion aus Balsa und Polyester, 10 m lang, 5,60 m breit, mit viel Innenraum und hohem Freibord sowie Rümpfen mit hohem Auftrieb. Ich hatte für alle Fenster Schlagblenden aus 12 mm starkem Sperrholz angefertigt, die aufgeschraubt oder im Notfall schnell mit Scherstöcken gesichert werden konnten. Die Tür zum Cockpit war eine große Schiebetür mit Aluminiumrahmen und 6 mm starker Acrylverglasung. Für diese schwache Konstruktion hatte ich ebenfalls eine Schlagblende aus 12-mm-Sperrholz angefertigt. Die übergroßen Klampen an Bug und Heck besaßen ein stabiles Fundament für den Seeanker, der aus drei rundum bekleedeten Autoreifen bestand, die auch als Fender verwendet werden konnten. Unser Rigg war ein normales Bermudarigg mit Topptakelung und einer Rollfockanlage für eine Genua 2. Zusätzlich hatten wir ein leuchtend orangenes Trysegel und eine Sturmfock für ein inneres Kutterstag. Ansonsten war eine normale Ausrüstung für den Notfall an Bord.

Unsere erste Prüfung kam auf der ungemütlichen und rauen Biskaya. Die Bewegungen des Katamarans waren derart anders als bei einem Monohull, dass ich Angst bekam und mir für die nächsten Abschnitte Sorgen machte. Das blieb auch weiterhin so. Der leichte Katamaran – gerade mal 4 Tonnen – bewegte sich ruckartig wie ein alter Zug der Londoner U-Bahn in einer scharfen Kurve. Bei einem Monohull wären derartige Bewegungen die Vorboten für ein Desaster, eine Kenterung oder noch Schlimmeres. Meine nor-

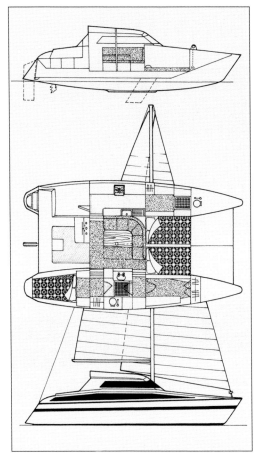

*Seitenansicht und Einrichtungsplan der A*NNA *L*OUISE, *einem von Derek Kelsall entworfenen 10-m-Katamaran vom Typ Kelly 32.*

Lissabon war ich ständig nervös. Ich führte das darauf zurück, dass ich kein Vertrauen in ANNA LOUISE hatte. Sie war zu leicht, die Fenster und die Schiebetür zum Cockpit waren für eine seriöse Yacht zu schwach; sie konnte in jedem Moment kentern. Sie gab mir kein gutes Gefühl. Wir waren unterbesetzt. In Wirklichkeit war ich ein Einhandsegler. Meine Frau musste sich um unser neugeborenes Kind kümmern. Unsere Entscheidung stand fest, ins Mittelmeer zu segeln.

In Lissabon jedoch bekamen wir von dem britischen Wetterdienst eine perfekte Wettervorhersage für eine Überfahrt nach Madeira. Das weckte unsere Geister, und wir liefen hinaus auf den Atlantik – hinein in einen Südweststurm. Wir haben in diesem Sturm viel gelernt. Ein vorbeifahrendes russisches Wetterschiff gab die Windstärke mit Bft 10 an und 10 m Wellenhöhe. Die sehr leichten Rümpfe mit dem extrem großen Auftrieb bewirkten, dass die Yacht wie ein Korken auf den Wellen tanzte. Es knallte an allen Ecken und Enden, aber nicht eine Welle brach sich über uns. Die schwachen Fenster machten kein Wasser, und auf die Schiebetür achtern kam nicht einmal Gischt. Da die zwei langen, schlanken und gerade mal 0,50 m tiefen Rümpfe absolut keinen Halt auf dem Wasser hatten, lenzten wir vor den Wellen anstatt uns mit ihnen anzulegen.

Mit dem Motor waren wir wunderbar manövrierfähig und konnten im Grunde in jeder Richtung vorankommen. Obgleich wir vor dem Wind mit 14 kn surfen oder mit Maschine Höhe machen konnten, wenn wir mit gleichmäßigem Tempo über die Wellen bolzten, kamen wir in Richtung Madeira nicht recht voran und beschlossen, mit der Sturmfock am Kutterstag beizudrehen und das Ruder hart nach Luv zu fixieren. Das war recht komfortabel, und wir hielten es an die vier

male Sturmtechnik bestand darin, die Sturmfock zu setzen und den Motor mitlaufen zu lassen. Wenn es nicht schlimmer wurde, überdeckte das Motorengeräusch von einem lauten, 27 PS starken Perkins die Windgeräusche und gab mir ein gutes Gefühl. Ich hatte die Yacht unter Kontrolle, und das sehr kleine Segel machte überhaupt keine Probleme.

Auf dem Reststück von La Coruña nach

Tage so aus. Das Leben ging seinen norma-len Lauf. Wir konnten immer warme Mahlzeiten zubereiten und mit Messer und Gabel am Tisch essen. Eines Nachts zogen wir sogar die Vorhänge zu, drehten den Ventilator auf volle Kraft, duschten heiß und taten so, als wären wir irgendwo an Land. Obgleich wir uns mehrmals im Kreise drehten, blieb die Yacht immer auf-recht und alles an seinem Platz. Wir führ-ten ein relativ normales Leben.

Natürlich hatte diese lange Zeit an uns gezehrt. Ein Atlantiksturm ist sehr ein-drucksvoll – und kann sehr lange anhal-ten. Wir wurden zwar immer müder, aber unser Vertrauen in ANNA LOUISE wuchs.

Mit Sturmfock beigedreht liegen ist relativ angenehm und sicher. Die Yacht lag in einem Winkel von 30° zu den anrollenden Wellen. Das bedeutet, dass die Wellen senkrecht zur Schiffsdiagonalen einfielen und wir mit 1–1,5 kn gegenan segelten.

Beim Auftreffen einer Welle hatten wir überhaupt nicht das Gefühl zu kentern. Die Welle hob den luvwärtigen Schwim-mer stetig und schnell an. Dann lief sie unter dem Brückendeck durch und schlug just in dem Moment gegen den leewärti-gen Schwimmer, als der luvwärtige auf die Rückseite der Welle fiel. Die daraus resul-tierende Kippbewegung war recht heftig. Mit anderen Worten: Statt umzukippen passierte genau das Gegenteil: Die Yacht fiel mit Schwung auf die Rückseite der Welle.

In der Gischt eines Brechers hatten wir in erster Linie das Gefühl, als verlöre die Yacht Auftrieb. Wellen, die kurz vorm Bre-chen waren, trafen uns am härtesten. Dabei wurde jedoch der Bug weggedrückt. Die Yacht nahm dann für einen kurzen Moment Fahrt auf. Anschließend drehte sie in ihre alte Lage zurück. Das Ganze funktionierte wie ein Sicherheitsventil. Ganz selten gab es einen schweren Schlag.

Sturmbesegelung. (Foto: Richard Herbert)

Es kam nie grünes Wasser an Deck und gar nichts ins Cockpit.

Als wir schließlich Madeira erreichten, hatte sich unser Vertrauen in ANNA LOUISE auf 100 Prozent gesteigert. Wir hatten das Schlimmste, das eine See bieten kann, unbeschädigt, mit Narben zwar, aber recht komfortabel und ohne Schäden an Yacht und Crew überstanden. Im Hinblick auf die Crew war es ganz wichtig, dass die Yacht allein gelassen werden konnte, dass sie exzellent für sich selbst sorgte und dass selbst bei diesen extrem harten Bedingun-gen Leben an Bord möglich war.

Im Mai 1991 erreichten wir auf unserer

Rundreise um den Nordatlantik Bermuda. Von dort legten wir am 21. Mai zu den Azoren ab. Von Bermuda bis zu den Azoren sind es 1800 Seemeilen. Wir hatten Diesel für ein Drittel der Strecke gebunkert und rechneten damit, die Überfahrt mit normalen Etmalen von 120 Seemeilen in zwei Wochen zu schaffen. In der ersten Woche schlichen wir langsam bis zum 38. Breitengrad. Dort hofften wir, beständigen Westwind zu finden.

Am Dienstag, dem 28. Mai, begann das Barometer zu fallen. Am Morgen stand es bei 1025 hPa, um Mitternacht bei 1017 hPa. Der Wind wehte aus Südost mit Stärke 3–4. Nicht weiter beängstigend. Er schob uns jedoch immer weiter nach Norden. In der Nacht verschlechterten sich die Bedingungen, der Wind drehte auf Süd 7–8. Wir verringerten die Segelfläche und setzten das Trysegel, die Sturmfock und einen kleinen Fetzen der Rollgenua. Damit kamen wir gut gen Osten voran. Trotzdem hatten wir die Nase irgendwie voll. Nach der schönen Segelzeit über Monate in den warmen Gewässern war es nun wieder kalt, nass, windig und rundum miserabel.

Am Mittag des 29. Mai beschlossen wir, auf der Position von etwa 39°N 051°W beizudrehen. Der Wind blies aus Süd mit Stärke 9, und das Barometer war auf 1006 hPa gefallen.

Als ich um 18.00 Uhr die Wache verließ, stand das Barometer bereits auf 1000 hPa. Plötzlich rief Ingrid: »all ships!« Das war unsere vereinbarte und überraschend gut funktionierende Technik, an Wetterinformationen heranzukommen. Die BANGKOK PANDA gab uns Auskunft. Zwei Tiefs waren im Anzug. Wir lagen genau dazwischen. Der Funker von dem Frachter war sehr freundlich und hilfsbereit. Es war angenehm, mit jemandem zu sprechen.

Als ich um 22.00 Uhr im Salon döste, hörte ich, wie Ingrid, die Österreicherin ist, auf Deutsch die HEIDELBERG EXPRESS rief. Das Wort »Trogorkan« aus dem UKW-Gerät löste bei mir sofort Panik aus. Ingrid zeigte überhaupt keine Reaktion. Die weiteren Erklärungen beinhalteten, dass sich das Tief nördlich von uns verstärken und vermutlich Winde von Hurrikanstärke produzieren würde. Wir sollten uns aber keine Sorgen machen, weil es nördlich von uns durchziehe. Das Barometer war bereits auf 998 hPa gefallen. Der Wind hatte sogar auf Bft 6–7 nachgelassen und langsam auf West gedreht. Deshalb beschlossen wir, so schnell wie möglich einen südöstlichen Kurs, weg vom Sturmzentrum, einzuschlagen.

Am Donnerstag, dem 30. Mai, stand das Barometer um 05.00 Uhr auf 992 hPa. Der Wind kam aus Nordwest mit Stärke 9. Ich saß an der Pinne und steuerte die Yacht nur mit der Sturmfock vor dem Wind. Sie surfte mit 17 kn die Wellen hinunter. Viel zu schnell und für unseren simplen Autopiloten weit außerhalb seiner Leistungsfähigkeit. Wir wollten uns weiter nach Süden kneifen, aber bei den immer höher auflaufenden Wellen wurden wir schneller. Gleichzeitig wurde es schwieriger, die Buge geradeaus zu halten, wenn sie in die Wellentäler stießen. Ich hatte Angst, dass wir zu weit aus dem Kurs laufen würden, wenn sich der gesamte Druck auf einen Bug verlagern, diesen unterschneiden und die Yacht sich über- oder querschlagen würde. Mir ging unsere zuvor gemachte Erfahrung durch den Kopf, nämlich vier Tage lang beigedreht gelegen zu haben. Es war klar, dass ich nicht genauso lange Ruder gehen konnte. Ingrid war von Kristina belegt, die ständig Aufmerksamkeit beanspruchte. Sie hatte auch nicht genügend Erfahrung, um bei solchen Bedingungen zu steuern.

Offensichtlich mussten wir irgendeinen Treibanker achtern ausbringen, um die

Die nachgeschleppten Leinen brachten nicht genügend Zug. (Foto: Richard Herbert)

Fahrt zu verringern. Ich dachte an die Autoreifen. Die Taktik mit den Autoreifen stammt von dem Katamaran-Konstrukteur Pat Patterson. Die Idee ist, von Bug bis Heck eine Hahnepot zu spannen, daran eine Schleppleine mit den Autoreifen anzuschlagen und so gewissermaßen beigedreht zu liegen. In diesem Moment entdeckte ich, dass die See die Autoreifen, die in den vergangenen neun Monaten immer an Deck gelegen hatten und dort festgezurrt waren, mitgenommen haben musste. Ich improvisierte einen Treibanker mit einem 2,5 kg schweren klappbaren Draggenanker für das Beiboot und einer 12 mm starken Leine, die ich auf einer Klampe belegte und über einen Beschlag in der Mitte des Hecks führte. Das funktionierte prima. Der Anker lag tief im Wasser, obgleich die Schleppleine nur 20 m lang war. Die Geschwindigkeit lag nun konstant bei 7 Knoten, und wir ritten die Wellen bequem ab. Sie liefen langsam und stetig

unter uns durch. Die Yacht blieb auf Kurs. Der Autopilot hatte keine Schwierigkeiten, bei diesem mäßigen Tempo zu steuern. Der Zug dieses improvisierten Treibankers war nicht zu stark. Das Heck hob sich problemlos vor der nächsten Welle an, und es kam nicht der leiseste Verdacht auf, es könne eine Welle achtern ins Cockpit einsteigen. Da der relativ breite Heckbereich der Schwimmer genügend Auftrieb hatte, kamen wir schnell ins Gleiten. Die Wellen rollten mit etwa 10 kn von achtern heran. Da der Unterschied zur Bootsgeschwindigkeit nicht zu groß war, lagen wir absolut stabil, ruhig und sicher in der See. Der Zug der Sturmfock und die Bremswirkung des Treibankers waren im Gleichgewicht. Der Autopilot hatte eigentlich nichts zu tun. Zu diesem Zeitpunkt schätzte ich die Windgeschwindigkeit auf 50 kn (unser Handwindmesser war bei Böen von 56 kn fast am Ende der Skala) und die höchsten Wellen auf 12 m.

Unglücklicherweise begann die Schleppleine an dem Beschlag in der Mitte des
Hecks zu schamfilen. Ich konnte den
Anker aber nicht bergen oder die Leine
abpolstern, weil sie zu stark unter Zug
stand. Normalerweise schütze ich Leinen
dort, wo sie durch Decksbeschläge laufen,
mit einem kurzen Stück Plastikschlauch,
aber diesmal hatte ich es vergessen. Nach
etwa einer Stunde brach die Leine, und
unsere Geschwindigkeit kletterte sofort
wieder auf 15 kn und mehr. Ich brachte
mehrere Hundert Meter Leinen achtern
aus, an die ich alle möglichen schweren
Teile knotete, die mir just in die Hände fielen: die Befestigungsklammer für den
Außenborder und Gasflaschen. Das alles
bremste die Geschwindigkeit nicht so wie
der kleine Klappanker, der auf etwa 10 m
Wassertiefe abgesunken war und permanent Zug ausgeübt hatte. Die langen Leinen ließen uns weiterhin viel zu schnell
die Wellen hinuntersausen. Das lag daran,
dass die Leinen in diesem Moment just
auf der Rückseite der Wellen waren. Erst
kurz vor dem Wellental setzte der Zug wieder ein. Weil Leinen und Boot nicht auf
der gleichen Seite der Welle und damit in
der gleichen Rotationsbewegung der Welle
waren, konnten die Leinen keinen permanenten Zug ausüben. Hinzu kam, dass die
Leinen mehr oder weniger über die Wasseroberfläche rutschten, anstatt tief abzusinken.

Die Schiffsbewegungen waren zu diesem
Zeitpunkt unregelmäßig. Es kam kein
sicheres Gefühl auf. Zwei Gedanken
machten mir Angst: das Unterschneiden
eines Bugs oder von achterlicher See überspült zu werden. Ich wusste um das große
Fassungsvermögen unseres Cockpits und
die weite Öffnung der Schiebetür. Wir
drehten unter Sturmfock bei wie vorher,
und die Dinge beruhigten sich, obgleich
die Seen jetzt größer waren als das, was

wir vorher erlebt hatten. Gegen 10.00 Uhr
war das Barometer langsam auf 994 hPa
geklettert; der Wind nahm aber immer
noch zu.

Plötzlich gab es einen Knall, und das Rigg
fing an, sich fürchterlich zu schütteln. Die
Sturmfock hatte sich verabschiedet und
flatterte an dem Kutterstag, das abgerissen
war. Ich bekam das Segel herunter und
stopfte es unter das Dingi. Das Fall riggte
ich als Ersatz für das Kutterstag. Nun
mussten wir den Motor einsetzen, um
weiterhin richtig zur See zu liegen. Wir
hatten aber nur 45 Liter Diesel im Tank,
der für 24 Stunden wohl noch reichen
würde. Die 135 Liter in Reservekanistern
konnte ich jetzt bei diesen Bedingungen
nicht nachfüllen.

Ich beschloss, Pat Pattersons Methode auszuprobieren und einen Treibanker seitlich
auszubringen. Die Theorie ist, dass dadurch der Katamaran in einer günstigen
Lage zur See gehalten wird. Jegliche Neigung zum Kentern wird durch den Zug des
Treibankers auf der Luvseite verhindert.
Ich legte 100 Meter einer 16 mm starken
Nylonleine mit einem Segelsack aus und
befestigte sie auf ein Drittel zwischen Bug
und Heckklampe. Das funktionierte und
brachte den Katamaran in die richtige
Lage zu den Wellen. Aber dadurch, dass
wir in der See förmlich festgehalten wurden, bekamen wir die volle Wucht der
Wellen zu spüren. Die Kracher belasteten
die Struktur des Bootes gewaltig.

Zumindest konnte ich jetzt das Kutterstag
reparieren. Der Bolzen des Schäkels zwischen Decksbeschlag und Stag war gebrochen. Die Sturmfock konnte ich aber nicht
wieder setzen, weil der Wind einfach zu
heftig war. ANNA LOUISE musste sich wie
ein wehrloser Boxer fühlen, der nicht ausweichen kann. Die Wellen schlugen gnadenlos auf die leichtgewichtigen Rümpfe
ein. Ich stellte mir vor, dass die durchge-

bolzten und unter Deck mit einlaminierten Metallplatten verstärkten Klampen aus dem Deck gerissen würden. Ich startete die Maschine und holte die Leine ein. Sofort waren die Schiffsbewegungen angenehmer. Das Boot wurde von den Wellen vorwärts geschubst und nicht mehr gegen sie festgehalten. Wegen des starken Auftriebs der Rümpfe und dem fehlenden Halt im Wasser ritten wir förmlich mit den Böen übers Wasser. Die Wellen schubsten uns hin und her, aber krachten nicht in uns hinein.

Der Seegang war derart hoch geworden, dass ich selbst mit einem Treibanker nicht länger vor der See hätte ablaufen können. Ein seitlich ausgebrachter Treibanker bedeutete, dass die See mit Urgewalt in uns hineinknallen würde, anstatt uns vorwärts zu puschen. Bei einem über Bug ausgebrachten Treibanker würden wir den Bereich mit dem geringsten Auftrieb direkt in die steilen Brecher halten.

Ich funkte eine PAN-PAN-Meldung. Wir brauchten dringend Wetterinformationen. War das der Gipfel des Sturms? Wie lange würde er noch anhalten? Überraschenderweise bekamen wir Antwort. Das Hochseefischerboot SENECA lag etwa 8 sm in Lee von uns und wetterte den Sturm mit geringer Fahrt voraus ab. Es hatte ein Wetterfaxgerät an Bord und stand über Kurzwelle mit der US Coast Guard in Verbindung. Man rechnete damit, dass der Sturm weiter anhalten und zunehmen würde. Unsere Situation schien nicht gut zu sein. Im Moment war alles okay, solange die Maschine durchhielt. Wenn sie ausfallen würde, würden sich die Buge vom Wind abwenden und wir würden fürchterlich ins Surfen kommen. Ein Treibanker wiederum würde uns zu fest zu den Seen halten. Noch waren wir sicher und alles recht komfortabel. Aber das hing nur an dem Motor.

Ich fragte SENECA, ob sie zu uns herüberkommen und in unserer Nähe bleiben könnten. Anfangs lehnten sie das ab. Die Leute machten uns vielmehr den Vorschlag, zu ihnen herüber zu segeln. Ich erklärte ihnen unser Problem mit dem Surfen. Sie sagten, sie würden vielleicht zu uns kommen. Das sei nicht leicht für sie, weil sie an die neun Stunden gegen Wind und Wellen brauchen würden, um uns zu erreichen. Während wir auf Kanal 16 mit SENECA sprachen, meldete sich die Yacht GOOD RESULTS, eine Macwester 32, der wir auf den Bermudas begegnet waren, und sagte, sie würde versuchen, uns zu treffen. Sie hatte 24 Stunden vor Topp und Takel und mit Ruderunterstützung gelenzt.

Am Abend waren SENECA und GOOD RESULTS bei uns. Uns war klar, dass nicht die geringste Chance bestand, von einem Schiff zum anderen zu gelangen. Und wenn ich mir die Brecher ansah, die sich direkt über der SENECA, einem 25 m langen Hochseefischerboot brachen, war ich mir überhaupt nicht sicher, ob es denen besser ging als uns.

Man konnte nun nicht mehr tun, als abzuwarten und zu hoffen. Die Wellen waren fast 15 m hoch und etwa 200 m lang. Sie zogen schneller vorbei, als wir je gesegelt waren. In der Spitze mit 17 Knoten. Die Fronten der Wellen hatten eine Neigung von etwa 17°, wie ich mit einem Winkelmesser feststellen konnte. Die letzten 1,50–2 m des Wellenkamms waren noch steiler und brachen sich. Die Windgeschwindigkeit betrug in Spitzen 56 kn.

Der Motor, der langsam vor sich hin rumpelte, brachte uns mit 1 kn langsam voran. Das reichte für die Steuerfähigkeit und um die Rümpfe in einem Winkel von 30° zu den Wellen zu halten. Wir ritten die Vorderseite der Wellen hinauf, die dann unter uns durchliefen, und fielen mit einem lauten, dumpfen Schlag auf die

Der Hochseefischer SENECA *am Tage nach dem Sturm. (Foto: Richard Herbert)*

Rückseite. Die brechenden Wellenkämme zischten und schäumten unter uns, und wir hatten das Gefühl, in ihnen zu ersaufen. Gelegentlich trafen uns ganz böse Wellen und knallten gegen die Rümpfe. Es war, als würden wir von einem Lastwagen gerammt. Die Buge wurden zur Seite gedrückt, die Yacht bekam einen Schubs und sprintete los. Dann drehte sie langsam wieder in die ursprüngliche Richtung ein. Das Ganze funktionierte wie ein Sicherheitsventil. Ich erinnere mich an eine Welle, die gegen den luvwärtigen Rumpf donnerte und uns fürchterlich lange vor sich herschob.

Die Nacht vom 30. auf den 31. Mai war schlimm. SENECA blieb in unserer Nähe (wir konnten ihre Lichter sehen) und gab uns Wetterinformationen, die nicht ermutigend klangen. Der Wind war unglaublich stark und böig. Aber nun konnten wir die Wellen, die auf uns niederdonnerten, nicht sehen. Jedes Fenster und jedes Luk leckte; alles unter Deck war durch die Gegend geflogen und patschnass. Wir selbst standen unter Schock und waren erschöpft. Wir steckten in Ölzeug und trugen Rettungswesten. Ich habe nie in Erwägung gezogen, die Rettungsinsel zu benutzen. Ich glaubte nicht, dass es möglich sei, sie bei diesen Bedingungen zu aktivieren, zu Wasser zu lassen und zu entern.

Das Donnern der Wellen gegen die Rümpfe hörte nicht auf. Plötzlich fiel eine fürchterliche Bö über uns her. Anschließend beobachtete ich eine Veränderung der Schiffsbewegung. Später entdeckte ich, dass die See die Ruder verdreht sowie die ausklappbare Halterung des Motors zerbrochen und nach einer Seite hin verbogen hatte. Mit dem Ruder steuerte ich die Wellen hinauf und vorsichtig auf der Rückseite herunter. Alles funktionierte noch. Ich sah rundum nur Gischt, die derart hart daherkam, dass die kleinste ungeschützte Stelle Haut schmerzte, wenn sie davon getroffen wurde. Auf den Wellenspitzen sah man, dass alles ringsum förmlich kochte und mit abreißender Gischt erfüllt war.

Das war gottlob! der Gipfel des Sturms.

Im Laufe des Freitags, dem 31. Mai, nahm der Wind langsam ab, und das Barometer stieg auf 1008 hPa. Am Samstagmorgen gab uns SENECA bei Sonnenaufgang den Rat, nach Süden abzulaufen, weil die einsetzende Windabnahme trügerisch sei. Sie kamen herüber, um zum Abschied zu winken, und wir sahen die Crew zum ersten Mal. Sie hatten nicht unser Leben, aber unsere geistige Verfassung gerettet. GOOD RESULTS begleitete uns. Die See rollte noch heftig; aber zum Glück wehte es nicht mehr in Sturmstärke. Wir setzten Kurs nach Süd ab und verließen diese Gegend, so schnell wir konnten. Segelnd und mit Motor erreichten wir die Azoren am 9. Juni.

Kommentar

Der erste, größere Anlass zur Besorgnis war, dass der Katamaran viel zu schnell und ohne die nötige Ruderwirkung die Wellen hinuntersurfte. Bei einer unterbemannten Crew gibt es das allgemein bekannte Dilemma, dass sie solche Bedingungen nicht lange durchhalten kann. Der Plan bestand darin, die Autoreifen als Treibanker zu verwenden. Aber da sie monatelang spazieren gefahren worden waren, hatten sie sich just in dem Moment, als sie gebraucht wurden, aus dem Staube gemacht. Nach dieser Sturmerfahrung glaube ich jedoch, dass sie als

Treibanker eh nicht gut funktioniert hätten, weil der Hohlraum der Reifen mit Tape zugeklebt war. Die Treibanker-Improvisation mit dem Draggen für das Beiboot und der 20 m langen, 12 mm starken Verbindungsleine war eine Überraschung. Dieser Anker war schwer genug und tauchte weit genug ab. Wäre die Leine nicht durchgescheuert, hätte diese Geschichte keine Fortsetzung gehabt.

Richard Herbert sah sich nach Dingen für eine weitere Improvisation um. Die Klammer für den Außenborder und die Gasflaschen hatten zuviel Auftrieb und brachten keinen ausreichenden und beständigen Zug.

Nach der Niederschrift dieses Erlebnisses im Atlantik sagte Richard Herbert, seine nächste Yacht sei für Schwerwetter mit schweren Ausrüstungsteilen wie festverzurrten Kanistern präpariert. Es ist interessant zu hören, dass seine nächste Yacht mit Sicherheit wieder ein Katamaran ist.

24. Herbststurm in der Biskaya

James Burdett

Fast gleichzeitig brachen drei Yachten zu ihrer Heimreise gen Norden von La Coruña auf. Dieser Bericht schildert die Erlebnisse der kleinsten und ältesten der drei Yachten.

La Coruña ähnelt im Spätsommer einer Motorservicestation an einer Hauptverkehrsroute zu Ferienzielen. Einige Boote befinden sich am Ende ihrer Sommerreise und verproviantieren sich für die Heimfahrt, andere wiederum sind auf Südkurs in wärmere Gewässer und starten gerade in ihr Abenteuer. Mein Cousin Tom Hasler und ich waren mit meiner MARY, einer 1939 gebauten, 7,60 m langen und von Laurent Giles gezeichneten Vertue, auf der Heimreise von einem sechswöchigen Segeltörn an der Nordwestküste Spaniens. Ich hatte die MARY zwei Jahren zuvor gekauft. Sie war mein erstes »Dickschiff«. 1939, gerade noch vor dem 2. Weltkrieg, wurde sie gebaut und war seitdem mehr oder weniger in der Hand eines Ehepaares, das sie dann an mich verkaufte. Als ich sie übernahm, hatte sie bereits 12 Jahre lang bei einer Werft an Land gestanden. Der Gutachter bestätigte, dass nicht die Spur von Fäulnis in den Planken aus Pitchpine und den eichenen Spanten war und das Boot rundum gesund sei.

Am Freitag, dem 10. September 1992, hatten wir schon etwa eine Woche in La Coruña gelegen. Trotz der Attraktionen in der Stadt wurden wir von den vielen Tapas langsam krank und hielten es nicht länger aus.

Am Tag zuvor hatte ich mit meinen Eltern telefoniert, um eine mehrtägige Wettervorhersage des britischen Wetterdienstes zu bekommen. Die war ganz ungewöhnlich ungenau und sprach nur von einem Tiefdrucksystem, das sich von Westen nähere und in der Nordbiskaya Sturm bringen würde. Wir hatten den ersten Herbststurm in der Woche davor bereits ausgesessen und wussten nur zu gut, dass, je länger wir in Spanien herumgammeln würden, wir um so eher dort hängen bleiben und eventuell gar nicht mehr weiterkommen konnten. Als uns ein dänischer Skipper die Wetterübersicht des dänischen Wetterdienstes gab, die sich von der des britischen Wetteramtes total unterschied, waren wir begeistert und fuhren völlig auf sie ab. Die Vorhersage der Dänen besagte, dass sich die schwache Hochdruckbrücke in der Südbiskaya auffüllte und jedes Tief weiter nach Nord und von unserem Kurs weg verdrängte. Einer der Wetterberichte musste falsch sein. Nach einer längeren Debatte und als überzeugte Optimisten beschlossen wir, es sei der britische.

Am Freitagmittag lichteten wir den Anker, umrundeten den massiven Wellenbrecher Dique de Abrigo und gingen auf Nordostkurs. Unser Ziel war Raz de Sein in der Südbretagne, 360 sm entfernt.

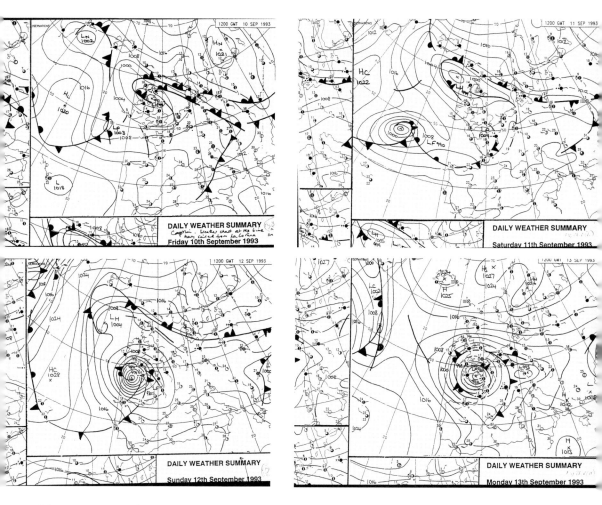

Abb. 24.1 *Die Wetterkarten von 12.00 UTC am Freitag, 10. September 1993, und 12.00 UTC am Samstag, Sonntag und Montag, 11.–13. September.*

Für die Überfahrt auf der Hinreise hatten wir 62 Stunden gebraucht. Jetzt mit 4–5 kn Wind von achtern rechneten wir mit etwa der gleichen Zeit. Nach 24 Stunden hatten wir schon 120 sm hinter uns und rochen bereits die frisch duftenden Croissants, die in Frankreich auf uns warteten. Wir kamen aber schnell auf den Boden der Tatsachen zurück, als wir den Wetterbericht von Samstag 18.00 Uhr, den ersten seit unserer Abreise, abhörten: »... Biskaya, Nord-Finisterre, schwerer Sturm mit Windstärke 11 aus Süd, gewaltige ...« Der Ansager verlas den Bericht mit dem Gleichmaß einer tickenden Uhr. Ich fragte mich, ob er sich die Ungläubigkeit und die Verständnislosigkeit in meinem Gesicht vielleicht vorstellen könnte, die diese

Worte auslösten. Tom und ich schauten uns verblüfft an. Welche Tollkühnheit hatte uns geritten, die mehrtägige englische Wettervorhersage einfach zu ignorieren? Und warum waren gerade wir mitten auf der Biskaya auf einem Boot, das älter war als wir beide zusammen und nun mit uns in einen Orkan geriet? All diese Gedanken sausten mir durch den Kopf. Es war aber zu spät, um weiter nach Antworten zu suchen.

Es war klar, wir waren viel zu weit vom Land entfernt, um schnell Schutz zu suchen. Die spanische Küste lag 120 sm luvwärts und die französische 270 sm nordöstlich. Uns blieb nichts anderes übrig, als den Sturm – so gut wir konnten – abzureiten.

Wir mussten schnell handeln und das restliche gute Wetter ausnutzen. Das Wichtigste war, soviel Seeraum wie möglich zu gewinnen. Mit halbem Wind segelten wir auf Nordwestkurs weit hinaus auf den Atlantik, um genügend Abstand von der Küste zu bekommen. Die zwei größten Gefahren waren: die Küste der Südbretagne in Lee und der dichtbei befindliche Kontinentalschelf, der etwa von Ushant

parallel zur französischen Küste in südöstlicher Richtung verläuft. Dort verringert sich die Wassertiefe innerhalb von 15 sm von 200 auf weniger als 100 m. Wenn hohe Tiefwasserdünung auf diesem Schelf aufläuft, wird die See steil und konfus.

Wir bargen die Segel und laschten das Groß fest auf den Baum. Ich zog zusätzliche Sicherungsleinen über das Prahmdingi, das über dem Kajütaufbau lag. Außerdem kramte ich zwei 45 m lange schwere Trossen zum Nachschleppen hervor, weil sie mir leichter als ein Treibanker zu handhaben schienen, und deponierte sie im Cockpit.

Als am Samstag die Dunkelheit hereinbrach, waren MARY, Tom und ich für das, was auf uns zukommen sollte, gut präpariert. Der Wind nahm ständig zu. Um Mitternacht blies er mit schätzungsweise Bft 6 (wir hatten keinen Windmesser). Die zwei Trossen schleppten wir in einer Bucht achteraus. Den einen Tampen hatten wir über beide Schotwinschen gelegt, der andere war auf einer der großen Bronzeklampen am Heck belegt. Die Trossen hielten das Heck gut in den Wind und verringerten deutlich die Fahrt. Sie bremsten nicht so

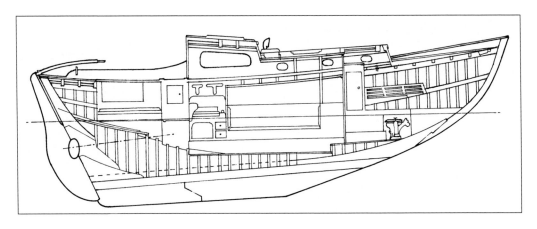

Abb. 24.2 Seitenansicht der MARY, die die Form des Unterwasserschiffes zeigt.

stark wie ein Treibanker, denn wir hatten immer noch 3–4 kn Fahrt auf der Logge.

In der Morgendämmerung war klar, in was wir geraten waren. Der Wind blies nun konstant mit Stärke 10 aus Süd. Es war extrem schwer, nach Luv zu blicken, um die nächste Welle anrollen zu sehen. Der Wellenschaum und die Gischt schlugen in die Augen wie ein Sandsturm. Die Wellen hatten sich über Nacht aufgebaut. Es war schwer, ihre Höhe zu schätzen, aber wenn wir in den Tälern waren, überragten sie den Mast. Der Wind legte im Wellental eine kurze, aber nervenaufreibende Pause ein. Die nächste, von achtern anrollende Welle zerrte uns wie ein Stück Treibgut zurück in die Klauen des Sturms. Kurz nach Tagesanbruch am Sonntag – an Schlaf war nicht zu denken – rief Tom durch den Niedergang zu mir unter Deck dringend nach einer weißen Signalrakete. Dafür gab es nur eine Erklärung. Ich sauste die Stufen hoch, schaute in die Runde und sah hinter uns die Umrisse eines Frachters im Dunst der Gischt auftauchen. Er hielt genau auf uns zu und war nicht weiter als eine Viertelseemeile von uns entfernt. Zum Glück änderte er, nachdem Tom die Rakete abgefeuert hatte, seinen Kurs und lief ein paar hundert Meter an Backbord vorbei. Ich konnte ihn über UKW erreichen. Er hieß TRITON und gab uns eine akkurate Position. Überraschenderweise lagen wir nicht mehr als 10 sm von unserer seit La Coruña gekoppelten Position entfernt. Sie fragten, ob wir okay seien. Ich sagte: ja. Obgleich unsere Situation weit davon entfernt war, als angenehm bezeichnet zu werden, hatte ich dennoch das Gefühl, alles unter Kontrolle zu haben. Ich rechnete damit, dass das Sturmzentrum schnell durchziehen und den schlimmsten Wind mitnehmen würde. Auf jeden Fall konnten sie nur wenig für uns tun, selbst wenn wir Hilfe

gebraucht hätten. Die Seen waren derart kurz und steil, dass jede Rettungsmöglichkeit ausfiel. Später erfuhren wir, dass TRITON uns der französischen Küstenwache gemeldet hatte.

Der Wind hatte auf Südwest gedreht. Damit schwand unsere Hoffnung, von Ushant freizukommen. Die 150 sm entfernte Küste der Südbretagne lag nun direkt in Lee. Das war bei unserer Geschwindigkeit zwar noch mehr als einen Tag entfernt, der Übergang zum Küstenschelf (auf 100 m Wassertiefe) aber nur 75 sm. Dort lauerte eine riesige Gefahr auf uns.

Die Wellen wurden nochmals deutlich höher und bedrohlicher. Zuvor waren die Wellenkämme noch glatt, jetzt brachen sie sich. Es war absolut unmöglich, einem Brecher auszuweichen, wenn er zu uns herunterschoss. Man konnte nur versuchen, das Boot zur Welle auszurichten, um den Aufprall zu minimieren. Wir steuerten immer häufiger das Boot direkt von der Welle herunter, weil wir glaubten, so am besten eine Kenterung oder einen Überschlag zu vermeiden. Theoretisch scheint das sinnvoll zu sein, weil man dann ja die schmalste Seite der Yacht den Wellen präsentiert, aber in Wirklichkeit funktioniert das nur bis zu einem gewissen Punkt, denn der direkte Weg von den Wellen hinunter ist der steilste – und schnellste.

Bei einer 18 m hohen Welle kommt selbst ein 5 t schweres Boot mit achtern nachgeschleppten Leinen auf Höchstgeschwindigkeit. Dieser Kurs war hart; die Yacht kam mehrmals auf der Vorderseite der Wellen ins Gleiten. Zum Glück ist MARY ein gutmütiges Schiff, das mit dem Langkiel perfekt auf Kurs bleibt. Man brauchte nur selten einmal hart Ruder zu legen, um sie daran zu hindern durchzukentern.

Die MARY besaß keine Selbststeueranlage (die bei diesen Bedingungen auch kaum

Die MARY, eine von Laurent Giles entworfene und 1939 gebaute 7,60-m-Vertue.

einsetzbar gewesen wäre), und deshalb ging der, der Wache hatte, konstant Ruder. Weil der Hauptteil dieser Aufgabe auf mich fiel, war ich am Sonntag langsam erschöpft. Wir waren beide bis auf die Haut nass und wurden trotz des ständig unter Deck brennenden Kochers nicht mehr warm.

Der Wind machte keine Anstalten nachzulassen – im Gegenteil, er wurde stärker und stärker. Wenn wir gerade meinten, heftiger ginge es nicht mehr, legte er noch einen Zahn zu. Von Stunde zu Stunde wurde der Seegang steiler und unberechenbarer. Aus jeder Welle wurde nun praktisch ein Brecher, und wir waren bei all dem Schaum und der Gischt nicht mehr in der Lage, die Oberfläche der See zu erkennen. Die Brecher begruben das ganze Boot unter sich und füllten ständig das Cockpit. Nach jedem Brecher brauchten wir 10 Minuten, um das Boot trocken zu lenzen, weil eine beträchtliche Menge Wasser seinen Weg durch die Seitenfenster

im Salon und die Backskistendeckel nach unten fand.

Da wir der 100-m-Tiefenlinie immer näher und näher kamen, war es nur eine Frage der Zeit, wann es Schluss sei mit der »Ruhe« und wann der Seegang zur Attacke blasen würde. Entscheidung war gefragt. Wir standen am Scheideweg: entweder zu versuchen, die sich rapide verschlechternde Situation durchzustehen oder auf unseren Stolz zu pfeifen und Hilfe zu rufen. Mir war vollständig klar, dass MARY die Schläge, in die wir sie hineinsteuerten, nicht länger durchstehen würde. Als ich schließlich einen MAYDAY-Ruf absetzte, antwortete niemand. Bei realistischer Einschätzung konnte ich nicht damit rechnen, dass irgendjemand mich hörte, zumal die Sendeleistung meines UKW-Handsprechfunkgerätes bei diesen Bedingungen kaum 10 sm weit reichte. Im Nachhinein konnten wir nur froh sein, dass uns niemand hörte, weil jeder Versuch, die MARY aufzugeben und die Bordwand eines

Frachters hochzuklettern, einem Selbstmord gleichgekommen wäre.

Der MAYDAY-Ruf war ein Wendepunkt. Wir realisierten, dass wir total auf uns selbst gestellt waren. Unsere einzige Hoffnung war, MARY über Wasser zu halten – koste es, was es wolle. Die Rettungsinsel schied als Möglichkeit aus. Selbst wenn wir uns dazu entschieden und die Zurringe gelöst hätten, wäre die Chance, sie zu Wasser zu lassen, sie zu entern und sie aufrecht zu halten, gleich Null gewesen.

Als am Sonntag die Nacht anbrach, ging die Hölle los. Es war stockdunkel. Man sah nur das grün phosphoreszierende Wasser auf den brechenden Wellenkämmen. Die Luft ringsum war voll von Schaum und Gischt. Unsere Augen brannten und waren vom Wind rot unterlaufen. Obwohl ich davon überzeugt war, dass MARY nach einer Kenterung sofort schnell sinken würde, blieben wir im Cockpit angeleint.

Zum Glück hatte Tom entdeckt, dass man den unerbittlichen Attacken der Brecher am besten begegnete, wenn man sie vier Strich achteraus nahm. Das bedeutete, dass der Kurs auf der Vorderseite der Wellen nicht der steilste war. Das schützte MARY nicht davor, völlig unter Wasser begraben zu werden, sie schoss aber nicht mehr so schnell die Wellen hinunter wie zuvor. Mit dieser »Tom-Hasler-Schrägsteuerungsmethode« konnten wir einen östlicheren Kurs steuern und uns von der nahen französischen Küste ein wenig freihalten.

Mitternacht am Sonntag wütete der Sturm bereits 24 Stunden. Er hatte in den letzten 12 Stunden konstant mit Stärke 11 geblasen, in Böen sogar mit 12. Keiner von uns hatte in den letzten 30 Stunden irgendwie geschlafen. Wir waren völlig durchnässt, müde, hungrig und niedergeschlagen. Ich erwischte mich bei dem Gedanken, dass es vielleicht leichter sei, wenn uns die nächste Welle mit auf den Grund nähme. Alles war noch halbwegs erträglich, wenn ich in der Ecke des Cockpits kauerte und halb bewusstlos döste. Aber das dauerte meistens nicht lange. Der Schrei von Tom, der am Ruder saß, warnte mich vor dem nächsten Guss. Das anschließende Lenzen des Bootes kam mir vor, als würde es Stunden dauern.

Wir versuchten, unsere Moral mit Singen und Aufstampfen der Füße aufrecht zu erhalten und wach zu bleiben. Aber selbst Tom, der Initiator des Gesangs, hatte alle Melodien vergessen.

Die Wellen hatten jegliches Muster verloren und rollten aus allen Richtungen heran. Wir mussten fast ununterbrochen lenzen, um überhaupt eine Chance zu behalten, dass das Boot nicht absoff. Die Jalousietüren am Niedergang waren jämmerlich ungeeignet. Sie ließen das Wasser nahezu ungehindert passieren. In gleichmäßig kurzen Abständen stand Wasser im Boot bis zu den Bodenbrettern.

Während meiner Zeit am Ruder drehte ich mich nach hinten um und sah weit über mir etwas, das wie eine Wolke ausschaute. Die Täuschung dauerte aber nur eine Sekunde. Im nächsten Moment stürzte die »Wolke« mit enormer Wucht auf uns nieder und schlug MARY voll. Wir wurden beide fest auf den Boden des Cockpits gedrückt, überall um uns herum war grünes Wasser. Das Boot wurde wie von Geisterhand völlig unkontrolliert die Welle hinuntergeschleudert. Die Gewalt des Brechers versetzte MARY in Furcht erregendes Schütteln, als sie wie ein Schlitten auf der Vorderseite in die Tiefe sauste. Das konnte doch nicht gut gehen! Vielleicht würde eine Planke aufspringen oder der Decksaufbau insgesamt eingedrückt werden und der Rest uns mit in die Tiefe nehmen. Aber irgendwie überlebten wir.

Im Laufe der ersten Stunden am Montag-

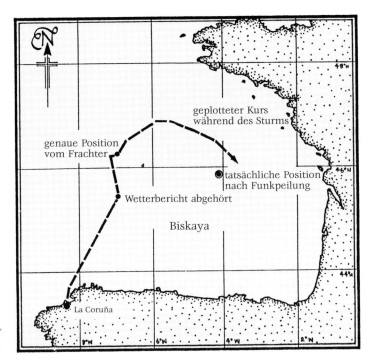

geplotteter Kurs
während des Sturms

genaue Position
vom Frachter

tatsächliche Position
nach Funkpeilung

Wetterbericht abgehört

Biskaya

La Coruña

Abb. 24.3 Kurs der MARY
im September 1993.

morgen war ich wieder am Ruder und kämpfte. Mehr zufällig entdeckte ich, dass ich am besten die Fahrt dadurch verringern konnte, indem ich das Ruder hart nach Backbord legte und so effektiv beidrehte. Dabei zogen die Trossen das Heck weiterhin einigermaßen in den Wind. Andererseits fielen Wind und Wellen jetzt mehr querab ein. Das verringerte die Häufigkeit vollzuschlagen, weil das Wasser nun eher über den Decksaufbau flutete, als das Cockpit von achtern zu füllen. Diese Position zu den Wellen erhöhte zwar das Kenterrisiko, wir waren aber zu müde, um uns darüber Gedanken zu machen. Weil sich dadurch gleichzeitig das Lenzen auf 20 Minuten verkürzte, laschten wir die Pinne nach Backbord fest und verzogen uns nach unten.

Ich warf mich auf die leewärtige Koje und schlief ein. Als ich aufwachte, sah ich, dass Tom den Primuskocher wieder zum Leben erweckt hatte (er war aus der kardanischen Aufhängung gesprungen) und versuchte, die Kajüte aufzuwärmen.

In der Frühe des Montagmorgens hatte der Wind auf Bft 9–10 abgenommen. Den Rest des Tages verbrachten wir pitschnass bis auf die Haut im Ölzeug auf den Kojen und hofften, dass das Schlimmste nun vorbei sei. Am Dienstagmorgen hatte sich der Wind so weit beruhigt, dass wir trotz der immer noch hohen Wellen und der Brecher, die gelegentlich an Deck knallten, überlegten, die Segel zu setzen und zu segeln. Ich konnte um 10.00 Uhr mit dem Funkpeiler unsere Position bestimmen. Sie lag 70 sm westlich von La Rochelle. Wir hatten in den letzten 50 Stunden 200 sm vor Topp und Takel gelenzt.

Vor dem Segelsetzen untersuchten wir das Boot auf Schäden. Der einzige Bruchschaden war die Dirk, die an dem Radarreflek-tor schamfilte und gebrochen war (dieser hatte sich beim Sturm an dem Backstag nach oben geschraubt). Rigg und Mast waren intakt. Das mag ironischerweise an der leichten Bauweise gelegen haben (der Hohlmast ist aus kanadischer Fichte) und an dem schmalen Profil des Baums und des Mastes. Ein breiteres Profil und ein schwererer Mast sind zum einen windan-fälliger und zum anderen vergrößern sie das Rollträgheitsmoment, was meines Erachtens dazu führt, dass sich dadurch die Aufprallenergie der Wellen zum Nach-teil des Bootes verstärkt.

Wir setzten die Segel und nahmen Kurs Richtung Ile d'Yeu. Ein paar Stunden spä-ter entdeckten wir jedoch, dass wir über-haupt keine Karten von der Insel an Bord hatten. Nach einigen humorigen Frotze-leien von beiden Seiten änderten wir den Kurs Richtung Belle Ile, die 40 sm weiter an der Küste entlang lag. Mittwoch, den 15. September um 12.00 Uhr, liefen wir schließlich in La Pallice ein – nicht bevor uns in dem Tidenstrom an der Südspitze der Insel die See zweimal achtern einge-stiegen war. Ein letzter Hinweis der Bis-kaya auf unsere Sterblichkeit.

Später hörte ich von der Küstenwache, dass eine dänische und eine britische Yacht kurz nach uns La Coruña verlassen hatten – beide gingen verloren.

Kommentar

Eine Vertue-Yacht gilt allgemein für ihre Größe als sehr seetüchtig, und dieser furchteinflößende Herbststurm in der Biskaya bestärkt diese Meinung. Die Situa-tion, in die die Crew der MARY geriet, kommt einem irgendwie bekannt vor. Eine Woche Liegezeit wegen Sturm und der Wunsch, nach Hause zu kommen, sind menschlich verständliche Gründe

dafür, dass man sich für den günstigsten Wetterbericht entscheidet. Nach der Ent-scheidung auszulaufen wäre es klug gewe-sen, die Wetterberichte von Freitagmittag, als MARY bereits unterwegs war, bis Sams-tagmorgen regelmäßig abzuhören. Das harmlos aussehende Tief von 1003 hPa auf dem Atlantik (auf der Wetterkarte vom Freitag zu sehen – Abb. 24.1, S. 349) ver-tiefte sich in diesem Zeitraum deutlich, aber nicht rapide. Am Sonntag hatte es im Kern einen Luftdruck von 970 hPa. Die Iso-baren lagen deutlich dichter beieinander – was auf sehr starken Wind hindeutete.

Die erfolgreiche Bewältigung der Fahrt lag an der Ausgewogenheit zwischen dem er-forderlichen Mut, der Zähigkeit und Ent-schlossenheit der Crew. Dass am Ende nichts brach, zeugt von dem hervorragen-den Zustand der Yacht und der guten Vor-bereitung.

Was konnte die Crew nach der fatalen Ent-scheidung auszulaufen anderes tun als das, wozu sie auch die Mittel hatte? Hätte ein Fallschirm-Seeanker geholfen? Viel-leicht, meint James Burdett. Er hätte die Verbindungsleine am bis zum Kiel durch-gesteckten Mast belegen müssen. Hätte ein Treibanker geholfen? Bestimmt, sagt er. Die zwei Trossen reduzierten MARY's Geschwindigkeit auf 3–4 kn, als der Wind ein geschätzte Stärke von 6 hatte. Als er später beträchtlich zunahm, sauste die Yacht spektakulär und haarig schnell die steilen Wellen hinunter und geriet völlig außer Kontrolle. Hätte es dann einen Steu-erfehler gegeben, wäre sie sofort querge-schlagen. Ein guter Treibanker hätte eine viel größere Bremswirkung gehabt als die 45 m langen Trossen. Der hätte auch den Stress an der Pinne verringert. Das Boot wäre kontrollierbar geblieben und hätte stabil im Wasser gelegen. Bei zu großer Abbremsung hätte allerdings die Anzahl achtern einsteigender Seen zugenommen.

Tom Hasler zeigt die Flagge nach dem Sturm, die beim Verlassen von La Coruña noch volle Größe hatte. (Foto: James Burdett)

Die »Tom-Hasler-Schrägsteuerungsmethode« haben viele bekannte Segler in ähnlicher Form angewendet, um exzessive Geschwindigkeiten beim Ablaufen vor steilen Wellen zu vermeiden. In Kapitel 15 werden die durchaus vergleichbaren Methoden von Bernhard Moitessier, Vito Dumas und Alan Webb beschrieben. Diese Methode funktioniert zweifelsohne so lange, wie ein Rudergänger in der Lage ist, sie umzusetzen. Als der Rudergänger der MARY verständlicherweise keinen Dampf mehr hatte, drehte das Heck in eine ungewöhnliche Richtung. Die Yacht legte sich über Heck beigedreht. Eine Position, die

als angenehm empfunden wurde. Die Trossen hinderten die Yacht jedoch daran, quer zur See zu liegen. Diese Taktik ist sicherlich angenehmer, aber ungleich gefährlicher. So sahen es auch die beiden Männer der MARY. Sie können von Glück sprechen, dass sie nicht durchkenterten – wobei es jedoch schwierig ist zu sagen, was sie zu diesem Zeitpunkt hätten besser machen können.

Bei extremem Wetter bringt ein zweiteiliges Ölzeug keinen ausreichenden Schutz – was auch nicht zu erwarten ist. Ein einteiliger Trockenanzug oder Überlebensanzug ist in Überlebenssituationen Gold wert. »Einsame Klasse«, sagt Mike Golding in Kapitel 10. Skibrillen oder andere Brillen wären ebenso wünschenswert gewesen. James Burdett wäre glücklich über ein funktionierendes Heizgerät gewesen. Es sei noch einmal auf die Menge Wasser, die unter Deck gelangte, hingewiesen, die vielfach über die Backskisten eindrang, wenn das Cockpit unter Wasser stand. Um für die Saison einen dicht schließenden Backskistendeckel zu bekommen, muss man das unter dem Deckel angeklebte Dichtungsgummi mit Vaseline oder einem Spezialfett einfetten, damit das Gummi später nicht abreißt, wenn man den Backskistendeckel anhebt.

Bei allem, was passiert ist und was beide geleistet haben, kann James Burdett sich eine Sache nicht recht verzeihen. Offensichtlich fehlte ein Bändsel an dem Schwengel für die Bilgepumpe. Wäre der über Bord gegangen, hätte es an dem Untergang der MARY keine Zweifel gegeben. Das weist auf die klugen Regeln des Offshore Racing Councils hin, die für alle Regattaboote verbindlich sind. In einem der vielen weiteren, sinnvollen Punkte in diesem Regelwerk steht, dass die Pumpenstöcke mit einem Bändsel gesichert sein müssen.

25. Im Wintersturm vor der Südwestküste Australiens

Deborah Schutz

Eine schriftliche Anfrage beim australischen Magazin »Cruising Helmsman« nach einer Geschichte, in der der Einsatz eines Fallschirm-Seeankers vorkommt, führte zu dem Bericht von Deborah Schutz, in dem sie beschreibt, wie PRISANA II vor Perth einen anhaltenden Sturm in Orkanstärke abwetterte. Die Geschichte beantwortet die Frage, ob ein Fallschirm-Seeanker das tut, was man von ihm erwartet, wenn es richtig bläst.

PRISANA II ist eine 13,70 m lange GFK-Ketsch vom Typ Tayana Surprise 45 mit zwei gleich hohen Masten, in deren Profile die Segel eingerollt werden können. Sie hat einen Tiefgang von 2,10 m, eine Verdrängung von 13 t, eine Breite von 4,10 m, einen Kielballast von 5 t sowie einen Finnkiel, ein Skegruder und einen hydraulisch angetriebenen Autopiloten, der direkt auf den Seilzug-Quadranten wirkt.

Wir legten Anfang Juli 1996 mit sechs Leuten an Bord von Adelaide, Südaustralien, ab. Zur Crew gehörten mein Mann Steve als Skipper, unser Sohn Ben, zu der Zeit 7 Jahre alt, unsere langjährigen Freunde Trevor, Sam und Patrick und ich. Steve segelte von Kindheit an. Ben und ich hatten damit vor sechs Jahren begonnen, als Steve und sein Vater die PRISANA II kauften. Trev besaß reichlich Erfahrung und war wie Steve technisch interessiert. Sam war schon einige Male gesegelt, aber Patrick hatte noch nie ein Bein auf die schwankenden Planken eines Segelschiffes gesetzt. Wir planten einen sechswöchigen Törn an der Küste Westaustraliens und zu den Inseln vor der Küste und rech-

neten damit, dass die Große Australische Bucht ein Test für uns werden könnte, zumal der Törn in der Mitte des Winters auf der Südhalbkugel lag. Einige Wochen vor unserer Abfahrt besuchte ich das Meteorologische Amt und wurde von einem netten Herrn eindringlich darauf hingewiesen, dass wir uns in das schlimmste und für seine Stürme berüchtigtste Seegebiet der Welt begäben.

Mit dieser Mahnung im Hinterkopf beschlossen wir vor der Abreise, den 5,50 m weiten Fallschirm-Seeanker an Bord zu bringen. Der Fallschirm war mit einem 18 mm starken Niro-Wirbel an eine 18 mm starke, dreikardeelige und 125 m lange Verbindungsleine aus Polyamid in einen Aufbewahrungsbeutel geschäkelt. Das andere Ende der Leine war über einen weiteren Schäkel mit einer 12 mm starken Kette verbunden, die ihrerseits an eine am Fuß des Bugankers angeschweißten Öse geschäkelt war. Der Buganker war in einem speziell gefertigten Bugbeschlag gestaut und zusätzlich mit einem 10 mm starken Wantenspanner an einer Niro-Fußplatte unter der Ankerwinde gesi-

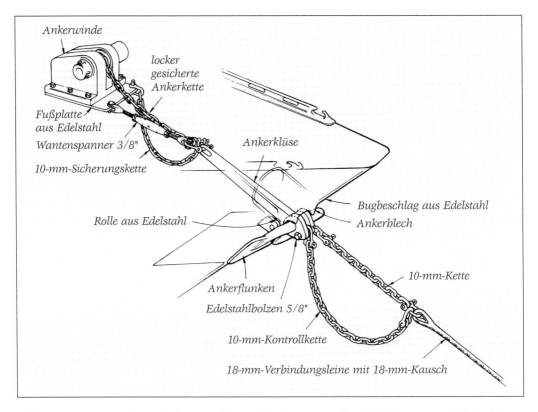

Abb. 25.1 Das Buggeschirr für den Seeanker auf der PRISINA II. Alle Schäkel waren aus Edelstahl geschmiedet, hatten einen 12-mm-Bolzen und eine Bruchlast von 7500 kg. Alle hatten sich während des Sturms gedehnt oder waren gebrochen.

chert. Die Winde und die Platte waren auf Deck mit sechs 10 mm starken Nirobolzen befestigt. Zwischen der Verbindungsleine und der Fußplatte unter der Ankerwinde gab es ein zweites Sicherungssystem, das aus zwei kurzen, losen Ketten bestand. Die eine verband die Verbindungsleine zum Fallschirm mit einem 16 mm starken Bolzen zwischen den Backen am Fuß des Klipp-Ankers. Das andere kurze Stück sicherte den Anker zusätzlich an der 10 mm starken Fußplatte unter der Ankerwinde (s. Abb. 25.1). Wir benutzten eine Trippleine aus zwei Schwimm- und zwei 15 m langen Leinen mit Wirbeln.

Glücklicherweise überquerten wir die Große Bucht bei einem Hoch. Acht Tage später sichteten wir Kap Leeuwin, den südwestlichsten Punkt Australiens und eine der bedeutendsten Landmarken der Welt. Man muss das Kap in weitem Abstand runden, weil es unmittelbar westlich und nördlich des Leuchtturms ein riesiges Riffgebiet gibt. Das Gebiet ist bekannt für bösartige Brecher und starke Strömung. Wir gerieten in eine kabbelige See und starken Schiffsverkehr. Gleichzeitig fiel das Barometer. Der Wind aus Nord nahm auf 30 kn zu. Im Laufe des Tages hielten wir weiter hinaus auf die See, und das Wetter verschlechterte sich. In der Nacht erreichten die Böen 40–45 kn, und wir kreuzten gegen den Westwind. Der Abstand zum Kap Leeuwin betrug bereits 80 sm.

In der Abenddämmerung am Sonntag, dem 14. Juli, standen wir querab von Kap Naturaliste. Unser Wetterfax zeigte ein umfangreiches Tief, das sich schnell näherte. Die fortschreitende Dunkelheit, unsere Position, die uns nicht vertraute Küste und die Windrichtung (NNE mit 40 kn) bedeuteten, dass es nicht ratsam war, einen Ankerplatz anzusteuern. Wir hatten bereits überlegt, ob wir unseren Seeanker einsetzen sollten. Aber wegen des starken Schiffsverkehrs in unserer Nähe beschlossen wir weiterzusegeln. Wir refften die Segel, weil wir damit rechneten, dass der Wind mit der aufkommenden Front auf Südwest schwenken und uns in Richtung Fremantle mitnehmen würde. Was für eine Täuschung! Im Laufe der Nacht entfachte Mutter Natur einen Sturm von unerbittlicher Wucht. Der Wind aus NNE nahm auf 50 kn zu, und die See ging hoch. Beides ließ uns keine andere Wahl, als weit hinaus auf See zu halten.

Beim ersten Tageslicht am Montag, dem 15. Juli, passierte es. Perth Radio verbreitete eine weitere Sturmwarnung. Das Barometer war rapide gefallen und stand nun bei 996 hPa. Am Abend blies der Wind stark aus West, und das Barometer zeigte 990 hPa. Die See hatte sich etwas beruhigt. Im weiteren Verlauf der Nacht erreichten die Böen 60 kn, und wir sahen hinter uns Blitze. Unser Kurs war Nord. Gelegentlich sprang der Zeiger des Windmessers über den Rand der Skala, der bei 65 kn lag, hinaus. Die See ging dramatisch hoch. Gegen 03.00 Uhr drückte uns eine riesige Wand weißen Wassers auf die Steuerbordseite. Der Rudergänger, der zum Glück gesichert war, überschlug sich und landete im Wasser. Unsere Masten lagen platt auf

dem Wasser. Ben und ich schliefen unter Deck und flogen aus den Kojen.

Steve, Sam und Trevor legten mit einem Ausbringset den Seeanker aus. Damit war es selbst in der Dunkelheit relativ unproblematisch. Das Auslegen konnte ganz einfach aus der Sicherheit des Cockpits heraus vorgenommen werden. Man musste den Packsack für die Verbindungsleine aufschnüren, das Ende der Leine herausnehmen und es mit dem Schäkel an dem Fallschirm befestigen. Dann wurden die Trippleine und die Markierungsbojen über Bord gegeben, die den Fallschirm in dem Verpackungsbeutel hinter sich her zogen. In 30 Sekunden war die gesamte Leine aus dem Beutel herausgezogen, und die Yacht drehte langsam in den Wind. In dieser Lage konnten wir die Segel ganz einrollen. Sie blieben in den Masten bis zum Ende des Sturms. Wir steckten eine 18 mm starke Hahnepot auf die Verbindungsleine, um die Yacht nach der Methode von Larry und Lin Pardey (s. Kap. 6) schräg zur See zu legen. Die Hahnepot brach aber sofort, als sie auf Spannung kam. Wir ließen es also dabei und gaben uns damit zufrieden, dass die Verbindungsleine direkt über den Bug führte. Danach war die gesamte Crew bei geschlossenen Luken unter Deck. Unsere Position war 30 sm westlich von Rottnest Island.

Am Dienstagmorgen des 16. Juni wagte ich mich ins Cockpit und erstarrte in Ehrfurcht. Die Wellen waren unglaublich hoch. Nachdem ich ein paar Fotos gemacht hatte, verzog ich mich wieder nach unten. Später erfuhr ich, dass 11 m hohe Wellen über einer 9 m hohen Dünung gelegen hätten und somit die Wellen insgesamt an die 20 m hoch gewesen seien. Wenn die Verbindungsleine in einem Wellental auf Zug kam, schnitt sie wie ein Messer durch das Wasser, und man sah die immense Spannung, wenn PRISINA vorne

Der Fallschirm-Seeanker hat im Sturm die gesamte Belastung übernommen, während die Crew in den Kojen liegt. (Foto: Deborah Schutz)

anstieg und von den Wellen achteraus gedrückt wurde. Der Sturm riss von den Wellenkämmen und von den Spitzen der Brecher, die in breiter Front zu Tal schäumten, riesige Mengen weissen Wassers ab. Tonnenweise knallte Wasser an Deck der PRISINA, selbst schwere Brecher. Die Bedingungen waren so, dass es mehr als riskant gewesen wäre, sich an Deck aufzuhalten. Wir legten Sicherheitsgurte an, wenn mal jemand an Deck musste. Ansonsten blieben wir ständig unter Deck.

Zu der Zeit hatten wir ausreichend Seeraum, weil wir bei dem seit 24 Stunden anhaltenden Westwind nach Süden in den Leeuwinstrom drifteten. Diese Meeresströmung verläuft am Kontinentalschelf von Indonesien herunter in südliche Richtung und führt Massen warmen Wassers mit sich. Sie setzt etwa im April ein, hält bis Oktober an und strömt auf einer Breite von etwa 31 sm mit selten mehr als 1 kn Geschwindigkeit. Während des gesamten Sturms drifteten wir mit durchschnittlich 0,9 kn. Obgleich der Wind mit über 70 kn heulte, hielt uns der Fallschirm nahezu an Ort und Stelle fest. Der Lärm war unvorstellbar. Wir rollten heftig von Schandeck zu Schandeck, und es schien, als gierten wir von 45° auf der einen Seite bis zu 35° auf der anderen Seite. Gelegentlich hatten

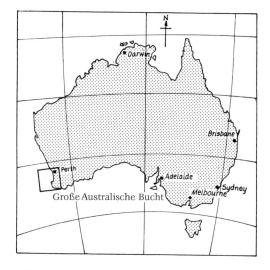

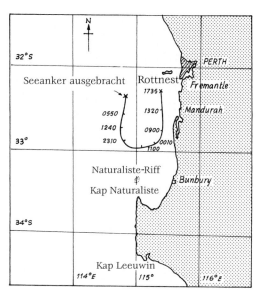

Abb. *25.2 Kurs der* PRISANA II *im Sturm im Juli 1996.*

wir das Gefühl, dass der Zug an der Verbindungsleine zum Seeanker verloren ging, wenn der Bug um 45° abdrehte. Es gab aber jedes Mal einen fürchterlichen Ruck, wenn die Leine wieder auf Spannung kam. Das mag daran gelegen haben, dass richtig bösartige Wellen aus einer anderen Ecke gekommen sind. Wir waren jedoch der Meinung, es habe an dem starken Gieren und an der riesigen Dünung gelegen. Unter Deck ließ sich das schwer beurteilen.

Als am Mittwochmorgen, dem 17. Juli, der Tag anbrach und Steve aufwachte, sah er hinter unserem Heck einen Frachter, der nur noch 0,8 sm entfernt war. Wir versuchten, ihn über UKW zu erreichen. Es meldete sich sofort ein australisches Schiff, das jedoch 6 sm entfernt war. Der Funker informierte uns, dass der andere Frachter Ausländer sei, und erwähnte, dass er uns kein bisschen beneiden würde. 15 lange Minuten versuchten wir, Funkkontakt zu bekommen. Das schätzungsweise 125 m lange Schiff mit dem großen

Brückenaufbau geriet hinter den Wellen außer Sicht. Als schließlich ein Mann in gebrochenem Englisch antwortete, löste er bei uns Panik aus. Er sei nicht in der Lage, seinen Kurs zu ändern, weil er keinen Ballast im Schiff habe und uns auch nicht sehe. Wir versuchten ihm einzureden, ein ganz klein wenig seinen Kurs zu ändern. Nachdem wir uns vergewissert hatten, dass er unseren Scheinwerfer sah, konnten wir am Radar mitverfolgen, dass er uns in 0,4 sm Entfernung passierte.

Wir waren weit nach Süden bis auf die Höhe von Bunbury gedriftet. Nun trieben wir nach Ost und waren der Meinung, in die Gegenströmung des Leeuwinstroms geraten zu sein. Vermutlich nahm uns der gegen den Uhrzeigersinn drehende Strom zunächst in Richtung Küste und später an der Küste entlang Richtung Norden mit.

Das Wetter blieb unverändert. Den ganzen Tag über blies es weiter mit über 70 kn. Wir hörten, dass ein großes Containerschiff vor Kap Leeuwin 30 Container verloren hatte. Der Sender von Adelaide mel-

Sam steuert nach dem Sturm Kurs Perth. Die Steuerung war beschädigt, funktionierte aber noch. (Foto: Deborah Schutz)

dete, dass Perth von einem Wirbelsturm heimgesucht werde.

Am Donnerstag, dem 18. Juli, verbesserten sich die Bedingungen; der Wind nahm auf 50 kn ab, und das Barometer begann langsam zu steigen. Der Seegang war immer noch gewaltig und wurde wegen der zur Küste hin abnehmenden Wassertiefe steiler. Aus diesem Grunde beschlossen wir am Nachmittag, weiter auf die See hinaus zu halten und den Fallschirm einzuholen. Das war nicht leicht. Das schrille Pfeifen des Windes und das Tosen der Wellen machten es schwierig, am Bug die Anweisungen des Skippers aus dem Cockpit zu verstehen. Bei dem Versuch, unter Maschine die Bergeleine aufzupicken,

geriet die Verbindungsleine in den Propeller. Als wir schließlich den Fallschirm an Deck hatten, entdeckten wir in zwei Bahnen zwei richtig ausgefranste Löcher in der Mitte zwischen dem Ventilationsloch an der Spitze und dem Rand. Wir waren der Meinung, dass das nicht an der Herstellungsqualität oder dem Entwurf des Fallschirms lag, auch nicht an einem Fehler beim Bergen, sondern eher an irgendeinem Treibgut. Nach und nach setzten wir den Kurs auf Rottnest Island ab. Den Wind, der auf 30–40 kn abgenommen hatte, empfanden wir als angenehme Brise.

Gegen 10.30 Uhr am Freitag, dem 19. Juli, liefen wir unter Maschine in den Fremantle Sailing Club, dankbar, dass wir uns entschlossen hatten, einen Fallschirm-Treibanker zu kaufen. Mit ihm konnten wir die Wellen abreiten und überleben. Er hielt den Bug in die schwere See. Während des Sturms waren die Häfen von Bunbury und Fremantle geschlossen, und der Hafenmeister von Fremantle sagte, das seien die höchsten Wellen gewesen, an die er sich je erinnern könne. Auf Rottnest Island, das 12 sm vor der Küste von Fremantle liegt, saßen Feriengäste drei Tage lang fest, weil die Fähren nicht verkehrten. Als der Containerfrachter, der die 30 Container verloren hatte, am 19. Juli in Fremantle festmachte, sagte der Kapitän: »In meiner gesamten bisherigen Fahrenszeit habe ich nicht solche Wellen erlebt.« Dieser ungewöhnlich starke Wind, der von dem Wetterbüro von Perth als seltener Wintertornado eingestuft wurde und der in dem Gebiet, in dem PRISINA sich in der Nacht des 15. Juli befand, sein Maximum erreichte, war südlich von Perth mit 200 km/h eingefallen.

Wir verbrachten die nächsten drei bis vier Wochen in Fremantle mit Reparaturen an PRISINA. Sie hatte durchaus einige Blessu-

ren davongetragen. Der Ruderschaft war verbogen, das vordere Schott verzogen, vier Relingsstützen aus dem Deck gerissen – um nur ein paar Schäden zu nennen. Während des Sturms war unser erstes System zur Übertragung der Zugkraft der Verbindungsleine auf den Bug ausgefallen. Der Wantenspanner war gebrochen, weil das Gewinde achtmal übergesprungen war, und das Kettenglied, das wir an den Fuß des Ankers geschweißt hatte, war abgerissen. Glücklicherweise hielt in beiden Systemen die Sicherheitsleine, aber als der Wantenspanner ausfiel, beschädigte der lose Anker den Bugbeschlag. Außerdem hatte sich die 125 m lange und 18 mm starke Verbindungsleine um 20 m (!) gereckt. Der 50 mm starke Ruderschaft aus rostfreiem Stahl hatte sich an dem Punkt, wo der Quadrant befestigt ist, um 15° verbogen, was ganz sicher vor dem Ausbringen des Fallschirms noch nicht der Fall gewesen war. Die Zurringe am Quadranten, die das Ruder mittschiffs hielten, waren beim Sturm zweimal gebrochen. Wir schafften es zum Glück beim dritten Anlauf mit einer 18 mm starken Ankerleine aus Polyamid. Das vordere Schott hatte sich eher

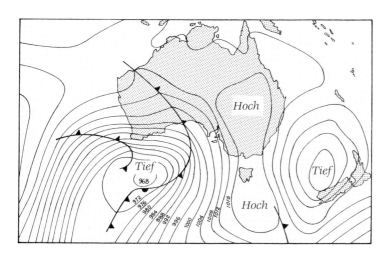

Abb. 25.3 Die Nartex-Wetterkarte für den 17. Juli 1996 zeigt das Tief mit 968 hPa südlich von Kap Leeuwin. Zwischen dem Zentrum und dem Kap lagen die Isobaren eng beieinander.

aufgrund eines Konstruktionsfehlers als wegen der Bedingungen auf See verzogen. Zu der Frage »Hat der Seeanker die Yacht gerettet?« lautet die Antwort: »Absolut!« Wir glauben, dass die Präparierung des Fallschirms vor der Abfahrt für das unproblematische Ausbringen und die Sicherheit bei den Bedingungen, in die wir geraten sind, entscheidend war. Hätten wir ihn nicht an Bord gehabt (ein furchtbarer Gedanke), hätten wir wahrscheinlich versucht, mit Segel auf raumem Kurs hinter Rottness Island Schutz zu finden. Vielleicht hätten wir Trossen nachgeschleppt in Ermangelung eines Treibankers. Ich glaube, wir hätten jede Gelegenheit zu überleben wahrgenommen, so gering sie auch gewesen wäre.

Kommentar

Wie es aussieht, ist PRISANA II für etwa 48 Stunden in hurrikanstarke Winde geraten. Dass sie überlebte, zeugt von der Stärke der Crew und der guten Wirkung des Fallschirm-Seeankers. Dies ist einer der besten Testberichte über solch einen Seeanker sowie den Ablauf des Ausbringens und beweist, dass er in sehr schwerem Wetter funktioniert. Bezeichnend ist, dass das gesamte Geschirr für den Seeanker in Erwartung von schwerem Wetter vor dem Auslaufen präpariert wurde.

Das Fallschirmsystem scheint an seiner Leistungsgrenze gewesen zu sein. Das Fallschirmtuch war an zwei Stellen gerissen, die Verbindungsleine hatte sich gereckt, das erste Sicherungssystem für die Verbindungsleine war ausgefallen. Das alles zeigt, dass die Belastungsanforderungen für den Fallschirm und die Verbindungsleine mindestens in diesem Bereich liegen müssen.

Vor dem Fallschirm lag die PRISANA nicht komfortabel. Sie rollte heftig von einer Seite zur anderen und gierte in einem Winkel von 80°. Dabei passierte es, dass die Verbindungsleine durchhing, um sich gleich anschließend mit einem Ruck zu spannen. Da PRISINA zwei Masten hatte, war achtern mehr Winddruck als bei einer Slup, die in solch einer Situation am Achterstag ein kleines Stabilisierungssegel riggen muss. Möglicherweise hätte sie nicht so heftig gegiert und die Verbindungsleine hätte den Bug nicht herumgerissen, wenn man am hinteren Mast ein kleines Trysegel gesetzt hätte. Die Pardey-Methode, die den Komfort erhöhen sollte, brachte keinen Erfolg, weil die Hahnepot brach.

Bemerkenswert ist, dass PRISANA durch andere Schiffe in Gefahr geriet. Ein Wachhabender kann bei Sturm nicht ohne Augenschutz in den Wind blicken. Die Gischt macht die Augen blind. Wenn man von einem geschlossenen Fahrstand aus in den Sturm sehen will, geht das meistens auch nicht. Gegen die Fensterscheiben spritzt pausenlos Gischt. Nicht einmal die Scheibenwischer kommen dagegen an. Nur kurz hinter dem Scheibenwischer entsteht für den Bruchteil einer Sekunde ein Spalt, durch den man für einen Augenblick hinaussehen kann. Die Sicht ist aber auf einen schmalen Winkel begrenzt.

Radar hilft auch nicht viel, weil das Echo einer Yacht von den starken Seegangsechos nicht zu unterscheiden ist. Eine Yacht hat ebenso keine bessere Chance, einen Frachter auf dem Radarschirm zu entdecken. Ein Lösung ist das UKW-Gerät, mit dem man in regelmäßigen Abständen einen SÉCURITÉ-Ruf mit Position und den Umständen verbreiten kann.

Rettete der Fallschirm die Yacht? Wir wissen nicht, was passiert wäre, wenn die Crew gezwungen gewesen wäre, eine andere Taktik anzuwenden. Wir wissen aber zumindest, dass die Crew der PRISANA mit dem Fallschirm überlebte.

26. Die letzte Fahrt der ORCA

Maggie und Robin Ansell

Jeder Bericht über eine Yacht, die in einen Wirbelsturm gerät, ist interessant. Dieser ganz besonders, weil es darin um einen Fallschirm-Seeanker geht, der von den Eignern zum ersten Mal eingesetzt wurde.

Die ORCA war eine in Neuseeland entworfene Hartley-Tahitian-Ketsch mit 16,80 m Lüa, 14,30 m LWL und 4,10 m Breite. Sie war eine Ferrozement-Konstruktion und vermutlich 1976 auf der Isle of Wight (England) gebaut worden. Der Langkiel ragte 2,10 m in die Tiefe, und das Deplacement betrug 36 t. Sie war mit einem 165 PS starken Motor ausgerüstet. An Bord waren mein Mann Robin und ich.

Unser erster Schlag auf der zweiten Hälfte unserer Pazifikrundreise über Japan, Korea, Russland und die Aleuten sollte von Queensland (Australien) zu den Salomoninseln führen. Im August wollten wir in Alaska sein, dort überwintern und anschließend nach Kanada zurücksegeln. Wir wussten, dass wir das Risiko eingingen, irgendwo auf dieser Route in Schlechtwetter zu geraten. Wir hatten gerade 15 Monate auf den Philippinen verbracht und aus erster Hand erfahren, wie häufig es dort Taifune gibt und wie grimmig sie sein können. Mit der Geschichte der Taifune, die Nordqueensland in den letzten Jahren heimgesucht hatten, im Hinterkopf, war Anfang März der letzte Termin für eine Abreise.

Unsere Einschätzung über die Häufigkeit von Wirbelstürmen in diesem Zeitraum teilten auch noch andere: Das größte gemeinsame Militärmanöver, die amerikanisch-australische »Operation Tandem Thrust«, und der größte Truppenzusammenzug seit der Landung der Alliierten in der Normandie im Juni 1944 war vor der Küste Queenslands im vollen Gange. Beteiligt waren 250 Flugzeuge, 50 Kriegsschiffe und 23000 Soldaten, die alle im Laufe der folgenden Ereignisse abgezogen wurden.

Während der Woche vor unserer Abfahrt am 4. März hatten wir unsere Wetterfaxe studiert, die einen ganz normalen Monsuntrog mit eingelagerten Tiefs zeigten. Bei einem gleichmäßigen Wind von 20 kn aus Südost gingen wir auf See und segelten mit beigesetztem Motor in Richtung Hydrographer's Passage, die durch das Great Barrier Reef führt. Wir drehten für ein paar Stunden vor der Passage bei, um sicherzustellen, dass wir den schwierigeren äußeren Abschnitt bei Tageslicht und Stillwasser bewältigen würden.

In den ersten Stunden des 6. März nahmen wir Kurs auf Lihou Reef, unserem ersten Wegpunkt in der Korallensee. Die normale Pazifikdünung hinderte ORCA nicht daran, unter zweimal gerefftem Groß, einmal gerefftem Besan und bis zur Hälfte eingerollter Genua bei 20 und mehr Knoten Wind gut voranzukommen. Im Laufe des Tages nahm der Wind beständig zu, und das Barometer begann zu fallen. Bei Einbruch der Dunkelheit hatten wir noch weiter gerefft. Es stand nur noch ein kleiner Rest der Genua. Vielleicht war die See, die sich über der Dünung aufbaute, so unruhig wegen der Nähe des Riffs. Im Laufe der Nacht fiel das Barometer konstant, und der Wetterbericht vom 7. März um 06.00 Uhr meldete, dass sich ein Tief in der Korallensee in den Zyklon »Justin« mit einem Luftdruck von 976 hPa verwandelt habe und etwa auf der Position 17,5°S 151,1°E liege. Das war genau auf unserem Kurs. In der Regel ziehen Zyklone in diesem Gebiet nach West in Richtung Küste oder laufen erst nach Süd und drehen dann nach Ost in die Tasmansee. Wir lagen beigedreht, um die Entwicklung abzuwarten und später einen tangentialen Kurs einzuschlagen. Die Bedingungen verschlechterten sich rapide. Wir wurden hin und her geworfen und rollten über einer immer turbulenter werdenden See von einer Seite zur anderen. Die nächste Schwerwetterwarnung vom Vormittag besagte, dass »Justin« sich verstärke und stationär sei.

Wir wollten nicht länger auf ein Anzeichen dafür warten, dass »Justin« sich in Bewegung setzte, und beschlossen deshalb gegen 10.00 Uhr, solange wie möglich gen Ost zu motoren, um Seeraum zu gewinnen. Einige Wellen hatten bereits brechende Kämme. Ich steuerte mit der Hand und versuchte, ein Querschlagen zu vermeiden. Ich war überrascht, dass die Yacht problemlos jede Welle hinaufkletterte. Robin torkelte über das stampfende Deck und kontrollierte das Rigg, die Beschläge und die Zurringe. Er schäkelte die Sturm-

fock ab, die inzwischen zerfetzt war. Nach etwa zwei Stunden harter Arbeit ging Robin unter Deck und kontrollierte die Daten auf dem GPS. Danach war ORCA beträchtlich schneller nach Nordwest abgetrieben, als wir mit dem Motor Kurs Ost gefahren waren. Obgleich die Yacht Fahrt durchs Wasser machte, kamen wir in Richtung Ost über Grund nicht voran. Wir beschlossen, den Motor auszukuppeln und den 7,30 m großen Cape-Hatteras-Fallschirm-Seeanker auszulegen. Im Moment lenzten wir vor Topp und Takel bei anhaltendem Sturm von in Spitzen bis 50 kn mit 5 kn in Richtung Nordwest.

Es war unmöglich, bei dem Stampfen und Rollen mit den Füßen an Deck Halt zu finden. Wir schäkelten die Sicherheitsleinen in das zwischen Bug und Heck ausgelegte Strecktau, krochen auf allen Vieren an den Handläufern entlang und schleiften die Markierungsbojen und den Fallschirm im Stausack hinter uns her. Gelegentlich fiel Wasser wie aus Kübeln über uns her. Zum Glück war die 1520 m lange, 25 mm starke Verbindungsleine aus Polyamid vorne in einem Sack im Kettenkasten gestaut. Als wir das Seil durch die Ankerklüse stecken wollten, mussten wir die Metallringe an beiden Tampen entfernen. Wir lagen auf dem Bauch an Deck. Robin führte die Leine über die Bugrolle an Steuerbordseite und unter dem Bugstag des Bugspriets hindurch an Deck zurück. Dort schäkelten wir das Ganze mit 18 mm starken Wirbelschäkeln zusammen und sicherten die Bolzen mit einem Draht. Wir wussten, dass wir nur eine einzige Chance hatten. Da wir nur zu zweit waren, konnten wir uns keinen Fehler und keine Verletzung leisten.

Als die Leine an dem Fallschirmsack und daran die Markierungsbojen angeschlagen waren, zogen wir 15 m der Verbindungsleine aus dem Sack und belegten sie auf einer Klampe. Das ganze Ensemble wurde dann unter das Bugstag gedrückt. Es brauchte nur Sekunden, bis es aufgrund des Gewichtes der schweren Metallteile absank und der Sack aufsprang. Der Fallschirm muss sich sofort entfaltet und mit Wasser gefüllt haben, denn plötzlich spannte sich die Leine und riss ruckartig den Bug herum. Weil wir zu Beginn nur 15 m Leine ausgelegt hatten und der voll entfaltete und mit aller Macht ziehende Fallschirm den Bug nicht mehr steigen ließ, wurde es dringend Zeit, den Rest der Leine zu fieren. Ich zog ihn durch die Ankerklüse und Robin fierte ihn über den großen Doppelkreuzpoller. Als schließlich die gesamte Länge ausgebracht war, hatte ORCA Luft, sich im Auf und Ab der Wellen zu bewegen. Die Dehnfähigkeit der Leine wirkte wie ein Stoßdämpfer.

Als die gesamte Leine draußen war, versuchten Robin und ich, einen Schamfilschutz zwischen Leine und Bugrolle zu klemmen, aber das war unmöglich. Die Leine stand unter permanentem Zug und klebte auf der Bugrolle, wie wenn sie angeschweißt worden wäre. Das war nicht gut.

Wir versuchten, eine Hahnepot zu setzen, um den Winkel der Yacht zu den Wellen einzustellen (nach der Methode von Lin und Larry Pardey, s. Kap. 6). Weil der Rollenblock jedoch immer wieder an den Rumpf stieß, gaben wir die Sache auf. Im Ganzen hatte das Ausbringen des Fallschirms zwei Stunden gedauert. Häufig mussten wir unsere Arbeit unterbrechen und uns festklammern, um nicht zwischen den Relingsdrähten hindurch von Deck gewaschen zu werden. Beim Ausbringen tauchte ein weiteres Problem auf: Seewasser und Regen hatten die nagelneue Verbindungsleine eingeweicht. Als sie beim Führen um den Doppelkreuzpoller stark gereckt wurde, ging von ihr ein feiner, beißender Sprühnebel aus, der in Augen, Nase und Hals brannte.

Um 16.00 Uhr – es war bereits mehr oder weniger dunkel – krabbelten wir endlich nach achtern, gingen unter Deck und verriegelten alle Luken. Meine Augen brannten so stark, dass ich nicht einmal mehr die Instrumente ablesen konnte. Das Radarbild sah ich nur als grünen Schleier. Ich versuchte, die Augen mit Wasser aus-

Bemerkenswert das Unterwasserschiff des Langkielers ORCA. *(Foto: Maggie Ansell)*

369

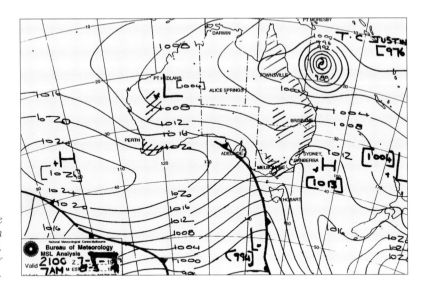

Abb. 26.1 Die Wetterkarte zum Zeitpunkt, als der Seeanker ausgebracht wurde.

zuwaschen. Robin sagte auch, er habe ein Gefühl, als hätte er seine Augen beim Schweißen verblitzt. Trotzdem ging er ohne mein Wissen wieder an Deck. Unser dringendstes Problem war ein Schamfilschutz für die Leine. Es konnte nicht lange dauern, bis sie brach. Robin löste das 3 m lange und 16 mm starke Kettenstück von unserem Heckanker und schleppte es zum Bug. Mit übermenschlichem Einsatz befestigte er das eine Ende der Kette an dem Metallring am Ende der Verbindungsleine und das andere an einem 28 mm starken, dreikardeeligen Tampen, den er auf dem Doppelkreuzpoller an Backbord belegte. Dann fierte er das ganze Ensemble Zentimeter für Zentimeter über den Poller an Steuerbord, bis die Kette über der Bugrolle lag. Diese Meisterleistung rettete vermutlich unser Leben.

Mit nichts Schlimmerem als lediglich einem ausgerenkten Finger und einem riesigen blauen Flecken am Fußknöchel, weil ihn die Kette an der Fußreling eingeklemmt hatte, ersparte er uns weitere stündliche Kontrollen der Leine, an der

wir dann sowieso nichts hätten ändern können.

Die Bedingungen unter Deck waren ungemütlich. Ich hatte es schon lange aufgegeben, den Wasserkessel aufzusetzen. Früher hatte ich mich mal verbrüht, als der Kessel von dem kardanisch aufgehängten Herd flog, der damals die größte Schwachstelle an Bord war. Wir waren jetzt froh, bei der letzten Überholung jedes Schapp, jeden Sitz und alle Bodenbretter speziell abgesichert zu haben. Batterien, Werkzeugkästen und möglicherweise herumfliegende Teile waren zusätzlich festgelascht. ORCA vollführte jedoch einen manischen Tanz auf den Wellen – als sei es ihr letzter –, schleuderte uns gegen das Inventar und verpasste uns mehrere Prellungen.

Der Fallschirm hielt uns zwischen 10° und 60° am Wind. Trotzdem sprang regelmäßig grünes Wasser an Deck, das die Lukendeckel anliftete, die Versiegelung der Luken zusammendrückte und immer stärker durchsickerte. Selbst unser brandneues, teures Luk über der Pantry hielt dem

Wasserdruck nicht stand. Wir mussten ständig die Bilgen lenzen und die Lappen auswringen, die auf dem Boden lagen, um ein Ausrutschen zu verhindern. Nach 12 Stunden ließ der Schmerz in den Augen nach, und nach weiteren 12 Stunden konnten wir einiges vage erkennen.

Am 8. März bestätigten die Wetterberichte und -faxe, dass »Justin« Kategorie II erreicht hatte und immer noch festlag. Wir konnten den Windmesser wieder ablesen und sahen, dass der Zeiger anhaltend bei 60 kn stand. Auf der dem Radarbild unterlegten Seekarte sahen wir gleichzeitig unsere GPS-Position, die sich immer mehr dem im Wetterbericht mitgeteilten Zentrum von »Justin« näherte. Das einsame Malay Reef lag genau auf unserer Drift. Unsere Geschwindigkeit hatte sich jedoch durch den Fallschirm von 5 auf 1,5 kn verringert. Wenn wir gelegentlich im Wellental durch das Cockpitfenster schauten, konnten wir die Verbindungsleine sehen. Die Sicht war aber so schlecht, dass wir die Markierungsbojen nicht ausmachen konnten.

Aus Angst vor einem Kabelbrand hatten wir die Schaltpaneele und die elektronischen Geräte mit einer großen Plastikplane abgedeckt. Die elektrischen Bilgepumpen kamen bis jetzt mit dem Wasser klar. In einer großen Trockenbilge in der vorderen Kabine stand jedoch etliche Zentimeter hoch das Wasser. Die Ursache war sicherlich, dass der Kettenkasten bis zum Rand voll Wasser war. Es war kein angenehmer Gedanke, dass dadurch der Bug tiefer in die See gedrückt werden konnte. In den nächsten 41 Stunden verließen wir weder die Kajüte noch konnten wir schlafen. Wir hatten permanent an allen Ecken zu tun, denn überall kam Wasser durch.

In den vergangenen Stunden waren uns ein paar absolut ungewöhnliche Wellen begegnet, die von Steuerbord achteraus anrollten. Man konnte sie über den konstanten Lärm des Zyklons hören. Sie kündeten sich vor dem ohrenbetäubenden Aufschlag durch ein donnerndes Rumpeln an. ORCA erzitterte bis auf die Knochen, als die Welle seitlich aufknallte und sie förmlich weggeschleudert wurde. Die Masten schlugen jedoch nie aufs Wasser. Unser Langkiel verhinderte vermutlich, dass wir durchkenterten. Wir denken, dass wir in einem Zeitraum von 24 Stunden etwa viermal von solchen Wellen getroffen wurden, von denen wir keine Vorstellung hatten, wie groß sie waren, weil wir sie nicht sahen. Wir bekamen nur ihre Wucht zu spüren. Am 6. März um 09.30 Uhr knallten nach dem bisher lautesten Rumpeln Tonnen von Wasser mit ungeheurer Wucht auf Deck. Es war, als würden sie uns zerquetschen und mit in die Tiefe reißen. Ich stand eingepickt in der Pantry und sah, wie ein Wasserschwall das kleine Fenster an meinem Kopf vorbei ins Innere schleuderte. Wir krochen im Wasser über den Bodenbretter herum, suchten die Acrylscheibe und klemmten sie schließlich wieder in den verbogenen Rahmen. Robin machte eine Notreparatur mit kräftigen Querlatten und Schrauben. Nägel wären vermutlich wieder herausgeschlagen worden. Dann kletterte er an Deck, um eine Persenning aus mehreren Schichten Baumwoll-Wachstuch über das Fenster zu laschen, die den weiteren Aufprall von Wellen abfangen sollte.

Der Motor lief seit zwei Tagen ununterbrochen. Das gab mir ein gutes Gefühl – aber nicht in der Weise, dass ich glaubte, er könne uns helfen, wenn die Verbindungsleine brechen sollte. Der Wetterbericht vom Mittag des 9. März stellte keine Besserung in Aussicht. »Justin« war weiterhin stationär und der Zyklon würde sich noch verstärken. Unser Barometer stand bei 965 hPa. Die Windrichtung war unver-

371

ändert, und wir drifteten weiter in Richtung Malay Reef. Wir gaben die Hoffnung auf eine kleine Winddrehung nicht auf.

Um 14.30 hörten wir ein erneutes Rumpeln über dem Lärm des Sturms. Die Welle knallte mit einem derartig gewaltigen Krach aufs Schiff, dass wir sicher waren, wir seien mit voller Wucht auf einen Schiffcontainer gedonnert. Wir wurden gegen die Kajütwände geschleudert, als ORCA zurückfiel und seitwärts weggedrückt wurde. Als sie sich wieder aufgerichtet hatte, machten wir einen schnellen Check in allen Kabinen: Die Fenster und der Rumpf waren in Ordnung. Aber die Geräusche hatten sich gegenüber den vorangegangenen seitlichen Abstürzen verändert. Robin schaute angestrengt forschend durch die nach vorne ausgerichteten Cockpitfenster – und war für einen Moment sprachlos. Er konnte frei übers Deck sehen – was vorher nicht möglich war. Dann dämmerte ihm, dass die Kästen der Doradelüfter auf Steuerbordseite glatt abrasiert waren. Schnellstens kontrollierten wir die Steuerbord- und Vorschiffskabinen unter den Doradelüftern und hatten durch vier tropfende, fast 8 cm große Löcher freie Sicht in den Himmel. Mit großen Leckstopfen und Segeltuch kletterte Robin für eine Notreparatur an Deck. Ich pickte meinen Sicherheitsgurt am Niedergang ein, um den Kopf aus dem Luk zu stecken und ein Auge auf ihn und weitere bösartige Wellen zu halten.

Als ich ihn wühlen sah, traf mich erneut der Schlag. Zwei Relingsstützen waren abgebrochen und hingen nur noch an den Durchzügen. Robin hatte sich zwar in das Strecktau eingehakt; wenn die Yacht jedoch plötzlich überholte, stemmte er sich gegen die Stützen. Als er für eine Sekunde seinen Kopf hob, gestikulierte ich wild mit den Händen, um auf mich aufmerksam zu machen, und brüllte zu ihm herüber:

»Relingsstützen kaputt! Drähte gerissen!« Ich weiß nicht, ob er mich über die 6 m gegen den Wind hörte, jedenfalls schaute er kurz über seine Schulter und tat, als hätte er mich verstanden.

Als er wieder unter Deck kam und das Schiebeluk gesichert hatte, zogen wir Bilanz. Wir waren zwar übel zugerichtet, hatten überall blaue Flecken und Abschürfungen, aber noch hatten uns keine starken Verletzungen außer Gefecht gesetzt. Durch sämtliche Luken drang Wasser ein, ebenso durch das Fenster an der Pantry und die vier Löcher im Deck; aber die Bilgepumpen kamen damit klar – jedenfalls noch. Für den Fall, dass der Strom ausfallen würde, hatten wir noch die großen Handbilgepumpen. Mast und Rigg waren in Ordnung. Der Fallschirm bremste weiterhin gut, und der Motor lief immer noch. Der letzte Wetterbericht besagte, dass »Justin« in einer Breite von 500 sm quer vor uns lag, sich verstärkte und weiterhin auf der Stelle trat. Wir gerieten immer näher an das Zentrum, aber viel schlimmer war, dass wir dem Malay Reef unaufhörlich näher kamen.

Um 15.00 Uhr rief Robin Townsville Radio und informierte die Station über unsere derzeitige Situation. Nach der Diskussion fragte der Funker, ob wir MAYDAY auslösen wollten. Wir waren verblüfft, weil wir diese Möglichkeit bisher überhaupt nicht in Erwägung gezogen hatten. Er erklärte ruhig, dass ein Aufgeben der Yacht nicht nur bedeutet, dass man von Bord geht, sondern auch alle weiteren Besitzansprüche aufgibt. Er fügte noch hinzu, dass eine Rettung jetzt in der Dunkelheit nicht möglich sei und dass die Bedingungen sich weiter verschlechtern würden.

Uns blieb nur die Hoffnung, dass uns keine weitere dieser bösartigen und zerstörerischen Wellen traf. Die großen, ungeschützten Fensterflächen waren bis jetzt

Zunehmender Seegang vor dem Great Barrier Reef. (Foto: Maggie Ansell)

verschont geblieben. Wenn eine dem Wasserdruck nicht mehr standhielt, würde es nicht lange dauern, bis ORCA vollgelaufen wäre. Das Einzige, worauf wir keinen Einfluss hatten, war eine Kursänderung, um vom Malay Reef freizukommen. Bei unserer momentanen Driftgeschwindigkeit würden wir dort noch vor Ende des Tages auf Grund gehen. Es war keine leichte Entscheidung. Wir hatten schwer mit uns zu kämpfen und mussten schließlich einsehen, dass wir in eine Situation geraten waren, in der es nur noch um Leben und Tod ging. Wir stimmten zu, unser Zuhause der letzten sieben Jahre aufzugeben. Townsville Radio meldete unsere Seenotsituation an das Maritime Rescue Coordination Centre in Canberra. Um 15.45 Uhr sprach Robin direkt mit dem MRCC und tauschte Einzelheiten aus. Man konnte uns nicht versprechen, bei diesen grauenhaften Bedingungen und zu dieser späten Tageszeit überhaupt etwas für uns tun zu können. Wir stürzten uns wieder in die Bordroutine.

Unsere Rettung lief dann praktisch in drei Stunden über die Bühne. Eine Hercules-Maschine der US-Marine wurde in die Luft geschickt, um uns anhand des EPIRB-Signals auf 406 MHz zu lokalisieren und dann den Hubschrauber der Queensland Emergency Services (QES), an dem Zusatztanks für eine größere Reichweite montiert werden mussten, einzuweisen. Eine Beechcraft Super King der Royal Flying Doctor Services flog parallel, um gegebenenfalls zusätzliche Rettungsinseln abzuwerfen. Darüber hinaus wurde ein Schiff der australischen Marine mit einem Blackhawk-Hubschrauber an Bord auf Warteposition auf See beordert. Das Deck des Schiffes war als letzte Landemöglichkeit für den QES-Hubschrauber gedacht, wenn er erfolglos gewesen wäre. Zum Glück wurde das Schiff später nicht benötigt. Als der QES-Hubschrauber uns erreichte, hatte er nur noch Treibstoff für 20 Minuten. Der musste für die Rettung und den Rückflug reichen. Da ein Kappen der Masten ohne Schäden für uns nicht möglich war, bekamen wir die Anweisung, unser Dingi klarzumachen und am Heck zu Wasser zu lassen. Bei verabredetem Signal setzten wir das Boot aus, Robin hielt die Verbindungsleine dicht, und ich sprang hinein. Dann sollte er die Leine schießen lassen und selbst abspringen. Er landete mit einem Salto im Boot, aber als sich just in diesem Moment die Leine spannte, konnte er den Schwung nicht stoppen und fiel über Bord. Er trieb im Wasser und wurde als Erster von dem mit der Winde heruntergelassenen Rettungsschwimmer aufgepickt. Kurz darauf kehrte der Hubschrauber zurück. Ich lag bereits im Wasser, weil das Dingi kurz darauf gekentert war. Ich hatte mich an dem Dingi eingehakt und trug den EPIRB-Sender bei mir. Die Rettung war innerhalb von zwei Minuten abgeschlossen, und wir flogen bereits Richtung Townsville, als die Windentraverse noch nicht eingezogen und die Seitentür noch nicht geschlossen war. Die Crew hob lobend hervor, dass wir nicht in Panik gefallen seien und nur das getan hätten, was sie gesagt hätten. Dadurch hätten sie ihren Job machen und eine mehr oder weniger unmögliche Rettung mit Erfolg durchziehen können.

Wir hörten später von der Hubschrauber-Besatzung, dass der Pilot bei dem böigen Wind von 85 kn gelegentlich 12 kn zulegen musste, um bei dem Passieren einer hohen Welle hinter dem Heck der ORCA in der Luft auf Position zu bleiben. Einige Wellen schienen einen doppelten Wellenkamm zu haben, so dass ORCA, wenn sie gerade die erste Welle hinaufgeklettert und über sie hinweggerollt war, sich sofort in die nächste, noch höhere Wand bohrte.

Vermutlich hat dieses Phänomen uns den Rest gegeben. Die Hubschrauber-Besatzung sagte, dass sie solche Bedingungen noch nie erlebt hätte. Wenn sie 30 m über dem Wasser geflogen seien, hätten sie hinter den Wellen den Sichtkontakt zu Yacht und Mast verloren. Sie berichteten, die Masten wären wie Peitschen im Winkel von 120° in der Luft hin und her gesaust, weil die Yacht innerhalb einer Sekunde von einer zur anderen Seite rollte. Das habe die Annäherung außerordentlich schwierig und gefährlich gemacht. Im Bauch des Schiffes war uns die Sache nicht so dramatisch vorgekommen. Die Herkules-Besatzung beschrieb gigantische Wellen, die 15–25 m hoch waren und hinter denen sie ORCA nach der ersten Sichtung aus den Augen verloren. Die Männer registrierten Windgeschwindigkeiten zwischen 50 und 70 kn mit Regen und einigen Wolkenschichten bis hinunter auf die Wasseroberfläche. Die Sicht reichte von Null bis zu einer halben Seemeile.

Die drei Männer des QES-Rettungshubschraubers wurden in Australien für ihren Mut ausgezeichnet und bekamen im Februar 1998 den Golden Hour Award der

Die drei Doradelüfterkästen an Deck der ORCA, die von der See glatt abrasiert wurden. (Foto: Maggie Ansell)

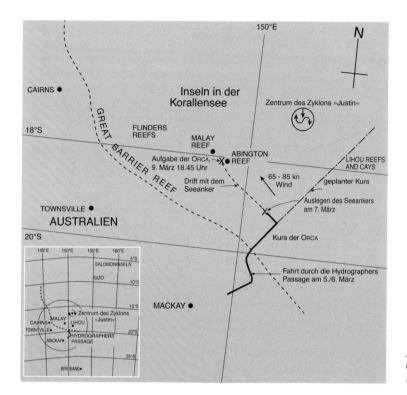

Abb. 26.2 Kurs der ORCA *beim Zyklon »Justin« im März 1997.*

Helicopter Association International für ihre weltweit außergewöhnliche Rettung im Jahr 1997. Die Hercules-Besatzung wurde für ihre bemerkenswerte Geschicklichkeit und ihre Professionalität dekoriert.

Erst viel später wurde uns richtig klar, wie viel Glück wir gehabt haben. Die Daten des MRCC zeigen, dass wir nur 5 sm vor dem Riff abgeborgen wurden. Selbst wenn das Riff dort nicht gewesen wäre, hätten wir die Sache nicht überstanden, denn »Justin« erwies sich als der schwerste Zyklon seit 20 Jahren. Er hatte einen Durchmesser von 500 sm und hielt unglaublich lange an. Seit dem 7. März blieb er 15 Tage lang mehr oder weniger auf der gleichen Position. In dieser Zeit schwächte er leicht ab, um dann noch einmal zuzulegen und schließlich in Richtung Küste

abzudrehen. Am 22. März fiel er über die Städte Cairns und Townsville her.

Die ORCA wurde nie wieder gesichtet, nicht einmal ein Wrackteil von ihr.

Einige wichtige Feststellungen:

◆ Wir waren nie seekrank. Wir hatten zu Beginn unserer Reise eine Tablette gegen Seekrankheit eingenommen. Das setzten wir an den folgenden Tagen fort.
◆ Der Rumpf aus Ferrozement, die Aufbauten, die Masten und die verzinkten Wantenspanner waren sehr stabil.
◆ Unsere penible Absicherung der Ausrüstungsteile unter Deck hatte sich bezahlt gemacht.
◆ Wir hatten außer dem Dingi auf dem Cockpitdach und dem Außenborder am Heck nichts an Deck gestaut.

◆ Da wir unterbemannt waren, versuchten wir, vorsichtig zu segeln. Selbst bei gutem Wetter ging keiner ohne eingehakte Sicherheitsleine an Deck. Dass Robin ungesichert war, als er die Kette steckte, um ein Schamfilen der Leine zu verhindern, war eine Ausnahme. Es ging auch niemand an Deck, ohne dem anderen zu sagen, was er dort tun wolle.

◆ Wir hätten Schlagblenden für die großen Fenster an Bord haben sollen, wenngleich interessant gewesen wäre, wie wir es geschafft hätten, sie bei diesem schweren Sturm anzubringen. (Unser nächstes Schiff sieht eher wie ein U-Boot aus!)

◆ Das Abnehmen der Plastikhutzen auf den Doradelüftern und das Verschließen des Luftkanals mit Metallplatten hilft nicht viel, wenn die Unterkästen von Deck rasiert werden.

◆ Es war nicht möglich, eine Ferrozement-Yacht für eine Ozeanüberquerung zu versichern – vielleicht aus gutem Grund. Obgleich ORCA am Heck nicht füllig war, kann das ihre Schwachstelle gewesen sein.

◆ Wäre das Malay Reef uns nicht so nahe gekommen, hätten wir nie zugestimmt, ORCA aufzugeben.

Kommentar

Die Geschichte über die Begegnung von zwei erfahrenen Hochseeseglern mit einem saisonbedingten Zyklon zeigt, dass selbst solch einer Crew auf einer 16,80 m langen Yacht nur wenige Chancen bleiben, auch wenn die Ausrüstung entsprechend schwer war.

Weil sie wussten, dass Wirbelstürme in der Regel weiterziehen, waren sie lange unsicher, ob sie den Fallschirm ausbringen sollten. Im Nachhinein scheint es immens wichtig gewesen zu sein, dass sie es zur rechten Zeit getan haben. Es hat in der Tat Fälle gegeben, wo ein Fallschirm an Bord war, der dann jedoch zu spät eingesetzt wurde. Wie man gesehen hat, hat das Auslegen des Fallschirms auf der ORCA bei diesen Bedingungen einige Mühe gekostet. Eine 150 m lange, 25 mm dicke und nasse Leine ist bereits im Hafen schwer zu bewegen – um so mehr auf See bei 50 kn Wind. Ein Bugspriet macht die Sache noch komplizierter – erst recht, wenn der Fallschirm nicht in einem Sack verstaut gewesen wäre, der sich im Wasser auf Zug automatisch öffnete. Mit der Säure, die die Augen blind machte, war kaum zu rechnen, und auch bei normalen Bedingungen ist so etwas eine schlimme Erfahrung. Dennoch wäre es sicher hilfreich gewesen, das Fallschirmauslegen zu einem früheren, ruhigen Zeitpunkt auszuprobieren. Das Kettenstück über der Bugrolle hat sich als wichtig erwiesen. Andernfalls wäre die Leine bald gerissen. Robin Ansell hat sich mehrmals vorgeworfen, dass er die Kette nicht schon bei früheren Gelegenheiten dazwischengeschoren hat. Nichtsdestoweniger war es eine enorme Leistung, das 3 m lange Kettenstück bei diesen Bedingungen in das System einzufügen.

Einer der bemerkenswertesten Aspekte ist, wie gut der Fallschirm funktionierte. Die Ansells sagen nach dieser Erfahrung, dass beim nächsten schweren Wetter der Fallschirm ihre erste Verteidigungsstrategie ist. ORCA driftete vor dem 7,30 m weiten Fallschirm mit 1,5 kn. Das ist mehr, als man im ersten Moment erwartet hätte. Man muss jedoch die Windstärke, die Größe der ORCA und den Winddruck an den Aufbauten berücksichtigen. Es ist interessant, zum Vergleich die Driftgeschwindigkeit der PRISINA, die unter 1 kn lag, heranzuziehen. PRISINA, eine 14-m-Yacht, lag bei vergleichbaren Bedingungen vor einem Fallschirm mit 5,50 m Durchmesser (s. Kap. 25). Der Besanmast und das hohe Achterdeck haben starkes Gieren verhindert und ein Stabilisierungssegel am Backstag (s. Kap. 6) überflüssig gemacht. Der Ausschlag des scheinbaren Windes auf der Windrichtungsanzeige ließ vermuten, dass sie zwischen 10° auf der Steuerbordseite bis zu 60° auf der Backbordseite gierten. Das hätte man vermutlich mit einem Fetzen Tuch am Besan verringern können. ORCA legte sich von allein schräg zu Wind und Wellen – sogar besser, als es die Ansells mit einer Hahnepot versucht hatten. Das Liegen vor dem Seeanker war trotz relativer Sicherheit alles andere als angenehm. Robin Ansell vermutet, ORCA sei pro Sekunde um 60° gerollt. Zusammen mit allen anderen Schiffsbewegungen muss die Situation unter Deck höllisch gewesen sein.

Demjenigen, der keine praktische Erfahrung mit einem Fallschirm-Seeanker hat, zeigt dieser Vorfall, welch enormen Kräfte an der Verbindungsleine zerren. Das Auslegen des Fallschirms ist in jedem Fall ein sehr wichtiger Schritt, der vorher gut überlegt sein will, denn ein Bergen des Fallschirms ist nicht eher möglich, als bis sich das Wetter beruhigt hat. Die Leine in einer brenzligen Situation zu kappen oder ausrauschen zu lassen, ist bei schwerem Wetter vielleicht die beste, aber sicherlich nicht die billigste Methode – es sei denn, man hat gleich mehrere Fallschirme und Verbindungsleinen an Bord.

Die Aufgabe der ORCA verdeutlicht, wie unberechenbar tropische Wirbelstürme sind und wie wichtig freier Seeraum ist. Vielleicht wäre es einer zahlenmäßig stärkeren Crew gelungen, die Yacht zu retten (allerdings mit einem größeren Risiko für die Crew). Maggie Ansell ist nicht dieser Meinung.

27. Experiment mit einem Seeanker

Tim Trafford

Die ARDEVORA ist eine 16,80 m lange Aluminium-Ketsch mit einen langem Finnkiel mit Kielschwert und einem vorbalancierten Ruder. Ihr Deplacement beträgt 22,5 t. Gezeichnet wurde sie von Steve Dalzell und 1989 von Whisstocks gebaut.

Am 6. September 1997 segelten wir mit 40° hoch am Wind etwa 30 sm vor der Westküste Chiles, hatten gerade den Festlandsockel gequert und waren auf dem Wege von der Osterinsel nach Valdivia. Wir waren zu dritt an Bord: ich als Skipper, meine Frau Sophie und ein Freund, der Landvermesser Bruce Burton. Seit 09.00 Uhr blies ein Sturm aus Nord mit Böen von 47 kn. Der Wetterbericht hatte Wind aus Nord bis Nordwest mit 30–40 kn und in Böen bis 50 kn vorhergesagt. Zwei Tage lang waren wir mit rauschender Fahrt vor dem Tief abgelaufen. Nun war aber klar, dass wir vor dem Sturm nicht mehr den Schutzhafen von Corral erreichen würden. Um 16.00 Uhr beschlossen wir beizudrehen. Wir hatten das in den letzten 10 Tagen bereits zweimal getan und 50 Stunden vor der Osterinsel beigedreht gelegen, als es auf den Ankerplätzen ungemütlich und gefährlich wurde. Das Trysegel, das nur 25% des Groß hatte, war angeschlagen und fertig zum Setzen. Ich zögerte jedoch, weil ich es eigentlich für zu groß hielt. Kurz nachdem wir den Besan gesetzt hatten, lösten sich drei Nähte immer weiter

auf. Wir mussten sofort handeln. Sophie bot an, die Nähte notdürftig zu reparieren. Das erschien mir jedoch bei den vorherrschenden Bedingungen als zu schwierig. Weil wir mit dem stark dichtgeholten Stagsegel und hart am Wind segelnd eine starke Abdrift Richtung Küste hatten, wechselten wir auf das Sturmstagsegel über und konnten mit 120°–140° und 3 kn einen guten Kurs laufen. Um 17.00 Uhr stand jedoch fest, dass wir zu nahe unter Land kamen. Wenden war ein Möglichkeit. Dabei wären wir aber weit von unserem Ziel abgekommen. Die Zeit war reif, unsere neue Waffe gegen Sturm auszuprobieren – den Paratech-Fallschirm-Seeanker.

Das Buch von Lin und Larry Pardey hatte mich angeregt, einen Fallschirm-Seeanker von 5,50 m Durchmesser für Boote bis 15 m Länge zu kaufen. Vielleicht war er etwas zu klein, aber die nächste Größe mit 7,30 m Durchmesser für Boote bis zu 27 m Länge schien mir viel zu groß. Ich hoffte, der momentane Wind sei nicht mehr als eine kurze, kräftige Brise – wie die beiden davor auch – und somit eine gute Gelegenheit, das Ding auszuprobieren.

Vorbereitung

Eine 180 m lange und 25 mm dicke geflochtene Leine diente als Verbindungsleine. Sie wurde ohne Wirbel (der in Valdivia

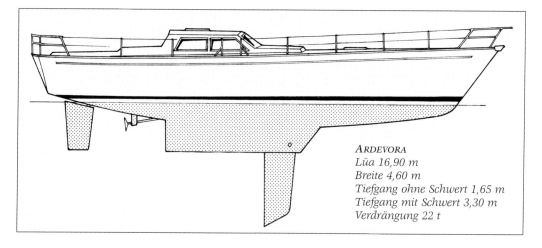

ARDEVORA
Lüa 16,90 m
Breite 4,60 m
Tiefgang ohne Schwert 1,65 m
Tiefgang mit Schwert 3,30 m
Verdrängung 22 t

Abb. 27.1 Das Unterwasserprofil der ARDEVORA ist für eine moderne Fahrtenyacht typisch.
Die 16,90-m-Ketsch ist außergewöhnlich robust und ausgelegt für ferne Ziele und hohe Breiten.

auf uns wartete) an den Seeanker angeschlagen. Im Nachhinein betrachtet ist eine Verbindung ohne Wirbel kein Problem. Die Leine wurde durch die Seitenklüse (75 cm hinter dem Beschlag am vorderen Stevenende) über einen Snatschblock an der Fußreling auf Steuerbordseite und die vorderste 65er Fockfallwinsch quer übers Cockpit auf die 65er Fockfallwinsch auf Backbordseite geführt. Die Verbindungsleine wurde aus einer Trommel heraus gefiert, die am Heck montiert war. Ein 1 m langer verstärkter Plastikschlauch verhinderte, dass die Leine in der Seitenklüse schamfilte. Ein Fender an einer 9 m langen Schwimmleine sollte als Hilfe beim Einholen des Fallschirms dienen.

Auslegen des Fallschirms

Wir drehten bei, bargen das Sturmstagsegel und warfen den Fender mit der Schwimmleine und den Sack mit dem Fallschirm über die luvwärtige Reling. Es folgten ein paar fürchterliche Minuten. Die Bergeleine, die Verbindungsleine und

der halb gefüllte Seeanker schwemmten an der Luvseite entlang. Solange der ganze Kram in Gefahr war, unter den Kiel, in den Propeller oder hinters Ruder gespült zu werden, schlug mein Herz bis zum Hals. Als sich der Fallschirm schließlich ganz öffnete, drehte er den Bug in den Wind. Der Rest der Verbindungsleine wurde vom Cockpit aus gefiert.

Vor Seeanker liegen

Um 19.00 Uhr war der Fallschirm komplett ausgelegt. Die Schiffsbewegungen waren fürchterlich. ARDEVORA stampfte schwer. Scheuerspuren, die wir später am Steven entdeckten, reichten bis zu 45° über und unter die Waagerechte. Die Yacht rollte derart heftig, dass die Schandecks eintauchten. Zusätzlich gierte sie 30°–40° zu jeder Seite. Ich hatte gehofft, das Ausbringen der Verbindungsleine durch die Steuerbordklüse würde die Yacht schräg zur See legen. Wenn der Bug nach Steuerbord drehte, kam die Verbindungsleine lose und scheuerte übers Schandeck und

Die ARDEVORA. (Foto: Sophie Trafford)

außen am Rumpf entlang bis zum Stevenbeschlag. Um die Sache zu klarieren, stellten wir den Besanbaum back, damit sich die Yacht auf den anderen Bug legte. Das zeigte jedoch kaum Wirkung. Ein Einschlagen des Ruders um ein paar Grad nach Steuerbord brachte etwas Besserung. Da ich aber das Gefühl hatte, diese Taktik würde den Ruderschaft beschädigen, laschten wir das Ruder wieder mittschiffs. Als letzte Maßnahme riggten wir eine Hahnepot durch die Leinenklüse mittschiffs auf der Steuerbordseite und belegten sie auf der Verbindungsleine mit einem Stopperstek. Als wir die Verbindungsleine fierten, kam Zug auf die Hahnepot. Aber trotz aller Versuche schien sich das Arrangement gegen uns zu sträuben. Diese Operation war einmal wegen der Dunkelheit und zum anderen, weil wir kaum in der Lage waren, über das schwankende Deck zu kriechen, eine gefährliche

Angelegenheit. Deshalb beschlossen wir, den Wind vor dem Seeanker abzureiten und die Scheuerstellen durch Fieren oder Holen der Verbindungsleine alle halbe Stunde »auszutauschen«. Eine gefährliche Übung.

Der Zug der Verbindungsleine war derart groß, dass ich ernsthaft befürchtete, die Fockfallwinsch auf Steuerbordseite könnte aus den Fundamenten gerissen werden. Gegen 23.00 Uhr blies es durchgehend mit 45 kn und in Böen mit 59,9 kn (Maximum auf dem B&G-Windmesser). Unsere am GPS abgelesene Geschwindigkeit über Grund betrug 1,9–2,0 kn. Im Handbuch steht, dass der Humboldtstrom mit bis zu 2 kn in nördliche Richtung setzt, so dass unsere Geschwindigkeit durchs Wasser vielleicht höher war. Es mag aber auch an dem Stampfen in der schweren See gelegen haben. Auf der Spitze von großen Brechern wurden wir mit einiger Geschwindigkeit achteraus geschwemmt. Ich machte mir ungemein Sorge, dass dabei das Ruder brechen könnte, und überlegte, die Verbindungsleine zu kappen.

Bei all dem Durcheinander machte Bruce auf einem Wellenkamm in Luv ein Positionslicht aus. Das Kappmesser wurde parat gelegt, die Deckslichter wurden eingeschaltet, und Sophie nahm über UKW Funkkontakt mit dem Schiff auf. Als wir es in Spanisch vor unserer Verbindungsleine zum Fallschirm warnten, drehte es schnell nach Luv ab und passierte uns in einer halben Meile Abstand. Es war ein großer Fischtrawler mit Kurs Corral, der dort im Hafen Schutz suchen wollte.

Nach dem Durchscheuern beigedreht

Kurz nach 23.00 Uhr und etwa 4 Stunden nach dem Auslegen brach die Verbindungsleine. Der Logbucheintrag von 02.00

Uhr besagt: »Als die Leine davon war, trat sofort Erleichterung ein. Es war, als hätte eine riesige Welle den ganzen Stress fortgespült. Wir lagen sofort beigedreht, und es kam uns vor, als wäre im gleichen Augenblick der Wind gestorben, das Furcht erregende Stampfen und Rollen vorbei und... Ich hatte endlich den Mut, die Sturmsegel zu setzen und effektiv gegenan zu segeln. Zu meiner Überraschung konnten wir derart gut beigedreht liegen, dass ich darauf immer wieder zurückgreifen werde. Der Wind bläst momentan stetig mit 40–50 kn...«

Als ARDEVORA beigedreht lag, krängte sie zwischen 20° und 30° und lag mit hart backgestelltem Ruder 70°–75° am Wind. Das war derart angenehm, dass wir von Zeit zu Zeit eine Mütze Schlaf nehmen konnten, was vorher mit dem Seeanker nicht möglich gewesen war. Der Leeweg lag bei 2,5 kn über Grund. In der ersten Stunde nach dem Bruch der Verbindungsleine klatschten drei Brecher gegen die Kimmrundung. Gegen 04.00 Uhr hatte der Wind auf 28–32 kn abgenommen, und wir begannen zu rollen. Um 07.00 Uhr setzten wir Segel. Als wir Corral erreichten, waren wir überrascht, dass der ganze Hafen voll war mit 30 Hochseefischtrawlern und anderen Booten, die Schutz vor dem Wetter gesucht hatten.

Zusammenfassung

1. *Fallschirm auslegen* Es dauerte zwei ermüdende Stunden, den Fallschirm anzuschlagen und ihn auszulegen. Als wir beigedreht lagen, um den Seeanker auszubringen, machte die Yacht leichte Fahrt voraus. Vielleicht hätten wir mit der Maschine langsame Fahrt achteraus machen sollen, damit nicht die Gefahr bestand, dass der Fallschirm unter den Kiel, ins Ruder oder in den Propeller geriet.

2. *Schamfilen* Ich habe das Gieren und Stampfen gründlich unterschätzt. Wenn

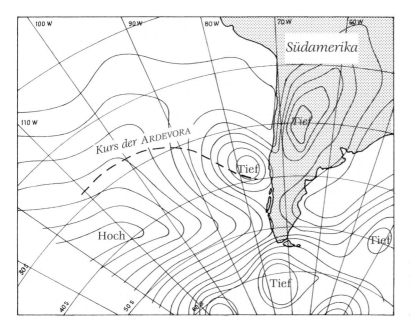

Abb. 27.2 Wetterkarte vom 6. September 1997 um 18.00 Uhr. Das Tiefdruckgebiet westlich der Spitze Südamerikas verfolgte die ARDEVORA über den Pazifik. Der Sturm mit Stärke 9 hielt sie 10 Stunden lang fest in seinen Klauen.

381

es uns gelungen wäre, das Gieren zu verhindern und das Boot auf Backbordbug zu halten, wäre das Schamfilen ein viel geringeres Problem gewesen. Abgesehen von dem Knick scheuerten die Ecken am Bugbeschlag die Verbindungsleine in weniger als 30 Minuten durch.

3. *Schiffsbewegungen* Als die Yacht vor dem Seeanker lag, waren die Schiffbewegungen extrem und heftig. Zweifellos hat der Windwiderstand des eingerollten Vorsegels das Gieren nicht verhindert. Wenn es uns gelungen wäre, eine Hahnepot zu riggen, wäre es ein bisschen besser gewesen. Beigedreht liegen war relativ friedlich, aber Beidrehen mit backgestellter Fock und Besansegel wäre noch friedlicher gewesen.

4. *Zugkräfte* Der Zug auf die Verbindungsleine kann nur als alarmierend bezeichnet werden. Wir haben zwei 65er Lewmar-Winschen in Reihe zum Justieren der Leine eingesetzt. Ich hatte jedoch Zweifel, ob sie dem Zug standhalten würden. Ich war dankbar, dass die Voreigner die Schotwinschen überdimensioniert hatten. Keine Ankerwinde oder Klampe an Deck hätte den Zug ausgehalten. Ich glaube, dass kein Befestigungsteil einer modernen Serienyacht stark genug ist, die Zugkräfte eines Fallschirm-Seeankers bei einem wirklichen Sturm auszuhalten. Vielleicht schaffen das durchgebolzte Doppelkreuzpoller auf dem Vordeck.

5. *Leeweg* Der Leeweg beim Liegen vor dem Fallschirm betrug bei 45 kn Wind und Böen von 60 kn 1,9–2,0 kn. Als wir beigedreht lagen und der Wind beständig mit 35–45 kn wehte, war der Leeweg um 0,5 kn größer. Überraschend wenig. Man kann sicher darüber diskutieren, ob der Fallschirm mit 5,50 m Durchmesser für die ARDEVORA groß

genug war. Ein Fallschirm von 7,30 m Durchmesser hätte sie sicherlich besser an Ort und Stelle gehalten, aber die Zugkräfte hätten immens zugenommen.

6. *Bei Windstärke 9 beidrehen oder Seeanker ausbringen oder beigedreht liegen?* Ich habe Fehler gemacht und das Liegen vor Seeanker falsch eingeschätzt. Selbst bei perfektem Ausbringen ist das Liegen vor einem Seeanker meines Erachtens nicht so komfortabel wie Beidrehen. Vielleicht ist ein Fallschirm auf kleinen modernen Booten bei starkem Sturm auf dem offenen Ozean denkbar oder eine grundsätzliche Alternative gegenüber dem Beidrehen, wenn dafür die Befestigungspunkte an Deck fest genug sind. Für die ARDEVORA ist Beidrehen auf alle Fälle die bessere Taktik, um Sturm abzuwettern. Das Gefühl sagt, Beidrehen ist eine Einladung für Schäden. Ich war jedoch überrascht, wie gut die Yacht beigedreht lag – vielleicht weil sie stabil gebaut ist. Auf den nächsten Reisen werde ich jedenfalls nur dann erwägen, einen Seeanker auszubringen, wenn wir das Ruder oder Rigg verloren haben oder die Gefahr besteht, auf Legerwall zu geraten. Für mich kommt ein Seeanker erst in Frage, wenn alle anderen Möglichkeiten ausgeschöpft sind.

Kommentar

Die Yacht ist in einen Sturm mit Stärke 9 geraten. Das ist eine gute Gelegenheit, Sturmtaktiken auszuprobieren. Dass die Drift unakzeptabel groß war – wie Tim Trafford beklagt –, lag sicherlich daran, dass ein 5,50-m-Fallschirm für die 16,80-m-Yacht zu klein war. In Kapitel 6 wurde bereits dargelegt, dass ein zu großer Fallschirm besser ist als ein zu kleiner. Ein

5,50-m-Fallschirm reicht nur für Yachten bis 15 m Länge.

Die Driftgeschwindigkeit der ORCA kann zum Vergleich herangezogen werden (s. Kap. 26). Beide Yachten waren gleich lang, ORCA war jedoch viel schwerer und bot eine viel größere Windangriffsfläche. Aus diesen Gründen hätte ihre Drift viel größer sein müssen als die der ARDEVORA. Aufgrund der Geschwindigkeit des Humboldtstromes kennen wir die Drift der ARDEVORA nicht genau. Man liegt vermutlich nicht falsch, wenn man sie mit 2,5 kn durchs Wasser ansetzt. Das kann jedoch für eine Beschädigung des Ruders bereits ausreichen, zumal sich die Verbindungsleine bei ruckartiger Belastung reckt und die Yacht noch mehr Fahrt über den Steven macht. Bei der ORCA, die nur 1,5 kn driftete, schien das Ruder keine Probleme zu machen. Zusammenfassend lässt sich feststellen, dass ein 7,30-m-Fallschirm die Drift der ARDEVORA in akzeptablen Grenzen gehalten hätte.

Tim Traffords Beschreibung des wilden Ritts vor dem Seeanker stimmt mit den Erfahrungen von ORCA und PRISANA (s. Kap. 25) überein. Es mag jedoch sein, dass sich der Seegang dadurch beträchtlich verstärkte, weil der Humboldtstrom gegen den Wind stand. In diesen beiden letzten Fällen fielen die heftigen Schiffsbewegungen nicht so stark ins Gewicht wie andere Punkte.

Bemerkenswert ist, dass die Vorbereitungen an Bord der ARDEVORA und der ORCA zwei Stunden dauerten, wogegen das komplette Ausbringen des Fallschirm-Seeankers auf der PRISINA sich darin erschöpfte, dass die Crew die Zurringe löste. Ein Seeanker sollte bereits vor dem Sturm klar zum Auslegen sein.

Ohne einen Wirbel führt ein geschlagenes Tau eher dazu, dass sich die Fangleinen des Fallschirms aufzwirbeln und die Öffnung verkleinern, als ein geflochtenes. Einige Fallschirme drehen sich sogar von Natur aus; Paratech-Fallschirme dagegen nicht. Es ist auch nicht sicher, dass sich die Wirbel unter starker Last drehen. Tim Trafford meint, dass Wirbel keinen Unterschied machen.

Sein Bericht weist auf einige Nachteile des Fallschirm-Seeankers hin. Hätte der Fallschirm eine Öffnung von 7,30 m gehabt, wären die Winschen, auf denen er die Verbindungsleine belegt hatte, aus dem Deck gezogen worden. Man muss sich vor Augen halten, dass die Leine auf einem Teil belegt werden muss, das etwa das gesamte Gewicht der Yacht tragen kann. Man darf zu Recht daran zweifeln, ob die Unterkonstruktionen der Vordeckwinschen für derartige Belastungen ausgelegt sind. Wenn Yachten mit einer kräftigen Fußreling gebaut sind, die mit dem Deck verankert ist, verteilen sich die Belastungen auf die gesamte Länge.

Das Gieren hätte man durch einen Segelfetzen am Besanmast verringern können – wenn man einen solchen an Bord gehabt hätte. Vielleicht wäre dadurch der Ritt über die Wellen komfortabler geworden und das Schamfilen der Leine ausgeblieben. Trotz allem muss man akzeptieren, dass Schamfilen bei solchen Bedingungen ein grundsätzliches Problem ist. Selbst wenn man die Verbindungsleine über den Steven geführt hätte, wäre sie von Zeit zu Zeit quer über den Bug gelaufen. Auch wenn man die Leine über einen optimalen Bugbeschlag führt, wird sie schamfilen, weil sie normalerweise nicht permanent auf der Bugrolle bleibt, sondern sich an den Niro-Platten unter dem Bugbeschlag aufscheuert. Diese Platten werden in der Regel angebracht, damit keine querlaufende Leine oder die Ankerkette den Rumpf beschädigt. Bei großen Yachten wie der ARDEVORA kann man die Verbindungsleine nicht mit einem Plastikschlauch schützen. Ein Stück Ankerkette ist auf jeden Fall stabiler.

Vielleicht hätte das Ablassen des Kielschwertes das Gieren verringert. Victor Shane weist jedoch in seinem Buch »Drag Device Data Base« darauf hin, dass das Schwert auf jeden Fall aufgeholt werden sollte, um die Gefahr zu verringern, über den eigenen Kiel zu stolpern.

Vor Seeanker zu liegen ist eine recht unkomfortable Art, einen Sturm abzureiten – es sei denn, es gelingt, wie die Pardeys schräg zu den Wellen zu liegen. Ich habe jedoch noch nicht gehört, dass das auf Yachten von der Größe der ARDEVORA gelungen ist. Der Zug auf der Hahnepot würde zu groß sein.

Es war interessant zu erfahren, dass die 180 m lange und 25 mm starke Verbindungsleine auf einer Rolle gestaut war. Eine Leine von dieser Länge und diesem Gewicht braucht eine spezielle Staumöglichkeit. Tim Trafford ist sicherlich nicht der Einzige, der Schrecksekunden erlebte, als die Leine über Bord gegeben war und im Wasser trieb. Hätte sie sich in dem Ruder oder am Ruderschaft verfangen und wäre auf Zug gekommen, wäre eine Katastrophe kaum noch zu vermeiden gewesen.

Sein Kommentar, das Trysegel, das 25% der Segelfläche des Groß hatte, wäre viel zu groß gewesen, ist interessant. Die Regeln des Offshore Racing Councils fordern, dass Trysegel nicht größer sein dürfen als 17,5% des Produkts aus Vor- und Unterlieklänge des Groß. Das führt in der Regel dazu, dass das Trysegel bei 30% vom Groß liegt. Somit hatte das Trysegel der ARDEVORA annähernd die richtige Größe. Wenn Trysegel nicht stark nach achtern getrimmt werden, neigen sie dazu, zuviel Fahrt ins Schiff zu bringen und es stark zu krängen.

Es ist bezeichnend, dass in drei von vier Fällen in diesem Buch Yachten, die vor einem Seeanker lagen, Gefahr liefen, mit anderen Schiffen zu kollidieren. Immer war das UKW-Gerät eine gute Hilfe. Es zeigt sich, dass es in solchen Fällen sinnvoll ist, in regelmäßigen Zeitabständen einen SECURITÉ-Ruf auszusenden. Bruce verdient für sein wachsames Auge ein besonderes Lob, denn es war nicht einfach und angenehm, bei Windstärke 9 gegen den Wind Ausguck zu halten.

Tim Traffords Entschluss, in Zukunft eher beizudrehen als vor einem Seeanker zu liegen, mag an der unpassenden Größe seines Fallschirms gelegen haben. Wenn jedoch eine Yacht leicht und komfortabel beidreht und sie genügend freien Seeraum hat, sollte man diese Taktik vorziehen. Von der ARDEVORA kann man zu Recht annehmen, dass sie bei ihrem Langkiel gut beigedreht liegt – und so war es ja auch. Nach dem Bruch der Verbindungsleine drehte die Yacht wegen des Problems mit dem Besanmast nicht bei. Man gestattete ihr, vor Topp und Takel zu liegen – was immer riskant ist. Ich hätte es vorgezogen, mit einem gut durchgesetzten Trysegel beizudrehen.

Wir kommen zu dem Schluss, dass für viele, nicht extreme Yachten das Beidrehen bei schwerem Wetter erste Taktik sein sollte. Der Skipper sollte jedoch immer gut darauf vorbereitet sein, rechtzeitig auf andere Taktiken zurückgreifen zu können, wenn ein Beidrehen nicht mehr angebracht ist. Eine dieser Taktiken sollte eine Schleppvorrichtung einschließen.

Literaturverzeichnis

Adamson & Kosco, *Halsey´s Typhoons,* Crown Publishers, New York 1967
Erroll Bruce, *This is Rough Weather Cruising,* Nautical Books 1987
Erroll Bruce, *Deep Sea Sailing,* Stanley Paul 1953
J. Casanova, V. Shane, *The Parachute Anchoring System and Other Tactics,*
    DC Shewmon & G Macmillan, Chiodi Publishing 1985
K. Adlard Coles, *North Atlantic,* Robert Ross 1950
Tom Cunliffe, *Heavy Weather Cruising,* Fernhurst Books 1996
Vito Dumas, *Alone Through the Roaring Forties,* Adlard Coles 1960
Tony Farrington, *Rogue Storm,* Waterline 1995
Fastnet Race Enquiry Report, RORC & RYA 1979
D.v.Haeften, *Sturm – was tun?,* Delius Klasing 2000
Peter Haward, *All Weather Yachtsman,* Adlard Coles Nautical 1990
Carol Hervey & Donald Jordan, *Drogues: A Study to Improve the Safety of Sailing Yachts,*
    Marine Technology 1988
Captain J. Illingworth, *Offshore,* Adlard Coles 1963
Kotch & Henderson, *Heavy Weather Guide,* US Naval Institute Press, 1998
C. A. Marchaj, *Seetüchtigkeit – der vergessene Faktor,* Delius Klasing 1988
C. A. Marchaj, *Aerodynamik und Hydrodynamik des Segelns,* Delius Klasing 1991
Maritime Safety Authority, *Yachting Casualties 3-8 June 1994*
Offshore Racing Council, *Offshore Racing Council Special Regulations*
Lin & Larry Pardey, *Storm Tactics Handbook,* Pardey Books 1995
Reinke/Lütjen/Muhs, *Yachtbau,* Delius Klasing 1999
John & Marie Christine Ridgeway, *Around the World with Ridgeway,* Heinemann, 1978
Frank Robb, *Handling Small Boats in Heavy Weather,* Cape Town 1965
Alec Rose, *My Lively Lady,* Adlard Coles Nautical 1988
J. Rousmaniere, *Desirable and Undesirable Characteristics of Offshore Yachts,*
    WW Norton 1987
H. Dieter Scharping, *Konstruktion und Bau von Yachten,* Delius Klasing 1994
Victor Shane, *Drag Device Database,* Para-Anchors International 1998
Daniel Shewmon, *The Sea Anchor & Drogue Handbook,* Safety Harbor, USA
Miles Smeeton, *Because the Horn is There,* Grafton Books 1985
Kim Taylor, *1994 Pacific Storm Survey,* Quarry Publishing 1996
HW Tilman, *The Eight Sailing Exploration Books,* Diadem Books an imprint of
    Hodder & Stoughton
JC Voss, *Venturesome Voyages of Captain Voss,* Grafton Books 1988

Danksagung

»Schwerwettersegeln« ist zu einem Standardwerk der Segelliteratur geworden. Deshalb wäre es für jeden normalen Menschen eine schier unmögliche Aufgabe gewesen, eine Überarbeitung des Buches allein durchzuführen. Ich habe mich um den bedeutendsten und klügsten Beirat bemüht, den ich finden und der mich bei der Aufgabe unterstützen konnte, und habe das Manuskript von so vielen wissenschaftlichen und befahrenen Segelsportlern lesen lassen wie nur möglich.

Insbesondere möchte ich zwei Personen erwähnen, deren klare Meinungen ich sehr zu schätzen gelernt habe und die enorm viel Zeit und Geduld für die Überarbeitung aufgebracht haben: Sandy Watson und Leonard Wesson, beides sind Mitglieder des Royal Cruising Clubs. Ihnen gilt mein besonderer Dank für die Korrekturen am Manuskript und die zahlreichen Anregungen. Die gleiche Hilfe habe ich von Patrick Croker, David Scaife und Richard Head erfahren. Simon Forbes hat vieles zum Thema Mehrrumpfboote beigesteuert, so wie Paul Gelder, James Beattie, Richard Clifford, Bill Carlyle, Robert Burdett, Tim Jeffreys zum Wetter. Darüber hinaus habe ich zahlreiche wertvolle Beiträge zu den Treib- und Seeankern erhalten.

Lin und Larry Pardeys Bericht bezüglich der Fallschirm-Seeanker war unglaublich hilfreich. Kim Taylor hat nützliche Arbeit am Bericht über den »Sturm am Geburtstag der Queen« geleistet. Ich habe auch Ross Coles zu danken, dem Sohn von Adlard Coles, für seine einfühlsame Hilfe und nicht zuletzt Janet Murphy von Adlard Coles Nautical für ihr Engagement und ihre Unterstützung.

Der erste Teil des Buches hat von der Wissensfülle der Verfasser der Fachkapitel profitiert:

Olin J. Stephens II, den man zu den am meisten bewunderten Yachtdesignern dieses Jahrhunderts zählen muss. Seine Yachten zeichnen sich durch besondere Seetüchtigkeit aus.

Andrew Claughton vom Wolfson Unit for Marine Technology in Southampton vergleicht in seinem Kapitel unterschiedliche Yachtkonstruktionen anhand von Messungen – und nicht wie früher anhand subjektiver Abschätzungen.

Matthew Sheahan, ein erfahrener Segler, der laufend für »Yachting World« schreibt und früher Mitarbeiter eines führenden britischen Mastherstellers war. Sein Buch »Das Rigg« (Delius Klasing Verlag) zeugt von großer Erfahrung.

Richard Ebling war 40 Jahre lang Meteorologe. In den letzten 12 Jahren hat er den Royal Ocean Racing Club bei allen großen Segelveranstaltungen mit Wetterinformationen versorgt.

Mike Golding, dessen Erfolge als Regattaskipper mit großer Crew sicherlich ihren

Ursprung aus seiner Zeit als Einhandsegler haben, gewann jede Etappe des letzten BT Challenge Round the World Race und hält den Rekord für die Weltumsegelung auf der »falschen Route« (gegen den Wind).

Dr. Sheldon Bacon vom Ozeanographie-Zentrum in Southampton betrachtet die Wellen aus dem Blickwinkel eines Seglers, der wie er selbst in der Regel mit einem kleinen Boot unterwegs ist.

Dag Pike ist eine Kapazität auf dem Gebiet des Motorbootfahrens und Autor zahlreicher Bücher.

Noël Dilly ist Professor der Medizin und schreibt in komprimierter Form über die Seekrankheit und informiert über Mittel gegen Seekrankheit, die er an Bord seiner kleinen Yacht gesammelt hat.

Cathy Foster, Dingi-Champion und jetzt Trainerin, hat interessante Informationen über die Bedeutung des Essens und Schlafens auf See zusammengetragen.

Dr. Gavin LeSueur, dessen Ruf als Schwerwettersegler im Mehrrumpfboot durch sein Erlebnis mit dem Zyklon »Bola« noch verstärkt wurde, und Autor des Buches »Multihull Seamanship«, ist der geeignete Mann für das Kapitel über Schwerwettertaktiken mit Mehrrumpfbooten.

Ich habe auch allen denen zu danken, die den Text durch ihre eigenen Erfahrungen belebt und bereichert haben:

David Alan-Williams, Robin und Maggie Ansell, Bugs Baer, Martin Bowdler, Peter Braley, Warren Brown, James Burdett, Alby Burgin, Robert Burns, Andrew Cassell, John Channon, Roy Clare, Richard Clifford, Bill Cooper, Mike Collins, Richard Crockett, Cheri und Richard Crowe, Barry Deakin, Steven Dixon, Alan Dooley, Chris Dunning, Steve Edwards, Carole Edwards, Peter Farthing, Bob Fisher, Geoffrey Francis, Harry Franks, Tony und Coryn Gooch, Alan Green, Ernest und Val Haigh, Mary Harper, Mike Harris, Richard Herbert, Timothy Hobson, Ted Howe, Bugs Hughes, Bruce Hyde, Nigel Irens, John Irving, Roy und Tee Jennings, Stanley Jewson, Willy Kerr, John Kettlewell, S. Kirby, Robin Knox-Johnston, Marilyn Lange, Stig Larsen, Graham Laslett, Stephane Leveel, Cyril Lyon, Brian Macnamara, Alan McLaughlan, Dudley Norman, John Pennefather, Timothy Pickering, Jérôme Poncet, Stuart Quarrie, Skip Raymond, Michael Richey, Alan Roach, Larry Robbins, Jonathan Rogers, Oliver Roome, Bob Ross, John Rousmaniere, Niel Rusch, Brian und Pam Saffery Cooper, Dave Saunders, Deborah Schutz, Mike Seal, Greville Selby-Lowndes, Victor Shane, Daniel Shewmon, Skip Spitzer, Jeff Taylor, George Tinley, Tim Trafford, Charles Watson, Alan und Kathy Webb, Harry Whale, John Wilson, Peter Wykeham-Martin.

Ich möchte auch denjenigen Dank sagen, die mir Material zugesandt haben. Für alles reichte der Platz nicht. Vieles davon ist jedoch in die Zusammenfassungen der einzelnen Kapitel eingeflossen.

Register